谨以此书

祝贺李宇明先生从事研究生教育35周年！

# 编 委 会

# 学术就是传承

XUESHU JIUSHI
CHUANCHENG
WO YU DAOSHI ER-SAN SHI

## ——我与导师二三事

何婷婷　徐欣路◎主编

華中師範大學出版社

2021年6月5日在北京召开“聚贤聊斋”学术论坛暨李宇明教授执教45周年学术研讨会

# 序言

## 红宝石之光

白丰兰

《学术就是传承——我与导师二三事》组稿已近尾声，先生嘱我作序。他说，学生们都写了回忆性文章，你是“政委”，就为这本书写个序言吧！我从来没有认领过“政委”这个头衔，它只是个玩笑话而已！但我们结婚以来，朝夕相处，自然有很多话能说，且也想说，就把写序的事情应承了下来。

但动起笔来，首先遇到的是行文中对他的称呼问题：直呼其名，不太合适；称老师，有点生分……翻看学生们的稿件，很多学生使用了“先生”“大先生”的称呼，最后我决定在这里也用“先生”来称呼他，这样显得又亲切又有礼貌。

“先生”之称谓，最早出现于春秋时期，字面意思是指那些出生比自己早的年长之人；到了战国时期，有一定地位、学识之人，也被称为先生；后来因为老师等都是有学问的，所以先生引申为对老师的尊称；而今女性和他人之间交谈，也在称呼别人的丈夫或对人称自己丈夫时前面带上人称代词，比如你先生、我先生，也是一种尊称！

我称宇明为先生，除了所谓的礼貌和尊重之外，他还真的是常常给我指点迷津，是我名副其实的先生。虽然老夫老妻了，但至今我对他还有点小小的崇拜！

### 传承学术，本书策划之缘由

多少年来，晚饭后先生用轮椅推着我在小区里散步，已经是生活常态，这也是我们一天中最为放松、最为惬意的时刻。我俩开心畅聊中，很少家长里短，大多是说他在做什么，还要做什么，又有什么新思考，等等。外人看我们的情形，听我们的谈话，真弄不清楚我们是什么关系。当然也常会谈到学生们——谁谁新发表了论文，可喜可贺；某某做事太拖沓，论文进展缓慢，需要提醒一下，等等。

2023 年早春的一个晚上，我和先生又在小区漫步。西边的天空高悬着弯弯的月牙，刚睡醒的迎春花咧开了小嘴儿，满树白色的、紫色的玉兰争妍斗奇，伴随着微风送来淡淡清香。我俩聊起先生最近《叩门语丝》《一言一语总关情》《语言小品集》几本书的出版和编纂，很是开心！先生突发感叹：时间如白驹过隙，转眼我就到了古稀之年！我半开玩笑地反驳他，不对吧，你刚 60 多呀！早些年你曾对一位将近 50 岁的老师说，只要不到 50 岁的那一天，你就抓紧时间享受自己是“40多岁”的时光吧！

为这个极其可爱的“阿Q精神”，我们开怀大笑起来！

是的，到2025年，先生真真实实的70岁了！中国有祝寿的习惯，一般都是女过实、男过虚。这么说来，今年就真应该向70岁的先生表达祝福了！

先生自20世纪80年代后期开始招硕士生，1999年带博士生，之后还有博士后、高级访问学者和一些外国留学生。这些学生大多又都带了硕士博士研究生，这些学生的学生有些也开始招研究生了，开枝散叶，桃李芬芳，好不热闹！学术贵在传承，学术就是传承，这也是作为教师相较于其他职业的独特之处。那就在先生年近70岁的时候，让弟子们回忆一下自己的求学之路吧。我们把这个想法告诉了徐欣路等几位学生，他们也都支持，还援引当年学生们写《心照而宣》的故例。

书稿开始定名为“我与导师二三事”。半年过去了，我浏览学生们写来的初稿，感触颇多。学生们反思和总结了自己的学术生涯，用自己的亲身感受，书写了与老师接触中印象最深的几件事情：行文或长或短，有的潇洒张扬直抒胸臆，有的如行云流水般讲述着陈年往事，写事抒情谈感悟，篇篇皆是真情实感，没有阿谀奉承。我读这些文稿常会引发共鸣，时而开怀大笑，时而热泪盈眶……学生们文笔之妙，用情之真，让我感动！众多角度不同的文章，还原了一个立体的、真实的李宇明！我还有一个有趣的发现，每个人的文稿看似在写老师，其实呈现的是他们自己，他们的人品、学品和拼搏史，都是极其独特而别致的“这一个”。从这部书中，还可以看到一个学术团队的学术传承。由于这个学术团队成长在中国改革开放以来的特殊时期，说开去可能还别有深意。为了突出这部书的学术意义，我们商议，更名为“学术就是传承——我与导师二三事”。

学生们说了很多学术大事，而我，就说点我们生活中的琐事吧。

## 两次“分手”，皆因所谓的“事业”

20世纪60年代，由于历史原因造成了中学生滞留在校，到1968年中国出现了六届初、高中学生（人称“老三届”）一起毕业的“奇观”。这年12月，全国传达“知识青年到农村去，接受贫下中农的再教育，很有必要”的指示，上山下乡、到“广阔天地”，成为城市知识青年的志向与去向。人数规模之大、涉及家庭之多、动员力度之强、国内外影响之深，都是空前绝后的。而农村的知识青年，高中毕业就意味着上学上到了头，回乡种地是理所当然的。我和先生是高中的上下届学生，毕业后就都成了农民一枚，甚至不需要接受“再教育”。先生1975年被推荐为工农兵学员，到汝南园林学校学园艺；1977年考上郑州大学中文系。我1978年考进河南大学中文系。1980年春季，我们上高中时的老师见我俩还都是单身，于是介绍我和他谈朋友。

其实，早在1968年我就知道了他的名字。那时全国一片红海洋，他是我们县“毛泽东思想讲用团”里最小的一名成员。不仅年龄小，个头也小。轮到他发言时，只闻其声却不见其人。在一片善意的哄笑声中，他被人抱着站到桌子上，竟然能把“老三篇”（《纪念白求恩》《为人民服务》《愚公移山》）倒背如流，一时名声大噪，誉为“神童”。从小学到高中，他学习成绩一直名列前茅，是上下届学生无人不知的“化学脑袋”，更被老师们宠爱有加。

高中毕业后，语文教师焦振华先生鼓励我们不要放弃理想，常把一群文学爱好者——包括我和他，聚集在焦老师当时任教的高中所在地凤凰山，教导我们说，“宁要社会主义草，不要资本主义苗”是暂时现象。社会要进步，必定需要有知识的人才。一边给我们灌输他的人生哲理，一边训练我们写些杂文，如《登山的启示》《××的畅想》等等。当1977年恢复高考制度时，焦老师的这批“信徒”、这些脸朝黄土背朝天的少男少女们，大多数考上了中专、大专和大学，从此改变了命运。就国家而言，也开启了共和国独特的“七七级”现象。

我和先生谈恋爱，很少花前月下卿卿我我，而多数是谈事业谈未来，谈某书中有趣的篇章。我俩性格中都有倔的一面，话语稍有不合，便一两个月谁都不写信。当我觉得他该收到我的信件时，也恰巧我就收到来自郑州大学的书信！按时间推算，来和往的书信一定在路途中笑眯眯地打过招呼。这种冷处理、慢半拍的闹矛盾还都能自我消化，而认真地说“分手”，竟有两次，至今记忆犹新。

1980年暑假，我从开封去郑州与他见面。人民公园里姹紫嫣红，蝶舞鸟鸣，对着被介绍去“谈恋爱”的我，他却兴致勃勃地大谈屈原《国殇》的韵律，比赛谁能背全李白的《蜀道难》。西柳湖如诗如画，依依杨柳婆娑起舞，柔软的枝条轻扫湖面，荡起层层涟漪，叶叶扁舟荡来荡去，成双成对的青年男女亲密依偎，情语呢喃……我和他划动的小船却飘荡在不和谐的音符里：

他问：“你喜欢陈景润吗?”

“不喜欢。”

“为什么?”

“他生活中只有哥德巴赫猜想。我不喜欢书呆子！”我实话实说。

“我要做第二个陈景润！此生的信条是事业第一，爱情第二。”硬邦邦的男子汉宣言。他说这话的时候，脸上没有什么表情，眼睛傲然地望着远方。

“我的观念是事业爱情并举，为了事业而不管家庭的人，我一点儿都不欣赏。”我的倔脾气也上来了。

我们那时的交谈不仅别具一格，且也很具时代特色，而且实实在在地谈“崩”了。一说完“今后我们还是朋友，还可以保持联系”，尴尬、局促的状态瞬间消失得无影无踪，两个人立刻显得轻松起来。

这是我和他的第一次分手。其实也算不上“分手”，因为两人还没有真正开始。后来又和好了，不过怎么和好的，已经记不起来了！

第二次分手，是我提出来的，因为怕耽误了他人生最看重的事业。大学三年级下学期，我早上跑步时淋了一场大雨，三天后四肢关节疼痛难忍，校医诊断为神经性关节炎。一年后，右手手指关节红肿，继而双手双脚、全身关节红肿疼痛，这才确诊为类风湿关节炎。假如我能预料今生的磨难和淋雨有关，我情愿一辈子都不碰一滴冷水。

1982年我大学毕业，没有回故乡依偎年近古稀的老娘和从小相知的妹妹，为追逐他的身影，就选择了离武汉稍近的信阳教师进修学院。他在年初应届考取了华中师范学院现代汉语专业研究生，而那时河南的大学生分配，绝对没有外省指标。信阳的雨水特别多。类风湿最怕阴雨潮湿，我的病又加重了，整夜整夜不能入眠，起床后关节僵硬得像生了锈的机器人。颌骨也发了炎，吃东西张不开嘴巴。疼痛使我没一点儿食欲，又加上生活习惯不同，我老家以面食为主，信阳以吃米饭为主，伸长脖子扒拉两口硬得像沙子似的米饭，噎得眼泪直流。一天早上，任我怎样挣扎，也不能从床上坐起来。同室好友小燕好不容易帮我下了床，两条腿却不会迈步了。于是，泪流满面的我，被送进了信阳中医院。

晚秋时节，我直挺挺躺在病床上，膝盖红肿得像扣了一只小黑碗，双腿只能伸直不能弯曲，就连翻个身也要人帮忙。假如不是活动的眼球和受疼痛刺激尚还清醒的思维，外形上与僵尸几无不同。我可以忍受肉体上的疼痛，精神上的折磨却使我到了崩溃的边缘。事先约定 10 月 1 日他来信阳小聚，望眼欲穿的等待只是五彩缤纷的肥皂泡泡而已。

我暂时没有告诉他我住院的消息，但最终做出了断绝书信往来的决定，是和同病房的一位病友有关。她叫晔，整个人瘦得皮包骨头，还有一双扭曲得和鸡爪没有区别的手。只是偷偷地瞄了一眼，已经令人毛骨悚然。从推进病房那刻起，她就一直不睁眼不说话不喊叫，不吃不喝也不动，无论她年迈瘦弱的母亲怎样柔声细语地劝慰，都无济于事。晚饭时，母亲出去给她买馄饨，她突然开口说话了：“小妹妹，能帮帮我吗？”一口纯正的普通话，那声音美得令人难忘。

“您喝茶？”一直给我陪床的小鹤掂起水瓶。河南人把白开水叫作茶。

“不，那里边……”她艰难地抬起手，指指搭在被子上外衣的口袋。

那是一个装满乳白色液体的小药瓶。应她的要求，小鹤打开瓶盖并在背后拥着她半坐起来。她迟疑了一下，眼睛一闭把那瓶药一饮而尽。我明显地感觉到她的手在发抖。

“这是什么药？”我好奇地问。

“止痛的。”

“效果好吗？”

“好。”

“能告诉我药名吗？让医生也给我开一些。”

“现在不行，等到……”

她把脸扭向一边，不愿再说话。双眼紧紧闭着，而且永远地紧闭上了。一个年轻而美丽的生命，实在受不了类风湿的折磨悄然地消失了！此事让我重新审视我的一生，更让我重新审视我和他的未来。

管床大夫小邹医生是刚从信阳卫校毕业的助理医生，尽管他是学医的，但对文学却情有独钟，从《红楼梦》到《安娜·卡列尼娜》，从唐诗宋词到雪莱、拜伦、马雅可夫斯基，谈论起来兴趣盎然没完没了。他知道我是从中文系毕业的，所以对我非常关照。

小邹医生看我情绪低落，便告诉我，晔是独生女，高中毕业本来可以留在父母身边，可她热恋了两年的男友下乡到了光山县，她不顾父母和亲朋好友的反对，毅然决然地来到男友身旁。男友在1972年被推荐为工农兵大学生，此后就像断了线的风筝杳无音信。而晔一改活泼开朗的常态，整日以泪洗面郁郁寡欢，后因冒雨在田里插秧，受寒患上了类风湿关节炎。在她处于极度痛苦的窘境时，一个名叫大钢的回乡知青走近了她的身边，最终成了夫妻。知青大钢返城后，晔也回到了信阳父母的家里。为给妻子治病，大钢卖掉了家里的两头黄牛，走南闯北，最后把晔的父母一生的积累也花光了，病也没治好。大钢也被他的父母叫回了光山老家。

“晔已经是第三次自杀了！活着造孽，死了倒是一个解脱！”小邹医生不停地说着，我却听而不闻，“哀莫大于心死”这几个字，却怎么都挥之不去！这让我陷入了深深的思考：难道每个类风湿患者的下场都如此惨不忍睹？那我俩还有未来吗？

虽然我没有回音，可每周都会收到他一封暖人心脾的信件。在第三封的来信中，他开始有了担心和困惑，深情地写道：晚上处理完手头上的事已是凌晨时分，走出宿舍，校园寂静无声，月光如注，站在枇杷树下仰望着北方，心里有无数个疑问：为何没有回音？是类风湿又复发了还是信件丢失了？……

我不回信却期盼他的来信，流着热泪贪婪地一遍又一遍读着品味着，似乎看到他扒遍信箱里所有信件怅然若失的眼神……甜蜜和苦涩交织，酸甜苦辣五味俱全。我了解他，他有非常强烈的事业心，以他的聪明才智和持之以恒的个性，也肯定能够成就一番事业。而我，不仅不能成为他事业的助手，还可能拖得他遍体鳞伤、同归于尽！

几经思考大彻大悟之后，我如实告诉他，我生病住院极有可能会瘫痪致残甚至终身不愈，不能耽误了你的事业，就此分手吧。

## 柳暗花明，有情人终成眷属

一周后，床头上放着一封厚厚的武汉来信，那是我再熟悉不过的强劲有力流畅洒脱的笔迹。“亲启”两个字一如既往的神秘别致。可我对自己说，这不过是他顺势走笔习以为常的格式用语，并不含有以往意味深长的另样情意。我热切地望着它，一分钟一分钟地往后拖，几次欲拆信都又胆怯地停下来。

撕开信的封口，头有点昏眩，手有点颤抖。一眼瞥见抬头的称呼，我的热泪再也无法控制，像决口的洪水一发而不可收。

他用近乎狂热的口气写道：“哪怕你躺在病床上从此再也站不起来，我也不会后悔。……我们结婚吧！爱，不计较繁文缛节。我们在病床上举行别开生面的婚礼，有什么不可以？就在元旦，元旦就结婚，用我坚实宽厚的胸膛为你遮风挡雨……‘在天愿作比翼鸟，在地愿作连理枝’，我们同心协力，没有过不去的火焰山……”

1982年12月28日。

“白老师，你看谁来了？”小邹医生一大早推开病房的门，笑嘻嘻地说着，闪开了身子。他站在门口：手里提着一个红颜色的皮箱，一身的星月风尘，一脸的寒冷疲劳，只有那双睿智而略带狡黠的眼睛还是那样熟悉。

“我想给你个惊喜，不欢迎？”他很认真地朝我脸上看了一下说，“还行，比我想象中好得多！”

那是一种只可意会不可言传的眼神，瞬息相视不禁使我鼻子一酸，多日来梗在心窝的寒冰似乎在一点点融化。他极尽温柔体贴，让小鹤坐下休息，他去提水买饭洗碗煎药，斜坐在床沿上给我读报纸讲学校趣闻趣事……待同室病友好心知趣地离开后，他开始摆弄手提皮箱说，这是师兄弟们凑钱送的皮箱，还有这条床单，高雅的浅蓝色，盛开的白玉兰花，两只翩翩起舞的花蝴蝶，和你名字多吻合！这一身外罩和一双棉皮鞋，是一个很有眼光的师妹专门为你挑选的，她和你身材相仿，你穿上肯定漂亮。最后，他从贴身的口袋里拿出一张纸，神秘地说：“打开看看！”

一张结婚证明信，上面盖着华中师范学院中文系的鲜红公章。我的心一阵发烫，明知故问：“这用来干什么？”

“领结婚证啊！你们单位也要为你开一份，否则是不能登记的。”他一本正经地解释，天真得可爱。

“登记？我配不上你。我最讨厌廉价的同情和怜悯！我宁可……也不要施舍！”我努力保持平静，可语气里分明带着哭音。

“怜悯？施舍？你以为我是救世主或捡破烂的？我绝不会拿一生的幸福当儿戏！我追求的是真诚的爱，我爱你！”

“我的翅膀已经折断了，再也没有飞上蓝天的可能性……”

“一个人只要精神不倒，疾病是打不倒的。张海迪、保尔·柯察金不都是病床上的英雄吗？”

“我不是……”

“你当然不是他们，可你的意志力能和他们同样坚强。况且，孟老夫子早有惊人之语：‘天将降大任于是人也，必先苦其心志，劳其筋骨，饿其体肤，空乏其身’，也许是上天的有意安排，让你在疾病的磨难中历练，成为第二个保尔·柯察金呢？”他笑着调侃。

“不可能，不可能……”我也不由得笑了。

他很自信地说道：“爱是一剂良药，我相信爱的力量。也许，我们会创造出一个奇迹来。”

第二天一早，零下12摄氏度。天气很冷，房檐上点缀着一串串玲珑剔透的冰溜棍儿，漫天飞舞着的碎雪花，似一群活泼的小蜜蜂嬉戏着我们的身影，脚踏冰凌发出清脆的咔嚓、咔嚓声，与大街小巷时近时远的爆竹声交融着，似乎在为我们非同一般的结合而普天同庆。他搀扶着我到信阳市东风办事处去登记，路虽泥泞难走，内心的甜蜜却无以复加。

他突然停住了脚步：“如果办事员问你为什么要嫁给我，你怎么回答？”

我歪头一笑，引用了赵树理《小二黑结婚》中小芹的一句话：“‘因为他好劳动’呀!”我们都笑起来，笑得很开心很灿烂。

回到医院，给医生、病友发喜糖道感谢，喜气洋洋，同时也收获了无数个祝福……病床上的婚礼，一个终生难忘的婚礼!

40年的婚姻证明，我们真的创造了奇迹，而且是不止一个奇迹：首先我没有像晔那样，年纪轻轻就告别了人世，悲惨地结束生命。已到古稀之年，我还在幸福地活着，活得还挺充实！其二，我们有个温馨的三口之家，女儿冬冬特别争气，她一路的拼搏史，很符合父母最初的期望。医学博士毕业后又去国外做博士后，然后兑现了她小时候的诺言，学成归来报效祖国，结婚生子、教学、科研三不误。她和她的先生杨菲共同构筑的温馨小家，与原生家庭组成了一个其乐融融的大家庭。其三，先生虽被我几十年的疾病所拖累，但仍然事业有成、著作等身，而且还带了近百名中外研究生。我们的学生重情重义，品学兼优，很多都已成为语言学界的中流砥柱；先生曾经做过很长一段时间的行政工作，但工作认真，学术认真，从未懈怠过。不管是人品还是学问，都无愧于一个“大写的人”字。

## 感恩先生，让我活得有尊严

先生在很多场合对学生说：“‘李门’就是一个大家庭，一个学术团队，白老师是你们的‘政委’。我和白老师的分工是我管你们的学业，白老师管你们的思想。你们有什么私事，有什么心结，都可以找白老师聊聊。”

先生让我当“政委”，其实是要我融入“李门”这个大家庭。他怕我落伍，让我与时俱进。跟高学历的年轻人在一起，无形中会开阔一些眼界；他工作很忙，在家时间极其有限。而我常年生病待在家里，很少有外出的机会。老闷在家里日复一日，没有任何新鲜刺激，情绪就会烦躁，甚至抑郁。跟忘年交的小友们、小“闺蜜们”一起去香山踏春、十三陵水库观景和平谷观赏桃花，游弋在青山绿水、万紫千红的花海之间，那叫一个开心啊！学生们来家聊天帮忙，偶尔小聚一下，甚至喝几口小酒，在嘻嘻哈哈热热闹闹欢声笑语中，也化解了诸多的不愉快。

同时，先生也为我做了很多心理建设，比如把“抓着今天，抓着快乐”“与其悲悲戚戚地活一生，不如快快乐乐地活一生”之类的标语，贴得满屋子都是。还设法让我融入他的语法研究的世界里。大学期间中文系的现代汉语也就是主谓宾定状补，对我这样的文学青年来说，枯燥乏味。但与先生聊语法，有很多现象还挺有趣挺好玩。比如：

“江西人不怕辣、四川人辣不怕、湖南人怕不辣”，为何能够显示耐辣程度的不同?

为什么“饺子汤”里没饺子，“萝卜汤”里却可以有萝卜，而“小米汤”里则必须有“小米”?

“肉夹馍”，究竟是肉夹馍还是馍夹肉?

他的文章我是“第一读者”，同时也是校对者。逐渐地，我不仅更深刻地了解了他的追求，对他所做的事也有了一知半解，时不时地也能和他起点儿共鸣了。

彻底改变我的生活状态和心态的，是我们惊喜地发现二人世界即将变成三口之家。先生从语法研究转向儿童语言研究，并希望我来帮助记录自己孩子的语言。这样，自然而然我就成了儿童语言研究团队的一员，有了用武之地，夫妇两人也有了共同的话题，共同的努力目标。我贪婪地读着中外儿童语言学的书籍，极其兴奋，慢慢懂得了长期追踪记录儿童语言发展的意义，懂得怎么去做这件事情。从女儿冬冬出生的那一刻起，全家人就开始记录她的语言。白天记录，晚上整理，先生和我用不同笔迹，记下了长达六年半、百万余言的“冬冬日记”。当时没有现在的录音录像设备，几乎全靠大脑反复记忆再落到文字上，实在不易！能让我、我们坚持记录下去的，是先生源源不断发表儿童语言研究的文章和著作，还有很多学术界的好评反馈。我精神焕发，信心满满，真真切切地感受到做此事的意义何在！

2005 年 3 月，我做完双膝人工置换手术，由植物变回动物，时不时瞄一眼静立在书架上的那 11 本“冬冬日记”，小小的野心又有点儿蠢蠢欲动了！20 年过去了，冬冬已经是北大二年级的学生，日记的材料还封存在日记本里！它呀，开心吗？一定不开心！

感谢几位学生在 2006 年底把日记本的文字敲入电脑，从此我开始了对日记的整合梳理工作，试图把它写成一段段儿童成长的小故事……一直到 2014 年，很感谢商务印书馆立项出版，书名叫《人生初年——一名中国女孩的语言日志》。先生认为，还是要把这本书做成学术的，用白描手法真实再现 20 世纪 80 年代的社会风貌，展现一个儿童的语言、心理和行为发展的全过程。自此我们又改变思路，日日夜夜，倏忽间又一个五年过去了，前后修改 10 稿，最后先生又画龙点睛定稿。很巧的是修改次数和笔记本数量一样，又是一个 11。2019 年 10 月见书，12 月 26 日在商务印书馆召开了新书发布会！

《人生初年》的出版，有许多人无私的付出，也凝集了很多人的智慧。2019 年 3 月底，商务印书馆的编辑、美工很有创意地提出，在书中加上冬冬的涂鸦，还要放进录音片段和录音的文字转写，使这本书成为有字、有画、有声的立体之书。当时的我，刚做了右髋关节置换手术出院回家，为了赶时间，找学生把当年卡式录音带里的材料转录、转写出来，再选裁插入到书中相关的位置。听到几十年前女儿稚嫩的声音，常常激动得热泪盈眶。晚上我躺在床上久久不能入眠：既有刀口处的隐隐作痛，更是太紧张太兴奋的缘故，也颇有人生的成就感。

除了《人生初年》这套书的多年打磨，还有不少事情让我不能懈怠：2003 年冬冬考上大学，我以“心路”为题，记录了她读书期间的人生感悟和喜怒哀乐，还有先生工作中值得留下记忆的大事小情；2010 年、2011 年女婿杨菲和冬冬分别去美国做博士后，我又开始记录“中美两地书”，小夫妻两人在美国的所见所闻酸甜苦辣尽收笔下；2012 年、2016 年，外孙女点点和涵涵先后出生，用录音、录像记录下并转写孩子们的成长史。如今在北京语言大学新建的儿童语料库中，可以完整查阅的就有冬冬、点点和涵涵母女三人的语料；如今，我正根据记录他们在美国六七年的文字整理书稿《中美两地书》，期待在不久的将来能够跟读者见面。先生开玩笑地说，我是把家庭现实变成历史的人。

之所以能鞭策我不停下脚步的，还真的是先生每日笔耕不辍、频频出版的论文和著作；让我至今还对他有点小崇拜的，是他的家国情怀以及与众不同的思维模式和创新意识。按说到了这个岁数，无数家庭琐事早就磨平了初为少年夫妻的激情，可他还能常给我惊喜。最近几年他一直关注语言数据的研究，提出为各个行业配备 AI 助手，特别是儿童、老人、教师、医生等。先生跟来家的客人聊天，与学生谈论文，交谈中思想碰撞的火花四溅，许多都是我从没听过的新鲜话题，所以我很喜欢伴其左右作为旁听者，事后常常拍着脑门大笑：我，猪啊，怎么又忘记录音了？

在目前，他的许多想法也许是乌托邦，也许是空中楼阁水中月的浪漫主义，但依然能让我极其佩服、浮想联翩、激情澎湃。我坚信，他的这些充满智慧的新理念，总有一天会变成现实的。

## 感恩学生，学缘如血缘

李晋霞在文稿中写道："白老师是我们'李门'同门的'政委'，有高兴事，有不高兴的事，往往白老师是第一知情人。"这话说得实在。这是因为大家都知道，李老师特别忙，时间安排特别紧凑，学生们不愿意去打扰他占用他宝贵的时间……其实我也不过是个中转站而已，只要我知道了，李老师也就知道了。有高兴的事，大家一起分享快乐；遇到了困难挫折、过不去的坎儿，就一起分析、开导，大家共同努力，一起想办法解决它！

先生给我个"政委"的名头，还有另外一层含义，那就是让那些从外地到北京读书的孩子们有一个"家"的感觉。学生们来家谈论文，逢年过节没有回国的外国留学生，还有怕浪费时间留校拼搏的孩子们来家欢聚，开开心心地小酌一杯，让这个温暖的大家庭更加温暖，也加深了感情和凝聚力。说老实话，我跟学生们交往，主要是扮演倾听者、共情者的角色，偶尔也能解决点他们的小问题。而学生们对我们的深情厚谊，关键时刻的鼎力相助，真的让我们刻骨铭心，感动不已。

学生们平时来家帮忙做卫生、跑跑腿这些日常杂事多不胜数，而我和先生各自两次住院手术，是最能见证师生关系的感人时刻。

我是个常年与病为伍、以床为伴的类风湿患者。类风湿和风湿不同，风湿侵犯心脏，而类风湿侵犯的是大小关节。我第一次做手术是 2005 年的双膝人工关节置换，耗材用的是进口钛合金，正常情况下 10 至 15 年的使用期。医生曾警告过，说手术很成功，但骨质疏松很厉害，即使坚持锻炼，人工关节和自身骨头能契合多长时间，还是未知数！我每天坚持勾脚绷腿，从不懈怠！十八年过去了，造化念我心诚，双膝至今尚好！虽然每次的体检报告，都提醒我骨质疏松越来越严重，可我心存侥幸，一直没有太放到心上。但长期服用醋酸泼尼松，必然带来严重的骨质疏松。2018 年的 9 月底，在弯腰的那一瞬间，只听咯嘣一声响，左髋关节骨折了，住进医院，做了左髋关节的人工置换手术。第二年 3 月，又做了右髋关节的置换手术。

先生身体底子不错，只是长期伏案工作，二十多年前就得了腰椎间盘膨出、椎管狭窄和骨质增生等疾病，病情复发时常常疼得夜不能寐拄杖而行。2017 年和 2023 年的两次住院，都是过度疲劳惹的祸。

2017 年 8 月接连参加了几个会议。20 日的晚上住在北京饭店，第二天还要去人民大会堂参加一个活动，可凌晨时分整个人就动弹不得了。第二天一早救护车送进北医三院急诊室略做处理，之后住进了望京中医院，做了小针刀手术，才能慢慢下地走路。他把这次住院总结为“小惩大诫”。

2023 年 11 月是先生最为忙碌的一个月，家事公事一个接一个，线上线下学术报告一个连一个，而 22 日—28 日在广州、珠海和澳门连着参加三个会议，更是各种不适积累在了一起。在澳门大学的会议上，腰椎老毛病突然复发，27 日下午已经活动不便，从腰部一直痛到小腿。但先生要强，从来都不愿麻烦别人。他尝试着用右腿用力，弯着腰双手推着行李箱，独自一人上下飞机……回到家里，很感慨地一声长叹：“有行李箱作手杖，总算回来了！”

休息几天仍不见好转。12 月 4 日入住 301 医院，22 日出院，19 天的时间做了 3 次微创手术，把多年来的椎管狭窄、椎间盘膨出和骨质增生做了一次彻底清理，剔出来带血的大小骨头渣 200 余块儿。虽说是局麻微创，但其心理上的压力和身体上的承受力，也都达到了极限。先生说，这次是“大惩大诫”！

在我和先生的这几次手术中，很感谢女儿女婿前后张罗，更感谢帮助我们渡过难关的学生们！我住院期间虽然请了护工，但学生们怕我寂寞，白天黑夜轮流值班陪我。这期间的深度沟通交谈使双方迅速熟悉起来，我不仅详细了解了他们的论文进展和未来追求 ，还了解到每个人的个性、爱好以及家庭情况、成长经历和情感状态等。几个厨艺高超的女生还变着花样送好吃的，有的甚至动员家里老人展示具有家乡特色的厨艺。医护人员由衷赞叹：看起来当老师真不错，师生关系如此亲密的，我们还是第一次见到！

先生住院，学生们更是全程陪伴。先生很动情地对我说，形容书生是“手无缚鸡之力”，而我手术后是“手无提裤之力”，咱们的学生做了儿女才能做的事。先生曾说，师生之间是没有血缘关系的亲人。我和先生的住院经历绝对可以证明：学缘如血缘。

我和先生 1983 年结婚，40 个春秋，风风雨雨，同舟共济。在中国，常用金银铜铁、翡翠珠宝等来表示婚龄，40 年婚龄被称为“红宝石”。红宝石是“生命之石”，象征着富贵、激情与爱情。我没有红宝石的首饰，也不奢望什么大富大贵，但值得庆幸的是我有这样的家庭、这样的先生、这样的学生。我非常珍惜“政委”的称号，更欣赏红宝石的熠熠之光！

# 目　　录

**附录**



**后记**

# 从学语言的人到语言学的人

郑厚尧

我是1989年入学，拜于李老师门下学习语言学的。与众多“李门”弟子相比我是一个不太成功的人，颇为愧疚，但我仍然乐意分享入“李门”后的学习经历，希望它们对后学有一定的帮助。

## 机缘巧合

入“李门”之前我是一个地地道道的语言学习者，a student with some English words（本科时一位老师告诫我们学习外语的同时一定要拓宽学习视野，否则就是一个只知道几个英语单词的人）。这句话对我来说是刻骨铭心的。所以我本科后半程的课余时间基本上是在自学经济学方面的知识，目标就是考西方经济学理论方向的研究生。事实是我失败了。

本科毕业后我被分配到一所县中，后来调到当地一所地方高校工作，1985年有机会到南京大学举办的高校青年教师进修班（简称助教进修班）学习。就是在这里我接触到了乔姆斯基语言学，尽管当时没太弄懂，但感觉它很神奇。

决定报考1989年研究生之前，翻阅一本闲书时，其中的一句话简直撞到了我的命门，大意是：一个人如果35岁之前仍然一事无成，他的一生将是碌碌无为的。当年我32岁，留给我的机会不多了，于是我果断决定报考研究生。走这条路有许多的困难。首先是小孩才满周岁，身体较弱，爱人建议我报考离家近一些的学校，方便照顾孩子，这也是我选择报考华中师大的决定性因素；其次备考时间很紧，工作之余给我复习备考的时间少之又少，因此必须发挥我的优势，拿专业英语当考研外语，加之之前有自学和考研经验，这样专业课（语言学和现代汉语）的复习就会充分一些；最后是报考资格——工作单位同意报考的证明，这是当时的必备条件。然而提出申请后我却被告知无此先例。这简直是一瓢冷水，但我还是不死心，软磨硬泡终于拿到了报考证明。

考试结束后感觉良好，也拿到了复试通知。复试后得知有两人过了分数线，我的成绩排第二，而开学报到时只去了我一个。据说那位排名第一的同学放弃了这次读研机会。其实，那个年头正是中国经济全面开放的上升期，下海经商是当年的热词，搞原子弹的不如卖茶叶蛋的等说法甚嚣尘上。

我入校时是双导师制，第一学期主要跟着闭克朝老师学习方言调查，其间闭老师带我去拜见了李老师。不久后的一天李老师约我去医院看望闭老师，直到此刻我才明白闭先生带我去见李老师是要交班了，尽管闭老师当时对李老师说了一些“厚尧以后的学习你就多操心了”之类的话，我都没太往心里去，以为是他们老师之间的客套。

我就是这样机缘巧合地入了“李门”。

## 润物无声

上研究生前，我对华师文学院的了解仅限于中文系有个邢福义老师，因为邢老师曾经给我们外语系的学生上过现代汉语课，对语言学的了解也仅限于考研复习时看的几本书。上研究生后，虽然有如愿以偿的喜悦，但对该学什么以及怎么学，心中无底。

拜入李老师门下后不久，李老师就给我开了书单。拿到书目的那一刻只能用“折服”两个字来形容我当时的心情，作为同龄人的我居然有那么多书名是陌生的，虽然我自认为是个比较喜欢读书的人。这份书目对我来说非常重要，一方面指明了读研学习的方向，另一方面告诉我读研的任务很艰巨。

我本科读的是英语专业，所学课程主要集中在听说读写译等语言技能，对语言理论涉猎甚少。即便有所涉及，比如文体学简论等，也没有太多兴趣，因为习惯了读书就是做阅读理解题和记忆其中出现的新词语，所以理论性课程结束之后除了记得几个词语之外其他一无所获。而现在的书目几乎都是理论性的。于我来说，读研首先是要加强理论上的修养。

刚好读研期间逛书店的时候发现了湖南教育出版社出的一套语言学系列教材，我如获至宝，因为书中用例都是以英语为主，读完后对语言学在干什么要干什么有了基本的了解，似乎觉得心中有底了，但李老师给我的书目远不止这几本书。

研二伊始李老师就开始为我谋划毕业论文的事了。为了培养我的研究兴趣，李老师帮我在华中师大的《语言学通讯》上刊发了一篇文章。我知道这是老师对学生的激励。后又帮我联系湖北省聋儿康复中心，让我进课堂观摩培训师对聋儿的语言康复教学。由于完全没有生活语言研究意识，观摩几次之后我就放弃了。从康复中心回来后，李老师把他参加儿童语言研究的会议论文打印了一份给我。看了几篇李老师的论文后觉得这个研究蛮有意思，于是就找了一些资料来看，不过很快发现儿童语言发展研究属于心理学范畴，并且要对研究对象做较长时间的观察才能获得必要的语言素材，而我已经没有这个时间来完成任务了，于是就把我的顾虑给李老师说了。不料李老师很快解除了我的疑虑：进幼儿园去做横向调查，选择不同年龄段儿童调查他们理解选择问句的发展情况。

毕业论文初稿拿回来后，看到文献综述部分画了几个大红叉，我心里开始打鼓，自己最为得意的部分被否定了。翻到最后一页看到老师给我写的批语和提纲，我又笑了。此时我好像有种顿悟的感觉。后来跟老师聊到这个话题的时候，老师肯定了我的想法，并且强调顿悟在语言研究中非常重要。他说语言研究的过程就是一个悟道的过程。

研究生毕业后没多久收到老师的来信，告知我的毕业论文被《语言研究》编辑部看中，让修改修改后给寄过去。这次老师给的修改建议特别强调了语言要精练，尤其要学会从繁杂的现象中抽象出一般规则。

论文《影响儿童理解选择问句的若干因素》刊发后令我备受鼓舞，也真切地感受到了老师对一个学生春风化雨般的呵护。

学语言与语言学虽然都是以语言为对象，但它们之间的差别是显而易见的。首先，学语言是以语言为终点，语言学则是以语言为起点；其次，学语言只管是什么不问为什么，语言学则既要说清楚是什么更要说清楚为什么；学语言是实践具象，语言学是理论抽象。总之，从学习语言到研究语言的转变，与一个婴儿的成长过程是一样的。我在“李门”得到的呵护是全方位的，是难以用语言表达的。

## 作者简介

郑厚尧，长江大学外国语学院教授，硕士生导师。1989 年—1992 年在华中师范大学语言学专业师从李宇明教授攻读硕士研究生。2003 年—2006 年在华中师范大学语言学及应用语言学专业师从李宇明教授攻读博士研究生。主要从事英语教学与研究。主讲课程包括“基础英语”“英语语法”“高级英语”“英语词汇学”“语言学概论”等。发表论文 30 余篇。主编和参编教材 5 部。2007 年—2009 年连续三年获评湖北省优秀学士学位论文指导教师。长江大学第二届教学委员会委员。

## 指导学生情况

指导硕士研究生 30 余人，其中大多数学生毕业后从事中学英语教学和商务英语翻译工作。

# 在微观与宏观之间探寻语言的奥秘

陈前瑞

从 1992 年进入“李门”以来，已有 30 余年。这 30 余年间，我和导师李宇明教授保持着持续的学术互动。虽然毕业了，但仍然在学术的很多方面继续得到老师的指导。本文侧重从学术研究的微观发掘和宏观思考角度，回溯导师指导我们如何探寻语言的奥秘。

## 从问句的理解与发生到语言的理解与发生

我在华中师范大学攻读硕士学位的时候，李老师正在做中华社科基金关于儿童问句理解发展的项目。根据李老师设计的问卷，我在华中师大幼儿园进行问句系统理解的调查，最终写成了硕士论文《儿童问句系统的理解及与其发生的比较研究》（华中师范大学，1995），李老师把其中有关的核心章节整理后以合作的形式发表在《世界汉语教学》和《语言教学与研究》上。之后，李老师又编入了他发表的若干篇相关论文，最终整合成专著《语言的理解与发生——儿童问句系统的理解与发生的比较研究》（华中师范大学出版社，1998 年）。比较硕士论文和这本专著的标题可以看出老师的语言艺术和研究的宏观追求：以“语言的理解与发生”为主标题，旨在通过儿童语言研究探寻语言理解与发生的一般规律。当时李老师正在撰写专著《儿童语言的发展》，不仅全面描述儿童语言的面貌，也在探讨儿童语言研究的普通语言学意义。以“儿童问句系统的理解与发生的比较研究”为副标题，揭示专著的主体内容，旨在微观的调查研究。附录收录的论文则在微观和宏观研究之间架起了桥梁。

## 从类型学的视野到国家的学术话语权

我的博士论文还是跟李老师做的，原计划研究第二语言习得，但当时李老师的兴趣回归到现代汉语语法，正在撰写《汉语量范畴研究》的相关内容。老师希望我在做习得研究之前把本体的问题弄清楚，弥补硕士论文在本体研究方面不够深入的不足。于是，我系统阅读了当时能够找到的有关类型学研究的文献，写成了博士论文《汉语体貌系统研究》（华中师范大学，2003 年）。现在想来当时真是无知无畏，其实论文只是建立了一个四层级的体貌框架，并对其中的若干问题进行了研究。博士论文后来以《汉语体貌研究的类型学视野》为题出版（商务印书馆，2008 年），李老师为该书赐序，主标题为“学术话语权”。李老师在序文中写道：“前瑞在研究学问之时，希望也考虑学科的话语权问题，甚至国家的话语权问题，此乃‘匹夫之责’也。”当时，李老师在教育部和国家语委工作，更多地考虑国家层面的宏观问题。也必须承认，受视野的限制，我当时并没有深入领会老师的深意，也是因为博士论文的后续工作主要是汉语史的微观研究。但是，现在回过来想，在从事类型学视野的汉语研究的时候，要更多地从具体语言的描述研究和类型学的比较研究这两个不同的研究范式中换位思考，更多地思考汉语的描述研究对汉语性质的独特认识，从一致性与多样性的角度提升汉语研究的话语权。尤其是在研究汉语时体时，要善于利用汉语方言和汉语史的材料对汉语体标记的使用模型做出具有普遍性的概括。略感欣慰的是，唐贤清等（2018）认为：陈前瑞、王继红（2012）的研究路线有效提升了我国的国际学术话语权。

## 从体标记的语法化到当代语言学学术史

博士毕业后，我兼职在北京大学中文系蒋绍愚先生的指导下从事博士后研究工作，主要从事汉语体标记的语法化研究。调入中国人民大学文学院之后，为了适应所在单位的科研评价要求，主要研究汉语体标记的语法化，最终完成《汉语体标记语法化的类型研究》（商务印书馆，2021 年）一书，形成了对汉语语法化及其区域类型的一些认识，也对时体类型学的一系列核心概念进行了反思和辨析，增强了宏观思考的深度。通过十多年的后续研究，一定程度上夯实了汉语时体研究的学术话语权。

在这本书的后记中，我写道：“回顾这 8 年多的研究，多集中于时体与情态的领域，常为一隅之见而自得其乐。这就是一种惯性，也希望在适当的时候有所突破。”李老师在收到赠书后，敏锐地注意到这句话，提醒我要进一步加强宏观的思考。李老师这里说的宏观的思考，主要是指宏观的创造性思考。这种思考不可能突然产生，需要长时间的积淀。

幸好，此前我和李老师一起已经干了件不小的事，那就是《中国当代语言学研究（1949—2015）》（李宇明主编，中国社会科学出版社，2016 年）与《中国当代语言学研究（1949—2019）》（中国社会科学出版社，2019 年）的编纂。在这本书的总论部分，我把李老师对当代中国语言学发展趋势的口头表述概括为四点，其中对我有直接启发的两点是：①关注本土语言的研究，关注本土的语言问题，关注语言在本土社会发展中的问题；②从语言研究向言语研究发展，从离开语境研究抽象的语言到走入语境，重视语流，关注语用。

这项工程帮助我打下了一定的宏观基础：一是从语言学史的角度理解当代中国语言学的使命；二是从不同分支学科尤其是语言规划研究中吸取营养，提升综合研究的能力。

## 从现代汉语源流考到汉语通用语的历史研究

在李老师的指导下，我博士毕业之后在申请国家项目方面总体上比较顺利，青年项目、一般项目、重点项目申请都是一次成功。但是，在重大项目方面并不顺利。因为重大项目需要从全局出发，利用集体的力量对一些宏观问题进行攻关。我本人此前的研究都集中在时体方面，要在汉语研究的某个专题上申请重大课题有相当大的难度。

2022 年在李老师的指导下，我成功申请国家社科基金重大项目“现代汉语源流考”。在申请的过程中，我和李老师全程保持着深入的互动。一开始是在全面梳理的基础上根据语言的子系统进行系统探源。在招标通知出来的第一时间，我兴奋地赶到李老师家里面谈。谈话之间，老师提出要设立“总体研究及现代汉语形成的社会语言规划研究”，探讨社会语言规划与语言系统之间的互动关系，给现代汉语源流考这个考释性题目确定了强烈的理论色彩。我在李老师的基础上，进一步提出探讨中国通用语形成的规律，进而研究通用语形成的一致性与多样性。但是，李老师觉得目前研究世界语言通用语形成规律的条件还不成熟，建议把课题重点集中到汉语通用语本身的问题上。该课题的申报基本确定了我未来若干年的研究主旨，重新回到“李门”师生的核心论题：语言生活，或者说语言与社会的相互作用。

为了推动重大课题的研究，我和李老师计划合作撰写论文《中华民族历史上通用口语的融合性》。论文的初始对象主要涉及汉儿言语与蓝青官话等特殊现象。李老师看了我的提纲后，先发微信语音，然后再发来谈话要点，提出：“官话的形成，要考虑中国历史的大背景：几千年长城内外汉语的发展，特别是辽金元在北京的建都、明朝迁都、清人入关等。”其中几千年长城内外汉语的发展，这是老师长期宏观思考的结果，尝试对汉语官话的形成找到一以贯之的主线。李老师的这一思想，实际上把现代汉语源流考的工作推进到汉语通用语的历史与变异研究。这不仅需要宏观的思想，也需要微观的历史资料的验证和恰当的语言表述。在微观的历史资料方面，我通过阅读文献，找到了东晋十六国时期前燕中央和地方官员的构成比例，李老师对这一细节特别兴奋。在语言表达方面，李老师亲自操刀，在表述的流畅性和论述的新颖性方面亲自示范。没想到我毕业三十多年后，还能得到老师在文章写作方面的指教与示范。期待在李老师的继续指导下，通过微观的研究，落实和深化李老师的宏观思想，为汉语通用语的研究做出贡献。

现代汉语源流考这一重大论题的落地需要有一大批中观和微观研究来支撑。我结合多年对河南方言动词变音的思考，计划进一步从地理和历史的角度探讨动词变音与语言接触的关系。考虑到多年来我一直跟李老师唠叨变音的问题，便邀请李老师加入该课题的研究。李老师欣然接受，并认为该论题如果能成立，会是历史语言学研究的一个新的收获。为了进一步夯实语言接触的论证力度，我邀请蒙古族博士生韩苏日古嘎加入课题，对获嘉县方言的特殊格式从北方语言形态的角度进行微观分析。希望通过师徒三代人的努力，在宏观、中观和微观三个层面夯实汉语方言特殊形态的源流研究，进而深化对中华民族共同体形成过程的认识。

上面从四个角度概括了 30 年间我跟李老师在语言研究的宏观与微观方面的互动，可以看出一条主线：李老师以自己丰富的宏观思考，引导我在微观研究的基础上，逐步加强宏观研究的意识，形成宏观研究的策略；在宏观与微观之间适度平衡，从而更加有效地探寻语言及其相关问题的奥妙。以前，我在言谈之间，经常说：李老师的思想太丰富了。70 岁在中国传统说法中，有古稀之年、悬车之年、杖围之年等说法，可是，李老师在年近 70 之际，仍然葆有如此丰富的思想，仍在用家国情怀身体力行地激励弟子们克服困难，拓展语言生活研究的空间。这真是“李门”的幸事，也是我个人的福气。期待我们也能像李老师一样，永葆学术青春!

**作者简介**

陈前瑞，中国人民大学教授，博士生导师。1992 年—1995 年在华中师范大学语言学专业师从李宇明教授攻读硕士研究生，从事儿童语言研究，获文学硕士学位。1999 年—2003 年在华中师范大学汉语言文字学专业师从李宇明教授攻读博士研究生，从事现代汉语语法研究，获文学博士学位。曾经在北京语言大学语言教学所和对外汉语研究中心、北京大学中文系工作或进行博士后研究。主要研究方向为语法化、语言类型学与汉语时体研究，涉及现代汉语、汉语方言、汉语史、民族语、外国语等多个领域的时体问题。出版专著、译著 5 部（含合作），主持国家社科基金等不同级别的项目 4 项，独立或合作发表论文 80 余篇，其中 10 余篇发表在《中国语文》《外语教学与研究》上。主要讲授“语言学概论”“当代语言学论著选讲”“汉语句法语义研究”等课程。目前正在进行国家社科基金重点项目“汉语将来时表达的区域类型研究”和国家社科基金重大项目“现代汉语源流考”的研究工作。

**指导学生情况**

已指导硕士研究生 62 人，博士研究生 14 人。学生邓川林，北京外国语大学中文学院副教授，硕士生导师，主要从语用的角度研究汉语语法问题。学生维克多，英国兰卡斯特大学英语与语言学系高级讲师，主要研究语用学。学生胡亚，首都师范大学讲师，主要研究构式语法。学生田婷，北京邮电大学人文学院讲师，主要研究互动语言学。学生邱德君，海南师范大学文学院讲师，主要研究汉语方言语法。

2013 年 10 月，在华中师范大学博士论文答辩后餐叙
（左起：李宇明　陈前瑞）

# 宽严相济、外圆内方的儒者

余夕仁

1994年9月到1997年7月，我受教于华中师大文学院李宇明教授门下，攻读语言学硕士学位。这已经是近30年前的事了。因为毕业后没有继续从事语言学的专业工作，几乎不读有关专业的书，与同门师兄弟或者姐妹们联系也很少，没事更是不敢随便打扰李老师。所以，读研期间很多事情都没有太多的记忆了，但有几件小事至今却无法忘怀。

记得是1995年春夏期间的一天下午，我到学校的阅览室浏览新近的报刊，在一本《现代广告》杂志上看到中国颁布了第一部《广告法》，其中第七条第二款第（三）项明确规定：广告中不得使用绝对化用语，如“国家级”“最高级”“最佳”等用语，以及与其内涵完全相同的用语，如最好、最优秀等。其最后的“等”字无疑是说可以列举很多甚至无法穷尽。碰巧的是在1994年下半年我刚入校不久，写过一篇《说“等”》的学术论文，记得论文写完交给李老师审阅，几天后，李老师打电话把我叫到他家里，把修改后的论文交给我，上面密密麻麻的都是用红笔修改的痕迹，连错别字和标点符号等细节问题都纠正了过来。我当时很感动，心想，自己写论文的水平还差得很远呢，但李老师不仅没有批评我，还给予我很高的评价，说我刚读研一就能写论文，很有悟性，以后是一块做科研的料子，这大大提升了我对做学术研究的兴趣和信心。也因此，我对这个“等”字很敏感。但这个“等”字的外延到底有哪些，解释空间很大。作为语言学硕士，凭着专业的敏感，感觉这是一个很有趣的研究课题。这个问题除了和语言学有关外，还与广告学、市场营销学、心理学、社会学、法律等密切相关，这很符合我个人的兴趣广泛的特点，而且也可以为将来就业拓宽路子打下基础。当时我感到，广告行业作为市场经济的晴雨表，应该是一个朝阳行业，而且我也打听到这个行业的收入远远高于高校老师。但这个问题能否作为硕士论文题目，导师是否同意，当时我心里很没底。从常理来说，作为研究生导师，李老师当然希望自己学生的学位论文范围在自己的专长（语法、儿童语言、语言学理论等）领域。如此，指导起来比较方便，论文答辩通不过的风险也大为降低，说不定还能帮导师干点课题上的事。让我没有想到的是，当我当面向李老师提出我的想法时，他不仅没有反对，而且还夸赞我研一就能自主提出硕士论文选题，还说这个课题很有理论意义和实际意义，并且鼓励我按照自己的思路把论文做好。从此以后，我就放手按照自己的思路进行多方面的准备工作。例如，大量搜集广告语的案例，大量阅读语言学方面的有关研究论文，阅读与之相关的市场营销学、心理学、社会学、广告学、法律等方面的书籍与杂志等，甚至在附近华中女子大学（当时是大专）讲授“市场营销心理学”的课程，在武汉一家广告公司兼职做广告文案策划和市场调研，在汉正街倒腾服装、鞋帽、挂历等以锻炼自己的市场嗅觉，也挣点钱补贴家用（当时我老婆一人靠不到500元的微薄工资带着尚在上幼儿园的儿子生活在安徽的淮南市，生活过得很艰辛），每个周末两个晚上都在疯狂学跳交谊舞等等。这些好像不务正业的种种行为，李老师其实都有所耳闻，但都得到了李老师的理解与宽容，只是有一次他好像很随意地提了一下，似乎是提醒我要把主要精力放在学业上，不能主次颠倒。

尤其值得一提的是，围绕毕业论文，我写了几篇小论文（如《夸张浅论》《浅析广告中双解成语变异》等），也在李老师的指导下顺利发表了，算是研究生中发表论文最多的学生之一。记得是研二期间，听说不少研究生的论文因为有导师的推荐等，发表在专业核心期刊上，感觉很有面子，我也知道李老师在业界很有影响力，也很想沾点导师的光，但又听说李老师从不推荐也不介绍学生发论文，也就不敢提起。有一篇论文自己感觉写得不错，就在别人的劝说下，自作主张把李老师的名字署名为论文的第二作者（听说有的导师还很高兴，甚至有暗示或者鼓励学生这么做的）。为了提升投稿命中率，采取了一稿两投的做法，结果，论文在业界两本核心期刊（《汉语学习》和《修辞学习》）上同时发表了。事后，有一天李老师把我叫到他家里，看得出李老师不太高兴，但没有发作。他只是拿出了这两本杂志，让我选择其中一篇将稿费退回并写信致歉。看来，李老师实事求是的科研精神与对学生的严格要求果然名不虚传，但他对人比较宽容，并没有让我下不了台，这是我没有想到的。

可惜，李老师这种宽严相济、内方外圆的君子品质我一辈子都没有学会，我说话做事常常不留余地，完全随着自己的性子“率性而为”，常常失了分寸。而李老师好像颇得传统儒家的“中庸”之道：“喜怒哀乐之未发，谓之中；发而皆中节，谓之和。中也者，天下之大本也；和也者，天下之达道也。致中和，天地位焉，万物育焉。”关于这一点，还有两件事可以佐证。一是在华中师大语言研究所，我当时正在查阅资料，只见李老师在找文学院给老师们发的方格稿纸，但怎么也找不到，不知是谁拿走了还是怎么了，只听李老师轻声幽默地说了一句“可能是稿纸自己飞走了!”就去忙别的事了。还有一次，我到教育部语言文字信息管理司他的办公室去看他，好像是他交给行政人员办的一个事情没办好，他不太高兴，但他没有批评也没有发火，只是把一个材料轻轻地往办公桌上一放，说了一句“算了，算了”，接着就若无其事地和我交流了起来。

还有一次，大概是2010年，老师的学生们在北京一个很朴素的宾馆里给李老师过55岁生日，我也去了，李老师最后即兴说了一段话，其中一句我至今仍然记忆犹新，“做科研主要要重视事实的挖掘，至于结论，只是你个人的看法，不必太当真”。记得李老师在华中师大时曾经在某个场合说过最好别随便写与某人商榷的文章，我当时不太理解，曾把这理解为一种不想与人产生误会或者矛盾的一种世故，甚至心里还在想：不是说真理越辩越明吗？直到那时我才明白，自己是以小人之心度君子之腹。

我似乎唯一学到的一点，就是李老师对学问的热爱和凡事认真踏实的科学态度，这是让我一辈子都受益的。在安徽电视台广告中心工作的25年时间里，在繁忙的工作之余，还千方百计地想结合实际工作做一些有关的科研工作，出版了三本书：《广告销售老鸟成长记》《广告销售知行合一》和《顾问式销售GPS》，也发表过一些新闻、广告、营销与管理方面的文章。我也被广告行业誉为“广告营销实战培训专家”。2017年因为身体原因退居二线后又转向哲学以及更为广泛的人文历史社科等专题的研究，其中一本《无目标不幸福：幸福就是努力活成你想要的样子》即将出版。还有其他几本正在酝酿之中，所涉内容横跨哲学、文学、教育学、历史学、政治学、文化学、社会学、心理学等领域，这都与读研期间撰写跨学科论文积累的经验分不开。总之，我好像很喜欢结合生活、工作和社会实际来研究一些东西，不喜欢纯粹的学术研究，也不喜欢茫无目的地一头扎在实际工作中做一些简单重复性的工作，更不屑于靠投机取巧升官发财之类。这是很少有人能理解的，但我也不在乎，就这么随心所欲地做自己想做的事。我将李老师作为人生的榜样，生命不息，笔耕不辍。但愿在人生的后半场活得更加简单平和、通透、成熟，能够做点对社会有益的事情，活出自己生命的意义。

### 作者简介

余夕仁，资深媒体人。1994年—1997年在华中师范大学师从李宇明教授攻读硕士学位研究生，获文学硕士学位。曾任安徽电视台媒体学习型组织研究所执行所长，国际认证行动学习教练。曾出版专著《广告销售老鸟成长记》《广告销售知行合一》和《顾问式销售GPS》，编著《广告准军：媒体营销领跑者六大秘诀》等。培训和辅导成千上万名媒体营销人员，是媒体行业著名的培训咨询专家。人生哲学专著《无目标不幸福：幸福就是努力活成你想要的样子》及编著《如何做一个好父亲》等即将出版发行。2022年退休后主要在上海明德学习型组织研究所从事学习型组织研究与推广工作。

就读期间，华中师大语言所学术报告会合影
（前排左一：李宇明，后排右四：余夕仁）

# 谆谆教诲　眷眷师恩

黄　敏

时光飞逝，自 1995 年被保送读研，拜入师门以来，至今快 30 年了。尽管我年近半百，记忆衰减，很多事情都不太记得了，但李老师的许多教诲仍言犹在耳，未能、也不敢忘怀。在我心浮气躁时，在我沮丧焦虑时，这些话宛如春风，一遍遍拂过我的心头，使我得以心定神安，重获前进的力量。

## 希望你能开个好头

获得保研资格后，我毫不犹豫地选择跟随李老师进一步深造，但当时听到一些传闻，说李老师不太愿意招女学生，我得知后有些不知所措。大概因为还是初生牛犊，我直接找到李老师说："李老师，听说您不招女学生，可我已经填报了您，没法改了。"李老师也被我这个直性子逗乐了，笑着说："也没有不愿意招女学生。希望你能开个好头！"从此"开个好头"这句话就一直萦绕在我心头，让我不敢懈怠。每当想偷懒时，我就会不由自主地告诫自己：可要给师妹们开个好头！

## 带着问题看书

初入师门，我也算勤奋，可是有个问题一直困扰着我，那就是文献看了不少，却留不下什么印象，脑袋里犹如一团乱麻。我忍不住向李老师诉苦，李老师回答说："要带着问题看书。"一瞬间，我犹如醍醐灌顶。后来我不论是读书还是做研究，一直抱有较强的问题意识，也反复向自己的学生提出类似的建议，并强调，这可是我的导师传授给我的。

## 做有实质性贡献的研究

即便毕业多年，每次见到李老师，仍能有幸获得老师的谆谆教导。记得 2019 年 8 月，李老师来杭州出差，我们几个在杭的学生跟李老师小聚。当时我刚拿到第二个国家社科项目，正在琢磨怎么做才能顺利结项。我兴奋地向李老师汇报我的想法，李老师沉吟片刻，说："你这个做学问的层次还是太低了。你应该考虑的是你这项研究对相关领域或相关议题是否有实质性的贡献。顺利结项只是一个附带的、水到渠成的成果。"尽管当时房间里冷气十足，但我仍然汗流浃背，内心惭愧不已。这么多年来，我被岁月磨平了棱角，也逐渐变得有些急功近利了，但"做有实质性贡献的研究"这句话又让我找回了当时跟随李老师读研的初心。

其实李老师对我的教导远不止于此。1998 年硕士毕业后，我奔赴上海读博和工作，李老师也很快到教育部任职。虽然我再也无法像以前那样事无巨细地向老师请教，但仍然会习惯性地将自己在学习、工作和生活中的喜怒哀乐通过电邮向老师倾诉，每次都能得到老师的宽慰和鼓励。他总是勉励我，不要在乎一时的得失和荣辱，是金子总会发光，并跟我分享自己的人生经历。李老师虽然是语言学大家，但对我的研究方向从不加以限制。不论是我从语法研究转向新闻话语分析，还是后来转向社会治理传播研究，他总是给予我无条件的支持。可以说，虽然我已毕业 25 年，但李老师对我的教诲从未间断。晋代葛洪曾说"明师之恩，诚为过于天地，重于父母多矣"，诚哉斯言！

**作者简介**

黄敏，浙江传媒学院教授，浙江省新型重点培育智库浙江传媒学院浙江省社会治理与传播创新研究院执行院长、首席专家，浙江省习近平新时代中国特色社会主义思想研究中心浙江传媒学院研究基地首席专家。1995 年—1998 年在华中师范大学语言学专业师从李宇明教授攻读硕士研究生，获文学硕士学位。1998 年—2001 年在复旦大学中文系现代汉语语法专业攻读博士研究生，获文学博士学位。2004 年—2005 年在新加坡国立大学从事博士后研究。英国兰卡斯特大学访问学者、香港中文大学访问学者。2001 年—2014 年 1 月任教于华东师范大学中文系，2014 年 2 月被引进至浙江传媒学院，任新闻传播研究院常务副院长，"十三五"新闻传播学（浙江省一流学科）学科带头人。入选浙江省"钱江学者"特聘教授、浙江省"新世纪 151 人才工程"第一层次人才、浙江省高校"创新领军"人才；获评浙江省巾帼建功标兵、浙江省高校优秀共产党员；当选浙江省第十三届人大代表、浙江省人大民族宗教华侨外事委员会委员、浙江省人大常委会外事工作委员会委员、浙江省第十五届妇代会代表。《社会治理与传播研究》主编。主要从事社会治理传播话语研究、大众传播领域的话语分析等研究工作。在权威期刊《新闻与传播研究》发表论文 10 篇，在《浙江社会科学》等核心期刊发表论文 50 余篇，出版专著 4 部，译著 1 部。作为子课题负责人参与国家重大项目 3 项，独立承担国家社科项目 2 项、省部级重点课题 3 项、一般课题 4 项。

## 指导学生情况

2005 年开始担任硕士研究生导师，至今已指导硕士研究生 30 名。

2019 年 8 月 26 日，李老师赴杭出差时师门小聚

（左起：田列朋、付伊、李宇明、黄敏、徐国珍）

# 桂子山上的师生情谊

向　平

李宇明老师是我的硕士研究生导师，从桂子山初次相识至今已四十余年。在这漫长而又短暂的岁月里，李老师的为学为人都是我努力学习的榜样。

李老师是邢福义先生的三位开门弟子之一，另外两位是萧国政老师和徐杰老师。他们 1981 年至 1984 年在华中师范学院中文系师从邢福义先生攻读硕士学位。我那时是中文系 1979 级的本科生，因为毕业论文选题方向是方言，所以参加了由中文系刘兴策老师带队的方言调查小组，赴湖北钟祥进行方言调查，邢老师的三位研究生也同行。记忆中，那些天每天都忙忙碌碌，东奔西走，大家似乎不知疲倦，不管多累，回到住地都会迫不及待地分享、讨论自己观察到的语言现象和发音规律，自始至终都洋溢着年轻人发现探索新事物的激情和活力。那是一段充实而愉快的日子！虽然只有几天时间，但刷新了我对语言学的认知，我从刘兴策老师和三位研究生那里每天都能学到新东西。许多在课堂上学过的枯燥的方言学知识在鲜活的语言事实面前也都变得生动起来。我们一起走访发音人、制作调查字表、记录发音人的发音，我也是在那时学会了比较熟练地运用国际音标标注方言的发音。我们还用上了当时比较先进而在今天看来十分笨重的录音工具——双卡录音机，深入到真实的生活场景中去记录当地人的语音面貌。为了避免被当地人发现引起不必要的紧张，我们将枕头长短的长方形录音机塞进大旅行袋，拎着这个大家伙在菜市场、路边摊儿、餐馆等场所和当地人交谈聊天。回到住处以后便赶紧整理白天录制的语料，边整理边总结语言规律。后来我惊喜地发现，方言研究真的很神奇，只要掌握了某方言的主要调类以及和普通话声韵母的对应规律，便可以试着模仿当地人说话，几可乱真。几天调研下来，作为本科生的我，对三位研究生的学识和机敏印象尤其深刻，他们言谈中表现出的语言学人的幽默和机智，使我大开眼界并对语言学产生了浓厚的兴趣。

为适应工作需要，我自 1995 年开始跟随李宇明老师攻读在职硕士研究生。开学前的一个暑假，李老师就赠书《语法研究与语法应用》《九十年代的语法思考》予我，并给我布置任务，暑假有空要多看专业书和文章，开学时要提交五个论文题目。我当时是既高兴又忐忑。高兴的是我终于有人管了，有疑惑可以随时向导师请教。同时也有些担心自己完不成任务，达不到导师的要求。我当时在文学院教现代汉语课程，同时还担任部分留学生课程的教学任务。除了校内的课，还要去校外甚至其他城市上课，比如湖北电视台、长沙新闻班函授课程等，教学任务非常繁重。我能兼顾好教学工作和专业学习吗？

果然，开学不久，李老师就召集新生开会，对我们提出了明确的要求。他要求我们定期汇报学习进展，同门之间要定期进行交流和研讨，并针对不同学生的实际情况提出了具体的学习研究目标。李老师要求我这个学期要选取一个词、一种语言格式或现象，把它描写清楚，并列举了一些例子供我参考，包括“大”“很”“有 X 有 Y”“购物在六门”等，让我想好了随时去找他。接受了导师布置的任务以后，我在工作之余挖空心思冥思苦想，却始终不得要领。工作和学业的压力使我常常处于焦虑的状态，很想去找李老师，但没理出头绪不好意思去。

1996 年 9 月，我随李宇明老师、李向农老师去湖北电视台做了一期关于语言和社会生活的节目。回来李老师很认真地和我谈了我的学业问题，他要求我在一年内通路，三年成型，五年成气。并且规定每天要保证四个小时的读书写文章时间，一天都不能落下，凡未达到的，应该尽快补上，并要求我在他十月出差前汇报一次进展。同时特别嘱咐我，除了读书写文章外，其余的事情尽可能淡化，要练“定性”，要能抵抗来自各方面的诱惑。李老师还鼓励我说，以我的资质，不努力往上走，是一种极大的浪费。只要沉下心来钻研，一定可以出成果。

李老师的鼓励既是动力，也是压力。我暗下决心要朝这个目标努力，并且制订了一个学习研究计划。但遗憾的是，我没有把握好这个机会，因为种种原因导致计划流产。以后每次去见李老师都感到心虚，觉得自己做得很不够，没有完成任务。记忆比较深刻的有一个小细节，有一次，在汇报读书学习进展时，我说我感觉朱德熙先生的词组本位并不是最好的，李老师马上反问，为什么不是最好的？我一时语塞，回答不上来。我只是在读书思考过程中感觉到词组本位似乎有什么地方不妥，但还没想清楚到底是哪里不妥就顺口说了出来。李老师这一问，倒让我警醒，也让我明白了每一个“我觉得”“我认为”背后，都应该有站得住脚的理由。

李老师的信任和鼓励，我终究还是辜负了，很长一段时间都没有取得满意的进展。好在李老师并没有责怪我，不仅肯定了我这个阶段的学习，还拿出他当年读研究生时的笔记给我看，告诉我他研读大家著作时的做法。他特别谈到了汉语理论研究的价值和现状，说理论研究的目的是总结客观规律。理论不必去迎合应用，理论应该是为将来服务的，是预示未来的。目前搞应用的人很多，但都是浅层次的，理论研究透了，应用研究很快就上去了。理论研究上不去，应用也是一塌糊涂。所以在一些理论研讨会上纠缠其应用价值，实在无益。李老师的一番话，清楚地阐明了理论和应用的逻辑关系，也为我在将来的学习和研究中恰当处理二者的关系指明了方向。

经过一段时间的思考，我的论文选题缩减为两个，“比较句”和“有 X 有

Y”。李老师曾经说过，结合自己工作开展的学术研究是最具生命力的，不会缺乏源头活水。恰当灵活地运用比较的方法分析语言现象以及对语言格式的分析解释能力都是对外汉语教学和研究中不可或缺的基本功。最终我选择了“有X有Y”格式作为我的硕士论文选题。

有了题目还只是第一步，从哪里入手呢？李老师要求：第一，首先理顺文章的构思；第二，大量查阅文献资料，看是否有人已经做过；第三，研读相当数量的大家的文章和著作；第四，搜集尽可能丰富的例句，包括文字和声音；第五，尽可能描写清楚。

循着李老师指明的路径，我立即着手“有X有Y”的论文准备工作。我找来了当时能够找到的《收获》《十月》《当代》《小说月报》等文学杂志，在阳台上放了一张折叠桌，一有空就猫在阳台上找例句。边读边找边做卡片，积累到一定的量就进行一个大致的分类。我虽然本科读的是中文，但毕业以后分到现代汉语教研室，就很少看文学作品了。现在有机会读到大量的中短篇小说，一看就入迷，常常被内容深深吸引，倒把收集例句的正事给忘了。没办法，我不得不有意识地训练自己学会在浏览的过程中淡化小说内容，专注捕捉关键字词。淡化了内容的小说读来无乐趣，但我一目十行的功夫渐长。

家务、孩子、教学、论文，那真是一段充实而忙乱的日子！有限的时间和精力让在教学上近乎苛求的我分身乏术，倍感压力。我在几个不同的社会角色转换中疲于奔命，什么都想做好，什么都不想放弃，但毕竟精力有限，由此产生的焦虑情绪让我越来越压抑，不久身体就开始报警。

武汉的冬天冷得让脑子也变得迟钝了。例句收集工作艰难而缓慢地进行着。

1997年初刚开学不久，外事处宋淑慧老师通知我，下周代表学校去上海参加在复旦大学举行的、由国家教委和汉办组织的出国面试，去匈牙利教汉语，和南京师大竞争，二选一。宋老师特别强调“你是第一个，要为我们学校争光啊！”

没二话，我接到通知就放下手头的事情匆匆赶去复旦参加面试了。面试回来，我开始发愁，如果万一被选中了我该怎么办呢？我的论文初稿还没有成型，派出前来得及参加答辩吗？学校会同意我提前答辩吗？

刚开学的忙乱过后，我一边上课，一边继续加紧准备论文，一边等待面试结果。因为派出的事情来得突然，而这学期的课程上学期就排定了，所以无法更改。我每天除了上课等正常的教学活动以外，所有的时间都花在论文准备上了。偶有空闲，心里也会打鼓，要是万一没通过，那不是辜负了学校的信任吗？那可就丢死人了！就是在这种充实的忙碌和焦虑的心态下终于等来了面试结果——我和南京师大的老师同时派出。

派出的事情定下来了，学院也和学校协调好了我的答辩事宜，在剩下不到三个月的时间里我开始全力赶写论文。巧妇难为无米之炊，材料不够，分析起来就费劲。于是我一边整理已有的例句，筛选、分类、调整，一边发动家人朋友帮我找例子。到3月底，我把能找到的语料都进行了初步分类，开始进入初稿写作阶段。因为前期的准备工作比较扎实，所以动笔以后还比较顺利。其间和李老师见过两次面，汇报论文进展情况。李老师给我提出了不少建设性的修改意见，并且特别强调了学术写作的规范性，所用的数据、附录都要有根据，要进行量化分析，下结论时要特别慎重，要实事求是尊重语言事实等。这些都为我论文的顺利完成铺平了道路。

经过两个多月的苦熬，终于完成了论文定稿，并于5月底顺利通过了硕士论文答辩。在谢师宴上，李老师对我的论文给予了充分肯定，并嘱咐我：要带着任务出去！我谨记师训，于是有了三年后《Depict 3000》的出版。

虽然毕业论文仍然留下了不少遗憾，但对我来说，硕士论文的写作过程是一次非常好的学术训练，使我受益终身。同时顺利通过答辩也是我学习研究生涯中一个值得纪念的里程碑。李老师的指导往往切中要害，让我少走了不少弯路。为学为文为人的道理，更是李老师学术指导以外言传身教的精神财富。

后来因为工作需要，李老师调任教育部工作，所幸在桂子山结下的这段师生情谊通过“聚贤聊斋”得到了延续，我可以继续和隔代的师弟师妹们时常通过网络聆听李老师的教诲，了解最前沿的学术进展，沐浴代代传承的学缘的滋养。

四十年后的今天回顾李老师在桂子山上留给我的零星记忆，虽久远却十分清晰：从在中文系楼门口帮邢老师的三位开门弟子搬书时的初次相识，到华师西区那个简陋却充满欢声笑语的温馨的筒子楼，研究生联欢会上稍显生涩却欢快的舞步，李老师女儿出生后他们家里随处散放的小纸片和铅笔头，以及他的女儿稍大后他教女儿骑自行车时在东区马路上小碎步跟跑的背影，白丰兰老师温暖的笑脸和热情好客的邀请，一切的一切今天回忆起来仍像放电影一样历历在目，恍如昨日。

桂子山的美好将永远珍藏在记忆中！李老师的言传身教将继续激励我，并通过我的学生以及学生的学生不断延续并且发扬光大。

## 作者简介

向平，华中师范大学国际文化交流学院教授，硕士生导师。1995年—1997年在华中师范大学语言研究所师从李宇明教授攻读语言学及应用语言学专业硕士研究生，获文学硕士学位。2001年—2012年在华中师范大学语言研究所师从张德鑫教授、邢福义教授攻读语言学及应用语言学专业博士研究生，获文学博士学位。在职期间主要从事对外汉语教学和研究，主要教授课程包括：零起点至高级班的听、说、读、写技能课程，硕士研究生的汉语课堂教学案例研究，对外汉语教学法，课堂观察与实践，教学调查与分析等；曾赴匈牙利、美国、韩国、澳大利亚、加拿大等国家从事对外汉语教学，曾担任美国堪萨斯大学孔子学院、加拿大卡尔顿大学孔子学院中方院长。曾赴马来西亚、越南等国家进行汉语学位课程教学、论文指导等工作。主持银桂项目一项，参与教育部重点研究基地重大项目2项。出版对外汉语教学专著2部，编写商务汉语教材1册，发表论文若干篇。

## 指导学生情况

指导留学生本科、留学生硕士、对外汉语专业硕士、汉语国际教育硕士百余名。2008级埃及学生阿睦迩·贾迈迩·阿里翻译出版了阿拉伯语版《世界是通的》（王义桅，2018，五洲传播出版社）。

1999年8月，在德国汉诺威参加第六届国际汉语教学讨论会期间合影
（左起：戴庆厦、邢福义、向平、李宇明）

# 生命中，那盏灯

李晋霞

自从带博士生后，我才真真切切地体会到带学生的难。在学生心中潜移默化地种下学术的种子，在日常交往中如沐春风地传道、授业、解惑，在言传身教中让学生明白做学问、做人的道理，这些都不容易。

正因为感受到带学生的难，我会时时回忆我的导师李宇明老师是怎么带我的。我资质平平，该有的毛病都有。但我非常确信的一件事是：老师把我改造成了一个更好的人，一个我自己更喜欢的人。俗话说：不做父母，不知父母恩。老师的恩情之重，只有自己也当了老师后才有体会。李老师是我生命中的一盏灯：教授本领，启迪心智，明白道理。我们“李门”的兄弟姐妹们因为有了这盏智慧之灯的指引而使人生变得更有价值。

带学生，就是引领学生走出舒适区。这个舒适区包括各个方面，当然既为师生，首要的还是传授学术。

## 学术兴趣

在跟随李老师学习之初，也就是硕士研究生一年级，我对语言研究的兴趣越来越大。

应该是研一上学期某个时间，我写了一篇小文章。那时的自己，根本不会写文章。不过，“初生牛犊不怕虎”，我就把它交给李老师了。现在，我以一个老师的心情来想这件事，我想李老师看到这篇“大作”时一定会哑然失笑：这个学生堪忧啊！

我很快就知道自己是什么水平了。那是于根元老师来华中师大做学术讲座，讲座一结束，李老师就跟我说起文章的事。因为讲座现场还有老师和同学，特别是于根元老师还在场，所以，我可以观察得到，李老师只说了一句就打住了。这是为了照顾我这个学生的体面。

虽然知道自己写的东西不行，但我没有丝毫挫败感，而是客观地看清了自己的不足。我想，之所以有如此效果，主要是因为老师对这件事的正确处理。如果老师当众和盘托出对这篇小文章的想法，估计我就很“受伤”了。

到了研一下学期，我就“比较会”写文章了。当然，这个“比较会”需要打引号。但我的进步，我自己也能感受到。记得一天下午，我把一篇修改后的小文章送到老师家里，师母白老师夸我会写论文了。虽然清楚自己距离“会写论文”还很遥远，但师母的夸奖说明了我的进步，我很高兴。

学生的学术之心，需要老师细心的呵护。如果说我对语言研究还有那么一点点自发的喜好的话，倘若没有老师的维护恐怕也早就夭折了。

## 学术习惯

好的习惯就是自律，要养成不那么容易，学术习惯更是如此。在这个方面，有两件事我印象很深。第一是“每周一歌”，第二是修改论文的语言表达。

带领一个“糊里糊涂”的年轻人进入学术领域，比较难。一方面是因为学术要求产出，比较艰辛；另一方面是因为要持之以恒。别说是学生阶段，就是我成为副教授、教授以后，有时也会突发奇想：如果自己没有走上学术研究这条路，而是日复一日地做着简单重复的工作，人生又会怎样？

我们这一届语言学专业的研究生一入学，李老师就给我们提出了一个有趣的要求——“每周一歌”，不是每周唱一首歌，而是每周都写点东西。20 世纪八九十年代，流行歌曲不像今天这么多，那时电台在中午时分有个时间很短的音乐节目，叫“每周一歌”，就是一周播放一首歌，下周再换一首。我想，李老师借用的就是这个音乐节目的名称吧。

应该是李老师的人格魅力使然，我们都非常听话，兴致盎然地开始“每周一歌”，也非常渴望把自己写的，现在想来简直是浪费老师时间的东西呈给老师看。不管写得怎样，李老师每次都是高高兴兴地鼓励我们。当了老师后我才渐渐明白，正是这种快快乐乐的循环，我才不知不觉地进入了语言研究的状态。

另一件事就是修改论文的语言表达。我自己带博士生后，最头疼的还不是博士论文的质量，而是博士论文的语言表达。这么说，当然不是意味着质量过关了，而是说语言表达的问题太大了。我在想，自己原本也是一个在语言表达上大大咧咧的人，老师是怎么让我意识到自己的问题并且愿意改正的呢？

我第一次认识到自己的问题，是老师对我文章的修改。那时电脑还没普及，是手写。老师跟我谈论文，我天然地以为，应该谈内容，可映入眼帘的是老师就我的语言表达所做的修改，红色的，密密麻麻的。我震惊了。老师微笑着跟我说语言表达的问题，我并不觉得难堪，更没有狡辩，我知道自己是怎么回事了。

## 学术信心

读研究生时，有段时间我在语言研究上很没信心。这可能也是一种规律，学术之路上，时好时坏。研究生阶段的丧失信心，只是这种规律的早期表现。

用今天的话说，这是一种“内耗”，虽不能说没有一点积极意义，但确实很耽误事。我向师母白老师“透露”了这一情况，白老师善解人意，和风细雨地跟我聊天，一点也没有批评我的意思。白老师是我们“李门”同门的“政委”，高兴的事，不高兴的事，往往白老师是第一知情人。

我想，李老师和白老师应该商量过，该怎么解决我的问题。因为，老师对学生怎样，学生心里最清楚。学生之事无小事，这也是我作为“李门”弟子的一点感悟。我很快就重拾了语言研究的信心和热情。原因很简单，因为李老师说我“有悟性”。听老师这么说，我是半信半疑的。怀疑，是因为我太清楚自己有“几斤几两”；相信，是因为那是导师说的。不管怎样，我渐渐地相信了这句话，回归了正途。

老师看学生，就像父母看孩子，优点缺点了然于心。在我自己都对自己丧失信心的时候，李老师的一句话改变了我的消极状态。

## 学术要求

我怕吃苦，也懒惰，在人生态度上有点得过且过。这样的性格和人生观，必然影响我的论文写作。

“好文章是改出来的”，人们常这么说，但让我真正明白这个道理的，是李老师。李老师指导我的第一篇论文，修改了大概 7 遍以上。改到最后，我真的是有点“无法忍受”了，我问老师“还要改吗?”看我已近极限，那篇论文老师就不再要求我改了。虽然没有达到老师的要求，但我明白了一件事：文章要不厌其烦地改。

要改造一个人，太难了。对于自身不足，有人能让你清清楚楚、客观理性地看到，已经不易；而他有能力并且愿意潜移默化地影响着你、引领着你进步，就更难。李老师就是我们“李门”同门人生道路上那盏智慧之灯，照亮了我们的生命，让我们看清了方向。

与自身不足作斗争，是一辈子的事。硕士阶段的我，在它面前不堪一击。一篇习作，在老师指导下有点模样了，于是偷懒之心上来了，我执意要将其作为硕士毕业论文。那多省事啊。最终，我“胜利”了，又一次蒙混过关了。

自己要求自己，特别难。李老师对我的教诲，让我在面对自身不足时不是“死不承认”，而是还能保有一丝丝清醒，只此一点就已受益终身了。

27 年前，当那个“糊里糊涂”的年轻人步入华中师大的校门时，她怎么也想不到，这一小步，在她的人生中是多么重要的一大步！今生能够遇到李老师，能够接触到李老师、白老师一家，并深受影响，是命运之神最珍贵的赐予。

## 作者简介

李晋霞，北京师范大学文学院教授，博士生导师。1996 年—1999 年在华中师范大学语言学及应用语言学专业师从李宇明教授攻读硕士研究生。1999 年—2002 年在中国社会科学院研究生院现代汉语语法专业攻读博士研究生，获文学博士学位。2003 年—2006 年在华中师范大学语言与语言教育研究中心从事博士后研究。主要从事现代汉语语法研究，主要讲授“现代汉语”“汉语与社会应用”“现代汉语研究方法”“现代汉语语法学”“汉语语法学论著选”“语言研究的理论与方法”“博士生高级研讨课”等本科和研究生课程。中小学（中职）语文国家教材建设重点研究基地特聘研究员，北京师范大学第八届学术委员会委员。入选2012 年度北京市中青年社科理论人才“百人工程”培养对象，曾获北京师范大学 2012 年度“京师英才”奖励项目一等奖。出版专著 3 部，其中以博士论文为基础的《现代汉语动词直接做定语研究》入选商务印书馆语言学出版基金中国语言学文库第三辑，发表论文 70 余篇，承担国家级或省部级科研项目多项。

## 指导学生情况

指导硕士研究生近 60 位，指导博士研究生 7 位，指导访问学者 1 位。指导北京师范大学“北京市大学生科学研究与创业行动计划”项目多项，指导北京师范大学“本科生科研训练与创新创业”项目多项，担任北京师范大学文学院汉语言文学专业创新人才培养实验区研修小组指导教师。

1998 年 5 月，华中师范大学文学院语言学及应用语言学专业师生在文学院楼前合影
（左起：唐善生、刘云、吴振国、李宇明、黄敏、李晋霞）

# 春光中的初识

刘贤俊

走过20世纪80年代、90年代和21世纪零零年代的人们没法儿不怀旧，我也很难免俗。我最怀念的是我20世纪90年代的求学时光。我与我的老师——享誉海内外的著名语言学家李宇明先生相见、互识，直至结下师生之缘都是在激情如火的20世纪90年代。老师桃李满天下，学生从业于五大洲，与众多学友相比，我在三个方面是幸运的：一是从本科到博士研究生，从武昌桂子山到北京建国门，从20世纪90年代到21世纪零零年代，我跟随老师学习的时间比较长；二是修习老师所开的课程比较多，不算硕士研究生和博士研究生期间要研习的课程，仅本科课程，就有现代汉语、语言学概论（老师在华中师范大学开设的这门课我跟随华中师范大学文学院1995级实验班和1996级研究生课程班各旁听过一次）和西方语言学史（这门课老师给了我年级最高的95分）；三是我与老师的初见也是非常幸运的，因为在老师指导的学生中，只有寥寥无几的学友才有幸一睹老师当年的雄姿英发。

那是32年前的1992年4月，鸟语花香、桃红梨白的湖北黄冈师专（今黄冈师范学院）迎来了华中师范大学文学院五位舌灿莲花的教学名师，他们各用半天的时间串讲汉语言文学专业的五大基本课程。佘斯大老师讲授古代文学，童秉国老师讲授现当代文学，王耀辉老师讲授文学理论，陶国良老师讲授古代汉语，讲授现代汉语的就是李宇明先生。因为我的一些比较特殊的经历，现代汉语自然成了我关注的焦点：在20世纪70年代中期，我家只有两本书，一本是那个年代的《毛泽东选集》，另一本是吕叔湘先生1953年在中国青年出版社出版的《语法学习》，这两本书是我童年的主要“玩伴”；划分词类、分析句子成分和复句等汉语基础知识我在20世纪80年代初上小学四年级时就学习过，中学也进行了比较系统的学习，1990年以来我在中学任教时还多次讲授过汉语基础知识。

老师穿着一套灰色的西装，没有打领带（20世纪90年代穿西装打领带的男人似乎多于今天靓妆出街的女人），显得非常随和，脸上总是笑意盈盈，课前的开场白和课间的聊天笑声格外爽朗。短短的三个多小时，老师讲授的内容包含了现代汉语全书的内容，还要照顾到学生做笔记，这的确需要周密的安排和高超的讲授技巧。最令人叫绝的是，课堂上引用的语例全是那个时代电视、电台和报纸杂志上最新潮、最有热度的新词新语，这让教室里从开始上课到课程结束都充满了此起彼伏的笑声。20 世纪 90 年代大学、中学和小学上课都没有课件，老师手中只有薄薄的几页纸，他一边讲课，一边在黑板上书写大家可能比较陌生的术语。板书劲拔、端正、流利、极有书卷气。在陶醉中，课堂上的我感到自己是一块海绵，三个多小时下来，满满地吸收了沉甸甸的现代汉语语音、词汇、语法和修辞的汁液。我还记得下课后我与老师有不到三分钟的聊天，聊天中老师知道了我的老家，他很真诚地说我的老家出了很多人才。多年以后，我在华中师范大学任教时才知道老师所言非虚，仅华中师范大学，从校领导、院领导、一线教师到后勤工友到处都有我的老乡，校园里见天就可以听到乡音。

1992 年春，中国的改革开放还没有迈开大步，那时候没有网络，更没有手机，一般人很少有录音和照相工具。我与老师的初见没能留下一张照片、一段音频或视频，它只是永远储存在我心中的一幅幅连环画。沧桑的记忆历久弥新，三十年来我一直在反刍与梳理：我与老师春光中的初见为什么无法忘怀？

今天想来，其中的原因至少有以下三个。

第一，我与老师的初识，让我见识了智者应有的风范。与智者相处，总是让人如沐春光，如拂夏风，如鉴秋果，如享冬阳。与老师初识，老师年未及不惑，却在短短半天时间里，将本来要一百多小时的课程择其精要说得清清楚楚、明明白白，全程妙语如珠，听者之疑尽去而不罔、不殆、不惑，这样的智者，很少有人能比其肩、出其右。

第二，我与老师的初识，开启了我与老师三十余年的学缘，彻底改变了我的人生轨迹。不久之后，我进入华中师范大学文学院学习，聆听了老师更多的课程，极大地拓宽了我的语言学视野。再不久，老师在华中师范大学招收最后一届硕士研究生，我忝列其中。老师挤出周六的时间在他办公室上课、把我叫到家中指导毕业论文写作、从日本赶回参加我硕士学位论文答辩的情形历历在目。研究生毕业留校后，老师希望我将毕业论文的主体部分投稿到《语言文字应用》发表，建议我报考社科院研究生院博士研究生。来到北京读博，我站在更高的平台上，开阔了眼界，得到了更大的锻炼。博士毕业后，老师支持我到清华做博士后，博士后出站时，老师参加了我的答辩报告会，肯定了我的出站报告并指出了报告需要进一步研究的问题。我在首师大已经工作十五年，老师一如既往地关心我的生活和科研……追忆三十年来一段段从来不需要刻意去想，永远也无法忘记的师生情缘，我特别感念老师对我的培养、指引和扶持。

第三，与老师的初识，使我有了一个终身见贤思齐的机会。我现在与老师同居一城，可以随时走近老师，朝夕向老师求教。老师美名远扬，值得我学习的地方多得无法穷举。老师两个方面的精神，我总要一年又一年地讲给我自己的学生听。

一是老师的学习精神。老师最会学习，尤其是向自己的老师学习。老师的老师邢福义先生是大器早成的典范，1983 年就被评为教授，这在所有 1930 年代出生的语言学家中年龄是最小的。邢老师希望自己的学生也都早慧早秀，老师没有辜负邢老师的期望。我和老师初见的 1992 年，他正处于人生的第三个本命年之中，但在此后五年的时间里，老师就连续发力，实现了人生几次重要的飞跃：评为教授、出任文学院院长、获全国“五一劳动奖章”、被遴选为博士生导师、担任校领导。邢老师给本科生讲语言学擒纵自如，妙趣横生，引人入胜，非常重视鲜活语言材料的分析，初次听老师讲现代汉语，我就感到老师很好地继承和发展了邢老师的这一教学特色。李老师和邢老师都著作等身，这都是手勤的结果，也只有手勤，才能对这么多新词新语进行系统地整理归类。

二是老师乐观豁达的精神。老师的欢声笑语三十多年一直萦绕在我的耳际，如果联系到 20 世纪 80 年代老师正意气风发之时所面临的困境，我更加敬重老师的人格魅力：老师以大丈夫的担当，以冲天的学术激情给家庭注入了巨大的精神力量，走出了一条令时人景仰却难以复制的人生道路。老师的人格魅力也产生了神奇的磁场效应，鼓舞了许许多多的人。

白驹过隙，老师已年近七秩，从教逾五十周年。半个世纪以来，老师潜心从事汉语语言学的前沿研究，精心培植语言学的茂林修竹，为中国语言学的发展和壮大做出了重大贡献。老师，向您致敬！祝您生命和学术之树常青！

**作者简介**

刘贤俊，首都师范大学文学院副教授，硕士研究生导师。1998 年—2001 年在华中师范大学师从李宇明教授攻读硕士研究生，2003 年—2006 年在中国社会科学院研究生院（今中国社会科学院大学研究生院）师从李宇明教授攻读博士研究生。主要从事现代汉语句法语义的研究，也研究北京话。主持过博士后基金项目、北京市青年骨干人才项目、北京市教委科技项目和国家社科基金一般项目。曾与洪波教授合作获得北京市教学成果一等奖，与周建设教授合作获得国家教学成果二等奖、北京市科技发明奖二等奖。在《世界汉语教学》《语言教学与研究》《语言研究》《语言文字应用》《汉语学习》等语言学专业刊物上有论文发表。

**指导学生情况**

2009 年开始招收专业型硕士研究生，2011 年开始招收学术型硕士研究生。目前，已经指导硕士研究生 56 名（含学术型研究生 21 名和专业型研究生 35 名，其中已经毕业并获得硕士学位的研究生 47 名，在读 9 名）。语言学及应用语言学专业学术型研究生都以现代汉语句法语义为研究方向，国际汉语教育专业型研究生的研究方向都是对外汉语语法教学。研究生就业于全国各地，大部分从事中小学教育工作，少数服务于高校与文化部门。指导的多名本科生曾在美国、英国、中国香港和北京著名高校攻读研究生。

# 桂子山的回忆

王继红

本科期间，我最喜欢的课程是古代汉语。大学四年，每天对着王力先生的《古代汉语》《汉语史稿》阅读，虽然心中有诸多不解之处，但甘之如饴，自得其乐。考研的时候，我备考方向也是汉语史（语法方向）。当时我们中文系主任傅老师得知我的想法后，很认真地找我谈话，说向我推荐一位“伟大”的人物，他才是我应当追随的导师。我很震惊，究竟是什么样的学者可以用“伟大”来形容？

傅老师所说的这位“伟大”的人物，就是李宇明老师。在傅老师绘声绘色的讲述中，在查找学习李老师著作的过程中，李老师睿智、仁爱和坚毅的形象逐渐明晰，字里行间跃动着智慧的光辉，言之有物，绝非困于书斋的闭门造车之语，这是充满盎然生机的研究，这种视野和格局让我折服。我改变了原来的想法，报考了华中师范大学语言学及应用语言学专业的硕士研究生。

第一次见到李老师是在桂子山文学院一楼的办公室，我和刘贤俊师兄参加面试。我抽签的题目是“词语重叠的意义”。现在已经记不清自己是如何作答的，无非就是用稚嫩的语言表述把教科书上相关内容重复而已。后来我才知道，这是李老师当时正在思考的汉语量范畴研究的系列问题之一。

入学后不久，李老师就给我布置了两个思考题，可以任选一个来思考，未来也可以作为硕士论文选题。第一个思考题是汉语词义演变的认知基础，第二个思考题是汉语重言现象。因为一直喜欢古汉语语法，所以当时几乎没有犹豫地选择了第二个题目，然后在老师的指导下，开始了查找资料和搜集语料的工作。

我1998年入学，2001年硕士论文答辩。即使在二十多年之后，再次翻看自己的硕士论文，还是由衷地感谢老师的指引，使自己能够完成一篇让自己满意的学位论文。老师要求论文要有理论思考，我当时关注的是语法化理论，讨论汉语重言式状态词的语法化过程。老师要求论文也应有开阔的学术视野，借鉴类型学的研究方法，对汉藏语系里相关的语言现象进行比较分析，分析和描写多种民族语文材料，探究其中的类型共性与个性特征。老师要求学生思考宏观的问题，所以在论文主体部分完成之后，我又从三个角度对相关问题进行讨论，分别是重言式状态词的词类地位、从重言现象的微观考察来反思语法化理论对汉语的适用度以及重言式状态词可以帮助我们了解汉语量范畴发展的哪些重要事实。我在论文里提出："从重言到重叠之间经历了一个语音构词→语法构词→语法构形的过程。重言与重叠最大的差别在于后者具有调量的作用。重言到重叠的过渡，实际上是由状态范畴向量范畴的转移。先秦已经可见这种转变的萌芽，到了中古，这种转移步伐陡然加快。而且在此期间，汉语程度副词、量词等与量范畴对应的语言形式也呈现出日益完善的趋势。中古量范畴加速发展的原因令人费解。"

语言接触对汉语量范畴的发展产生了重要影响，中古时期汉语量范畴的迅速发展也许与自中古起佛经翻译这项规模宏大的言语实践活动有关。我们知道，汉语是典型的孤立/无形态语（isolating/formless language），而原典语言，无论是梵语、巴利语，还是早期的吐火罗语和阗语等，都是屈折语（inflected language），有着丰富的、明显的表示量级变化的形态标记与变化规则，二者差别巨大。佛典原文随着翻译对汉语产生直接或间接的影响，以及佛典译文（一种混合汉语）本身对全民的影响，印欧语系量范畴丰富的表达手段，也许会对汉语产生一定的影响，从而加快了汉语量范畴的发展速度。

在老师指导我完成硕士论文之时，我对未来的博士求学思路逐渐明确，汉语史上的语言接触成为我坚定的选择。无论是经由佛经翻译所导致的梵汉语言接触，还是魏晋之后到元明清阿尔泰语系语言与汉语的语言接触，都是令我着迷的研究领域。二十多年来，我一直坚持在老师指引的方向上向前跋涉，乐此不疲。

当我自己成为硕士生导师和博士生导师之后，才发现李老师对学生的指导过程无可挑剔，完美得像经得起最苛刻的大师检查的工艺制程。李老师擅长发现学生的特点，因材施教，帮助学生去圈出自己未来的学术根据地。更神奇的是，李老师总是能够帮助学生打开格局，站位要高，立志要远。每次讨论时，无论是具体语言现象，还是研究意义的深化，如同登山一般，带领学生去往山巅，会当凌绝顶，去看那最美好的风景，激发起建功立业的万丈雄心。人生中琐碎的困难与烦恼，在这些伟岸与崇高面前，便没有了无法克服的可能。老师的教育和引导是润物细无声的，尽管资质驽钝，但我从来没有听到过老师批评的声音，从来没有看见过老师不耐烦的神情，从来没有感受过老师失望的情绪，这是学生自信养成的神奇过程，让学生乐于创新，敢于尝试，自由与勇气油然而生。自信是我在桂子山获得的最宝贵财富。

李老师以家国为念，儒雅仁慈，在学生心中就是崔巍的高山，巨大，雄伟，崇高，令人景仰。李老师不仅仅是学业上的导师，更是学生们人生的导师。我们以老师为榜样，前进的方向从未模糊。从 1998 年到 2023 年，我无悔自己 25 年前的选择，庆幸自己得遇一位"伟大"的老师。

## 作者简介

王继红，北京外国语大学中国语言文学学院教授，博士生导师。1998年—2001年在华中师范大学语言学及应用语言学专业师从李宇明教授攻读硕士研究生，获文学硕士学位。2001年—2004年在北京大学中文系汉语言文字学专业攻读博士研究生，获文学博士学位。2011年—2012年在香港教育大学从事博士后研究。研究方向为汉语语法、翻译与语言接触、世界汉语教育史。讲授“古代汉语”“汉语语法史”“世界汉语教育史”“中山汉语语料选读”“域外教科书与中国文化海外传播”等课程，曾荣获霍英东基金青年教师奖、孙先东学术创新奖教金等。出版专著2本，校注1本。发表论文70余篇，译作3篇。已经主持并完成国家社科基金项目3项、省部级人文社科项目3项，二次担任国家社科基金重大项目子课题负责人。

## 指导学生情况

指导博士生11人，硕士生57人。

# 两次访学　师从一位

尤翠云

我与导师李宇明教授缘起于华中师范大学。1988 年大学毕业后，我来到湖北咸宁市师范学校（当时是中专），承担语文与写作课程的教学，一待就是八年。在此期间，我多么渴望有一个学习提升的机会，但始终不能如愿。直到某一天的上午，阳光洒满教室，咸宁师范高等专科学校数学系领导从我上课的教室走过，在他的推荐下，我调到了咸宁师范高等专科学校（当时是大专）中文系。新的学校，新的环境，更高的平台，自己总觉得有些力不从心。学校领导给了我一个学习提升的机会——去华中师范大学做访问学者，师从李宇明教授。自此我就成为李老师的学生。

## 点燃对未来生活的向往

我从咸宁来到了华中师范大学，有一种熟悉的陌生感。我在北京读书，北京高校多，资源好，我们常常去蹭其他高校的讲座，北京图书馆也是我和同学们经常去的地方。可来到咸宁，语言不通，日常交流都是问题，更别想其他。在当时，我是学校女教师中唯一一个本科生，学历最高，想出去学习，那是不可能的。八年中我未曾离开咸宁这所学校去看看外面的世界。八年中我从没有参加过学术活动，更不知道还有什么研究课题。八年的收获是基本能够听懂咸宁话，即使说起来很不标准，但日常交流没有问题；也学会了种菜、打麻将，这个学校半边户比较多，他们下班后就去菜园种菜，或聚在一起打麻将。同事看我无聊，热情地拉上我打麻将，或去菜园子种菜。种菜我不行，挑不动粪桶。麻将桌上常常有我，我变成了一个不学习、没有什么想法的人。来到华中师范大学，看到了久违的大学校园，我竟然觉得陌生，心中忐忑不已。

记得见到李老师是在一个晚上，那次我去到了他的家里。我终于看到了仰慕已久的李老师！他给我的感觉是睿智、风趣、和善。李老师询问了我的基本情况，明确了学习的方向，帮我找到了合适的研究课题。我心中学习的热情被渐渐唤醒。李老师的爱人白老师更是善解人意、温暖、善良，他们丝毫没有嫌弃我这个来自咸宁土里土气的老师。

我被分配住在青砖房宿舍 323 房间，李老师说这个数字好，像飞翔的凤凰。

李老师给我布置了学习任务，告诉我如何查阅资料、撰写文章的思路应该怎样去梳理，自此我这只“笨鸟”开启了人生新的航程，燃起了对未来生活的向往。

## 寻到人生途中的那盏灯

在华中师范大学访学期间，李老师给我们讲了他和白老师的爱情故事，还有他的家庭、他的女儿、他的教学和科研，我们都被深深震撼了。在这物欲横流、诱惑无限的世俗世界，李老师对白老师的感情，他们的相处模式，这些都让我们做学生的羡慕且敬佩。有学生曾经猜测，李老师身在这样的家庭是否还有别的兴趣爱好，结果了解李老师的学生都笑着说：“有，他的其他兴趣爱好还是教学科研。”李老师无论发生多大的事情，都不会耽误自己的教学科研。在陪伴女儿成长的一天天，他的著作《儿童语言的发展》出版了。这部作品，用李老师的话说，“是在女儿的尿香中诞生的”。这是多么伟大的父亲啊！他的科学研究是在“做身边熟悉的事情”，这个学术取向影响着我们每一个人。

在李老师的启发引导下，我开始了论文的撰写。最先写出来的文章是关于咸宁方言声、韵、调与普通话声、韵、调的差异与联系的三篇文章，发在《咸宁师专学报》。文章浅显、幼稚，有不少值得商榷的问题，可这是我自大学毕业完成毕业论文后第一次撰写并且公开发表文章，实在难掩内心的欢喜。我是一个比较笨的人，但不代表我没有目标，没有理想。在李老师的悉心指导下，我终于寻到了自己人生途中的那盏灯，也照亮了前行的路，觉得心中有了依靠，人生有了真正的意义。

## 追师北京　再续师缘

2000 年 12 月李老师调任教育部语言文字应用管理司司长，因李老师工作繁忙，联系渐渐少了。2012 年 4 月李老师到北京语言大学任党委书记，我又看到了希望。此时的我，家庭关系出现了问题，工作也存在很大压力。我觉得自己必须走出去，寻一寻自己。2013 年我来到北京语言大学，再次成为李老师的访问学者。

一次去李老师家，看到白老师在电脑前打字。因为白老师患病，两个手的手指严重变形，平时吃饭都有困难，而两条腿走路，能够持续走十分钟，就是很幸福的事情。可她却坐在电脑前一丝不苟地敲击着键盘，键盘发出清脆的响声，一个一个汉字清晰有序地排列出来，真是把我惊呆了。我说：“白老师您好厉害啊，怎么不请人来打啊，这多累啊！”我们正常手指，敲键盘时间长了都不听使唤，何况是白老师！可白老师说：“请别人来打可以，可手稿中很多东西，打字的人是不懂的，这样错误率就很高，校对起来会很麻烦。李老师也忙，不可能有那么多时间来顾这些。”此话一出，我无言了，心里默想，白老师太了不起了，难怪李老师总是对白老师赞不绝口！白老师有其他女性所没有的坚韧、勇敢、担当。

一部著作几万到几十万字不等，白老师用她那双变形的手指，需要敲打多长时间的键盘才能完成啊！而白老师就这么悄悄地完成了，这是多么大的惊喜、多么幸福的事情啊！此刻，我明白了婚姻真正的意义。

自己想通透了，就轻松地干正事了，认真去图书馆了，对自己的课题也严谨对待了。李老师主张“文章不仅要有创新点，还要字字落实，表达清晰”。这个要求一直影响着我，我的写作水平渐渐有了明显的提升，写出了一系列的文章。

李老师使我们有勇于面对生活和困难的底气。心里总觉得有李老师在我们身边，我们什么困难都可以扛得住，也应该去扛住。他就是我们生活中的一束光，将我们每一位学生照亮。李老师曾和我说：“愿你雨天有伞，天黑有灯！”殊不知，在学生的心里，您就是那伞，那灯！我这一辈子是幸运的、幸福的，因为遇到您！

**作者简介**

尤翠云，硕士，副教授，湖北科技学院继续教育学院副院长。1998 年—1999 年在华中师范大学文学院师从李宇明教授访学，2004 年—2006 年在华中师范大学攻读硕士研究生，获文学硕士学位，2013 年—2014 年在北京语言大学再次师从李宇明教授访学。教学科研方向为语言学及应用语言学。国家级普通话水平测试员，高级礼仪培训师，大学生创新创业指导师，服务认证预备审查员，服务认证预备审查员教师，现已退休。

2014 年，在北京参加学术活动时合影
（左起：尤翠云、周洪波、李宇明）

# 在学科交叉中成长与创新

何婷婷

我于1999年9月考上华中师范大学文学院语言学及应用语言学专业的博士研究生，2003年6月毕业，是李宇明老师招的第一批博士研究生。成为李老师的学生到现在已经24年了，无论是学习、工作还是生活，李老师还有李老师的夫人白丰兰老师都给了我很多的指导和帮助，他们的言传身教让我终身受益。

## 授人以鱼不如授人以渔

我本科和硕士都毕业于武汉大学计算机专业，1988年硕士毕业后就到华中师范大学从事计算机教学与科研工作。1999年，邢老师和李老师决定在语言学与应用语言学专业招一个具有计算机专业背景的博士研究生，从事中文信息处理研究。当年在职攻读博士学位首先要有推荐名额，很幸运我得到了这个宝贵的推荐名额，并通过了考试，成为李老师的第一届博士研究生。

入门的时候，李老师告诉我们说，邢老师说过“研究生研究生，自己研究自己升”。我博士毕业很多年后，李老师曾经很低调却很骄傲地说过，他指导的很多学生的研究方向他也不懂，指导不了，但学生都发展得很好，比如何婷婷等。初看、初听这两句话，好像会觉得导师不需要在学生的成长路上费多少心力，只要遇到好学生就可以了。其实不然。作为一名曾经的学生，今天也已经是培养了十多届博士研究生的博士生导师的我，对这两句话的领悟却是别样的深刻，这里体现的是“授人以鱼不如授人以渔”的人才培养理念，好导师不是手把手教学生做科研，他是研究生学业成长路上的引路人，他们帮助学生建立坚实的专业理论基础，培养和训练学生发现问题、提出问题、解决问题的能力和思路，开拓学生的学术视野，帮助学生建立对学术的热爱，对创新的追求，树立正确的人生观和价值观。为了达到这个目标，导师不仅自己要有渊博的知识、宽广的学术视野、敏锐的学术眼光、认真负责的工作态度，还需要针对学生的特点，因材施教，这个对导师的要求更高。导师对学生的影响是多方面的，是深远的，甚至可以说对学生一辈子的成长都具有极其重要的意义。

我是国内最早的一批语言学和计算机科学交叉培养的语言学博士，没有培养经验可以借鉴，而且从计算机到语言学，专业跨度很大，如何把一个语言学的小白，培养达到语言学博士毕业的要求，同时还要在语言学和计算机学科的交叉研究中取得一定的成绩，这在当时是一个人才培养的新课题，对老师也是一个挑战。从我入门开始，李老师就对我几年的学习做了全面的规划。

第一年，我在华师学习语言学课程，补语言学的专业基础，学习语言学的研究方法。在这一年里，我系统学习了语言学的一些经典教材，也大量翻阅各种语言学期刊上的论文。老师当时是华师的副校长，特别忙，但他每个周末都会把我们几个学生召集到他的办公室，给我们讲一上午的课，而且这一上午基本上都是李老师在讲。这些课带领我快速进步，特别是较好地了解了李老师的学术思想，掌握了一些语言学的研究方法，也接触到语言学研究的学术前沿。

我读博士的时候，计算语言学、自然语言处理、中文信息处理研究还不是很热门，在武汉从事这些研究的学者还很少，而北京，是中国计算语言学研究的高地，学术气氛特别活跃，北京大学、清华大学、北京语言大学，中科院的计算所、声学所、自动化所、软件所，以及教育部语言文字应用研究所等单位都有很优秀的从事计算语言学研究的团队和实验室。在博士学习的第二年和第三年，李老师给我设计的学习方式是游学。老师首先建议我去北京，近距离地接触国际国内一些知名学者和研究机构，深入到具体的实验室和项目中去锻炼。

于是，2000 年李老师介绍我到中国科学院声学所黄曾阳先生的实验室做了一年访问学者。黄先生兼有中国传统语言学、物理学、信号处理、哲学等方面的功底，创立了面向自然语言处理的概念层次网络（简称 HNC）理论，当年，他的实验室是国内中文信息处理研究的一个重要基地。在这个实验室，我深度参与了 HNC 概念层次网络的相关研究工作，深入学习和研究了当年流行的词汇、句子的语义形式化表示方法。

在北京这一年，我不仅在声学所访学，得到了黄曾阳先生的指导、照顾与帮助，李老师还介绍我拜访了北京大学计算语言学研究所的俞士汶先生。俞先生研发的《现代汉语语法信息词典》和“综合型语言知识库”等研究成果有广泛影响，获得了国家科技进步二等奖。声学所和北大离得很近，我常常会去北大计算语言学研究所查资料，请教俞老师。两位老先生对我都像对自己的学生一样，敞开大门。无论是学习研究黄先生的 HNC 理论，还是俞先生的语法信息词典，对我开展语言学与计算机科学的交叉研究都有着非常大的帮助，开阔了我的研究视野，拓展了我的研究思路。

读博士的第三年，也就是 2001 年，我被教育部语信司借调了一年。当时李老师已经调到了教育部，担任国家语委副主任、教育部语言文字信息管理司司长。这一年在李老师身边工作与学习，我各方面都得到了很大的进步和提高。当时，我最深的感触之一是，作为语信司司长，李老师无论地位有多高，工作有多忙，要处理多么重要的事情，但如果学生有问题向他请教，他是一定会挤出时间来和学生讨论的。记得有很多次，我向老师请教问题，老师让我先等着，等他忙完其他工作或者接待完其他人员，再利用中午休息的时间和我谈话。以前我常常没有带笔记本的习惯，老师就拿他桌上的便签给我做笔记，他有时候也边讲边写边画图，然后，我收起这些便签，晚上回宿舍再仔细琢磨（老师就是随手画的便签字也很整齐，图也画得很好看）。这样次数多了，有一次，老师给我一个本子，我知道这是一个无声的批评，后面我自己也就记得一定要带本子了。我经常会把这段经历讲给我的学生听，鞭策我自己和我的学生。

当年在北京，还有一个很深的感触是国际国内学术交流非常频繁，学术报告很多。北京的一些从事语言学、计算语言学研究的团队经常举行各种学术活动，也常常邀请国际上的一些学者来做报告。记得李老师教导我说，听学术报告是最高效的学习方法，别人研究了很久甚至一辈子的工作，听者花半个小时到一个小时就能了解到主要的观点和成果。当时相关的一些单位如果有学术报告和学术活动，都会相互通知，而且，还有一些单位会专门给李老师发邀请，如果学术活动和我相关，老师也会通知我。按照老师的要求，只要有听报告和参加学术活动的机会，我就一定不会错过。我读博士的时候，互联网远远不像现在这样发达，国内很多资料还没有。听这些学术报告，让我领略了不少大家的学术风采，作为一个学生来说，这是难得的精神享受。这些学术报告，也让我捕捉到了国际国内计算语言学的学术前沿和研究热点。记得有一次听一个图书情报专业的外国专家做报告，他谈到了图书馆领域的DC（Dublin Core）元数据标准，我回来就赶紧查资料，并把它应用于现代汉语语料库元数据标准（草案）的研制，取得了较好的成绩，并且很自然地和国际上语料库联盟的相关方案接轨。

在教育部语信司借调的这一年，一边工作，一边跟着李老师学习，也让我了解了国家语言文字的相关政策，了解了语言生活、语言服务的一些研究需求，让我走出学术研究的象牙塔，更加主动地关注周边的语言问题，对语言生活现象的观察更加敏感。另外，这一年的工作实践，也提高了我对行政管理工作规范的一些认识，对我后来在学院兼职从事行政管理工作发挥了很重要的作用。

## 科研服务国家需要、社会需要

成为李老师的学生，是我人生的幸运，李老师的教导让我这个纯粹只关心技术的工科女生有了很大改变。在李老师身上，我们首先感受到的是浓厚的家国情怀。他总在教导我们，科研要服务国家需要、社会需要。在他的指导和帮助下，我的研究方向和研究兴趣更多地转到语料库研究、语言服务、语言资源建设、语言生活监测上，主动使自己的研究工作与研究成果服务国家语言文字事业发展的需要。

在李老师的带领下，我从读博士研究生起就开始开展语料库研究，发挥自己计算机专业背景的优势，投入极大的热情和精力参与国家现代汉语平衡语料库的建设、汉语网络媒体监测语料库建设、年度网络媒体用字用语调查、网络语言生活监测等任务，有幸见证了李老师领导教育部语言文字信息管理司谋划、布局、建立国家语言资源监测与研究中心，领导开展语言生活监测，发布语言生活年度报告，组织汉语盘点等活动，并在其中发挥了自己的作用，做出了一定的贡献。在这个过程中，自己提高了专业能力，拓宽了学术视野，个人和团队的事业也得到了很好的成长和进步。

2005 年前后，教育部语信司决定建设国家语言资源监测与研究中心，在全国建设平面媒体、有声媒体、网络媒体、教育教材、海外华语五个分中心，这是国家语委建设的第一批科研中心。2023 年是中心成立的第 19 年，11 月 18 日，在厦门大学召开了语言资源高端论坛，入会代表包括多位最早参与国家语言资源监测与研究中心的成员。大家都由衷地表示，这些中心的建立和发展要感谢时任教育部语信司司长李宇明教授。

在这个会议上，我发言的题目是“多学科交叉融合，助推语言资源建设、研究及应用创新”。我回忆了第一篇字词语调查报告发布的过程。2005 年 10 月 10 日，李老师作为教育部语言文字信息管理司司长在武汉华中师范大学主持召开了第一次国家语言资源监测研究中心工作会议，在会上，李老师创新地提出了要依靠互联网开展大规模语言调查的任务，这个工作当时还没有人做过，随着互联网的发展，现在应该有条件去做。我作为李老师的学生，当时也是国家语言资源监测与研究网络媒体分中心的副主任，义不容辞要率先行动。会后，我立即和相关单位的老师一起联合攻关，我和我的学生全力投入该任务，并让我的研究生涂新辉带着网络媒体的语料到北京语言大学和杨尔弘老师一起工作。之后，在教育部语信司会议室里，李老师组织语信司领导和多名语言学专家一起，审读了北京语言大学杨尔弘老师提交的由国家语言资源监测与研究平面媒体分中心、有声媒体分中心、网络媒体分中心共同完成的“2005 年报纸、广播电视、网络用字用词调查”的数据，另外，我还单独提交了“2005 年高校网络媒体 BBS 用字用词调查”的数据。经专家讨论后，李老师当即决定，派正在参会的语言学专家苏新春教授到北京语言大学、汪磊教授到华中师范大学指导、参与工作。这两位专家连家都没有回，分别就去了我们两个中心。

2006 年 5 月 23 日，《中国语言生活状况报告》首次发布，国家语委所属的国家语言资源监测与研究中心首次对 2005 年报刊、网络、广播电视三大媒体的汉字、词语、标点与符号的使用情况进行了大规模的调查。调查语料共计 892 034 个文本文件，909 449 610 字（包括标点符号及西文字母），其中纯汉字共计 732 162 049 字。这份我国首次发布的年度语言生活状况报告显示，如果掌握 1 万多个词汇，认识 900 多个汉字，就可以阅读 90%以上的出版物。李老师在接受采访时说，“都说汉语很难学，其实并非如此，汉语是比较容易学的语言”。

很荣幸参与了李老师主编的第一本《中国语言生活状况报告》（简称绿皮书）的研究工作。自此以后，我和我的团队每年撰写的关于年度网络媒体语言生活的报告都被国家语委采纳，收录到“年度中国语言生活状况报告”发布，至今已经有 20 多篇。李老师担任这套书的主编有很多年，现在仍然是名誉主编。

衷心感谢李老师带我走进语言学的大门，指引我开展语料库语言学的研究，指导我和我的团队开展网络媒体语言资源建设与研究，并在其中锻炼、成长。

## 作者简介

何婷婷，华中师范大学计算机学院二级教授，博士生导师。1985 年—1988 年在武汉大学计算机专业攻读硕士研究生，获工学硕士学位。1999 年—2003 年在华中师范大学语言学及应用语言学专业师从李宇明教授攻读博士研究生，获文学博士学位。现为国家语言文字研究基地国家语言资源监测与研究网络媒体中心（华中师范大学）主任、人工智能与智慧学习湖北省重点实验室主任。曾任华中师范大学计算机学院院长。主持完成包括国家社科基金重大计划招标项目、国家自科基金重点项目、国家自科基金重大计划培育项目、国家自科基金面上项目、国家社科基金面上项目、国家语委重点项目、教育部科学技术研究重点项目、湖北省自科基金重点项目等国家级、省部级项目 20 多项，获得包括湖北省科技进步一等奖、二等奖及文化部创新奖、湖北发展研究奖等科研、教学成果奖近 10 项。获得全国优秀科技工作者、武汉市优秀科技工作者、湖北省创新创业奖、武汉市三八红旗手等荣誉。自 2005 年以来，主持完成了 20 多篇关于网络语言生活的年度报告，被国家语委收录到当年的《中国语言生活状况报告》发布；2012 年起，主持发布年度十大网络用语。

## 指导学生情况

2001 年开始担任硕士研究生导师，至今已指导硕士研究生近 100 名。2007 年开始担任博士研究生导师，培养博士研究生 18 名。2002 级硕士研究生胡珀，现为华中师范大学计算机学院教授、博士生导师、计算机系系主任；2002 级硕士研究生全昌勤，现为日本神户大学副教授；2002 级硕士研究生王萌，现为广西科技大学教授、启迪学院副院长；2004 级硕士研究生戴文华，现为湖北科技学院教授、信息中心主任；2004 级硕士研究生张小鹏，现为腾讯公司广告数据部技术总监；2007 级硕士研究生苏小康，现为微众银行区块链应用研发负责人；2007 级博士研究生陈劲光，现为湖州学院副教授、国内教育机器人领军企业之一浙江艾创智能科技有限公司创始人；2010 年博士研究生衣马木艾山·阿布都力克木，现为新疆师范高等专科学校（新疆教育学院）党委常委、副校长（副院长）；2011 级博士研究生赵军民，现为河南城建学院教授、计算机学院院长。

2014 年 1 月 18 日，在商务印书馆中青年语言学者沙龙上合影
（左起：饶高琦、吴雪钰、李宇明、何婷婷、刘贤俊）

# 遇见光　追随光

刘　云

1996年我到华中师范大学文学院攻读语言学及应用语言学硕士学位，李宇明老师是我的授课老师，先后听过老师为我们这一级硕士生开设的几门课程。1999年我同陈前瑞学兄、何婷婷学姐一起，成为李老师首届博士生。自从遇见光便一直追随光，有太多太多的人生大事与老师息息相关，这里分享的是与老师交往的两件小事。

## 跟着老师修订教材

2000年李老师主编的《语言学概论》教材在高等教育出版社出版，这部教材由教育部师范教育司组织编写，教材出版后深受师生欢迎，在各高校很畅销，修订前就已印刷21次，发行近14万册。高教社根据各高校的需求和形势发展的需要，想对该教材进一步修订完善。第一版的编委是李老师和郭熙老师、李向农老师、彭泽润老师、吴振国老师、吴继光老师，由于吴继光老师英年早逝，原先由吴继光老师撰写的第一章第三节、第四节分别由郭熙老师和我承担修订工作。当初只是觉得老师工作太忙，需要人手帮忙，后来有些研究生入学时说知道我的名字是在老师主编的《语言学概论》上看到的，顿时明白了老师的深意。

原先以为教材修订工作比编写工作轻松一些，毕竟有一个版本在那里放着，实际上真正开始修订工作之后才发现，各有各的难处。原有的内容哪些需要保留，哪些不合适不需要了；新修订的内容哪些需要放入修订版，哪些不需要；放入修订版后，与原有其他各部分的衔接和术语表述是否一致、是否重复，等等，这些问题都需要考虑到位。正因为如此，老师在修订版“后记”中写道：“现在的学者都是大忙人，事情堆积如山。而诸位能接受修订任务，完成此项名微利薄的集体学术工作，这是需要有点境界的。”

老师为教材修订工作准备得特别充分，在正式修订前，收集了包括中国人民大学、北京邮电大学、东北师范大学、山东师范大学、广东教育学院、山东省教育学院、安徽省教育学院等院校对教材的使用意见、建议，在此基础上形成修订方案。老师提出了一个总的修改精神：①不要大动，特别是体例不变；②换去较为陈旧的用例；③作业题目要精心设计，具体情况可参考第一章第一节的“思考与练习”；④将近年来的科研成果吸收进去；⑤反映信息时代语言生活的新特点。老师在修订版“后记”中写道：“一部好教材应是一个好的学术框架，应是学科的基础平台，能为教学留下充足的发挥空间，鼓动学生去运用知识、创造知识。”

在教材修订完成后，还有一个细节，我至今记忆深刻。教材 2008 年暑假交稿后，2009 年年初高教社支付了第一笔修订版的稿酬，老师睹物思人，吩咐我把他自己的稿酬寄给吴继光老师的夫人韩老师，具体数字因时间久远不记得了，应该是 5000 元左右。吴继光老师 2000 年 12 月不幸逝世，时隔近十年，老师还记得当年师兄弟的情谊，于我而言，深受教育。

跟着老师编教材，既学到了编教材的理念、方法，又学到了编教材的精神、态度，更学到了为人的格局、品位。

## 陪着老师看望邢先生

李老师是邢福义先生的第一届研究生，在邢先生身边学习、工作了 20 年，师生之谊深厚。我印象中每次李老师回武汉都会专程看望邢先生，这里略记最近几年来陪老师看望邢先生的情形。每次趁李老师回华师，我们都逮住这难得的机会请李老师给华师的师生传经送宝。

2018 年 3 月 22 日，老师上午 9 点乘高铁下午 2 点左右到武汉，在酒店安顿下来后，4 点左右便来到华师语言所看望邢先生，并同华师语言学科的老师们进行座谈交流。李老师在座谈中介绍了他当时非常关注并深入思考的两大问题。一是语言学向何处去的问题。老师认为，当前的语言学正面临一个转折，可称作“后乔姆斯基时代”，语言学未来的发展方向，要么是与相关学科如人工智能等相结合然后发生转向，要么是从传统语言学中吸取营养从而向前推进。二是中国语言学发展中急需解决的若干问题，包括：少数民族地区的语言政策、中华民族的语言认同、汉语国际教育、国人的语言教育、老年人语言能力的衰退，等等。李老师鼓励我们多关注现实中的语言问题，将语言生活中急需解决的重大问题作为个人及团队的重点研究方向，从而在一流学科建设中促使语言学研究再上一个新的台阶。

2019 年 6 月下旬，李老师来华中师范大学参加复句问题国际学术研讨会，其间专门叮嘱我，安排一个时间段看望邢先生。30 日上午我从桂苑宾馆陪李老师散步到邢先生家看望邢先生，感觉李老师走这一段路还挺费劲的，中途还在九号楼前面的亭子里歇了一会儿。这一次陪老师看望邢先生，老师特意嘱咐我在楼下等，我没有陪老师上楼，这次的看望活动与以往不同，只有邢先生和李老师两人。感觉这一次老师与邢先生的见面特别重要，谈了很多重要的事项。2020 年以后的 3 年，邢老师的身体也一天不如一天，这次见面是新冠肺炎疫情前邢先生特别清醒的时候，显得尤为重要。这次回华师，逮住老师给华师文学院、语言所和外语学院的师生做了个讲座“汉语的外语角色及其相关问题”，老师介绍了外语角色理论，并指出汉语已经跨越外事外语、领域外语和成人外语角色，开始进入基础教育外语阶段，应探讨汉语成为世界第二外语的可能性及可行性，汉语国际教育要为此做出贡献。

2021 年 6 月下旬，李老师来武汉参加武汉大学中国语情与社会发展研究中心学术委员会会议暨学术研讨会。21 日下午，在华师语言所，陪同李老师、郭熙老师、周洪波老师、赵世举老师一起拜会邢先生。这次人比较多，邢先生也特别高兴，但精神状态大不如前。第二天下午，逮住机会请老师给华师文学院、语言所和计算机学院的师生做了个讲座“语言学发展的三大途径”，座无虚席，掌声雷动。

2022 年 9 月 22 日下午陪同李老师看望邢先生。师生见面，格外高兴。李老师表达了对邢先生的慰问和惦念，回顾了当年跟随邢先生学习研究的求学经历，还谈到对当前语言学科和学术研究的一些看法。第二天，应教育部第三批“全国党建工作样板支部”培育创建单位华中师范大学文学院语言学教工党支部的邀请，老师在文学院一楼报告厅做了题为“中国语言生活研究”的学术讲座，来自文学院、语言所及校内外其他单位的百余名师生们参加了此次讲座。

陪着李老师看望邢先生，既学到了新知识，开阔了眼界，又潜移默化地学会了“常怀感激之心”的尊师重教，更学到了“长存谦逊之意”的为人之道。

我曾在范军老师主编的《学缘漫忆》中，以《马拉松·朋友圈·学术勇气——学缘漫忆之李宇明老师的教诲》为题，较为详细地回忆了李老师对我为学的帮助、为人的启迪。遇见光便追随光，李老师的为学与为人，我望尘莫及，值得我认认真真地学习一辈子！

**作者简介**

刘云，教授，博士生导师，华中师范大学文学院院长。1996 年—1999 年在华中师范大学语言学及应用语言学专业攻读硕士研究生，获文学硕士学位。1999 年—2002 年在华中师范大学汉语言文字学专业师从李宇明教授攻读博士研究生，获文学博士学位。从事语言学及应用语言学、汉语言文字学等教学与研究工作，主讲本科生课程“语言学概论”、硕士生课程“学术示范与论文写作”和博士生课程“语言研究方法论”等。教育部基础学科拔尖学生培养计划 2.0 基地（中国语言文学拔尖学生培养基地）负责人，国家一流本科专业“汉语言文学”负责人，国家级线上线下混合式一流课程“语言学概论”负责人，湖北省省级教学团队语言学教学团队负责人，中国语言文学博士后流动站负责人。获高等教育（研究生）国家级教学成果奖二等奖（第一完成人）、高等教育（本科）国家级教学成果奖二等奖（第三完成人）、湖北省高等学校教学成果奖二等奖（第一完成人）、湖北省高等学校教学成果奖特等奖（第三完成人）等奖励。独立承担国家级、省部级项目 18 项，出版专著 4 部，主编、参编教材 10 余部，发表学术论文百余篇。2008 年获霍英东教育基金会第十一届高等院校青年教师基金，2011 年入选教育部新世纪优秀人才支持计划，2023 年获得湖北省“楚天名师”称号。

## 指导学生情况

自 1999 年留校工作以来，一直坚持为人师表，潜心教书育人，共指导硕士研究生 150 人，博士研究生 22 人，指导博士后 4 人。指导的本科生中共有 7 人的毕业论文获得湖北省优秀学士学位论文（韦名应、黄丽丽、曾李、王耿、陆尧、肖辛格、廖存希），其中韦名应现为云南民族大学民族文化学院院长，教授、博士生导师，国家社科基金重大招标项目首席专家，云南省“万人计划”青年拔尖人才、云南省政府特殊津贴专家；指导的 2021 届博士生储小静，博士学位论文《现代汉语二重有标三分句嵌套研究》获得了 2022 年度国家社科基金优秀博士论文项目资助；指导的博士后饶琪现为华中师范大学文学院副教授、硕士生导师，主持国家社科基金项目 1 项，教育部人文社科项目 2 项，其他省部级项目 6 项。

2002 年 6 月 5 日，在博士论文答辩会上合影（前排左起：李芳杰、李宇明、邢福义、郑远汉、卢卓群、张维友，后排左起：汪国胜、朱斌、陈佑林、刘云、曾常年）

# 经师易得　人师难求

柴俊星

真不敢相信，自 1999 年拜入师门以来，至今已 20 余年。

说到我与李宇明老师的缘分，还缘于我的父亲。我的父亲柴春华是语言学界的老前辈，也是国内高校德艺双馨的著名语言学家和国际中文教育家。在北师大读书时，师从黎锦熙先生，后分配至郑州大学中文系任教。而李宇明老师初期又恰恰求学在父亲那里，还是父亲最喜欢的学生，于是就有了我和李宇明老师“亦师亦兄”的“缘分”。时至今日，在没人的时候，与李老师通电话时，我还会甜甜地叫一声“宇明哥”！本以为李老师毕业后我们的“缘分”就断了，我读研究生时又拜在了李老师的门下！但只读了一半时间，他调到北京后，就转手把我给“卖”了。

其实在华中师大读书期间，我和李老师的夫人白丰兰老师关系密切，又凭着“师师相承”的关系，李老师的家也成了我的半个家，没事就跑去蹭吃蹭喝。记忆最清楚的就是一旦有什么好吃的，我就会接到白老师（我私下“甜甜”的嫂子）的电话，那温柔轻慢的声音就会说：“来吃饭吧俊星，今天做了××××。”现在想起来心里还是暖暖的。说到白老师和李老师，他们一路走来，克服重重困难，相互扶持，情深义重，令人感动！

每每在我去蹭吃喝的时候，饭桌上李老师就会假装严肃地问我：“我给你布置的那几本书看完了吗？有什么心得……”当我回答不尽如人意的时候，李老师就会慢慢地说：“看书是要带着问题去看的，有了问题才能在书里找到答案。”这句话也成了我带研究生的一句口头禅，直至今日！

从华中师大毕业后，我也在高校从事汉语国际教育工作，一做就是“一辈子”。目前，国际中文教育虽然还属于语言学的教学范畴，但更多的是研究二语习得、国际教育模态等，近些年更是偏重于研究二语教育技能和方法，所以在汉语本体精进方面就放松了。记得有次我去北京出差，特地去方庄李老师家里看望他们，一进门就看见李老师坐在客厅里和客人谈话，定睛一看，是当时华中师大语言所的萧国政老师，也是我的任课老师。他们两个正在就一个语言问题进行讨论，我加入后，二位老师又对我的学术问题进行了专业的指导，使我受益匪浅。李老师后来到北京语言大学担任党委书记，在行政工作那么繁杂的情况下，还没有放弃学术探讨，这是何等难得！难怪在李老师不再担任行政工作后，专业作品不断问世，这种修为值得我终生效仿！

大概在2012年，我被原国家汉办委派，公派赴美担任汉语教师和全美汉语教师的管理教师。临行前，我给李老师打电话辞行，电话那头，李老师首先肯定了我是在为国家效力，要有光荣的任务感和使命感，其次又谆谆叮嘱在工作之余不能放弃专业巩固，特别是在国外的环境下，更能感受到汉语作为第二语言教学所面临的问题和挑战。事实胜于雄辩，也正是因为李老师的这番话，在美国的三年，我一边顶着繁重的工作压力，一边不忘专业巩固，并搜集了诸多素材，回国后的一些学术研究真如李老师所言，那时的关注和用心都反哺到了我的研究领域。受用良多！

如今，在国际中文教育方面，自认为已阅历丰富。但在做人方面的眼界和格局，李宇明老师夫妇一直是我的引路人。

正所谓“经师易得，人师难求”——这就是我的导师李宇明！

**作者简介**

柴俊星，海南师范大学国际教育学院院长，教授，硕士生导师。1999年—2001年，在华中师范大学语言所语言及应用语言学专业师从李宇明教授攻读硕士研究生，后李老师调任北京工作，又跟随汪国胜教授修完学位，获文学硕士学位。主要从事国际汉语教育及教学研究，主要讲授“二语习得”“国际汉语教学法”“修辞学”“国际汉语语音教学”“国际汉语课堂教学理论与技能”等本科及硕士研究生课程。海南师范大学学术委员会委员。入选海南省“拔尖人才”。发表论文近30篇，其中CSSCI收录期刊论文10余篇。出版个人专著2部，其中一部获海南省社科联优秀科研成果三等奖。主持原国家汉办项目以及省社科联、省教育厅科研项目5项，均已结项。现主持教育部中外语言交流合作中心重点创新项目“面向东南亚本土汉语教师的在线课程研究及建设”，参与教育部中外语言交流合作中心重大项目“马来西亚中文教育现状发展趋势调查研究”。2012年—2015年，作为公派汉语教师和汉语教师管理人员赴美国3年。2017年—2018年，连续两年执行国侨办赴印尼巴淡、泗水培训本土汉语教师项目，其中2018年赴印尼系在“印尼全国华文教育协会”特邀的情况下由国侨办发文邀请作为主讲专家参与项目。

**指导学生情况**

指导国际汉语教育专业硕士研究生，包括国内和国际学生共计31位。指导本科汉语国际教育专业学生（国内国际学生）38位。

2008 年 12 月，赴京拜访李老师，在家中留影
（左起：柴俊星、李宇明、白丰兰）

# 李老师引领我开启游学之旅

周统权

岁月如风，往往在不经意间匆匆飘过。再过两年，我将走进人生的第一个甲子之年。回顾自己二十多年的学术生涯，我不禁感慨万千，但始终不能忘怀的却是李老师引领我所途径的跨学科之旅：一路艰辛与挑战，然而幸福满满、乐在其中。此文旨在小记我追梦的历程，更是导师助推我圆梦的历程。

## 北京拜师，选择病理语言学

我是李老师的第三届博士生，当我 2001 年在华中师大入学时，李老师已经升任教育部语言文字信息管理司司长。第一次面见导师是在北京，已经是 2002 年的春天了。我记得李老师跟我约定 3 月的第二个周三上午到他的办公室见面，所以我提前两天来到中国传媒大学（当时叫北京广播学院）。其实，我能入住中国传媒大学也是李老师帮忙沟通的结果，他通过传媒大学语言学及应用语言学系的邢欣教授（李老师请她担任我在京期间的副导师）给我安排了研究生宿舍、帮我购买学生食堂的就餐卡，让我有机会享受另一所高校的大学生活。

周三上午 9：00，我在教育部语信司司长办公室见到了李老师，干练、儒雅，但说起话来声如洪钟。我虽然工作了多年，但毕竟第一次见到当大领导的导师，心里开始也有点忐忑，可老师睿智风趣的说话方式很快让我变得轻松起来。李老师跟我谈生活、谈学术、谈论文写作（我也带上了几经修改的一篇小文章），但重点聚焦于我的博士研究方向选择。我是学外语出身，在入学之前便给自己定下目标：要么将语言学与计算机结合，要么与心理学结合。在华中师大的第一个学期，我主要在学习计算语言学的相关知识，期待博士论文做论文摘要的中英文自动翻译。所以当李老师问我是否对病理语言学感兴趣时，我一脸懵：“病理语言学是什么？”他跟我说，病理语言学就是研究语言障碍，也叫临床语言学，属于心理学、医学和语言学的交叉学科。“那很好啊，我很感兴趣。”我兴奋地回答。谈起病理语言学，老师如数家珍、娓娓道来，我无比惊诧于老师的渊博知识，老师的讲话中，处处都是新知识，处处洋溢着智慧之光，这一点也是我跟很多同门学友的共同感受。

这次拜师后，我便打定主意投入病理语言学这一全新的领域，按老师的指引查文献、学知识，了解病理语言学专业基础，并不定期向李老师汇报学习进展。

## 走进东方医院，初识失语症

广义上讲，病理语言学属于神经语言学的一个分支，重点研究语言障碍，而语言障碍又以失语症最为常见。当时，失语症研究在国外尤其欧美国家已有很长的历史，研究成果也最多，而中国则处于起步阶段，早期虽然也有相关文献，但多出自临床医生的观察和描述性记录，真正从语言学视角研究失语症的学者凤毛麟角。李老师很清楚这一现状，为了让我了解失语症，专门为我引荐了从日本留学归来的神经内科专家张允岭博士，嘱咐张博士指导我认识失语症病人，通过医院查房等方式学习与病人进行沟通的技巧，探索出进行失语症语言学研究的有效路径。

张博士在东方医院（即现在的北京中医药大学东方医院）工作，我因此成为他科室的编外人员。我每周隔日去医院跟张大夫一起去病房查房、积极与失语病人交流、学看病人的脑部 CT（计算机断层扫描）图像。不在医院的时间，我就去各大图书馆查阅有关失语症的研究资料，甄别失语症患者的主要类型、常见病理反应、语言障碍表现和主要康复手段。往返中国传媒大学和东方医院的那段经历让我初识失语症，是李老师给我创造机会开启了病理语言学的学术拓荒之旅。

## 转战徐州，入驻中国神经语言学始源地

在东方医院的半年时间我见识了失语症病人，了解了失语症研究的一些基础知识，但与心目中期待的失语症语言学相距较远，加上张大夫是专业医生出身，不可能在语言学与失语症研究的结合上给我提供更多的指导，所以我感觉研究进展缓慢，心里很焦急。

我把情况反馈给了李老师，他很快便邀请邢欣教授听取了我的专门汇报，邢教授给我提出了意见和建议。2002 年暑假刚开始不久，李老师便打电话跟我说，“杨亦鸣教授在徐州师范大学（即现在的江苏师范大学）创建了神经语言学实验室，他那里也有人在做失语症研究，你是否愿意去那里跟随杨老师的团队做研究？”听闻此消息，我自然激动不已，满口答应。随后，李老师征得杨老师的同意，让我投奔徐州师大，并邀请杨老师担任我的博士副导师，我也由此开启了读博期间另一段重要的游学之旅。

杨教授时任学校的副校长，创建了中国第一个神经语言学团队，建立了第一个省级重点实验室（江苏省重点实验室）“语言与认知神经科学实验室”。2002 年 7 月 21 日清晨，我满怀憧憬来到了神往已久的徐州（我在山东大学攻读硕士研究

生期间曾几次经过徐州转车），正式入驻中国神经语言学的始源地。接下来的两年，我在杨老师的指导下逐步融入了神经语言学研究，虽然也学习正常人的语言表征、存储和加工，但仍以失语症研究为主。我经常与杨老师的研究生一起去医院或病人家里调查失语症病人、测查他们的语言情况、提供一些康复指导，跟杨老师团队的老师、研究生一起讨论实验设计，去医学院学习人体解剖学和神经生物学，分享学习心得。自然而然，我的博士论文最终也基于失语症调查，研究汉语的动词配价问题。尽管我博士毕业已经多年，但徐州一直是我的学术基地，每年都会去那里交流多次，继续我的神经语言学研究之旅。

## 再入北京，学习心理语言学

2006 年 7 月博士毕业后，我被引进到华中师大外国语学院担任英语老师。工作一年之余，我感觉虽然博士期间从事过神经语言学研究，但对好多东西好像还是一知半解，所以萌发了做博士后研究的想法。李老师特别支持我，专门为我推荐了北京师范大学的心理学家舒华教授作为博士后导师。我特别高兴，所以当年暑假还未开始，便再次北上，来到北京师范大学认知神经科学与学习国家重点实验室做博士后研究，开始系统学习心理语言学，但研究方向仍侧重失语症。在北师大期间，我跟李老师接触的时间更多，当面聆听老师教诲的时间更多，到老师家里蹭饭、喝酒的时间也更多。

最近十几年，我的科研兴趣转向正常人语言的认知神经机制研究，但在北师大的求学经历无疑为我奠定了更加坚实的专业基础，因为失语症研究是病理语言学研究之源，也是神经语言学研究之源。

人生具有很多偶然性。对我而言，最重要的偶然性是有幸成为李老师的学生：在老师的谆谆教诲中，我更新了知识、开阔了眼界、增强了使命感；通过老师的引荐我有幸接受一众大师（知名语言学家邢欣教授、神经内科专家张允岭教授、语言学及应用语言学领域的长江学者杨亦鸣教授、著名心理语言学家舒华教授）的指导；因为李老师的高瞻远瞩，我走上了语言学研究的新天地——神经语言学，21 世纪备受宠爱的交叉学科之一。李老师犹如我学术生涯中的灯塔，一直指引我努力前行。谈及内心的感受，我只有一句话，“有一个好老师真幸运！”

**作者简介**

周统权，东南大学外国语学院教授，博士生导师。1992 年—1995 年在山东大学外国语学院攻读硕士研究生，获英语语言文学硕士学位。2001 年—2004 年在华中师范大学语言学及应用语言学专业师从李宇明教授攻读博士研究生，获文学博士学位。2006 年—2008 年在北京师范大学认知神经科学与学习国家重点实验室师从舒华教授从事博士后研究工作。2013 年受教育部公派到美国西北大学访学。主要从事神经语言学和心理语言研究，主要讲授“语言学导论”“认知语言学”“英语写作”“形式句法”“现代汉语句法研究”“学术英语写作”“句法学导论”等本科生和研究生课程，担任国家社科基金通讯评审专家和教育部高校人文社科成果奖评审专家。在《语言文字应用》《当代语言学》《语言科学》《外语研究》和 *Brain and Language*，*System*，*Frontiers in Psychology* 等多家专业核心期刊上发表论文 50 余篇，出版专著 3 部、编著 2 部，主持国家社科基金项目 3 项、教育部等省部级项目 3 项。

## 指导学生情况

指导硕士研究生 40 余人，博士生 5 人。其中，三位硕士研究生中有两位已博士毕业并以人才引进的方式到高校工作（杨静，重庆师范大学；郑伟，三峡大学），成为所在单位的学术骨干，3 位硕士研究生目前博士在读。

2005 年 10 月 10 日国家语言资源监测与研究中心工作会议合影
（前排左六、左七：李宇明、邢福义，第二排左二：周统权）

# 事业的引路人

高晓芳

在李老师招收的弟子中，不乏学科背景与学缘结构相异的学生，比如我本科与研究生主修的是英语专业。师从李老师，进入“李门”之后，我体会到自己与同门在专业、功底、志趣等方面存在的差异。幸运的是李老师用他的智慧和包容给予我指导，成为我事业上的引路人。

## 工欲善其事　必先利其器

1982 年，我考入华中师范学院（现华中师范大学）英语专业，实现了儿时的梦想，先后完成本科、国内与国外两个硕士阶段的学习，并留在华中师大外国语学院任教。英语是我阅读、备课、讲课、科研活动的主要工具。虽然自感水平一般，但日积月累的英语学习与应用让我形成了用英语思维与表达的习惯。这对于本职工作自然是好事，但随着时间的推移，对于汉语的书面表达，尤其是对用汉语开展学术研究，我感到越来越生疏，甚至有些排斥。

2002 年，我考入北京广播学院（现中国传媒大学）。李老师针对我的求学背景与未来事业发展的需要，给了我 2 个博士论文的选题方向：一个是中国近代外语教育历史，另一个是中国近代外语教育规划。权衡之后，我选择了相对比较熟悉的前者。着手收集与整理资料的时候，我经常感到力不从心，因为梳理相关历史仅凭自己高中阶段的汉语底子显然捉襟见肘，需要“恶补”。怎么补？补哪些？我茫然无措，只好向李老师坦言自己的“短板”，也做好了被批评的准备。让我没想到的是李老师居然早已对此了然于心，丝毫没有责备我，而是鼓励我要学会用英语和汉语“两条腿走路”，向我推荐了阅读书单，建议我多读语言学界学术大家的著作，在阅读中多体会、多领悟，积累专业知识，提高语言表述水平，加强逻辑思辨能力等，同时注重以读促写，以读促研。我拜读了邢福义教授、李宇明教授和其他知名学者的论文、专著、教材等，获益匪浅。博士在读期间以及毕业返校工作后，我坚持这种有目的的阅读。自己评上硕士生导师之后，也将李老师的告诫与方法介绍给我的学生，以免他们走弯路。感谢李老师及时的引导，让我不再对汉语那么“发怵”。

# 润物细无声

2002年，我考入中国传媒大学播音与主持艺术学院应用语言学系攻读博士学位，师从李老师。求学期间，我的学位论文在选题、框架、资料收集、开题和撰写的各个环节，无不得到李老师的悉心指导和及时帮助，因而避免了许多文字甚至内容上的疏漏。博士毕业之后，李老师非常关心论文的修改与出版，时时问及进度，给予指点。记得有一次李老师利用去福建出差的机会，从马尾博物馆为我收集到10余册有关福建船政学堂的珍贵资料，并从北京带至武汉给我。拙著《晚清洋务学堂的外语教育研究》（2007，北京：商务印书馆）出版之际，李老师又于百忙中抽出极为宝贵的休息时间欣然作序。李老师虽然公务繁忙，却总是把学生的学业放在心上，关注学生的成长。

李老师的夫人白老师和蔼可亲，是我和同学们心目中的“定海神针”和学业上的“副导师”。与白老师相处，我最感钦佩的是她面对病痛的勇气、坚强和乐观，很感染我，也很激励我。

2012年我担任华师外国语学院副院长，分管7个专业的本科教学，加上教学与指导学生，任务不轻，却从不敢懈怠。李老师给了我许多专业外语教育教学管理与规划的建议和指导，让“双肩挑”的我备受启发与激励。李老师还嘱咐我做好管理工作的同时，要“做科研、包容同事、善待爱人”。工作中每每遇到困难、挑战和冲突时，我都会静下心来思考如何优化以及怎么妥善解决所遇到的问题。

李老师一直鼓励我要潜心学术，分段梳理中国近现代，乃至当代的外语教育史，时常通过微信、邮件等方式分享实用的资料给我。自《语言战略研究》创刊以来，我每期都能收到编辑部惠寄的刊物，深知这是李老师在以特别的方式提醒我要紧跟学术前沿，要坚持做学问。

李老师师德高尚，治学严谨，博识睿智，对学生不仅传授做学问、做科研的道理，还传授做人的准则，是我事业上的引路人，也是让我终身受益的良师。

**作者简介**

高晓芳，华中师范大学外国语学院教授、博士生导师。1986年—1988年在华中师范大学英语系英语语言文学专业攻读硕士研究生，获英语语言文学硕士学位。1995年—1996年受中英友好合作项目选派，在英国纽卡斯尔大学（University of Newcastle upon Tyne）攻读英语教育专业硕士研究生（Master of Education），获教育硕士学位。2002年—2005年在中国传媒大学语言学及应用语言学专业师从李宇明教授攻读博士研究生，获文学博士学位。1991年晋升讲师，1998年晋升副教授，2006年晋升教授。2012年1月—2021年7月担任外国语学院副院长。主要从事英语语言学与外语教育研究，主要讲授“语用学”“话语篇章分析”“语用学与英语教育”“语际语用学”等本科和硕/博士研究生课程。主持/参与科研项目10余项，出版著作5部，在国内外语言学与应用语言学类权威（含SSCI）及重要学术刊物上发表论文50余篇。担任教育部师范类专业认证专家以及国际学术期刊 *Journal of Modern Education* 与 *GSTF Journal of Education* 编委。

## 指导学生情况

2002年开始指导硕士研究生，指导硕士研究生约180人，指导博士研究生4人。研究生毕业后在国内外高校与重点中学从事外语教学、外事以及出版工作。

2005年6月1日，博士论文答辩会合影

（前排左起：李晓华、李宇明、刘润清、姚小平、陈章太，后排中间：高晓芳）

# 一束光　一棵树

黄晓蕾

2002年，我进入中国社会科学院语言系攻读博士学位，专业方向为语言学及应用语言学，导师为李宇明教授。李宇明老师与我的师生缘分由此开始。

## 老师像一束光，照亮我的为学之境

2005年3月间的一天，正是北京初春的沙尘天气，而赶往西单大木仓胡同导师办公室的我，神情焦虑，心中忐忑，我的情绪似乎正和我的博士文稿一起在北京的大风中摇摇欲坠——我的博士论文撰写进入后期阶段，从那天开始李老师会连续几天和我讨论文稿。

在刚刚敲响老师办公室房门时，撰写论文以来疲惫、沮丧的精神状态以及担心无法按时答辩的恐慌叠加为某种有如实质的情绪硬块，让我简直难以呼吸。李老师还是一贯地严肃且严格，打开电脑之后便开始逐章逐节分析论文中的各种问题——文献的选择和安排，论述的逻辑和合理性以及表述的流畅和分寸感，等等。老师对于论文不满意之处甚多，提出的问题也很多，有些问题老师直接给出了修改方法，多数问题则提出了修改方向和建议。我诚惶诚恐，边听边记，一边想着回去之后逐条完善，一边想着这么多问题肯定完成不了……连续几小时高强度的讨论之后，我感觉自己已经累得精神疲惫，手脚冰凉。而李老师在依然严肃又严格地勉励了我几句之后，几乎没有停歇地又投入其他工作之中，疲惫且惶恐的我则从对老师的学术崇拜直接转入了对老师的精力钦佩。

接下来的几天，李老师和我依然延续第一天的讨论模式。在持续深入的论文讨论中，我写作的疲惫、答辩的焦虑等情绪逐渐被与论文相关的各种学术思考所替代。我尝试向李老师表述自己在论文写作中出现的大小问题和纠结困境，老师安静地倾听并逐一分析我的问题。老师的表情和话语如同和煦的光慢慢地照亮了我灰暗困顿的思维之境。在老师看来，我所遇之难题、所感之纠结，要么他人也经历过、要么根本不值得纠结，于当时的我而言只要去解决或者想办法去解决就好。论文撰写以来的疲惫和沮丧以及答辩、毕业的压迫感逐渐减轻，沉浸于论文分析和学术思考中的我突然在这一刻获得了精神上的放松，焦灼的灵魂找到了喘息之处。

论文讨论的最后一天，李老师严肃又严格的表情和话语居然有所松动。在讨论最后一章时，我感觉自己写得最没底气，老师却不无幽默地说了一句，“我倒是觉得到了论文要结束的时候，你的文笔出来了”，我听了有点儿懵，这是表扬？还是批评？为了安慰自己，我姑且把它当作表扬吧。但不管是何种情绪，这一刻我似乎一下子从僵硬已久的状态中活了过来。

## 老师像一棵树，指引我的为人之途

李宇明老师和我的师生缘分至今已二十余年。二十年间，中国和世界开启了新世纪的变局，世事的变幻每每让我无所适从；二十年间，为人母，父故去，生命的交替则让我且喜且悲；二十年间，欣喜有之，困顿亦有之，李老师始终像一棵大树，在我生活的每一个路口都指引着我的为人之途。

博士毕业之后，我进入中国社会科学院民族学与人类学研究所从事科研工作。入所不久，养育孩子成为我生活的重要内容之一。养育孩子是每个妈妈的天职，这份上天赋予的责任既甜蜜又艰辛，甜蜜时让妈妈们享受生命的灿烂，艰辛时则让妈妈们唏嘘生活的困顿。和所有的妈妈一样，我也遇到了各种各样的孩子教育问题——幼时的健康、上学的功课、青春期的反叛和即将而来的大学申请考试等等。每当我因为各种问题苦恼不已时，老师和师母则是我最好的倾听者和建议者，两位长辈丰富的人生阅历和深刻的生命理解让我敬佩不已！作为职业女性，家庭和工作之间的平衡同样是重要的人生命题。职场要求从业者富于理性，家庭则希望妻子/母亲充满感性。现代职业女性在职场与家庭之间，在理性与感性之间不断地选择，不停地取舍，试图达到一种可以接受并获得认可的平衡。有时候似乎可以将工作和家庭的关系调整至一个较好的状态，大多时候根本无法兼顾甚至一地鸡毛……每次坐在李老师书房和老师、师母倾诉关于生活、工作、孩子的种种苦恼和困难时，我总是在心中感慨自己何其幸运——竟然有如此睿智的两位先生倾听并指引我的生活，让我在灰暗中获得光亮，在迷惘中找到方向。

二十年来，生活中每遇到一个路口，每做出一次选择，我都自然而然地寻求老师和师母的倾听和建议，仿佛这样才能安心，仿佛这样才能有勇气坚定走下去。如今我又一次站在生活的路口，面对生活赋予的机遇和困难，我再一次仰望老师这棵参天大树，知道自己终将会提交又一份生活的答卷。

## 作者简介

黄晓蕾，中国社会科学院民族学与人类学研究所副研究员，《人类学与民族学国际学刊》编辑。1997年—2000年在中国社会科学院研究生院语言文字应用系师从于根元教授攻读语言学及应用语言学专业硕士研究生，获文学硕士学位。2002年—2005年在中国社会科学院研究生院语言系师从李宇明教授攻读语言学及应用语言学专业博士研究生，获文学博士学位。2005年至今，在中国社会科学院民族学与人类学研究所从事学术研究和期刊编辑工作。

# 导师的“最高级”

杨书俊

最好的研究生导师应该是什么样子的呢？读研之前，我对此认识模糊。直到今天，我在华中师范大学完成博士研究生学业并工作了18年后再想这个问题，我想，套用语言学的专业术语，研究生导师的“最高级”应该是李宇明老师的样子。

## 结师生缘：跟李老师读博

2000年我在云南师范大学读硕士研究生，我的硕士生导师骆小所教授督促我们“以考促学”，让我们都去考博士研究生。于是我就遵师嘱试着去考博。在选择学校时，因为我是湖北人，素闻华中师范大学语言所在语言学界的声誉，又久仰李老师的大名，因此我毫不犹豫地报考了华中师范大学。

2002年我有幸来到华师读博，与李老师有了师生之缘。李老师当时已调到教育部语信司工作，虽人不在华师，却安排刘云师兄帮助、辅导和照顾我。要知道李老师当时也刚调入北京不久，作为一司之长，工作非常繁忙，可以说是日理万机。但李老师竟然还牵挂着我这个刚入门甚至还未曾见过面的学生，每每想起这一点，我都十分感激。桂子山上丹桂飘香的季节里，李老师利用出差机会对我进行了当面指导，还建议我去北京学习。于是，在李老师的关照下，我终于来到了北京，一边在语信司实习，一边在中国传媒大学（当时的北京广播学院）听课。李老师是一个极其睿智的人，他思想深刻、学识渊博，对我有着非常重要的影响。回忆起来，李老师在讲课时总是风度翩翩、高屋建瓴、条分缕析、娓娓道来，听李老师讲课，简直就是艺术享受！

2005年在李老师的指导下，我顺利地获得了博士学位，还得到了中国人民大学和对外经贸大学两所大学的录用通知。在我犹豫去哪所大学之时，在人生重大选择的路口，李老师为我指点了迷津，他说当然选择“中国人民的大学”。在人大报到后我跑去见李老师，把崭新的工作证递给李老师看，李老师十分高兴，接过我的工作证端详良久，慈父般的笑容我至今仍历历在目。现在想来这笑容里蕴含着丰富的内容，蕴含着老师对我的赞赏和期望，期望我戒骄戒躁，不断努力，取得更大的进步。

## 扶上马，领你行：毕业后李老师持续对我进行指导和帮助

“扶上马，送一程”是导师们通常的做法，可是李老师却做到了“扶上马，领你行”。工作后，李老师还利用各种机会和媒介对我、我的家庭和同门们进行了提点和帮助。犹记得2007年，在京津的李老师弟子与恩师李宇明先生和师母白丰兰老师共庆第23个教师节。李老师做了题为《机会总是青睐那些有准备的人》的讲话。李老师深入浅出，用国家语委2007年8月16日《中国语言生活状况2006》新闻发布会，到2007年8月20日、22日向领导汇报语委工作获得大力支持等事例，教育我们：“平时要积极准备，就像一个球，当无人滚动时，要储备势能，一旦有道，平时积累的势能定将变为动能，加速前进!”“得意时埋头耕耘消娇情，困境中昂首阔步砺傲骨。”他还鼓励我们：“要立足专业，树立目标，抓住机遇，关注语言文字生活。”“做一个有准备的人，积极投身到语言文字生活中去，为构建和谐的语言生活添砖加瓦!”李老师当时还把他写的一首诗《鞭颂》赠给大家：

长鞭倚墙似无用，弓杆垂稍自储能。
得时勇士挥舞起，即能策马略边城。

除了利用面对面的机会，李老师还成立了一个“聚贤聊斋”微信群，时不时（几乎是每天）给大家分享最新的科研成果、资讯等，不断提醒鼓励和激励大家不要偷懒，继续努力。李老师早已著作等身，但仍克服各种困难笔耕不辍，以身作则，给我们树立起了“身边的榜样”。

李老师桃李满天下，培养的硕博毕业生很多，且很多已经成为行业翘楚，未来这个数字还将不断攀升。回顾求学和工作这二十多年，师从李老师，接触到李老师、白老师一家，是我最幸运也最幸福的事情。这里永远有家长的爱护，永远有兄弟姐妹的支持。

**作者简介**

杨书俊，中国人民大学国际文化交流学院副教授。2000年—2002年在云南师范大学语言学及应用语言学专业攻读硕士研究生，获文学硕士学位。2002年—2005年在华中师范大学文学院语言学及应用语言学专业师从李宇明教授攻读博士研究生，获文学博士学位。曾任教于丹麦哥本哈根商学院和英国兰卡斯特大学。主要从事现代汉语词汇研究和两岸语言比较研究。在《语言文字应用》《汉语学报》《云南师范大学学报（哲社版）》《华文教学与研究》等刊物上发表论文20余篇，主编和参编多部对外汉语教材和教辅。担任HSK试题评审专家、国际汉语教师面试官、国家公派留学评审专家等职。

## 指导学生情况

指导国际中文教育硕士生16届，其中中国学生合计50余人，留学生2人。学生分别在芬兰赫尔辛基、高教出版社、北京市东城区政府、日本东京大学等地工作或读博。

2023年10月26日，李老师在中国人民大学国际文化交流学院讲学后在学院办公室合影（左起：杨书俊、李宇明、牟云峰）

# 春华秋感

郭　攀

俗事常令人倦于回望。但意想不到的是，一旦真正进入状态，则有着莫名的幸福感。仿佛回到了年轻的岁月，仿佛又有了充斥着希望的忐忑而又饱满的心态，仿佛又在大步流星地一往无前。这一些，以随感的形式，摘取几点。

## 热心

我和李老师最早的接触是 1994 年。怀着拜师学艺的心态，我在 1994 年某日晚上 7 点左右从华中科技大学到华中师范大学西区拜访老师。想起来那时真傻，时间选得很不好，正是事情多的时段。但老师还是热情地接待了我，回答了我有关儿童语言研究方面的问题，并耐心地听完了我纠缠性的老年语言研究问题。回想这些，不免感慨。如果老师不是一副热心肠，怎么能够做到这一点！若无内在的热情，冷漠地对待人和事，又如何能够取得成功？

## 爱护

人世间有很多愚钝的人，而我就是其中之一。明知自己根底浅，明知缺乏创新的土壤，却还要痴人说梦地瞎搞什么创新，还要不自觉地将自己排在几乎整个学界的对立面，搞什么自创语言体系，自创语言理论。老师很早就发现了我的荒唐苗头，并耐心相劝。当然，对于一个生来逆反的人来说，劝告是没有多大作用的。而且，我当时甚至还耿耿于怀。而现在深深感受到，老师的确是一种爱护。尤其是当文章发不出来的时候，当项目申请不到的时候，当处处碰壁甚至头破血流的时候。

## 启迪

跟高人接触，看似平常的一些话，有时足以对人产生深远的影响。2003 年，我正式成为老师的在职博士，还一同赴杭州参加应用语言学筹备大会。千岛湖畔，崇拜感让我常伴在老师的鞍前马后，并有幸与老师进行看似无心的闲聊，说到了千奇百怪的语言事实和纷繁复杂的模式和规则，还说到了语言神秘性中的不神秘。而就是说到这种不神秘，启发了我二十年的思考。至今，汉语历层研究中语言的生成机制、语言的运作机制就是这种思考的续集。

## 感召

人格当然也有召唤性。老师对语言文学广泛的兴趣，老师执着的精神追求，老师一丝不苟的敬业精神常令我自惭。惭愧往往是对比出来的。老师学海遨游，即使身处病榻仍填词赋诗、心系语言战略，而自己早已丢掉了所谓“文艺青年”的本色。老师笔耕不辍，与学生之间微信不断，大事小情均无微不至。而反观自己手机当座机用，对学生的微信往往多回复“好”“行”“嗯”，有时间了亦多自顾自地抱着篮球去宣泄。好在自己上进心未泯，也响应了一些老师的进取精神，积极响应具体研究领域的召唤。近来，在带孙女时，常想起老师的儿童语言研究，也有些效仿。一次，孙女一下子发现了我藏在口袋里的苹果。我禁不住夸奖道：“眼睛好尖啦!”没想到她调皮地回了一句：“用眼睛戳你。”我马上意识到，这是幼儿阶段想象思维的产物，并将其作为汉语方面想象思维层次的语例记了下来。

寥寥数语，难以尽意。唯愿温馨常伴。

### 作者简介

郭攀，华中师范大学文学院教授，博士生导师。1993年—1996年在华中科技大学汉语言文字学专业攻读硕士研究生，获文学硕士学位。2003年—2006年在华中师范大学语言学及应用语言学专业师从李宇明教授攻读博士研究生，获文学博士学位。主要讲授“古代汉语”“汉语语法史”“古汉语语法研究”等本科和硕士研究生课程。主要从事汉语语法和语言理论研究。出版专著4部，如《汉语涉数问题研究》（中华书局，2004年）、《汉语历层研究纲要》（北京师范大学出版社，2012年）。发表论文90余篇，如《二十世纪以来汉语标点符号系统的演进》（《中国语文》2006年第6期）、《丹江口方言“狠的”的复叠形式》（《方言》2002年第3期）。承担国家级或省部级科研项目多项，如国家社科基金后期资助一般项目“汉语历层研究纲要”、国家社科基金后期资助重点项目“情绪思维层次汉语的系统研究”。

### 指导学生情况

指导硕士研究生60余位，指导博士研究生5位。

# 盈科而后进，君子之志放乎四海

何　瑞

时光荏苒，不觉成为李老师学生已二十余年，往事历历在目，岁月冲刷下心路历程愈是明亮如镜，感念师恩情深所至，择二三事以记之。

## 结缘李师

初闻老师大名是在刚读研时。2000 年考上河南师大文学院语文课程与教学论专业硕士研究生，参加导师王文延教授主持的国家教委“高等教育面向 21 世纪教学内容和课程体系改革计划”，以“现代教育技术与语文教学”为主题开发了系列软件和教学网站，因开风气之先获得了不少省部校级奖项，同时在中文、历史、外语、教育等院系兼修了不少名师课程。其间追随原新梅老师学习，语言学概论课上，原老师介绍到中外儿童语言研究学者，在黑板上用娟秀字体写下“李宇明”三字并着重介绍，当时默想“星汉灿烂，宇宙光明”，李老师肯定是位皓首雪顶的老专家。

2002 年 11 月在校图书馆翻看《中国教育报》，留意到教育部语言文字应用研究所的招聘启事，与专业兴趣方向非常契合，心中一动。周末回家看到母亲大人在信纸上工整抄录了这则招聘启事，心动再起。既是命运推动定要去见识一番，于是做好个人网站主页并投寄彩印简历，很快初选通过接到语用所通知，元旦后到北京东城朝阳门内南小街参加面试。进入办公室先看到众多严肃的面试考官围坐一圈，李老师眼中含笑居中而坐（其时李老师任教育部语信司司长兼语用所所长），这是第一次见到满头乌发宽厚平和的老师。李老师和煦的笑容和清楚指示让我很快调稳心态，先按照教学设计从容展示课件，又认真分析作答了李老师提出的开封话有无入声问题，面试过程因李老师的爽朗笑声而变得轻松愉悦起来。面试后李老师评价基本素质不错，于是初生牛犊便有了进京许可证，这是语用所当年唯一在京外录取的研究生，没想到由此开启了一段上天注定的奇妙师生缘分。

2003 年初春寒料峭时，语用所办公室主任金惠淑老师受单位委派到河南师大政审外调，与相关院系领导进行座谈，和王文延导师见面欢谈，致电联合培养导师王立军老师详细沟通，诸多审查环节完成之后，金老师带着我连夜乘火车返京，根据所里安排在计算语言学研究室实习约两个月，参加汉字属性库的前期工作，这是国家语委为规范汉字研制而设立的相关专项大课题。时值2003年春末，“非典”悄然蔓延，北京已有多楼被封控，我就此结束实习离京，先奔赴上海参加了博士生考试，再回河师大准备毕业答辩。随后语用所的三方工作协议和华东师大的博士录取通知书都来了，在两难抉择之间又是李老师提出“以人为本”的理念，同意以单位委培形式读书（李老师的育人理念眼光超前，当时力排众议同意苏金智老师到香港理工大学读书，之后苏老师也如约回到所里工作直至退休）。

2003年7月至9月间推掉了河南教育学院的暑期授课工作，回到语用所里参加规范汉字研制校对等工作。2003年9月到上海专心读书，三年之后怀着感恩之心又回到语用所工作。

## 研究有什么用?

2003年秋有幸得到单位联合培养机会，赴上海华东师大中国文字研究中心攻读文字学及其应用方向博士学位。臧克和老师作为授业导师，开学之前多次提到他与李老师同为2000年教育部“跨世纪优秀人才培养计划（人文社会科学）”第四批语言学界全国唯二入选者。两位老师神交旷久，惺惺相惜，更因李老师惜才缘故，臧老师特将李老师聘为我的联合培养导师。

读博期间李老师每次出差到上海讲学开会，都会提前告知行程并带来很多学习资料，嘱咐我认真研习历年《中国语文》等一流学术刊物。特请华东师大好友王珏教授把我当亲弟子教导，三年间跟着王老师听了很多精妙的语法和对外汉语课程，难忘王老师得知我因学业紧张在沪过春节，初一叫我到家中吃年饭，在校园散步时鼓励嘱咐一定要珍惜机遇，争取在国家语委平台上多做实事。博二时向李老师提出想学习语料库，李老师安排我到上海师大听任海波师叔的课。任老师是陆汝占和范开泰先生培养的计算语言学博士，讲课内容有以数亿计的语料库支撑，非常生动翔实，他的前沿理论和严谨治学之风一直影响至今。在我求学期间也得到诸位师兄弟姐妹多方照顾，如黄敏大师姐谈心送药、李宝贵师兄指点学术、郑梦娟师姐诸事周全、杨书俊小师姐寄送资料。沪上三年，向老师汇报学习情况鸿雁传书不断，李老师和师母白老师总是叮嘱认真完成学业同时也要注意身体，林林总总细数不尽，“李门”大家庭的温暖关爱始终围绕在身畔。

当时博士论文题目定为“历史汉字传承与定形”，属于教育部基地重大项目“《说文》《玉篇》与《万象名义》比较研究”“唐宋字书收字时间层次研究”中的“玉篇”字书系列。翻开《玉篇》清刻宋本，只见密密麻麻多半是不认识的繁体字，深感自己根基浅薄，干脆下笨功夫先认字，对照刻本逐字录入电脑，遇到电脑中没有的疑难僻字，逐个造字编码描写结构，渐渐在数据库中积沙成丘。每当啃不动泄气之时，就想到李老师的话“材料是学术之根，事实是理论之源”，换个角度反复揣摩导师文章、翻检博士论文、寻踪典籍著述，在先贤远见卓识中汲取力量与灵感，再埋头继续敲字码材料。终于在字里行间发现不少前人未涉及的特殊现象，从现象到本质终有所收获，慢慢地摸索多了路也就走得通畅起来了。头一年埋头在“玉篇”专题中不断搜寻，到第二年发现前朝历代字韵专书系列都要补上，第三年更是发现汉字规范发展史古今贯通的重要性和紧迫性。博二博三因时间紧张暑假春节都泡在学校，一年半不曾回过家乡，在这个过程中对“玉篇”系列历史汉字流脉有了初步认识，自以为终可做到寻根探源了。

抱着这个粗浅认识在2005年暑末到北京向李老师汇报论文情况，李老师听完汇报后问，“你做《玉篇》研究有何意义？有什么用呢？”当时关注重心全在对“玉篇”体系的透彻剖析上，压根没想到抬头看外界，那么做这篇博士论文的价值何在？对社会应用、今后工作、未来学界有什么贡献呢？当时心虚地回答道：“《玉篇》做到首次对楷书定形，是有贯通古今传承意义的。”但没想清楚说明白是“有用之用”还是“无用之用”，终究是站不住脚的。于是头脑里开始千回百转不断思考这振聋发聩的一问“研究有什么用？”直到一日读到李老师文章观点，“学术价值不是取决于传统，也不是取决于权威，而是取决于本学科的实践，取决于科学与社会的需要”（《语言的全息性与语言的全方位研究》，1989），顿时豁然开朗。

回到华师开始闭门撰写博士论文，困顿处再细读陈原、傅永和先生等语委前辈贤达著述，又恰逢李老师主持的汉字规范问题研究丛书出版（《汉字规范百家谈》《简化字研究》《汉字字形研究》《异体字研究》），如获至宝反复研读奉为圭臬。带着“能解决科学与社会需要”的问题再进入数据库探查分析，为了能用精确数据来说明问题，常常推翻旧识，重新分类统计，再反复验算，时时谨记李老师之问，从社会应用角度思考出发，力求做到学以致用，用以济世。李老师常说“做科学研究，要研究学科发展需要什么，国家需要什么，市场（社会）需要什么。目前解决中文信息处理的问题，已是国家、民族利益之所在”。在将无数深夜熬成清晨鸟鸣，博士论文通篇修改后又接续写成了简化累增趋势、常用字稳定性、近现代辞书编纂思考三章，结合中文信息处理数字化手段，终得古今相连，古为今用。这是对李老师发出灵魂之问的第一次深思，学问就是在学科实践中提出“问号”，在“求真”“求用”过程中，变成“有用”的“叹号”。终于写成30余万字的博士论文《历史汉字传承与定形——宋本〈玉篇〉研究》，得到外审与答辩专家一致好评，同时作为校级优秀博士论文推送到上海市。2014年论文出版时，听从李老师建议将题目改为《宋本〈玉篇〉研究》，更加彰显主题。

## 一生指路明灯

李老师到北京工作后，担任国家语委副主任、语信司司长和语用所所长，同时兼任中国语言文字规范标准研究中心主任、中国辞书学会会长、中国语言学会语言政策与规划专业委员会会长等社会职务，明确指出“汉字规范化、标准化，是当前我国文字工作的主要任务”，特别是推动完成了与《中华人民共和国国家通用语言文字法》相配套的规范汉字的研制与实施。

2006年回到所里的汉字与汉语拼音研究室工作，同时兼做了五年的语言生活状况报告绿皮书的课题秘书，接触到更多与社会语言生活有关的问题，才更深刻体会到了李老师点石成金的用意。2008年在语信司借调一年，主要参与了《规范汉字表》相关工作。2009年语用所承担《通用规范汉字表》公开征求意见工作，因舆情聚焦，群众来信剧增且须每日监测上报，应要求回所接手相关工作。2011年普通话审音委员会成立，秘书处设在语用所，成立会上李老师介绍了第三次审音工作前期准备及今后工作设想。2012年研究所辞书中心成立，李老师任所辞书中心主任。在所工作期间我参编了《现代汉语规范字典》系列、《汉字源流字典》、《小学生实用规范字典》、《小学生全笔顺写字组词规范字典》、《汉字结构认知大字典》，参加了《普通话异读词审音表》征求意见及网站建设维护工作，参加了《通用规范汉字表》配套的笔顺规范标准和《汉字部首表》修订研制等工作。回想起每件工作大事，记忆中李老师始终都是最明亮的指航灯。最难忘是在教育部召开的国家语委语言文字规范标准审定委员会审定会上，李老师坐在专家席上认真聆听并审阅指导，《通用规范汉字笔顺规范》（2020）和《汉字部首表》（2022）两个国家标准经过多轮专家质询均得以顺利通过答辩并发布。

2008年国家语委启动了“中国语言资源有声数据库”的建设工作（“语保”工程前身），李老师指派我做张振兴先生助手进行方言字整理。张老师是方言界无冕之王，一开始对我这个方言门外汉不是特别感兴趣，但在李老师的大力举荐下，在一批批资料搜集整理过程中，我得到了张老师越来越多的信任倚重，和张老师同去海南、广州、长沙、新疆、陕西等多地调研，讨论全国方言用字分类，铺陈文章指点要义，对方言字表逐字增删批改，可见“往返稿样，汗迹斑斑，历历在目”。这些年从无到有逐渐成长，摸索建库、写文章、出书并连续申报课题，先后承担了“汉语方言用字规范”“《汉语方言字典》编纂”“基础教育用字分级标准研究”等语委委托项目和重点课题，将李老师的嘱咐一点点实现。2023年张振兴老师主编出版了《全国汉语方言用字表稿》，得到方言界学者多方好评。李老师对此高度评价，“就是有这些前期的规范研究，‘中国语言资源有声数据库建设’和后来的‘语保工程’才有根基。‘十年磨一剑’正是这部大作的映照。这是一项一般人做不了的工程，也是语言研究的一项基础工程”。

李老师极为重视汉字规范标准并做出全局设计长远规划，常讲“三流国家出资源，二流国家出技术，一流国家出标准”。李老师的《汉字规范》是为宣传《中华人民共和国国家通用语言文字法》和培训中小学教师应时应需编著，书中指出“汉字规范主要指汉字的规范和对汉字进行规范两层意思”。其中许多名词界定和学术理念至今仍对学界产生深远影响，如我在2023年发表的关于笔顺排序规范问题《现行汉字形序的“三同字”探讨》一文，反复琢磨最终将标题确定在“现行汉字”范围内，与《汉字规范》行文一致方觉允当妥帖。多年前报名参加了李老师的语言文字规范史整理研究，在古代和近现代史料爬抉搜集，也常为我国从古至今的汉字规范进程击节兴叹。

李老师指出：“汉字标准化就是要为汉字制定读音、形体、数量、顺序等方面的标准，以适应信息化时代对汉字的要求。汉字标准化是在规范化基础上进行的，是更高层次上的汉字规范化。”这句话我到语用所汉字室工作以来一直谨记并深以为责无旁贷，特别是2023年语用所进行机构改革，根据实际工作需要和个人志向被分配到语言政策与规范标准中心工作，自此我在汉字规范标准研制与应用研究方面有了更清晰的目标和更长远的规划。

李老师常讲学术是天下公器，没有任何投机取巧之处，写文章时心怀天下，惜时如金，惜字如金，更乐于金针度人。李老师是语言学界的“倍增器”，推进加速国家语言治理新气象，既是战略家也是军事家，谋篇布局与行兵打仗皆是佳品迭出。李老师最早呼吁“构建和谐语言生活”，将“语言强国”理念纳入国家语言文字事业“十三五”发展规划。几年前翻检到统计全国学者学术影响力排名的学术网站，李老师是我国语言学界公推第一人。李老师主编的《语言战略研究》是我国第一份以语言政策和语言规划为主的专业学术期刊，2016年创办并于2020年成为核心期刊，连年获评“语言学学科最受欢迎期刊”，其学术创见是空前绝后的。李老师的书斋名是“惧闲聊斋”，更是“聚贤聊斋”，每次师门聚会都是一次小型全国学术研讨会，聆听同门汇报最新研究动向成果令我大开眼界，轮到自己报告时更是战战兢兢如履薄冰，但学术问题经老师点评同门评议后往往症结困扰冰消瓦解，喜不自胜时不禁又企盼起下次学术盛会的来临。

一个大家庭里不仅有严父掌舵，还有慈母护航，才更加幸福圆满，我们的幸运便是拥有白老师这样的好师母，我们在迷茫与低落时总向师母吐露心声，师母几句话便能拨云见日一扫阴霾。白老师不仅仅是李老师的贤内助，更是“李门”的“政委”，幸福大家庭的守护者。白老师常说“孩子是看着父母的背影长大的”，教育是细润无声，一点一滴潜移默化的。师母要求我们把下一代孩子培养目标定位为“能推动人类文明进步的人，而不仅仅是对社会有用的人”。李老师与白老师相濡以沫，共度风雨，诠释了什么才是最真最美好的坚贞爱情亲情，正如千字文中“夫唱妇随”，两位老师是以德相配的伉俪楷模。李老师和白老师在学术事业上一直相伴互持，坚守信诺，共同求真、存善、向美。李老师和白老师都秉持着一颗菩萨慈悲心，虽有金刚雷霆之力，却因自己历尽磨难不愿对别人色厉发难，生活上对大家总是体谅宽容再包容，学术上却一丝不苟孜孜不倦，脚踏实地带领大家探索着学术真意与前沿问题。

海以合流为大，君子以博识为弘。李老师是胸怀天下的坦荡君子，凝聚志士同仁汇集学生后辈涓涓细流，浩浩荡荡奔向汪洋大海。回首种种机缘，因遇到李老师而将工作事业与志趣爱好紧密结合，学习、生活、人生体验更加丰富精彩。学缘确近乎血缘，老师师母将为人与治学和谐统一，躬耕践行的家国情怀净化着我们的身心，让我们对未来有了更多期盼和前进信心，是我们一生的指路明灯。

## 作者简介

何瑞，教育部语言文字应用研究所副研究员、中国社科院大学硕士研究生导师。2000 年—2003 年在河南师范大学语文课程与教学论专业攻读硕士研究生，获硕士学位；2003 年—2006 年在华东师范大学文字学及其应用专业师从李宇明教授和臧克和教授攻读博士研究生，获博士学位。主要从事汉字规范与应用研究、汉字教学研究等。先后主持上海市社科规划项目“历史汉字的传承与定形”、国家语委委托项目“汉语方言用字规范”、国家语委重点项目“《汉语方言字典》编纂”“基础教育汉字分级标准研究”等课题。近年参加国家语委重点项目“通用规范汉字笔顺规范”“汉字部首表修订”、国家社科基金重大项目“新时期语言文字规范化问题研究”“学生语言能力发展研究”等工作。出版编著有《宋本〈玉篇〉研究》《全国汉语方言用字表稿》(第二编著)，发表研究论文多篇。

## 指导学生情况

已指导硕士研究生 11 名。

2014 年 10 月 2 日，同游延庆百里画廊

（左起：何瑞、白丰兰、李宇明、饶高琦、姚敏、吴雪钰）

# 站在巨人的肩膀上前行

李宝贵

我于2003年9月考入南开大学文学院，成为语言学及应用语言学专业（语言规划方向）博士研究生，有幸成为李宇明教授和马庆株教授的弟子，从此成为“李门”的一员。回首过去的20多年从教与学术生涯，深感李宇明老师的深厚关怀与坚定支持对我的影响深远。为了珍藏这段宝贵的经历，我倾心记录下这段学术旅程。这不仅是对李宇明老师深深感激之情的表达，同时也是希望通过分享这些经历，为我的学生以及其他青年学者提供一些在学术和生活中的启示。

## 秋闱奇缘遇巨人

2003年的秋天，我与李宇明老师在南开大学文学院相遇。这个相遇，就像一场奇缘，让我与这位学术巨匠结下了深厚的师生情谊。当初，我报考的是南开大学文学院汉语言文字学专业，原本导师是马庆株先生。然而，在开学之初，马先生告诉我们有一个新的选择：除了原计划的汉语言文字学专业的语法方向外，我们这些被录取的学生还可选择语言学及应用语言学专业的语言规划方向。这个方向由李宇明教授和马庆株教授联合指导。

尽管当时我对语言规划不甚了解，但一得知我仰慕已久的李宇明老师将成为我的导师后，我毫不犹豫地选择了语言规划方向。现在回望，与李老师结缘是我人生中的一大幸事，他的学术精神、治学方法以及卓越的个人魅力深刻地影响着我的学术成长和未来。我由衷感激李老师无私的指导和帮助，同时也感激他在我人生道路上的引导。

在我心目中，李老师是一位备受尊崇的学术、教育和生活巨人。他在语言学领域的研究成果具有广泛的影响力，其独到而具前瞻性的学术观点引领了语言学诸多领域的发展方向。

2012年4月，李宇明老师从教育部语言文字信息管理司调入北京语言大学担任党委书记。教育部领导在新老司长工作交接时，在高度评价了他的行政贡献之后，还赞扬了李老师的学术成就：“中国儿童语言学的首倡，中国语法学的主将，中国现代语言规划学的主要推动者和领跑者。”作为中国语言规划研究的总设计师，李老师在教育部任语信司司长期间，在全国诸多高校设立了国家语委的科研机构，从国家层面为我国的语言资源、语言规划、语言政策等方面研究做好了顶层设计。他的《中国语言规划论》《中国语言规划续论》《中国语言规划三论》等研究成果不仅丰富了语言规划学的理论体系，也为实际应用提供了有力的支持。他的语言规划思想有效指导着我国的语言规划实践，并产生了重大的国际影响。

作为教育巨人，李宇明老师在教育事业上的贡献同样成绩斐然。他以高尚的师德、严谨的治学态度和精湛的教学技艺，培养了一批批优秀的语言学人才。他的教诲不仅让学生们获得了知识，更让他们在人生的道路上找到了方向和信心。

作为生活巨人，李老师的生活态度和人格魅力，深深地影响着我们。他以乐观向上、积极进取的态度面对生活和工作，充满了热情和激情。他的真诚和善良让他赢得了广泛的尊重和爱戴。李老师对家庭的坚守和照顾更是让人感动。在生活中，他多年来一直坚持照顾因类风湿关节炎而常年卧病在床的妻子，不离不弃，展现出对家庭最忠诚的信仰。

李老师不仅在学术和教学领域做出了杰出的贡献，而且以身作则，成为我们学习的楷模。他坚韧不拔、勇往直前的精神深深地打动了我们，让我们对这位杰出的语言学家和教育家充满敬佩。他如同生活中的明灯，照亮前行的方向，引领我们走向更高的境界。

## 站在巨人肩膀上

牛顿曾说，如果我比别人看得更远一点的话，是因为我站在巨人的肩膀上。李老师的巨人力量源自他的治学精神、学术精神和为人处世之道。这些精神象征着他对学术研究的热情与执着，以及对学术研究的深入理解与洞察。通过传承与发扬这些精神，我们得以获得强大的力量，推动我们不断探索新的研究领域与方法，创造新的学术成果。李老师的巨人力量还源自他的教育理念与研究方法。他通过言传身教、悉心指导等方式，将这些理念与方法传递给我们。这种传递激发了我们的学习热情与创造力，培养了我们独立的思考能力与创新能力。

李老师是我学术道路上的明灯。他的学术精神和研究方法一直引领着我的学术研究。他的教诲和指导使我在学术研究中不断取得新的突破和进步。例如，李宇明老师和施春宏的论文《汉语国际教育“当地化”的若干思考》（《中国语文》，2017 年第 2 期）的观点为我的研究《意大利孔子学院当地化课程建设研究》（《云南师范大学学报・对外汉语教学与研究版》，2020 年第 3 期）和《意大利孔子学院/课堂当地化汉语教材建设研究》（《辽宁师范大学学报（社会科学版）》，2020 年第 1 期）提供了重要的参考。同样，李宇明老师的《海外汉语学习者低龄化的思考》（《世界汉语教学》，2018 年第 3 期）文中的学术观点给我的论文《海外汉语学习者低龄化现状、成因及应对策略——以意大利汉语学习者为例》（《北京教育学院学报》，2019 年第 2 期）提供了广阔的视野和深入的思考方向。此外，我在已发表的论文中引用李老师的观点近百次。这些充满智慧的学术观点为我的学术研究提供了坚实的理论支持，显著提升了学术论文的质量。

在“聚贤聊斋”微信群中，李老师不仅及时分享学术前沿成果，而且积极与弟子们交流和互动。这种分享精神不仅促进了学术知识的传递，也加强了师生之间的沟通和互助，为“李门”弟子提供了宝贵的学术资源和启发。这种共享学术经验的群体氛围有助于激发“李门”弟子的学术热情，形成了一个互帮互助、共同进步的学术社区。

李老师的鼓励是我前行的动力。在我的学术成长过程中，李老师的鼓励和支持一直是我前进的动力。每当我遇到困难或迷茫时，李老师总是给予我鼓励和指导，让我重新找到方向和信心。他的亲切鼓励不仅让我在学术上取得了进步，更让我在人生道路上更加坚定和自信。这种鼓励和支持让我感受到了温暖和关怀，也让我更加珍惜自己的成长和发展。

2022 年，李老师得知我获批国家社科基金一般项目“新时代配合支持更多国家将中文纳入国民教育体系的理论建构与实现路径研究”、国家语委重点项目“中华语言文化国际传播的挑战与对策研究”、国务院侨办华文教育研究重点课题“新时代华文教育助力中华文化海外传播路径研究”等课题的消息时十分高兴，对我的研究和发展给予了高度评价。他在“聚贤聊斋”微信群中写道：“宝贵这些年，发展真是很好。因素有很多，关键在于选题：把国家事业发展作为研究对象，而不是钻到某个技术小胡同中。”“宝贵的研究，不仅是服务社会，而是把社会发展中的语言问题作为研究对象。这是‘语言生活派’的学术理念，也是一种学术范式。这种学术范式易于进行原创性的知识生产。”李老师的肯定和鼓励让我更加自信和坚定地追求自己的学术目标，也让我更加有动力去探索新的领域和挑战更高的目标。李老师对我的研究成果的重视和支持，是我在科研道路上继续前行的最大鼓励！

## 赓续精髓谱新章

师门精神，是我们治学态度、学术精神的传承，亦是我们为人处世的哲学。师门精神的传承，是我们追求卓越、创造价值的必由之路，它是对恩师的敬仰、对学术传统的尊重、对师承关系的珍视与传承。李老师的师门精神，就是将学术理想与家国情怀、使命担当融为一体。

为了传承师门精神，作为“李门”弟子，我们首先应以实际行动表达对恩师的敬仰与尊重。这包括在学术研究中秉持恩师传授的治学态度，坚守对学术真理的追求，并在为人处世中展现出端正的品德与态度。在日常工作与生活中，我们应将恩师的教诲融入实践，视之为行为准则，时刻保持对恩师的感激之情。

其次，师门精神的传承，离不开对学术传统和师承关系的珍视与传承。李老师始终站在学术研究的前沿，引领学术潮流，不断开拓新的研究方向。他的智慧学术观点不仅为我的研究提供了坚实的理论支持，还对研究结论起到了关键作用，显著提升了我的学术研究质量。

此外，我也致力于指导我的研究生传承李老师的学术理念和为人处世之道。我鼓励他们参与学术发表和交流，培养他们独立思考和团队协作的能力。近年来，我的硕士生和博士生们在学术道路上迅速成长，发表了60余篇国际中文教育领域的学术论文，获批10余项省部级课题，多人获得省部级学术奖项，赢得了良好的声誉。

总之，赓续师门精神、创造学术辉煌是我们不懈追求的目标。作为“李门”弟子，我们定当坚守师门的传统与精髓，不断求知、积极进取，更好地传承师门精神，创造新的学术成果，为学术界和社会贡献自己的力量。

## 作者简介

李宝贵，辽宁师范大学国际教育学院/文学院教授，博士，博士生导师。本科就读于辽宁师范大学中文系，1987年毕业后留校工作。1998年—2000年在辽宁师范大学汉语言文字学专业在职攻读硕士研究生，获文学硕士学位。2003年—2006年在南开大学文学院语言学及应用语言学专业（语言规划方向）师从李宇明先生和马庆株先生攻读博士研究生，获文学博士学位。现任辽宁师范大学国际中文教育研究中心主任，获得辽宁省优秀教师、辽宁省优秀研究生导师等称号。历任辽宁师范大学国际教育学院院长、《辽宁师范大学学报》主编。兼任世界汉语教学学会理事、辽宁省语言学会会长、中国语文现代化学会理事、汉语国际传播研究专业委员会副理事长和多个学术期刊编委。主要从事国际中文教育、中文国际传播、语言政策与规划等研究工作。近年来主持完成国家社科基金一般项目2项，国家社科基金重大项目子课题1项，教育部语合中心重大项目3项，国家语委重点项目2项，国务院侨办重点项目1项，各类省级项目10余项。在《世界汉语教学》《语言文字应用》《语言教学与研究》《教育科学》《现代传播》《光明日报》《人民日报》《中国社会科学报》等刊物上发表文章120余篇，出版学术著作6部，多次获省社科成果奖。

## 指导学生情况

先后指导硕士、博士研究生300余人，包括语言学及应用语言学专业博士生1届，汉语国际教育专业博士生5届，合计12人；硕士生19届，其中中国学生合计226人，留学生60余人，包括语言学及应用语言学、汉语国际教育、课程与教学论（汉语国际教育方向）三个专业。指导研究生在《世界汉语教学》《语言文字应用》《语言教学与研究》《现代传播》《教育科学》《光明日报》《人民日报》《中国社会科学报》等刊物上发表论文60余篇。学生获批国家级、省部级科研项目10余项。已毕业硕士研究生中有20余人就职于高等院校，如：陈子娇，大连外国语大学汉学院院长、副教授、硕士生导师，主要从事国际中文教育研究；赵春秋，辽宁大学国际教育学院副院长、副教授、硕士生导师，主要从事国际中文教育研究；庄瑶瑶，东北财经大学国际教育学院讲师，主要从事中文国际传播研究。

# 向阳而立

牟云峰

2003 年，我考入北京广播学院语言学及应用语言学专业攻读博士学位研究生，导师是李宇明先生。至今一直认为，能够成为李宇明先生的学生，是我一生的幸运。

每个人的一生中，都会遇到一些困惑，尤其是在年轻时，我也不例外。多么希望能够有一位导师，指导自己的人生。李宇明先生真正地做到了“传道授业解惑”，不断提高我们治学和为人的境界，是“经师”，也是“人师”。

## 三种境界

2007 年，我第一次出国任教，远去非洲。临行前，拜访导师，导师的鼓励与叮嘱我依然记得。导师说：“你正值最好的年龄（那年我 33 岁），思维活跃，思路敏捷，精力充沛，视野越来越开阔，读万卷书，行万里路，把握住这次机会，让自己的学术和人生再上一个台阶。”

大约 1 年后，我因公回国，再次拜访导师，向老师汇报了工作。我担任了该国总统夫人的老师。老师问我：“这是一份特殊的、有意义的工作，你是怎样去做的？有什么目标吗？”我回答说：“我首先增加汉语学习的趣味性，维持、增加她的学习兴趣，避免她的‘三分钟热度’。其次时刻记得自己是汉语老师，不涉及政治，减少汉语学习之外的事情。”导师说：“你做得对，但是其实只做到了第一个层次：教好汉语。第二个层次是：让她热爱汉语，热爱中国。第三个层次是：让她的学习付诸实际行动，为中国和中国人民做一点事情。”

多少年来，我一直记得导师的高屋建瓴。从事对外汉语工作 20 多年，我一直记得教汉语的三个境界：教好汉语，热爱中国，奉献中国。

## 向阳而立

导师热爱书法。有一次他题写了“向阳而立”四字横幅，拍照发到了“聚贤聊斋”微信群。我非常喜欢，向导师申请可否用这张照片作为我的微信头像，导师痛快答应。至今我已使用“向阳而立”这个微信名字许多年。

多少年来，“向阳而立”一直支撑、鼓励着我前行。记得那年在拉斯维加斯的红石峡谷（Red Rock Canyon），在周围红色岩石的环抱中，我面对着太阳，看到的是灿烂和光明，我转身，看到的只是自己黑黑的阴影，我又转身，再次回到光明的拥抱中。那一刻，我很想念导师。

## “经师”和“人师”

导师的教导不仅仅是面授，从“聚贤聊斋”微信群聊中，也能得到老师的教诲。

多年以来，我一直注重提高自身的课堂教学水平，觉得大学生都是成人了，只要老师教得好，学生就能学得好。可是在伊拉克的工作让我困惑：学生不喜欢学习，不积极学习，例如上课常常走神，课后没有养成学习习惯，等等。无论老师在教法上如何努力，如果学生不学，也达不到教学效果。有一次导师在群中关于“经师”和“人师”的讨论让我茅塞顿开：不仅仅要做“经师”，专业扎实，满腹经纶，也要做“人师”，给学生正确的人生指导，包括学习指导，让学生积极主动地去学习。

李老师提出“人师”，原因之一是他本身就是一个令人尊敬的人，一个真正的人。师母白丰兰女士从年轻时就重病缠身，久居轮椅，生活需要李老师的照料。那时李老师在学术上已经崭露头角，多年来学术成就愈发瞩目。李老师对师母恩爱如初，不离不弃，“执子之手，与子偕老”，真正做到了无论贫穷与富贵，无论疾病与健康，都能生死相依，白头偕老，相濡以沫，伉俪情深。有一次拜访李老师，我看到家门上颁发的“五好家庭”的荣誉牌，真的感到是实至名归。李老师在为人上，更是我们的导师。

因我个人的生活变故，在学术上多有荒废，一直惭愧在心，成为心结。但多年来，不忘师恩，在为人上，在复杂的国际、社会、人际关系中，始终坚持做一个对他人有益的人、对国家有益的人，坚持一个知识分子的操守。我想，这是李老师言传身教对我的影响。

**作者简介**

牟云峰，中国人民大学国际文化交流学院副教授，硕士生导师。1999 年—2002 年在北京师范大学汉语文化交流学院语言学及应用语言学专业攻读硕士研究生，获文学硕士学位。2003 年—2011 年在中国传媒大学播音主持艺术学院语言学及应用语言学专业师从李宇明教授攻读博士研究生。2007 年 4 月—2009 年 4 月，在津巴布韦大学孔子学院担任公派教师；2009 年 4 月—2010 年 10 月，在津巴布韦大学孔子学院担任中方院长；2012 年 10 月—2015 年 9 月，在瑞士日内瓦大学孔子学院担任公派教师；2019 年 8 月—2021 年 6 月，在美国埃默里大学牛津学院担任公派教师；2021 年 12 月—2023 年 7 月，在伊拉克萨拉赫丁大学中文系担任公派教师、中方负责人。主要科研成果包括《发展汉语——中级汉语（上）》（合编）、《中国现代应用语言学史纲》（合著）、《新词语的规范度与规范值》、《立法语言中的指同形式》等。

**指导学生情况**

已指导硕士研究生 12 名。

# 活出生命的精彩

司红霞

2003年到2007年，我非常幸运地跟随李老师攻读博士学位，从此开启了我人生的新篇章。回想这二十年来，从学问到人生，李老师就像一座灯塔，引领着我不断前行。

李老师有一句经典话语：人生有两条命，一条是生理上的生命，一条是学术上的生命。我们的生理生命是有限的，而学术的生命则永远年轻。李老师一直身体力行着这句话，生活得既厚重有为又丰富多彩。这句话也成了我人生的指南针，让我在偷懒之余，还能继续读书探究，我也希望能像李老师一样拥有永远年轻的学术生命。

## 幸入“李门”学作文

能够进入“李门”，完全是上天垂青。我1996年现代汉语专业语法方向研究生毕业，随后在中国传媒大学（当时叫北京广播学院）教本科生现代汉语课。随着学校的改革，该课程取消了，我改为教语言艺术与写作课程，后来又转去教留学生，每天忙着上听说读写各种语言技能课程。工作了6年，转了3次专业，从语言学理论到写作，又到对外汉语，有什么课就上什么课，完全不知道自己的目标是什么，妥妥一枚随性散漫的“青椒”。混混沌沌到了2003年，我开始着急了。那时北京广播学院语言学大咖云集，李宇明、陈章太、于根元、冯志伟等先生都在广院招生。近水楼台先得月，我报名时选择了在广院工作的于根元老师，可是于老师的名额已满。幸运的是，经过学校协调，我被调配到李老师名下。李老师在语言学界大名鼎鼎，就像江湖上的一个传说。我做梦也没有想到自己有如此好运，但又想到自己没有报考李老师，实在太失礼，就这么犹犹豫豫，被老公催促了好几次才敢打电话联系他。

第一次见李老师大概是某个节日的前夕，我鼓足勇气，怀着忐忑的心情来到李老师家里，就像走进了梦里。传说中的李老师就像一尊弥勒佛，笑眯眯的，一下子就让我忘了所有的不安。李老师问我研究生阶段的论文是什么，得知我写的是现代汉语完句成分以后，建议我写插入语，“都是语言中的零碎，没人研究，那你就试试吧！”李老师就这样为我选定了博士论文题目“现代汉语插入语”，收下了我这个学生。

从此每天忙着上课听课，一有机会就向李老师讨教。写论文之初不知从何下手，就跑去向李老师讨教。李老师教我先选一个插入语打个样，就像解剖一个小麻雀，于是就有了关于“这样吧”和“说类插入语”这样的论文。李老师还把自己想到的插入语都写在一张纸上，提醒我把前人认作是插入语的词语全部穷尽来考察。走完这几步，论文大致就搭起了框架。论文快写完了，我在摘要上写了“插入语是什么？它们从哪里来的？又向哪里去？”被李老师批了一顿：太虚！自此知道学术语言要字字有来历，句句要落实，写论文再也不敢诗情画意。2007 年毕业论文答辩以后，过了两年我又把论文修改为一本专著，李老师亲自为我做了序。有了序，我心里的种种忐忑才慢慢放下，因为李老师说过“文责自负”，那就是我的这项研究李老师还算满意。

当初不明白李老师为我选择论文题目意味着什么，只是觉得自己有了一个学术的小目标。如今回头再看，我才明白李老师这一选题的分量。插入语在语言领域里可能连个成分都算不上，可是在真实话语里，却承担着表达各种主观性的功能，它们是话语的重要语言成分，进行话语研究如今成了语言学界的热门。感谢李老师的金手指为我指出了一块学术富矿，让我有了一块学术根据地，我和我的学生在插入语这个领域耕耘劳作，至今还意犹未尽呢。

## 登高望远做学问

李老师开始是做语法研究，有了孩子后又做儿童语言学研究，后来参与行政，做政府官员和大学书记，就把研究领域扩展到语言政策和规划，事业和视野越来越开阔，他关注的问题很快就成为语言学界的研究热点。一路跟着李老师，我们做学生的自然也跟着学到了很多知识，眼界也开阔了很多。还记得读博士时曾经参与《中国语言生活绿皮书》的早期策划和编写，同门们经常挤在李老师家一起讨论语言生活的细节和问题，那真是智慧和激情荡漾的时代，我这个唯语法为上的井底蛙也熏陶得不再汲汲于字词句的对错，开始思考语言与世界的关系。

虽然后来没有继续跟随李老师做绿皮书，但是李老师高瞻远瞩的眼光和视野启迪了我。一天跟病愈的李老师谈到自己正在做“语言与生活”的慕课，沾沾自喜道：“我们对语言的界定已经扩展到多模态话语层面。”李老师问道：“那语言产业算哪个层面呢？”哎呀，这个问题真是切中要害，我又答不出来了……看来我的思想还需要进一步开阔，才能跟上老师的步伐。

李老师著作等身，我非常羡慕，也很好奇：李老师那么忙，怎么还有时间写那么多文章，办那么多大事呢？有一天，看到李老师还有时间，忍不住问了起来。李老师打开自己宽阔的曲屏大电脑，每年每月每日的事情都一一记录在上，有读书笔记，有上课心得，有朋友交往，还有家庭事务，林林总总，就像一个百宝箱，需要什么，就从中抽取。怪不得李老师写文章总是一挥而就，原来这里早就备好了原料。这个功夫，看起来很简单，真做起来就太难了。

李老师日理万机，还能佳作频出，对各项繁杂事务处理得也游刃有余，我想一定是他处处留心生活，观察生活，随时记录，源头处处有活水，才能站在高处纵横捭阖，指点学术之路。近日一位相熟的老师说，你们“李门”出来的，一旦从本体跳出来，就做得很好。听到这样的话，心里感念李老师。作为李老师的学生，我们都在耳濡目染中被李老师从语言本体研究中引导走出来，开始观察语言生活，关注各种语言现象，找到新的语言研究根据地，这真是何其幸福的学术之路啊！

## 言传身教悟人生

李老师是语言学界“语言生活派”的创始人，提出要过好语言生活，生活就是语言，语言就是生活。李老师和师母白老师身体力行，乐乐呵呵地把自己的家过成了一幅画、一首诗。

在“李门”大家庭，师母白老师被叫作“政委”，听说这个称呼是李老师起的。一听到这个称呼，就想到李老师那得意的笑容。“李门”聚会李老师总是把白老师推到前台，自己在旁边逗逗乐子，那其乐融融的画面，让我们几乎都忘了白老师是一位重度风湿病患者，生活几乎不能自理。可是就是这样的身体，白老师还常常帮着李老师为我们这些好胳膊好腿的学生做思想工作，现在想来真是钦佩不已。

有一次我跟家人闹了别扭，“政委”打小报告给了李老师，李老师把我叫到家里，一反平常的随和，神情严肃地问：“红霞，你说人这一辈子最重要的是什么？”我想了想说：“快乐。”李老师噎住了，顿了顿，说：“我觉得是家庭。”愚笨如我，到今天已经忘掉了很多细节，但是李老师认真的神情却牢牢记在心里。现在回望，年轻时候是多么的自以为是啊。感谢李老师和白老师的宽容，他们的谆谆教诲让我们回归自己的初心。

李老师有一幅字“百境由心”，做成了小书签，送给我们。我把它挂在我们家的桂花树上，看到它，就想到李老师和白老师精彩的人生，提醒自己要珍惜时光，积极阳光地面对生活中的各种困难。是呀，人生短暂，转眼间我自己也带了五十多个研究生了，他们对我的称呼从当初的“大姐姐”变成了今天的“司妈妈”。我们的学术群一直叫“蜜蜂蝴蝶飞呀飞”，我真心希望我和学生们都像李老师和白老师一样，勤劳而快乐地生活，创造自己的精彩人生。

如今跟随李老师学习已经20年了，经常感慨自己何其幸运，能够和李老师一家人结缘，他们用自己精彩的人生阅历给我们展示了如何过好自己的人生。

## 作者简介

司红霞，中国传媒大学人文学院教授，硕士生导师。1986 年—1990 年在河南师范大学中文系学习。1993 年—1996 年在北京广播学院语文部师从吴为章老师攻读现代汉语语法硕士研究生，获文学硕士学位。2003 年—2007 年在中国传媒大学师从李宇明老师攻读语言学及应用语言学专业博士研究生，获文学博士学位。主要从事现代汉语语法研究、国际中文教育研究。先后发表论文 30 多篇，独立撰写专著两部，与人合作 4 部，主持参与各级项目多项。

## 指导学生情况

已指导语言学及应用语言学专业学术硕士及国际中文教育专业硕士（中外）研究生 55 名。

2017 年 6 月，在师门聚会上合影

（前排左起：李宇明、白丰兰，后排左起：邹玉华、司红霞）

# 有格局　有大爱

邹玉华

导师李宇明先生是一位有格局、有大爱的人，忝列“李门”、成为“李门”弟子也因此成为本人今生最大的幸事之一。

光阴似箭，岁月如梭，近二十年时光一晃而过。说起与导师的二三事，首先让我想起的是，李老师受邀来中国政法大学人文学院致开幕辞。记得 2007 年 6 月，我刚来法大不久，准确地说是来法大的第二个学期，李老师接受法大人文学院的邀请，作为嘉宾在人文学院举办的“中国政法大学首届文学文化月开幕式”上致开幕辞。

那时，令人尊敬的杨阳老师还在世，她担任法大人文学院副院长兼中文系系主任。当时正值教育部进行高校教学评估，中文系于前一学期刚刚引进了四位博士，我是其中之一。为促进学校本科教育评估工作的开展及中文专业与校内外有关方面的广泛交流，丰富活跃校园文化，彰显“法大人文，人文法大”精神，营造和谐校园气氛，人文学院举办“中国政法大学首届文学文化月”活动，“守望法大文学传统，观照法大文学现状，促进中文系全面发展”。在杨阳老师主持的“文学文化月”开幕式上，副校长高浣月教授首先致辞，然后是李老师致辞，后面还有北京大学社会科学部部长、《北京大学学报（哲学社会科学版）》主编程郁缀教授以及首都师范大学文学院党委书记、《乐府学》主编吴相洲教授致辞。

记得李老师在致辞中首先讲到阅读，由阅读讲到知识的获取，又讲到文学以及文学与母语的关系等。说到读书，李老师引用了朱熹的一首诗。李老师说：“宋代有一位大儒，叫朱熹，他这样说读书：半亩方塘一鉴开——有一个池塘，半亩这么大，就像一面镜子一样；天光云影共徘徊——看到这个水面映出天上的天光和云影；问渠哪得清如许——我说这个塘啊，你怎么这样的清呢？为什么呢？为有源头活水来——由于这个方塘啊，它不是一个简单的塘，它有‘活水’。我们每个人的知识，我们每个人的文化，都应该有一个‘活水’的源头。”李老师接着说：“一个不会阅读的民族是一个愚蠢的民族，一个不会阅读的人是一个低级的人，一个民族的阅读水平体现了一个民族的文化……”最后，李老师的演讲落脚到文学上，紧扣这次活动的主旨“文学文化月”，说道：“我们要敬重母语，母语这个皇冠上的明珠，就是文学。”“所谓文学，就是要阅读、要体验、要感悟。通过体验和感悟，才能提高我们的阅读水平。”李老师娓娓道来，主线清晰，风趣幽默而又条理清楚，声音回荡在法大昌平校区大礼堂里，仿佛就在昨天。

法大人文学院领导看重李老师的声望和学识，特邀李老师在这次极其重要的大会上致辞。当然，这有些为难李老师，因为李老师主要是做语言学研究的，邀请李老师在“文学文化月”的开幕式上致开幕辞，的确有些“不合时宜”。但是，其中的含义是明显的，邀请学术地位和职位高的专家学者在大会上致辞，可以提升会议的前瞻性和学术视野。这件事虽然让人很为难，而且会议还是在路途遥远的昌平校区召开，但是，李老师却如约前来。

李老师胸怀天下，作为国家语委副主任，他关注所有学科的发展，且特别支持交叉、边缘学科的成长。在法律语言研究方面，李老师也有很多思考和深刻的见解，他对法律语言研究的支持在法大召开的相关会议论文集中都有反映。李老师能在百忙中光临法大“文学文化月”开幕式，充分反映了李老师对法大人文学院和中文系工作的支持，这是对弱小或边缘学科的支持和鼓励，也充分显示了李老师的大格局和高尚人格。

当然，我也深知，李老师能够在百忙中光临法大“文学文化月”开幕式也是对刚刚工作的我的工作和未来发展的支持。李老师除了有大格局，还是一位有大爱的老师。李老师几十年如一日、不辞辛劳地培养学生，李老师和白老师关心每一位同学的成长。让我感受至深的是，李老师还曾在深夜为我的专著《现代汉语字母词研究》（由毕业论文修改而成）作序。

那时我已毕业五六年了。但是，来法大后需要转向法律语言研究，由于自己的不才和能力有限，很多年都不能适应，只能被动应付工作而无暇顾及毕业论文的修改和出版。直到 2010 年前后，我才将博士毕业论文修改完成，准备交付出版。在这期间曾劳烦李老师为拙著作序，李老师在百忙中答应了。记得有一天晚上李老师说要把写好的序言发过来，但我由于长时间的工作压力已导致严重失眠，体质也越来越差。那天本来一直在等李老师的消息，后来却不知不觉地睡着了。李老师那边急需跟我核实有关论文的一些信息，却联系不上我。好在手机没有关机，半夜醒来忽然看到白老师发来的短信，急忙回复，已是深夜，电话那边的两位老师却还在忙碌着。这件事让我内疚了很久，同时也被李老师、白老师为学生的操劳而感动。李老师为每一位需要写序的同学作序。为了学生的成长和发展，李老师不辞辛劳地为大家付出。本人才疏学浅，语言学基础差，不能光大老师的学术，无以回报，每每想起，总感到深深的内疚。同时，能光大老师学术的人毕竟是少数，但李老师却从不考虑这些，而是“只管耕耘、不问收获”。

李老师热爱生活、乐观向上的精神也一直感染着我们。我来法大四年后（2010 年）的夏天，敬爱的杨阳老师因病去世。杨阳老师的离开对我们学院乃至整个学校都是莫大的损失。我们中文系的老师所受打击尤其大，老师们在很长时间里都沉浸在无声的悲痛之中。前路茫茫，我们却失去了工作和生活的领路人！我也在杨阳老师离开后的几年时间里情绪低落。有一次去见白老师和李老师，说起杨阳老师的为人以及杨老师对我的帮助和期望，我感到非常难过。李老师和白老师都安慰我，让我振作起来。李老师说，杨阳老师这么好的人这么早就走了，这让人难以接受。所以我们能活着就要知足，知足常乐。李老师对生活的热爱让我感动。李老师曾经写过“百境由心”四个字，告诫我们，身处逆境依然要乐观、积极向上。

李老师对学术的兴趣和持之以恒的追求，也特别值得本人学习。李老师将学术看作第二生命，在学术创造方面永远保持着青春和热情。

李老师心胸宽广，有大爱，有家国情怀，这在学界也不多见。李老师的学术人生很值得研究。李老师是一位有大爱、能包容、有高尚人格的人，李老师就像一盏明灯，照亮了大家前行的路！

2006 年 5 月 23 日，在博士论文答辩会上合影

（左起：李宇明、邹玉华）

## 作者简介

邹玉华，中国政法大学人文学院教授，博士生导师。1985 年—1988 年在湘潭大学中文现代汉语专业跟随王勤先生攻读硕士学位，获硕士学位。2003 年—2006 年在中国传媒大学应用语言学系语言学及应用语言学专业跟随李宇明教授攻读博士学位，获博士学位。

## 指导学生情况

已指导硕士研究生 22 名、博士研究生 3 名。

# 言传身教　行胜于言

汲传波

我于2004年跟随李宇明老师攻读博士研究生，迄今已20年。言传身教，行胜于言，李老师在做人、做事、做学问方面都是学生的楷模。他是真正的学者，忧国忧民，有深沉的家国情怀；学术上硕果累累，是学界公认的语言学大家。有幸成为李老师的学生，是我最大的幸福。李老师才思敏捷，勤于思考，好像没有能够难得住他的问题。任何困难，经过他一点拨，立刻就容易了很多。我虽然毕业很多年，但是新冠肺炎疫情之前，几乎每年都会当面向老师请教；疫情之后，我也将争取有更多的机会向老师学习。

## 家国情怀

认识老师以来，他从来不直接要求我去做什么，总是耐心地征求意见，尊重我个人的选择和兴趣。记得2020年2月19日，李老师给我微信，问能否组织对外汉语及外语研究的同门，来做“简易汉语”的研究。当时正是新冠肺炎疫情最为肆虐的时候，大家每天都在关注着疫情，通过网络在家远程授课。我一开始不是太理解李老师为什么在这个时候提出来做“简易汉语”的研究，后来读了李老师推荐的几篇文章才明白其良苦用心。老师想做的是借鉴日本发生自然灾害时研制简易日语的经验，替国家着想，考虑国家应急所需。因为在紧急情况下，中文水平不高的在华外国人无法获取合适的中文信息，只有把难度很高的中文信息进行简化之后，外国人才能理解。

当晚，李老师就与我一起组建研制团队。2月21日，“简易汉语”研制组微信群建立，正式开始工作。研制组主要成员来自北京语言大学、北京大学、中国人民大学、北京师范大学、中国传媒大学、首都师范大学、河南新乡医学院等高校。另外，还有湖北省当阳市人民医院、湖北省襄阳市樊城区委组织部的同志以及部分在读研究生。研制组有分工、有合作，共三个小组，分别负责借鉴国际经验、收集新冠肺炎疫情信息、研制简化标准。研制组成员几乎忘记了疫情，全身心投入研制中，利用微信群，每天讨论、研究相关问题。因有李老师的指导，有同门饶高琦、王春辉、郑梦娟、李艳华、邹海清、王璐等人的鼎力支持，经过近三周的日夜奋战，终于完成了国内首部《疫情防控“简明汉语”》。3 月 12 日在教育部官网正式上线发布，产生了非常大的社会反响。

由于自己主持的课题压力和工作比较繁忙，没有在“简明汉语”方面继续深入研究。对此，至今仍感到愧对李老师。但是老师给予了理解与尊重，还对我所关注的语体研究给予了充分肯定，并且欣然为我的教育部结项成果《汉语二语者书面语体习得研究》写序，这些都让我十分感动。

我在担任学院副院长、书记，北大出版社总编辑前都在第一时间征求了李老师的意见。按照我本人的性格和人生追求，对担任行政职务有些犹豫，担心会影响个人的学术发展。可是在征求李老师意见时，老师一句话就点醒了我，他认为，一个人不能只想着个人发展，还应该承担一些社会责任，为社会做些贡献。这些年来，我一直没有忘记老师的叮嘱，尽量平衡学术发展与行政工作之间的关系。说实话，我在这方面处理得并不太好，个人学术发展耽误了很多，琐碎的工作占据了大部分精力。“有失也有得”，我个人的工作得到了老师和同学们的认可，也获得了一些成就感。以后，我还会继续向李老师学习如何平衡工作与学术研究的关系，更好地利用时间。

李老师惜时如金。早年，他在华中师范大学工作时，就有“惧闲聊斋”的故事。新冠肺炎疫情之前，每逢李老师的生日，“李门”弟子会策划一些活动，老师都会建议以学术讨论会的形式举办，这类学术讨论会一直持续了多年。李老师和师母都全程参加，参与讨论与互动，给予指导。李老师在担任教育部语言文字信息管理司司长时，工作非常繁忙，很少休息，春节假期却成为李老师的最佳读书、写作时间，常常是杜门谢客。春节前后去看望李老师时，一般不敢多打扰。每次老师都会给予很多建议，其中最主要的是学术方面。李老师视野宏大、知识渊博、才思敏捷，对很多学术问题都有自己独到的见解，常常让我醍醐灌顶。因此，每年都盼望与老师能够多见几次，当面向老师请教。

## 问题意识

导师曾谈道：“‘问题’二字最为重要。科研不是无病呻吟，不是拾人牙慧，更不是拷贝自己和他人的成果，而是解决问题，特别是解决社会发展中的重大问题和学科建设中的重大问题。‘问题意识’是最重要的素养。”对李老师的这一观点，我无比赞同。导师对我的学术影响是深远的，我工作之后发表的第一篇小论文《对外汉语口语教材的话题选择》就受到导师的启发。李老师认为儿童语言学习是最为成功的语言学习范例。儿童语言学习的输入方式主要是交谈式，而且交谈时的话题控制权往往掌握在儿童手中。然而第二语言学习的输入方式主要是讲授式和操练式的，话题的控制权不在学习者手中。这种输入方式有着较强的计划性，并受到教科书的限制。李老师从输入方式的不同来探讨第一语言学习与第二语言学习的差异，这对我们在第二语言教学中选择何种输入方式具有启发意义，借鉴儿童语言学习的经验，把话题控制权交给学生，会有助于提高第二语言习得的效率。

我所研究的强调范畴、教师信念、教学模式、语体、学术汉语等问题，看似兴趣广泛，其实都是从教学实践、从现实问题出发进行的研究。对外汉语教学是应用型交叉学科，教学中遇到困惑或有意思的问题转而去研究应该是最自然的事情。对外汉语教学在各高校不太受重视，其原因是多方面的，但主要原因可能在于学科建设及科研力量比较弱，往往不太重视解决教学实践中的问题，不太重视解决学科发展中遇到的问题，研究成果少，且存在理论与实践"两张皮"的现象。我最佩服的是，李老师常常能够把工作与研究结合，在调入北京语言大学后，他关于国际中文教育的一系列重磅论文发表，在学界引起了很大反响。

李老师的问题意识还体现在学术的预见性和前瞻性上。李老师善于思考，勤于思考，他提出"构建和谐语言生活"比国家提出"和谐社会"早一年多，比高铁"和谐号"早两年多。我参与过《中国语言生活状况报告》的撰写，记得当时报告中的很多题目都是在李老师的指导下确定的。李老师在《2007 年中国语言生活状况述要》中就呼吁政府加强非英语外语语种建设，目前我国的非英语语种已从 2007 年的 43 种增长到目前的 100 来种，可见李老师的学术前瞻性。

## 结语

在有些浮躁、喧嚣的当下，李老师对如何做人、如何做学问的训诫一直伴随着我："学术不是一种职业，而是一种事业；学术是最朴素的工作，要求从事者耐得住寂寞，抗得住诱惑；学术最贵平实；平平实实研究，堂堂正正为学。"

李老师的家国情怀、问题意识，通过言传身教的方式，启智润心，鼓舞着我砥砺前行。"学术的尊严，精神的魅力"是北大出版社学术出版的精神追求，也是导师李宇明老师的真实写照。

**作者简介**

汲传波，北京大学对外汉语教育学院教授、博士生导师，北京大学出版社总编辑。1999 年 9 月—2002 年 7 月在南开大学语言学及应用语言学专业攻读硕士研究生，获文学硕士学位；2004 年 9 月—2008 年 7 月在中国社会科学院研究生院语言系应用语言学专业师从李宇明教授攻读博士学位研究生。主要研究领域为面向第二语言教学的汉语语体语法研究、"三教"研究、语言生活状况研究等。公开发表相关学术论文 40 余篇，出版专著 2 部，参与编写教材与辞书 7 部。目前主持国家社科基金项目"基于语料库的学术汉语语言特征研究"，已完成教育部规划基金项目“面向第二语言教学的汉语语体语法研究”，曾参与教育部、国家语委科研重点项目“中国语言生活状况报告”，完成其中四项子课题。

## 指导学生情况

已指导硕士研究生36名，博士研究生5名。目前在高校从事国际中文教育工作的毕业生有3名，其中李水在清华大学语言教学中心任教，赵蓉在厦门大学国际中文教育学院任教，唐文菊在湖北大学文学院任教。

2021年6月9日，李宇明老师到北大参加博士生答辩前在未名湖边合影

（左起：李宇明、汲传波）

# 学术：正青春　在路上

李艳华

时光荏苒，白驹过隙，结缘恩师，加入“李门”，至 2024 年已整整二十个春秋了。最近几年，因为多种原因，与李老师见面的机会变少了，但新冠肺炎疫情期间兴起的“线上学术”形式并未影响我从导师那里不断地汲取学术的滋养。回首自己的求学、工作和学术之路，心中不禁涌起无限的感动和感恩，感动于与导师相处的很多细节与瞬间，感恩于导师的点滴教诲。

## 你是我最重要的决定

2003 年读研究生三年级的我，正面临抉择：读博还是就业。学术我并不畏惧，也饶有兴趣，可一直未离开校园的我也很向往去工作岗位上乘风破浪，那时的我摇摆不定，犹豫不决。虽然早已拿到了黑龙江省电视台的录用通知，却迟迟未去签三方协议。我是在等待什么呢？2003 年 12 月，我已从遥远的北国边陲延吉市来到北京“备考”，想借着地域的改变帮自己做一个最终决定。那段时间，我借住在闺蜜就读的北京理工大学的宿舍里。一天，冬日的暖阳透过窗子射在北理工自习室的课桌上，也好似照进了我的心房，照亮了我的梦想，我内心的天平明显偏向了考博的一边。紧接着，大脑中倏地闪过一个念头：我想跟李老师见一面，让他给我还不算坚定的决断打一针强心剂；我想跟李老师见一面，哪怕老师拒绝我，我也为如何做出抉择找到了理由和依据……不知道为什么，我就是想跟李老师见一面，鬼使神差地，我已经走到了大木仓胡同口教育部门前。望着几米外报刊亭上的红色公用电话，握着李老师办公室的电话号码，我犹豫了很久：我没有坚定的考博打算，我从未提前联系过李老师，12 月才准备考博，时间已显仓促，真被老师拒绝了我能否承受……很多想法在撞击，很多声音在发声。一番思想斗争后，最终我鼓起勇气拨通了电话。公务繁忙的李老师竟然在办公室，对于我这个不速之客竟然态度极其和善，宽容地给了我半个小时的谈话时间。放下电话的瞬间，所有的犹豫不决，所有的举棋不定都变成了脚下的风，我快步来到李老师办公室门口。门开着，映入眼帘的是一张带着笑容的和善的脸孔，一张简单的办公桌，一台笨重的台式机。李老师询问了我的基本情况，我介绍了硕士论文选题和主要内容。记得李老师在我谈及硕士论文时未做任何评论，只是在提问：你为什么会关注这些语言事实？研究中你有哪些发现？为什么会这样，有思考吗？每次我作答后，李老师都会露出笑容。20分钟后，李老师起身从书柜中取出两本书要送我，我请李老师签名，李老师签完一本后递给我，一边说："我送自己学生书，都是这么写！"这是鼓励吗？这是认可吗？不管是什么，我只记得当时的自己很兴奋，很开心，也更坚定了。别过李老师，走出大木仓胡同的我，神清气爽，一身轻松，动力无限，勇往直前。以后的事情就是我认真备考，成功被录取，顺利入学了。现在想来，我很感谢那个冬日的自己，感谢自己的勇气，感谢自己做了我一生中最重要的决定，让我有幸去敲响学术之门，让我有幸结缘恩师，走上了完全不同的人生之路。更要感谢李老师，给了我机会和鼓励，给了我接纳和宽容。我想对老师说：在学术上，您是我最重要的决定。加入"李门"，更是我一生的荣幸！

## 随风潜入夜　润物细无声

博士三年，我深入地接受了李老师的教诲和指导，对李老师的学术思想有了更深的理解，对李老师的指导风格更是钦佩有加，一生受益。博士一年级我过得充实而忙碌，最幸运的是第二学期李老师给我们开了语言学专业课。不仅"李门"弟子，整个传媒大学应用语言学专业不同年级的学生都来旁听。那一年春寒料峭，起初我们是去李老师办公室上课，但后来因为前去听课的学生太多，李老师不舍大家辛劳，就决定辛苦他一人，跑来东五环的传媒大学来给我们上课。那个学期我最大的印象是李老师只讲了几个宏观问题：什么是语言学、语言学研究的任务等。但每一个问题下都涉及很多内容，信息量大，包容性强，宏观问题中又有对微观语言事实的探讨，如社会称谓的缺失，名词后缀"员""者""手"的区别等等。通过问题启发学生思考，让学生在上课的同时找到研究课题，这是上李老师课的衍生收获。

记得博士入门第一天，李老师就曾说过，博士三年，最重要的就是拿出一篇你满意、我满意的博士论文。从那天起，这份学术答卷的重要性我便深知。此后，便开始了论文选题、定题、写作等序列性工作。从格式的确定到语料的选取，从具体格式的描写到理论问题的解决，从各章的独立酝酿到全文的文气相通，无不渗透着导师深入的指导和辛勤的点拨。进入真正的写作阶段，每次与李老师面谈后，老师都会在理论方面抛给我一个球，我都会稳稳地接住，回来后仔细揣摩和玩味，再渗透到我的写作中。可是，现在回想起来，我才恍然，李老师对我论文的"排兵布阵"却早已有之。记得第一学期寒假前，去老师家谈博士论文的最初设想，离开前，老师指着他案头的一本论文对我说："艳华，你看这不又是一篇你的'主观化'论文吗？"当时的自己还在纳闷："这'主观化'怎么说是‘我的’?”但自觉不自觉地在那个假期就看了很多主观化方面的论文，此后也一直关注，于是也才成就了我博士论文中“持续格式的主观性与主观化”一章。现在回想起来，导师在当初既给我指出了正确的方向，使我少走弯路，又放开手给我自然醒悟和自主探求的空间。这种“点而不破”的指导风格我也继续继承，在自己指导研究生的过程中做到提前点拨，启发学生自己探索和思考。导师的这种“润物细无声”的指导真的“善莫大焉”，让我受益匪浅。

## 自信人生二百年 会当水击三千里

成长是一个漫长的过程，每次遇到挫折，面临挑战时，我都会想起李老师在我找工作一筹莫展时送我的那句“自信人生二百年，会当水击三千里”。

我是个少言寡语的人，不善言辞，一是性格使然，二是因能力有限而缺乏自信。李老师也了解我的个性，从进入“李门”开始就让我参与《中国语言生活状况报告（2005）》编写这一高大上的任务，从做会务工作到参加两篇文章的撰写，接触了学界专家，增强了学术自信，也因为李老师的推荐得以在语言学核心期刊上发表文章，李老师对我自信心的建立可谓劳苦功高。当然因缺乏自信而胆小的毛病却一直没改掉，凡事必请示，小事也打扰。记得博士论文答辩前夕，李老师让我负责在8位专家中约请5位参加答辩。因为是答辩季，每位专家都很忙，时间很难凑在一起，但凡有一位专家不能前来，我便要请示李老师下一步与谁联系。几次下来，李老师终于不堪我扰，直接打来电话说：“艳华，8位老师谁有时间来都可以，交给你联系，不用每次都问我，好不好?”我听得出李老师有些不耐烦，那是因为我真的很烦，但以我对语言的敏感度来看，最后的一句“好不好”的使用，仍可看出李老师还是强忍“怒火”，转微怒为安慰。老师放手让我独立完成一件事，也让我多了与学界专家交流的机会，我很感激。2014年，我再次接受任务，担任《中国大百科全书》（网络版）“社会语言学分支”秘书，负责与撰写词条的专家学者们联系，同时负责一部分词条的前审工作。因为这次网络版的增补和修订工作历时本来就很长，加之为及时反映近些年我国社会语言学及语言政策与规划方面的进步和成果，“社会语言学分支”在主编李老师的带领下增补了很多词条，撰写团队也有近70位专家，工作量的确很大，先后交稿四个批次共400余条。在每个批次的最终审稿环节李老师都亲自参与，写批注、给意见，事无巨细。“社会语言学分支”的所有词条终于在2021年作为《中国大百科全书》（网络版）的第一批次词条全部上线。在这几年和各位专家协调和沟通的过程中，我的学术积累也不断增长，学术视野也更加广阔。一次次小任务的完成让我变得成熟自信了，也知道如何处理、解决和应对问题了，这份成长得益于李老师的信任和栽培。

工作后的前几年，每到年末我都会给李老师发一封邮件，报告我这一年的收获和进步，每取得一点成绩，我都会第一时间向李老师汇报，李老师每次都会回复，或曰“小荷才露尖尖角”，或曰“继续努力”，或曰“你的每一点进步，我和白老师都很为你高兴”。无论我自己还是我爱人在工作上面临抉择时，我们都会不约而同地想到听取李老师和白老师的建议。李老师哪怕只说一两句话，那一两句也会像定海神针一样让我们神清气爽，明确方向，不再迷茫。工作后我曾两次出国任教，临行前去跟李老师告别，老师都会针对国外工作和生活给我很多嘱托和建议：尽职尽责地工作，展示中国教师的形象，了解当地汉语教学的现状，与外方同事团结合作，交当地朋友，等等。2011 年我去英国任教前去李老师家告别，老师还特意送我到小区门口，他只说自己也想散散步，可我知道这一简单的举动中渗透着李老师对学生的深深情意。“一日为师，终身为父”，他对弟子们有期盼，有担心，有深深的责任，更有深深的爱。

2015 年 4 月，我爱人宋庆宝被任命为巴巴多斯孔院首任院长，远赴遥远的加勒比地区任职。同年 9 月，我也做出选择：申请去巴巴多斯孔院做汉语教师。临行前，正好参加“李门”“聚贤聊斋”语言学论坛，共祝第 31 个教师节，同时更是庆祝李老师从教 40 年。在会议间歇，李老师对即将赴任加勒比地区的我提出了学术研究上的期望。老师说，加勒比地区的语言生活、语言规划，国内学界了解甚少，需要有人做开拓性和介绍性的工作。李老师嘱咐我借助地缘优势，多了解和关注当地的语言状况，了解当地的华人华侨的语言生活及其对华语保持和传播所做出的贡献，等等。我带着这份学术嘱托，将自己从事语言规划研究的种子种在了加勒比地区的土地上，先后完成了几篇有关加勒比地区语言状况、语言教育政策和汉语国际传播策略等内容的文章。经李老师的推荐，我的文章《加勒比地区语言使用现状》被收录在《世界语言生活状况报告 2019》中。《英语加勒比地区外语教育政策与汉语国际教育发展机遇》发表在《语言战略研究》2020 年第 5 期上。

新冠肺炎疫情期间，李老师“语言战疫”的脚步始终未停歇，老师领衔开展“简明汉语”的研制工作，我与十几位同门学友一起参与其中。那段时间小小的团队在李老师的带领下，每天在微信群中讨论热议，碰撞思想，互通有无，收获颇丰。同时，李老师也将我吸收进“‘十四五’时期语言文字事业发展研究”项目组，并鼓励我从事并开展加勒比地区语言政策与规划的研究工作……在李老师的引领下，我的学术兴趣正在不断拓宽，从语法研究和教学拓展到语言规划，一个个学术项目，一份份学术期望，我都在努力推进，希望自己不辱使命，不辜负老师的信任。

行走至不惑之年，人生一小半，可我宁愿相信我的学术正青春、在路上。在李老师和白老师的指导、关心和爱护下，我会更加努力、更加自信，迎着阳光，一路欢歌，心怀感恩，自信前行，用自己的每一分收获回报恩师的谆谆教诲。

## 作者简介

李艳华，北京语言大学国际中文教学研究所副教授，硕士生导师。2001年—2004年在延边大学汉语言文字学专业攻读硕士研究生，获文学硕士学位；2004年—2007年在中国传媒大学语言学及应用语言学专业师从李宇明教授攻读博士研究生，获文学博士学位。2007年至今在北京语言大学任教，曾先后在韩国培花女子大学（2008.9—2009.8）、英国诺丁汉特伦特大学（2011.12—2013.7）和巴巴多斯西印度大学凯夫希尔分校孔子学院（2015.9—2019.7）任汉语教师，传播中国文化。主要研究方向为语法语义学、国际中文教育、语言政策与规划等。现已在《世界汉语教学》《语言教学与研究》《汉语学习》《语言战略研究》《汉语学报》等期刊发表论文20余篇，出版学术专著1部，编著1部，主持教育部等各类科研及教改项目7项。

## 指导学生情况

2012年起担任硕士生导师，至今已指导国际中文教育专业中国研究生12人，外籍研究生5人。中国研究生中有2人现已博士毕业，在高校及教育部门任职。外籍研究生多数回国从事本土汉语教师或翻译等工作。

2015年3月，赴任巴巴多斯前听取导师的临行教诲并合影

（左起：李艳华、李宇明、崔健、宋庆宝）

# 处处留心皆学问　为学万端谢师恩

娄开阳

我是宇明师在中国传媒大学带的博士。自 2002 年第一次去老师课上旁听算起，至今已从师学习二十余年了，受教期间获益良多，衷心感谢恩师对我的苦心栽培与悉心教导！

说实话，进入“李门”时我是非常忐忑的，很担心自己最终拿不下学位。我当时的情况可概括为 12 个字：“起步晚，负担重，基础差，悟性低。”起步晚是指我入门时已经 32 岁了，很多人这个年龄已经有所成就，而我却还在学习阶段；负担重是指我当时是带着夫人一起来京求学的，经济压力很大；基础差是指我硕士阶段接受的是播音主持专业的训练，在口语表达方面的基础并不弱，但与老师指引的博士论文方向相去甚远；悟性低是指自己特别笨，天资禀赋很差。正因如此，入门前我曾忧心忡忡地对原郑州工学院（现已并入郑州大学）机械系教授兼系主任的义父夏恒青教授说“我特别傻，又不会说话，恐怕很难讨老师的欢心。”义父教导我说“讨老师的欢心并不重要，千方百计把老师的本事学到手那才最重要！”那么千方究竟是什么方，百计又到底是什么计？义父赠我 7 个字“处处留心皆学问”——于是就有了与老师散步时的闲聊、餐桌上的絮语、邮件中的叮嘱与病床旁的谈心。

## 散步时的闲聊：人生理念　学术至上

正式入门之前，记得大约是 2004 年春季的一个晚上，我到中央党校去看望李老师。老师那时正在党校接受培训，于是陪老师在校园散步时有了师生间的第一次正式谈话。老师要我树立两大人生理想：一是家国情怀；二是学术至上。关于家国情怀的领悟我在拙文《论恩师宇明先生的治学之道》中已有详述，此处不赘，这里主要谈自己对李老师学术至上理念的理解。老师指出，“人生就那么几十年，除去吃喝拉撒，所剩的时间已经不多，做得了这个做不了那个，所以一定要树立学术至上的理念，把全部时间和精力都花在学术上。”学术至上的思想贯穿着老师的一生，很多人非常佩服老师的一点是无论他有多忙，永远都不耽误做学问、发论文。

我忠实地践行了老师的教诲，较好地贯彻了老师“学术至上”的理念，不过当初对该理念的理解并不深。我以为这只是高校教师诸多人生选择中的一种，我和老师都喜欢学问，自然秉持这一理念。但高校中的其他教师恐怕未必会作此选择：脑子灵活的教师倾向于做行政，身怀技能的教师更愿意去外面挣钱。人各有志嘛，又岂能强求？但此后我身边两位好友的人生经历充分证明了老师的高明之处：高校教师必须秉持学术至上的理念，这是不二的选择，没有其他选项。

选择的背后实际上是身份认同问题：李老师不管在什么位置上都始终认为自己是一名教师，治学育人是本分。类似的高人很多，如著名作家王蒙始终认为自己是一名作家，他在文化部部长任上仍介绍自己是“写小说的”。

有一次我去家里探望师母，见在客厅墙壁上贴着老师的一幅书法作品，上面写着一首七言绝句：“人生物语融道禅，悟得不易行更难。已染红尘五十载，仍放心猿青山间。”我特别喜欢，过目不忘——师母不信，要我当场背诵，我自然很得意地把师母惊到了。后来单位组织“不忘初心、牢记使命”主题学习，我立马就想起了老师的这首诗：诗人以诗明志，剖白自己尽管历经了半个多世纪的红尘，但仍然保持着最初的初心。什么初心？学术至上！

## 餐桌上的絮语：治学秘诀　成果说话

老师还有很多的治学思想和研究技巧是我在餐桌上学到的，其中一次聚餐我印象深刻：大约在 2006 年前后，在接待李英姿、苏小妹等南开同门的餐桌上，老师说，“纵然满腹经纶，也要有东西标志着你”，并且叮嘱大家要多写论文少写专著。邹玉华师姐当时问“为什么要少写专著呢？”老师没有正面回答，只是提醒她“你现在写的博士论文，不就是在写专著吗？”我当时对这句话的理解并不深，只知道老师鼓励大家多磨笔头，多出成果。后来经历的一些事，充分证明了老师的远见。下面从两个层面来阐述老师的高明之处：一是“二鸟在林，不如一鸟在手”，得势的同时还要得分，叫好的同时还要卖座；二是“退求其次，胜过两拳空空”，即便是最差的成果也远胜过没有成果，1 永远都大于 0。

博士生群体中，往往不乏思想深邃、观点犀利之人，但到最后就业的时候，却是“二鸟在林，不如一鸟在手”——真正发挥作用的并不是那些丰富的思想观点，而是不多的几篇承载着思想观点的论文。博士生展现学术水准的方式当然是多种多样的，在学术活动中发表高水平的评论的确也是一名博士生才华的证明。但是，没有形成论文发表的学术思想往往不具备经受学界同行考验的条件，因而在高校的评价体系里，是无法作为学术水平的证明的。不少博士生因为把思想写成论文的意识不足，到就业的时候可能会与自己理想中的高校失之交臂。每当听到这样的事情，我总是想起老师在饭桌上说过的话：原来不是闲聊，是叮嘱！

我本人评职称的经历则证明了“退求其次，胜过两拳空空”。还记得邹师姐当年的发问吗，为什么要少写专著？入职后，学校的规定回答了这个问题：专著既不计入科研任务，也不是职称评审时的必要条件，只有论文才是。但写论文、发论文都很难，反而是写专著相对容易。邢福义先生说“猪往前拱，鸡往后扒”，我知道自己才疏学浅，没办法成为有力气前拱的猪，那就做一只往后扒的鸡也挺好，能产出什么就算什么吧。于是，在学院的资助下，我先后出版了 5 部专著。当我撅着屁股、挥汗如雨地撰写专著时，有的同事却不看好我做的这项工作。不过，后来学校领导换届，新领导对此有新的想法，要求评正高必须有专著，否则不得参评！这一下让不少人都慌了神。此时，我特别感谢李老师：专著的分量的确不如论文，但有和没有是有质的区别的——最次的 1 也比 0 要强。你说你水平高，拿什么来证明呢？“纵然满腹经纶，也要有东西标志着你！”

此外，当年老师“你现在写的博士论文不就是在写专著吗”这句话也给了我很大启示：这 5 部专著中除了 3 部脱胎于博士论文和博士后出站报告之外，另外两部也都是按照学位论文的格式体例来写的，包括《汉语国际教育论文写作教程》。老师真是惠我良多呀！遵从恩师教诲，终身受用不尽！老师餐桌上的絮语让我明白了那不是唠叨，那是在传授真理，是在强调将学术思想物化成文字的重要性——就像政治经济学中阐明的那样，物品只有经过交换才能变成商品，实现其商品价值；学者也只有将自己的思想变成文字才能称之为成果，体现自己的成就和水平。

## 邮件中的叮嘱：朴学传统　立足事实

老师对我更多的指导是通过邮件进行的，其中我感悟最深的是老师指导我博士论文时一再强调立足语言事实。大家都知道我交游广泛，跟很多学界名家都有所接触。李老师曾批评我是“‘李门’的语言活动家”，批评我整天只知道跟名家大腕吃饭，根本坐不下来弄学问。可大家不知道的是，在与外界的交往过程中，我也逐渐摸清了学界各派的基本观点以及主要谱系师承，并结识了一批学界师友。不少关系不错的老师也都很关心我博士论文的写作，热心地给我提出了很多自己的建议和意见。我发现有意思的是，李老师指导我的思路与其他所有老师全不一样：其他老师不管属于哪个流派哪个视角，总是要求我多读相关文献；而李老师在邮件中要求我从搜集和分析语料入手，并不支持我读参考文献！

那么究竟该如何抉择？是从事实出发，还是从理论出发？我采用了最简单的部队做派：服从命令，听从指挥。理解的要执行，不理解的也要执行！于是我老老实实地按照老师的指示搜集了 1080 篇新闻语料，自己人工标注了两年之后建成了一个 700 万字的“现代汉语新闻语篇文本语料库”，之后大病一场，住院做了一次不大不小的手术。再最后就是得出了数据，完成了论文，通过了答辩。从表面看，选择“从事实出发”和“从理论出发”的研究思路似乎都是可以的：前者，我遵循老师的思路拿到了学位；后者，每年也有大量的博士论文产出。但是，后者也许并不比前者高明。博士生广泛阅读经典的学术论著是有必要的，期待在阅读中灵光乍现，提出一个十分有价值的选题，却不是那么容易。特别是一些博士生有过工作经历，实际上已经在实践中积攒了不少真实的困惑。在学术研究中，忽略这些宝贵的困惑，转而“从理论出发”来做研究，可以说是非常可惜的。

实际上，学界每年有大量从理论出发的博士论文出笼，且数量远超从事实出发的——具体数据我没统计过，老师指导我的研究思路似乎不占上风，至少不是主流。那么，究竟该选择哪种研究思路呢？对这一问题我始终比较困惑，一直到希亮老师在第九届国际汉语教学学术研讨会开幕式上发表主旨报告“从问题到理论还是从理论到问题”，我才彻底明白李老师指导我的研究思路是完全正确的，应该走从问题（事实）到理论的研究道路，而不是相反。攻读学位如同打仗，经此一役，我获益良多，不仅掌握了正确的研究思路，还深深地意识到老师对我是非常偏爱的：老师对我的训练是要我赓续中国汉语学界的朴学传统，是要我承继自章黄学派以来重视语言事实爬梳的本土治学精神！我想这就是传承吧。

## 病床旁的谈心：恩怨荣辱　道德文章

大约在 2017 年，老师在望京医院住院做了一个小手术，我和师兄弟们轮流陪护。轮到我陪护老师时，曾有一次床边谈话我印象深刻。老师当时谈到了“四知”：少而知恩怨，长而知荣辱，壮而知进退，老而知生死。当时引发这四句话的由头是李老师叮嘱我人要懂得进退，但在阐明完了“知进退”之后，老师特别强调了“知恩怨”的重要性，“要心里明白谁对你好”。

老师在绝大多数情况下对我传授的内容都是学术，极少涉及人生。我印象中谈人生只有三次：一次是中央党校散步时的“人生理念”之谈；还有一次是在电话里的“学者修炼”之谈，强调学者修炼两件事，家庭与学问；这次病房深聊的“人贵四知”之谈是第三次，也是对我影响最深的一次。这“四知”当中又以“知恩怨”对我影响最大。生死是大事，孔老夫子说“未知生，焉知死”，我也不敢妄论。知进退是针对有职务地位的人说的，我只是一名普通教师，今后也不打算做行政，明白进退对我意义不大。知荣辱是针对有荣誉的人说的，我没得过什么荣誉，也没受过什么屈辱，感受不深。我最最有感触的是知恩怨：老师本身以身作则，我在旁边观察了许久，发现老师是一个知恩图报的人，在这一点上堪称我辈的榜样。

老师对邢福义先生的感情大家有目共睹。我在拜读《20 世纪现代汉语语法八大家·邢福义选集》时，看到老师在后记中写了一句话“世间百诱只怕心恒定，为学万端莫若善求师”。李老师很善于向邢先生学习，也牢记先生对自己的恩德，在教授弟子们时经常引用邢先生的话，让我们也辗转接受了邢先生的福泽。去年冬天邢先生仙逝，老师非常悲伤，饱蘸深情写出了怀念恩师的文章，我读后也不禁泪流满面。

其实除了授业恩师之外，老师对于他有恩惠的其他师友的帮助也都牢记在心。2006 年 7 月，我陪老师赴河南大学讲学。师母与我师出同系，均为河南大学中文系的毕业生，当年教过师母的陈天福教授（也是我的老师）于师母有恩。于是李老师下车伊始便问“天福老师最近怎么样了”，对陈先生关心备至。列宁说“忘记过去就意味着背叛”，二十年来老师对我不仅有言传更有身教，老师自己的言行充分证明了他是一个有情有义的人，没有忘记过去自己困难时期诸多师友的扶助。

在“知恩怨”这一点上老师对我影响至深，我也以老师为榜样，努力做一个知恩图报之人。回想这一路走来，能有今天全靠诸多师友的关怀、支持与帮助，老师们的恩德我从不敢忘：吴为章先生 2009 年 1 月 10 日仙逝，几乎每年忌日我都和司红霞师姐、刘海燕师姐、牛猛师弟相约祭扫；陆俭明先生 80 华诞前夕，我撰文发表在《海外华文教育》上为先生贺寿；陈章太先生 90 华诞前夕我在东京，亦撰文发表在日本《汉语和汉语教学研究》上为先生贺寿；还有给我诸多恩惠的老师：马真先生、云贵彬教授、崔永华教授、徐赳赳老师、刘海涛老师、崔希亮老师、杨光俊老师、李大勤老师等。

## 小结

从师问学二十载，恩师教诲万万千，总结下来大致有以下几个特点。

一是学习内容的全方位性。从纵向来说，从老师这里吸收学习的内容是有不同层次的：包括知识（学，学问）、智慧（才，能力）、觉悟（识，见识）。其中主要的是跟随老师学习语言学知识，其次是跟随老师学习治学方法，最后是跟随老师提高见识与悟性。“知识不如智慧，智慧不如觉悟”，总体来说，还是从老师的觉悟见识中感触最深！从横向来说，学习内容可分为陈述性知识和程序性知识：前者是具体的语言学知识，是死的；后者是治学的思路、方法和技巧，是活的。总体来说，还是从学习老师的程序性知识中获益最大！

二是习得方式的非正式性。即从课堂上学到的东西占少数，对老师学术思想的领悟绝大多数是通过非正式渠道接受的，如校园中、餐桌上、网络内、电话里、病床旁……这种非正式的传授方式特别考验人，稍不留神老师的金玉良言便火花飞逝，想记笔记都来不及。但这种方式的好处也很多，那就是与老师接触的所有场合都是“课堂”，只要你处处留心，总会有不少收获。而且日常闲谈中所呈现的知识和感悟尽管琐碎但更为真实，也更接地气，相比老师教材、专著和论文中的知识而言更为鲜活，通常也都有具体的语境，理解起来更容易。

三是领悟过程的后知后觉性。由于我较为愚钝，对老师精妙思想的领悟总是做不到如影随形，常常是过了很长时间之后才能消化吸收。这一过程前期的表现大致是学习初期的视作当然（觉得老师说得对，表示认同），到不以为然（对老师的话表示怀疑，不置可否），再到顺其自然（根本不知道老师说的对错，闭眼服从，执行指示）。前两种情况是极少数，以我的眼界和学识对老师的话绝大多数情况下根本无从判断，所以基本上都是听从老师指示，美其名曰“顺其自然”。这一过程后期的表现大致是阅历增加后的猛然觉悟（知道老师说的是对的，但不明了其背后理据，现在终于明白老师为什么会这么说了），到幡然悔悟（终于意识到是自己错了，明白了老师当年的苦心），再到似有所悟（以前不理解的东西现在有一些理解了，以前没悟到的东西现在有点开窍了）。

四是效果影响的长效深远性。首先老师对我的影响具有长效性，即影响了我一生的学术生涯：不仅在读博期间发挥着效用，毕业之后也一直指导着我的学业发展。其次老师对我的影响具有深远性：不仅左右了我本人的学术发展，同时薪火相传，也大大影响了我的研究生（包括将来的博士生）们未来的治学风格。

陈寅恪说“不遵我教诲者非我弟子”，按这个标准来说，我应该算是老师合格的入室弟子。回到开头，究竟什么样才是真正地“讨好”老师？我的肤浅理解是：“讨好”老师不是关心老师喜欢喝什么茶，不是留心师母喜欢用什么牌子的化妆品，更不是常常请求到老师家里去做清洁——而是把老师的人生理念、学术传统、治学范式和做人原则发扬光大，那才是对老师真真正正的“讨好”与感恩！

走笔至此，不禁潸然泪下。再次衷心感谢老师对我的关怀照顾和苦心栽培！祝老师学术常青，论文多多！祝师母身体康健，福寿绵长！

**作者简介**

娄开阳，中央民族大学国际教育学院教授、博士生导师。2001 年—2007 年在中国传媒大学语言学及应用语言学专业硕博连读，2004 年—2007 年师从李宇明教授攻读博士学位。目前已出版专著 5 部；发表包括 SSCI 专业期刊在内的学术论文 60 余篇；主持中外合作科研项目 1 项、国家社科基金项目 2 项及省部级项目 4 项。

**指导学生情况**

指导国际中文教育专业博士生 1 届，合计 2 人；指导汉语国际教育中外硕士生 14 届，合计 36 人。2013 级硕士生杨紫静和 2014 级硕士生张英的硕士学位论文被评为校级优秀论文；2023 级缅甸硕士生江丽航现任缅甸国际教育中心教务主任，主持日常教学工作。

2006 年 7 月，于开封山陕甘会馆留影
（左起：娄开阳、李宇明）

# “惧闲聊斋”与“聚贤聊斋”

郑梦娟

2003年9月20日，对我而言是非常难忘的一天，也是改变我命运的一个关键节点。

这一天，我第一次正式拜见了仰慕已久的李宇明先生。当天上午，在武汉市汉口新江滩公园，宇明先生作为教育部语言文字信息管理司司长出席了第六届全国推广普通话宣传周的闭幕式。活动结束后的傍晚，武汉市语委安排大家登上观光船，游览长江美景，我也才找到机会向先生汇报自己攻读博士生的计划。

此前，2002年，我曾在湖北省普通话水平测试员的一次集训会上聆听过先生的报告。他鞭辟入里又不失幽默的话语风格，让全场测试员一下子“由路人转粉”，包括我在内。那会儿我是武汉大学研二的学生，也是江汉大学的老师。导师冯学锋先生勉励我们几位同学考博，虽然我知道，想报考宇明先生博士的学生很多，但我还是怯生生报出了宇明先生的名字。所幸的是，学锋先生并没有给不知天高地厚的我泼冷水，而是一边督促我撰写论文，一边通过邮件热心地向宇明先生推荐我这个考生。

时间一晃就到了2003年9月开学之初，从学锋先生那里得知宇明先生将到武汉。因此，当天一大早我就从武大赶到江滩公园，但等了一天，才瞅到机会与先生正式见面。然而，这十几个小时的现场等待和一刻钟的交谈，却改变了我的一生——先生平易近人的风格、醍醐灌顶的提点，让我有了破釜沉舟也要报考博士生的决心。

2004年9月，经过不懈苦读，在学锋先生、宇明先生的鼓励和支持下，我如愿以偿地进入中国传媒大学攻读博士，并幸运地成为“聚贤聊斋”的一员，开启了一段崭新的人生之旅、学术之旅、工作之旅。

## “聚贤聊斋”何以得名？

在参加学术研讨会时，常有同行好奇地问我：“你们‘李门’学生也有自己的名号——‘聚贤聊斋’，对吗？”确实，早在2005年，“李门”弟子就“自我冠名”了，现在想起来，不得不佩服宇明先生18年前的远见。先生就是先生！

2004年9月，我荣幸地拜入师门。那时先生除了担任教育部语言文字信息管理司司长，还兼任南开大学、中国社会科学院语言研究所、中国传媒大学等单位的兼职教授，政务、学务缠身，非常繁忙，就连书斋也以“惧闲聊斋”为名。2005年的春季学期，先生首次在中国传媒大学开讲（开课），对青年学子们而言，这无疑是一次大大的学术“福利”。

平日宽敞、舒朗的教室一下子变得拥挤起来，因为不仅本校本专业各年级的博士生、硕士生都来听课，就连南开大学、社科院等院校的多位同门也来“蹭课”。先生总是妙语解颐，举重若轻，而大多数听课的同学也和我一样，很少在课上主动发言或提问，因为一边得忙着紧张地埋头记笔记，一边得让脑子飞速运转，课堂的信息量太大，一次课可以概括出十来个“语义地图”。

每次下课后，“李门”弟子都采用AA制的方式请先生一起吃饭。有一次课后聚餐，听说我们还没有一个自己的在线学术交流平台，先生建议大家申请一个，方便研讨，我提议以“聚贤聊斋”为名。因此，2005年5月24日，在先生生日前夕，作为“李门”弟子学术交流平台的“聚贤聊斋”终于在网络平台“China Ren”上开张了。“聚贤聊斋”谐先生的书斋“惧闲聊斋”之音，就是想让我们每位弟子都能牢记师训、互勉共进。自此以后，这个名称也成为“李门”弟子学术群体的一个重要“标签”。

除了在线交流，每年先生生日或教师节前后，都是“聚贤聊斋”最快乐的日子——京津的弟子可以与先生、师母白丰兰女士一起团聚，而京外的弟子则通过同门撰写的新闻稿来感受现场的“盛况”。每次团聚的仪式感都满满的，大家的精气神也足足的。经过几年的实践和酝酿，“聚贤聊斋语学论坛”从2010年开始，每年都定期举行。

如今，“聚贤聊斋”已走过18个年头，“李门”弟子也已达100多人，包括先生指导的硕士、博士、访问学者、博士后。这么多学生，先生每年几乎要指导5位左右，即使在他担任教育部语信司司长的12年间也未间断过。更为可贵的是，先生从不言工作之重、任务之艰，而是乐此不疲、亹亹不倦。虽然平台已从“China Ren”先后变更为QQ群、微信群，但“聚贤聊斋”已成为名副其实的“聚贤”之所。

2005年6月1日，适值李宇明先生五十岁生日之际，在陈前瑞、何婷婷、高晓芳、邹玉华等几位师兄师姐的倡导、策划之下，“李门”在京的16位弟子与李先生及其家人，在湘鄂情饭店举行了小型庆祝活动，当时的情景至今历历在目。

前瑞大师兄作为主持，以先生在生活工作中扮演的四个重要角色为脉络，简明扼要地回顾了先生的前半生和重要的学术贡献。首先，先生作为丈夫，与白老师患难与共二十年，相敬如宾、相濡以沫，堪称模范家庭，老师还曾于1996年被授予“全国优秀家长”称号。其次，先生作为父亲，教女有方，女儿李纤勤奋好学、热心助人，那会儿已是北大医学院二年级的学生，并担任了班长一职。再次，作为学者，虽有照顾妻子、躬身勤政等重压，但先生并未在学术道路上止步不前。先生 2000 年迁任教育部之前，在儿童语言研究、现代汉语语法等领域均有专著和论文集出版，总字数超过 300 万。担任教育部语言文字信息管理司司长以后，先生仍笔耕不辍、硕果累累，其新著《中国语言规划论》就是先生又一段心路历程的"记录"。最后，先生作为导师，诲人不倦，门下弟子已 30 余人，弟子们也捷报频传。

婷婷大师姐是国内专门为中文信息处理研究培养的、有计算机硕士学位的第一位语言学博士。师姐"现身说法"，介绍早在 20 世纪 90 年代末，先生就率先在学界呼吁尽快展开语言学科和计算机学科的交叉研究，培养既懂计算机、又懂语言学的复合型人才，可以说先生在学科建设方面很早就高瞻远瞩。

弟子们虽然来自天南地北，又在多家单位工作或学习，但在大师兄和大师姐的带动下，也通过介绍自己跟随先生学习后的感悟或近期的生活、学业情况，很快就熟络起来。

大家为先生五十岁生日精心准备的两件礼物颇有深意，一件是古铜质地的镇尺"蝉卧竹节"，借虞世南《蝉》里的"居高声自远，非是藉秋风"，赞誉先生高洁的品格；另一件是几近二尺的羊毫毛笔一支，意指先生的才华就如杜甫《饮中八仙歌》描述的"挥毫落纸如云烟""高谈雄辩惊四筵"。

在活动结束时刻，前瑞师兄号召"李门"弟子携手共进，以"尊师""重友""求真"为共同的价值追求。"尊师"，除了传统的尊崇方式以外，还应以自己的言行和学术成就维护恩师的声誉。"重友"，体现为互相帮助、友爱谦让。"求真"，表现为不懈地追求卓见真理！

我的第一篇写得比较有深度的社会语言学论文《当代商业店名的社会语言学分析》(2006)，就是在听完先生讲课之后写的课程作业。当时先生给了 90 多分，让原本惴惴不安的我一下子信心陡增，之后投给《语言文字应用》又得到审稿专家的一些意见，终于发表。后来我能进入中国人民大学师从贺阳先生做博士后，以及博士后出站报告《汉语与英语第二语言教材个案对比研究：以〈剑桥国际英语教程〉和〈新实用汉语课本〉为例》能于 2018 年出版，乃至目前我特别关注的汉英二语教材的对比研究，都得益于先生指导我完成的博士论文《论 19 世纪上半叶英国汉语语法研究》。

今年是我进入"李门"的第 20 个年头，时光荏苒，我也成了一位"老学生"。虽然先生在学术上的建树是我永远无法企及的。但作为一名老师，一名学者，一名硕士生导师，我也时常效仿先生，将"求真""尊师""重友"作为人生第一要义，用豁达、仁慈的胸怀去包容身边的人和事。

# “惧闲聊斋”背后是一位怎样的女性？

《尔雅·释地》云：“南方有比翼鸟焉，不比不飞，其名谓之鹣鹣。”因此，比翼鸟常被用来比喻夫妻恩爱、形影不离。很多人都读过先生和师母感人的爱情故事，也有很多人知道先生经常称师母为“李门”的“政委”。然而，很多人不知，白老师看似“普通”“柔弱”，实则兰心蕙质，坚毅又善解人意。白老师因长期忍受类风湿等病痛，不仅行动不便，而且手部关节严重变形，即便如此，她在电脑和手机上打字的速度竟然一点也不比常人慢。仅凭这一点，她就是一个创造医学奇迹的人！

良好“家风”的养成，与先生和师母风雨与共、言传身教不无关系，亦与师母开阔的视野、豁达的心胸密切相关。白老师在这个家中所扮演的角色，可谓举足轻重。如果不是我亲眼所见，我很难相信，会有白老师这般身体羸弱、屡遭磨难却始终从容达观、笑对人生的女性存在于现实生活当中。白老师不仅才思敏捷，记忆力超群，每每说起往事，她都能精准地说出哪年哪月和一些细节，好似脑子里有一个布局绵密的数据库，让我叹服不已。

白老师和先生患难与共40年，比翼双飞，堪称神仙眷侣。白老师不仅是先生每篇文章的第一读者，而且早年身体尚可时，在20世纪90年代就与先生合著了《父母语言艺术》(1991)，并在《演讲与口才》上联合发表了《父母的问话艺术》等系列文章。2019年先生出版的《人生初年——一名中国女孩的语言日志》一书，白老师也倾注了无数的心血。在我眼里，如果不是被病痛所耽误，白老师一定也是一位闻名遐迩、独具魅力的语言学家。

白老师每次出现在大家面前，都人淡如兰、从容优雅，有着超乎常人的智慧和定力。但凡先生的好友或“李门”弟子从外地来京，想去看望先生又无法见到先生时，总是能从白老师周详、得体的接待中感受到温馨。弟子们遇到恋爱、家庭方面的难题，或有关孩子教育方面的问题，也时常找白老师吐露心声、求教取经。白老师更是我们很多女弟子人生道路上的一盏启明灯，她用亲身经历向我们证实，自信、自强、仁爱、善良是最美丽、最值得尊敬的女性必有的品格和情操。

曾经以为，先生这样的身份就不需要指导外国留学生了，因为在一位留学生身上所花费的气力可能相当于指导两三位中国学生。然而，先生到北京语言大学工作后，却指导了多名留学生。如今，这些“洋弟子”已在各自国家的语言规划学或语言教学领域崭露头角，成为知华友华甚至爱华的国际学者，有的还成为所在国政府官员。先生不仅在学术上对“洋弟子”就像对待“土弟子”一样指导，同时也非常关心他们的生活。

2016年春暖花开时节，先生没有时间和“洋弟子”们逐一谈心，于是委托姚敏、刘昌华和我，陪同白老师和几位洋弟子一起去春游。活动选在 2016 年 4 月 2 日，地点是圆明园，参加的“洋弟子”包括在读的 6 名博士生——越南的阮秋姮、陈芳莲，吉尔吉斯斯坦的阿依古丽，缅甸的傅玉金，喀麦隆的杜迪，刚果（布）的木卡拉。北京高校师生的“内卷”是出了名的，而这一次逛“万园之园”，大家的欢歌笑语与草长莺飞的春光交互辉映，所有人都放松了下来。闲庭信步之间，几位外国同门不仅感受到了大自然的万千春意、中国社会的百年巨变，同时也通过师母感受到先生的关爱，通过中国同门感受到普通中国学人的友情。

## 惧闲又聚贤的“聊斋”?

先生曾在《语言学习与教育》（2003 年）的后记中指出：科研意识是人最重要的一种素质，把科研与工作和生活密切结合，工作和生活就会充满新奇、创造、生气和活力。先生常常教导我们，人生之旅，无论何时、何处、何职，都不能忘记“民族之根”“平民之根”“学术之根”这三个人生之根本！在我看来，这不就是惧闲又聚贤“聊斋”的三根定海神针吗？加入“聚贤聊斋”的一批又一批的年轻人，不仅从先生和师母率先垂范的风骨、一语中的的分析中深刻领悟到为人为事、问道问学的真知灼见，而且在各自充满创新和生机的工作之旅、学术之旅、生活之旅中相互切磋、共同成长。

“惧闲聊斋”与“聚贤聊斋”之间是怎样的关系？我已经能够深切体会到：先生和师母胸有丘壑、怀瑾握瑜，弟子亦须心存山河、嘉言懿行。先生一直以来提倡“把科研与工作和生活密切结合”，星霜荏苒，如今“聚贤聊斋”的成长就是他践行这句理念的一个最好注解。

西晋陆云在《寒蝉赋》中总结蝉有五德：“夫头上有緌，则其文也；含气饮露，则其清也；黍稷不享，则其廉也；处不巢居，则其俭也；应候守节，则其信也。”借以喻示君子五德——文、清、廉、俭、信。回味此赋，岂不正好映照了先生的品格和境界？

先生之文，通透精辟；先生之清，廉明自律；先生之信，务实笃诚；先生之爱，博大沉深！

**作者简介**

郑梦娟，中国人民大学国际文化交流学院副教授，硕士生导师，苏州校区汉语国际教育硕士专业课程负责人。兼任中国社会语言学会理事。曾在美国马里兰大学公派访学，在比利时荷语布鲁塞尔自由大学孔子学院担任公派汉语教师。2001 年—2004 年在武汉大学语言学及应用语言学专业攻读硕士研究生，获文学硕士学位。2004 年—2007 年在中国传媒大学语言学及应用语言学专业师从李宇明教授攻读博士研究生，获文学博士学位。研究兴趣为国际中文教育、海外汉学、社会语言学、语言规划。主持或参与过十多项省部级科研课题，目前主持国际中文教育研究中外联合专项课题“中英文二语教材文化话语呈现策略及效果对比分析”。著有 2 本专著，并在《世界汉语教学》《语言文字应用》《光明日报》《中国社会科学报》等期刊报纸、《中国语言生活状况报告》等系列报告上发表论文 40 余篇。指导硕士生参加“2023‘汉教英雄会’”全国总交流活动、“2023 年江苏省研究生科研创新实践大赛”并获一等奖等多个奖项。

**指导学生情况**

截至 2024 年 1 月，指导语言学及应用语言学硕士生、汉语国际教育专业硕士生共 40 多名。其中，3 名毕业生考上了博士生。另外，共指导了 6 名本科生，其中韩国学生和中国学生各 3 名。

2007 年 6 月 1 日，在博士论文答辩会上合影
（前排：李宇明，后排左起：娄开阳、司红霞、李艳华、郑梦娟）

# 人生与灵魂的雕刻师

贾红霞

人生就像一尊轮廓和细节逐渐清晰的雕塑，如果说父母是雕塑初始形态的孕育者，那么导师便是雕塑成型成态的镌刻者。李宇明先生正是以自己的言传身教，在家国责任、学品学识、育人智慧等各方面琢磨和雕饰着我的人生，使我能在情怀和学术的底蕴中不随波逐流，有底气地立于世间。

## 令人感恩的师生之缘

1999 年 9 月，我考进华中师范大学攻读汉语言文字学硕士学位。从这里开始，我与生命中最值得感恩的李老师相遇。与李老师的相遇是未识其人，先闻其事。凡是进入语言学研究领域，进入华师这座语言学研究圣殿的人，很快就会知道李老师的事迹。李老师对师母的不离不弃，与师母的伉俪情深，家庭与学术的完美融合在校园里传为佳话，广为传颂。还未真正认识李老师，就已经对这个“大写的人”心生敬意。

2000 年李老师为研究生开设了“儿童语言研究”课程，那是第一次近距离与李老师接触。至今那个场景还历历在目，想起来非常温暖：春日的阳光从窗外折射进来，老师没有讲稿，娓娓道来，各种儿童语言研究前沿观点信手拈来，我如同听故事般奋笔疾书。听的时候感觉似乎抓不住老师的思路，只想把这些有趣的东西先记录下来，然而当课后整理笔记时，却惊讶地发现老师的内容极具逻辑性和启发性，不由得更加佩服老师思维的敏捷和缜密。现在想来，那个如此记忆犹新的场景，便也是我后来师从李老师研究儿童语言学的缘起吧。

2005 年我考进中国社会科学院攻读博士学位，与老师缔结正式的师生之缘，至今已有十八年余。十八年来，李老师似乎就是我学术、生活和工作的灯塔，人生的每一个拐弯处都会受到老师思想的影响，而每当我遵从老师的哲理选择路线拐过弯来，遇到的竟都是柳暗花明。在学术研究遇到瓶颈时，老师说“尊重事实，实事求是，科学研究不强求规律”，让我醍醐灌顶，不会做出歪曲事实有违科学精神的结论。在为工作琐事烦躁迷茫的时候，老师说“学术才是底气，只有学术才能陪伴一生”，使我能在浮躁繁杂的氛围中找到静心的良药，没有迷失方向。在身不由己陷于利益纷争的时候，老师说“清者自清，强大自己才是王道”，使我茅塞顿开，不至于被他人裹挟。老师言行对我的影响早已深入骨髓，我也经常用老师的金句去帮助身边的同事朋友解决迷茫，他们也总是有云开月明之感，每每报我以羡慕之情。一位朋友曾戏言：你拜的老师可太值了，简直就是终身售后服务啊。是啊，人生能得如李老师般经师人师的典范，我深深地感恩命运对我的垂青。

## 令人动容的家国情怀

2023 年 7 月 1 日中国科学院大学毕业典礼上，校长周琪在致辞中提到导师黄令仪的事迹时哭了。他说：每次想到黄老师说过的“我这辈子最大的心愿就是匍匐在地，擦干祖国身上的耻辱”这句话，我都泪流满面。看到这个新闻，我也泪流满面。因为这句话是如此的熟悉，如此的刻骨铭心，李老师也流着泪说过同样的话。2015 年教师节师门学术聚会，我第一次也是唯一的一次看到李老师流泪，他擦着眼泪说：“我一想到祖国的强盛还任重道远，一想到祖国因为科技落后受到的耻辱就忍不住……希望大家明白自己肩上的重任，每个人对祖国兴衰都责无旁贷。”这是对祖国怀有多么深沉厚重的热爱，才会有如此令人动容的家国情怀。

老师的家国情怀体现在他的每一篇文章和每一个字中，即使是学术论文，也能读到其中充盈着的对国家和人类的深切关怀，视野恢宏，深谋远虑，让人深受感染。老师语言研究的核心理念是“构建和谐语言生活”，他关注国家和人类语言生活的方方面面，包括语言与文化、语言与经济，语言与教育、语言与技术等方面，涉及国际语言传播、国家语言能力、城市语言规划、应急语言服务等与国家发展密切相关的所有课题。在老师的影响下，我也开始思考学前儿童语言习得和学前教育与国家发展的关系，写了《培育经济困难儿童反贫自省意识》《构建符合中国儿童发展的语言指标》《乡村振兴视域下农村学前儿童家庭教育实践路径》等文章，将研究视野立足于国家发展的切实需求，践行老师“我们只有把自己的命运和国家、民族、人类命运结合起来才有价值”的思想。

## 令人钦佩的学品学识

2012 年 4 月，李老师调离教育部，教育部领导高度评价先生为“中国儿童语言学的首倡，中国语法学的主将，中国现代语言规划学的主要推动者和领跑者”。老师一直用学术的方式在工作，在生活，将工作、生活与学术进行完美的融合并至巅峰。20 世纪 80 年代，李老师为了能兼顾生病的师母和年幼的女儿，选择开垦“儿童语言习得”这块学术荒地，在培养了一位优秀女儿的同时，还写出了我国儿童语言研究的里程碑著作《儿童语言的发展》，至今这本书仍是儿童语言习得研究者无法绕过的经典著作。老师在语法研究方面也深得邢福义先生真传，研究课题的选择经常独树一帜，论证思路经常独辟蹊径，研究结论经常历久弥新。老师语言规划学的研究缘起于教育部语言文字信息管理司的工作，来源于对国家语言文字生活和发展全面而深刻的思考。“用学术的眼光和视野对待工作和生活”使学术犹如有源之水汩汩流动，鲜活实用，使工作和生活犹如正道之车，永远不会偏离航向。

老师的这种学术观和生活工作观也深深地影响了我。女儿出生的时候，我需要同时胜任三种角色：母亲、学生和教师。我也选择了“儿童语言习得”作为研究领域，用学术来武装这三种角色。作为母亲，记录女儿语言发展语料的过程，不仅使我留下了女儿成长最珍贵的印记，也使我在其中感受到了温情的亲子互动，更在其中以学术之理反思和改进育儿之道。作为学生，以身为人母的深沉情感作为支撑，在论文的投入上必定更为专情和细腻。作为教师，将亲历和反刍的育儿之道化为课程，必定会因为来自心底的热爱而在讲台上闪闪发光。事实证明，我的选择让我受益无穷，我也养育了一位让我骄傲的孩子，写出了老师比较满意的博士论文，获得了“北京市高等学校教学名师”的荣誉称号。

## 令人叹服的育人智慧

2005 年 9 月我初入师门，邮箱里收到师姐发来的“李门”师训：不与学生合写文章，不写与人商榷的文章，博士论文不满意不答辩。其中“不与学生合写文章”正是李老师抵制“导师只挂名”的学术不正之风之举。因此，除非是真正的合作，李老师从来没有用过学生论文增加自己的研究量，学生也从来没有靠挂导师之名长论文气势去发表文章。

直到 2021 年 7 月，我与老师讨论到人口语言学问题，老师提出了很多真知灼见，让我将讨论的观点形成文章。我才在入师门 16 年后，真正与老师合写了一篇文章《中国家庭结构与儿童语言发展》。这篇文章是跟老师一起经过初稿讨论、初稿删减增补、立意提升，标题商定、语言润色、参考文献精选等过程而成就的。在这个过程中，我更加真真切切地体味到了李老师严谨的治学精神和深厚的学术功底。老师所告诫的“使用言简意赅、地道中文的标题”“要学会把很深的东西说得很明白”“科学道路是崎岖的”“不能让责编把文章改得一片红”等治学理念和态度，将是我终身受益的学术宝藏，敦促我继续做出严谨踏实的研究。

李老师在回忆邢福义老师时曾说过：“人的一生遇上一位好老师是一辈子的幸运。经师易得，人师难求。我爱真理，但我更爱我的老师。”我也是一样，我由衷地感恩命运让我遇到一位好老师，遇到一位经师人师的典范。吾爱真理更爱吾师。

## 作者简介

贾红霞，北京开放大学教授，北京市第十五届高等学校教学名师，国家开放大学优秀教师。1999年—2002年在华中师范大学汉语言文字学专业攻读硕士研究生，获文学硕士学位。2005年—2009年在中国社会科学院研究生院语言学及应用语言学专业师从李宇明教授攻读博士研究生，获文学博士学位。研究兴趣主要为儿童语言习得及儿童语言家庭教育。主持北京市社会科学基金项目“儿童空间范畴表达发展的跨语言研究”，参与国家社会科学基金重点项目及国家“973”项目。出版专著《儿童早期空间范畴表达的发展》，主编的《言语交际学》被评为北京市高等教育精品教材。曾在《中国教育报》《世界汉语教学》《语言文字应用》等报刊上发表论文。

2007年9月8日，在“聚贤聊斋”教师节聚会时合影

（左起：贾红霞、白丰兰、李宇明、刘贤俊）

# 难忘师恩

吕　禾

老师说过“人生旅程是一条单行线，停不下来，倒不了车，调不了头，但是可以记录，可以追忆，更应珍惜，更应回味”。老师还说“学缘近乎血缘”。这是多么饱含深情的话！老师的教导与指引，同门的帮助与支持，是我最宝贵的人生财富。我常想自己何德何能，能有这么好的老师。师恩永难忘！

## 与老师的两次初见

现在回想起来，距离与李老师的初次见面已经过去了 20 年。

2004 年春天，那时我在黑龙江大学参加工作不到两年的时间，当时单位邀请了李老师和苏金智老师来校做学术报告，内容与国家语言政策和语言规划相关。这是我从没接触过的领域，老师学识渊博、视野开阔，讲述深入浅出，我印象很深。

第二次见到李老师是在 2004 年 10 月。当时第四届全国社会语言学学术研讨会在北京举办。这次会议是由教育部语言文字应用研究所主办，中国传媒大学参与合办，黑龙江大学参与协办的一次盛会。在会议的茶歇阶段，我的硕士研究生导师邹韶华教授向李老师介绍了我这个第一次参加大型学术会议的小萌新。这应该是在李老师印象中和我的第一次见面。

作为需要继续深造的新入职高校教师，2005 年我选择报考中国传媒大学李老师的应用语言学的历史及理论方向的博士生。我现在想想当时真的是年轻啊，胆子可真大。换作是现在的我，肯定没有这份勇气与胆量了。我很感谢当时的我，正是这个决定让我后来有机会进入“李门”，成为“聚贤聊斋”群里的一员。

## 学业上引领　生活中关爱

我是如此幸运，2005 年秋，我进入中国传媒大学（简称中传）师从李老师攻读博士学位。在中传脱产学习修满课程学分之后，我回到原单位一边工作，一边准备论文。

由于我不在北京，单位和家里诸事繁杂，和老师多是通过电子邮件和电话沟通。我当时被调换了教研室，需要同时开设几门全新的课程，孩子很小，没有亲属帮忙，家里各种花销陡增，我感觉自己焦头烂额，生活工作一团糟。论文的进展非常缓慢，甚至有相当长的时间论文没有任何进展，我向研究生院递交了延期申请。记得有一次老师给我打电话，孩子因为被我爱人抱到别的房间而哇哇大哭。我几乎听不清老师和我说了什么，我特别惭愧，同时也很无助，模模糊糊地只记得老师说了些鼓励的话语，给了我很多安慰。

有一次，我把论文的一个章节约几千字的初稿用电子邮件发给了老师。老师很快给我回复了邮件，进行了精心指导，还把我的稿子转发给了同门们，鼓励了我，让大家也多帮我参谋参谋，如果有相关的资料要记得给我一份。其实，当时我写的初稿并不精彩，论证得也不够充分和深入，是老师的指导和及时鼓励增添了我的信心。

老师每天工作那么忙，回复邮件的时间经常是深夜甚至凌晨。作为弟子，常为自己没有那么优秀深感愧疚，可老师却从未嫌弃不很聪明又常常懈怠的我。在我毕业的时候，李老师特意邀请了中传的很多老师聚在一起，还有我在中传的师兄师姐和其他在京的同门。老师几次感谢中国传媒大学对他的学生的培养、帮助与关怀，字字句句情真意切。在那个晚上，在那个场合，我的眼泪怎么也控制不住，哭了好几次。有时告诉自己，不能再哭了，可我的眼泪还是不知不觉地就流了满脸。如果没有老师的指导与帮助、关心与爱护、宽容与鞭策，我是坚持不下来的。

## “聚贤聊斋”的故事，线上与线下同样精彩

老师和同门们经常参加各种学术研讨，“李门”内部也会有一些活动。虽然我很少参加，但会关注“李门”“聚贤聊斋”群里的消息，远程学习。一些年轻的师弟师妹我不太熟悉，但看到老师和同门兄弟姐妹们的合影，看到大家灿烂的笑容，真为大家高兴，也真的很羡慕。老师在群里的留言总是内容与形式俱美，同门们也都才华横溢，很多都会写诗，还能与老师诗词唱和。我没有这方面的积淀，也没有生花妙笔，每每在群里“说话”之前，总是犹犹豫豫，觉得自己又要露怯，有时甚至要查一下字典。

2020—2022年我在线上参加了老师主讲的《语言的经济属性问题》《乡村振兴中的语言问题》《语言学要关心语言生活》《“中文＋X”与专门用途中文教育的发展》《普通话的推广方针研究》等多次主题讲座。听到老师那非常有特点的声音，我觉得特别亲切，仿佛回到了十几年前在北京求学的时光。有时候我还会想，老师虽然很忙，但也许偶尔能在腾讯会议参会人员的昵称中看到我的名字呢。特别是2022年的秋天，老师的《语言学十讲》也面向我们已毕业的“老生”开放听课权限，只要和我自己单位主讲课程时间不冲突，我都会按时上课，这真

是一种幸福的感觉！

最难忘的就是2019年7月中旬，李老师接受哈尔滨工业大学的邀请，在16日和17日上午各进行一场语言学的专题讲座。知道老师要来哈尔滨，我特别高兴，和师兄李君一起去听老师的讲座。《国家的语言能力和公民的语言能力》《世界知识的中文表达问题》两场讲座非常成功，老师回答学生提问的环节更是精彩。16日下午，我和李君师兄陪着老师还有刘柳师妹去了哈尔滨最负有盛名的太阳岛。在松花江的游船上，江风凉爽，我们听着“我们来到了太阳岛上”的老歌；在太阳瀑前，我们和老师开心合影；老师还是很喜欢拍云彩，总是能有新发现新哲思。和老师一起，和师兄妹一起，边走边聊，从家中琐事到学术热点，我体会到了在京同门能经常陪在老师身边的幸福感。虽然已经几年没见过面，但师生的情谊是那样自然而然，是那样亲切！老师还写了一首五律《太阳岛》，我常常觉得，老师是被语言学“耽误”了的文学家。又或许，并没有“耽误”，是语言与文学齐飞，学术共文采一色！

## 五律·太阳岛

与吕禾、刘柳、李君夫妇游太阳岛。听老曲，坐游船，赏瀑布，观天鹅。放松身心，亲近自然，师徒感情也亲近起来。

旖旎太阳岛，师徒信步游。
祥云囊彩日，老曲唱新愁。
瀑布飞仙影，夏浪放轻舟。
人谋一世旧，学贵四时储。

2019年7月16日

吾爱吾师！

**作者简介**

吕禾，黑龙江大学文学院讲师，硕士生导师。1999年—2002年在黑龙江大学汉语言文字学专业攻读硕士研究生，获文学硕士学位。2005年—2013年在中国传媒大学语言学及应用语言学专业师从李宇明教授攻读博士研究生，获文学博士学位。黑龙江省语言学会会员，省级普通话水平测试员。研究兴趣为国际中文教育的理论及实践、社会语言学等。主要讲授“汉语语法与修辞”“现代汉语规范研究”“对外汉语文字教学研究”等多门本科及硕士研究生课程。主持并完成校级、省级科研及教改课题多项，参与教育部、国家语委等多项课题的研究。在《黑龙江社会科学》《世界华文教育》等专业期刊上发表学术论文多篇。获黑龙江省高等教育学会第二十一次优秀高等教育研究成果二等奖。

## 指导学生情况

已指导汉语国际教育专业学位硕士研究生33人。

2019年7月，在李老师赴哈尔滨期间合影

（左起：李君、李宇明、吕禾、刘柳）

# 人生路上引路人

苏小妹

前些日子，和王红旗老师及其他两位中文系的老师一起吃饭。席间提到李宇明老师，王老师同我说："贵导师是个了不起的人，人品好，学问也做得好。他的很多文章我反反复复看了好几遍，写得真是漂亮！"我回答道："是的。在我心中，李老师是个完美的人。"我说的是真心话。大部分人在与他人交往时，因为接触不多，看到的往往只是一个侧面；可是作为李老师的学生，我跟随老师将近二十年了，从求学到工作，从学生到教师队伍中的一员，这么漫长的岁月里，我有很多的机会可以从不同的角度来了解李老师。我看到的是一个温厚的长者、一个严谨的学者、一个体贴的丈夫、一个慈爱的父亲。

## 心系国家　笔耕不辍

跟随老师这么多年，体会最深的就是他的家国情怀。无论什么时候，他都心系语言学，关心着中国语言学事业的发展，他是真正以语言学为己任的。也正是因为他对语言学的热爱，使得老师的工作量是常人的数倍。我在读博期间，李老师担任语言文字信息管理司司长一职，除了授课和论文指导，我们想见导师是很难的，春节期间想要给老师拜年都被视为"异想天开"。周末、寒暑假都是他的工作时间。作为政府官员，他白天需要处理许多烦琐冗杂的事务，晚上回到家里，那些众人视为理所当然的休闲时光都被他仔细"收藏"起来，成为埋首书斋、研究语言现象的阵地。那些年，李老师总是自嘲欠下了不少"文债"，但其实他的很多重要论著都是在那段时间完成的，比如《中国语言规划论》《中国语言规划续论》《中国语言规划三论》等等。"文债"于他，就像是战场上的鼓声，让他夙夜辛劳，却又乐在其中。

这些年，李老师渐渐地上了年纪，可是学术的步履却越发加快了。师门的群里常常能见到老师最新刊发或者即将刊发的文章，重要的学术会议上总能看到他那不知疲惫的身影。而那些文字和言语的背后更能感受到他对祖国、对社会的深情与责任。2020 年新冠肺炎疫情肆虐，武汉"封城"。武汉是方言区，驰援武汉的各地医疗队都面临着语言沟通的问题。作为知名语言学者，老师率先发出倡议，并于最短时间内迅速组织了一支“战疫语言服务”小分队，所有成员日夜兼程，仅用3天左右的时间就研发出包括微信版、网络版在内7种形式的《抗击疫情湖北方言通》，在疫情最严重时期，对保障信息畅通贡献了语言学人的最大力量。如果没有对祖国的热爱，如果不是把国家的需要作为自身的动力，怎么会不顾年高与辛劳，即使不眠不休也要加入这场没有硝烟的战争中？

## 伉俪情深　体贴入微

我的师母白丰兰老师二十多岁时罹患了重病。从照片上我见到过她青春飞扬的样子，就如同春风中盛开的白玉兰，鲜润、饱满。可是就在最美好的年华里，命运和师母开了一个残酷的玩笑，让她在此后几十年的岁月中始终与轮椅为伴。我无法想象师母的心路历程，无从体会她所经历的种种痛苦，但是她的坚强会让我在想到她时心口发疼。还好，她一直有李老师的陪伴！我见过李老师推着轮椅上的白老师在夕阳下散步的样子；也看到过李老师在师母疲惫时轻抚她的头发，劝她去休息时的体贴；我更能感受到白老师多次面临手术时李老师的焦灼与心痛。如果你问我这世间医治病痛最好的药是什么？我会说，那是爱呀！爱的陪伴才能让我们抵御人世间风风雨雨。

“李门”的弟子都知道这样一条规矩：学习上有困难找导师，生活上有困难找白老师。这固然是因为李老师工作繁忙，没有太多时间可以关心弟子们的日常生活，但另一方面我想白老师也是希望以这种方式来体贴李老师。师母常年自己在家，经常为病痛所折磨，但她仍然希望尽一己之力来帮助更多的人，于是照顾李老师的学生就成了她义不容辞的责任。这些年白老师如同慈母一般关照着“李门”的每一个学生，与我们同忧同喜，同笑同啼，她分享我们的快乐，分担我们的忧愁，为我们指点迷津、排忧解难，我想在内心深处她已经把我们当成了她自己的孩子，而我们也真正把她当成了“白妈妈”，很多生活的小秘密都愿意向她倾吐。我见到的师母永远是阳光的，也许正因为有这么多的孩子，她的内心才更充盈和满足。

## 春风化雨　润物无声

作为李老师的学生，我受过老师许多的教诲，其中有三点印象尤为深刻：一是学术研究须求新；二是学术研究要严谨；三是要建立自己的学术根据地。我的博士论文题目原本是“现代汉语情态动词研究”，李老师认为前人对于情态动词的研究已经很充分，仅仅做本体研究，很难有所创新，于是他建议我立足立法语言，对大陆、台湾、香港、澳门四地立法条文中的情态动词进行比较研究，使得我的研究在短期内有了很大的进展；在文献整理过程中，李老师嘱咐我，文献来源要清楚，出处不明的地方务必再三求证；另外，在具备一定科研能力的前提下，应该主动建立自己的学术根据地，向一个方向深耕，才能有所成就。老师的这些教诲都是我学习生涯中的宝贵财富。

其实李老师对学生的关怀并不止于学术上的培养，还包括为人处世上的磨炼。有些事情，现在回想起来我觉得很尴尬，但也深深感谢老师对我的包容。李老师只要来天津，重要的场合一定会带上我和英姿。我知道，他的时间有限，难得有机会和自己的学生单独相聚；同时他也希望能尽量给我们创造和不同学者交流的机会，让我们能从中汲取更多的养分。令我沮丧的是，有时因为我的畏怯，最初给导师制造了不少麻烦。有一次晚宴上在我身边就座的是商务印书馆的周洪波老师，因为是第一次见面，加上过于紧张，以至于全程我都找不出一个话题来和周老师攀谈，作为晚辈，这是很失礼的。看着邻座们谈笑风生，我却一筹莫展，当时真是羞愧得无地自容。可是当我抬起头，发现李老师竟然望着我笑，就像父亲看着窘迫的女儿，眼神中没有丝毫的责怪，似乎是告诉我：不会聊天也不必勉强，慢慢来。他的笑容让我放松了许多，虽然仍旧是食不知味，但终于可以找到一个话题来化解一下当时的尴尬气氛。其实我的不善交际李老师心里是有数的，但是他从未因此责备过我，反而一次次地给我机会，让我逐渐克服自己的“短板”。经过许多年的历练，我已经能比较轻松自如地应付各种场合，这与李老师的循循善诱是分不开的。老师用自己的人生智慧帮我打开了生活的另一扇窗，看到了更多更美的风景。

## 慈父寄语　舐犊情深

最后我想说说李老师的女儿——李纤。纤纤出生的时候，师母已经生病了。李老师给孩子取名为“李纤”，他希望女儿能像长江三峡上的纤夫那样，即使面对风吹日晒、惊涛骇浪，仍然能奋力拼搏，拉着家庭的小船继续前行。这位长在长江边上的小“纤夫”，是在父母的殷殷期盼下成长的。她坐在父亲的膝头牙牙学语；在母亲的留声机里留下自己稚嫩的童音（白老师和李老师把纤纤学习语言的过程用录音机和纸笔完整地记录了下来）；幼小的她，背着小包，坐着绿皮火车，跟随着父亲参加了一个又一个的学术会议。在浓厚的学术氛围中，纤纤长成了亭亭玉立的大姑娘。她没有辜负父母的期望，从北京大学的本科一直读到博士，最后和自己的爱人一起去美国做了博士后。学成后又怀着报国的热忱带着自己的小家庭回到了祖国，成为首都医科大学最年轻的教授之一。

在纤纤的婚礼上，李老师挥毫写下了这样一首词：“我家有女天然成，几分调皮，十分聪颖，掌上明珠学中龙。今择吉日嫁亲生，几分酸楚，十分喜庆，心祝儿女万里程。”

这首词我只看过一遍，但是过目不忘。我一直以为，所谓的过目不忘，考验的并不是记诵人的记忆力，而是过目的文章能激发人深刻的情感共鸣。自小承欢膝下的女孩，是父亲的骄傲，也是他的希望。小女孩长大了，即将离开父母温暖的巢穴，去构筑自己的小巢。父亲心里有几多不舍，几多惦念，但是话到嘴边只剩下一句，“心祝儿女万里程”。这是天下父母对儿女的祝福，是他们共同的心声。私心以为，这也是李老师对所有学生的祝福。在学缘上，我们也是他的孩子，他盼着我们能展翅高飞。

人生很短，转瞬即逝；人生也很长，每一次前行，每一个拐角，都是考验。要想顺利地通过这些考验，需要努力，也需要运气。我很幸运，在这条路上遇见了李老师，他用自己的人生智慧培养着我、启迪着我、鼓励着我，让我能从容地应对生活和工作中的各种困难，他指引着我不断前行，老师就是我人生路上的引路人。

## 作者简介

苏小妹，南开大学汉语言文化学院副教授，硕士生导师。1998 年—2002 年就读于湖南师范大学国家文科基地，获文学学士学位。2002 年—2004 年在中国人民大学对外语言文化学院攻读硕士研究生，获文学硕士学位。2005 年—2008 年在南开大学师从李宇明教授攻读博士研究生，获文学博士学位。目前主要从事国际中文教育工作。出版学术专著 1 部，参编教材 1 部，发表论文 10 余篇。

## 指导学生情况

指导语言学及应用语言学专业、汉语国际教育专业研究生 8 人。

2015 年 9 月，在“聚贤聊斋”语学论坛上合影

（左起：李宇明、苏小妹）

# 向山之路　循迹而行

孙春颖

当收到该书文集的征稿启事时，我非常爽快地保证，定会按时交稿。

可是，每每坐下来准备动笔时，虽二十五载的往事历历在目，却不知该如何撷取。

恰有机会又回到离开了整整 20 年的桂子山，面对那句“抬头是山，路在脚下”，这一路上的一切终于清晰聚焦了。

## 追随：为儿童及其看护人

回想 23 年前执着地坐三十几个小时的硬座来到武汉，又在 5 年后辗转到北京求学，始终不断的是实现追随李老师研究儿童语言发展与儿童教育的梦想。

在我还是本科大四学生时，一次机缘让我有机会联系到李老师，确定做儿童语言研究的考研目标。此后，每次遇到问题鼓起勇气给李老师打电话，都能得到李老师耐心的解答。为了写毕业论文，我想去一所私立幼儿园做儿童语言调查，老师就指点我阅读《儿童语言发展》《汉族儿童问句系统习得探微》等书籍。考研“首战”失败，我下定决心准备“二战”，老师给予我极大鼓励……至今记忆犹新的是老师接电话时那亲切的声音。

当我终于如愿考入华中师大，老师却已调任北京。入学之初，有幸见到老师和师母，听师母讲述与老师共同记录冬冬日记的许多细节，让我坚定了做儿童语言研究的信念。2005 年，我终于在老师的鼓励下考上了他的博士研究生，入了师门。在博士选题时，我把儿童语言研究列为其中之一，不过因为那时自己还没有孩子，老师建议我改选其他题目。

后来，因为大儿子的语言发展迟缓和语言教育问题，我阅读了一些儿童心理和语言障碍有关的文献资料，也在儿子的成长中艰难实践着语言和心理发展迟缓儿童的特殊教育。当我形成课题申报文稿向老师汇报时，老师欣然同意我作为课题组成员，并对选题和内容给予了充分肯定。可惜那时我基础尚浅，实践经验尚少，未能持续开展有关研究。

二宝降生，我也终于有幸成为“为儿童及其看护人”团队的成员。这是一个不仅仅研究儿童语言自身发展规律的团队，更是关注儿童的社会发展、为儿童进行儿童语言学研究的团队。我深深感受到“惠及儿童”“为‘涉儿人群’提供儿童语言学支持”的使命，于是有了小文《多方合力助推语言学习与发展异常儿童家庭教育》，更下定决心继续在儿童语言研究之路上追随老师，希望能够在自己孩子的成长中积累如《人生初年》那样宝贵的资料、为更多特殊儿童家庭获得社会支持尽一点绵薄之力。

## 方向：大学，应该是出思想的地方

从桂子山回到芙蓉峰下，回想起老师的四次金华行，每一次都为我照亮了前路：2004 年，让我坚定了考博的步伐；2010 年，让我更加关注社会发展中的语言生活；2018 年，让我增强了做“语言生活派”的信念；2019 年，我的汉语国际教育之路有了更加清晰的方向。

记忆犹新的是 2019 年劳动节，那天真的成了老师劳动的日子。在参加了张先亮教授的结题鉴定会后，我们邀请老师与学院师生座谈。会议室坐得满满的，座谈期间每个人都极其认真地聆听着、记录着、思索着。

老师专门谈了新形势下汉语国际教育面临的问题及值得研究的课题。那时老师就已经在思考：“汉语正在进入世界第二外语的地位，汉语作为外语教育转向基础教育，我们该做些什么？现代教育技术迅速发展给外语教育带来了危机，线上线下、国内国外如何结合起来？我们该如何去改善教育和教学呢？中国和世界的关系非常微妙，汉语国际传播机构如何向其他先进的语言文化国际传播机构学习借鉴，加强供求双方联系？”由此，老师提出了汉语国际教育值得研究的七大选题：汉语作为第三语言的研究、服务基础教育的汉语教学、线上汉语教育、世界各国语言政策和语言状况、汉语作为外语的师范教育、教材编写、汉语学习和教学的动机。老师一一细述其价值所在，每个选题都饱含着老师对中文学习者汉语生活的深切关注。

这些选题也都成为我这些年努力的目标方向，指引我在非洲中文教育和语言服务之路上摸索前行，为面向非洲的汉语国际教育人才培养而开展教学改革、指导学生创新实践。如今，看到培养的非洲学生在自己国家的汉语教学和管理岗位上熠熠放光，看到汉语之花随着一批批志愿者的脚步深入非洲，我终于更加深刻地理解了老师当年的期望：“一是思考当下汉语国际教育会向何处走，二是好好理解‘教育’这个词，为人类教育和进步做出应有的贡献。”

## 情怀：家国、世界与整个人类未来

这些年来，老师的文章、讲座，有关的访谈、获得的荣誉，处处透射出老师的家国情怀和世界胸怀。传递给我们的，是语言学的责任和情怀。

2016年3月，我与徐丽华老师为了开展非洲语言政策课题研究，前往北京向老师咨询，在老师的办公室长谈了一个多小时。

老师深谙非洲大陆的发展历程，对非洲大陆的未来寄予深切期盼："五十年后，非洲应该放射光彩。"要研究非洲，就要着眼非洲现实，而非洲"最大问题是语言和文化，目前非洲语言的整合不理想"，"非洲如何摆脱目前的不团结是更重要的"。我们开展研究，"更重要的目标是如何帮助非洲发展其影响力"，"应是从帮助的角度出发，要有整个人类未来的观念"，"希望能够站在发展非洲的立场上做语言规划"。为此，老师指出：要用中国的理念指导对本土的研究，为非洲培养人才，包括对非洲精准了解的人、非洲国家自己的人才；要开展深度的、精准的国别研究，译介非洲研究成果，如非洲语言志、教育志等，呈现语言使用状况、发展状况，加强中非之间的联系；孔子学院应建立资料库，同职业技术教育结合，使语言教育逐渐向文化、知识教育转移；不要让教师和培养的学生只做我们所需要的论文，要让他们回去了之后成为对中国友好的非洲专家、非洲问题专家，成为世界上有影响的人。

这一席话，让我内心久久无法平静。此前，我在实践中逐渐感到发展非洲中文教育、培养中文人才是件有意义的事，觉得非洲的国情、语言政策、本土教师、学习者都是值得研究的，但尚未有清晰的思路。这一次，我终于锚定了非洲语言政策、非洲中文教育人才培养这两个重要方向，与学院同仁共同努力探索实践"6C'容·和'涉非汉语推广人才培养模式"和"汉语国际教育实践育人体系共同体"，真正把为了非洲发展、为了整个人类未来的种子埋在了心底。

2020年初，新冠肺炎疫情暴发之后，老师很快就组织起了一支应急语言服务队伍，先后推出了《抗击疫情湖北方言通》《疫情防控外语通》《疫情防控"简明汉语"》等成果。在《疫情防控外语通》首批成果推出后，老师单独推送给我，并希望我们在此基础上，翻译其他语种或扩大成果。在老师的鼓舞下，我们也组织中外师生加入这一行列，翻译了9种语言，其中就有非洲留学生、医生翻译的豪萨语、斯瓦希里语版本；所有外籍成员都无一例外地表示不要任何报酬，为自己能够投入这样的志愿活动而感到无比骄傲。那段时间，我们这支团队虽身在不同国度，却联系紧密，丝毫感受不到对疫情的恐惧，因为肩上是沉甸甸的责任。

多年来，我依然"怕老师"，每次跟老师联系仍然需要鼓足勇气。博士三年，老师始终提醒我们："要找到属于自己的一个研究领域，让别人在触及这个领域时无论如何都无法避开你。"博士毕业前夕那次在老师家中的长谈，是老师为我单独开设的一次学术规划课，还叮嘱我定要专心治学。而今，我似乎还没有做到这些，没有丰硕的研究成果，很多想法也都还没有付诸行动……但我深知，老师和师母一直在关心我，也非常理解我。所以，每当我见到老师和师母，就又充满了电，又可以续航迎难、向山而行。

## 作者简介

孙春颖，浙江师范大学国际文化与社会发展学院副教授，硕士生导师。2000年—2003年在华中师范大学语言学及应用语言学专业攻读硕士研究生，获文学硕士学位。2005年—2008年在北京师范大学汉语文化学院语言学及应用语言学专业师从李宇明教授攻读博士研究生，获文学博士学位。主要从事汉语国际教育相关研究，主要讲授“现代汉语”“语言学概论”“儿童汉语教学”“专门用途中文教学”“汉语技能教学观察与实践”“汉语作为第二语言/外语教学”等本科和硕、博研究生课程。出版专著1部、合著2部，发表论文10余篇，主持、参与国家级或省部级科研项目多项。

## 指导学生情况

指导硕士研究生60余位，指导学生参加各类教学技能比赛项目、“互联网+”项目，均取得优异成绩。

2008年6月1日，博士论文答辩会合影
（前排左起：丁崇明、姚小平、陈绂、李宇明、周建设、刘利，
后排左起：邹海清、于辉、刘子琦、孙春颖、郑梦娟、尹洪波、王春辉）

# 高山仰止　润物无声

王玲玲

从入门到现在匆匆18年过去了，其间李老师给予的指导、教诲、关爱和支持历历在目，难以忘怀。回忆老师和师母教我们如何做人、做事、做学问的诸多往事，体味当下，温暖感动时时萦绕于心。

## 做人：自尊自立自强　利他利国利社会

李老师和白老师均为"文革"后第一批从河南农村考入大学的学生，一路走来历经波折磨难，还取得这么大的成就和社会影响力，为学界为国家为社会做出了突出贡献。其间体现出的与命运和环境抗争的不屈不挠、昂扬向上、爱国爱家的精神，我们都深有体会。多年来李老师也会把这种精神、这份情怀、这份期盼有意识地传递给我们。

李老师在跟学生的交流中，"家国情怀"是经常提到的字眼。老师的学术研究也同样体现出这种格局和旨向，认为学术研究不能仅限于书斋，要能助力解决国家发展、人类进步中的问题，希望我们年轻人做学问、开展工作，都要注意家国情怀和世界眼光。

在北京师范大学读博期间，我曾作为第一批在读研究生被公派到美国威斯康星大学麦迪逊校区从事访学研究。临行前去老师家拜别，李老师和白老师对我在美生活、学习都细细叮咛嘱咐一遍，李老师并惠赠墨宝："天行健，君子以自强不息；地势坤，君子以厚德载物。"这份嘱托我带到美国后挂在宿舍墙上，时时抬头凝望感悟，在异国他乡始终能感受到老师对我的勉励和教诲。回国时能带物品有限，我把老师的题字当作最宝贵的财富，绕地球半圈又带回北京，每到新的环境，都会把这幅字重新挂在墙壁上，提醒自己要自尊、自立、自强，要保持良好品德情操，不断修炼品行能力，尽力帮助他人、回馈社会。

在李老师培育学生们的过程中，白老师作为我们的"政委妈妈"也发挥着重要作用，师母身体羸弱但思想坚毅，出门不多但见识不凡，品格高雅且充满人生智慧。学生们在生活、学习、工作中的大小事情和欢喜悲忧，都会第一时间向白老师汇报，她也会把李老师的教导和自己的意见及时传达给学生。多年来，李老师文章完成后白老师总是第一读者，她双手不便，却坚持把老师研究所需材料常年持续不断录入电脑整理。有次白老师跟我说，李老师多年来从事学术研究、思考工作，夜里 12 点前从没有休息过，能支持帮助他做一些事情，我感到很幸福、很充实、很快乐。我们的时间不是用来浪费的，要用有限的时间做更多有益的事情，只有这样，我们才觉得人生有价值、有意义。

李老师和白老师的大格局、高境界能够打开人的视野眼界，能够使人超越小我的局限，使他们把个人苦难置之身后，不断战胜人生道路上遇到的难以想象的困难，为国家和社会不断奋进求索，贡献良多。这是对我们如何做人、如何做一个社会人、如何做一个对社会有用的人的最好指引和烛照。多年来，得益于老师的教诲，我也秉持这种人生态度，坚守初心、坚持原则，只要是正确的有益的事情，我都会想方设法竭力推动，从不计较个人得失，也不在意世俗眼光。

## 做事：以和为贵　躬身实干

刚入门时，李老师会见我们几位新博士生，提出几点要求。其中有三条：一是要注重师门团结；二是不写与人商榷的文章；三是在任何情况下都不要与人撕破脸皮。李老师非常注重营造师门的团结和谐，他教育我们要相互扶持帮助，共同进步，眼界放宽，多向师门外的大家专家同辈们学习看齐，不能内部搞不团结。多年来 100 多位师兄弟姐妹虽性情各异却亲密无间，虽工作领域不同但各有所长，在一定程度上成为一种现象级团队，这跟李老师、白老师的辛勤培育引导是密不可分的。在写文章选题方面，李老师说，可以发掘的研究题目题材很多，不要写专挑别人文章毛病的论文，在学界要多交友，少树敌。李老师还教导我们遇事静下心来总可以找到解决途径，不要因一时冲动跟人翻脸，一旦话说出去想挽回也于事无补了。十几年来，在生活工作中确实会碰到性格各异的人，难免遇到难事，当自己感到沮丧难过时，老师的话就会给自己以警示和启示，转个弯，换个思路，内心也就会变得平静坦然。

我博士毕业后到北京华文学院工作，刚报到上班，学院就安排我们新人帮忙组织一期全国侨务干部培训班。从拟发通知、准备各类材料、接待报到人员、邀请接送专家授课、参加课堂管理、小组讨论、制作结业 PPT 等全过程全流程参与。刚进筹备组，我们被分配去打印制作学员胸牌，再把胸牌一个个装进塑料封皮里。当时去老师家拜访时，我不禁跟李老师和白老师聊起这事，感觉跟自己的所学没有关系，还有点失落。李老师教导我，无论大事小事，只要用心做，都可以干出彩儿。就讲做胸牌这件事，为什么有的胸牌一用完就被人扔了，有的却让人不舍得丢掉，比如可以在胸牌上放上个人照片，就很有保存价值、纪念意义。再比如，胸牌一般都是一面印有人的名字单位职务等信息，风一吹翻过面就看不到了，是不是可以把这些信息两面都印上，方便大家认识交流？老师仅仅是举这样一个例子，我一下子就有种豁然开朗、茅塞顿开的感觉，心理包袱也放下了。在工作中时刻注重细节，主动思考，事情不论大小只要交到我手里就尽全力把它办好，多年来已经成为融进血液里的习惯。

## 做学问：精进不休　敦行致远

李老师经常说，学术是一种信仰，可以建立自己的“精神家园”；人生最宝贵的是才华，人生最需珍惜的是才华；要永远站在问号的起跑线上，人生的价值、人生的幸福，就在于不断地超越自我。李老师还提出，知识分子有两条生命：一条是自然生命，一条是学术生命。自然生命有限，学术生命无限。李老师对学术的热爱、严谨治学的态度、永立潮头担当思想先锋的品质，通过言传身教的每个点滴细节，持续不断地给我们以鼓舞和激励。

2021 年我在中央统战部借调期间，接到一个任务，让我访谈在国际中文教育和华文教育界权威的专家学者，我就把访谈李老师作为第一站。11 月初我提前跟李老师约时间，他很爽快地就答应了：“月底前，我们见面聊一次。”因老师实在太忙，时间就定到了 11 月最后一天。我和爱人如约到李老师家，看到灯光下他还在伏案写作。因为提前对采访主题有过沟通，李老师就直接开口谈起来。中间没有任何停顿，思维缜密，语气连贯，一口气讲了一个多小时。我一边快速专心做着笔记，认真聆听感悟着老师的思想，一边在内心连连惊叹，李老师不用任何书面稿子，竟然站位立意如此高远、思想如此深刻、表达如此流畅，多年来学术、行政的积累和沉淀，所有的问题和内容都在他胸中运筹帷幄，讲起来如行云流水般顺畅精彩。采访结束我向李老师请教了几个问题，他也即时给予系统周密的解答。到最后，李老师笑着说，我想作为一篇采访内容也差不多了，我再准备一下明天研讨会的演讲内容。这时，我才注意到老师非常疲惫，他拿起桌子上的日程表，上面密密麻麻填满了各种已办待办事项。李老师笑着说，没有办法，这些“债”可都是要还的，让你们看看下个月的安排，更是“惨不忍睹”。白老师告诉我们，受新冠肺炎疫情影响，现在都采取网络授课的方式，老师的发言、讲座受众特别多，有的甚至达到近一万人。李老师不喜欢重复自己，重复过去，讲过的内容就不想再讲，所以每天都要准备新的内容、梳理新的思路，光这项工作就占用了大量时间。可这可能只是全部工作量的十分之一，他另外还有很多别的审稿、会议、指导学生等工作。我听了一方面心疼老师，也暗暗责怪自己，老师这么繁忙，时间都是以分钟计算，自己还过来叨扰，同时也深深体会到李老师坚持不懈超越自我、追求卓越、精进致远的精神品质和对学生无私的关爱支持和提携。

2023 年 4 月，我联系白老师，想去汇报一下近期工作情况和一些研究设想。白老师回复信息说，“李老师的腰疾复发，腰椎还不太好，咱们把时间定为一个半小时。”到了老师家里，听了我的汇报后，李老师教导我，经过机关工作的锻炼有进步，要充分利用自己的所学和工作经验开展研究，并且指出了几个重点研究方向，一是海外国际中文学校的建设问题，二是侨务工作成效显著国家的侨务政策研究等，叮嘱我要注重做有益于解决实际问题的研究，并鼓励我以平常心看待各种人生经历，坚持做好科研这条主线。师生相谈甚欢，不知不觉一个半小时约定的时间已到，我担心李老师的身体就提出告辞。老师和师母送我到门前，我临时想起一个关于大华语研究的问题，就汇报了几句自己的思考，老师站在门前又谈了十几二十分钟。李老师就是这样，把学生作为自己学术生命的一部分，勤教不辍，指导尽心尽力，注重因材施教，师生之间的情谊也如同家人般纯粹，不掺杂任何杂质和功利。李老师在一尘不染、温暖明亮的书房里给学生传道授业解惑的场景，我想是我们每位同门心目中非常美好难忘的画面。

2022 年 10 月到 12 月，李老师关怀后学，为研究生开设线上课程“语言学十讲”，系统讲授他多年来的学术思想、学术理念和研究方法。学生们都非常珍惜，每次都带着自己的研究生提前上线按时听课，并就一些问题展开热烈讨论。12 月中旬，新冠肺炎疫情在京已经有点严重了，14 号李老师依然按时开课，授课内容依然那么精彩，课后如常组织了讨论和答疑。不过我还是听到李老师说话时鼻音特别重，有些疲倦，并且一直在断断续续地咳嗽。下了课不大放心，就给他发了问候信息：“今天听您上课感冒挺重的，没有大碍吧？多休息喝水，别累着了。您和白老师多保重。”李老师回答说：“好的，我已经阳了几天了。”后来我才体会到感染新冠有多难受，并得知白老师不久前在医院做手术过程中被感染了，中间几度经历了封锁、解封、等待、感染、手术、术后匆忙出院的曲折过程，几经折腾，出院后白老师的身体受了很大损害。李老师在家里这种情况下，自己身体还极其不适，仍然坚持给学生们认真备课、上课，还如约参加了好几次线上演讲授课。其间李老师还勉励我们：你们和家人有的可能已经感染，有的可能过几天也会感染，感谢大家仍克服困难，坚持听课，我希望你们一要保重好身体，二要坚持学习读书和思考研究，不能浪费时间。当时大家先后感染，有的家里老人因无力抵抗逝去，不少熟悉的知名前辈学者名字出现在讣告上，包括我们敬爱的邢福义师爷，大家有些杂乱无序，甚至身心受创。李老师用一代学者、知识分子的风骨和气节为学生们掌舵领航，让我们在风雨来袭时有了最可靠的主心骨。

## 浓浓师生情　拳拳桃李意

每年的教师节是学生们和李老师、白老师欢聚的日子。这个聚会是个学术研讨会、情感交流会、搭建互助平台的促进会，也是个在老师带领下相互督促打气的加油站。聚会有日程、有方案、筹备严密、组织规范。重头戏是学术报告环节，主题明确、议程清晰，报告人、主持人、点评人安排得井井有条，最后是李老师和白老师分别做总结发言，就是一个完整的学术会议流程。一年时间未见，大家敞开心扉、畅所欲言，交流学术心得、互通有无、见贤思齐。稍有懈怠者，也会在这里汲取力量，破除思想和行动上的障碍，加满油鼓足劲重新出发。会议结束用餐时，在主持人组织下，大家会拿着话筒轮流发言，或介绍一年的收获心得、或抒发师门情谊、或表演各类节目。这个时候也是李老师和白老师最快乐的时刻，脸上始终洋溢着发自内心的笑容。我记得有次李老师看着朝气蓬勃、个个能独当一面的学生们有感而发："真的没有想到天底下还有这么令人幸福高兴的事情，学生们家庭经营得好，学术工作上做出了成绩，我们最有成就感、最快乐。"平日里，老师和师母也时常关心着每个学生的思想状态和成长情况，白老师曾告诉我，当她和李老师忙完一天的事情，在一起聊天时，就会不由自主地想起学生们来，"嗯，这个孩子不错；那个近期有些松懈，还需要点拨点拨，再加把劲……"

李老师和白老师就是我们的大家长，"李门"就是个毫无隔膜、其乐融融、团结奋进、充满了正能量的大家庭。李老师和白老师使得我们在脱离父母的教育培养走到工作岗位上，走到社会中，还能一直受到正确指引不偏离方向，并不断提升人生境界，努力向真向善向美，努力贡献国家和社会。有这样的老师和师母，能够进入这样一个互助友爱、温暖向上的集体，何其有幸！感恩世间这美好的相遇、感谢多年来的栽培教育，祝福我们敬爱的李老师和白老师永远幸福安康，永葆学术青春！

**作者简介**

王玲玲，中央统战部培训中心科研处处长，副研究员。2002 年—2005 年在首都师范大学汉语言文字学专业攻读硕士研究生，获文学硕士学位。2005 年—2011 年在北京师范大学语言学及应用语言学专业师从李宇明教授攻读博士研究生，获文学博士学位；其间于 2007—2009 年在美国威斯康星大学麦迪逊校区东亚语言文学系从事访学研究。2011 年入职以来主要从事华侨华人、侨务政策和华文教育研究。合著《海外华侨华人与中国公共外交的拓展研究》（中国华侨出版社第二作者）。作为主要人员参编《中国侨务工作概览》（暨南大学出版社 2018 年版、2022 年再版）、《华侨华人与中华文化的海外传承和传播研究》（中国华侨出版社 2023 年版）、《华侨华人与中国式现代化》（中国华侨出版社即将出版）、《侨务政策法规问答》（世界知识出版社 2015 年版、2020 年再版）、《侨务工作知识问答》（世界知识出版社 2020 年版）、《侨务干部培训指南》（世界知识出版社 2015 年版）等 11 部图书。作为第一参与人完成省部级课题 7 项，主持厅局级课题 7 项。发表论文 20 余篇。

2011年5月，博士学位论文答辩会合影
（前排左起：王立军、苏金智、周建设、曹志耘、李宇明、侯敏、
张博、丁崇明，后排：王玲玲）

# 吾爱真理，吾更爱吾师

尹洪波

苏格拉底、柏拉图、亚里士多德乃西方三大师。三大师之间存在师承关系：柏拉图是苏格拉底的学生，亦是亚里士多德的老师。亚里士多德有一句名言：Amicus Plato，sed magis amica veritas. 这是拉丁语。用英语可以说成 Plato is dear to me，but dearer still is truth. 用汉语可直译为“我爱柏拉图，但更爱真理”，也可译得更典雅些：“吾爱吾师，吾更爱真理”。我在此想颠倒一下两个小句的先后次序。为何作这一番句法变换操作？为的是得到我要的语义：吾爱真理，吾更爱吾师。

李老师是我在中国社会科学院研究生院攻读博士学位期间的导师。我与先生初次相见大概是 2005 年春天，不知不觉间，十八年如白驹过隙，已随风而逝。受限于人类的记忆力天然的缺陷，加上我也不怎么写日志，十八年里我与先生之间的往事，许多都已变得模糊。然而，有些事情，现在回想起来却历历在目，突破了记忆的天然屏障。

## 一坛咸菜：我给先生的束脩

我 2001 年考入徐州师范大学文学院攻读硕士研究生，2004 年毕业，未能找到理想的工作，于是决定报考李老师的博士研究生。

记得大约在 2005 年 3 月中旬，中国社会科学院研究生院的博士研究生入学考试结束后，我松了一口气，萌生了去拜见李老师这个奢侈的念头。既然来到北京了，如果能够见到神一般存在的李老师，即使考不上，也不枉来京城一趟。可是，马上又犯起愁来，初次拜见，是不是要给李老师送点礼物以表敬意？没有任何经济来源的我，囊中羞涩，此次进京赶考，已经花完了我所有的积蓄，干瘪的钱包里仅剩下一张返程火车票的钱。犹豫之中，忽然想起行李箱中还有一坛从老家带来的咸菜——临沂唯一斋酱菜园的八宝豆豉。其实我从临沂老家来时，为了省钱，带了干粮——临沂煎饼，顺便买了两坛八宝豆豉，吃了一坛，剩下一坛。我自我安慰：虽不值钱，但毕竟是家乡特产，就把这坛咸菜当作见面礼吧！于是我鼓起勇气，带着这坛咸菜，忐忑不安地走进了教育部李老师的办公室。

见到李老师，我越发紧张不安起来，支支吾吾：“老师，我从老家给您带了一坛咸菜，不知道，您，您，是否喜欢？”李老师接过这坛咸菜，拿在手中，笑得像弥勒佛似地说道：“喜欢！千里迢迢，从老家带来，怎么不喜欢呢？哈哈，束脩！”这就是我初次拜见李老师的束脩——一坛咸菜。尽管这一幕已经过去十八年，当时的情景，李老师的笑容，仿佛就在眼前，令我终生难忘。

## 你愿意去南开读博吗？

记得当时李老师在中国社会科学院研究生院、南开大学、中国传媒大学等学校都招收博士生。为保险起见，我同时报考了中国社会科学院研究生院、南开大学。考试成绩出来了，两个学校，我有幸都考了第一名（社科院：外语 72 分，业务课一 82 分，业务课二 89 分；南开大学：英语 76.5 分，专业课一 85 分，专业课二 90 分，面试 90 分，总成绩 85.68 分）。

大约是面试后过了几天，我收到李老师的一条短信（那时还没有微信）：“洪波，今年南开大学报考我的考生，只有你一个人进线。你愿意去南开读博吗？”收到李老师的这条短信，当时考虑问题极其幼稚的我，第一反应是不想去南开，觉得还是在北京在中国社会科学院研究生院好。然而，脑海中不时地浮现出李老师那弥勒佛般的笑容，怎么回复李老师呢？想了好久，我给李老师回复道：“老师您好，我想离您近一些，方便向您请教。”后来，李老师没再说什么，我就去了中国社会科学院研究生院读博。

李老师是学界名师，又官至教育部司长，其实李老师完全可以直接“命令”我去南开大学读书。然而，李老师并没有那样做，而是以商量的口吻征求我的意见。写到这里，我不由得又想起了李老师于 2006 年 7 月 18 日 9:49（星期二）写给我的一封邮件：

洪波：

我觉得，词典进行词类标注，是必行之路。但是，若给汉语标注词性，难度极大，这不仅是一个实践问题，更是一个涉及汉语语法根本的学术问题。过去实践较少，现在到了有望解决的关口。上次在九华山庄，我提出让邹海清以此作为论文的选题之一。近来我与海清讨论他的论文选题，最后决定不做这个题目了。我想与你商量，你考虑考虑，愿不愿意把《词典的词性标注研究》作为论文选题的考虑之一。

致礼！

李宇明

2006-07-18

这封邮件是李老师在指导我博士论文选题，希望我能够选择词典的词性标注作为研究对象。然而，早已是学术“大佬”的李老师，并没有要求我必须选择这个题目，而是与我“商量”，让我“考虑考虑”。当时在学术上还很稚嫩的我，并没有认识到这个题目的学术价值，没有选择这个题目，以致现在仍后悔不已。

李老师性情敦厚温和，即使是在学术上指导自己的学生，也是与学生“商量”，从不疾言厉色，从不以教师爷自居，丝毫没有学术大佬的架子。《诗经》曰“有匪君子，如切如磋，如琢如磨”“宽兮绰兮”“温其如玉”，其吾师之谓也。

## 病榻上的言传身教

李老师修身、齐家、治学、为政，皆臻于至善。遗憾的是，李老师为了其崇高的精神追求，常常忘记善待自己的身体，久而久之，积劳成疾，落下了腰椎间盘突出的病症。记得2008年夏天，李老师的腰椎间盘问题已经比较严重。我论文答辩后，晚上常去老师家里帮老师做腰部的药敷、推拿、拔罐以缓解病痛。我与躺在病榻之上的老师，常有交谈对话。对话的内容，自然是“三句话不离本行”——语言研究。然而，偶尔也有例外。6月30日那天晚上，我给李老师腰背部拧上拔罐后，守候在旁边。病痛中的李老师心里牵挂着老家的父母，给父母拨通了电话。问候之后，便谈起汶川地震捐款之事，其中有一句话，至今我仍能记得一字不差：“自己有口饭吃，也得让人家吃饭。”这句话如醍醐灌顶，令我顿悟了佛教常说的“相由心生”，也顿悟了为何李老师面相酷似弥勒佛。

忘我的脑力劳动，长久的伏案工作，致使李老师2017年秋天腰椎间盘病症再次急性发作，住进了望京中医院。我抽出时间去医院看望、陪护老师。备受病痛折磨的老师见到我，依然是面似弥勒微笑着招呼我坐下。老师躺在病床上，我守候在病床旁边。李老师常常会主动询问我最近在做哪方面的研究，学术上有哪些收获，等等，仍然是三句话不离语言研究。一谈起语言研究的事情，李老师似乎就忘记了病痛，思维敏捷，滔滔不绝。那次跟李老师讨论的问题有“N＋N”复合名词（如“马尾松”“苹果脸”）的语义解释问题，汉语研究的本位和Chafe（1988）提出的语调单位（intonation units）问题。后来我提到李老师于1999年提出的“词语模”（lexical template）这个原创概念，我愤愤不平地说：“老师您这个概念的提出比Cortés-Rodríguez（2006）早了7年，可惜国际上无人知晓。”李老师幽默地笑道：“因为我不叫什么斯基！”老师这哪里是住院治病啊，分明是把课堂搬到了医院！

最近李老师因腰椎间盘突出又住进了医院。我得知时，老师已经连续做完了三次手术。2023年12月20日下午，我怀着焦急的心情，走进了老师的病房。老师左侧卧躺在病床上，面朝窗子的方向。一位师弟和一位师妹正守在老师身边。师弟向我示意老师睡了，我怕打扰老师休息，正要止住脚步，但我的到来还是被老师觉察到了。老师有些疲惫地睁开眼睛，我的眼睛与老师慈祥温暖的目光相遇。我赶紧靠近老师的病床，老师有些吃力地伸出他温暖的大手与我握手。看到老师满脸的疲惫，顿时，我的眼泪扑簌而下。老师告诉我："手术很成功，不用担心，医生希望我能够康复得健步如飞。"关于自己的病情，老师讲了不到三句，很快又与我聊起了学术。一谈到学术，老师又来了精神，谈到《学术就是传承——我与导师二三事》交稿出版的事情，并催促我要尽快交稿。好久了，没有当面聆听老师的教诲，虽然很想在老师病床前多停留一会，可是我好担心继续交谈下去会影响老师的康复，毕竟老师连续经历了三次手术，刚刚从重症监护室出来。为了让老师安心养病，我依依不舍地与老师作别，离开了老师的病房。

《诗经》云："高山仰止，景行行止。"李老师之境界，我虽不能至，然心向往之。亚里士多德说：吾爱吾师，吾更爱真理。我想说：吾爱真理，吾更爱吾师！

**作者简介**

尹洪波，山东临沂兰陵人。现为北京外国语大学外国语言研究所副研究员（五级），国际中国语言学学会会员，香港中国语文学会会员、中国语言学会会员，中国语文现代化学会会员，中国社会科学评价研究院推荐专家，CNKI（中国知网）特邀评审专家。2001 年—2004 年，在徐州师范大学文学院汉语言文字学专业师从张洪超教授攻读硕士研究生，获文学硕士学位。2005 年—2008 年，在中国社会科学院研究生院语言学及应用语言学专业师从李宇明教授攻读博士研究生，获文学博士学位。2008 年 7 月起至今，任职于北京外国语大学外国语言研究所，从事理论语言学的研究和教学工作。给本科讲授的课程有"现代汉语""语言学概论""语言类型学"，给研究生讲授的课程有"语法分析"。在《中国语文》《当代语言学》《汉语学报》《语言教学与研究》《语言科学》《外语教学与研究》等刊物上发表论文 30 多篇。出版著作两部：《否定词与副词共现的句法语义研究》《语言研究一得》。代表作有《否定与转折》《饰句副词和饰谓副词》《现代汉语转折复句新论》等。《汉英词典》（外语教学与研究出版社，第三版）和《中国大百科全书》（第三版）修订者之一。主持并完成教育部青年项目和国家社科基金一般项目各一项。

2010 年，在李老师家中合影
（左起：李宇明、尹洪波）

# 我眼中的李老师

邹海清

李老师桃李满天下，其中又以在北京工作的“李门”弟子最多。我在北京的高校工作，因为有地理优势，按理说，我也和其他在北京工作的“李门”弟子一样，有更多的机会跟李老师进行面对面的交流，听从李老师的教诲，但实际上我却没有利用好这种优势。这一方面归结于我沉默寡言的性格，缺乏主动跟李老师交流的意识，另一方面归结于我工作后的岗位定位。由于我们学校的老师可以在科研岗、教学科研岗和教学岗之间做出自己的选择，我综合考虑自己的实际情况后，最终选择了教学岗。这个岗位最大的特点就是对老师没有科研考核要求，客观上造成我没有了做学术研究的压力和动力，使得我主动远离学术圈，不怎么参加学术活动，自然也就没有多少机会在学术会议上遇到李老师，面对面地跟老师进行交流。

但是，即便我跟李老师平时联系不多，但并不意味着我感受不到李老师在治学和为人方面表现出来的如星光般的耀眼光芒。这种光芒既给了我“虽不能至、心向往之”的感觉，也让我受益终身。

## 长于时间管理的老师

对一名高校老师来说，教学和科研就像是人的两条腿，少了哪一条都不行，其中的道理我也知道，但在实践中让我兼顾好这两者就显得很难。攻读硕士和博士学位时，我都是脱产读，没有工作上的任务和压力，所以能一门心思放在读书和写文章上，经过一番努力，也能写出点东西来，可工作后，发现自己似乎根本没有精力和能力在教学和科研方面做到平衡。

工作后，由于我从事的是国际中文教学工作，作为国际中文教学的一线老师，自然要承担大量的教学任务，每次上完课后回到家里，就觉得自己累得不行，不想看书写文章，只想休息放松。自己也总是以教学任务重和没有科研考核压力为借口，懒得动笔写文章，跟科研也就渐行渐远。其实我也知道，在高校，即使是纯教学岗的教师，科研对其人生的发展仍具有非常重要的意义。在高校，“没文章，就像没子嗣的妃子”，对纯教学岗的老师来说同样适用，因为纯教学岗老师职称的晋升同样要看科研成果，所以我以教学岗来降低自己对科研的追求只是不求上进的借口罢了。

扪心自问，我是不是真的抽不出时间搞科研？如果我没有时间，那为什么李老师的时间看起来就那么多呢？李老师常年身兼行政、科研、教学工作，为什么李老师就能做到行政、科研、教学工作三不误，而且样样都做得那么出色？我看到的老师是不是一个三位一体的老师？是不是分别有一个搞行政的李老师、搞教学的李老师、搞科研的李老师平行地生活在我们面前？真实的情况当然不是这样，我知道李老师的时间都是一点儿一点儿地挤出来的，李老师告诉我们，春节假期，都是他闭门谢客、雷打不动写论文的时间。想想自己这些年的春节时间安排，哪一个春节不是花在游山玩水、走亲访友上？李老师还不时提醒我们说，随着互联网技术的发展，人很难再像以前那样有整段整段的时间去处理一件事，时间变得碎片化，所以碎片化地学习就显得尤为重要，而我在碎片化的时间面前，是宁可发呆也不愿对其进行合理利用的。所以，我哪有什么三位一体的李老师？我只有一个善于安排和利用好自己时间的李老师罢了。

## 包容的老师

作为学术界的顶流，李老师不仅学术做得好，为人也同样是让人称道。在我的眼中，李老师是一个胸怀极其广阔的导师，对学生也极为包容。我 30 岁出头才成为“李门”弟子，虽然已是 30 岁出头的人，在为人处世方面却极为不成熟，跟李老师的相处也是这样，不太会说话和做事。现在每每回想起来，都还为自己的某些不妥言行感到有些惭愧，但李老师并没有跟我计较，当没发生一样，老师宽广的胸怀可见一斑。李老师的这种胸怀也影响到我的为人处世，就是不对他人一时一事的不妥言行进行定性，而要看他的本质，宽以待人。

在科研方面，李老师著作等身，他当然也希望他的每个弟子都像他那样专心于学术研究，找到自己的学术阵地，在学术上有所建树。李老师对我也不例外，多次提醒我要把学术做好，并提出相应的建议。但由于我自身的各种原因，我没能实现导师对我的期待，最终还是选择离开了学术，过上了一种我自己认为舒适自洽的生活。我知道，李老师虽然对我在学术上的放弃可能会感到有那么一丝遗憾，但是李老师还是尊重我的这种选择，并没有因此批评我，而是选择了包容。也许李老师认为“李门”也是一个生态圈，里面有各种各样的物种，像尊重物种的多样性一样，李老师也尊重学生的多样性，这使得像我这样没把心思放在学问上的人也能在“李门”找到自己的位置。

## 能找到学生闪光点的老师

我成为硕士研究生导师后，也开始带学生，我这种不擅长跟人打交道的特点也影响到了我跟自己学生的相处。作为研究生导师，免不了要指导学生写论文，看他们的文章。每次看学生论文前，我自己都要先做一番心理建设，控制一下自己的情绪。为什么这样说，因为我发现，学生提交上来的初稿往往连“条理清楚，行文规范”都没做到。即使你平时提醒过学生多次，但当我看到交上来的论文还是做不到这一点时，我常常做不到保持平常心，容易情绪化，有时甚至训学生，结果弄得学生不愉快，自己也不愉快。

当我为这些事情所困时，我就会想想李老师是怎么指导我们的。自己读研时写的文章其实也不怎样，学生存在的问题自己也都有过，但李老师总能看到我们文章的闪光点，对我们的想法总是以鼓励为主，对我们文章存在的问题也是抓大放小，只把我们存在的核心问题指出来，其他的问题，交给我们自己去发现和处理，给我们在学术上成长的时间。见贤思齐，现在，我也慢慢以平常心看待学生刚开始写论文时出现的各种问题，多发现他们的闪光点，多给他们鼓励，给他们成长的时间。

总之，我很庆幸我能成为李老师的学生，成为“李门”弟子中的一员，我的平凡虽让我不能在学术上传承老师的优秀品质，但我还是可以在为人方面向老师看齐，做一个有胸怀，懂得包容别人的人。

2008 年 5 月，在博士论文答辩会上合影

（左起：李宇明、邹海清）

## 作者简介

邹海清，中国传媒大学人文学院副教授，硕士生导师。2002 年—2005 年在上海师范大学语言学及应用语言学专业攻读硕士研究生，获文学硕士学位。2005 年—2008 年在中国传媒大学语言学及应用语言学专业师从李宇明教授攻读博士研究生，获文学博士学位。主要从事国际中文教育、汉语语法的研究与教学。

## 指导学生情况

已指导硕士研究生 31 名。

# 难忘四个“一” 师恩永铭记

徐国珍

我是2005年初踏入“李门”的，回想起在李老师身边学习的一年时间，让我特别难忘的是那四个“一”。

## “第一个”学生

2004年10月中旬，我迈出了实现跟李老师访学计划的重要一步：借着李老师也在锦州参加“中国修辞学会第十二届学术年会”之机，我拜访了此前并不熟悉的李老师，并向他表达了自己真诚、强烈的访学愿望。但交谈中发现，由于种种原因，要想在北京做李老师的访问学者似乎不太可能实现。当时，在一旁的马庆株先生热情地表示可以在南开大学做李老师的访问学者，并提出了很具体的实施意见。事后，考虑再三，我向李老师表达了自己还是想在北京跟他学习的愿望。

几个月后，我接到了北师大汉语文化学院副院长丁崇明教授的通知，说是经过努力，他们已开始正式启动了李老师在北师大的招生，而我则是李老师在北师大接受的第一位访问学者。直到这时我才明白，老师为了接纳更多学生，又开辟了一个新的招生院校。想到老师为了扶持后学而提供热情帮助，我不禁感动万分。正是老师的这一帮助，才让我有机会跨入“李门”，接受李老师那丰厚而又精深的学术思想的教育和熏陶，同时也为自己以后更好地指导学生、传承老师的学术思想提供了重要的前提和基础。

## 第一堂课

2005年春，我到了北师大，安顿下来后就给李老师打电话报到。没过几天，李老师就约我3月1日上午到教育部语信司他的办公室，利用工作的间隙时间见个面，聊一聊。

见面后，李老师先是关切地询问了我在北师大的生活情况，接着就询问了我的访学计划。听完我的介绍，李老师沉思了一会儿后，就对我的选题方向进行了详细的指导。他不仅提示我可对一些特殊领域的语言（如法律语言学、医疗语言、教师语言等）展开研究，而且对这些领域中的现有研究状况（包括存在的问题）、可拓展的空间、宜切入的角度、可采用的研究方法等都一一做了介绍。直到有人推门进来，李老师才收住了话题。我一看手表，已经是一个小时了！我明显地感受到，老师今天这一个小时所谈的内容，并不是随随便便的聊天，而是他以自己深厚的学术造诣和既开阔又独特的学术视野给我认认真真地上了一堂课。

李老师的这第一堂课给了我极大的启发。事实上，自从 2002 年完成了《仿拟研究》一书后，我总觉得：纯粹的修辞学研究似乎路子越来越窄，而平时指导的硕士生更多的也是对外汉语方向的，对他们而言，修辞学（尤其是辞格）研究似乎很少有用武之地。因此，很长一段时间以来，自己觉得失去了努力的方向，看不清楚接下来的科研及指导研究生的路子该怎么走。李老师的这堂课，有效地驱散了几年来一直遮挡在我眼前的那团迷雾，使我一下子看清了自己接下来的新目标，浑身顿时充满了激情和斗志。

通过这第一堂课，我既深深领略了老师见缝插针的高效工作状态，也又一次深切体会到了他认真对待每一位求学者、认真对待每一次课的为师之道。

## 第一次进门

3 月 20 日，是我第一次应约去老师家中上课。这次“入门”有两件事给我留下了深刻的印象：

第一件就是——见到了白老师。

在此之前，我并不知道师母的身体状况，故刚见到躺在床上、笑意盈盈地和我打招呼的师母时，心中不免暗暗吃惊。但随着话题的展开，我很快就感受到了白老师身上所呈现出来的那种巨大的人格魅力——她虽卧病榻却乐观坚强，虽“困于斗室”却眼界开阔，虽自己身体欠佳却一心关怀他人，这是一位多么了不起的知识女性啊！后来，随着接触的增加，我更是越来越被白老师那既儒雅又坚毅的气质，那善解人意、温润如玉的性格，那循循善诱、春风化雨般的“政委”风度所吸引、所折服。我深深体会到：李老师之所以能兼从政和为学于一身并都取得极高的成就，“李门”之所以能具有这样一种互学互助、互敬互爱、亲如家人的良好门风，“白政委”这位重要的角色实在是功不可没啊！

第二件则是——获赠老师的书。

跨进老师的家门，我发现，尽管老师身居高位，但家中却仍是普通学者的陈设，丝毫没有某些为官者阔绰豪华的气派，这顿时让我心情放松了许多。很快，我的注意力被老师家中那唯一的“奢华”——书房吸引住了，看着那一个个厚重、硕大的书橱，看着书橱里那一排排、一层层、一叠叠摆放着的书，我眼馋得不行，就迫不及待地翻看了起来。看着我捧着一本本书爱不释手的样子，李老师豪爽地说："你喜欢书，我就送你几本吧。"顿时，我又惊又喜，激动万分。谢过了老师后，我还"得寸进尺"地请老师为我在书上签名，老师也宽厚地笑着答应了。捧着获赠的宝贝，我又一次深深体会到了李老师对学生的那种仁厚、爱护之情。

## 最后一次的课

幸福的时光总是过得特别的快，不知不觉间，我一年的访学时间已近尾声。2006年的1月8日，我怀着依依不舍的心情跨进老师的家门，坐下来聆听老师在我访学期间的最后一课。

这最后的一课，又使我受到了一次深深的震撼。老师的开场白是："你是我的第五位访问学者。一年中，虽然见面时间不是很多，有时候也没能及时回邮件，但心里却是牵挂着的，是有感情了的。"听着老师这些措辞平实却情真意切的话语，我眼前不由得闪现出一幕幕在老师身边得到关爱、指教的画面，感激之情油然而生。

接着，老师就开始帮我梳理、总结了我在这访学一年中的收获：

一是拓宽了视野；二是认识了一批学界的先生和结交了一批学友；三是激发出了强烈的学术冲动。"以上三点收获，……比起发几篇文章更为重要，因为那是一种可持续发展的重要动力，有了这种动力，才会有今后长时期的、更高层面上的发展和进步。"

接着，老师又为我指明了"今后的目标与方向"。其中既有较抽象的目标："把'低级的明白'转化成的'高级的糊涂'弄明白，说清楚。"又有具体的目标："结合自己原先的学术背景（修辞）来从事对外汉语的研究。"还有具体的切入点："你可以就对外汉语教学的教材如何安排辞格的教学展开调查研究，分析它们出现的情况，从中找出规律性的东西。"

甚至对具体的做法，老师也作了细致的指导："先对一两套教材（包括母语的）做调查研究，展开细致的语料分析，建立起自己的语料库；然后进行分析，从中找出规律，上升到理论高度。"

同时，李老师还对目标确定的意义、价值及实施的总体要求一一作了剖析、揭示和归纳：

"因为辞格是可以形式化的，可以找出其中的形式化标志，因此可以做深入、科学的分析研究。"

"这样才能做到扬长避短，既拓展了自己的学术领域、达到了学术突围的目的，又不至于从零起点开始，跟在别人后面追赶得筋疲力尽，事倍而功半，从而达到'效率'的最大化。"

“这些方面别人恐怕是没有想到的，你的这些描写、总结出来的规律及上升成的理论等就有了自己特定的价值，可以成为教材编写者们的参考依据。”

“总之，一要有具体切实的量化、调查等原始材料，二要有一定的理论色彩、理论高度。理论不要求概括得很多，只要得出一点新的东西，就是最有价值的东西!”

…………

听着这些精辟、中肯而又详尽的指导，我一边飞速地记录着，一边心中涌动着一股股暖流。

即使是现在、此刻，翻阅着当年的这些笔记，我仍情不自禁地从心底里涌出了当年那种深深的感动、感恩和感激！我们的李老师，就是这样悉心地关注、精心地指导着每一个学生，哪怕是只跟他半年、一年的访问学者、进修教师。为了替国家培养出更多的学术人才，为了努力推进国家的科研事业，老师真是做到了呕心沥血、鞠躬尽瘁啊!

敬爱的李老师，您如山的师恩，学生将永远铭记在心！虽然，今天的我已退休多年，也已不再从事科研活动，但您的学术研究成果和您的一些学术思想、您在学术界的重要地位及巨大影响等，我早已在自己任教的一个个班级、一届届学生中广为传播。他们中很多人都拜读过您的大作、在线上听过您的学术讲座，其中有的已成了您的徒孙，有的正在努力地传承着您的学术思想，在科研的道路上奋力前行。

**作者简介**

徐国珍，杭州师范大学人文学院教授，硕士研究生导师，国家级普通话水平测试员。曾任中国修辞学会理事、华东修辞学会理事、浙江省语言学会理事、浙江省修辞学会副会长。2005 年 3 月—2006 年 2 月在北京师范大学汉语文化学院师从李宇明教授访学。在核心期刊发表论文 20 余篇，出版专著一部，合著及参编著作多部。其中《仿拟研究》（江西人民出版社 2003 年版）一书在国内修辞学界获得较高评价，曾见到书评 5 篇（包括中国台湾和新加坡学者发表在当地报刊上的）。该书曾被哈尔滨师范大学等多所高校作为研究生的参考书，并被美国加州大学伯克利分校图书馆收入。《二十世纪的中国语言应用研究》（于根元著，书海出版社 1996 年版）、《中国现代应用语言学史纲》（于根元主编，中国经济出版社 2005 年版）、《20 世纪中国修辞学》（宗廷虎主编，中国人民大学出版社 2008 年版）中都有对徐国珍仿拟研究的专门介绍，其中《20 世纪中国修辞学》中将徐国珍列为 20 世纪中国修辞学界单项辞格研究中“成绩较大的三位学者”之一。

## 指导学生情况

指导硕士研究生10位。其中四位在高校任教，一位已评为副教授、硕士生导师，代表作为《孔孟语用学思想研究》。

2006年1月8日，在北京与老师惜别

（左起：李宇明、徐国珍）

# 得遇人师　幸甚至哉

李英姿

2006年我考取了李老师在南开大学招收的语言学及应用语言学专业的博士研究生，一晃成为“李门”弟子不觉已然十七年。这许多年来，李老师的教诲点点滴滴无处不在，似乎又感觉很难具体详陈。当真是应了那句话，在记忆里总有一些瞬间，经历时没什么特别，回想时却胜却万语千言。

## 感染

李老师从内心真正把学生当作家里人，就像孩子一样。所谓师长，是老师，更是家长，李老师和白老师作为大家长就是我们“李门”的灵魂所在，两位老师以最强大的磁力吸引着“李门”弟子团结在一起。所谓“亲师信道”，在我看来，应是先“信其道”，然后才能“亲其师”。李老师对学术的热爱，对生活的乐观和达观态度时刻感染着学生，由内至外散发的正能量让学生的精神得到升华，灵魂受到洗礼。李老师强调学术与家国的关系、着眼于解决当下社会问题的博大胸襟与济世情怀阐释了学者最本真的风骨，李老师对中国语言文字事业发展投注的心力天地可鉴。毫无疑问，李老师是一位现实的理想主义者，他践行着作为一位杰出学者对历史的使命感、对社会的责任感、对公众的人文关怀，尽显大家风范。李老师的“道”让我们深信，所以愿意“亲”并追随。所谓“高山仰止，景行行止”。虽不能至，心向往之。学生虽不能企及一二，但感染的力量促使我们不敢也不愿停止前进的步伐。李老师的教诲让我们在从事学术研究的道路上，永远记住要顶天立地，为国为民。

## 感动

李老师愿意把几十年来为学、做人的经验毫无保留地教授给学生，这无疑可以让我们少走很多弯路。这种无私、慷慨令人心生感动，每每回想那些至情至性又饱含期待的话语都无法不让人动容。“师者，所以传道授业解惑也。”每一次听李老师讲座、授课，抑或是闲谈都能有所得。李老师说过的很多话有时候我当时并没有特别注意，可是过了一年、两年或者几年，在某种特定的情况下我会突然醒悟原来李老师早就说过了，只是我当时已惘然。对过去的总结，对未来的预见，诠释着李老师的大智慧和大境界。我相信随着时间的推移，李老师的真知灼见都会一一被验证。李老师对学生的关爱和指导不是随着毕业而完结，学生其实一直在接受继续教育、终身教育，这是身为“李门”弟子最幸运和幸福之所在。记得去年李老师跟我打电话打了一个多小时，非常具体地指导我如何修改一篇文章，我已经毕业十多年，还能得老师如此厚爱！李老师总是说学生是他学术生命的延续，来自李老师巨大的鼓励、具体的支持、实际的建议和人生指导都让学生受益匪浅。李老师对学生的爱和提携不计回报，而作为学生，心中总有万千感动。

## 感恩

现在回想起来，我也不知道我报考李老师博士研究生的勇气何来。我常觉得学生报考导师，导师选择学生，很像是拆盲盒，我庆幸我选择了李老师，更庆幸李老师选择了我。李老师多次津津乐道2006级博士生“三辉一英”或“一英三辉”，“三辉”为王辉、王春辉、于辉，我们从四面八方投奔李老师，成为有标记的一级学生。经师易求，人师难得。得遇良师，何其有幸。我不能想象如果我不跟随李老师攻读博士，现在的我该如何自处。是李老师让学生认识到了学术的魅力和价值，引领我们走上了一条如此幸福而又绚烂的治学之路。我有这样的个人体验或者经验，就是无论我想写什么主题和内容的文章，都要先翻看一下李老师的论著，就一定能找到相关论述，从来没有落空过。李老师有诗云：“为学就是治粱粟，精作还需观天图。耕种未必有收获，总揣希望在田头。”如果说学术研究是一片沃土，那我可能还是一个不谙稼穑的农人，经常惶恐忐忑。每当我遇到挫折，或者灰心丧气的时候，向李老师请教一番，就好像打了鸡血一样，又获得了学术道路上勉力前行的新动力。我感恩命运垂青于我，而感恩带来满足感、幸福感的同时，如何对得起这份命运的偏爱，如何不辜负李老师和白老师的期望，我又常常为之陷入不安。

七十春秋，人世沧桑。语言生活，千变万化。知者乐、仁者寿。作为智者、仁者，李老师当然平安喜乐，健康长寿。

**作者简介**

李英姿，南开大学文学院副教授，硕士研究生导师。2002年—2005年在陕西师范大学文学院语言学及应用语言学专业攻读硕士研究生，获文学硕士学位。2006年—2009年在南开大学文学院语言学及应用语言学专业师从李宇明教授和马庆株教授攻读博士研究生，获文学博士学位。美国夏威夷大学联合培养博士，导师为李英哲教授，2015 年赴美国加州大学伯克利分校、2018 年赴英国谢菲尔德大学交流访问。主要学术兼职有天津语言学会常务理事、天津巾帼智库专家。主要研究领域为语言政策、社会语言学、国际中文教育等。出版专著《美国语言政策研究》，在《当代语言学》《语言教学与研究》《南开学报》《语言文字应用》《外语教学与研究》《光明日报》等刊物发表论文 40 多篇，主持参与各级科研项目 10 项。

**指导学生情况**

现指导硕士研究生 5 名。

2009 年 5 月 29 日，在博士论文答辩会上合影

（左起：马庆株、李宇明、李英姿）

# 他年师心照前行

王春辉

2006年9月由武汉北上进京加入“李门”，至今已十八年。能忝列入门，是幸运，是缘分。

李老师和白师母身正学高、心宽人厚，生活中相濡以沫、坚韧弘毅，为学生们树立了榜样、构筑了模范。

石火电光之间，光阴似箭之中，往事的回首总能让人看见时间、描绘故事、品味人生。

一回一回耳提面命，一次一次谆谆教诲，一帧一帧满满恩情。无法细数，也无法尽数。谨以点带面，来忆过往、展未来。

## 入职三点

2009年7月，我如期从中国社会科学院语言研究所毕业，荣幸进入首都师范大学国际文化学院工作。2009年9月的一天，到家里给老师和师母问安。谈及新入职和未来规划之时，老师说给三点建议，即“科研上抓紧一点，工作上灵活一点，生活上凑合一点”。

“入职三点”从此成了我的基本遵循。

按照我自己的理解，“科研上抓紧一点”就是要时不我待地搞好科研。刚入职，新环境、新工作、新任务，需要时间来适应和调整，这就会给博士阶段所形成的科研惯力带来或大或小的阻隔，影响小者磕磕绊绊，影响大者基本阻断。回望入职十多年来认识的许多人，有阻隔后继续不惮前行的，更有阻隔后回归艰难甚至无力回归的。“科研上抓紧一点”的叮嘱常在我耳边，使自己基本没有产生过阻隔，而是接续了博士期间的研究惯力，甚至在一些时候能够提速而行。

“工作上灵活一点”就是要具体问题具体分析地做好工作。刚入职，人生首次有了一份“工作”，由身无分文的学生变成了按工取酬的员工。但是“工作了”又不仅仅只是有了一个“工作”，更是涉及人际关系、多重角色、不同心理等更多因素，是一个系统，是个体社会化的真正开端。灵活一点，就使我远离了钻牛角尖，少走了很多弯路。

“生活上凑合一点”就是淡泊名利朴素简约地过好生活。刚入职，结婚生子房子车子的现实扑面而来，花前月下的浪漫幻化为柴米油盐的日常。当丰满的理想遇到骨感的现实，长期主义被短期主义替换，很多年轻人会选择向现实低头，开始想方设法挣钱养家，提升生活质量。选择无所谓对错好坏，适合自己的才是最好的。我的选择就是“凑合一点”，抓紧科研、灵活工作，长期主义、眼光放远。

“入职三点”不仅让我受益终生，而且也成为我经常向高校青椒们传授的“秘籍”。事实上，它也确实帮助很多人走过了困境和坎坷，得以继续在学术之路上踏实前行。

## 美国三年

2013年3月至2016年4月，学校外派我到美国明尼苏达大学孔子学院工作，负责克鲁斯汀校区的工作。这三年对我意义重大。

刚到美国一个月，我就给老师和师母写了一封“热情洋溢”的邮件，字数竟然接近三千字。从“梦之缘起”谈到“国之情怀”再到“工作之谜”最后到“家之责任”，“洋洋洒洒”而无视两位读者的劳累。后来老师的回复更让我泪目：“信写得很感人。处处留心，事事用心，就能不断进步。小家与大家兼顾，即为家国情怀!”

此后每隔一段时间，我就会如法炮制地继续“热情洋溢”“洋洋洒洒”一番。有见闻、有新奇，有烦恼、有困惑，也有清谈甚至高傲，老师和师母竟都不厌其烦地、谆谆教诲地一一回复。

三年美国之旅，有几件事记忆犹新。

2014年1月2日至5日，美国语言学会年会暨九十周年纪念大会在明州首府明尼阿波利斯举办。借地利之便，我1号就到达了目的地。听会几天下来，有几个感触：一是美国语言学的主流依然是形式一派，二是美国语言学与认知/大脑、计算等结合密切，三是语言类型学重心已转至欧洲，而马克斯·普朗克研究所的语种样本那时已经达到了近四千种。想到自己博士论文做的类型学视野的汉语条件句研究，顿觉茫然无助，几夜辗转反侧。5号是最后一天，讨论基本结束了，出版商家登场，展示新款书籍。游荡期间，心不在焉。猛然间一个名字映入眼帘“Li Yuming”，竟是德·古意特出版社展示刚刚译成的 *The Language Situation in China*。想起2006年开始参与“中国语言生活状况报告”，想到2000年老师已经转向语言政策与规划，真是五味杂陈、百感交集：这不正是解决我这几天困惑的药方吗？语言学本体研究短期无法赶上欧美了，但是语言生活和语言规划却是扎根中国国情的，却是中国有话语权的。当真是“众里寻他千百度，蓦然回首，那人却在灯火阑珊处”。正是这次遭遇，使我的研究重心有了第二次转向：从汉语句法语义转向了宏观社会语言学，并一直持续至今。

2014 年 5 月 2 日，国际中国语言学学会第 22 届年会暨北美汉语语言学第 26 届年会在马里兰大学召开，老师带队参会。我 4 月 30 日就到了，租好了车，静候老师到来。5 月 2 日，在马里兰大学见到了老师，还有陶红印、周明朗、汪磊、完权等诸位老师。那天的阳光很好，上午议程结束后，跟老师在会场前的座椅上照了一张相。时间很短，但是他乡遇亲人，格外难忘。

2015 年 5 月 29 日，将《句衔寥摘之学术人生》发给了老师和师母。他们阅后很是感慨，当即命我发给"李门"诸姐弟兄妹。《句衔寥摘之学术人生》是 2014 年初明尼阿波利斯之行转向语言政策与规划后，开始系统阅读老师相关著述的果实之一。此摘实在不足为奇，但令人意想不到的是，七年后这一摘录竟成了《叩门语丝》一书的蓝本。故而老师在《叩门语丝》的"自序"中说："本书主要编者王春辉，当年曾赴美国一所孔子学院任教，他国异乡，思家念师，便寻我文章的电子版，边读边摘，辑为《句衔寥摘之学术人生》。……'句衔寥摘'是春辉异乡心绪的写照，也巧与我书斋名号'惧闲聊斋'谐音。"正是当时的实情实景。

"美国三年"，看似离老师"远了"，但现在看来应该是"更近了"。更接近了老师的研究和思想，并进而改变了我学术研究的轨迹。

## 看书折三角

2020 年 9 月 8 日，去看望老师和师母。一个多小时时间，记忆深刻的有二，其中之一就是"老师看书折三角，对应着书里面的查看内容"。具体说来，"老师看书折三角"就是老师看书有个习惯，会将重要页码的重要内容用折左上或右上书角的方式进行标记；"对应着书里面的查看内容"是有时身边一时无笔画线标记，那折的三角的那个直角就会指向本页的那个重要内容。之所以印象深刻，是因为我也有看书折三角的习惯，但是对应指向这一招却确实未曾想到过。

读书，是老师的日常。对于读书，老师也有过很多感悟。比如，"我自幼爱读书，读书至老。幼少时读书，使我感觉不到农村的贫苦，且时时萌动着向上的追求。青年时读书，使我步入学术的殿堂，不管是园林、文学、新闻，还是语言学。工作之后，每一次学术方向的转移，都伴以饕餮般的读书。"再如，"就人生来说，爱不爱读书，怎么样读书，读些什么书，常常决定了一个人的知识域，决定了一个人的人生情趣和生活境界。阅读不仅仅是一种语言技能，还是一种人生境界"。老师对于读书的孜孜不倦和乐在其中正是大家的一个共识。

"看书折三角"不仅仅是一种习惯，更是一种快乐，一种境界。

古语有云"经师易得，人师难求"。老师是经师，更是人师。老师的思想、境界和精神，还会一如既往地照亮着我前方的路。

## 作者简介

王春辉，首都师范大学国际文化学院教授、硕士生导师。2003年—2006年在武汉大学文学院攻读硕士研究生，获文学硕士学位。2006年—2009年在中国社会科学院研究生院师从李宇明教授攻读博士研究生，获文学博士学位。2009年进入首都师范大学国际文化学院工作。现为首都师范大学语言治理研究中心主任、（国家语委）语言治理研究融智协同创新中心负责人，《语言治理学刊》主编、《语言战略研究》副主编、多家杂志编委。湖北文理学院隆中学者特聘教授、聊城大学兼职教授。国家应急语言服务团专家委员会委员、中国乡村发展志愿服务促进会专家委员会委员、中国语言学会语言政策与规划专业委员会常务理事/社会语言学分会常务理事，中国语言文字数字博物馆专家委员会专业指导委员、北京外国语大学世界语言博物馆学术委员会委员。主持教育部国家语委重大项目、教育部语合中心重大项目等各类课题多项，出版著作多部，发表文章120余篇，资政报告近30篇。研究领域涉及语言治理与规划、社会语言学、语言文化教育与传播、汉语句法语义等。

## 指导学生情况

指导中外硕士研究生近30名。

2010年1月8日，到老师家拜望时合影

（左起：李宇明、王春辉）

# 语言规划的特殊情缘

王　辉

转眼之间，从事语言规划与语言政策的学习和研究已经超过 20 年了。每个人从事哪个领域的研究都有机缘，我也不例外。

2003 年 3 月，我开始担任宁夏大学外国语学院院长助理，跟院长周玉忠教授接触颇多。周玉忠教授曾于 1999 年—2000 年在美国匹兹堡大学英文系访学一年，对美国的语言政策有深入了解。在周玉忠教授的指导下，我开始接触语言规划这个领域，并立刻被这个研究领域所吸引。我开始阅读国内外语言规划的相关著作，将语言规划作为我的主要研究方向。

我们发现，当时国内对语言规划的研究并不多，可参考的文献数量有限且非常分散，于是萌生了编一本语言规划文集的念头。我们收集了从 1994 年至 2003 年十年间发表的相关论文，进行了认真的学习和梳理，最终确定了 34 篇论文，得到作者的支持和同意后，收录到文集中。这本名为《语言规划与语言政策：理论与国别研究》的文集于 2004 年由中国社会科学出版社正式出版，成为继周庆生先生所编的《国外语言政策与语言规划进程》（语文出版社，2001）和《国家、民族与语言：语言政策国别研究》（语文出版社，2001）之后，国内出版的第三部语言政策国别研究文集。2004 年 10 月，在中国传媒大学召开的第四届全国社会语言学学术研讨会上，我们介绍了此书，得到了与会代表的肯定和好评。也正是在这次会议上，我有幸有缘认识了李宇明先生，并得到先生的应允，报考他的博士生。

感谢恩师李宇明先生为我打开了语言规划研究的殿堂之门。这里主要谈两件事。

一件事是关于我读博。李宇明先生时任教育部语言文字信息管理司司长，是我们非常崇敬的学术大家和语言规划学的领军人物。其实，我一直没有自信报考李老师的博士生。但因为自己对语言规划研究很感兴趣，李老师在语言规划上的深厚造诣和前沿思想深深吸引了我，我觉得只有跟李老师读博才能取得真正的进步。在周玉忠教授、彭泽润教授等良师益友及家人的鼓励和支持下，我开始复习考博。我拜读了李宇明先生的很多论著，其中印象最深的当属《中国语言规划论》（东北师范大学出版社，2005）。通过研读，我了解了他的语言规划思想，从中汲取了大量学术营养。

2006 年，我很幸运地考取了李宇明先生的博士，开始就读于中国传媒大学。作为一名来自西部地区的考生，自己或多或少有些自卑，李老师对我却关爱有加，令我非常感动。我想，李老师当时是站在为西部地区培养人才的高度去看待招我为博士生这件事的，这让我感觉到了李老师的大格局、大胸襟、大情怀。这是我第一次直接感受到李老师的人格魅力和家国情怀。

跟随先生学习是我一生的荣幸，也让我进一步坚定了从事语言规划研究的决心。先生高尚的品格、开阔的视野、渊博的学识、严谨的治学态度和浓烈的家国情怀，通过他的一言一行和文章著述深深影响了我。我开始明白，语言规划研究不应纯粹是个人的学术旨趣，而应服务于国家和社会发展，学者既要有学术责任，又要有社会担当。

2009 年，我博士毕业。毕业后工作任务繁重。李宇明先生在百忙之中也常提醒我要坚持做研究，不要放弃学术追求，这让我感触颇深。2011 年我受原国家汉办委派赴阿联酋迪拜大学孔子学院担任首任中方院长，工作压力很大。当时中东乱局，先生不仅牵挂我的安全，而且嘱咐我工作之余要继续做研究，要关注阿拉伯世界的语言政策和走向。感谢先生的鼓励和嘱托，让我在这个领域持续学习和研究下去。

另一件是先生对我组织学术活动的支持。2005 年，宁夏大学语言规划与语言政策研究所正式成立（挂靠在外国语学院），这是国内首个以语言规划为名称、专门从事语言规划与语言政策研究的学术机构。我们很珍爱这个学术机构，在这个机构中得到了学术积淀和成长。

2015 年，正值宁夏大学语言规划与语言政策研究所成立十周年。我们举办十周年庆祝会议，我给李老师打电话，邀请他来出席指导，没想到李老师欣然同意。李老师对我这个西部学生、对西部地区高校的发展非常关心。李老师在会上为我们赠送了“贵在得风气之先”的墨宝，他表示，“语言生活派于世三足鼎立，望你们更能得风气之先，日日有新，树帜于学”。这对我和研究团队而言是莫大的鼓舞。

后来，李老师在多个场合和活动中对我和团队的研究表示肯定，支持我们开展学术交流和国际合作，特别是随着“一带一路”倡议的提出，支持我们开展“一带一路”语言状况与语言政策研究。正是在李老师的大力引领和支持下，我们团队在“一带一路”语言政策研究方面持续耕耘，“‘一带一路’上的语言”丛书目前已出版四卷，研究涉及“一带一路”70 个国家。“‘一带一路’国家语言政策与语言教育”译丛目前已出版两卷。

2017 年 10 月，我调到浙江师范大学工作。2022 年，在李老师的指导和支持下，浙江师范大学开始申报国家语委研究型基地：“一带一路”语言生态研究中心。李老师应邀做我们的学术委员会主任并给予多方面的指导。2023 年 10 月

26 日，研究中心揭牌成立并举办语言服务“一带一路”高质量发展学术论坛，李老师因事未能亲临现场，但在线上做了大会报告，令在场的人深受鼓舞。

2023 年 11 月 10 日，我参加了外研社举办的“一言一语总关情——李宇明教授与他的学术情缘”直播活动。在直播采访中，我提到，李老师除了是一位杰出的语言学家外，还是一位有大爱的诗人。李老师在繁忙的工作之余创作了很多有情趣、有哲思的诗作。特别是在新冠肺炎疫情期间，在他生病住院期间，李老师写了很多诗歌抒怀。他的诗歌中既有纵马跃青山的豪情壮志，又有望尽天涯路的悲天悯人，还有诗酒话年华的豁达通透。李老师的诗每每读后都觉余香萦绕，令人掩卷长思。我从 40 岁后开始写诗，也受到了李老师的启发和熏陶。

从跟李老师日渐增多的交往中，我更加了解到李老师对国家和民族的深厚情感，对家庭的倾力付出，对学术研究的热忱和执着，对生活的热爱和珍惜，对后辈学子的无私关爱和支持，这些都已对我的治学和人生产生了重要的影响。

## 作者简介

王辉，浙江师范大学杰出教授，国际文化与社会发展学院、国际中文教育研究院院长，国家语委“一带一路”语言生态研究中心执行主任，博士生导师，博士后合作导师。1999 年—2003 年在东北财经大学管理学院管理学专业攻读硕士研究生，获管理学硕士学位。2006 年—2009 年在中国传媒大学语言学及应用语言学专业师从李宇明教授攻读博士研究生，获文学博士学位。国家社科基金重大项目首席专家，全国国际中文教育专业学位研究生教育指导委员会委员，中国语文现代化学会“一带一路”语言教育与人文交流专业委员会理事长，《国际中文教育研究》辑刊主编。研究方向为：语言政策与语言传播，国际中文教育、国家语言治理能力等。主持国家社科基金项目 4 项。已出版《澳大利亚语言政策研究》、《全球化、英语传播与中国的语言规划研究》、《“一带一路”国家语言状况与语言政策》（4 卷）、《架桥——“一带一路”背景下的中阿文化交流》（阿拉伯语版）等著作 10 余部。在《新华文摘》《世界汉语教学》《语言文字应用》《语言教学与研究》《西亚非洲》《光明日报》等刊物上发表论文多篇。

## 指导学生情况

已指导中外硕士研究生 40 余名、博士研究生 5 名，博士后 2 名。

2015年10月12日，李老师受聘担任宁夏大学语言规划与语言政策研究所学术委员会主任（左起：李宇明、王辉）

# 春风化雨　师恩难忘

于　辉

与李老师的缘分，是我人生中最难能可贵的，他对我的人生教诲，从上学到工作再到生活，李老师的人格魅力以及严谨的治学态度一直滋润着我，温暖着我，成为我人生道路上的一盏明灯。

## 埋下种子

硕士期间，就读过李老师的《语言学概论》《语法研究录》《儿童语言的发展》等著作，受到很大的启发，当时就萌生了一个“宏图大志”，想跟着李老师继续做博士研究，决定报考李老师在中国传媒大学的博士生。在考试之前，因为没有李老师的任何联系方式，只知道他在教育部语信司当司长，万般无奈之下，就用了最原始的方式，给李老师写了一封挂号平信，邮寄到语信司，信中附上了我的电子邮箱，写了我为什么报考以及将来想研究的方向。本以为信件从此会石沉大海，可是在信件寄出的一周左右，李老师给我回了一封电子邮件，邮件上写：欢迎报考。这一刻，让我觉得很感动，一个著名语言学家，还能在百忙之中记得给我这个“小学生”回信，鼓励我报考，当时就暗下决心，好好复习，好好考试。

## 初次见面

2006 年 3 月，来北京考试，更是让我难忘。记得面试的那一天，我进入面试会议室，面对众多的语言学家，我心里自然是很紧张的。这时，李老师突然很“可爱”地举起了手，跟我说：“我就是李宇明”。因为硕士就读的学校在山东的县城，也很少参加学术会议，所以根本就没有跟李老师见面的机会。在面试考场，我是第一次跟李老师见面，那稳如泰山、平易近人的感觉至今印刻在我脑海里，清晰可见。李老师那亲切的话语一下子消除了我面试时的紧张，非常轻松地讲述了我的硕士论文以及我未来想要研究的方向，李老师全程都是笑着听我讲完，最后还说了几句鼓励我的话，那一刻，是李老师给了我力量和信心，内心特别渴望能与李老师结成一段师生缘，最后，如愿以偿。

## 学术缘分

进入中国传媒大学攻读博士，每一次近距离听李老师讲课，都会被他对语言本体、语言规划以及语言理论细致深刻的研究以及高瞻远瞩的学术视野所震撼。李老师上课语言幽默，旁征博引，把语言学界一些不被人关注的点挖掘出来，引起我们的思考，带领我们在语言五彩缤纷的天空中自由翱翔。

李老师踏实做学问的态度也润物细无声地影响着我。记得他说过，做学问要踏踏实实，要耐得住寂寞，要博览群书，要善于思考。读博期间，我的博士论文题目一直没有定下来，由于李老师当时主要从事语法研究，我当时也是想写与语法研究有关的内容，但是语法基础比较薄弱，李老师多次跟我详谈，在尊重我个人意愿的基础上，给我提供了论文建议，并且告诉我“研究生，就是自己研究，自己升”，导师只是一个穿针引线的指导作用。

经过与李老师的沟通之后，我选择了“比喻”作为博士论文的研究方向，但是要提炼出比喻的规律，就需要搜集足够的比喻句作为样本，当时，在图书馆经常一坐就是一天，从浩如烟海的文学作品中逐一找出比喻句，当时真的想过要放弃，想改变研究方向。每次论文进展困难的时候，耳边都会想起李老师的话：要踏踏实实，要耐得住寂寞，这时，一股无形的力量就会推动我继续下去，最后搜集了将近 2000 条比喻句作为研究样本，我自己都对自己的“壮举”感到惊讶，有了这种力量，感觉以后在面临各种挑战时都能够从容应对，自信满满。从最开始的搜集语料到分析语料再到提炼规律，李老师都对我进行了悉心的指导，甚至在凌晨给我修改论文，满篇的红色至今记忆犹新。

三年的博士生涯，与李老师相处的点点滴滴还历历在目，在学术上，对我最大的影响就是“踏实勤奋，深入思考”。这几个字也贯彻在我的工作中。工作中无论遇到多大的困难，我都会从各种角度寻求解决方法，不轻言放弃。

## 人格魅力

读博士期间，我接到了一个任务，就是把李老师和白老师跟踪记录的女儿冬冬日记录入电脑。白老师虽然身患重病，依然坚持记录冬冬近乎每一天的语言，这项记录长达六年半，我不禁感叹这一对父母真是太了不起了。后来，又听到李老师和白老师同甘共苦、相濡以沫、不离不弃的感情，更对他们充满了敬佩和羡慕。在录入这些日记的同时，也切切实实感到了父母对孩子真挚的爱。而我，由于入学的时候年龄最小，也得到了李老师和白老师无微不至的关怀，因为写论文瘦了好多，李老师和白老师经常叮嘱我在完成学业的同时一定要保重身体。在学业压力大的时候，白老师经常会开导我、鼓励我，让我只身一人在北京的读书生活充满了温暖。

## 再续前缘

李老师在招我入“李门”的时候，就觉得我年龄小，可以让他的学术传承更久一些。可是，没想到，让李老师“失望”了。博士毕业后，我并没有进入学术圈，而是进入了出版行业，做了一名图书编辑。因为不在学术领域，与李老师的交集也没有之前那么多了，但是他一直支持我的工作，工作中需要他的时候，他都会尽力答应。而《一言一语总关情》又让我们再续前缘，我有幸做了《一言一语总关情》的责任编辑，负责这本书的编辑、设计、出版全部流程。我欣喜若狂，想着终于可以为李老师做一件事情了。在出书过程中，和李老师就版式、封面、用纸方面的交流，又让我回忆起了当年上学时和李老师沟通博士论文时的情景。李老师还是那么严谨细致，格局还是那么开阔。在排版、设计、出版过程中，我每做一个决定，李老师都给予了肯定和支持。在图书出版之后，李老师也表示非常满意。曾经，我因为没有进入学术圈而害怕与大家没有共同语言，所以“李门”聚会我经常不怎么参加。李老师非常了解我的想法，他说过，他欣赏他的每一个学生，因为每一个学生都有值得他学习的地方，而我，在图书出版方面就值得他学习。李老师每一次的鼓励，都让我充满了希望，充满了力量。

李老师忠于职守、顾全大局的工作态度教会我要认认真真做工作；李老师一丝不苟、勤奋严谨的治学态度教会我要踏踏实实做学问；李老师一心一意、任劳任怨的家庭责任感教会我要实实在在做人。李老师对我在学业、事业和生活上的恩情，让我终生难忘！

### 作者简介

于辉，外语教学与研究出版社中国语言文化出版分社高级编辑。2003 年—2006 年在曲阜师范大学汉语言文字学专业攻读硕士研究生，获文学硕士学位。2006 年—2009 年在中国传媒大学语言学及应用语言学专业师从李宇明教授攻读博士研究生，获文学博士学位。主要从事中文类图书策划、编辑以及国家出版基金项目的管理。责编并出版图书 60 余本，主持编辑出版类项目 10 余项。

2023 年 9 月 16 日，在《一言一语总关情》新书发布会上合影
（左起：于辉、李宇明）

# 导师的勤与爱

李　君

2007 年 9 月，我入南开大学攻读博士学位，有幸成为李宇明先生的弟子。在跟随李老师学习和与李老师接触中，有两件事对我来说记忆犹新。

第一件事是李老师帮助我确定博士毕业论文题目。记得是 2008 年 4 月清明节放假，我去北京向李老师汇报博士毕业论文的选题情况。那时候，李老师的腰椎病又犯了，只好半躺在床上指导我博士毕业论文如何选题。在此次指导中，李老师给我非常大的一个感受就是李老师的“勤”——体勤和脑勤。李老师的腰椎病是体勤的明显表现，李老师长期从事行政工作，需要为此耗费大量的时间和精力，但李老师又在学术研究上毫不放松，只能靠熬夜争取更多的时间做学问，这里的辛苦和付出是我们难以想象的。腰椎病是李老师常年超负荷工作和研究所致，仅通过这一情况，李老师体勤的程度可见一斑。我最终博士毕业论文题目的确定是李老师脑勤的很好例证。大学语文教育这一领域的研究我在读博之前从未涉及过，读博后李老师让我更多地关注一下大学语文教育，让我从中进行摸索、思考。在此次指导中，李老师最后帮我敲定了博士毕业论文的题目——大学语文教材研究（1978—2008）。这个选题实际上是李老师长期关注和思考大学语文教育的结晶。李老师作为中国语言生活派的领军人物，所思所想常领风气之先，我博士论文的选题也充分体现了这一点。《大学语文教材研究（1978—2008）》是我国第一篇专门研究中国大陆出版的大学语文教材编写实况的博士论文，算是在博士生中研究大学语文教材方面开了个头，能得如此好题主要得益于李老师的眼界和探索，是李老师靠脑勤不断思考所获。有些可惜的是，博士毕业论文的选题虽然非常好，但受我水平所限，没有很好地完成老师的规划，博士毕业论文在深度上还远远不够。时至今日，我常常感到很遗憾，浪费了李老师这么好的博士论文选题，辜负了李老师的期望。

第二件事与李老师对我的关心有关。2019 年夏季，李老师来哈尔滨开会，在李老师来之前，同门在李老师授意下通知了我。我知道后，内心非常高兴，深刻感受到李老师在内心是很牵挂自己学生的。我性格有些内向，平时与李老师直接联系很少，加之“李门”弟子很多都非常优秀，我在李老师的弟子中是成长较慢的，所以自己更多的时候不好意思联系李老师。李老师来哈尔滨开会非常忙，想见见我，主要还是李老师很牵挂我，想通过见见面，更好地了解我的生活和工作现状。李老师的这份牵挂犹如父母一般，无论孩子穷富、成功与否，父母牵挂最多的可能还是那些穷困的、发展不好的孩子。在“李门”中，我感受最深的就是这种师生情同如亲情。难以忘怀的是，李老师开完会返京登机之前，还特意又发信息叮嘱我，期望我离哈去攀枝花工作后一定要处理好夫妻两地分居情况下的事业和家庭事宜，殷殷关爱之情使我在不知不觉中眼眸已湿。李老师对学生的爱是我的榜样，我作为老师，也一定要把这种爱永远传承下去。

有关李老师的勤奋和对学生的关爱我只写如上两件事，限于表达能力，言不能尽意，但李老师对我的恩情我会深深地留在心里。

**作者简介**

李君，攀枝花学院文学院教授，曾任黑龙江大学国际文化教育学院教授，硕士生导师。2000 年—2003 年在黑龙江大学汉语言文字学专业攻读硕士研究生，获文学硕士学位。2007 年—2010 年在南开大学语言学及应用语言学专业师从李宇明教授和马庆株教授攻读博士研究生，获文学博士学位。目前，出版学术专著 3 部，主编或副主编教材 5 部；主持完成黑龙江省哲学社会科学研究规划项目、黑龙江省教育厅人文社会科学研究面上资助项目、攀枝花市社会科学规划项目多项，参加完成国家社科基金项目、省部级和市厅级项目多项；在 CSSCI 来源期刊、北大核心期刊、省级期刊发表论文 30 余篇。专著《大学语文教材研究(1978—2008)》和论文《说提醒标记“你看”》分别获 2015 年度和 2013 年度黑龙江省高校人文社会科学研究优秀成果三等奖。

**指导学生情况**

已指导硕士研究生 30 余名，其中含来自俄罗斯、泰国、老挝的外国留学生 3 名。

2010 年 5 月，在南开大学博士论文答辩会上合影

（左起：李君、李宇明）

# 老师勉励我读书

刘子琦

“书山有路勤为径，学海无涯苦作舟”，在学术道路上，勤奋刻苦读书是打牢学术基础的唯一路径。在我的学术道路上，李宇明老师一直都是我读书的榜样和鞭策者。

## 入门第一课：老师勉励我读书

2007 年 9 月，我进入南开大学文学院在职攻读语言学及应用语言学专业博士研究生，李宇明老师和马庆株老师是我的博士研究生指导教师。有幸在两位先生的指导下学习，我既开心又惶恐，开心的是可以得到两位先生定制式的指导；惶恐的是自己的语言学基础薄弱，让先生们指导我会费神费力。

被南开大学录取后，第一次见到李老师时，我没有太多自信。那是 2007 年的初秋，老师在教育部南楼二楼的办公室里约见了我。那一次谈话，老师和蔼慈祥，消减了我作为学生见老师的紧张感。老师说知道我硕士是学文学的，语言学底子不厚，希望我发挥所学专长，博士论文考虑文学语言规划涉及的问题，同时他还赠给我他去山东大学出差时写下的一段话，“书是一汪泉水，能使你心情平静。书是刮过池面的风，能掀起你思想的波澜。读书，读出人性的高贵与坚毅，读出人生的智慧与尊严”。

因为文学专业毕业转向学语言学，我总感觉很多语言学的书没有读，还需要打牢语言学的基础，我很幼稚地向老师咨询除了语言学基础理论的书，是否需要再多看一些逻辑相关的书籍，因为本科的时候，同系编辑学班开设了逻辑学的课程。李老师只是微笑，建议我按照培养方案开设课程提供的书目看书，还建议我看维特根斯坦的书。老师说选择文学语言规划这个选题，可以去找师姐黄晓蕾老师多请教，她的论文也涉及这方面的内容，更要看语言规划方面的著作和论文。那天我第一次从老师那里知道了吴稚晖、陈章太、于根元、苏培成、李建国等语言规划领域的学界前辈，了解了语言规划的一些入门知识，也开启了我对语言规划研究的学术之门。从老师的办公室里出来，我步履轻松，因为有了论文的方向，得到了老师的鼓励——静下心来，认真读书。只有在书的世界里，才能涤荡浮躁的心绪；在专业书的世界里，我向各位学者学习治学的方法，思考问题的角度，同时也有了质疑学术问题的勇气，更找到了学术共鸣的应和。

## 读书的日子里：老师激励我读书

在“聚贤聊斋”的大家庭里学习，老师和师母不断地勉励我认真读书、潜心思考。读博士的时候，我要一边学习，一边工作，一边兼顾家庭照顾幼小的儿子。节假日，我打电话给老师、师母预约去家里拜访。多数时候老师和师母以师母身体不好、我孩子小让我好好照顾我自己的小家为由，婉拒我的拜访。还有些时候，老师很认真地说，平时工作太忙，没有整块的时间看书、思考、写文章，假期给了老师最好的读书、思考、写作的机会，不想被打扰。每每挂上电话，我都被老师和师母对我的关心感动着，懊悔自己不够关心老师和师母，同时也更被老师的勤奋激励着。事务性的工作占据了老师大量时间，老师又是一位高产的学者，这就意味着，老师必须牺牲很多休息的时间来弥补读书、思考、写作被占用的时间。有李老师作为榜样，我们怎么能荒废时间，不去读书呢？

书籍浩如烟海，攻读博士学位的时间是有限的，如何在有限的时间内，有针对性地阅读与论文相关的学术书籍，是我一直纠结的问题。2011 年 10 月，由我工作的语言文字应用研究所主办、湘潭大学筹办的第七届全国语言文字应用学术研讨会在湖南湘潭召开。会议邀请了时任教育部语言文字信息管理司司长的李老师出席指导并做闭幕式的总结讲话。会议间隙，李老师特意把组织会议的我叫到他身边，语重心长地对我说：“你看，今天在台上做主旨发言的专家们，他们讲的主要内容都是他们自己最擅长的，不论他们最初学的是什么专业，都是以最擅长的专业知识为基础，结合他们语言学的实践经验，阐发自己对相关语言学领域问题的思考。”老师一席话，让我豁然开朗，泛读语言学各领域及相关其他跨学科的书籍，虽然能够拓宽学术视野，但是围绕论文写作，则应该去精读语言与文化、语言与文学、语言规划以及涉及国家通用语言文字推广应用的相关著作及论文，集中火力解决我写论文的疑难问题。

求学的路上，李老师不仅鼓励我读书，也教会我如何把学到的知识应用到实践中去。在读书的过程中，我们都遇到过一本书看过了，其中的理论观点记不住几条的情况。一次上课，也有同学向李老师请教如何记住书中内容的方法。李老师尚未回答，先展现了他特有的憨厚慈祥的笑容，然后说道：“有些观点看一次书，是记不住的，需要反复阅读，同时要记录下主要观点，多次引用，慢慢就记住了。”获得了老师亲授的阅读经验分享，我们也豁然释怀，哦，原来学界大咖看书也不是一遍能记住的啊。阅读过的书籍的内容，要通过反复记忆的实践，最终才会成为自己知识体系的一部分。

## 毕业之后的学术道路上：老师引导我读书

读书时，老师不断勉励、激励我读书。毕业后，老师和师母依然鼓励我不要放弃自己对学术的兴趣，循循善诱地引导我找到可耕耘的处女地，帮助我耕地、施肥、浇灌，同我一起期待硕果的到来。儿童语言学是老师研究的重要领域之一，同门中有相当人数的师兄师姐师弟师妹因为做了父母或者兴趣使然，也在儿童语言学这个领域里深耕细作。2018 年，当老师和师母知道，我怀了二孩宝宝，即将成为一名二孩妈妈时，他们为我享受到国家的二孩政策而开心，同时，老师送我一套《语言战略研究》，嘱我爱人转告我，有时间看看家庭语言规划的文章，同时吸收我进入老师刚刚申请的国家社科基金重点项目“中国学前儿童语料库建设及运作研究”。在老师和师母的带领下，我一边照顾小宝宝，一边把他作为研究对象进行观察，一边补儿童语言学、心理学等知识。在这个过程中，读专业书、读人生的书，我又一次成长了。在读书的这段时间里，我既能全身心地陪伴照顾孩子，又能受到学术的滋养，我收获了第一个由自己主持的科研项目，也初步建立了一个小小的团队。

在单位，我也担任研究生专业课的授课任务，为了扩展学生的视野，我向李老师咨询如果和学生一起讨论法国符号学，福柯的著作看哪一本。很快，我收到了李老师的微信回复，建议一起研读《词与物——人文科学考古学》。我在讲授课程的过程中，李老师的《语法研究录》《中国语言规划论》《中国语言规划续论》《中国语言规划三论》，李老师主编的《语言学概论》《理论语言学教程》等专著和教材，都是我经常阅读的文献。李老师的《语法研究录》是我开展词汇学研究的参考“模板”，我也把它介绍给听我课的学生。李老师主编的《语言学概论》教材，虽然面向群体是高职院校的学生，但其中第一章“语言和语言研究”、第三章“文字”和第六章“语言学习和语言康复”深入浅出的编写视角直到今天仍很新颖。

能够被老师招进“聚贤聊斋”这个大家庭，我们是幸运的。老师指导我们获取学术的知识，师母作为团队的“政委”既关心我们的学业，也为我们开解思想的难题。他们之间的恩爱，他们对纤纤、杨菲和孙辈们的正向的疼爱，都在深深地感染着我们。老师和师母就是我们人生中永远都学不完的知识的源泉。

### 作者简介

刘子琦，教育部语言文字应用研究所副研究员，中国社会科学院大学硕士生导师。2002 年—2004 年在西南大学中国现当代文学专业攻读硕士研究生，获文学硕士学位。2007 年—2013 年在南开大学语言学及应用语言学专业师从李宇明教授和马庆株教授攻读博士研究生，获文学博士学位。主要从事语言政策规划、儿童语言、媒体语言研究，讲授“普通语言学”“媒体语言学概论”等博士和硕士研究生课程。发表论文20余篇，主持省部级科研项目1项，参与国家级或省部级科研项目多项。

**指导学生情况**

指导硕士研究生3名。

2013年1月，南开大学博士论文答辩会合影
（前排左起：马庆株、卢静、姚喜双、石锋、李宇明；
后排左起：贾泽林、冯大建、迟宝东、刘子琦、苏小妹、李英姿、王国栓）

# 从领导到老师

陈 茜

2003年，我从北京广播学院毕业，到教育部语言文字应用研究所工作。那时候，李宇明老师任教育部语言文字信息管理司司长，兼任语用所所长。所以老师最开始对于我来说，是同事，更是领导。跟同事们交谈时提到老师，都是叫“李司长”。部机关公务繁忙，但老师不时会来所里指导工作，给所里的同事们开会、做讲座。每次听完司长讲话，都会觉得思路开阔、目标宏大，感觉心潮澎湃、充满干劲。印象比较深的，是一次关于普通话水平测试工作的认识。

记得刚工作那几年，每年所里都有一项重要的任务，就是派出测试员赴港澳与合作的高校共同主持国家普通话水平测试。那时还都是人工测试，而且每次测试量都很大，有时两个学校的测试任务连在一起，中间在香港还要“搬一次家”，一去就是两三周。刚开始觉得很新鲜，喜欢香港这个繁华的大都市。时间一长工作流程渐渐熟悉了，就开始有些懈怠。有一次在香港一连待了27天，每天都是从早到晚地测试，一坐一天，感觉枯燥无味，疲惫不堪。老师有一次在全所会的时候提到赴港测试，说不要小看我们的这个测试，现在看是很具体很烦琐的一项工作，但从长远来看，这项工作影响深远，对我们国家在香港、澳门的普通话推广具有重要的意义；承担这项工作的人，跟在海外做汉语推广的老师们一样，做的是符合国家利益的大事，功德无量。这一席话让我对这项工作任务有了新的认识，开始认真思考这一工作的意义和价值。在此后多年的赴港澳测试中，那种责任感和使命感都充盈在心中，让我不断在工作中得到成长和历练。

2006年，工作两年之后，单位组织中级职称评审。我和同年进所的韩玉华一起参评。当时对职称评审的认识还很模糊，提交材料时我俩写的都是这两年来的工作总结。而那个时候，我在培训处，韩玉华在测试处，平时的工作主要是办培训班和参加测试，很多都是事务性的工作，几乎没有什么研究成果。李老师兼任语用所所长，那天跟分管科研工作的时任副所长靳光瑾老师等一起参加评审。我俩念完工作总结，就受到了李老师严厉的批评。大致的意思是，我们忘记了自己作为研究者的职责和使命，不能只满足于做一些整理档案、收发信件、管理学员的琐事，所里招我们这些研究生是要做研究的。我和韩玉华被这顿突如其来的训斥弄蒙了，从会议室出来两个人都躲到办公室里默默掉眼泪。后来靳光瑾老师专门来安慰我们，说李司长的用意是好的，是看到你们年轻人不做研究净做些杂事，心里着急。那个时候，只是觉得心里委屈，觉得工作任务都是测试中心的领导安排的，我们也不在研究室，没有项目做，怎么出成果呢。后来才体会到，老师是真心为我们着急，希望年轻人学有所用，用有所成。再后来，几次去老师家拜访、参加同门聚会，师母白老师多次说起老师的学术研究经历，现身说法，才有更深的感受。研究条件是自己创造的，研究动力是自己内心的追求，以外部环境为由做辩解其实是给自己的懒惰找借口。我开始结合自己的工作写一些文章，后来整理关于培训班的材料写成了《国家级普通话水平测试员队伍的培训与发展——第 37 至 43 期国家级普通话水平测试员资格考核培训班学员情况分析与思考》一文，收入第三届全国普通话水平测试学术研讨会论文集，并发表在 2007 年第 4 期《语言文字应用》杂志上；《香港 PSC 测试员队伍现状与展望》发表在 2009 年 S3 期《首都师范大学学报（社会科学版）》，后被香港中文大学的《普通话教育研究及发展》转载；关于澳门测试员的培养和测试发展的《澳门普通话水平测试（PSC）十年》则发表在 2009 年第 1 期的《澳门语言学刊》上。再后来参与年度新词语编年本编写、普通话异读词审音、普通话测试实施纲要修订等工作发表的一些研究论文，都是受老师和师母启发鼓励的成果。2015 年我参加副高级职称评审，跑到北京语言大学请老师写推荐信，老师也欣然应允。

工作以后，硕士导师于根元先生一直督促我，要继续考博。2004 年第一次报考，考前考后都没有跟老师联系。于老师说："导师都不知道你要考，怎么会要你呢!"结果可想而知。2008 年第二次报考，同事刘朋建、王晖极力支持我，说还是报考李老师的。但那时老师因公务繁忙以及身体原因已经暂停了在中国传媒大学和中国社会科学院的招生，当时我并不了解情况，看到南开大学还在招生，就报了南开。蒙老师不弃，2008 年秋天，我如愿考入南开大学，在职攻读语言学及应用语言学专业的博士学位。老师不但收了我这个学生，还请周荐老师也做我的导师，具体指导我的学业和博士论文。能够同时得到两位导师的指导，何其幸运！博士求学期间，是跟老师邮件往来比较频繁的一段时间，至今我还保留着那个时候老师发来的邮件。虽然工作很忙，但是老师常常会发来他尚未发表的文章或报告，把最新的思考和前沿的研究毫无保留地分享给我们。

2012 年，老师工作变动，从语信司调到了北京语言大学，工作更忙碌了。但还是能经常收到师姐转来老师分享的文章，甚至讲话稿。在北京语言大学履职的讲话里，老师写道："大学要有大情怀，要解决大问题。何谓大学？回答这一问题，马上会想起先贤名言：所谓大学者，非谓有大楼之谓也，有大师之谓也。我想，大学不能没有大师，也不能没有大楼，但更为关键的是要有大情怀。我所理解的大情怀，就是学校利益、国家意识、科学精神、世界眼光以及对人类的终极思考。有大情怀才能有大气象，才能解决大问题。凡国家之事皆与我校相关。凡国家之需求，特别是国家语言之需求，皆当尽心。凡社会之需要，特别是社会语言之需要，皆当尽力。从学术和教育的角度解决国家乃至人类发展中所遇到的各种问题，是大学的职责。对于北京语言大学来说，从学术和教育的角度解决国家乃至人类发展中所遇到的各种语言问题，也是一项不辞之使命！拥有大情怀，解决大问题，也是评价学生和教师的一把尺子。什么是优秀学生？就是具有大情怀、立志解决大问题的学生！什么是优秀教师？就是具有大情怀、能够解决大问题的教师！刚才几位领导都讲到国家意识，我认为，国家意识就体现在大情怀和解决大问题上。”这一番话让我真正领略了什么是家国情怀，什么是学者的担当。北语的学生何其幸运，北语的老师何其幸运，北语何其幸运！近些年来，每当开学季、毕业季，网上都会流传一些校长的开学典礼、毕业典礼致辞，每每读到，就会想起老师这篇高瞻远瞩、意味深长的履职讲话。那是一份沉甸甸的责任，也是一位背负使命、勇往直前的学者的拳拳之心。

2016 年 5 月，周荐老师的博士生刘静静博士论文答辩，邀请李老师做答辩委员会主席。我作为答辩秘书，陪同李老师从北京去天津南开大学参加答辩会。那是令我印象最深刻的一次答辩会。李老师提问时，完全没有高高在上、严厉审视的姿态，而是像一位和蔼可亲的长辈跟晚辈平等地探讨学术问题，交换学术看法。李老师说：“我们提的问题你可以回答，也可以不回答。我们并不一定都是对的，各位老师从各自的角度提出自己的意见和建议，你要有自己的独立思考，在老师们的帮助下去丰富和完善自己的研究成果。”在李老师的主持下，答辩会变成了一场碰撞思想、启发思考、追求真理的学术研讨会，气氛活跃而融洽。静静何其幸运，不仅答辩的紧张和担忧烟消云散，更收获了答辩专家们充满思辨和关爱的建议和指导。我想不但静静，其他任何一名学生如果经历这样一场答辩，一定会印象深刻、受益终身。这样的思想启迪定会开启一段新的学术研究之路。

说实话，老师当司长、所长那会儿，心里更多的是敬畏，老师作为领导和我作为下属，总多少有些距离感。等到老师去了北语，一次次的聚会，一次次的讲座，反而跟老师多了些亲近，心里更多的是敬重。二十年来，老师不遗余力地在各个方面鼓励和支持我，不仅是指导学业、督促研究、评职称、做项目，每次有合适的研究或课题都会想到我，给我锻炼和成长的机会。我想不光是我，老师对每个学生都是这样怀着殷切的希望，希望我们都能如他一般，“上下而求索”，攀上“科学圣光”的山巅。

## 作者简介

陈茜，教育部语言文字应用研究所副研究员，中国社会科学院大学文学院硕士生导师。2000 年—2003 年在北京广播学院语言学及应用语言学专业攻读硕士研究生，获文学硕士学位。2008 年—2013 年在南开大学语言学及应用语言学专业师从李宇明教授和周荐教授攻读博士研究生，获文学博士学位。现任教育部语用所语言文字培训中心主任，国家级普通话水平测试员培训考核班主任讲教师。

## 指导学生情况

指导语言学及应用语言学专业硕士生 2 人。

2016 年 5 月，刘静静博士论文答辩会后合影
（左起：周荐、李宇明、陈茜）

# 好大一棵树

姚 敏

有一首歌是这样唱的："好大一棵树，绿色的祝福。你的胸怀在蓝天，深情藏沃土。"每当这首歌的旋律响起，我就会想到我的博士生导师——李宇明教授。他就像一棵参天大树一样顶天立地。

一转眼，本人忝列"李门"已有十余载。往事如烟，时光荏苒，回首过往才发现我的言行举止已经深受李老师的影响。我本是一个大大咧咧、不拘小节的人，性格中多少带些男孩子的莽撞，做事情有时会有粗枝大叶的毛病。但在李老师的提醒和点拨下，很多不好的毛病渐渐得到了纠正。比如，以前我给别人发信息会比较随意，有时候不注意身份，用词也不够精准，想起什么就发什么。李老师看出了我的这个问题，每次都很有艺术性地提醒我。比如在一次我写得特别好的时候老师及时表扬了我："写得很好，一个字都不需要改，以后保持这样的文字水平。"欣喜过后，我才后知后觉地反应过来，原来老师是在提点我。再比如，我很喜欢在信息里发感叹号，我自己都没有意识到感叹号会给人一种压迫感，老师则用半开玩笑的方法提醒我，"一看到感叹号就知道是姚敏发的信息，哈哈"。让我不禁意识到哪怕是标点符号都不能随意马虎。李老师总是用一种让人乐于接受的方法提醒我一点点改掉自己很多的毛病。渐渐地，我在给其他人发信息的时候，都会字斟句酌、反复思量一番才敢发送。在李老师的影响下，无论是说话还是办事，我都比之前成熟稳重了很多。

与"李门"结缘还要回到 2010 年，当时我们单位与教育部语用所签订了合作协议，其中一项内容是语用所优先培养我单位的研究生。得知这一消息，我特别兴奋。早就听闻李宇明教授的大名，如果能有机会入读李老师门下，将是我无上的荣光。那以后，人生便有了新的目标和动力，我开始认真研读李老师的文章和著作。

后来，李老师来我们学院作交流。我有幸在领导的引荐下见到了李老师本人。他看起来慈眉善目、和蔼可亲，让我一下子对老师有了亲近感。记得当时李老师对我说："欢迎你报考啊，我之前都在语言所招博士，才开始在语用所招。你如果感兴趣，可以关注一下语言的国际传播这个方向。"我信心满满地答应了下来。

2011 年，我如愿考取了社科院语言所的博士研究生，从此敲开了"李门"的大门。因为有了更多的机会接触到老师，让我对老师有了更加真实全面的了解。

李老师格局高远，智慧超群，是真正心怀“天下寒士”的知识分子，极具社会担当和家国情怀。老师虽曾身居高位，却没有丝毫架子，对待所有的人都一视同仁、平易近人。最让人感动的是老师与师母的爱情。师母在婚前不幸患上了类风湿关节炎，不得不常年卧床。李老师没有因此悔婚，而是勇敢、坚定地承担起对师母爱的誓言。两人风风雨雨、相濡以沫，一起经历过很多常人无法想象的困难。但老师和师母却苦中有乐，化困难为动力。我有幸一次次见证了老师给师母买礼物、喂师母吃饭、陪师母聊天的场景，每每想起都会热泪盈眶。除了物质上的关照，为了让师母的生活更加充实、有价值，他们从孩子出生后就开始记录她的语言发展过程，最终结集出版了《人生初年——一名中国女孩的语言日志》。这部重要的儿童语言发展实录凝结了老师、师母多年的心血，也记录了这个家庭一路走来的艰辛与不易。

老师的一言一行始终感染、激励着我。他就像我生命中的指路明灯，照亮我的学术研究之路。他就像一棵大树，深深扎根在中国学术大地，又用郁郁葱葱的繁枝茂叶撑起一方天地，为家人和学生遮风挡雨。回首和老师相处的点点滴滴，有太多太多美好的回忆与感动。对我而言，有两件事情记忆格外深刻。

一是老师谦逊和蔼，给学生足够的学术自由。

记得当初，老师希望我研究语言的国际传播方向，于是在刚读博士那段时间阅读了大量关于语言国际传播的资料和书籍。积累了一段时间后，在老师的鼓励下将阶段性成果撰写成论文《汉语国际传播研究现状及思考》。

可是，到了博士论文选题的阶段，我却越来越觉得研究遇到了瓶颈，似乎没有找到继续深入研究的点，觉得与“语言政策与规划”也较远。犹豫很久，我还是鼓足勇气把这些困惑和老师非常隐晦地表达了出来，同时，还表示了希望能和自己正在从事的行业有所结合的想法。老师听后，并没有马上表态，只是淡淡地说了句“我们都再想想”。

我当时心里特别羞愧，想着老师一定对我非常失望吧！开始答应老师的时候有多自信，如今就有多惭愧……就在我还诚惶诚恐、提心吊胆、患得患失地以为老师会生气的时候，老师给了我一个大大的惊喜。没过几天，与老师在一次会议上相遇，老师特意找到了试图躲避他的我说：“姚敏，你做的是华文教育，你是不是可以从语言政策与规划的角度研究一下国家侨务领域的语言政策?”

我好像瞬间被点燃了，老师非但没有埋怨我，还在百忙之中认真地替我考虑了这么多。在接下来和老师进一步的探讨中，老师意味深长地说，“你若选择这个领域，能和你所从事的职业挂上钩，这是很好的。但是，我在这个领域并不擅长，你在写作的过程中，还得多多请教郭熙、贾益民、周清海等先生。”老师就是这样谦逊，为了帮助我更快地成长，他还陆续把我引荐给了国内相关专业的大咖。在老师的引导下，我顺利完成了博士论文的撰写，同时，也找到了自己的研究阵地。

论文写作过程中，我深刻理解了老师说过的那句话：导师，重在“导”而不在“师”。我就是这样，在老师的引导下一步步找到了自己的研究兴趣，在自己的研究领域纵深挖掘。很多人都在抱怨做科研苦、做科研累，可是真正找到自己的研究兴趣，很多事情就不再艰难，相反会变成一种快乐。引导我有这种愉快体验的，正是我的导师——李宇明教授，是他的和蔼谦逊打消了学生心中的顾虑，也是他给了我极大的学术自由和尊重，让我可以勇敢地尝试更适合自己的研究方向。我常常想，李老师的心胸像星辰大海般辽阔，才给了学生们探索的自由与勇气。

二是老师博学多闻，告诉我生活处处是学问。

还有一件其实是很小很小的事情，却让我体会到了李老师的博学多闻。2018 年 4 月，我与老师一起去武汉大学参加“多语与家庭”学术研讨会。在从北京到武汉的高铁上，老师给我讲解了一路沿途所经过的地理地貌知识。我第一次把地理课本上的“秦岭—淮河”一线真正刻在了脑子里，搞清楚了南方与北方的分界，了解了河南与湖北的地理、气候、饮食、风俗习惯甚至是语言的不同。老师还给我讲了很多他去湖北求学、工作的往事，以前的艰苦岁月在老师这里已然变成了珍贵的回忆。

说实话，出发前因为和老师要一起同行，我还颇为紧张了一阵子，怕老师问我学问做得怎么样，看了多少书。老师似乎看穿了我的小心思，为了让我更加放松，给我讲起了一路经过的地理常识和风土人情。老师一路侃侃而谈，在那辆飞驰的高铁上，在我心里，老师已经不仅仅是一位语言学家了，倒是更像一位博物学家，上知天文、下晓地理。而我就像个小学生一样，忽然感觉自己知道的实在是太有限了。老师看我一脸茫然无知的样子，笑了起来，语重心长地说：“姚敏啊，生活处处是学问啊!”

是啊！生活处处是学问，老师不仅教我们学问，也教会我们如何去生活，更教会我们用自己的学问去解决生活中的问题。从生活中来，到生活中去，也是在这样的理念下，老师开创性地创立了“语言生活学派”，开创了中国语言学的新风气。这次旅途，让我知道了自己是多么无知。人也许就是在发现自己的无知后才会更有动力去寻求有知。从那以后，我下定决心，也要像老师那样，博闻强识，发现生活、发现生活中的学问。老师就像是无尽的宝藏，在不经意间也能给予学生受用终身的财富。

2016 年 5 月 11 日，我博士论文答辩结束后，向导师李宇明教授献过一首诗：“您无私地站着，站成一棵蒲公英，让知识的种子大大方方地飘散开来，阳光下的世界才因此而变得灿烂缤纷；您正直地站着，站成一棵雪松，让挺拔的身躯不偏不倚地接吻蓝天，风雪中的生命才因此而变得青翠蓬勃；您高贵地站着，站成一片风景，让灵魂的枝叶哗啦啦地拍响节奏，成长中的幼苗才会因此而找准努力的方向!”这首诗中赞美的大树，就是李老师在我心中的形象，那样无私、正直、高贵。我只想说：遇到吾师，真乃三生有幸!

## 作者简介

姚敏，北京华文学院专修部副主任，副教授。2004 年—2006 年在中国人民大学语言学及应用语言学专业攻读硕士研究生，获文学硕士学位。2011 年—2016 年在中国社会科学院研究生院语言学及应用语言学专业师从李宇明教授攻读博士研究生，获文学博士学位。国家语委海外华语研究中心兼职研究员，英国谢菲尔德大学访问学者。主要研究领域为华语传承、华文教育、语言政策与语言规划，先后在《语言文字应用》《华侨华人历史研究》《语言教学与研究》《语言战略研究》等国内外学术刊物上发表论文 20 余篇；出版专著《中国华文教育政策历史研究——语言规划理论透视》。主持国家语委、中央统战部及中央统一战线高端智库项目三项，参与多项国家社科基金项目。从事华文教育教学工作十余年，曾作为团长及主讲教师赴马来西亚、新西兰、澳大利亚等国进行海外华文教师师资培训。被聘为中国社会科学院大学、信阳师范学院汉语国际教育硕士专业研究生实践导师，暨南大学华文学院华文教育专业学生指导教师，北京外国语大学世界语言博物馆专家委员会委员。

2016 年 6 月，在李老师办公室合影

（左起：姚敏、李宇明）

# 山高师为峰

刘楚群

我于2012年12月进入北京语言大学博士后科研流动站、教育部语言文字应用研究所博士后科研工作站，从事博士后研究工作，合作导师为李宇明教授和苏金智教授，从此成为“李门”一员，跻身“聚贤聊斋”永久“会员”的行列。入师门十又一年，其间自然有很多故事和感触，把这些内容以随笔性的文字记录下来，既能表达对老师的感谢感恩，也是对自己成长经历的回顾和反思，也许我的学生们或其他青年学人还能从中获得某些教益。正如胡适在给罗尔纲的《师门五年记·胡适琐记》作序时所言：“他现在写了这本自传，专记载他跟着我做‘徒弟’的几年的生活。我一口气读完了这本小书，很使我怀念那几年的朋友乐趣。我是提倡传记文学的，常常劝朋友写自传。尔纲这本自传，据我所知，好像是自传里没有见过的创体。从来没有人这样坦白详细地描写他做学问的经验，从来也没有人留下这样亲切的一幅师友切磋乐趣的图画。”

## 初识：等闲识得东风面

我2002年至2005年在华中师范大学语言所攻读博士学位。李宇明老师曾长期在华中师范大学任教，但我去华师学习时李老师已经调离华师，就任了教育部语言文字信息管理司司长。凡是在华师语言所学习的同学，没有一个不知道李宇明老师的大名，这倒不是因为李老师曾任华师文学院院长、副校长等重要职务(其实多数在读学生对行政职务没有太多特别的感觉)，而是因为李老师学问做得好，特别是他和白老师可歌可泣的爱情故事。李老师与白丰兰老师几十载风雨同舟、相濡以沫的事迹感动了万千学子，听闻者无不动容，无不感佩，此情只应天上有，人间能得几回闻。李老师用实际行动书写了一个“大写的人”字，用数十年的点滴生活向世人阐释了男人的责任与担当。

我在华师学习期间，也参加过李老师回华师讲学或主持论文答辩的活动，但从来没有和李老师单独交往过，李老师也不认识我，甚至也不知道我的名字。第一次和李老师的正面交流是在2009年，神奇的是，地点竟然是在我工作的江西师范大学。2009年3月6日至8日，“联合国教科文第十届国际母语日活动”在江西师范大学举行。此次活动由中国教育国际交流协会秘书处、中国联合国教科文组织全委会秘书处、联合国教科文组织北京代表处、江西省教育厅联合主办。这是“国际母语日”庆祝活动首次在北京以外的城市举行，李老师与教育部原总督学柳斌先生、中国教育国际交流协会秘书长江波先生，以及孟加拉国驻华大使、联合国驻北京代表处官员等莅会并致辞。

“国际母语日”庆祝活动是一次世界性的会议，具体会务工作都是由学校党政办负责的，我们文学院并没有参与这项工作，学校在会前也没把与会嘉宾告知文学院，只是通知汉语教研室的老师去听会。我到会场后，竟然发现李老师来了，心里别提有多高兴了。我 2005 年从华中师大博士毕业后入职江西师范大学，那时在江西没有任何血缘、亲缘、友缘、学缘关系，干什么事也得不到多少外来帮助和支持，免不了有些茫然甚至失落。突然碰到母校来的老师，而且是具有崇高学术地位和社会地位的学者，是省教育厅特邀来的上宾，心中的激动自是无法用言语来形容，真有种外嫁的女儿在婆家见到娘家人的兴奋，况且这娘家人还是受婆家礼遇的大人物。在会议合影期间，我马上主动向李老师做了自我介绍，看得出来李老师也很高兴，在领导专家合影时还让我帮他拿着风衣。我也找李老师合了影，可惜那时用的是胶片照相机，现在找不到照片了。李老师回京后，我给李老师发邮件汇报了我的情况，李老师也给我回了邮件，鼓励我认真教学，好好做学问。后来我就没有再主动联系李老师，主要是考虑到李老师很忙，没有什么特别的事也不好意思去打扰。

## 入门：百年修得师生缘

我博士毕业后，学术研究上最初几年是顺着博士期间的研究旨趣做现代汉语语法研究，后来慢慢地写了几篇有关新词语方面的论文，虽然发表过一些文章，也获批过几个省级课题，但并没有产出什么有较大影响的成果。最令人苦恼的是拿不到国家级课题，主要是找不到很好的申报题目，最初以博士论文为基础报“动趋结构的入句研究”，后来报过几次新词新语的题目，如“新时期语言新现象研究”“新词语的多维性状及其对传统词汇观的解构研究”“网络调侃句的语言特征研究”等，都没有中标。总之，那几年尽管一直在做研究，但没有一个很明确的研究领域，东一榔头西一棒子，有点像无头苍蝇一样到处转。

2012 年暑假期间，无意中浏览中国语言文字网，看到“教育部语言文字应用研究所与北京语言大学联合培养博士后研究人员 2012 年招聘启事”，通知说苏金智老师和李宇明老师联合培养博士后。我如获至宝，赶紧准备申请材料。招收目录的方向有两个，一是社会语言学，二是语言规划与语言政策研究，具体项目名称有三个，一是新时期语言文字规范化问题研究，二是港澳语文生活研究，三是海西经济区语言状况与语言政策调查研究。我选择了“新时期语言文字规范化问题研究”。入站后才知道，这个项目是李老师的国家社科基金重大招标项目。

当时申报时间很紧，“招聘启事”是 2012 年 7 月 23 日发出的，我看到通知估计是在 8 月初，通知要求申请材料递交时间截至 9 月 10 日（邮戳为准）。在个把月的时间内，有很多准备工作要做，首先要向学校写申请，征得学校同意并盖章，然后填写申报材料，特别是还要写一份几千字的博士后研究计划，另外还要请两位教授（其中一位是博导）写推荐意见。现在回看当时的材料：我在 8 月 22 日向学院写了申请，8 月 25 日学院向学校上报，8 月 26 日学校人事处就批复同意，很感佩学校办事效率之高，而且是在暑假期间。8 月 26 日写完了博士后研究计划。8 月 28 日博士生导师汪国胜老师写了推荐信。8 月 28 日做了体检。8 月 31 日完成申报材料提交。整个过程非常紧凑，就 10 天不到的时间，要走完诸多程序，只要哪个环节出点问题，整个计划就会泡汤。

当年 8 月份，我们学院组织老师们去山西进行文化考察，去了太原、云冈石窟、五台山、平遥古城等地。在五台山时，我突然灵光乍现，许了一个愿，希望菩萨保佑我能顺利成为李宇明老师的博士后，并承诺，愿望实现后将重返五台山还愿。我并不迷信，也不相信冥冥神灵真能帮芸芸众生实现各种愿望，但是我对神灵是尊敬的，每进寺庙都会虔诚地作揖鞠躬，这是对天地的敬重，对自然的敬畏。这种思想观念可能来源于幼小时耳濡目染的经历，我老家具有浓厚的崇神拜佛的氛围，各家各户每逢大事都要许愿，比如升学、求职、生儿育女等。

2012 年 12 月我去北京语言大学参加了博士后入站面试。那是我平生第一次进北京，天上飘着很大的雪，坐在出租车里，看着茫茫白雪，脑海中不禁浮现出“北国风光，千里冰封，万里雪飘……江山如此多娇，引无数英雄竞折腰”的画面。不知是神灵保佑还是运气很好，我最终如愿以偿进入了李老师和苏老师的门下。“一日为师，终身为父。”师生是一种缘分，入门是一种修行。李老师对师生关系有过经典的解读：“兄弟姐妹是父母留给我们的亲人，师生、同学是我们自己找到的亲人。”我现在也带了很多硕士生、博士生，每年新生入学我都会请大家吃个饭，让不同年级的同学相互认识交流，每次我都会把李老师的师门文化思想传递给学生们，大家听了都特别感动。相信我的学生们也会把这种师门文化传承下去。

## 受教：精作还需观天图

当时我申报的博士后研究课题是“语言文字规范观研究”，这个课题是李老师担任首席专家的 2012 年度国家社科基金重大招标项目“新时期语言文字规范化问题研究”的研究内容。受这个课题的启发，我 2013 年 2 月份申报国家社科基金时，名称就定为“新词语规范及科学语言规范观研究”，最终成功获批，实现了国家社科基金零的突破。

为了全身心地投入博士后科研工作，我向工作单位提交了全脱产学习的申请，获得了学校的同意。2013年3月始，正式开启了在北京为期两年的全职博士后科研工作。李老师费尽周折，为我在北京寻得一处住所，解决了在北京栖身的大问题。到北京后，没过多久，李老师即给我们上了第一堂课，一同听课的还有两位留学生同学，一位是来自突尼斯的佳荷，另一位是来自泰国的黄清静，他们两位都跟李老师攻读博士学位，都是非常优秀的女孩，佳荷已经在中国成家立业了，现就职于上海外国语大学。李老师上课从来不把中国学生和外国学生区分开，总是同堂听课，共同讨论。据我所知，有部分老师是不喜欢带留学生的，特别对带留学博士生深感恐惧，因为留学生的汉语水平一般比中国学生要差，往往在这方面要耗费老师大量的时间精力，但我在北京语言大学时听闻李老师特别喜欢带留学生。当时我完全不能理解，多年之后才慢慢明白，李老师具有世界情怀，不仅要培养中国学生，也要培养外国学生，要通过一己之力尽可能地让更多的留学生了解中国，接受中国，也要通过留学生去观察世界、了解世界。时隔多年后李老师组织编写《万国语言志》丛书（2019年启动），很好地诠释了李老师一直以来所践行的世界情怀。

李老师在第一堂课主要讲了两个问题，一是怎么选题，二是怎么做学问。关于选题，李老师主要提了两点。第一，要求“新”，尽量找别人都没怎么做过的题目。别人做得多的，特别是大家都争论的题目，做起来很困难。但找新题目很难，必须跟着新的学术思潮前进，紧跟前沿。怎么跟上前沿？最新的东西在哪里？最新的东西在学术杂志上，在最优秀人物的言谈里，不在教材中。教材上的东西一般落后于时代20年，专著上的东西一般落后于时代5年，学术杂志上的东西其实也落后于时代2年，最前沿的、超前的东西往往存在于最优秀人物的最近言谈中。第二，选题要有能产性、可持续性。做完博士论文或博士后出站报告后，未来很长一段时间还可以继续做下去。比如，发现一个金矿，如果只有一块金子，挖完就没有了，这不是优质金矿。一个好的选题应该可以由一点发展成面，越做越大，自己做完学生跟着做，最后可建成通天塔。

关于怎么做学问，李老师也提了两点。第一，要跟踪最优秀人物的研究。真正推动学术发展的是少数精英，做研究要跟踪几位学界引领性人物的思想，比如，乔姆斯基、赵元任、吕叔湘、王力、朱德熙、陆俭明、邢福义、江蓝生、沈家煊、袁毓林等先生，读书首先要关心这些人的思想、观点、谈话、论文，可以拜访，可以做专人研究。看杂志，参加会议，要关注某些最主要人物的成果。第二，要开辟学术根据地。博士论文和博士后报告是今后学术发展的重要基础，要找最有价值的地方做。像种地一样，把种子放在荒地上是永远长不出庄稼的，要找一块肥沃的土地下种，找准了根据地就应该多年耕耘同一块地，简称稳产高产田，成为自己的领土。专家都有一块自己擅长的领地，不能见异思迁。不是说不要去了解别的东西，而是应该有个学术根据地。学术根据地形成的衡量标准有两个，一是学界同行一提到这个领域的研究者就知道你，二是别人写相关论文都会把你的成果作为参考文献。另外还讲到了要广交学缘，学术最怕关门，“独学而无友，则孤陋而寡闻”。还有，学术声誉很重要，年轻人要爱惜羽毛，不要一开始就学会讲假大空话。

我的博士后出站报告选题的过程可以算是李老师指导学生选题的一个典型案例。在我的国家社科项目“新词语规范及科学语言规范观研究”获批以后，我满心高兴地向李老师汇报博士后出站报告“语言规范观”的一些基本构想，但李老师建议我换个选题。李老师当时的原话：“你花两年时间来北京读书，有两位导师指导，有这么优质的资源可以使用，做这个题目（语言规范观），学术界多你一个不算多，少你一个也不算少。你应该选一个学术价值和社会价值都非常强的选题，作为你一辈子的学术根据地。”李老师当时也给我提了很多选题，“教育领域的语言规划”“文学艺术领域的语言政策”“城市语言规划”“省域语言规划”“大学语文教育”“老年语言问题”“北京话的来源”等。我经过一段时间的深入思考，最终选择了“老年人的语言问题”作为博士后研究的方向。中国已经进入老龄化社会，研究老年人语言问题具有很重要的现实价值，也具有很强的学术价值，学界业界关注老年人问题的成果非常多，但语言学界关注较少，很值得深入挖掘。

为了做好老年人语言的研究，我请教过北京很多教授级别的师友，大家都觉得这个题目很好，既有学术价值又有现实意义，但做起来并不容易，所以很多师友都不支持我做这个题目，觉得最终可能做不出来。（后来在博士后出站答辩会上，答辩委员张维佳老师说：“楚群，当时你选这个题目我真为你捏把汗，现在看到你做出来的成果我非常高兴。”之后，张老师还把我引荐给老年学界的专家，并在多个场合宣扬了我的老年人语言研究。特别感谢张老师！）当时国内基本上没有什么相关文献可以参考，国外的文献也没找到多少（英语水平有限，查找国外文献的能力有限），比较多的文献都是关于阿尔茨海默病老人的。当时只有少数几位师友支持我做下去，陈双新兄是最坚定的支持者。我相信李老师的判断，也觉得这个题目确实好，就下定决心一定坚持做下去，要开辟一片属于自己的学术根据地。

时至今日，我从事老年人语言研究已整整十年，发表了一些文章，也出版了专著，还承担了国家社科基金重点项目，至于是否形成了学术根据地就只能由人去评说了，但熟悉的师友都知道我这几年在做老年人语言研究。我近年在中国知网上挂出的几篇文章被下载 3 000 余次，被引用近 100 次，特别是 2 次在《光明日报》主持老年人语言专版文章，被央视网、中国新闻网、中国日报网、国家语委科研网、中国社会科学网、学习强国等数十家媒体转载，产生了一定的社会影响。

当时李老师为我选择老年人语言这个课题，为我的学术研究指明了一条康庄大道，而且我相信这条路会越走越宽。现在我指导的硕士博士们也跟着我一起做老年人语言研究，第一位做老年人语言的博士生选题是“老年人句法复杂性研究”，这个选题还获得了教育部人文社科项目的支持，第二位博士生的选题是“老年人说话离题冗长研究”，第三位博士生的选题是“随迁老年人语言再社会化研究”，第四位博士生的选题是“老向语言研究”，自我感觉这些选题都比较新，学术价值和现实价值都非常好，当然，要把这些题目做好并不容易，也希望我的学生们能克服困难，沿着老年人语言研究的路一直走下去。

在北京学习的两年时间里，李老师可以说是手把手教我做学问，提出了很多具体的方法技巧。如“写学术论文不能感想式的面面俱到，应当就其中某些前沿问题谈透彻”“写文章要多摆事实，多论证阐述，不需要引用太多别人的话语来‘撑门面’”“有些人在学界名声不好，其文章、观点不必引用”，等等，囿于篇幅，不再详述。

李老师教会我的远不止上面提到的内容，宏观上来说可以包括两部分，一是“道”，二是“术”。上文所述都是属于“术”的内容，是具体的为学技法。其实最值得称道的是“道”，这是潜移默化的人格感染，是高层次的灵魂度化。李老师最为学界推崇之处，是强烈的家国情怀。李老师做学问不但要解决学术问题，更要解决社会发展过程中的问题，无论是早期的儿童语言研究，还是后来引领的语言生活研究、语言政策研究等，都体现了很明显的学术研究服务社会的思想，要在语言研究与政府、企业、社会之间建构一个学术“旋转门”。李老师曾作《为学》诗云：“为学就是治粱粟，精作还须观天图。耕种未必有收获，总揣希望在田头。”做学问不但要考虑学术本身的需要，还要考虑国家、社会、民族的需要。“学者不能只想我能做什么，而要想想社会需要我做什么。”确实，做学问不能“躲进小楼成一统”，而是要“勤学还需观天图”，应该关注社会和时代的发展，使学术研究为国家和民族的发展服务。这是我从李老师那里学到的学术之“道”，所以我在做好学术研究的同时，也积极参与国家语委、省语委组织的诸多语言文字推广普及方面工作，还因此获教育部、国家语委授予的“国家通用语言文字推广普及先进个人”荣誉。我也常常以此告诫我的学生，要在个人学术兴趣与国家需求之间找到最佳结合点，让学术研究助力国家发展，服务人民需求。国家是大海，个人只是沧海一粟；社会是大山，个人只是高山一沙。个人的事业只有融入国家社会发展的滚滚洪流之中，才能充分发挥其价值，也才能充分感受到成功的喜悦。

## 评师：山登绝顶师为峰

评价老师是很难的，既要把老师的成就客观公正地说出来，又不能夸大其词，以免学界哂笑，但行文至此，如果不评就有种如鲠在喉不吐不快的窒息感，所以还是斗胆对老师做个评价。这是从一个学生的角度对老师的评价，自然有其片面性，也可能有一定的主观性，但我想还是可以供学界同行参考。

2023 年 5 月 20 日在安徽师范大学召开“儿童语言研究论坛”，当时我主持李老师的大会报告，根据惯例要对报告人做个简单的介绍，考虑到李老师的身份地位大家都很了解，我就没有介绍这些方面的具体情况，而是即兴总结了李老师的学术贡献和我对李老师的评价。李老师的学术贡献主要体现在四个方面：第一，中国现代汉语语法研究的急先锋。20 世纪 80 年代，李老师和萧国政老师、徐杰老师等跟随邢福义先生研究语法，思想非常活跃，并在武汉举办了“首届青年现代汉语（语法）学术研讨会”，参会代表都是已毕业的研究生和在校高年级研究生，会议得到了吕叔湘、朱德熙、陈章太、陆俭明等德高望重老先生的支持，在语法学界产生了深远的影响。第二，中国儿童语言学的先行者。李老师 20 世纪 80 年代即开始研究儿童语言，当时儿童语言研究在我国“还几乎是空白”（吕叔湘语），李老师在 1991 年即出版了我国语言学界儿童语言学领域的第一本专著《汉族儿童问句系统习得探微》。第三，中国语言生活派的掌门人。2001 年李老师调任教育部语信司司长兼语用所所长后，开始呼吁学界关注社会大众的语言生活，并一手打造了语言生活派，经过近 20 年的发展，语言生活派已经成长为中国语言学界一支举足轻重的劲旅。第四，中国语言规划研究的总设计师。李老师任语信司司长期间，在全国诸多高校设立了国家语委的科研基地，从国家层面为我国的语言资源、语言规划、语言政策等方面研究做好了顶层设计，比如，北京语言大学、中国传媒大学、华中师范大学、厦门大学、中央民族大学的国家语言资源监测中心（各高校分别监测平面媒体、有声媒体、网络媒体、教育教材、少数民族语言），暨南大学的海外华语研究中心，北京师范大学的中国文字整理与规范研究中心，北京大学的中国文字字体设计与研究中心，鲁东大学的汉语辞书研究中心，南京大学的中国语言战略研究中心，上海外国语大学的中国外语战略研究中心，这些中心各司其职，共同托举起中国语言规划研究的大旗。

我对李老师的评价：一位“养群”之人。李老师曾经很风趣地提了一个观点，人可以分成四类，一是被养之人，二是自养之人，三是养家之人，四是养群之人。未成年人当然是被养之人，一般刚参加工作、有微薄收入的人是能够养活自己的人，成家立业带着一家子的人是养家之人，所谓养群之人指能给很多人提供就业机会或指明职业、事业方向的人，比如一个大公司的老板就给很多人提供了就业机会。李老师做语法出身，开中国儿童语言研究的先河，后开拓语言生活研究，再后又倾力于建立中国语言规划学。每一次转型都是开风气之先，都得到了很多前贤耆老的大力支持，也得到了同龄学者的积极响应，更是为广大青年学者指明了未来学术研究的方向，相信未来还有无数的后来者会受惠于李老师开辟的学术领域，所以“养群”之说应该不算夸张。

我在 2015 年的博士后出站报告“后记”中曾有过对李老师的评价，那是从另外一个角度的评价，现把当年写的内容摘过来，这或许也体现了我个人认识的发展过程。第一，强烈的家国情怀。李老师一直践行一个基本理念，做学问不仅仅要考虑学术本身的问题，而且要关注国家和社会需要，关注天下苍生、黎民百姓，李老师喜欢的横渠四句“为天地立心，为生民立命，为往圣继绝学，为万世开太平”（宋·张载）正是体现了这一情怀，李老师引导的“语言生活派”也正是这一情怀的践行。第二，深厚的专业功底。李老师做语法起家，师出名门，专业功底深厚，成果卓著，30 多岁时就已经在语法学界享有盛誉。深厚的专业功底来源于李老师对学术的执着和努力。师母白丰兰老师在给我的一封邮件中曾有一段话：“女儿还小的时候，我俩一个月不到一百元钱的工资，而湖北电大一个单位时间的课酬，就有二三十元。很多人挣外快贴补家用，但李老师把可利用的时间看得比金钱重要，他没有出去挣外快，而是把这些时间花在做研究、做学问上面。”这份对学术的热爱可不是一般人可以做到的。第三，广阔的学术视野和社会眼界。李老师学术视野开阔，对语言学的诸多领域都非常熟悉，经济学、心理学、教育学、文学等诸多学科也多有涉猎。李老师的社会眼界更是开阔，从华中师大的副校长到教育部语信司的司长，再到北京语言大学的党委书记，所见之人所经之事所悟之理都超出了绝大多数人，所谓“不畏浮云遮望眼，只缘身在最高层”。恰是因为具有广阔的学术视野和社会眼界，所以李老师一直能够引领中国语言学的潮流。第四，强大的人格魅力。和李老师相处，时时处处都能感受到其才学、睿智、豁达，很容易被其高尚的人格魅力所征服。李老师对社会、人生、学术往往都有其独到的见解，每次听李老师的讲座都有醍醐灌顶的感觉。第五，精致的学生培养。几十年来，李老师在学生培养上可谓呕心沥血，独具匠心，因此培养的学生佼佼者甚众，真可谓桃李满天下，很多学生都已经成为各自领域的领军人才。

据传，林则徐曾为“海到无边天作岸”对了绝妙下联，现略作改动作为本文的结束语：“山登绝顶师为峰。”

## 作者简介

刘楚群，江西师范大学教授，博士生导师。1999 年—2002 年在广西师范大学汉语言文字学专业攻读硕士学位。2002 年—2005 年在华中师范大学汉语言文字学专业攻读博士学位。2012 年—2015 年在北京语言大学博士后流动站和教育部语言文字应用研究所博士后工作站师从李宇明教授和苏金智教授从事博士后研究工作。现任国家语言文字推广基地（江西师范大学）副主任，江西师范大学语言学及应用语言学二级学科博士点负责人，国家一流专业“汉语国际教育”专业负责人。获教育部、国家语委授予的“国家通用语言文字推广普及先进个人”表彰，获“江西省文化名家暨‘四个一批’人才”称号，被教育部语用司聘为“中国语言文字数字博物馆专家委员会专业指导委员”，兼任江西省语言学会会长。主要从事现代汉语语法与社会语言学研究。近年来共主持完成国家社科基金重点项目1项、一般项目1项，国家语委重点项目2项、一般项目1项、后期资助项目1项，各类省级项目10余项，出版学术著作6部，获得省社科成果奖3次，在《语言文字应用》《汉语学报》等刊物上发表论文70余篇。

**指导学生情况**

指导语言学及应用语言学专业博士生5届，合计5人；指导硕士生19届，其中中国学生合计100余人，包括语言学及应用语言学、汉语国际教育、语文教育三个专业，留学生10余人。2020级博士生肖永贺现任南昌工程学院外国语学院副院长（主持工作），主持教育部人文社会科学课题“老年人口语产出句法复杂度与衰老关联度研究”、主持江西省社会科学规划课题“积极老龄化背景下我国农村老年语言服务研究”，代表作《中华成语的尚老意蕴》于2022年10月2日发表在《光明日报》上。

2014年12月，在博士后出站评审会上合影

（前排左五至左七：石锋、李宇明、苏金智，后排中间：刘楚群）

# 心中有榜样　人生有意义

佳　荷

在生活里，除了父母，能影响我们的人不多，尤其是待在国外的人。去中国之前，我对中国文化的了解基本上来自教材或者在突尼斯生活的中国老师的介绍。在我看来，中国文化一直是值得去深入了解和探索的。而在人际关系方面，我总感觉中国人比较体贴，跟阿拉伯人有很多的共鸣。2009 年我踏出了研究生涯的第一步，我开始学会如何与中国导师建立关系。在 3 年攻读硕士学位期间，我学会了许多学习方法，也学会了自律。2012 年 6 月底，我决定继续攻读博士学位。但是我最担心的问题是，博士期间研究什么呢，难道继续挖掘我以前的研究内容吗？还是开始新的研究方向？2012 年 9 月份开学，正在犹豫的时候，我收到了李宇明老师的招生信息，于是我跟李老师表达了这些顾虑。从此，我跟李宇明老师的故事就开始了。

## 学会思考学术问题

2012 年我刚硕士毕业，见李老师之前，我很紧张，心想着，老师会怎么看我，想读博士却连个题目都没有，还来干什么？没想到，到了李老师的办公室，我的全部忧虑一下就消失了。老师好像是我认识许多年的家人一样。李老师热情的笑容与温馨的欢迎，让我一瞬间就不再为选题的事而忧虑。我跟泰国的同学一同坐着聊天，李老师分别问我们最喜欢研究什么。我突然感觉，好像很少从自己的喜好思考研究的问题。接下来的问题让我更不知道怎么回答。老师问道：“突尼斯社会语言问题有哪些？”面对这两个问题，我内心想着，这么深奥的问题，我不能立马回答，于是我跟李老师说：“非常感谢老师提出关于突尼斯的问题，我能不能过几天再回答您？”李老师笑了笑说：“不急，回去好好思考。”我当时明白了一个道理，很多时候许多问题当下是很难马上有答案的，多个角度想也许会找到令人满意的答案。

李老师的问题让我一直在脑海里思考着，于是我开始从小问题找答案，作为突尼斯人，我生活里有没有一些跟语言有关的问题，进而逐渐开始发现多种多样的答案。这让我想起李老师曾经对我们说过的话：“做研究是一门学问，也是一门艺术”“做研究是一种很奇妙的经验，很多时候会遇到各种意料不到的问题，最重要的不是坚持做下去，而是要懂得从小问题找到大问题，要经常做改变方法的心理准备”。

## 做研究是为了服务社会

作为学者，李老师一直是我的榜样，因为李老师研究的问题总是社会发展所需要解决的问题。老师也总是要求我们有家国情怀，有学术责任感，从问题出发，尝试解决社会存在的实际问题。以问题为导向是做研究的基础，如果能解决那就为社会做了贡献，如果没能解决，那至少给人们留下了有意义的问号。在老师的支持下，我也写了一些文章。虽然每次都感觉我的汉语水平不足以让我把文章写得很完美，但每次跟老师探讨我的一些想法，总是会对文章质量的提高有所帮助。在做博士论文调研的时候，我也感觉不知道怎么做访谈，而老师的一句话让我立马开始做，他说："佳荷，不要犹豫太久，有时间多去访谈一些突尼斯人，从他们的答案中能知道你的问题问得好不好!"很多时候其实我感觉事情做起来很难，但是得到的结果又出乎我的意料，也许这就是做学术之美。于是我明白了一个道理，做研究要愿意付出，付出不一定有相当的回报，结果不一定那么乐观，要学会和珍惜过程，逐渐成长。

李老师经常鼓励我参加学术研讨会，不管国内国外会议，都要把自己的想法跟别的学者一起讨论，这样才可以知道自己的问题在哪里，思考怎么修改。做研究的时候，我很容易情绪起伏，但我也发现，参加学术论坛，去认识更多跟我一样的学者，大家一起讨论时就会发现彼此面临的问题都不一样。于是我在李老师的指导下，旁听了北京、上海、南京等地的多场研讨会。后来，我也开始自己主动报名参加语言学有关的研讨会，包括 2015 年 12 月在突尼斯举行的研讨会。我也慢慢爱上了在研讨会上发言，说错了也没关系，因为这样可以从失败中成长，从别的专家学者那里得到启发。慢慢地，我发现自己参加学术会议越多，越能为博士论文和其他论文找到灵感、思路。我也明白了李老师为什么经常鼓励我们参加会议，因为做学问要学会从别人的研究经验中找到属于自己的研究之路。

作为一名来自突尼斯的研究生，我时常在想，怎么样才能从突尼斯社会现实的角度去理解问题、解决问题。有的问题确实很难解决，但李老师也教导我"留下问题也是做学术的意义"。于是，我带着问题尝试理解突尼斯社会的许多语言现象，也发现有许多问题很少有突尼斯学者会涉及，比如突尼斯社会为什么很难掌握标准阿拉伯语，标准阿拉伯语与突尼斯方言之间存在什么样的关系，阿马齐格语在突尼斯小群体生活里起到多大的作用，怎样可以让社会意识到语言在生活中的作用，等等。作为突尼斯人，此前我也没有考虑过这些问题，来到中国以后才发现这些问题从中国语言的规划经验中可以得到很多借鉴。

2016年5月31日，是我博士论文答辩的日子。对我来说，这是我人生中特别美好的一天！可能很多人一说起答辩，会想到压力，但是我那天是抱着学习的态度去参加答辩的。我特别感谢答辩委员会对我论文提出的宝贵的修改意见。在李老师的指导下，我顺利通过了答辩，也进一步明白了今后应该怎样更好地继续走我的研究之路。

## 感受大家庭的温暖

我从小喜欢中国文化，认为中国的文化很神秘。到了大学期间，我才开始真正了解中国文化的内涵。作为李老师的学生，我进一步感觉到了中国文化的更多魅力，了解了中国文化与汉语的关系，中国文化的发展历史，中国著名文化人物等。另外，李老师总是鼓励我与其他留学生了解孔子与孟子的名言。博一的时候，陈双新教授带我和泰国黄清静同学一起上课，学习《论语》和儒家的相关著作。我当时感觉，李老师不仅仅想培养出博士生，而且想让我们从内心进一步理解中国文化，将来成为汉学家，更好地传播中国文化。此外，李老师也鼓励我们多参加跟中国文化相关的活动。2013年中秋节当天，李老师带着我们一同去北京奥林匹克森林公园赏月。我对那天的情景印象特别深刻，记得我们在月光下，一边吃月饼，一边互相了解文化，泰国同学为我们几个同门跳了泰国舞蹈，而我唱了突尼斯的著名歌曲。这样的活动不仅仅给了我体验不同文化的机会，也让我感觉同门像温馨的家人。在我生命中，李老师是我的中国爸爸，白老师是我的中国妈妈，遇到不开心的事，或者很开心的事，会立马向两位老师发短信说一说。如果不知道做什么决定好，我也会跟李老师和师母商量，因为我相信他们的想法比我成熟。记得有很多次，我们在北语见面聊人生，一起到家里喝茶看书，一起去公园游览拍照。比如2016年初夏，我们去了北京北海公园。虽然我跟别的朋友去过很多次，但是这次是我心中最难忘的一次，每次回看照片，我都会发自内心地因思念而流泪。我从来没把自己当外人，反而感觉是女儿与自己父母的关系。白老师总是很温柔，不管什么场合都会带着美丽的笑容跟我说话。当我因为一些事情而犹豫，师母也会鼓励我做出决定。这让我在中国总是感觉有家庭可以依靠。虽然我现在在上海，且最近没能去看望李老师与白老师，但是我们一直保持联系，互相关心。

我们的生活里难免有痛苦与悲伤的时刻，尤其生活在国外，人很容易感觉孤独无助。我也一样，虽然很喜欢在中国生活，体验不同的文化，但是有许多次仍然感觉到难过悲伤。上李老师的导师课，我们除了讨论学术问题，也会讨论最近发生的事，李老师总能看出来我那段时间承受着压力。每次我感觉事情难以解决，但跟李老师谈完之后，就感觉什么都不值得我伤心，或者说，这就是人生，天天开心是不可能的。谈到困难，想起写博士论文的过程，一开始用汉语写对我来说比登天还难。我每次跟我的中国同门、泰国同门讨论的时候，都感觉只有自己写得很慢。我也尝试过很多可以让自己尽快写完的方法，但是都感觉没什么作用。直到有一天跟我的泰国朋友聊天，她告诉我，她一直坚持每天写一千字。于是，我一回宿舍就开始写，这样坚持了一周。一周时间后，我放弃了，因为总感觉找不到一千字的内容可写。于是我决定先用母语写一些脑海中的想法，而中文的内容就暂时缓一缓。后来，我慢慢开始一边写阿拉伯语，一边写中文。逐渐逐渐地，我感觉自己慢慢习惯了用中文思考，一直到某一天，我感觉用中文写文章不再是一种负担，而是一个自然的过程。那时，一天我就可以写三千字，甚至五千字都不是问题。只要专注写我喜欢的主题，用中文记下来反而更能带给我快乐的感觉。

另一个故事是临近博士毕业时，我不知道去哪里就业，是找工作还是继续做博士后。李老师跟我说："做自己喜欢的决定。"于是，我没有犹豫太久，就决定继续做博士后。博士后期间，我也经常向老师汇报新的想法，虽然偶尔我也会不好意思联系老师，因为自我感觉进步得很慢。直到我快要出站，老师始终在关心我，还知道我哪天要出站答辩。我的不自信逐渐变成了满满的自信。虽然我在上海，却一直能感受到老师的温暖照顾。李老师曾经对我说过："生活里遇到困难很正常，不可能总是一帆风顺。"这句话一直激励着我，让我不管遇到什么问题，总能坚持下去。

我现在作为一位大学教师，总是会想起老师对我的关心与指导。我也一样会去关心我的学生，希望可以给他们带来学习和生活上的帮助。跟李老师的故事还有很多铭记我心，我也期待未来有更多让人铭记的故事发生！

### 作者简介

佳荷（Khalki Hend），突尼斯人，现任上海外国语大学语言学教师。2009 年—2012 年在北京语言大学语言学及应用语言学专业攻读硕士研究生，获文学硕士学位。2012 年—2016 年在北京语言大学语言学及应用语言学专业师从李宇明教授攻读博士研究生，获文学博士学位。2016 年—2018 年在上海外国语大学从事博士后研究。主要从事外语教育与社会语言学研究。曾翻译李宇明教授的《语言功能规划刍议》一文，发表在沙特阿拉伯期刊。撰写发表《阿尔及利亚教育领域法语与英语地位问题探究》《马格里布阿马齐格语规范化探析——以摩洛哥、阿尔及利亚与突尼斯为例》等多篇学术论文，参与编写《世界语言生活状况报告》《"一带一路"国家语言状况与语言政策》等多本著作。译作《魅力魔都上海游》《地下三尺》正在出版中。主持"突尼斯非物质文化遗产及其保护""突尼斯的语言国情与语言政策"等科研项目。

2016年6月22日，游览北京北海公园
（前排中：白丰兰，右：佳荷）

# 做理性、躬行、养群的中国语言规划学人

徐欣路

业师李宇明教授作为当代著名语言学家，在现代汉语语法研究、儿童语言研究、语言规划学研究诸领域都取得了卓越的成就。在这几个领域当中，李老师着力最多、著述最丰的，应该说是语言规划学领域。我想，这一来是由李老师工作岗位的调整、身份角色的变换决定的，二来也是由李老师个人的家国情怀与社会担当决定的。我非常幸运，不但成为李老师在语言规划学领域指导的学生，而且还留在了老师身边，继续从事语言规划学的研究。正因为此，我受教于老师的机会大概也比多数同门要多一些。回望我进入师门的十年时间，李老师在很多事情上都给了我们教导和启迪，而其中与我的学术发展关系最密切的，是李老师关于如何做一个中国语言规划学人的那些言传身教。我愿意从中选取三个方面，来讲一讲围绕着这三个方面的一些事。

## 理性

我于2013年夏到北京语言大学中国语言文学博士后流动站跟随李老师做博士后。当时，我根据自己以往的专业基础和兴趣，与老师商定了从事当代语言生活中文言价值的研究。这个题目在当时算是有些“应景”的，也是比较能引起人们的热情的。当时，传统文化的回归进入了一个新时期，各界都在反思现代化让我们丢失了什么，传统文化中又有哪些需要我们重新找回的东西。这一时代趋势必将对语文教育和语言生活带来明显的改变。我对于这种改变很感兴趣，也很有热情，觉得里面有不少问题值得研究。

不过，热情归热情，真正落到学术研究上，光凭借热情是要坏事的。当时，我参与了一些传统文化经典教育方面的活动，感到阅读古代经典对于中国人来说已是十分必要的事情，于是提出要全面反思“五四”以来对白话的提倡和对文言的淡化，采取新的举措，大力开展文言教育。

2014年1月，刘楚群师兄进行博士后中期考核，我也一同进行博士后开题，我对文言的这些想法自然会进入我的开题报告里。我当时心想，这个题目是符合时势的，我提出一些相对大胆的主张，不至于得不到大家的认同。所以，我的开

题报告虽然对文言和白话“辩证看待”了一番，但仍旧明确提出对“五四”时期的白话革命要“全面反思”，甚至预言在五四运动百年的时候对这个问题的反思要“掀起高潮”。

正当我对自己的主张洋洋得意时，我收到了李老师通过微信发来的指导意见。完整的内容已不记得，但我一直记得其中最核心的一句话——“你的历史观有问题”。这无疑是对头昏脑热中的我的一记棒喝。

当时我只知道这是老师对我的严厉批评，但对这句话的意思还没有真正理解到位。后来，随着我进一步跟李老师学习，才慢慢领会李老师的意思。李老师十分赞成传承弘扬优秀传统文化，同时也认为未来的中国人必须在国际人才竞争中取胜，所以在大力传承弘扬优秀传统文化的同时，必须警惕像某些“读经”教育者那样以“经”为本而弱化教育的现代体系的不当做法。那时，社会上正在掀起一股由海峡对岸传来的“读经”热，不少社会机构和个人都打着“读经”的旗号，向公众传达不符合时代发展需要的偏颇理念，使教育在某些方面面临倒退的风险。而我的开题报告，不但对白话革命的功绩没有予以充分肯定，甚至一些观点还有可能被利用，加大教育倒退的风险。

从我博士后论文开题到现在，已经过去了整整十年时间。十年间，我看到了社会上发生的关于语言文字的各种传统与现代之争。尤其是简化字和繁体字、普通话与方言、普通话异读词读音、古诗词韵脚字读音等问题，在社会上常常引起公众的关注。在看待这些问题的时候，我往往会在尊重传统的同时坚决地立足现代，面向未来。

今年，有一次去李老师家，李老师跟我谈起我的学术发展时说，目前语言文字工作还面临着很多挑战，要用学者的理性去对待这些挑战。这让我领会到，李老师对待语言文字问题——包括对待我博士后开题时的观点——归根到底是“理性挂帅”。学者的任务不是机械地执行政府的政令，但也要时刻考虑给政府提供超前的思想储备；学者的姿态不是在社会舆论场中随节奏摇摆，但也要时刻为百姓着想，给百姓以真诚的人文关怀。而其中种种的平衡、种种的考量，依靠的不是兴趣和热情，而是学者所应有的理性。

## 躬行

进入语言规划学这个学科方向，我内心是有很多困惑的，最大的困惑就是学科的边界在哪。在博士后期间的一次讨论会上，我就提出了这样一个问题：“现在我们对很多语言规划问题的探讨已经超出了语言学的范围，没有使用语言学的方法，体现不出语言学的专业性。这样的研究到底是不是值得我们去做？究竟什么样的研究才是我们需要做的？”我以为李老师会以“这也是一种语言学”为观点来论证一番，但李老师给出了一个令我意外的回答。他说：“做研究是要解决实际问题。只要能解决实际问题，管它是不是语言学呢!”

实际上，学界对语言规划研究抱有这种疑问的人，恐怕不在少数，其主要理由就是语言规划没有标志性的理论，没有特定的研究方法，主要依靠经验和推演做文章，作为一门学科立不住。我认为，这一疑问要从两方面来看。

一方面，这一疑问确实提出了中国语言规划学应该直面的问题。就目前中国的语言规划学研究而言，使用问卷、访谈、民族志、历史—文本分析、话语分析等广受认可的社会科学研究方法的研究有一些，但没有明确使用某种“说得上来”的方法的研究也非常多；不管用没用“说得上来”的方法，这些研究也没有像“结构主义语言学”“形式语言学”“认知语言学”那样提出那种高度抽象的、一般人听不懂的理论。很多人认为，说这些研究撑起了一门独立的学科似乎有点牵强，还不如说它们都属于社会语言学。这种看法不是没有道理。更好地利用通行的方法，彰显研究的科学属性，提升研究的理论高度，对中国的语言规划学来说无疑是要加强的。

另一方面，这一疑问也体现出人们对中国语言规划学的精神内核缺乏理解。长期以来，中国的语言学研究和相关的社会科学研究得益于西方范式，取得了丰硕的成果，但是却忽视了立足于中国实际的学科自有话语体系的建立。实际上，认为中国的语言规划学因没有那种抽象理论和通行方法而立不住，本身就是一种陷在西方话语体系里的判断，是一种缺乏文化自信、学术自信的表现。当前，传统的（或曰经典的）学科架构已经越来越难以满足时代发展的需要，各个领域的一门门新学科都随着时代新议题而产生。一门新的学科在当前的中国到底立不立得住，归根到底要回答的是这样一个问题：如果立了这个学科，它所形成的学科理论和话语体系是否可以为中国的国家发展和社会进步做出足够的贡献？以这个标准判断，语言规划学毫无疑问可以成为当代中国一门价值重大的学科。要知道，学科要解决的问题是从现实中自然生长出来的，它绝不会按照什么学科理论或方法想要的样子来长。只有在解决现实问题中建立并逐渐摸索出自有学科理论和话语体系的学科，才是真正能立住并经得起现实考验的学科。

更为重要的是，李老师引领下的中国语言规划学十分强调“躬身行之”，这实际上有着深刻的中国哲学观念作为根基。李老师之所以从事语言规划研究，是因为他从高校调任教育部语信司担任司长，他的工作需要他开展这方面的研究。李老师并没有以局外人、旁观者的身份做研究，而是一边躬身领导语言规划工作，一边做着语言规划研究，在工作中研究，在研究中工作。工作即研究，研究即工作，这不正是中国古代哲学家所说的“知行合一”吗？20多年来，我们看到许许多多的学者在李老师的号召下，躬身参与到语言文字事业改革发展的实践中来，一边与政府部门协同推进工作，一边研究其中遇到的理论问题和实践问题，知行合一地形成了中国语言规划学的基本阵容。以“知行合一”为原则开展研究，虽然有时不见得会使用什么方法，但“知行合一”本身已经可以构成学术研究的一大方法论。须知，研究中“知”的达成需要依靠对事实、对材料的充分掌握，而要掌握事实和材料，最好的方法就是“躬身行之”。如果一定要按西方标准来判断，“知行合一”的研究跟西方对于质性研究的“把研究者自身作为一种研究工具”的主张不也有着类似的精神实质吗？

这让我想起了李老师曾经在研究生讨论课上说的几句话。有一次课上，李老师谈到了研究方法，他说，“现在大家在写研究项目的‘研究方法’时，总是写得五花八门”，“要我说，我自己的研究方法只有一个，就是‘思考法’”。此话把我们都给逗笑了。又有一次，李老师谈到现在很多人写文章都“为方法而方法”，“成篇的饼状图、柱状图，到最后无非是证明了一个别人都知道的结论”。还有一次课上，李老师谈到了在学术研究中如何看待理论的问题。他说：“理论是用来批判的。理论一经产生，就成了灰色的，只有事实之树常青。”

我们有很多人都迷恋于方法和理论，试图用方法和理论来证明自己，却没有想过自己会不会在其中迷失。拨开那层层迷雾，真正把我们引向学术研究真谛的，正是那种对事实的热爱和以“躬行”拥抱事实的执着。

## 养群

我于 2015 年博士后出站后在北京语言大学正式入职，所在部门是语言科学院所属的语言政策与标准研究所。大约是 2016 年的一天，我跟陈双新教授一起去李老师办公室汇报语言政策与标准研究所的工作。李老师在提出指导意见时，对我们说：“你们两位今后要做养群之人。”因为双新教授是研究所的科研骨干，而我还很年轻，算是比较能干活，所以我当时理解李老师这句话的意思是要我们打开工作局面，让全所科研人员之“群”都能参与到有共同目标的科研工作中来。

后来，我慢慢发现，我把这个“群”给想得太小太小了。

语言政策与标准研究所负有承建国家语委研究型基地中国语言文字规范标准研究中心的任务，因此我在工作中与国家语委打的交道是非常多的，对语委的各方面工作多多少少有些了解。其实我在最初接触这份工作时，对国家语委的一些工作是抱有困惑的——在工作传统上，国家语委的主要任务是国家通用语言文字的推广普及和规范标准建设，为何现在要把工作面铺得如此之宽，把战线拉得如此之长，甚至有些工作看上去还要反着做？比如明明要推广普通话，为什么现在又要保护方言？

随着对李老师学术思想的深入了解，我发现李老师通过提出和解决中国社会发展中遇到的语言问题，影响了中国整个语言文字事业的布局。这个过程，首先是在李老师担任教育部语言文字信息管理司司长期间推动的。在担任司长的

11 年间，李老师不但没有放弃学者身份，而且还结合工作开展理论思考，让自己的学术思想转化成了中国语言文字事业的智慧。李老师在此间进行的理论思考，我认为对语言文字事业影响最大的是他创造性地使用了两个概念。

第一个概念是“语言生活”。李老师在 2004 年与几位学界同道一起策划和编写了《中国语言生活状况报告》，从而开启了中国语言文字事业的“皮书时代”。“皮书”绝不仅仅是“皮书”，围绕《中国语言生活状况报告》的策划编写，一群有着共同学术价值观的人凝聚到一起，形成了一个叫作“语言生活派”的学术共同体。“语言生活派”的学者们得风气之先，主张语言学要解决社会发展问题，并且身体力行地开展能实实在在地服务于国家发展的语言文字研究。如今，“语言生活派”的理念已经得到了学界越来越多的人的认同，越来越多的学者在解决社会发展问题中找准了自己的研究方向，成就了自己服务国家发展的学术人生。

第二个概念是“语言资源”。同样是在 2004 年，在李老师带领下，国家语言资源监测与研究中心成立，第一家分中心平面媒体中心在北京语言大学正式挂牌。正如“皮书”不仅仅是“皮书”那样，语言资源也绝不仅仅是语言资源，它意味着政府和学界一种新的语言观念的开启。从那以后，在李老师思想的引领下，国家语委先是启动了中国语言资源有声数据库建设，后又启动了中国语言资源保护工程，数以千计的专家学者、研究生和地方语委干部投身其中，成为保护我国语言文化多样性的躬行者。此外，语言资源还包括计算机处理自然语言时需要使用的语言数据，依靠“语言资源”这个概念，语言文字工作跟信息化、智能化之间始终保持着紧密的关系，在语信司指导下建设的国家语言资源服务平台正是汇集了诸多信息技术相关专家和公司的力量建设而成的。

如今中国的语言文字事业，可以说就是建设、维护和应用语言资源以提升中国语言生活品质的事业。2020 年，国务院办公厅印发了《关于全面加强新时代语言文字工作的意见》。这份文件内容非常丰富，但总的来说，各部分内容都能在李老师以往的学术论文中找到影子。可以说，李老师的学术思考，大大丰富了语言文字事业的内涵，拓展了语言文字事业的外延，越来越多的人和机构因此得以有机会在国家语言文字事业中找到自己的定位，使自己成为国家发展的助推力量。

如此想来，李老师所说的“养群”就极不简单了——“养群”是对整个中国语言文字战线的涵养，是对整个中国语言学科群和社会力量的团结和凝聚！这让我又想起两件事，一是 2023 年去李老师家时，老师曾对我说，“要去思考 2049 年的中国语言文字事业应该做些什么”；二是最近通过微信向李老师报告自己关于国家通用语言文字规范标准普及的想法时，李老师回复我，“规范标准其他方面的事情，你也要多考虑”。是啊，社会发展中遇到的语言文字问题在随时代而变，语言文字事业除了继续在传统领地上稳扎稳打之外，还要跟随时代变化，洞见未来趋势。只有这样，语言文字战线才能永远充满活力，永远有一个“群”的人在其中实现价值。

前不久，李老师告诉我，因为身体原因，自己考虑不再直接招收研究生。收到李老师的信息，我的心情是复杂的。一方面，让李老师多休息、少操劳，毫无疑问是我的心愿。研究生培养会耗费导师的大量精力，李老师不招学生，今后的负担肯定能少一大块，我应该为此感到高兴。但是另一方面，李老师不再招博士生，而我还没有成长起来，没能及时地接过李老师的接力棒，又让我感到很惭愧。我万分珍惜在工作中能得到李老师的直接指导，也万分珍惜能在很多工作场合与李老师相伴。我希望自己作为一个中国的语言规划学人，能够如同李老师那样，以理性的思考、躬行的姿态和养群的胸怀来做语言规划学研究。我也相信，中国的语言规划学，唯有坚守理性的思考、躬行的姿态和养群的胸怀，才能自信地构建起真正属于中国的自主知识体系，也才能为世界的语言规划学做出独特的中国贡献。

**作者简介**

徐欣路，北京语言大学副研究员，硕士生导师，语言科学院语言政策与标准研究所副所长（主持工作），国家语委研究型基地中国语言文字规范标准研究中心副主任，国家应急语言服务团秘书处副秘书长，全国语言文字标准化技术委员会副秘书长。2006 年—2009 年在中国社会科学院研究生院汉语言文字学专业攻读硕士研究生，获文学硕士学位。2010 年—2013 年在北京师范大学汉语言文字学专业攻读博士研究生，获文学博士学位。2013 年—2015 年在北京语言大学中国语言文学博士后流动站师从李宇明教授从事博士后研究。主要从事中国语言政策与语言规划、语言文字规范化标准化研究。牵头研制国家语委《信息化条件下语言文字规范标准体系建设规划》、教育部语言文字信息管理司《“十四五”语言文字规范标准建设规划》，主持国家语委重点项目“中小学校本教材语言文字规范性调查及标准建设研究”“百年中国语言文字规范标准数据库建设研究”、教育部人文社科一般项目“百年中国文白语码择用规范谱系研究”。

**指导学生情况**

指导语言政策与语言规划、语言学及应用语言学、汉语言文字学专业硕士研究生 11 人。

2015 年 7 月 6 日，在博士后出站评审会上合影
（左起：李宇明、徐欣路）

# 师恩绵长　光照前路

饶高琦

## 初识恩师　蒙恩入门

读硕士期间，极其偶然的机会我开始了解到老师和老师的工作。从语法研究到语言政策与规划研究可谓无一不精，宽广和精深融于一身，这是怎样的一位学者！后来老师来到北语任职，我得以有机会从一些场合与这位书中的大师“偶遇”。由于读硕士时候的实验室在当时的办公楼（现在教 5 外语学部）420，老师的办公室就在 2 楼，我常常想着能否有一些机会，去看一看老师。后来，在一些公开讲座和学术会议上，我能够在台下“追星”，感到十分幸福。

听老师讲座、看老师文章的最大感受是平易近人，却又信息量巨大。这不得不说是一种享受，不同于许多故弄玄虚和术语堆砌的作品。老师是干事儿的人，又写干事儿的文章，这一下子触动了体内工科生的基因。在老师这里，是可以做事的，而且是做实事的。陆续学习了《中国语言生活状况报告》历年的前言和《中国语言规划论》《语言学概论》之后，我又产生了仰之弥高的推崇和景仰之情：对学术有最单纯的坚守，对这片土地有最真挚的家国情怀，对现实政务又有最智慧的决断和策略，对一项事业有最坚韧的战斗意志。我可以加入这样的群体吗？我可以追随这样的人吗？

2013 年，既是开始学习老师思想的时候，也是尝试和老师联系的时候。作为学校的领导，尤其是在招生这件事上，老师是很审慎的。但即便这样，老师还是给予了我鼓励。作为从计算机跨考到语言学的学生，备考过程实在是非常艰辛，而我心里也十分没底。尤其是第二门专业课，不知道李老师会出怎样的题。当在考场上打开试卷的时候，我却又暗暗惊叹：评述自己读过的学术著作和文章，介绍自己的研究生毕业论文和改进方向。这真是大家手笔，真正要去品评一个人的学术素质而非苛求背功。这对我的影响十分巨大。如今我也常常面试学生，也参加笔试命题，也尽可能仿效老师这种“破背书”“破陈规”的做法。及至面试，我将自己学习老师作品所做的笔记，当面提交老师，然后逐个回答其他专家的提问。老师则默默看笔记，听回答。那一场，我自认为发挥得不错，很舒服。但回去以后又十分焦虑。

最后老师决定一年招两人，把我也留在门内，我真是十分幸福，倍感幸运。

后来，常常有自己的朋友、学生，一起讨论人生抉择和成败得失。我一直都说，我最成功的事，就是遇到了好导师。而蒙恩入门，就是这一切的开始。后来在求学之中、工作之中和老师的交往很多，发生的事情也很多，但有三个方面，对我影响极大。

## 家国情怀　草根视角

在读硕士和之前的人生岁月中，家国情怀是一个离我很遥远，对我而言很陌生的词。直到开始读老师的《中国语言规划论》三卷本（当时只有两卷）和《中国语言生活状况报告》历年前言，我才开始真实地感受到家国情怀也是贯穿专业研究的。最基础的语言文字工作，最容易被忽视的语言学思想，却最反映对这片土地真挚的爱。

精英和草根是常常用来划分人群的标签，但在老师的工作中，老师的文章里，我却感受到对人民、最广大人民的真诚热爱和眷恋：不是民粹主义的，而是用精英层次才能获得的知识、见识去服务最广大的人民。从和谐语言生活、发展语言服务，到语言无障碍，处处滴下东方士人的勇敢和情怀：这不同于欧洲知识分子的那种左拉式振臂高呼，也不同于北美知识界弥漫的玩世不恭和“幼稚正确”，老师身上是非常朴素地来自人民、服务人民、造福人民，让人民更好更进步的伟大情怀。

李老师讲课有情怀，有意思，从来不用高言大智，而是贴近语言生活。语言生活是活着的、运动的、人民的。如果非得说马克思主义语言学理论、实事求是的语言学理论的话，那必定是语言生活的理论。我想这种培养对人的影响是潜移默化的，但也是无法隐藏的。记得帮吉尔吉斯斯坦的阿伊卡博士修改博士论文的时候，我们谈起什么是好的语言政策。我脱口而出：促进先进生产力的发展，增进最广大人民的福祉，繁荣吉尔吉斯的文化，赓续文明。这当然不是来自什么文献，而是来自老师的言传身教。

如今，我在带学生的时候，也要谈家国情怀，也要谈面向真问题做真学问。言必称人民的福祉、公众的利益、人类的发展。我想任何一种学问，任何一个师门、学派、组织，总要有他的灵魂，有他的主张。而任何主张，也都要有它的情感基础。一个爱国者的情感基础首先就是对人民的爱和对祖国灿烂文化（最终无疑是对祖国语言）的眷恋和坚守。老师是典范！

## 安贫乐道　坐冷板凳

有一件事不是老师自己讲的，却是来自师母的叙述。一次师母回忆道：

“20 世纪 80 年代，学术和教育大有复兴之势。老师的许多同事，四处兼课、讲学挣了不少钱。这些好挣的钱，同事们也劝李老师去挣。但是李老师一直不为所动，把时间精力花在研究、做学问上面。”如今看来是正确的，但在当时能耐得住寂寞、坐得住冷板凳也是很不容易的。须知老师一家年轻时候，物质上是多么困难，多么缺钱！

今天在我写下这段文字的时候，我自己也在“羡慕”隔壁同事又赚了一笔大钱、发了一次“横财”。在大家吹嘘攀比的酒席间我也一直说，下次有机会也叫我吧。但晚上回来，就想起师母讲述的这段往事。我也常常“走穴”，去“清北人师”等名校的次数也不少。其实也就是几百块钱的讲座费，但我真的更看重也更享受的是跟同行们交流，并且可以传播“语言生活派”的思想。但是父母并不太理解，我也只好假托“我是为孩子念书、以后跳槽结交人脉”，可哪有什么跳槽计划呀？对至亲的却又不理解的人，还是得装出些“市侩”。只是希望时间久了，自己不要真如此。

回想起来，做学问就是要如此。我三次谢绝政府相关部门挂职或借调的机会，既有家庭的原因，更是希望在专业和学问上能够专心。我这样不善于拒绝的人，竟然拒绝上级如此爽快，且是三次，真是难以想象。我想这在很大程度上是受老师的影响吧。

此刻我心里想起的是老师在研究儿童语言发展时那用坏了的磁带而损失了的数据。老师就是在这样艰难的环境中守住了学术，守住了做事。没有被短期利益所蒙蔽，没有被一时的风光或“进步”而迷惑。在“聚贤聊斋”的一次线下活动中，老师总结有害学术的几件事，其中一个就是“好事”：或是升官了，或是出国了，或是有了挣外快的机会。随着成长，也常有“好事”的苗头冒出来，这种时候，老师的话给了我很大的力量，帮我说“不”。

## 师道赓续　为人为家

老师严格禁止提笔骂人，不要我们写商榷文。这与“总要与众人和睦”的教训完全一致。老师说，不接受某某的观点，我们不接受就是了，我们自己多说自己认为对的观点就好了。我想这种向前看的想法和做法以及老师的高尚为人，为老师赢得了学界和社会跨宗派的爱戴。我把这一点也写入了我自己的师门规范中，也与我的学生和我所能影响到的人共勉。

而在众多优秀的品格中，倍受赞誉的是老师作为一个男人的家庭担当。以前整理老师的资料，总是好奇为何不论在什么场合都把“五好文明家庭”这个荣誉摆出来，还放在很靠前的位置。原来是老师一直特别珍视社会对他的家庭成就的认可，并且推崇家庭成就是一个人最重要的成就之一。老师和师母作为模范家庭的事迹不必赘述。一夫一妻，一男一女，一生一世，说来简单，但感觉在这个时代却越发困难。有影响力的老师为学生们带了好头，我也把这份高度重视家庭价值的观念，竭力传递给学生。

经师易得，人师难求。不仅要影响学生的专业和学问，更要影响学生的人生态度，我想这是做老师更高的境界。

老师是一个“大写的人”。回忆起从老师身上受影响的事还有很多很多，在这里祝愿老师和师母每天快乐！一次宴席上，我说我们都要超过周先生（周有光），我们奔着 112 去。老师纠正，122 如何？祝老师、师母 122、123、124、12$n$……长长久久，幸福快乐！

## 作者简介

饶高琦，北京语言大学国际中文教育研究院副研究员，硕士研究生导师。2010 年—2013 年在北京语言大学计算机应用技术专业攻读硕士研究生，获工学硕士学位；2013 年—2016 年在北京语言大学语言科学院语言学及应用语言专业师从李宇明教授攻读博士研究生，获文学博士学位。任中国语言文字规范标准研究中心、语言智能研究院兼职研究员；中文句法错误诊断技术评测（CGED）主席。在全国计算语言大会（CCL）、全国自然语言生成与智能写作大会（NLGIW）、中国中文信息学会青年工作委员会、中国人工智能学会多语智能信息处理专委会等学术会议、组织任学术兼职。在国内外期刊、会议上发表学术论文 40 余篇，主持省部级项目三项，起草团体标准五项，参与多项国家重点研发计划、社科重大项目。创办语言学公众号“汉语堂”。研究兴趣为计算语言学、语言规划、智慧教育和数字人文。

## 指导学生情况

指导语言学及应用语言学硕士研究生 7 届共 17 位，国际中文教育硕士研究生 2 届共 3 位。2021 届硕士研究生郃沁清获北京语言大学优秀毕业生称号。

2016 年 6 月，在北京语言大学博士学位论文答辩会上合影

（前排左起：饶高琦、吴雪钰、李宇明、佳荷，后排：世玉）

# 可爱真性情

吴雪钰

当代人常爱标榜自己是“真性情”，但大部分的“真性情”不过是“情绪管理能力欠佳”的托词，往往惹人厌烦。但李老师是个大大的例外，是罕见的“真性情”，他本身就是无比可爱的神仙人物。可爱到什么程度呢，就是在各种压力和烦闷让你几乎喘不过气儿、血压飙升的时候，只消跟他聊上两句，就能感到心律平复、血压稳定。或者就像我现在写这篇小文，想到和老师相处的点滴，写着写着就忍不住嘴角上扬。

2017 年秋初，李老师因腰疾手术住院了一小段时间。知道此事后，我赶紧带着家属和一点家里做的吃食前去探望。到了之后发现，望京医院病房条件实属简陋：墙不白，床不新，门窗隔断还是老式斑驳的脱了漆的木头框架，屋里一张多余的小板凳都没有；我们带着食物来探病号儿应该先洗手，结果发现病房的水龙头坏了，只能去走廊尽头的公共洗手池。我心里暗忖，李老师真是皮实，也真是不挑剔！虽是住院卧病在床，但是笑意盈盈、满面红光。陪他坐了一会儿——其实是我坐着，家属站着，而老师在病床上卧着，全然未听得老师一句抱怨环境的话，只听他夸赞了医生护士如何认真负责，还有照顾的护工大叔如何尽心尽力。

彼时我的家属刚在街边摊贩处收了一个扁扁的小酒壶，新鲜劲儿未过，走到哪都要带着，里面装点小酒，逢人就要拿出来显摆一番。可巧老师住院期间，手术前后遵照医嘱禁酒，酒虫闹了许久。听闻我家属那里有酒，老师赶紧趁着护士没来，半侧卧着，用病房里的一次性纸杯，和我家属偷偷干了一杯。老师喜悦的样子，像极了贪嘴偷吃糖的孩子：你一面知道吃糖不好，但又觉得偶尔吃上一颗又有何妨！也罢，吃上十几二十颗又有何妨！

2018 年夏天，我刚生完孩子不久，初为人母，手足无措，还因为小儿昼夜啼哭精神紧绷。产假之中，恰好有点小事儿叨扰老师和师母，也算是暂时逃离家中鸡飞狗跳的小环境。本想事情说完了就赶紧回家继续“上工”，但老师和师母大抵是见到我眼圈黑黑、形容憔悴，便留我吃饭，还提议让我在家休息一会儿再走。我也没客气，吃过饭，在纤纤姐的房间里倒头就睡，一觉醒来时已是黄昏。醒来细想，这大概是我那两三个月以来，睡得最香、睡得最久的一觉。多年以后，回味那个酣睡的下午，都觉得分外幸福。在自己小家的几千米之外，我还有一个老师的家，可以让我暂时安歇疲惫的心，让我能安心休憩、短暂地逃离母亲的负担，真正做一会儿自己的主人。老师对我们每个学生的关爱，就是这样细致又宽宏。

2020 年后的很长一段时间，极少走亲访友，生怕给人添了麻烦，加上工作和家事也都分外繁忙，我和老师见面的机会也少了很多。2023 年春天，再去探望老师和师母。听师母讲起去年的一些经历，中间有好几次都让我倒吸冷气、几欲落泪，但听老师说了他当时的心路历程，我感觉又认识了老师的另一面。那段时间，我的情绪时常有些低落，但在老师笑声的感染中，我又重新找回了向上的力量。

在李老师身边，总能感受到他对人的尊重、理解和接纳。“允许别人做自己”，是顶级的爱和善意。但老师的这份爱和善意，比顶级还要更高级一些：老师不仅允许别人做自己，还常常能引导和支持我们“做更好的自己”。在学术中的每一个小小的尝试，在教学中的一点点积累和感悟，甚至是一些异想天开的脑洞，在老师那里，都能得到包容和鼓励。他就是一直在用这样一种可爱又可敬的方式，用他自己的真性情，感染和鼓舞着身边所有的一切。

## 作者简介

吴雪钰，北京语言大学国际中文学院讲师，硕士生导师。2011 年—2013 年在中山大学语言学及应用语言学专业攻读硕士研究生，获文学硕士学位。2013 年—2016 年在北京语言大学语言政策与语言规划专业师从李宇明教授攻读博士研究生。主要从事汉语二语教学、汉语母语教育、亲子沟通及语言政策研究。发表论文《中华人民共和国扫盲教育政策发展研究》（第一作者，《语言规划学研究》）。2013 年发表论文《语义地图模型与功能词“到”的习得顺序》（第二作者，《语言教学与研究》）。曾参与国家语委调研项目（2013）“语言文字规范标准建设”、国家社科基金项目（2019）“中国学前儿童语料库建设及运作研究”。

## 指导学生情况

已指导硕士研究生 1 人，指导本科生 6 人，皆为外国留学生。

2016 年 6 月，在李老师办公室合影

（左起：世玉、吴雪钰、李宇明、饶高琦）

# 李老师的学术风范

世　玉

我于2013年的秋天进入北京语言大学语言学及应用语言学专业学习。除获得了北京语言大学外国留学生全额奖学金外，更荣幸的是能够加入“李门”大家庭。初次认识李宇明老师是通过《中国语言规划论》一书，李老师的学术风范使我折服，我感到虽不能至，仍心向往之。除此之外，特别高兴能在“李门”大家庭中结交许多中外学者，每次碰到挫折和困难时都有“李门”的朋友照顾与陪伴，感到特别温馨。

2013年中秋佳节之夜是我与李老师、白老师以及2013级中外博士研究生的初次见面。不巧的是中秋节当天留学生办公室请我去参加他们的节目，这也是我人生第一次表演川剧变脸。当时，心里特别犹豫怎么去跟李老师解释，又是第一次见面，不去参加师生见面活动特别不礼貌，不去表演则会影响学校的集体安排。最后下定决心给李老师发了短信解释无法按时参加师生见面活动的原因，得到李老师的回复说：“先办公事再办私事”。这一句话我铭记于心，虽然毕业了很多年，但是这一句话一直是我生活和工作的指南针。

进入“李门”成为李老师的弟子是我的荣幸，李老师的科研风范使我心向往之，我立志一定要成为从事泰国汉语教育事业的好老师和好研究者。不论有什么学术研讨会或培训，只要涉及泰国汉语教育，我都愿意参与并协助开展工作。记得有一次，我参加了北京的一场研讨会，并仔细聆听了李老师的讲座，让我受益匪浅。老师讲道：“教师是非常重要的，上课就像唱戏一样要知道唱什么戏，怎么唱戏，在哪唱戏，扮演什么角色。”李老师对汉语教学的比喻真的是画龙点睛。到目前为止，我一直听从老师的教诲，每次上课前都会想着李老师的这几句话，在每一场泰国本土汉语教师培训上我都会用李老师的话来指导学员。

李老师是一位著名的语言学家，学校的工作特别繁忙，带的中外博士生也特别多，但是李老师的学术风范让我感到敬佩！毕业时，李老师一直跟我们强调不要忽略科研，再忙也要做研究。我想跟老师说：“我很听话！我每年至少发表两篇文章或参加两次学术研讨会报告。”这三年来因新冠肺炎疫情的影响没有办法去见李老师和白老师，但是我想让老师知道身为海外弟子的我一直想念他们，也希望二位老师身体健康、平平安安！二位老师永远是我们精神上的榜样和内心的依靠！

## 作者简介

世玉（Pichai Kaewbut），泰国人，宋卡王子大学素叻他尼校区汉语商务交际专业教师。2013年—2016年在北京语言大学师从李宇明教授攻读博士研究生，获文学博士学位。原泰国教育部基础教育委员会汉语项目助理，普吉中学孔子课堂校友会主席，PSU亚洲大学教育保障AUN-QA评委，泰国华文教师公会学术组委员，赴泰汉语教师志愿者泰方培训教师。2016年至今发表论文共25篇。

日报 周报 杂志

人民网 people.cn

人民日报海外版 2016年07月18日 星期一

往期回顾 分类检索 返回目录

从学汉语到教汉语

世玉

《人民日报海外版》（2016年07月18日 第08版）

图为世玉（左）和北京语言大学党委书记、博士生导师李宇明合影。

2016年7月18日，《人民日报海外版》发表世玉的文章并刊登与李老师的合影

（左起：世玉、李宇明）

# 学术导师，亦是人生导师

王海兰

常言道“经师易得，人师难求”。人的一生会遇到很多老师，有的教给我们知识，有的则不仅教给我们知识，还教给我们如何思考，如何做人。能遇到后者，无疑是极其幸运的。我就是这样的幸运儿。李老师不仅是我的学术导师，亦是人生导师，对我的影响是全方位的。本文想从四个方面谈谈李老师对我的影响：第一，学术使命与学者担当；第二，为学态度与治学方法；第三，学术传承与智慧启迪；第四，呵护家庭与关爱学生。

## 学术使命与学者担当

第一次见到李老师是在 2011 年 5 月。当时李老师担任国家语委副主任、教育部语言文字信息管理司司长，此次他专程来山东大学调研语言经济学的学科建设和人才培养情况。作为一名语言经济学专业在读博士，我有幸参加了这次调研座谈会。会上，李老师从国家层面谈到了语言的重要性，介绍了在社会和谐稳定和国家发展与安全方面存在的诸多语言问题和潜在隐忧，列举了大量案例，涉及语言与国家能源安全、中国在国际组织中的话语权、方言与普通话的冲突等，提出一系列关系国计民生的语言命题，并作了题为“语言也是硬实力”的学术报告。李老师在山东大学的调研给了我很大触动，让我感到无比兴奋，使我对语言经济学的认识和理解至少有了两个转变：第一，语言经济学应该从微观研究拓展到宏观研究，不仅要关注语言能力对劳动者收入的影响，同时要研究语言对宏观经济增长的贡献，要为国家经济发展服务，这很大程度上也决定了语言经济学作为一门学科存在和发展的社会基础；第二，语言经济学研究需要关注语言现实，需要经济学与语言学的联合，经济学者应该从语言学者那里去获得更多的语言问题。这一次见面直接促使我决定博士毕业后争取做李老师的博士后，拜李老师为师，希望能在李老师指导下更好地开展语言经济学研究。这次见面之所以给了我很大触动，让我受益匪浅，其中的原因之一是李老师看问题视角高远，而这其实就是他一直所强调的学术研究要有家国情怀。在之后的接触中，深刻感受到李老师已经将这种家国情怀深深融入他对语言学学科的定位、对学术研究命题的选择和对学者社会担当的期待等各个方面。近年来，李老师一直致力于推动语言规划学、语言经济学等新兴语言学交叉学科的发展，正是在践行语言学满足社会需求的学科使命和学术研究服务社会发展的学术理念。李老师在不同场合都跟学生强调，学者要有社会担当。2014 年 10 月 8 日，在北京语言大学语言政策与标准研究所召开的博士博士后座谈会上，李老师说："学者的知识不完全是自己投资的结果，也是社会公共投资的结果，学者作为'知识富翁'应该将自己的思想和才华回馈给社会，要与社会保持联系，学术研究要有平民意识。"李老师曾说："大学是一个可以让人混到老死的地方，也是一个可以让人大有作为的地方，非常自由开放。"他希望他的学生无论是在校学生，还是已在高校就职的老师，都不要把高校当作安逸享受之地，而要不断进行学术探索，利用高校这个平台为国家和社会创造有价值的东西，施展学术抱负。李老师始终心怀天下，他指出，"心有多大，事业就有多大，自觉关心社会发展，关心国计民生的人才可能将学术研究做大做强"，李老师身上体现着学者的初心与担当。

## 为学态度与治学方法

在 2014 年第五届"聚贤聊斋"语学论坛上，李老师分享了他 2011 年在从湘潭到长沙的火车上创作的诗歌《为学》。我很喜欢这首诗，一方面因为我来自农村，对农业耕作，对农民有特别的情感；另一方面将为学与农耕进行类比，恰切而且富有哲理。这首诗也是李老师为学理念的真实表达。

为　学

为学就是治粱粟，
精作还须观天图。
耕种未必有收获，
总揣希望在田头。

李老师指出，做学问就像种庄稼一样，不仅要精耕细作，还得看天气，观时节，这里的"天图"，不仅包括自然的天时地利，还包括学问能够服务的大的外部环境，一个学者要把做学问提高到一个重要的程度——不仅要看学问怎么做，还要看国家、民生需要什么，要看国际国内学术大的发展方向，要看你的研究对国际社会、对人类的和平发展有什么作用。农业耕种是靠天吃饭的，播种不一定有收获，做学问同样如此。自认为写得很好的文章，未必能发表出来。为学的最高境界是"只问耕耘、不问收获"，只有这样才能成为真正的学者。李老师强调，为学并不是不要收获，而是要有一种态度，那就是当你没有收获的时候，也能"总揣希望在田头"。

李老师说，作为学者，要在学术上有所成就，应该有意识地从三个方面塑造自我。首先找到自己的学术领地，他说一个学者重要的是在全国让别人知道他是研究什么的，有自己独特的研究领地，形成自己的学术标签，建立自己的学术根据地，成为某一领域的“专家”，不做“万金油”。其次要有自己的学术风格，有的人擅长理论研究，有的人擅长事实描写，有的人擅长比较研究，但不管怎样，都应该要有自己的学术风格，包括语言风格。再者要把经常读的书内化为自己的东西，同时把自己的思考外化为文章。李老师强调学术研究是个先“内化”再“外化”的过程，后者往往很容易被忽视，学术研究不能仅仅停留在思考的阶段，还应将其外化为可广泛传播的铅字。李老师经常告诫我们，学术研究没有捷径，靠的是勤奋和努力，现在的人在智力上没有太大差别，成功与否就在于谁更勤奋。对于正处在学术研究起步阶段的我们，要勤于读书，勤于写作，还要善于安排。李老师要求我们认真研读本领域的中外经典著作，要像罗素一样进行沉浸式思考，追求无功利的纯理性思维，不读经典就没有发言权，要及时跟踪本领域的权威期刊。要勤于练习写作，脑勤不如手勤，写作过程第一步先完整写下来，第二步是修改，第三步还要通文气，形成自己的风格。要善于规划，要有长远规划，到博士阶段应该确立一生的研究规划，同时要有短期安排，至少要做到周安排，计划一旦定下来就要认真去执行。

## 学术传承与智慧启迪

李老师是位思想者，他的大脑犹如趵突泉，总有冒不完的思想与智慧，最重要的是他总会将学术思考与智慧毫无保留地传给学生，并根据学生特点和专长给予启迪，鼓励学生进行开拓性、创新性研究。我近年所进行的语言扶贫研究、粤港澳大湾区语言研究和信息无障碍语言服务研究都得益于老师的引导。

2019 年 4 月，李老师来广东外语外贸大学参加《中国社会科学》编辑部主办的“第七届中国语言学研究方法与方法论问题学术讨论会”，王春辉师兄也来了。我还清晰地记得，在接两位从机场到酒店的路上，李老师给春辉师兄和我讲了他对语言与贫困问题的思考，不仅给我们指出了研究的几个维度，同时要我们建一个“语言与贫困”公众号，利用自媒体加快语言与贫困相关学术成果的传播，提升学界对语言与贫困问题的意识。之后，在春辉师兄的组织下，创建了“语言与贫困”公众号，即“语言治理研究中心”公众号的前身，在《语言战略研究》《云南师范大学学报（哲社版）》上组织“语言与贫困”专题文章，编写出版《语言扶贫问题研究》（第一辑，第二辑）。语言扶贫问题研究也成为我一个新的学术研究点。

2019 年 11 月，李老师受邀来广州大学讲学，有一次我陪老师用餐，我们讨论了粤港澳大湾区语言问题。当时《粤港澳大湾区发展规划纲要》发布，学界对大湾区语言问题的研究还甚少，李老师总是先知先觉，敏锐捕捉到大湾区语言研究的重要性。一顿饭下来，李老师搭建了一个粤港澳大湾区语言研究基本框架，让我受益匪浅。《语言战略研究》2020年第一期刊发“粤港澳大湾区的语言生活”专题，我和李老师合作撰写了《粤港澳大湾区的四大基本语言建设》，该文被《新华文摘》全文转载并推为封面文章。近年来，我所在的广州大学语言学团队聚焦粤港澳大湾区开展了一系列研究，包括大湾区语言生活调查、语言规划和语言服务等，研制出版了《粤港澳大湾区语言生活状况报告（2021）》《粤港澳大湾区语言服务发展报告（2022）》《粤港澳大湾区语言生活状况报告（2023）》等，我个人也撰写发表了与大湾区有关的研究报告和论文20余篇。这些小成绩的取得都得益于李老师的启发和指引，老师的期望和鼓励滋养我在学术路上不断向前。

## 呵护家庭与关爱学生

李老师不仅是学术大师，更是为夫为父的楷模，他以身示范，用实际行动告诉我们如何关爱伴侣，如何呵护孩子。李老师的家庭特殊而幸福，他和白老师的家庭故事感动了无数人，展现了爱与责任的超级能量。李老师的家庭观、婚姻观、育儿观等思想观念也深深影响着学生，为“李门”弟子树立了榜样。我们常用“一日为师，终身为父”来表达学生对老师的崇敬之情。在“李门”，我们感受更多的是“一日是生，终生是孩”的幸福与温暖，李老师和白老师给了我们无私的父爱和母爱。在“李门”，李老师和白老师有明确分工，李老师指导我们学业工作，白老师是“政委”，是知心妈妈，当我们生活上遇到问题，白老师都会用她通透的智慧给我们指导。在2014年第五届“聚贤聊斋”语学论坛上，李老师给学生们提出了三点要求和希望，都是跟家庭有关：首先要孝敬父母，尽孝需尽早；其次要关心爱人；其三要关爱孩子。这是我听到的老师给学生提出的最温暖的要求，对学生寄予的最温情的希望。李老师一直跟我们强调，要处理好家庭与事业的关系，经营好家庭，家庭经营不好肯定会对事业发展带来影响。在李老师和白老师眼中，学缘近乎血缘，每个学生如同自己的孩子，都投入了慈父慈母般的关爱。李老师发自内心地对大家说：“你们每位同学，都是我人生的骄傲。你们每一个人的成长都是我人生的骄傲，你们每一个人遇到的困难，我都感到很焦急。”我是个极其幸运的人，在我最艰难无助的时候，是李老师给了我指引和帮助，让我渡过了难关。

“随风潜入夜，润物细无声”是李老师对学生影响的最恰切描述。何婷婷师姐曾说：“关注李老师，就能进步。”秉承李老师的治学精神，遵循李老师的为学态度，学习李老师的为人处世风格，就会让我们越来越接近最好的自己。

## 作者简介

王海兰，广州大学副教授，硕士生导师。2003 年—2006 年在山东大学经济学专业攻读硕士研究生，获经济学硕士学位。2009 年—2012 年在山东大学语言经济学专业攻读博士研究生，获经济学博士学位。2014 年—2016 年在北京语言大学师从李宇明教授从事博士后研究工作。2006 年—2017 年在山东大学国际教育学院任教，2017 年 6 月调入广州大学，现任国家语委研究型基地国家语言服务与粤港澳大湾区语言研究中心执行主任。主要从事语言经济、语言服务和语言传播研究。近年来共主持国家社科基金后期资助项目 1 项，教育部人文社科项目 1 项，国家语委重点项目、一般项目、后期资助项目各 1 项，其他省级项目 2 项，在《语言文字应用》《语言战略研究》等刊物上发表论文 30 余篇，作为副主编编写图书《中国语言服务发展报告（2020）》《粤港澳大湾区语言服务发展报告（2022）》，撰写语言生活皮书报告 30 余篇。

## 指导学生情况

指导语言学及应用语言学专业硕士研究生 2 届，合计 2 人；指导国际中文教育专业硕士 6 届，合计 16 人。

2016 年 9 月 28 日，在博士后出站评审会上合影

（左起：李宇明、王海兰）

# 仰之弥高 钻之弥坚

刘昌华

“知者不惑，仁者不忧，勇者不惧。”我非智者，甚至也算不得仁者，但自认为权且可算作勇者。靠着屡败屡战的毅力，我前后跨越八年，经历了四次报考，于2014年成为北京语言大学语言学及应用语言学专业的博士研究生，研究方向是语言政策与语言规划。笔行至此处，不用我说，熟悉语言政策与语言规划研究的学者大都能够明确报出我的导师——我国语言政策与语言规划实践的开拓者、语言政策与语言规划研究的先行者、语言政策与语言规划学科发展的推动者，李宇明先生。

## 相识：学缘结于耕书田

李宇明老师治语言学，融汇语法学、儿童语言学、辞书学、汉字学、语言规划学等诸多方向，均颇多建树，是为学界标杆。李老师的早期研究以语法学和儿童语言研究为主，成果如《父母语言艺术》《汉语量范畴研究》《儿童语言的发展》。李老师对儿童语言的研究不仅在语言学界产生了很大影响，而且成为儿童教育专家、医学专家重要的案头参考资料。而我“认识”李老师始于李老师的专著《汉语量范畴研究》（2000年）。我硕士毕业于徐州师范大学，研究方向是语法语用。在徐州师大，这个学科方向的创始人是李宇明老师的同门师弟吴继光老师。吴老师是当年语言学界较为知名的青年才俊，却天妒英才英年早逝。我硕士入学的时候吴继光老师已入仙界，但由其传承的桂子山学术思想之花依然馥郁芬芳。也许是冥冥中的注定，我的硕士论文选题也朝向了桂子山的方向。我的硕士论文题目为《让步复句的语用研究》。论文写作需学习“量范畴”相关内容，而李老师的《汉语量范畴研究》是当时国内全面描述汉语量范畴知识的领先之作。循着这本书的作者简介，我又通过百度检索，了解到李老师的学术简历，这才知道李老师不仅学术成果丰硕，而且时任教育部语言文字信息管理司司长，是语言学界少有的学术型领导。这是我和老师第一次单方面“相识”。

## 入门：学缘的万有引力

了解李老师的“学术世界”源于读书，而了解李老师的“生活世界”则源于我硕士期间的授课老师以及我的硕士同门。在不断听到的生活故事中，我也逐渐在我的认知系统中构建了李宇明老师的“生活世界”，特别是李宇明老师和白丰兰老师的爱情故事深深地震撼了我。《礼记》有言“师也者，教之以事而喻诸德也”。李老师用实际行动向世人所昭示出的高尚品德、生活观、价值观就是为师者的最高境界。俗话说“经师易得，人师难求”，能够成为这样的老师的学生，是古今学者一贯的追求。2006 年硕士毕业我第一次报考先生的博士，但是后续因为家庭压力等原因，选择了先工作而未参加考试。2011 年，当工作稍微稳定，再次通过中国社会科学院报考李宇明老师的博士，未能考中。2012 年，在师弟李强的引荐下，在李老师的办公室第一次当面见到了李老师，我至今仍能感受到当时的激动。老师对我的坚持给予了肯定和鼓励，我也在那天第一次收到了先生的赠书。2012 年李宇明老师调任北京语言大学党委书记，我于 2013 年和 2014 年连续两年报考李宇明老师的博士生，2014 年终于如愿考入北京语言大学，被李老师列入门墙。还清晰地记得 2014 年博士复试以后，李老师请他所有的考生和当时北语在读的他的博士生一起吃饭。老师给我们做学术甚至做人都提供了很多重要的建议，印象最深的是“研究生研究生，自己研究自己升”。那个时候我仍然没有觉得自己能考上，但令人感动的是李老师收下了我和另外两位外国留学生——来自越南的阮秋姮、来自吉尔吉斯斯坦的阿依古丽。我们三人同时成为李老师在北京语言大学招收的 2014 级博士生。学缘的万有引力终于使我圆梦 2014。

## 从彷徨到坚定：博士论文的选题和写作

曾记得博士入学之后，有一段时间我总处于焦虑之中，原因有二，一是担心自己基础浅薄，不敢向老师报告，怕露出马脚；二是李老师时任学校党委书记，为学校事业发展呕心沥血，我也不忍心总是因为自己的学术问题打扰他。最初，我还为此有些苦恼。我虽在语言学田耕耘多年，但之前却是以语法语用为主要研究对象，虽不深入，但好歹有些基础知识，而对于新的研究方向语言政策和语言规划，当时的我真算是“门外汉”了，所以，有时候又不得不向老师提问，这时我大多以邮件或者微信方式请教老师。

2015 年 3 月 12 日，老师在回复的邮件中第一次提出，希望我研究《国家通用语言文字法》发布以来 15 年的语言规划，主要研究语言生活派。主要资料是《中国语言生活状况报告》、发布的各类语言文字规范标准以及国家语委的发展规划等。我听后仍然头大，不知如何切入。正当苦恼之际，我找到了“李门”的

“政委”——师母白丰兰女士。师母耐心地听了我的倾诉，并对我进行了鼓励，让我积极主动联系老师。师母告诉我：“老师一定会抽空多跟你们交流，有学术问题尽管给老师讲，他有空就会回你；有生活问题尽管给我说，我或许能给你一点建议或者帮你协调。”向师母汇报后，我很快就接到了李老师的电话。李老师在出差间隙给我打了半个多小时的电话。还记得接到电话的时候，我正好在宿舍。我赶紧关上门，生怕外面太吵影响到接听老师的电话，错过了老师说过的每一个字。电话中老师主要就上述博士选题进行具体指导，包括研究对象的确定、研究材料的寻找、研究的方法技巧、专家的对接和访谈等等。同时，还对我进行了鼓励和安慰，让我静心读书做学问。又过了一小段时间，老师和师母为了让我尽快适应在北京的读博生活，还特意组织北京的一些师兄师姐到北京郊外的园博园郊游。那次聚会我认识了很多的同门，学术交流和生活交流通道双双打开，李老师和白老师为我融入“李门”、适应北京的读博生活做了很多暖心的安排。类似的活动后来还安排过几次，通过这些活动我们既愉悦了身心，更建立了很好的学术链接和学术友谊，为将来的学术增益打下了良好的基础。2015 年 5 月开始，在老师的帮助和协调下，我又被借调进入教育部语言文字信息管理司标准处，进行了一年的锻炼。通过对一线语言文字工作的具体接触和感悟，我对语言政策和语言规划实践有了初步的了解，再反过来看语言政策相关论著的时候就有了新的理解和收获。在老师的各种帮助下，我逐渐入门，对语言政策和语言规划有了更多的兴趣，也对语言政策和语言规划研究有了越来越深的理解。

2015 年 12 月 28 日，李老师在给我们上课的时候再次对我的论文提出了非常详细的指导意见。也就是这一次，李老师除了对我如何写好“21 世纪语言规划史”继续进行指导以外，还给我提供了另外的选题——就虚拟语言生活、规范汉字表、语保工程等某一特定领域进行全面深入的研究。李老师特别就虚拟语言生活的选题意义、研究内容、框架如何搭建等进行了详细的介绍和指导。那次课之后，我初步确定将虚拟语言生活研究作为我的博士论文选题，并开始阅读大量的参考文献。李老师还给我介绍了很多网络语言研究的校内外专家，包括学界和业界的，比如商务印书馆的周洪波老师、广东外语外贸大学的汪磊老师、人民网的祝华新老师、北语信息办的吴志山老师等。再后来，在这个题目的基础上，李老师又反复不厌其烦给我多次指导，还请同门、其他专家共同为我的论文提意见、找材料。老师工作如此繁忙，仍然经常抽出时间帮我提升认知、修改框架。在老师的大力支持和帮助下，我的博士论文《网络空间的语言生活研究》于 2017 年 7 月 1 日通过了答辩。

## 为学有术：学术根基的塑造

如今，入“李门”已近十年。虽然我的学问做得非常一般，但却是在天长日久的接触中感受到了李老师培养学生的独特方法。在工作中见识过更多老师的教育风格和工作作风之后，我才更加深刻地体会到“李门”学术培养体系的温暖、全面、系统而实用，是经得起时间考验的体系。李老师招收的每一个学生都不是随随便便招收进来的，李老师对每一位学生都有所期待，并为他们的成长做好各方面的培育工作，包括知识培育、品德培养、学术方法和学术观念的滋养，甚至讲课和演讲之法、为人处世法则。李老师不仅用语言教，更是用行动教。以下摘录若干。

第一次参加“李门”大型学术聚会是在 2015 年 9 月 5 日。本次会议李老师特意就为学之道发表了重要观点。印象最深者，一是“学术之阶”“学术之用”，二是学术“三标点”。关于“学术之阶”“学术之用”，李老师认为学术激情主要来自“学术之用”，品位来自“学术之阶”，而“学术之阶”则包括为身家谋名利、为单位增砖瓦、为国家奉心力、为科学做贡献、因兴趣成积习等五个不同的层次。由下而上，常常具有阶梯效应，下阶是上阶的基础；由下向上，决定学者的科研未来。李老师的学术“三标点”指的就是句号、问号和感叹号。句号代表自己的已有成绩、学术的已有结论，是一种“低级清楚”；问号即学术疑惑、即科研问题，是一种“高清糊涂”；感叹号则代表自己解决问题之后的愉悦，是一种“高级清楚”。做学术就是要砸开句号，使之变为问号。因此批判意识、创新意识、不满足意识都非常重要。老师要求我们读书要站在学术前沿、研究要有面向社会的意识，并以此为基础展开理论遐想，不断捕捉大脑边际的灵感。为此，要做到三勤，即眼勤、脑勤、手勤。问号是打开问题的钥匙，是学术进步的掘进器，是躬耕劳作的身影，是前进的内驱力。一个人拥有多少问号，就拥有多少学术动力。一个人所拥有的问号，标志着其学术品位。一个人能植入他人脑中多少问号，代表着你的学术影响力。一个人能解决多少问号，解决什么层次的问号，代表着你的学术贡献度。教师就是要善于植入问号，而学者的使命就是将问号打开变为感叹号。而打开问号的最佳领域在学科交叉、边缘处，社会重大需求处，未来学术生长处，最能显示自己能力处。

在博士论文方面，李老师反复告诉我们科研是聪明人的事情，但科研要用笨人坚持的功夫。博士论文必然要有系统的研究材料，要有数据支持，要有第一手资料，要有理论追求，不能仅仅停留于用例子验证别人的理论。

李老师还用他的实践经验教我们如何做好学术演讲，他将演讲分为三个层次：一是说清事实，二是得出一些规律，三是反哺理论。李老师认为做好学术提问和学术回答也是学术能力的一种体现，同样演讲时间的自由调节和把控能力也是学术演讲的必备素质。李老师还非常注意因材施教，提倡互帮互助。比如对留学生的培养，老师曾在课上安排师姐吴雪钰和我带领留学生一起读《唐诗三百首》，徐欣路带领留学生同门读《论语》，而对于我们所有的博士硕士李老师都要求我们经常写“每周一歌”（每周一篇学术随笔）。

李老师的培养方法非常丰富，创新观点非常多，以上仅举几例。更有幸的是，虽然我们已经毕业了，却仍然可以听李老师上课——李老师在2022年就面向所有学生以及学生的学生在线开课“语言学十讲”。毕业之后仍然能够得到来自老师持续的学术滋养，也许是我孤陋寡闻，但我确实还没有见过。我非常虔诚地相信，此乃为学之大幸。

## 为人有德：视野、情怀和胸怀

时光飞逝，悠忽之间，进入“李门”已满十年。作为李老师最不争气的学生，我麻烦过老师和师母很多事情，但是师母和老师却一直在我遇到困难的时候伸出援手，李老师和白老师用他们宏大的视野、博大的情怀、温暖的胸怀包容着我这样一个有些任性的学生。在我的工作问题上，包括联系教职和博士后甚至其他琐碎的事情也都给李老师和白老师添了很多的麻烦。但是，老师和师母总是像家人般地给我帮助，给我包容，给我力量。也正是经历了如此多的事情，才更能体会到李老师和白老师为人之大德。时间越长，越能深切地感受到老师和师母为我所做的，比我看到的想到的要更多；时间越长，就越能深切地体会到老师的严父般的教导和师母母亲般的关心和温暖；时间越长，当我看到李老师和白老师在面临困难时的态度和行动时，才能更加深切地体会到自己所面临的困难是多么的九牛一毛、不值一提。比如2023岁尾李老师在医院做腰部手术，又给了我一次深深的震撼。这一次连续做了三次手术，每一次手术都要经历炼狱之痛，每次刀口缝针都要在不使用麻药的情况下进行，疼痛可想而知，而李老师年近70岁不仅能够坚持，而且一直保持乐观态度，及时跟我们通报他的手术情况并以写诗解痛。顺手摘录一首：“三次手术愈两周，蛾眉残月变吴钩。医师取用成神器，病除仍驰老骥途。”如此态度，既令我等学生心疼，又油然生出崇敬之心。

也正是最近的腰部手术这件事，将我的思绪拉回了2017年。时年，李老师同样因为腰部治疗住进望京医院，我听师兄说起之后就主动回北京看望老师。因为我当时正处于办理博士后进站的等待阶段，相比其他同门就多了一些相对自由的时间，因此能得以有几天在医院陪伴老师。李老师那次治疗采用的是小针刀，老师也是同样的乐观和坚强。不同的是，我当时有机会陪在老师身边照顾。也是在那几天，我有更多的时间跟老师交流，从“一头牛”中的“头”等量词用法这样细微的语法问题，到语言生活热点等相对宏观的问题，不仅包括具体的学术问题，也包括学术发展乃至生活、家庭等各类问题。那几天我的收获是非常大的，因此也在我的人生路途上留下了非常深刻的印象，时刻激励着我，给我以力量。

## 为师境界：仰之弥高　钻之弥坚

《论语·子罕》中颜渊有言：“仰之弥高，钻之弥坚。瞻之在前，忽焉在后。

夫子循循然善诱人，博我以文，约我以礼，欲罢不能。”颜渊当年的感叹，充分表现了孔子的成就以及作为学生的追赶不及。与之相比，我既没有颜渊的才华，更没有颜渊的名气，但与颜渊和孔子的差距相比，我和恩师的差距就更大了。我想以我之视点做结，于我而言，李老师教给我们的不仅仅是知识，也不仅仅是做学术的方法，也包括行为世范的品德、生活观、价值观、为人处世之智慧。李老师的学术观念就是不断地打开问号，制造感叹号。而作为他的学生，我们就是在他制造的感叹号出现之时发出自己的感叹号。而我发出的感叹号的主要语义是赞美和佩服以及作为学生感受到的由衷的骄傲。我有理由相信，我们作为李老师的学生，未来也能够为语言学界打开更多的问号，不仅自己制造感叹号，也为更多的学者、为国家发展提供更多制造感叹号的机会！

## 作者简介

刘昌华，浙江传媒学院助理研究员，硕士生导师。2003 年—2006 年徐州师范大学文学院汉语言文字学专业攻读硕士研究生，获文学硕士学位。2014 年—2017 年在北京语言大学师从李宇明教授攻读博士研究生，获文学博士学位。2017 年—2019 年在扬州大学外国语学院从事博士后研究。主要从事语言政策研究和语法研究，特别关注网络空间的语言生活。讲授“语言学概论”“现代汉语”“古代汉语”等课程。主持教育部、国家语委、中国博士后特别资助、浙江省社科等 5 项省部级项目，在 Cell 子刊 SCI 二区期刊 Heliyon、CSSCI 等期刊上发表论文 20 余篇。

2017 年 5 月 31 日，博士论文答辩会合影

（前排左起：戴红亮、戴曼纯、周庆生、李宇明、黄行、施春宏，

后排左起：阿依古丽、刘昌华）

# 汉语梦

明金·克孜·阿依古丽

为了实现我的中国梦，2009 年我参加了中国国家汉办举行的考试，进入新疆师范大学读硕士，来到了我人生中第一个中国城市——乌鲁木齐。能得到这么宝贵的机会来中国留学，了解中华五千多年的历史文明和多民族独特文化，我很珍惜。在校期间，我认真学习汉语和中国文化。刚来的时候，也遇到过一些不顺心的事情。但我从选择学习汉语，到来中国留学，我从未后悔过。

硕士毕业当了两年的汉语教师后，孔子学院的领导希望我继续进修。2014 年借着中国汉办“孔子学院新汉学计划”的机会，我有幸来到自己热爱的北京，在北京语言大学，在语言及应用语言学专业师从李宇明教授，继续攻读博士学位。读博士的第一年充满了挑战，在导师的指导和同学们的帮助下，我度过了忙碌充实的学习与科研生活，收获很大。我这次到北京留学的目标很明确，就是要把北京语言大学的汉语国际教育模式研究好，带回自己的大学，更好地发展吉尔吉斯斯坦的汉语教育。为实现这个目标，我每天都在努力学习汉语和文化知识，并在课堂认真观察和学习每一位老师如何上课，以便回国后提高自己的汉语教学水平。2016—2017 年，我担任我所在大学的汉语及跨文化交流教研室主任。在一年工作期间，我发现自己在汉语教学方面存在的许多缺点，每天都在研究该怎么改变。在北京读博的过程中，我开始慢慢发现一条正确的路。

开学伊始，我心里忐忑不安，对自己没有信心，甚至怀疑自己是否能够读完博士。2014 年 9 月我和导师李老师第一次见面了，在见到李老师和蔼笑脸的一瞬间，我就安心了。经过一次次与李老师讨论语言方面的相关问题后，我慢慢恢复了以往的自信，也加深了对语言研究的兴趣。在李老师和其他老师的帮助下，我深切地感受到了自己在多个方面的成长。博士第一年就这样轻松愉快地结束了。到第二年时，我对自己所选择课题的研究路线已经有了很清晰的思路，对语言研究已经完全没有了当初的无助与恐慌。非常感激李老师给予我自由思考的空间，让我很快掌握了研究课题的各项方法。

作为博士研究生，科研分析工作是学习的起点。其中，最重要的是科研分析能力的培养。“活到老学到老”这句适用于每个人，对于一名合格的博士生来说也是至关重要的。任何一个研究学者如果没有持之以恒的刻苦学习、认真钻研的态度，就不会对当前的研究方向以及研究进展有更多、更好的了解。在博士研究生的第二年，我一直也这样激励自己。一个重视语言规划的国家，肯定是一个在发展程度、整体实力和精神文明都上升到了较高层次的国家。我在研究自己国家的语言规划政策时，发现保护好自己的语言，就是保护民族与民族的历史和文化，因为语言科学包括历史、文化、政策等多个方面的内容。这一年中我在各个方面都有了很大的收获，相关知识也丰富了许多。

每次听李老师的讲座后，我都感觉醍醐灌顶，受益匪浅，并让我受益终生。听讲座的目的并不是单一的知识增长，仅是目睹这些学术领域的顶尖人物的风采，对后学来说就会有意想不到的收获。

2015 年上半年，我家里出了一些情况，一时之间想要放弃学习，所以很长时间都没有跟老师联系。9 月份，师门举办活动，我们都参加了。老师那天介绍了自己的挫折和白老师经历过的苦难。老师偷偷地擦了擦脸上的眼泪。我在同学们后面站着，控制不住地哭了起来，这些同老师一起流的泪使我心里的难过变少了。后来，我的态度改变了，决定继续学习。3 年时间忙忙碌碌地快要结束了，答辩的日子也快到了。最后一个月，我很累很紧张，总是睡不着觉，就像失了魂一样坐在北语的小院子里。李老师和一群人恰好路过，李老师忙着接待客人，一看到我就说“这么累可不行”，然后就走了。当天晚上有人给我打电话说李老师和他联系过了，让我参加联合国教科文组织的活动。我不太懂，可是我觉得既然是老师安排的就去了。活动共计 5 天，这 5 天让我觉得很轻松。后来我去厦门旅游，那是一个美丽的城市。回北京后，我的脑袋变得异常清醒。这时候，我明白了导师是看到我魂不守舍，所以给了我一个休息的机会。老师对我们像对子女一样疼爱。这些事情在我心里留下了温柔和美好的回忆。

读博士研究生以后，我开始认识到中国的知识分子是了不起的人。跟他们交流后我才明白中国今天的发展速度之所以这么快，除了中国人的劳动能力强，还因为中国人的性格和品质好。首先特别感谢我的导师李宇明教授，在导师的指导下，我更深入地了解中国。李老师的研究总能从更宏观、更高视野入手。在他的影响下，我开始研究自己母语的历史，研究中吉睦邻友好关系的渊源。我有一个深刻的体会，就是中国人重视且支持睦邻友好关系。老师的每一次讲座，都让我发现中国人在积极推动社会和谐。李老师不仅给我传授知识，更把一种家国情怀传递给我，让我更爱中国。

**作者简介**

明金·克孜·阿依古丽（Midin kyzy Aigul），吉尔吉斯斯坦人，欧亚经济共同体议会大学人文系讲师，圣彼得堡文化学院孔子课堂教师。2009 年—2011 年在新疆师范大学汉语国际教育系对外汉语专业攻读硕士研究生，获文学硕士学位。2014 年—2017 年在北京语言大学语言学及应用语言学专业师从李宇明教授攻读博士研究生，获文学博士学位。《新丝路汉语》小学教材编者、译者。2020 年 6 月参与“疫情防控外语通”项目志愿服务。2022 年在《中学汉语教学问题》发表文章；在圣彼得堡国际论坛、圣彼得堡人文大学科学期刊《中国新疆传统艺术》、圣彼得堡人文大学科学期刊《汉字教学问题》等刊物上发表文章；2019 年获吉尔吉斯国立民族大学“优秀教师”称号；2022 年获俄罗斯圣彼得堡孔子学院“优秀教导师”称号。

2017 年，在李老师办公室合影

（左起：李宇明、明金·克孜·阿依古丽）

# 欲知人生春消息　只觅学术第一花

阮秋姮

2014 年是我人生中最重要的里程碑之一。我来到了北京，成为“李门”的一员，让前段学习中所埋下的知识种子从发芽变成了深深扎根。由于是外籍学生，来北京前，我尚未听闻李老师的名声，不过仅经过短短几个月的时间，我就发现自己是多么幸运的一个人！这不仅仅是因为李老师学养深厚，是中国语言规划研究的领军者，而且还因为李老师特别善于教导、关心学生。

如同大多数学生一样，我也一想到论文就焦虑，生怕自己想不出好点子，找不到突破口，写不出好文章。回想当时考虑论文提纲的那段时间，我的思维像蚂蚁乱窜一样，感觉自己思考了很久也思考不出拿得出手的结果。后来在一次上课中，李老师指出了同学们写论文的一些坏习惯，首先一条就是光思考而不动笔。我们要在思考的同时动笔，而不是想好了才动笔，这样不仅能让思路变得井井有条，还有利于后期成稿。犹如得到了一场及时雨，我慢慢开始动起笔来，记下了自己的想法，最后也积攒了些不成熟的文章。不过写着写着，困惑又出现了。我发现自己有时像钻牛角尖似的，想详细地分析某问题，但由于能力有限、资料不足或其他原因，怎么也写不好，而心里又不肯放弃，导致浪费了很多时间，情绪也跟着低落了好久。向李老师请教后，老师劝我不要过于执着于某问题，坦然接受不足的现实，论文还是要先完成再完美。老师的及时教导让我想通了很多问题，让我在写论文的过程中找准了方向，不迷路，也少走了弯路。

李老师的指导让我感到幸运，而李老师的渊博让我感到惊讶。读完老师的文章后，我十分佩服老师的超前看法和独到理解，用“恍然大悟”“豁然开朗”来形容当时的感受一点儿也不为过。老师的这些文章让我获得了启发，深深影响了我的论文写作，还指导我能够提出几个小小的创新点。让我受益匪浅、支撑我整篇博士论文的理论就是老师的语言功能分析和外语身份分类。老师看问题的眼光如同一只雄鹰在天空飞翔俯瞰着整片森林，既能俯视全局，又能看清趋向。还记得我论文快完成的时候，虽然感觉自己写得比较全面，既有描述现象，也有分析原因，但总觉得只停留在表面，怎么也触及不到问题的本质。令我非常佩服的是，李老师只看了一遍就能指出我困惑已久的关键在于同一个事物所呈现的意义与其在别人眼中所呈现意义之间的差异。根据老师的指点而写出来的那段内容可算是我博士论文的最大亮点，也算是我知识小树上最漂亮的一朵小花。

我在北京那些年，不光得到了李老师学术上的倾力指导，也得到了“白妈妈”的体贴关心。两位老师视我如同家人，跟我分享提高汉语水平的方法，让我在北京感受到如家般的温暖，减轻了思乡情。尤其那年大病初愈返回学校，两位老师都对我贴心照顾，让我非常感动。两位老师以身作则，让自己的温暖感染了“李门”的每一成员，让“李门”成为互助互爱的温馨大家庭。在此，谨向李老师表示衷心的感谢与敬意，向白老师表示诚心的祝福与感恩，希望两位老师身体健康、快乐平安！

**作者简介**

阮秋姮（Nguyen Thu Hang），越南人，扬州大学文学院博士后研究人员。2010 年—2012 年在越南河内国家大学下属外国语大学汉语言专业攻读硕士研究生，获文学硕士学位。2014 年—2019 年在北京语言大学语言学及应用语言学专业师从李宇明教授攻读博士研究生，获文学博士学位。2022 年至今在扬州大学文学院从事博士后研究。主要从事越南外语教学研究，重点围绕汉语作为外国语言的身份变化、教学政策以及教学相关因素开展研究。讲授“汉语语言技能”“越南语语言技能”等本科课程。近年来发表论文 3 篇。

2019 年 5 月，在博士论文答辩上合影

（后排左起：苏琳琇、阮秋姮、赵运、陈氏芳莲）

# 岁月留香　师恩难忘

付　伊

时间过得很快，入师门一晃已将近十年了。

在这十年间，默默地研读老师发表的每一篇文章，认真地聆听老师的每一场讲座，悄悄地享受着老师在群里发布的每一条学界信息，更静静地为群里兄弟姐妹们的优秀鼓掌……再或者，忆起在北语、在老师身边读书的日子。那些时光，成为生活中永不磨灭的、闪闪的、温暖的美好。

## 初遇惊喜：师恩之缘起

2014 年秋天，初入“李门”。

刚入师门，恰逢举办第五届“聚贤聊斋”语学论坛暨中外师生同庆第 30 个教师节活动，第一次参加师门活动，心里很是激动。2014 年 9 月 6 日，在昌平华文学院的一个师门聚会，俨然就是一个小型学术报告，但比学术报告更加温馨。老师做了题为“人生一甲子 高校三十年”的报告，众多优秀的师兄师姐也带来了精彩的分享，如陈前瑞师兄的“打井之道”、何婷婷师姐的“为师与传承”、刘楚群师兄的“师门文化与人才培养”、王继红师姐的“前人栽树 后人乘凉”、邹玉华师姐的“语言学的交叉学科属性——以法学为例”、高琦的“你搞的不是语言学！——浅谈语言学为什么要招跨学科研究生”等等。记得老师在会上说，“在我们这个家里，我从来不觉得我们家只有三个人，所有的同学都是我们家的成员，家庭和睦、家庭和谐是非常重要的，我们这个大家庭的关系不仅只限于学缘关系，在座的和没在座的同学，你们每一个人都是我人生的骄傲，你们每一个遇到的困难，我都感到很焦急”。

一番朴实的话，是老师对学生的拳拳之爱，是求学中的孩子们最坚实的底气。

## 学海航程：思想之引领

我在老师身边求学的时间不长，如果单算在北语待的时间，可能只有 3 个多月。彼时，因孩子年幼，先生不在国内，我每月都在北京和杭州两地之间来回，荒废了很多宝贵时间；即使待在北京，每周 5 个半天的出国英语培训，亦占去大半的时间。现在想来，没有老师的宽容，我的访学记忆可能多是一地鸡毛。

在北语读书这一年，老师开设的课程名称是“语言生活时评”，在教一楼的 911 教室。除了同门师兄弟姐妹，教室里还有其他老师的研究生，另外，还有一些北语老师，每次上课都是济济一堂。“语言生活”的概念即在那时种下。我现在给研究生开设的“语言应用研究”，其中一个重要内容就是关于“语言生活”的，老师给予的引领和启发，一直到现在。

虽然在北语待的时间不长，但与老师的每次见面，我都受教颇多。老师提醒我们多听课，以结学缘；老师要求我们在学术领域端正学风，不拷贝别人也不拷贝自己；老师以同门情谊提醒我们师兄弟姐妹加强联系，才有了我们“李门”和谐大家庭（在这里实名感谢海兰，初到北京没有住处的时候，她把自己博士后的宿舍赠予我居住，解决了我初入北京时最大的困难）；在学术研究上老师更以自身的言行影响我们，要勤于动手，脑勤不如手勤；老师更以唯美的追求告诉我们，论文是美学的东西，不但结构上要匀称，论文标题也要美……如今，每当自己在给研究生上课或者开组会时，总会想起老师很多很多的教诲，老师的“学术之用五级金字塔”之说，老师的“学术三标点”之说……其思想之独创、观点之新颖，常常成为我每一年给学生讲课的重要话题。虽然自己在学术上近些年来几无成果，但老师的学术思想却影响了我一届又一届的学生。

在北语访学结束的时候，曾写过一段回忆北语的日子，里面有这么一段话：

在这一年里，我不停地在使用“又”字句。李老师又在北外开讲座，李老师又在上海开讲座，李老师又在杭州开讲座……李老师又在中国语言学会会议上做主旨发言，李老师又在语言资源保护会议上发言，李老师又在中国术语学建设暨术语规范化研讨会上发言，李老师又在……关键是每场学术讲座，李老师演讲的都是不同的学术主题。我很想知道，老师到底是怎样做到这一切的？访学结束的那一天，老师说了一句话，利用整块的时间写东西，利用零碎的时间读书。现在看来，于我而言，能够做到利用整块时间写东西，利用零碎时间读书，也并不是一件容易的事儿，真的深感惭愧！

在求学过程中，老师更是把我们当孩子一样看待，要我们注意安全，不但注意人身安全，还要注意社会安全，作为一个学人，更要注意学术安全，学会保护自己。作为已是孩子妈妈的我，听了老师的谆谆教诲，心里更是满满的感动，在自己成为家长之后，还有这样一个人在“叨扰”自己，真的是一件幸福的事儿。老师还从生活的角度告诉我们，人想改变一个人很难，但可以让自己适应。在和谐的氛围中，传递给我们的是满满的正能量。

这十年来，我可能辜负了一个师长对学生的期待，没有成为有累累学术成果的学生，但老师教诲的每一个瞬间，我都记在心里。

## 生命庭园：恩师之建造

老师的家国情怀、老师对学术的贡献，李老师和白老师之间的爱情故事……学界有太多对老师的赞誉，老师用自己超人般的力量建造了一个盛大的生命庭园，对于这个庭园，太多的崇敬、爱戴和感恩难以一一付诸笔端。

夫师者，悉心教诲之长者，于我人生航程，师恩犹如坚实的航标，指引着前行的方向。在生命的律动中，老师作为一位特殊的引路者，也点缀着我们的生命庭园，让我们的记忆丰富而珍贵，终生难忘。

一年很短，记忆永远！在老师身边求学，于我而言，可能更多的是一种遗憾，太短暂了！虽短暂，却也是美好，更是幸运。

谨以此篇小文，记录与老师相处的日子。并借此祝愿老师和师母安康顺遂！在杭州，热切期盼老师和师母的到来！期待陪伴老师和师母畅游江南！

2019 年 7 月，在李老师赴杭州期间合影

（左起：田列朋、徐国珍、李宇明、黄敏、付伊）

**作者简介**

付伊，浙江财经大学人文与传播学院副教授，硕士生导师。2000 年—2003 年在浙江大学语言学及应用语言学专业攻读硕士研究生，获硕士学位。2008 年—2012 年在华东师范大学语言学及应用语言学专业攻读博士研究生，获博士学位。

2014 年 9 月—2015 年 6 月在北京语言大学师从李宇明教授访学。主要从事媒体语言分析、修辞学、语言应用等研究，近年主持教育部人文社会科学基金项目 1 项、省哲学社会科学规划项目 2 项，在《外国语》《华东师范大学学报》《当代修辞学》等核心期刊上发表论文 20 余篇。

**指导学生情况**

指导汉语言文字学专业硕士生 7 届，合计 8 人；指导国际中文教育专业硕士生 5 届，合计 17 人。

# 润物细无声

徐　茗

我是 2014 年 9 月成为“李门”一员的。当时我在职读博，有机会脱产一年到北京语言大学跟随李老师访学。我的介绍人陈双新老师建议我了解一下李老师。他说，有些人初识可能让人感觉很好，但深入了解后便会渐渐发现不足之处；而李老师则与众人不同，越了解越令人钦佩。事实证明，确实如此。老师的成就、事迹见诸于媒体，无须我添蛇足，这里只说一说我和老师之间的几件小事。

初见李老师，是在北语行政楼的电梯里。那天是语科院新一届博士、访问学者和导师见面的日子。我先进了电梯，看见地上有一块掉落的烤红薯，如果被人踩到，人会滑倒，地面也会更加污糟。我犹豫了一下要不要把红薯碎块捡起来，但犹豫过后就跟电梯里其他人一样，避开了那块红薯。电梯门快要合上时，李老师身着深色西服套装，夹着公文包匆匆走了进来。我跟李老师打了招呼，说了自己的名字。李老师点点头，然后看到了地上的红薯，便立刻蹲下去用手捡，说“这要是被踩到了就不好了”。我赶忙拽了一张手帕纸，抢着把那块红薯捡了起来，心里想，老师跟我之前见到的很多官员、学者大不一样，如此平易，如此有爱，如此有心，是一个可敬可爱可亲的“人”。这件跟老师初次见面的小事，永远留在了我的记忆里。

接下来是在老师的办公室和同门第一次见面。老师跟我们初到北语的同学交代，要特别注意“三个安全”。第一，注意人身安全；第二，注意网络安全，要注意在网络上的言论；第三，注意学术安全，要保持谦虚的学术态度，要注重学术规范，远离学术不端。当天北语“李门”的中外博士、博士后、访问学者济济一堂，把偌大的会议桌围得满满的，我既很兴奋，也有些好奇：这么多学生，一个个指导，老师怎么忙得过来？老师又说道：“今天能坐在这里的同学，没有不聪明的。但做研究，靠的不是聪明，而是勤奋。研究生、研究生，自己研究自己升，不努力钻研是不可能提高的。”“研究生、研究生，自己研究自己升”，这话太有意思了，我一听就永远也忘不了。后来了解到，这是师爷邢福义语录“研究生、研究生，一边研究一边升”的变换版。李老师的第一次教诲，深深地刻在了我的脑海中。后来我和指导的研究生第一次见面时，我也会叮嘱他们注意“三个安全”，也要求他们要主动思考、善于钻研，一边研究一边升，学会自己研究自己升。

我 2013 年选定“语言景观”作为博士论文研究方向，当时国内这方面的研究还不多见，能参考的多是外文文献。访学时我把自己关在租住的北语家属院宿舍里，吭哧吭哧啃了 100 多篇外文文献，写了一篇国外语言景观研究综述，却不敢拿给老师看，而是先发给了朋友。结果朋友认为写得很一般，这令我十分受挫。当时一起访学的同门付伊鼓励我发给老师看，我便大着胆子发给了老师，老师鼓励我继续完善，让我“加油”。我受到鼓励，随后认真修改。二稿老师回复“稿子基本成形”，我意识到了我那初稿是多么粗糙！后来文章经过反复修改，发表于《语言战略研究》。我是硕士毕业十年后才读的博，虽然早已评了副高职称，但和周围的青年才俊相比，我在学术上还是不太自信的，多亏了李老师的包容鼓励，才让我敢于一步步往前迈。这些经历也让我在后来的研究生带教工作中对学生有了更多的共情：何处紧、何处松、何时鼓励、何时要求，都要讲究分寸。而这种讲究，如果没有对学生的理解和关爱，是做不好的。

2015 年 7 月我结束访学，离开了北语。对我这个已经结业的学生，李老师依然关注、关心，有机会便提携我。2016 年 7 月我举家迁到上海，工作调动到上海师范大学。一天，我收到李老师的信息，他要来上海访问，可以和我见一面，并给我引荐上海的语言文字工作者。当时的我，换城市、换单位、孩子换学校，加上父亲新丧，事情一桩桩、一件件，让我手忙脚乱、疲于应付。收到老师的信息，我不禁精神一振！和李老师的见面，给我带来了许多温暖，增添了不少能量。2019 年冬天，李老师来同济大学讲学，我和佳荷去同济听了讲座。讲座结束后，李老师跟我聊起我的语言景观研究项目，让我参加 12 月 15 日在北语语言资源高精尖创新中心《万国语言志》编写启动工作，对编写专家进行语言景观采集技术路线的培训。培训结束后我在电梯里遇到参会的黄行老师，他肯定地对我说“你讲得很好”。这距离我第一次跟李老师和同门汇报语言景观选题，已经过去了近 5 年。回想一路上的点点滴滴，我心中充满了对李老师的崇敬和感激。

我的家乡在安徽歙县，与著名人民教育家陶行知的故居离得不远，从小就知道陶先生“捧着一颗心来，不带半根草去”的风骨，对陶先生很是景仰。年少时我就想从事教育事业，希望能做一个好老师。但好老师是什么样子的，是我遇到李老师之后，才越来越具象的。在我心目中，李老师的人生是“捧着一颗心来，定要铸成广厦”，这个厦是学术之厦，是学术共同体之厦，是国家的语言文字事业之厦，也是老师拳拳护爱亲朋、学生、后学的精神家园之厦。能投到老师门下，见识老师的学问、人格，知道为学、为业、为师、为人可以到达怎样的境界，是我一生的幸事。

老师不仅热爱研究，也热爱生活、热爱诗词创作。之前有过几次和老师的诗词唱和，但我缺乏存录的习惯，现在找不到了。最近老师腰疾住院，连续三次微创手术，其间有不可麻醉之时。老师坚毅豁达，虽历经炼狱之苦，仍以诗言志，给了我们弟子不少的精神激励。这里，也涂鸦一首，以表敬意：

# 七绝·贺李师腰疾初愈

癸卯冬，李师因科研会议频频而腰疾复发住院，赖圣手张雷鸣大夫解厄，三次微创手术，历经 20 日。其间无麻缝针和恢复阶段，李师以和学生诗文唱和、学问谈讲转移疼痛。古有关羽刮骨疗毒，今有李师作诗疗疾，“医剪声中诗染血，英雄画上做题白”（李老师 12 月 14 日诗句），令人感佩！

二十五载顽疾终，红梅映雪扶青松。
师徒唱和胜煮酒，羽圣领首赞李公。

（注：12 月 14 日，北京初雪。“医剪声中诗染血”，故云“红梅映雪”。）

## 作者简介

徐茗，上海师范大学对外汉语学院副教授，硕士生导师。2000 年—2003 年在安徽师范大学汉语言文字专业攻读硕士研究生，获文学硕士学位。2013 年—2017 年在安徽师范大学汉语言文字专业攻读博士研究生，获文学博士学位。2014 年 9 月—2015 年 7 月在北京语言大学语言科学院师从李宇明教授访学。主要从事社会语言学和国际中文教育研究，主要讲授“对外汉语教学概论”“高级汉语”“语言政策与规划专题研究”等国内和国际本科、研究生课程。近 5 年来主持完成上海市哲学社会科学基金项目 1 项，在研国家社会科学基金一般项目 1 项。出版学术著作 2 部。

## 指导学生情况

指导硕士生 14 届，包括语言学及应用语言学、汉语国际教育两个专业，其中中国学生合计 50 余人，留学生合计 10 余人。

2016 年 10 月，在李老师赴上海期间合影
（左起：徐茗、李宇明）

# 生活的智者　学术的灯塔

郑友阶

近日同门发起了《学术就是传承：我与导师二三事》文集汇编工作，这是作为李宇明老师门下学生的一件大事，更是一件幸事！作为李宇明老师指导的一名博士后，回忆和梳理在李老师门下生活和学习的点点滴滴，既是对自己人生过程的回顾，更是对人生旅程的最有意义的总结，更重要的是领悟李老师的治学精神、学术思想、为人品格、道德情怀和育人之道，继承和发扬李宇明老师作为现代汉语语法研究的急先锋、儿童语言学的先行者、语言生活派的掌门人、语言规划研究的总体设计师（刘楚群语）所倡导的家国情怀！作为李宇明先生的学生，能够参与这样一项重要的工程之中，何其幸哉！我个人追随李老师的时光大体上可分为崇拜神往、登堂入室、修炼提高等三个阶段。

初见李宇明老师是2010年10月9日在华中师范大学召开的第四届语言与国家高层论坛暨第三届全国应用语言学系主任（所长）论坛上，当时李宇明老师作为大会主席主持会议，最后进行了总结性发言。那时候，李宇明老师并不认识我。当时我初到桂子山，跟随吴振国老师读博也就不到10天，加上本身外语出身，长期在地方高校任教，对语言学界的事情所知尚少，因而对李宇明老师没有什么前期了解。但作为会议工作人员，通过此次会议，我对李老师产生了无限敬仰。记得当时湖北省教育厅厅长陈安丽出席会议并致开幕辞，教育部语言文字应用研究所所长姚喜双宣读了教育部副部长、国家语委主任李卫红的讲话稿。以我一个地方高校的教师视角来看，政府教育部门高层领导的出席确实切合语言与国家高层论坛这样的主题，而李老师作为本次学术会议的主席，可见其分量之重、学界影响之大，一定是深受大家的爱戴。

会议期间，我作为会议工作人员也听闻了关于李老师的两件事。工作人员会议上，我的导师吴振国做了工作布置并讲话，大意是本次来的都是大家，有刘丹青、石定栩、孙茂松等老师，还有许多是师叔伯等长辈，如贾益民、郭熙、李宇明、骆小所等老师，要求全体会务人员做好本职工作。他还特别提到，大会主席李宇明老师是我们的师叔，为本次会议的主办做了大量工作，他是华中师范大学走出去的大家，是所有华师语言学人的骄傲。他说，李老师到武汉来一次不容易，作为师兄弟，他都很难单独安排时间相见，因为李老师太忙，有太多事等他处理，但即便如此，只要告诉给李老师的事，肯定都会有很好的结果，大家要找机会多同李老师接触。我记得一向不苟言笑的吴振国老师在提起李宇明老师的时候，整个人变得特别精神，声音特有磁性，笑容挂满眉梢。我也被这种师兄弟情谊所感动。后来，在会议期间，我有幸专门陪同并服务时任绍兴文理学院党委书记的王建华老师和教育部语用所的叶青老师。我记得两位老师当时讨论的话题是“城市务工人员语言生活状况以及城市语言景观”，特别提到李宇明老师是中国语言生活以及语言规划的主要策划者和推动者，是将语言问题提升到国家实力的战略高度的智者，提出语言研究要有问题意识，切实解决我们自己的现实问题，为语言研究指明了方向。虽然我当时不太理解两位老师的对话，但是他们将李老师的评价提高到国家战略层面，提高到一个学科发展层面，这是非常罕见的，足见李宇明老师的学界影响。虽然这次会议已经过去了 13 年，当时的许多细节都已经记不清了，但这是我作为博士生首次参加的重要学术会议，第一次见识了李宇明老师的风采和影响，给我留下了终身的回忆。

在接下来攻读博士的日子里，有关李老师的信息才多了起来，然而信息越多，李老师形象就越神秘，我感觉李老师犹如大海中的灯塔，给我们桂子山语言学子以亮光指引，而又那么不可触及。我们的师祖邢福义先生多次在不同场合提到李宇明，而且自豪之情溢于言表，得到邢老师的肯定和赞誉是非常不容易的，可见李老师在邢老师心中的地位。在邢老师有关学术诚信问题的讲座之后，李宇明老师专门撰写了自己的感想。我们都仔细拜读过，至今我记得李老师说“重要的是学者要分清人己成果，恪守学术人格”，这都成为我们的信念标准。读博期间我个人非常幸运的是，当时文学院管理研究生的副院长刘云老师对我非常关爱，让我终身受益。刘云老师讲述了自己跟随李宇明老师攻读博士的许多故事，讲如何做学术研究选题，尤其佩服李宇明老师的学术思想创新，仿佛李老师就是一个取之不竭用之不尽的学术资源宝库。我当时还是一个来自地方院校的小白，哪能领会刘老师这些话的意思！当时我们连见李老师的机会都没有，除了敬仰，更不敢奢望成为李老师的学生，也未曾那样想过。

我确实是幸运之人，竟然忝列李老师门下，真是上天眷顾，更感谢李老师爱护后辈学人，尤其关爱桂子山学子的情怀。其实，能够成为李老师的学生，这也是有一段故事的。我记得是 2014 年春天，储泽祥老师陪同苏金智老师来黄州看东坡赤壁。当得知苏金智老师和李宇明老师合作在教育部语言文字应用研究所博士后工作站招收博士后的信息后，我即刻向苏金智老师表达了做博士后的愿望。苏金智老师表示需要联系李宇明老师，因为是他们二人合作。送走两位老师后，我随即给导师吴振国老师打了电话，汇报了情况，恳请他出面先同李宇明老师沟通，因为他俩是师兄弟，感情很深。吴老师很快就给我了回复，要求我把博士论文发给李宇明老师，同时也介绍介绍自己。我按照吴老师要求给李宇明老师写了邮件，介绍了自己的情况。李宇明老师回复说主要看苏金智老师的意见，是否同意我进站还需要按照程序考核后决定。同时他询问我有什么打算，因为我的博士论文方向同两位合作导师研究的“香港语文生活”选题并不一致。我第一时间回复李老师，博后研究主要按照合作导师的要求进行，从个人背景来看可以做香港英汉语相互影响和接触研究、港澳汉语演变研究或者香港语文教育政策研究三个方面，同时也汇报了自己同美国斯坦福大学教授 Elizabeth Traugott 的联系情况，也正在准备赴美国做访问学者。李老师收到我的介绍和计划后，回复“同意”。

至此，我就开启了博后进站准备之旅。2014 年 12 月我正式在北京语言大学参加博后进站考核，这一次是近距离接触李老师。进站考核会上，我和喻梅两个学生进行考核答辩。喻梅的合作导师是姚喜双所长。我记得当时参与考核的有北京语言大学李宇明教授、陈双新教授以及人事处田琳老师，教育部语言文字应用研究所姚喜双教授、苏金智研究员、郭龙生教授和刘子琦处长。在考核答辩完毕之后，我单独在李老师办公室同李老师会面，这是第一次聆听李老师对我个人的指导。当时李宇明老师任北京语言大学党委书记，非常忙。见他也就只有十分钟，我汇报了自己的情况和博后研究选题打算。李老师当时给我讲了同意我进站的三点考虑：第一，我是经过了华师语言学的系统训练，汉语语法基本功信得过；第二，学英语出身，能够同斯坦福大学教授产生学术联系，英语功底应该还信得过；第三，老师们都大力推荐，做人应该信得过。他希望我发挥优势，进站后要尽早确定研究路线和目标，尽快建立自己的学术阵地和高地。整个见面过程，李老师始终面带微笑，眼中充满期待，声音清晰，我感受到了父亲般的慈爱和期待。从李老师办公室出来，我感觉一身轻松，似乎有了无穷的力量，迎来生命中新的旅程。

进站之后，同李老师的接触就多了起来，但因李老师非常忙，活动都是通过师兄徐欣路来组织，我一般不会去打扰李老师。这里主要回忆三件事。第一件，李老师建立了“聚贤聊斋”师门群，他就是养群之人，他明确地说：“兄弟姐妹是天然的血缘关系，‘聚贤聊斋’是我们各自因学术志趣追求走到一起的大家庭，白老师是政委。希望大家珍惜这个缘分，在各自学术领地上树旗帜。”事实上，“聚贤聊斋”群开阔了我的眼界和视野，让我始终能够接触到当前语言研究的前沿和热点，因为群里面有许多学界大咖，如陈前瑞、李宝贵、李晋霞、邹玉华、刘云、王辉、王春辉、刘楚群等一群新生代学术大家。能置身于此群，真正感觉到了学术家庭的温暖，而这一切皆因李宇明老师所赐。时至今日，每每在群里读到各位同门发布的信息，都感觉到有股无形的力量在鞭策我，尤其是当我想放弃、想躺平的时候，“聚贤聊斋”频频闪动的信息在提醒我，这些大家们都还在如此努力，我又何谈放弃呢？第二件，李老师在学术界闯无人之境，在家庭生活中是伟丈夫、好爸爸。李老师的学术成就，学界有目共睹，教育部领导对其学术评价是“中国儿童语言学的首倡，中国语法学的主将，中国现代语言规划学的主要推动者和领跑者”。但李老师并没有因此而停下脚步，他依然在语言资源高精尖创新中心开展工作，探索与人工智能相结合的未来语言资源库，他是真正行走在学术界思想领先之地的人。作为学生，我认为李老师是真正的有大德之人，他对爱情、对家庭的高度责任感震撼人心。李老师和白老师坚守爱情承诺，互相依靠，互相支援，不管是白老师生病的几十年里，还是李老师自己腰疾发作不能下床的几个月里，两人都互相鼓励和支持，他们共同走过人生岁月的风风雨雨，让我真正知道什么是“相敬如宾”，什么是伟丈夫。李老师自己也说：“我的研究，有一半是夫人的功劳。她现在也是我的团队的‘政委’，负责学生们的思想工作。”正是因为李老师和白老师互相尊重和坚守，李老师先后获得“全国优秀家长”“第八届全国五好文明家庭标兵户”“北京榜样”等称号。第三件事，是李老师对我的要求和期望始终如一。记得 2015 年从美国访学回来，向李老师汇报访学情况，本来觉得访学期间自己做了不少事情，李老师应该会表扬我。李老师也确实满面笑容，他说：“友阶，看来你是捡了不少石头，但没有见你挖地基建房子呀？我希望你能够建立自己的学术领地，构建自己的学术体系，要有所为，有所不为。你看，王辉现在就做得很好了，你要多向他请教。”李老师的话深深刻入了我的脑海，点燃了我深入开展香港法律语言研究的信心。在今年春节期间，我向李老师汇报有关应急语言一些设想的时候，李老师再次提到我要固定学术方向，建立学术根据地。我知道，这些年虽然我很努力，但是出成果较少，几乎没有什么拿得出手的成果，李老师以为我受到环境影响放弃了学术追求而再次提醒我。我当即告诉李老师，他要求我挖地基建房子，我会牢记于心。结果李老师开心对我说，“你要建大楼，而不仅是房子哈”。虽然有压力，但是得到老师惦记和指导，我还是非常开心的。我也坚信，我一定会按照老师的要求，一步一步走下去，不辜负老师的期望，对得起师门声誉。

在即将步入“知天命”时段，回首人生历程，能跟随李宇明老师学习是最为骄傲的事情，至此，为学为人都有了指导、标杆和方向，李老师就是我人生中的灯塔，指引我前进的方向。每有彷徨，每有感伤，就会想起李老师，就会充满力量。对我个人而言，回顾历程是为了更好地前行，更好地做好自己的工作。中国古语云“一日为师，终身为父”，李宇明老师不仅承担师门家庭父亲之责，而且担负起语言学人的家国情怀之责，指引我们永远前行。

**作者简介**

郑友阶，黄冈师范学院外国语学院教授，硕士生导师，现任黄冈师范学院研究生处副处长。2005 年—2007 年在武汉理工大学外国语言学及应用语言学专业攻读硕士研究生，获文学硕士学位；2010 年—2013 年在华中师范大学语言学及应用语言学专业攻读博士研究生，获文学博士学位；2015 年—2017 年在北京语言大学博士后流动站、教育部语言文字应用研究所博士后工作站师从李宇明教授和苏金智研究员从事博士后研究工作。先后被评为黄冈师范学院“十佳师德标兵”“优秀工作者”“优秀共产党员”“科研先进个人”。黄冈师范学院和斯里兰卡萨伯勒格穆沃大学共建“孔子课堂”首任中方院长，入选黄冈师范学院首届“明珠学者（第二层次）”人才计划。获国家留学基金委资助赴美国斯坦福大学语言学系和东亚语系访学一年。任第三届法律英语证书（LEC）全国统一考试指导委员会专家委员、中国法律英语教学与测试研究会常务理事、中国语言学会社会语言学分会理事。先后承担非英语专业本科生“大学英语”、英语专业本科生“泛读教程”“语言学导论”“英语语法”以及学科教学（英语）研究生“语言学与语言教学专题”“研究生英语”等课程的主讲任务。主持完成教育部人文社科基金青年项目 1 项，湖北省社科基金项目 1 项，主持在研国家社科基金一般项目 1 项。在核心期刊上发表论文 20 余篇。

## 指导学生情况

指导已毕业教育硕士（学科英语）10 名，指导留学生 3 人。

2023 年国庆节，在华中师范大学 120 周年校庆期间合影
（左起：谢晓明、李宇明、郑友阶）

# 吾师，“大先生”

李　强

2008年2月23日，位于北京大兴的国家教育行政学院内，教育部2008年度公务员考试录用面试正在举行。16年后回望，那天的场景依然历历在目。等候室内弥漫着紧张感，对于我这个从基层来京的考生，压力尤其大。终于轮到我了。偌大的面试室内一侧是十余名面试官和工作人员，另一侧只有我一人。但是，当我看到坐在中间位置的考官——那位仰慕已久却未曾谋面的老师，压力顿减。结构化面试题目回答完毕，各位考官开始自由提问。一位考官瞬即抛来一个问题：“坐在我旁边的这位是本考场的主考官，你知道他的名字吗？”那一刻，我未带一丝犹豫，回答道：“认识！不过因为我也是从事语言文字研究的，从语言学界的角度讲，我应该尊称他为李宇明先生，他是我们语言学界的著名专家。”“那你都读过他的什么书？”我的回答也紧随而至，“《儿童语言的发展》《语法研究录》《中国语言规划论》等等，我不仅读李先生的学术著作，也特别喜欢读每本书的后记，他的学术成就和人生经历都让我非常敬佩”。到今天写下这篇文字时，回首与老师16年来的人生交集，原来从最开始的那一天已经定下了它的最主要的基调和最重要的关键词——先生。16年的历程，都在从不同的角度诠释着这个厚重的词语。

## 经师

随之而来的是2008年7月至2012年4月约四年在教育部语言文字信息管理司与李老师的共事时光。四年时光，得老师亲炙，对语言文字事业的学习和了解日深，受益更是深远。特别是在工作中，在大家眼中十分复杂的问题，到老师那里往往三言两语即能直击关键，思路清晰、目标明确、措施有力。我想这应该是源于老师强大的思想力量、深厚的学术功底和丰富的阅历经验。恩格斯曾说过，一个民族要想站在科学的最高峰，就一刻也不能没有理论思维。在公务繁忙的情况下，老师仍勤于思考，思想结晶频频在重要报刊发表，引领着事业发展和学术潮流。印象尤深的是，2011年《语言也是“硬实力”》一文在《华中师范大学学报（人文社会科学版）》刊发，后被《新华文摘》全文转载，在语言文字战线产生了广泛影响，也进一步推动了我国语言经济学、语言产业等方面的研究，时至今日该领域的研究已蔚然大观。老师在工作中也经常问我的想法，循循善诱，引导我深入思考。

2012年4月10日，教育部党组任命老师为北京语言大学党委书记。4月15日，语信司欢送老师履新。欢送会上的一个短视频，回顾了他在司里十二年激情燃烧的岁月。在这十二年中，语言文字规范标准体系日益完善，国家重大基础性规范《通用规范汉字表》完成研制，中国语言资源有声数据库建设为语言资源保护工程探路奠基，国家语委科研机构填补空白，语言文字科学研究取得重大进展，语言生活监测从无到有，少数民族语言文字的规范化标准化信息化工作成果丰硕，“和谐语言生活”“提升国家语言能力”“语言经济”等理念影响下的工作任务被写入重要文件并得到普遍认可和广泛实践。项项费心力，件件不容易。座中之人无不感慨、感动。

在学术研究方面，回想起欢送会上老师赠送给大家的墨宝，视角不同，均有所指。其中，有“抱朴守正”，有“宁静致远”，有“自强不息”，还有“天道酬勤”等。对于我，老师选取了《礼记·中庸》第十九章中的“博学慎思”四字送我。直至2015年被老师收入门下，加上此后受李老师和白老师的启发，方悟此中的深意。其实早在到司里工作之初，老师就嘱咐我要不忘专业，不能因为行政工作而荒废学术之路，要勤学勤思、在学术上做出成果，以便更好地做好语言文字工作。我内心感恩老师对我成长的关心，却也因种种原因一直未走上继续求学之路。直至2015年，各方面条件均已成熟，我遂向老师表达了求学之意。老师给予了我莫大的鼓励，然后就有了8年漫长的求学之路。工作方面任务重压力大，难有闲暇时间，博士论文的撰写进度非常缓慢。从同门那里隐约知道，老师为我论文之事着急，但又知我工作繁忙而不忍催促。自己心中愧疚，只能加倍努力。2023年上半年，在老师的鞭策和指引下，论文终于完成并顺利毕业，压在心中八年的石头终于落地。这成为自己人生中的又一件大事。

如今回顾，无论是在工作中还是在求学中，老师始终对我积极鼓励、循循善诱，不愤不启、不悱不发，从不同的角度启发我、发挥我的主动性。这让我想起了《论语·子罕篇·第十一章》中的“仰之弥高，钻之弥坚，瞻之在前，忽焉在后。夫子循循然善诱人，博我以文，约我以礼，欲罢不能。即竭吾才，如有所立卓尔。虽欲从之，末由也已”。

## 人师

传经论道、教授知识的师者十分重要，以身垂范、引领学生灵魂、影响学生做人立世的师者更为难得。犹记得，2011年11月，中华全国妇女联合会组织开展第八届“全国五好文明家庭”及标兵户评选。老师家庭的感人事迹打动了各级评审，经过层层严格遴选，2012 年老师家庭名列全国 100 个五好文明家庭标兵户之中。这个荣誉是对老师家庭的高度肯定，实至名归。我 2008 年进京工作，之后娶妻生子，各种事情也是纷沓而至，自然也会遇到一些困难和波折。老师家庭不平凡的经历所饱含的爱、责任、担当和奉献教育了我，于我自身升华了思想境界，于我的家庭是努力学习的榜样。无论在何种情况下，我们都会回想老师走过的历程，就会更加坚定地以老师为榜样，努力扮演好自己的角色、履行好自己的责任、经营好自己的家庭。

老师教我做人做事的道理。在做人品格方面，老师的以国槐言志，让我思想境界顿升；在完善自我方面，老师嘱我要日积跬步；在生活方面，老师以身示范，教我要常怀感恩之心；我在基层锻炼时，老师指导我注意依靠群众、发动群众、服务群众。甚至在公开场合发言方面，老师也提醒我要说能让人听得进去的话，唯此方有效果。凡此种种，不一而足，仍受益匪浅。

老师曾在多个领导岗位上工作过。有人说，作为一名领导，应以理服人、以才服人、以德服人，其实现实中哪个方面都殊难达到。但老师可以说都做到了，他对同事、朋友、学生等所有身边的人给予春风化雨般的关心，以深刻的思想和专业的能力折服大家，更以其崇高的品格和强大的人格魅力凝聚人，唯不以势压人。了解他的人都认可他、敬重他，心悦诚服，很多人视此为一种神奇。我想，老师身上兼具了“山”和“水”的品格。仁者乐山，山之风骨安稳厚重、博大丰富、仁爱坚毅；上善若水，水善利万物而不争，含蓄内敛、兼容并蓄，故几于道。老师始终能引领着众人谋大事、干大事、成大事，有力推进了语言文字事业和语言学科的发展，这与他的“山”“水”相济的品格密不可分。我想这种道德修养也是作为学生的我们需要不断学习、体悟和践行的。

## 吾师

人格、品德、学问皆为人表率者，方为“大先生”。

吾师，始终心怀“国之大者”，家国情怀满满，有大视野、大胸怀、大格局、大担当、大气象，是为“大先生”。吾师，严谨治学、潜心科研、求真务实、经世致用，是为“大先生”。吾师，以传道为己任，为人师表，以身作则，是为学、为事、为人的榜样，是学生树立理想信念、刻苦学习、奉献祖国的引路人，是为“大先生”。

2023 年 5 月 30 日，自己在博士论文答辩会上说的一段话，表明了自己的真实心迹。“从 2008 年 2 月在国家教育行政学院到今天，已满十五年。人的一生没有多少个十五年，但是我非常庆幸的是过往十五年和老师生命轨迹的交叉。虽不是天天相伴，但请您相信，您的一言一行时刻都在指引着我，自己将一直把您当作榜样。”

吾师，“大先生”也！

**作者简介**

李强，教育部语言文字信息管理司工作人员。2005 年—2008 年在徐州师范大学汉语言文字学专业攻读硕士研究生，获文学硕士学位。2015 年—2023 年在北京语言大学语言学及应用语言学专业师从李宇明教授攻读博士研究生，获文学博士学位。主要从事语言文字法律法规、语言政策研究等工作。

2023 年 5 月，在北京语言大学博士论文答辩会上合影

（左起：李宇明、李强）

# 叩开学术之门

许静荣

我从 2015 年 9 月 12 日正式跟随李老师在北京语言大学攻读博士学位。此后的日子里，我常常回想起这个值得铭记的日子，因为是李老师带领我叩开了学术之门。老师的学术范式对我们充满感召力，老师与我们的师生情谊是一股向心力，而老师的学术热情是我们学术道路上最重要的引导力。

## 学术范式的感召力

我不算是学业基础好的学生，我的本科专业是新闻学。读硕士之前我已经做过六年的报社杂志社编辑、记者。对于语言学及应用语言学来说，我算是半路出家。2013 年我从法国巴黎七大孔子学院履职回国之后，想着读博提升一下学历学位，但对于读博士做学术的价值、意义和方向是很茫然的，不知道自己要做什么样的研究、为谁而做。选择报考哪位导师，也让我着实思考了一阵儿。我想起在华中师范大学读本科时，同寝室一位中文系的室友说起过，时任文学院院长的李宇明教授和妻子一起以女儿冬冬为观察对象，研究儿童语言习得的事迹。李宇明教授也成为当时中国儿童语言学研究的先驱。通过回忆这段旧闻，我开始对做学术的范式有一点朦胧的意识了，虽然仍然说不清我以后的学术范式该是什么样子，但像李老师这样的学术，它的价值和意义是真实可感的。关心人的、关心社会的、有温度的研究是李老师学术范式对我最初的感召力。

于是我报考了李老师的博士，两年后才正式成为老师的博士生。此后我进入“李门”大家庭，才开始真正了解李老师倡导的“语言生活派”研究。关注语言关涉的社会生活问题，注重研究的社会价值和家国情怀，而这样的学术范式也成为我日后做研究寻找“问题”的总原则。当我不确定一个选题的价值和意义时，当不知道论文该往哪个方向写下去时，我就会把老师的学术范式拿出来做评判标准，问自己，这个问题关注了哪些人群的利益、权利，服务了哪些弱势群体，能为社会生活带来哪些效益，等等。因为明确了自己学术的方向和意义，我对语言学专业知识的学习和认知也发生了微妙的变化。以前觉得学术的各个小方向互相分割是很自然的事，做现代汉语的和做文字学的没有什么联系，而现在，我却觉得语言学的历时共时是一个有机的整体，只想加快弥补自己基础知识的不足，只有打通古今、中外、普方（指普通话和方言）才能了解汉语的全貌。作为学者，维护好社会语言生活的最有力工具就是自己娴熟精深的专业知识，全面地了解自己的研究对象，才能理性分析，正确判断，合理建议。我们所做的研究里有社会责任和社会关切，因此每一个学术结论都必须精准、有依据、有效验。

## 师生情谊的向心力

2017 年 7 月，李老师因为腰伤住院接受手术。正值暑假，我在武汉家中，听闻此事，非常焦急难过，找我们中医药大学的教授开了一些治疗腰伤的中药，问到了老师手术的医院就匆匆踏上了去北京的火车。

到达医院，已是傍晚时分，老师不在病房，护士说去做恢复治疗了。我等在那里有些心焦，猜想老师的病情会不会很严重，会不会很痛苦，不知不觉，也不知道等了多久……我听到了走廊尽头传来说话的声音，然后看到老师在几位师兄师姐的搀扶下慢慢地走过来，腰上绑了厚厚的绷带。老师神情有些疲惫，应该是经历了较艰难的治疗过程，但老师很有意志力，尽量表现出轻松的样子。我迎上去跟老师打招呼，老师看见了我，虽然很疲惫，但仍有些吃惊和关切地问我："怎么大热天一个人找来了？等了多久？"我才注意到，自己刚才在闷热的天气里提着一只硕大果篮疾走后的样子确实有些狼狈，老师在大病之中还关心着我的情况，让我既感动又过意不去，不知道自己这么鲁莽地跑来能不能为老师做点什么，反而还让老师担心了。进到病房，老师问我吃了晚饭没有，吩咐师兄们给我拿水果。仿佛记得当时病房里不能使用空调、电扇，7 月的北京，天气十分闷热，董川老师不知道什么时候悄悄出去，买回来一把蒲扇，坐在床头给老师轻轻摇起来。邹海清师兄坐在床尾陪老师说话，我有些笨手笨脚地给老师剥水果……至今记得老师对大家都很关心，担心我们没吃晚饭，担心我们逗留太久，吩咐我们分工合作。老师满是慈爱的心思，我们都看在眼里，只想做得不经意一些，希望老师不要太牵挂我们。后来，又有北语的老师们捧花来看望老师，老师虽然在病床上，但安排得一应周全。那日傍晚医院的情形总是闪现在我脑海里，老师和弟子们之间的情谊恬静深邃，是我们这个学术大家庭的向心力，学生们发自内心地聚在老师身边。老师在大病中的意志力、尊严感、独立性以及对我们的照护之心，形成了一种美好、高雅的气度，这是只有在这特殊情境中才有机会看到的老师的一个侧面，这种气度常常让我心生感佩！

## 学术热情的引导力

几日后，老师出院回到家中，起居行动尚不方便，我便主动要求陪伴老师和师母一天，想为老师和师母尽一点绵薄之力。老师不能久坐，只能躺一躺，偶尔走走。傍晚，我们吃过饭，老师主动跟我说要到楼下花园散散步。红莲姐用轮椅推着师母、我陪着老师，一起下了楼。师母和红莲在一处停下来，嘱咐我跟老师继续往前走一走、聊一聊。后来我回想起来，其实，师母是想让我有机会向老师单独请教学习问题。

老师一边走一边问我最近的学习情况。虽然我的毕业论文方向是法国语言政策研究，但老师知道我对家庭语言政策有兴趣，便问起我这一块有没有什么新的想法，并告诉我《语言战略研究》正在组织一期该专题的稿件。我告诉老师，自己也正在构思一篇文章，但是有几个问题始终不得要领，文章迟迟没有进展。我和老师探讨，家庭语言政策的最终关照对象应当是儿童语言发展，老师非常赞同。当我告诉老师，自己对儿童语言发展这一块没有任何研究基础，有些困惑无法解答时，老师便给我梳理起了儿童语言发展的学术研究概况，近一两个世纪以来的理论流派的变迁，从皮亚杰学说谈到当代儿童语言发展的问题，等等。老师渊博的知识，充满启发性的话语，一下子解开了积压在我心中已久的各种疑问。老师在夕阳的余晖里，双手扶着腰，忍着手术后的伤痛，谈起学术话题却那么激情昂扬，我也听得兴奋不已。回来后，那篇搁笔了几个星期的文章《家庭语言政策与儿童语言发展》，终于一气呵成，在老师的推荐下发表在《语言战略研究》2017 年第 12 期。

至今，每每在学术会议上碰到做家庭语言政策研究的同行，他们还会对我提起这篇文章，让我第一次感受到，一篇有价值的论文，生命力是很强的。同时我也很感慨，老师敏锐的学术洞察力，那期家庭语言政策的研究专题，引发了家庭领域语言政策规划研究的第一个高潮，学术同行们纷纷加入讨论和反思，推动了学界对家庭语言问题的关注，并形成了相关的学术共同体，这才是真正有意义有价值的写作吧。李老师用启发性的话语和一腔学术热情，引导、鼓励着我写出了这篇文章，这一过程常常让我回味，指导我做新的思考和创作。

有人说，判断一个博士生是否成了一名学术工作者，主要看他是否能独立进行学术研究和创作。毕业后，身边没有了老师的具体指导，靠自己发现问题、判断价值、寻找解决方法，这个过程完成的时间长短直接反映了学术工作者的能力。虽然我自己的这一过程略显漫长和艰难，但与老师的每次谈话和学术探讨都深深烙印在心里，成为我不断进步的永久养分。与此同时，我也常常学着用老师的话语方式，去启发和引导我的学生，希望在学—教—再学的过程中，尽快使自己成为独立的学术人，也在学生的心里播撒下热爱学术的种子。

**作者简介**

许静荣，湖北中医药大学医学人文学院副教授，汉语国际教育专业负责人，汉语国际教育专业教研室主任。2006 年—2008 年在武汉大学语言学及应用语言学专业攻读硕士研究生，获文学硕士学位。2015 年—2018 年在北京语言大学语言学及应用语言学专业师从李宇明教授攻读博士研究生，获文学博士学位。主要研究方向为语言政策与语言规划，研究成果有专著《法国语言政策研究》，论文《家庭语言政策与儿童语言发展》，编著《家庭语言规划研究》，译著《法国的语言政策与法规》等。

2018 年 5 月，在李老师办公室合影
（左起：李宇明、许静荣）

# 前行的领航者

彭千华

犹记得 2007 年，我搭乘京港直通车从香港九龙来到北京西站，怀着忐忑不安的心，一路乘坐出租车来到海淀区的五道口。那个传说中的宇宙中心，熙熙攘攘，各个国籍各色人种群聚，也是美食的天堂。当时还没想到我和北语的缘分会如此之深，只想着要在硕士学业的课余时间好好游览北京这座千年古都，实地感受北京奥运的风采，不枉少年神州行。三年的时间倏忽而过，穆斯林餐厅的羊油手抓饭、小菜场的糯米烧卖、傍晚图书馆外同学们的琅琅书声，陪着我一天天上课下课。直到现在，我依然不时回忆那段无忧无虑的时光。

直到 2015 年，在因缘际会下，得知北语将在香港开设合办博士课程，我毫不犹豫就准备了资料报名。当时我已经在大专院校教授普通话及中文课程，除了教学遇到的挑战外，渐渐发觉香港的语言生活并非能简单以“两文三语”带过，而是一个在不同领域有着言、文不一致表现的生活状态，十分值得深入描写和研究。因此在选择专业的时候，我毫不犹豫地选择了语言政策与语言生活的方向，并仔细研读相关书目，准备考试。这时，我对未来还是一片茫然，只想凭借深造学习的文凭，找到一份更稳定的工作，完全不知道我会遇上一位影响我人生的学术向导——李宇明教授。

子曰：“君子不重则不威，学则不固。”正如孔子所言，李老师学问深厚，庄重而威仪的外表下，是对每一个学生的爱护之心。当时我频繁忙于两三所学校兼课，晚上还要进修学习，对于研究方向只有粗浅的想法，更羞于和公务繁忙的李老师联系，日常的汲汲营营占据心志，让我只敢电邮和老师问好。记得我和李老师第一次见面，是在入学后一年的广州研讨会上，心里的不安和惶恐，渐渐在老师的温言鼓励下化为乌有。庆幸之余，不禁油然羡慕起在北京得蒙老师亲炙的同门，能够时时聆听老师春风化雨一般的教导。

博士研究生在学六年，我自忖不是一个专心的好学生，总是被外务所扰，精力也不如年少有为的同门，每次和老师电邮或微信联系，总是怀抱着忐忑不安的心情，总是觉得自己的论文不够好，总是担心自己坚持不下去。等待老师回复时，就像等待“判决”一样——这大概是每个学生免不了的“内心戏”吧！而老师总是不厌其烦地鼓励我，为我论文的框架理清方向，和蔼且一针见血地给予意见，是引领我在迷雾中前行的领航者！

终于有一次，借着李老师来香港开会的空闲时间，我得以聆听李老师面对面的教导。老师在席上谈笑风生，信手拈来，都能找到和语言生活有关的话题，发人深省。记得饭后走在户外花园的小阶梯上，老师指着一旁的中英告示牌，侃侃而谈历史源流，启发了我撰写论文的新思路。

本以为到了答辩，可以到北京见见“李门”师兄弟姊妹，互相交流，不料又为新冠肺炎疫情所阻，答辩只能线上进行。2021 年夏季的一天，同样怀揣不安的我，周末独自来到办公室，打开笔记本电脑连线。此时的我，已不是当年那个孤身赴京求学的我了，而是怀揣李老师的教诲，以及师兄弟姊妹们在群组里的鼓励及帮助，凭自己在北语的累积所学进行在线答辩的博士论文答辩人。记得隔着屏幕看到李老师和答辩委员会的老师们时，李老师笑着说，他还是第一次在投影屏幕上看着学生答辩，感觉十分新奇——这话顿时化解了我的紧张。答辩顺利通过，李老师和同门隔着手机连线，让我一起参加答辩后的聚餐，酒酣耳热的气氛感染了我。我无从诉说内心的感动，只能一次又一次谢谢老师。

一个多月后，我怀抱着快递来的毕业证书和学位证书，只觉得沉甸甸的。想起李老师对我的期望，很是惭愧。虽然目前以教学工作为主，但我依然不忘老师的叮咛，希望在将来，我在香港地区语言政策与规划研究方面能有所建树！

2021 年 5 月 30 日，在博士论文答辩会上线上线下合影

（左起：彭千华、李宇明）

## 作者简介

彭千华，中国香港人，香港理工大学专上学院语文及传意学部讲师，并任中国语言及文学副学士助理统筹，以及教育局应用学习中文（非华语学生适用）课程统筹。2005 年毕业于香港浸会大学中国研究历史专业，2007 年—2010 年，在北京语言大学课程与教学论（对外汉语教学）专业攻读硕士研究生，获教育学硕士学位。此后于香港岭南大学持续进修学院、香港浸会大学语文中心及香港理工大学专上学院供职，任教基础中文、大学普通话、大专中文传意、中文学术写作等课程。2015 年—2021 年，在北京语言大学语言学及应用语言学专业师从李宇明教授攻读博士研究生，获文学博士学位。博士论文题目为《香港语言生活研究》。

# 恩师如灯　领航前行

李　燕

时光荏苒，转眼步入“李门”的光景已近十载。回顾十年走过的路，老师为人、为学、为师的博大情怀深深地感染着我，恩师如同浩瀚大海上的一盏明灯照亮了我前行的路，激励着我不断前行。

## 初入学术共同体

2009年博士毕业后，我进入北方工业大学从事教学科研工作，可以说博士毕业后的五年时间里我还一直没有跳出博士课题的研究范畴，几乎从事的都是关于现代汉语语法以及汉语作为第二语言的习得研究。但伴随工作经验的不断丰富以及研究的深入开展，我发现了语言规划学研究的重要性。在拜读了老师撰写的大量文章后，我深受启发，也萌生了做博后的念头。在2015年3月25日我斗胆给老师发了邮件，表达了想做博后的愿望。当时的李老师担任北京语言大学党委书记，事务繁忙，但在百忙之中老师亲自给我回了邮件，表示非常支持我的博后申请，那封邮件令我备受鼓舞。但由于当年博士后申请竞争激烈，名额有限，我未能成功入选。但千难万险也没能阻止我追随老师学习的步伐，当年我向单位不断争取，终于获得了一个访学的机会进入到了“李门”学习，就这样我成为李老师2015年的一名访问学者。还记得2015年6月28日，在北语的咖啡厅我第一次参加了李老师和学生们的座谈，席间李老师谈到了语言规划学的学科定位问题，他讲到“语言政策研究不仅仅是意识形态的解读，更应该是语言与社会发展规律的探索”，“无论研究什么内容，最终要将其主题提升为人类普遍性的问题”，而关于论文的写作，老师总结为“将大脑边际的问题回归到大脑中心的过程”……这些教诲都深深印入了我的脑海，并为我未来的科学研究指点了迷津，指明了方向。后来在2015年的7月6日，我参加了徐茗和付伊师姐的访学报告会。在会上，李老师提及了学术根据地的问题，他告诫我们：“一个学者最重要的是要找到自己的学术领地，很多人是万金油，但这并不能成为一个真正的学者。成为学者需要具备两个条件，一是一定要有学术专长，二是要有独特的学术风格，要么擅长理论突破，要么擅长事实描写，要么擅长比较研究，等等。”

我很荣幸走进了李老师为我们搭建的学术共同体平台，一年的访学过程虽短暂却令我大开眼界，它为我打开了一扇扇学术之窗，拓展了我的学术视野，提升了我的学术见地。与此同时，我也是第一次感受到了“大先生”带给我的人生底气和巨大力量，可以说我们每位同学都被李老师博大精深的学术品格和家国情怀的人格魅力所深深折服，我很想拥有继续学习深造的机会。

## 拥有崭新的学术生命

在访学生涯即将结束之际，我开始挣扎于是否要继续申请李老师的博士后，内心充满了煎熬。之所以选择使用“挣扎”一词，是缘于我被前一年申请失败的阴影所笼罩，自己变得焦虑不安、裹足不前。在人生的十字路口，是李老师点醒了我，一把将我从犹豫不决的泥潭中“捞”了出来。他主动询问起我的深造打算，鼓励我再次申报，提醒我珍惜人生的机遇，并帮我进行了学术规划。李老师的鼓励，让我理清并能正确面对自己的境遇，翻看当时的文字记录，我感慨万千。

“从内心的学术追求看，我非常希望能通过博士后的经历进一步提升自己。博士毕业后，由于选题及工作环境的原因，我未能继续延续博士课题的研究，于是开始在建立学术阵地方面挣扎，正如老师所言，自己一直处于挖塘的失败阶段却未能真正打出一口好井。五六年的经历可以用迷茫和无助的学术失落感来概括，自己想有所作为却不知在哪里发力，这种内心的煎熬至今刻骨铭心。直到2015年7月份开始跟随老师访学，才唤起了自己崭新的学术生命，多次的学术会议和学术报告开阔了我的视野，老师每次的学术教诲和学术点拨更是激发自己无穷的学术动力，老师的为人、为学、为师都令我受益终身。每当工作、学习遇到困难，翻看老师的文章和课堂笔记就会给予我写作灵感和莫大的勇气。我很珍惜也很感激老师提供给我的宝贵学习机会，所以还想继续追随老师从事语言规划领域的研究，希望能在语言规划学领域内建立起自己的一块学术阵地，将语言规划与语言经济、汉语国际教育有机结合，进行汉语国际教育规划的相关研究。”

“从客观的工作生活环境看，我非常希望能够进一步丰富自己的学术履历。我校的中文系目前还没有硕士点，学校又在进行大类招生的改革试点，我系生存状况堪忧，未来发展前景不容乐观。对于一名普通教师而言，在变革中唯一能够把握的就是要不断提升自己的学术积累。”

当时我的科研工作遇到了极大瓶颈，晋升无望，课题为零，可以说在职做博后是我提升自己的重大决策。与此同时2016年的博管会出台了博士后进站要求35岁以内的年龄限制政策，也就是说那年也是我申请博士后的最后一次机会了。正是由于当时老师对于我的关爱、支持和鼓励，才能够让我很快走出以前失败的阴影，有勇气去再度申请。那一年我终于成功通过了进站的评审，正式成为老师的一名博后。在做博后的生涯中，老师反复强调了“做研究是在挖井而非挖塘，它如同石油勘探，要不断深入、不断开拓”，后来通过不断的学习和探索，在老师的悉心指导下，我也逐步建立起自己的学术根据地，拥有了自己崭新的学术生命，并在2018年首次获得了北京市哲学社会科学基金项目的资助。回想当初，如果没有老师的鼓励和教诲，也许我一生都会与博后无缘，也许我蹉跎一生徘徊于“挖塘”阶段而无法真正建立自己的学术阵地。

## 坚定学术信仰

韩愈的《师说》曾言：“师者，所以传道受业解惑也。”李老师不仅在学术研究的传道、授业等方面指导着我们，更在我们迷茫、徘徊之时为我们“解惑”，引领我们要坚定学术信仰，坚持走好学术之路。李老师教诲我们之时的言辞并不多，却能够以方向性的指引实现扭转乾坤之效。记得2017年间，我在自己的工作岗位上遇到了困境，萌生了想放弃教学科研转岗从事机关管理工作的想法。当我将自己的处境和想法告诉老师的时候，老师语重心长地为我指点了迷津，希望我能坚定自己的学术信仰。当时的我阅历浅薄，对人生理解不深刻也还不太明了老师话语的深意，只是潜意识里告诉自己一定要遵从老师的教诲，一直在教学科研岗位上坚持着。后来工作中发生的一件件事情让我幡然醒悟，我终于在实际的工作中领悟到老师当年对我教诲的良苦用心。当年也是自己在学校评职称时遇到了很大的挫折才向老师诉了苦，正是老师醍醐灌顶的点拨，我才认识到问题的关键是自己不够强大。从那以后，我逐渐摒弃掉了愤世嫉俗的低维度思维习惯，不断积累自己，在教学科研岗位上不断努力工作，在博士后出站当年的年底终于评上了职称。

常言道“经师易遇、人师难求”。李老师就是这样一位“经师”和“人师”统一的伟大践行者。很荣幸进入“李门”，在老师的引领下进行着学术和人生的双重修行，“高山仰止，景行行止。虽不能至，然心向往之”，这是我十年来内心最真实的写照。感恩老师给予我们源源不断的精神食粮和对我们进行的全息教育，面对着生活所赋予我们的各种磨难与考验，老师经常鼓励我们要微笑着面对人生，他说：“如果你面向太阳而立，你看到的永远是光明；如果你背着太阳而立，你看到的永远是黑影。影子总是存在的，为何不让我们朝向光明。”愿我们在人生的任何时刻都能做到向阳而生，祝愿我们的老师身体健康，桃李芬芳，祝愿我们的“李门”明日更辉煌。

**作者简介**

李燕，北方工业大学副教授。2003年—2005年在中国人民大学语言学及应用语言学专业攻读硕士研究生，获文学硕士学位。2006年—2009年在中央民族大学语言学及应用语言学专业攻读博士研究生，获文学博士学位。2015 年—2016 年在北京语言大学师从李宇明教授访学。2016 年—2019 年在北京语言大学师从李宇明教授从事博士后研究。主要从事现代汉语语法、第二语言习得、汉语国际教育规划研究以及语言学概论、现代汉语教学和留学生汉语教学工作。出版专著 1 部、编著 2 部、教材 1 部和科普类新时代中华传统文化知识系列丛书。近年来主持省部级课题 5 项，发表学术论文近 30 篇。

2019 年 7 月 2 日，在博士后出站评审会上合影
（左起：李宇明、李燕）

# 师生缘分　人生导师

程京艳

我是北京一所高校的外语教师，于 2015 年跟随李老师访学。虽然近距离接触李老师的时间不是太久，但是在和李老师、白老师接触过程中我的收获却是受益终身的。访学前，我的研究方向是外语教学法和形成性评估。2014 年，我的研究兴趣转向了外语政策，才发现李老师是被引率最高的学者。怀着好奇，我斗胆和李老师取得了联系并有幸于 2015 年跟随老师访学。当时，李老师正任北语的党委书记，非常忙。但无论多忙，他都尽力挤时间给我们讲课，参加讨论。我当时一直担心自己仅仅是来访学的，不是老师的正式有学籍的学生，李老师又这么忙，占用老师时间会不会让老师反感，总之自己顾虑重重以致给双方的交流设定了很多的限制。直到访学结束时我无意中跟李老师说“我虽然不是您的学生，但是……”，当时李老师就不客气地打断我说，“谁说你不是我的学生，你当然是我的学生”。瞬间，一股暖意和感动流过心间，让我打消了很多的顾虑。自此之后，我就把自己视作老师的学生，有什么小小的想法、困难甚至于成就也敢于跟老师分享了。算起来，我入“李门”已经 8 年了，其间自然有很多的感触和感动，亦感恩这段珍贵的师生缘分，下面我就分享一下从老师那里获得的人生感悟。

## 保持好奇心

一般人聊起李老师，总会惊叹于李老师深厚的学术功底和旺盛的学术生命力：不但高屋建瓴、振聋发聩，而且总有新思想和新观点。实际上，这种感受在聆听老师和我们的学术讨论中往往更强烈。因为在学术讨论中，我们会听到老师更精彩的言论和更前沿的新思想。记得有一次我冒昧地就当前语言政策国别研究向老师提出了自己浅薄的观点，李老师不但肯定了我，而且还从哲学的高度对这个方向进行了深刻的分析。我当时非常激动，庆幸自己在见李老师之前把哲学著作恶补了一下，终于可以稍微达到老师的哲学高度并产生思想的共鸣。那日的讨论如此的酣畅淋漓醍醐灌顶，头脑中懵懂的想法像被流水冲洗过一样变得舒展而清晰，很多纠缠已久的困惑一下子豁然开朗了。正是从那次讨论中，我发现老师之所以保持那么旺盛的学术活力，不但与他的家国情怀和勤于思考有关，也与他强烈的学术好奇心不无关系。我现在还记得当时李老师说起一个问题时反复说：

“太有趣了，我就在想，这到底是怎样的一个机制。”言谈中，兴奋得像个孩子。说实话，在如此功利化的时代，我真的没有发现几个像老师这样保持着高度学术好奇心的学者，难怪老师的学术做得那么难以企及。李老师后来跟我们说，人生分为三段，0—30 岁、30—60 岁、60 岁以后。每一段都值得珍惜和努力。不少人最后一段往往早早躺平，实不可取。人生的每一段都是宝贵和美好的，要保持足够的好奇心，不能停止思考。

## 宅心仁厚 无私帮助

李老师为人宽厚仁爱，我相信各位同门乃至学术界的师生都很了解。而这一点，我也是和老师接触后才慢慢体会到的。我并非语言学专业出身，之前学化工专业，研究生毕业后因为对实验室的刺激性气味实在适应不了才下定决心转行当外语教师的。访学之时我虽然已混入副高队伍，但仅仅是对外语教学相对熟悉。而对什么是社会语言学，理论语言学又覆盖什么内容等专业知识，我知之甚少，可以说，非常缺乏语言学常识。所以，访学之时，我非常担心老师嫌弃，都不敢开口问老师问题。但是，在我小心翼翼跟老师坦白我的背景后，老师宽厚地笑了，真诚地鼓励我说工科背景不是包袱，工科思维有助于做研究。而且，对于我发表的缺乏语言学或学术常识的观点，我也感觉不到老师的丝毫不耐烦或者歧视。相反，我发现老师对我们每个人都是发自内心的欣赏，特别善于在我们身上寻找闪光点。在我遇到困惑和困难的时候，老师也无私地给予我帮助，令我非常感动。2019 年 7 月，李老师去英国开会时，我因为当时在英国访学就去看望了李老师。我发现，短短两天，李老师思想的光辉和宽厚的人格又为他收获了不少海内外学者的尊重和崇敬，相信不少人也有和我同样的感受。2020 年，我申请到了教育部人文社科规划基金项目后，一直没有告诉老师，因为觉得老师的优秀弟子那么多，我在其中实在不值一提。结果将近一年后，老师一知道这个消息就发在了群里，还跟我说，这么值得骄傲的事情就是要拿出来分享。总之，这样的温暖和感动林林总总，不一而足。一直以来，我都很感激老师的宅心仁厚和鼓励帮助，让我这个不自信的学生能一直保持着对学术对人生的执着和热情。

## 人生导师

不仅在事业发展方面，在处理家庭关系方面，李老师和白老师也给予我很多珍贵的人生教诲。李老师告诉我，大家庭的相处很不容易，要降低期望，学会包容；白老师则教会我如何面对青春期的孩子，如何做一个有原则的母亲。白老师是一位坚强而又伟大的女性，讲原则、懂取舍、内心强大。我在如何处理好母女关系方面请教过白老师，受益匪浅。我女儿小时候是个非常温暖的小棉袄，但是上高中后有时候的表现让人感觉不可理喻，甚至我都能感觉到她是故意针对我。

我比较苦恼，跟白老师诉说后，白老师告诉我，这是很正常的一件事，等女儿再长大一些就又和妈妈亲了，不用紧张，要耐心等待。但在原则问题上不能溺爱孩子，更不能让步。这句话听起来很简单，但是当我尝试代入白老师当时的处境后，发现我压根做不到。自此之后，我不禁由衷地佩服白老师。作为母亲，在深爱的孩子面前，能保持恒定的理性、冷静和坚持，实在不是一般人能做得到的。当然，李老师和白老师最感动我的是他们的伉俪情深和相濡以沫。记得有一次去看二位老师，出门的时候，李老师送我到电梯，白老师不放心地站在门口，口里不断嘱咐着李老师小心着凉。李老师推着轮椅与白老师午后在小区内悠然散步的场景尤为令人动容。执子之手，与子偕老，大概就是李老师和白老师的人生写照吧。

李老师和白老师教会我的远不止上面提到的内容。宏观上讲，如何做人，做一个对国家对社会有用的人；如何做学术，做关注社会、关注“人”的学术。微观上讲，如何保持学术的敏感度，如何在大量阅读文献的时候不迷失自己，如何在百忙之中利用碎片化时间阅读思考，如何和家人相处，如何热爱生活中的一点一滴等等。可以说，从李老师和白老师身上学到的收获的太多太多。未来，我还要继续努力，继续思考，争取像李老师和白老师那样，度过美好的充满智慧和善良仁厚的一生。

祝愿李老师和白老师一直一直一直的平安喜乐、和睦幸福！

**作者简介**

程京艳，北京信息科技大学外国语学院副教授，硕士生导师。2015 年—2016 年在北京语言大学师从李宇明教授访学。主要研究方向为：语言规划、外语教育。曾主持数项教育部、北京市市级课题。

2019 年 7 月，在第 17 届高等教育汉语教学国际研讨会（英国兰卡斯特大学）上合影

（左起：程京艳、李宇明）

# 师生缘

孙德平

在人生求学的各个阶段，我们会遇见许许多多的老师，这些老师点亮了我们的人生，成为我们各个阶段成长的见证者。他们大多在我们求学旅途的某一程与我们相见，成为我们人生中最美的相逢之一。当然，如果你和某位老师有着特殊的缘分，这位老师有可能陪你走过求学旅途的好几程，成为一场又一场美好的遇见。

## 名义上的师生关系

我想我与李老师或许是有师生缘的。1991 年—1995 年我在华中师范大学汉语言文学专业就读，李老师和我就已是师生关系了，只不过李老师还不认识我这个学生。那时候，李老师就已是大名鼎鼎了，1991 年破格晋升副教授，并获霍英东教育基金奖；1993 年破格晋升教授；1994 年获“湖北省有突出贡献的中青年专家”称号，享受国务院政府特殊津贴。很可惜，本科四年没有上过李老师的课，只在校内听过李老师的讲座。

1995 年 7 月本科毕业后，我在武汉的一所中学当老师，2000 年—2003 年在华中科技大学读硕。工作和读硕都在武汉，离母校华中师范大学很近，也经常听闻母校的事情，其中就包括李老师职位的升迁和获奖情况。李老师从文学院的老师升迁到校领导已不易，又从校领导升迁到教育部的领导，这绝对是文学院的荣耀，也是母校的大新闻。

## 离李老师很近，但似乎又很远

2005 年—2009 年我在南京大学语言学及应用语言学专业攻读博士学位，师从徐大明教授。徐老师创立的社会语言学实验室经常邀请国内外学术大咖举办讲座，李老师是受邀的著名学者之一，由此，我听到了李老师的更多讲座。2007 年教育部语言文字信息管理司与南京大学共建的中国语言战略研究中心成立。此后，李老师作为教育部语言文字信息管理司的司长，也常常到南京大学亲临指导，我听到了李老师更多的学术高见。从南京大学毕业后，我参加了一些社会语言学国际学术会议和城市语言调查国际学术会议，也常常聆听李老师的主旨发言。

可以说，2013 年之前，我常常离李老师很近，但似乎又很远。说近是因为很多次近距离地聆听李老师的讲座，说远是因为我从没有跟李老师单独交谈过，也没告诉过李老师我们曾经是名义上的师生关系，总觉得李老师作为知名学者和政府官员，会比较忙，不敢去打扰，只能带着崇拜的心情静静地仰视。

## 与李老师有学术上的关联

博士毕业三年后，感觉博士阶段研究的工业区语言变异和变化似乎已做完，认为自己无法取得新的学术进展，为了寻找新的学术突破，2013 年 7 月来到了英国伦敦大学跟随李嵬教授访学。在李嵬老师的办公室跟他见面的时候，我谈了我的学术困惑和想法，并询问李嵬老师我做语言经济学的研究是否可行？李嵬老师帮我分析了国际和国内做语言经济学研究的情况，然后建议我做英国华语研究，认为目前还没有人研究英国华语，并把李宇明老师主编的《全球华语词典》给我参考。在英国做华语研究时，我从知网上下载了李宇明老师发表的众多有关华语研究的论文。

非常感谢李嵬老师的学术建议和指导，正是因为李嵬老师，我开始做起了英国华语研究，这让我的研究方向与李宇明老师其中的一个研究方向相同，离成为李宇明老师实质上的学生又近了一大步。

英国访学即将结束，我想到中国国内访学，便跟李嵬老师谈了我的想法，李嵬老师说李宇明教授是华语研究的名家，建议我跟李宇明教授访学继续研究英国华语。也正是因为李嵬老师的推荐，让我从李宇明老师名义上的学生成为实质上的学生。从名义上的学生到实质上的学生，其间走过了漫长的 24 年，在这 24 年中，我听过李老师的很多讲座，也学习过李老师的众多学术成果。

## 再次成为李老师的学生

2014 年英国访学结束后，我抱着惴惴不安的心理给华语研究的大家李宇明老师写了一封邮件，表达了访问的渴望。很快就收到了李老师的回信，心情特别激动。2015 年春，我终于来到了向往已久的北京语言大学，成为“李门”弟子，也成为“聚贤聊斋”中的一员，也终于与李老师有了更多面对面的交流。

北京语言大学的访学经历，成了我学术生涯中的宝贵财富。那时候我租住在中国地质大学（北京）教工筒子楼里，条件非常艰苦，但精神生活非常充实。访学期间聆听了李老师、曹志耘教授、赵日新教授等学术大家的课，参与了“李门”的学术沙龙等；无课、无沙龙的时候就和北语的本科生、硕士研究生、博士研究生一起到自习室或图书馆抢座位，这些经历让我受益颇多。一方面我感受到了学术大家们求真务实的学术态度和一丝不苟的钻研精神，另一方面我也感受到了北语学子们的勤奋、努力。此外，“李门”沙龙的头脑风暴也让我思路大开。

北语访学结束之后，继续跟随李老师做项目，参与了《全球华语大词典》和《中国大百科全书》（第三版）的编撰，收获满满。特别感谢李老师把我列为《全球华语大词典》欧洲组编写人员，也尤为感谢老师的提携。在参编《中国大百科全书》（第三版）社会语言学分支词条时，我阅读了大量文献，这对自身有较大的提升。编词条的同时，我还有幸参与《中国大百科全书》社会语言学分支词条的前审工作，一边审稿，一边学习参编老师们编写的词条。前审工作结束后，我们还收到了中国大百科全书出版社有限公司给的审稿费，这算是意外的惊喜。说起前审费，要特别感谢李老师。据《中国大百科全书》社会语言学分支编写组秘书李艳华老师说，一开始中国大百科全书出版社没有设立前审费，因为《中国大百科全书》其他分支不涉及这么多新增条目，也没有前审团队，李老师知道后还准备从自己总编的稿费中支出给我们前审费，后来李老师跟出版社沟通，出版社才同意增设这笔费用。其实我们根本没有考虑过什么前审费，参加前审工作主要目的是跟着李老师做项目、学东西，李老师为我们争取前审费，体现了李老师对我们前审工作的认可，也体现了对学生的拳拳关爱之情。

## 我的学生又成了李老师的学生

作为“李门”弟子，特别幸福，不仅从李老师和各位同门中学知识、学做学问，也从李老师身上学做人，很多事情都体现出了李老师对学生的提携和关心。虽然访学早已结束，但我后面无论是论文撰写，还是项目申报，只要我向李老师求助，李老师依然会从繁忙中挤出时间给予指导。特别感谢李老师的各种帮助，我也把李老师对学生的这种关爱传递给了自己的研究生，我的学生也特别羡慕我有这么好的老师。

2020级的汉硕生郑泽霞，特别敬佩李宇明老师，凡李老师的线上讲座，只要她知道的一定会去听，她也购买了李老师的很多专著。2023年春天她报考博士时，同时报了华中师范大学和北京语言大学，因为这两所高校李宇明老师都招收博士生，郑泽霞在填写两校“2023年招收攻读博士学位研究生登记表”时直接选了李老师做她的博士导师。她积极备考，跟我一起讨论博士选题及研究计划，功夫不负有心人，她终于被北京语言大学录取。我记得那天是2023年6月2日，李老师让我转告郑泽霞“她被录取了”，李老师还说“这也是你我和泽霞的缘分”。其实李老师完全可以让正在读博的同门告诉郑泽霞，但李老师没有这样做，非常感谢李老师的用心！我知道李老师是想让我亲自告诉郑泽霞这个天大的好消息！2023 年 9 月，郑泽霞正式成为李老师的博士，也成了“聚贤聊斋”中的一员，续写着这份师生缘。

师生相遇是缘，一段师生缘，成就一生的师生情。我想我是幸运的，在求学的旅途中我和李老师有着好几段师生缘。感恩这份师生缘，感谢李老师的关爱和帮助！

## 作者简介

孙德平，浙江财经大学人文与传播学院教授，硕士生导师。2000 年—2003 年在华中科技大学语言学及应用语言学专业攻读硕士研究生，获文学硕士学位。2005 年—2009 年在南京大学语言学及应用语言学专业攻读博士研究生，获文学博士学位。2015 年—2016 年在北京语言大学语言学及应用语言学专业师从李宇明教授访学。现为国家社科基金同行评议专家、中国社会语言学学会会员、国际城市语言学会会员、浙江省语言学会理事、浙江省语言文字工作者协会第四届协会理事、浙江财经大学社会科学界联合会理事。主要从事社会语言学、国际中文教育等研究。主持国家社科基金重点项目 1 项、国家社科基金重大项目子课题 1 项、教育部社科基金项目 2 项、教育部语合中心课题 1 项、浙江省哲学社会科学规划课题 1 项、浙江省教育厅教改项目 1 项。在《语言研究》《语言文字应用》《中国社会语言学》《国际中文教育（中英文）》等刊物上发表论文 30 余篇。出版专著《工业化过程中的语言变异与变化》，参编学术著作《语言变异与变化》，参编工具书《全球华语大词典》《中国大百科全书》（第三版）。

## 指导学生情况

指导汉语言文字学、语言学及应用语言学、汉语国际教育等方向硕士研究生 31 人，其中 2 名学生的论文获评校优秀硕士学位论文；指导 4 名研究生获批“浙江省大学生科技创新活动计划（新苗人才计划）”等省级项目。

# “李门”从学片忆

禤健聪

2015年春，我博士毕业到大学任教已近9年，感觉教学科研进入了惯性前行的状态，需要寻找机会拓展视野、突破瓶颈。正好当时有国内访问学者资助项目，几经考虑，最后在陈双新老师的建议和推荐下，我申请前往北京语言大学师从李宇明老师做访问学者。从古文字与出土文献研究，“跨界”到语言学及应用语言学方向访学，一方面是所在单位广州大学成立了语言服务研究中心，有意形成特色研究团队，参与其中，我需要补课；另一方面是前一年有机会参加了教育部语言文字信息管理司主办的首届语言文字应用研究优秀中青年学者研修班，聆听了包括李宇明老师在内的众多专家的讲授，我有颇多触动。

其时，我几乎没有任何语言文字应用方面的前期研究积累，访学申请表上，只能声称希望结合导师“中国历代语言政策研究的课题方向，进一步深入科学认识语言文字工作，以古鉴今”，尝试做“汉字认知研究、现代规范汉字的字理阐释”等事。现在回想起来，当时实在十分懵懂鲁莽，此前不仅未曾与老师正式见过面，甚至连联系邮件也没有发过一封。幸而李老师有教无类，允予收纳，才使我获得一段受益终身的学习经历。

## 启示

2015年9月5日，访学还没正式报到，蒙欣路兄告知，我提前参加了当时“李门”一年一度的师生聚会。与别的聚会不同的是，“李门”聚会以学术研讨的方式举行，那次的地点在北京华文学院会议厅，师生数十人，规模盛大，主题报告、研讨辩难、师长点评，无论形式还是主题，都不逊色于国内其他高水平的学术研讨会。

会上，李老师作了简要精到的点评。他说：“十五分钟的报告，十分钟说清事实，两分钟提出规律，三分钟反哺理论。”

听到这一概括，我不由心头一震，用振聋发聩来形容我当时的感受，一点都不为过。坐在旁边的某兄（抱歉，当时并不认识）跟我说，赶紧记下来！于是我赶紧记了下来，并在第二天发了“惧闲聊斋训示”的朋友圈信息。“说清事实、提出规律、反哺理论”，岂止是作报告的思路，所有的学术研究都不过如此。从此以后，我时时提醒自己做学术思考时要有这样的格局，在各种场合也把这“三段论”与同道、朋友、学生分享。

那天会上听到、后发在上述同一条朋友圈信息的李老师的点评，还有这样一则：“文章最难写处：提要、引言、结语；文章要会删，最易删减在‘的’‘是’。”虽是细节，却见其大。也是我日后一直的指引。

## 感动

2015 年 10 月 3 日，访学开始不久，我因是第一次在北京小住，便趁着假期到天津游逛。那天刚听完相声从剧场出来，就收到了李老师微信给我发来的信息。他建议我读他的《〈论语〉之论语》一文以及姚小平先生关于先秦语言学思想的论著。那时候，李老师正担任北京语言大学党委书记的要职，学术和行政事务都十分繁忙，只能尽可能见缝插针地抽出时间为学生授课，参加开题答辩、举办讲座沙龙等活动，国庆假期大概是有难得的小憩，仍记挂着给我以学业的指导。

李老师说：“先秦的语言学思想研究，一直是薄弱领域，有待开发。其名实、言行之论，具有世界语言哲学意义。语言即行为、语言伦理学更是值得探讨、影响深远的课题。《礼记》中，有大量的语言伦理记述。中国早年的应用语言学，核心在语言伦理学上。言与实/行/信的关系，是诸子皆有涉及的先秦时期重要的一对关系，关乎哲学、逻辑、治国理政等方方面面。”

这是老师根据我原有的研究基础，着眼我未来研究领域拓展和可持续发展提出的研究建议，当然也是李老师对相关问题的深刻思考，毫无保留地分享了给我。

2016 年 4 月 27 日，李老师到广州参加会议和活动。虽然行程很满，但在结束公务之后的当天晚上，却安排了给在香港指导的博士生彭千华授课，同时把在广州的王海兰和我也一并叫上。酒店房间昏暗的灯光下，李老师一讲就是两个多小时。

## 愧疚

2019 年，李老师主持了有关中国学前儿童语料库建设的研究项目，我们好几位正好有小孩的同门，都承诺参加语料的收集，主要任务是采录自家娃娃的音视频。开始的时候，我的热情挺高，到 2021 年 6 月，大概积累了 600 多段长短不一的音视频。当时，我还信誓旦旦地表示，要把音视频转写出来。惭愧的是，此后杂事越来越多，陪娃的时间渐少，录制没能坚持下去，转写也一直拖着没做，最后竟不能为语料库建设做任何贡献。

有时候，也会给自己一个安慰的借口，确实工作影响，情有可原。直到《人生初年》煌煌三大册出版。李老师和白老师是在何其简陋的条件下，以笔录的方式，记录下如此丰富详细的儿童语料。这时，我才猛然发现，其实自己非不能也，是不为也。也更深切体会到，无论是做学问还是做其他事，得失成败，往往在是否坚持，把一件该做的事情坚持做下去，就是了不起的成就。

2016 年 6 月访学结束，要提交访学总结。我归纳了三条，一是拓展了学术视野，二是增强了学术使命感，三是明确了未来学术研究的方向。李宇明老师一直倡导学术研究要关注现实生活，学者要有学术使命感和社会责任感，并时时处处身体力行，率先垂范。我期待能在原来专注本体研究的基础上更积极思考本体与应用研究相结合的可能性，在遵循传统语文学研究范式的基础上更注意吸收现代语言学的理念与方法，于学术研究有所开拓。

从访学结束至今，转眼已是七年有余，因努力不够，学术上的进步十分有限，但李老师的教诲指引，还是时时铭记于心，励我前行。

## 作者简介

禤健聪，广州大学人文学院教授，博士生导师。1997 年—2006 年就读于中山大学中文系，先后获文学学士和文学博士学位，博士专业为汉语言文字学（古文字学方向）。2015 年—2016 年在北京语言大学师从李宇明教授访学。2006 年至今在广州大学人文学院任教，现兼任人文学院院长、国家语委研究型基地国家语言服务与粤港澳大湾区语言研究中心副主任，广东省中国语言学会副会长，《古文字论坛》《广州大学学报（社科版）》编委。广东省高校中国语言文学类专业教学指导委员会委员，广州大学第六届学术委员会委员，广东省重点专业及国家一流专业建设点“汉语言文学专业”、广东省本科高校课程教研室“语言学课程教研室”、广东省普通高校创新研究团队及广州市宣传思想文化优秀创新团队“语言服务与汉语传承团队”负责人，广州市优秀专家。从事古文字与出土文献、粤方言与区域语言生活、人文教育与文化传承的研究、教学。历年在《文史》《文献》《古汉语研究》等刊物上发表学术论文 50 余篇，出版著作《战国楚系简帛用字习惯研究》《战国简帛读本》，参与研制《粤港澳大湾区语言生活状况报告（2021）》等语言生活皮书，完成皮书报告 10 余篇。先后主持国家社科基金项目 3 项，已结项 2 项均获优秀。主持的教学项目“大学引领，协同驱动：中学人文经典教育的模式创新与实践”获广东省教育教学成果奖（基础教育类）二等奖。

## 指导学生情况

指导已毕业及在读汉语国际教育领域教育博士 7 人（含留学生 1 人），汉语言文字学、语言学及应用语言学、汉语国际教育、学科教学（语文）硕士共 44 人。指导博士后 3 人，访问学者 1 人。

2023 年 11 月 23 日，在第四届“两岸语言文字调查研究与语文生活”研讨会（广州大学）上合影（右六：李宇明，右五：禤健聪）

# 仁者·学者·育者——吾师印象小记

刘　柳

每每想到我的导师李宇明老师，首先出现在脑海里的一定是李老师爽朗开怀笑着的样子。那春日般温暖且极富感染力的笑容真的可以驱散阴霾，让我也不自觉地嘴角上扬。我还会想起在一张照片里，李老师微微仰头，眉头紧蹙，那是老师心忧天下、上下求索的样子。当然还有老师在课堂上、在讲座中、在微信上交流或当面指导时的很多瞬间也会叠加在一起浮现眼前。因此，谈到对李老师的印象，对我而言最显著的关键词一定会是：仁爱为怀、学者风范、养之如春。

## 仁爱为怀

2016 年初，我下定决心考博后，鼓足勇气给李老师写了第一封邮件，表达了希望跟老师读博的意愿。当时李老师是北京语言大学党委书记，而我只是北语的一名普通教师，与老师素未谋面。身边的人听说我要报考李老师的博士，第一反应都是震惊和不理解。事实上连我自己也不知道，是从哪里冒出来的胆识，让一直不自信的我能做出这样一个勇敢的决定。我更不知道的是，这个貌似有些鲁莽冲动的决定将对我的人生产生多么深刻的影响。

那封邮件我写完后反反复复检查了好几遍才按下发送键。短短半小时后，我发邮件时那种紧张忐忑的心情甚至都还未平复，老师的回信就已经来了！老师首先肯定我说，能意识到语言规划领域研究的重要性是很有学术眼光的。之后老师很客观地告知了报考的难度，录取比例低，竞争会很大，委婉地建议我寻找其他机会。最后老师仍然鼓励我把西语世界的语言规划研究做起来，还表示说会热心与我讨论相关问题。读着李老师的信，我的内心温暖激动，同时备受鼓舞，坚定了向学之心。对于一个陌生的求学之人，老师同样给予了尊重、关爱、肯定和期待，好似日月之光明，毫无分别之心，多么令人感动！

加入“李门”后，我有了更多机会近距离感受老师的这种人格魅力，因为老师对于后学总是特别地关怀爱护，不遗余力地给予指点和帮助。老师的课上中国学生、外国留学生、访问学者一直同堂上课，共同讨论；为在读研究生们开设的课程，老师会特意叮嘱对“李门”往届的弟子及弟子的弟子同样开放；好几次在出差途中我都看到老师阅读年轻学者寄来的著作，并与同行之人分享其中优长。诸如此类不胜枚举。

后来我在老师 2018 诗作自选集《戊戌浅唱》中读到《五律·观云海》一诗，对老师的仁爱之心又有了更深一层的理解。李老师从香港飞北京时在万里高空看到变幻云海，“置身仙境里，疑我是棉农”。千团万堆的棉云在老师眼里有什么用处呢？“集来充袄被，可御北国冬。”老师说：“集来做棉衣棉被，足可让天下人不再受寒冷困迫。”仁者爱人，不单单爱身边可遇可见之人，更爱普天下之人，多么令人敬佩！

## 学者风范

李老师一直强调学者要有问题意识。学者应该关注哪些问题？老师在《中国语言政策研究报告（2018）》序言中有专门的解释：这种问题不仅是研究呈现的热点问题，更应当是语言生活中的重要问题，是国家和人类发展中的重要问题，是水之头、浪之尖上的问题。“水头”就是时代潮流之“头”，“浪尖”就是问题聚集处、矛盾交织处、思想交锋处。

2020 年底，有俄罗斯专家邀请李老师共同申报中国社会科学院和俄罗斯基础研究基金会的合作研究项目，老师拟定选题方向为语言数据的法律问题。我有幸参与其中，除了负责联络外国专家，还配合黄晓蕾师姐完成了研究论证的起草工作。这次经历不仅让我获得了一次向优秀同门学习的宝贵机会（在此我想再次郑重感谢晓蕾师姐对我的无限耐心和真诚帮助），更让我在梳理文献的过程中真切领略到老师的学者风范：从推动语言文字信息化，到普及语言资源观，从认识到语言的经济资源属性，到提出语言数据是重要的生产要素，老师总是站在学术最前沿，目光一直投向水头浪尖处！

老师自己也说，“觉察到水头浪尖处的问题，能够评说水头浪尖处的问题，是需要前瞻眼光和学术功力的”。如此有挑战性的事情为什么要去做呢？老师多次引用英国登山家乔治·马洛里的这句话：“为什么要登山？因为山在那里。”同理，为什么要去发现问题并把问题问题化？因为问题就在那里。现在我终于有些懂了 2020 年初老师在微信上教导我的话：“学者的素质包括创新思维、有激情和使命感。学者的世界观、人生观、价值观是超乎常人的，是修行，是悟道，是升华。”

## 养之如春

“春风化雨育桃李，润物无声洒春晖”。李老师总是毫无保留地撒播阳光、清风、雨露，让学生们得到春天般的滋养。同时李老师也是一位非常智慧非常用心的“育花”之人，会根据学生的情况配制适当的“养料”，然后耐心地等待花开。

因此做李老师的学生真的是一件很幸运同时也很幸福的事。

李老师大概早早预感到我会是一个不省心的学生，录取结果出来后第一时间就找我谈了博士选题的事情，希望我尽早进入研究状态，因为博士研究工作什么时候开始都不算早。老师给了我两个选题考虑，“西班牙语言规划研究”或“西班牙语国际传播研究”。我考虑了几天，想选第一个，因为我觉得西语国际传播是一个太大的研究领域，相对而言某一个国家的语言规划让我感到更有把握。但李老师鼓励我说，一开始选题，大一点，探勘富矿。到最后，题目小一点，挖深一点。有西语世界语言传播的意识，才能把某国的西语规划写好，你试试看！

就这样，我懵懵懂懂地走上了西语国际传播研究的道路。面对李老师给我指出的这一片广阔天地，我并没有可以大有作为的激动，反而因为感到自己太渺小而不知所措。这一切李老师都看在眼里，告诫我说，科研不是比聪明，而是比毅力，要做好详细的科研工作（包括读书）计划，从年计划，到月计划，到周计划，到天计划，不要让每一天虚度空掷。同时每天必须要读书，每周必须要动笔，每月或两个月必有一篇论文，每季度必有文章投向杂志，要形成这样的习惯。

很惭愧我并没能达到老师的要求，但至少我不再畏手畏脚。很快我初步梳理出西班牙语言发展与规划的历史。老师看后很高兴，又给了我详细的指点，让我从收集西班牙的材料，逐渐扩展到其他西班牙语国家，一个国家一个国家地收集。除了继续收集资料外，要重视理论分析。特别要注意形成文章，投向杂志。

材料收集一段时间后我再次陷入迷茫。面对材料无从下手，只好继续求助老师。老师马上对症开方：收集原始资料很重要，但同时更要阅读汉语、西语、英语的文献资料，以了解学术进展到什么地方，大家研究了哪些问题，前沿热点是什么。文献能带你迅速进军到前沿。

由于我驾驭文献能力有限，看文献的时候往往会被文献框住，被别人的思路带跑，要么把自己原本想写的东西来个大翻面，要么就是打开一些奇怪的脑洞。对于我头脑中蹦出来的那些想法，老师会鼓励我记录下来，因为对一个学者来说，任何一点的思想火花都不要随意熄灭它。

在李老师不厌其烦的指导和帮助下，我终于初步摸到了从事科研的路子，对西语国际传播有了一些整体上的认识，也在这座宝山中找到了几处值得深挖的矿点。这个时候老师开始鼓励我申报科研项目。有的项目申报条件里写着“申请者一般应具有博士学位或副教授以上职称”，我一看就没了信心，认为自己的学历职称不符合申报条件，申请不了。老师幽默地说，这是“一般”，还有“二般”呢！我的顾虑一下就消除了。对，学术是公平的，我这个“二般”为什么不能尝试呢！终于，积累了几次申报经验后，我在国家语委申报的一个项目成功获批，实现了零的突破。

一路走来，回望成长的每一步，又有哪一步没有老师及时恰当的指引呢！

李老师总说，学缘同血缘。老师曾好几次语重心长地对我说，“我们之间不只是论文关系。遇到困难，不要忘记，老师是最有能量的人”。在“李门”这七年里我受李老师和师母白老师教诲关爱无数，每每想起，常常是振奋，有时是惭愧，但在心底永远是温暖和感动。感谢命运的眷顾，让我在学术和人生路上得遇两位老师，这份幸运我将永远珍惜！

## 作者简介

刘柳，北京语言大学外国语学部讲师。2004 年—2007 年在北京外国语大学西班牙语专业攻读硕士研究生，获文学硕士学位。2016 年起在北京语言大学语言政策与语言规划专业师从李宇明教授攻读博士研究生。2018 年—2020 年为北京语言大学语言科学院语言政策与标准研究所驻所研究人员。主要研究领域为语言规划学和西班牙语语言文学。编写出版《西班牙语万词主题分类例解词典（有声版）》（北京语言大学出版社，2012，第三作者）、《当代西汉词典》（北京语言大学出版社，2015）。翻译出版《中国人的民俗世界（西语版）》（Editorial LIBSA，2016）。主持完成国家语委“十三五”科研规划 2018 年度重点项目“西班牙语世界西语语言文字规范管理机制研究”。

## 指导学生情况

合作指导西班牙语笔译专业硕士生 1 人；指导西班牙语语言文学专业本科生 14 届，合计 30 余人；指导国家级大学生创新创业训练计划项目 2 项，其中 1 项结项鉴定结果优秀。

2016 年 9 月，在教师节活动上合影
（左起：刘柳、周洪波、李宇明、李欣悦）

# 相见于未见之前

赵　运

本科学习期间，我对语言学产生了浓厚的兴趣。首师大文学院的师资组成非常完整，不仅有“语音学”“语义学”“语用学”等现代语言学课程，中国传统“小学”也是一应俱全。因此在学校期间，我就“超额”修读了不少语言学的课程，一窥语言学殿堂中露出的光辉。

2013 年，本科毕业后，我申请到香港理工大学继续攻读硕士，很自然地就选择了中国语言学这个专业。那时还小，刚到香港，只觉得眼花缭乱，五光十色，既熟悉、又陌生。那个时候，我并不知道什么是“语言生活”，哪个是“两文三语”，但凭着对于语言的敏感产生了一种直觉，想要了解这个万花筒一样的城市，找到我进入的钥匙，就要先从它她斑斓的语言环境开始。

于是我向图书馆发出了“求救信号”。因为没有明确的阅读需求，因此我放弃了“点对点”的找书，而是把自己放到语言文学的大类中，仿佛一张随意张开的渔网，任凭藏书在“网眼”中匆匆流过，只等待着那一串“钥匙之书”“自投罗网”。在大量的藏书中，书架上一套码放整整齐齐，绿白相间的硬壳丛书，在书海中格外引人注目，我第一次看到了《中国语言生活状况报告》。之后我和同学分享，我看了一套非常有用的书，而当时，我连“中国语言生活状况报告”这个名称，都不能完整复述出来。但于我而言，它就像一个扎根至深的水草，它的根系在空间维度连接大陆——那个我更熟悉的文化环境，它的草叶牵引着我在珠江之畔湍湍流水中稳稳迈出了第一步。不夸张地说，绿皮书是当年那个刚刚入学的我，在香港的一剂“稳心剂”。

在邂逅绿皮书的一周后，我在校门看到了横幅，上面出现了一个熟悉的名字，“欢迎李宇明教授”。我刚刚看的书的主编，竟然就来了我的学校，这是一种多么神奇的体验！这距离我第一次见到老师，还有 2 年。

2014 年硕士毕业后，我打定了读博的主意。然而选择什么方向，自己一直是云里雾里。终于在 2015 年的春天，我第一次见到李老师。在北语的办公室里，老师如一尊弥勒大佛一样的沉稳和亲切。老师跟我说了很多，很多内容我似懂非懂，只是觉得一位著名学者，能够对我如此和蔼和耐心，有些不可思议，也有些受宠若惊。那一次谈话留给我印象最深的是“学术孤独论”和“博士相对论”。

“学术孤独论”是说学术研究是一条非常孤独的道路，并且要忍受双重孤独：一重是肉体孤独，别人都在出行、旅游、娱乐，自己要孤独地坐好研究思考的冷板凳；一重是比肉体孤独更加难熬的精神孤独。博士的研究成果，要突破人类认知的边界，而这里往往就是无人区，即便是自己的同门，哪怕是导师，对于这个无人区提供的支持也比较有限。在研究的过程中可能无人相助，甚至无人理解，只能自己发现问题、解决问题，承受着无人唱和的精神孤独。“博士相对论”说的是研究人员既是最聪明的人，也是最笨的人。不聪明，考不上博士；不下笨功夫，做不好学问。这两个理论，我到现在都会“偷来”讲给向我咨询是否要读博的朋友，这其中既有迎难而上的，也有知难而退的，但绝大多数人都感受到了“二论”的精辟。这离我正式成为李老师的学生，还有 1 年。

第一次考博折戟，但我读博的愿望非常坚定。第二次考博，决定心无旁骛，不是破釜沉舟，也算华山一条路了。一年里，我沉下心看书学习，自费参会、蹭会拓展视野，追赶学术前沿，在这个过程中我越发感受到了第一次考博的鲁莽和浅薄。到现在，我都由衷地感谢李老师给我的这一年，这一年是我的必经之路，我对自己的能力、学识、对专业的理解都有了更清醒的认识，也为日后的学习打下了一个好基础。孙悟空拜在斜月三星洞菩提祖师门下，曾在山门等了三天三夜。没有决心和恒心，难成老师的学生。

2016 年，我终于正式加入了“李门”大家庭。读博的几年过得十分充实，系统深入学习语言政策，和来自真正意义上五湖四海的同门共同学习交流，其间还获得欧盟“伊拉莫斯+”项目资助，赴荷兰交流学习，结交外国学缘。这短短的三年中，我对于学术、学术界的理解明显加深，眼界和视野快速扩展，每天都在感受吸收知识、增长见识的快乐，见证自己各方面的成长。

我的研究方向在老师点拨下锁定在了国际组织。国际组织是一个特殊的言语社区，发展历史、人员构成、工作范围等诸多方面都有别于国家和一国之内的社会组织，它的语言政策也有独特之处。老师超前关注了这个领域，并且对我有透视镜一样的认识，认为我的求学经历、知识构成和性格特点，能够支持开展国际组织语言政策的研究。这就像是一种能够自我实现的预言，在后面的研究过程中，无论是方法选择、实地调研，还是后续的数据分析、论文撰写，这个预言一直指引着我穿越层层迷雾，最终到达彼岸。我也非常荣幸，有机会为师门补全一块学术版图。

经过博士、博士后在国际组织语言政策这个领域中的沉浸，“国际组织语言政策”也已经成为我身上一个不可剥离的重要标签，到现在，哪怕是进入业界，它依旧是我的一个“自留地”，而这个自留地，就是当初老师带着我开垦出来的。开荒之后，老师就在不远的一处，注视着地里的“收成”。收成好，老师跟我一样高兴；收成欠，老师也就只是嗔道“孩子哪有不气人的”。

去年，看到楚群师兄回忆老师教诲的文章很有感触，想着如果同门兄弟姐妹都能整理一些老师的言谈教诲，汇集成册，这不就是当代的《论语》吗？没想到，同门也有同样的想法，遂积极响应。

然而动笔之际，记忆像潮水般涌来，只感觉每一个片段都值得记录。沉淀之后，觉得所有的记忆都指向了一种隐约的命中注定：对语言学的懵懂，在香港的迷茫，读博士的笃定，这些又何尝不是一种命运的草蛇灰线。

与老师缘起何处？便该是未见之前。

## 作者简介

赵运，中图科信数智技术（北京）有限公司战略规划部经理，助理研究员。2013 年—2014 年，在香港理工大学中文及双语学系攻读中国语言学研究生，获文学硕士学位。2016 年—2019 年，在北京语言大学语言科学院师从李宇明教授攻读语言政策与语言规划专业博士，获文学博士学位。2020 年—2022 年，在上海外国语大学语言研究院外国语言文学博士后流动站从事博士后研究工作。博士就读期间获欧盟“伊拉莫斯＋”项目全额奖学金资助，赴荷兰蒂尔堡大学交流。博士、博士后研究方向均为国际组织语言政策。发表 SSCI 论文 1 篇、CSSCI 论文 2 篇、报纸文章 1 篇、普通刊物论文 2 篇，担任《世界语言生活状况报告（2022）》“专题篇”主持人。现主要从事人工智能、科研服务、学术出版等领域相关工作，负责制定公司发展规划和业务开展方向。工作期间，就人工智能技术、开放科学潮流等内容撰写多篇政府咨询报告。2022 年科技部国家重点研发计划骨干成员，2023 年北京市科委揭榜挂帅项目骨干成员。

2019 年 5 月 20 日，在北京语言大学博士论文答辩会上合影

（左起：赵运、李宇明）

# 学然后知不足

裴嘉骏

在我的记忆里，第一次见到李老师是十年以前的事情。2014 年，我刚回到北京语言大学第二次当“新生”——攻读硕士研究生，就有幸以研究生新生代表身份参加了开学典礼。典礼上，校领导从大门进入，李老师带头走向前排。典礼后，李老师作为北京语言大学党委书记向新生做题为“立德树人，不辱大学使命”的开学报告。李老师的报告十分精彩，时至今日，当时的画面仍历历在目。我还记得，当时我心里暗暗向往：默叹如果登上学识高位，对知识的发现和积累做出贡献并收到相应的认可是什么样的感觉。写下此文时，我上网搜索了当年相关的新闻，虽然已经过了将近十年，但读完全文，我还是感觉备受鼓舞。后来，我跟随李老师学习，我的学习经历不断地向我证明，当年我在开学典礼上认识的李老师，的的确确是一位真正的智者。

## 学术的家庭

两年之后，我决定要攻读博士学位，因而联系李老师，希望他能做我的博士导师。虽然我以前的成绩很好，包括硕士期间，但我申请的博士研究领域与我之前学习的内容不一样，相当陌生，怕难以深入研究。实不相瞒，面对这个宽阔的领域，直到如今我仍然感到困惑，但我非常同意李老师一针见血地将这个领域描述为一个“学科群”。而初次与李老师会面让我感到十分惊奇，因为与李老师会面时并没有被选拔的感觉，李老师传递的感觉是首先看重学生是否有兴趣，他想的第一件事情是帮助学生。面对有意学习的后生，李老师想的是给以机会学习。

进入师门后，我感到李老师把师门大家庭视为自己的学术家庭，这个家庭中的父母便是李老师和白老师。学生向老师反映遇到的问题时，他们都会特意腾出时间、给予关心。在重要的节假日，老师会邀请学生到自己家中。博士二年级，老师们怕我和其他寒假留在北京的同门感到孤独，为让我们也能够感觉到春节的气氛，就决定请我们出去吃饭。除了美好的回忆和照片，我还留下了老师们送的可爱小狗娃娃（当年是狗年）。

随着时间的推移，让我感受越发深刻的是，老师作为大家庭的长者，平易近人，毫无架子。甚至在我毕业后再次回到大家庭中时，也依然如此。新冠肺炎疫情过后，我终于在 2023 年 10 月底回到了中国，并有幸参与李老师著作《一言一语总关情》的新书座谈会。会后，参会的同门共进晚餐。晚宴通常会饮白酒，后生和晚辈本应该主动向老师们和师兄师姐们敬酒，我主动找恩师敬一杯是理所应当的。或许是好几年没有参与中国晚宴了，我一时还没掌握好时机，见到李老师一个人坐着，总是想“等一分钟再找老师，给他一点时间休息”。未料到，下一秒李老师已经到我身边准备跟我喝一杯。李老师端着酒杯，祝贺我最近迈了一大步，并对我返回北京表示欢迎。此时我的心情是惭愧的，而又深有感触。尽管李老师希望我们能够学会中国式的餐桌礼仪，通过这些促进学术共同体成员之间的友谊，但李老师显然对我这个尚未精通中国餐桌之道的学生给予了极大的理解和包容。

## 长远的影响

虽然我不是老师最亲近的学生，但还是能够感觉到老师就是我“在中国的父亲”。我相信其他同门也有类似的感受。至于我，我们的关系之所以没有更加亲近，我想这并不是因为老师学生太多，顾不过来，而是因为我怕打扰老师，给老师添麻烦，所以主动找老师的时候并不多。

读博期间我只有遇到比较大的困难或者积累了很多问题之后才肯找老师。但其实还有另一个原因：我感觉李老师的一个词通常含有一千个词的内涵。李老师说话不紧不慢，以给听众时间消化所讲内容，也给自己时间组织思路，思量每一句话。我也想养成这个习惯，但感觉还有几十年的路要走。除此之外，对于李老师说话内容的理解也分多个层次。每当我回顾听老师发言时记下的笔记，总觉得我的理解也在不断地加深。在我的学术和个人发展的每个阶段，看这些笔记都会有新收获，这正是因为老师简单易懂的语言中蕴含了深刻的思想，对我能发挥长远的作用。倘使我在哪一点上与老师持有过不同见解，时间总是证明那是因为当时的我思想上还比较幼稚。

下面我分享两个与老师的长远影响相关的故事。

第一个故事跟我的博士论文有直接的关系。李老师用了一页的篇幅来点评我的初稿并提出修改意见。当时我对论文做出了力所能及的改进，但因为时间有限，实在没能全都完成。做了这些修改之后，我跟老师说了我恐怕无法全都按照老师的意见进行修改。老师回复说，“没问题，毕业之后再完成”。也就是说，李老师一页的评语不仅是对论文给出了充分明确的修改建议，而且还对我接下来多年的研究提供了丰富的指导。对我而言，李老师不仅是博士导师，更是学术导师，对我的整个学术生涯提供了高层的指导。尽管博士研究要独立进行，学术生涯也需要思想独立，但李老师无疑给我留下了深刻的影响，而且这种影响超乎学术，照耀着我生活的方方面面。

第二个故事跟我学习中国文化有关。李老师鼓励我攻读博士期间继续学习中国语言文化。虽然我想加深对汉语和中国文化多方面的了解，但当时感觉一时无法做到。此外，我攻读的是语言学及应用语言学博士，而我的研究跟葡萄牙语的国际传播有关，所以不太能理解为什么李老师期望我能够成为一名汉学家。不过，随着时间的流逝，慢慢我也开始明白人生有些事情，与其置于脑后不如未雨绸缪，我应该为未来做好准备。倘使有朝一日我回国定居，可想而知，人们将因为我与中国文化长期的接触而希望我能够起到两国文化交流的桥梁作用。

李老师鼓励我学习中国哲学经典著作，而且还跟一位专家打招呼，建议我向那位专家请教。当时我联系了那位专家，但在新冠肺炎疫情的肆虐下我回国之后，注意力转移到了其他事情。不过，我没有放弃，我还打算努力投入精力学习古代汉语，阅读中国哲学和文学经典著作，同时也尽力提高自己的汉语书面和口头表达水平。李老师并没有给我压力，我相信他更多是希望我能够早点开始利用时间投入学习并学以致用。所以，一切还来得及。

## 巨大的鼓励

我越是思考自己和李老师的关系，就越能看到在李老师面前我是多么渺小；我越是有幸与李老师互动，就越能清楚地看到自己作为研究者、教师和个人的不足——不光是知识有限，而且智慧也有限。了解李老师的人应该都知道李老师以及李老师的家庭所面对的困难。李老师把自己的痛苦当作燃料，化作力量和诗情，推动自己的研究，并创作下记录生活点点滴滴的诗歌。我想，今后在遇到挑战的时候，李老师的经历将会为我提供巨大的鼓励，我一定会时时问自己："在这种情况下，李老师会怎么做?"

我还想分享李老师曾经对我的夸奖。我博士论文开题的时候，李老师曾经说我是个"深邃的思考者"。我想，大部分人恐怕会用"钻牛角尖"或"吹毛求疵"来描述我的这种性格特点，但李老师却选择从正面来看这一点并充分给予我肯定，使我能利用好自己固有的性格特点来支持自己的学术研究。虽然老师可能只是想鼓励我而已，但这是因为他相信我的能力和意志。

李老师是个智慧、谦虚、勇敢而坚决的人，我还要在生活的方方面面继续向李老师学习。我知道我肯定还会犯很多错误，也知道自己恐怕永远都不可能达到老师这般境界，但老师的作用之一或许就在于此——成为学生追逐的目标，起到引领作用并鼓励我们前行。

## 作者简介

裴嘉骏（Pedro Sacadura Nuno），葡萄牙人，雷利亚理工学院教育与社会科学高等学校（葡萄牙）客座副教授。2014 年—2016 年在北京语言大学汉语国际教育专业攻读硕士研究生，获汉语国际教育硕士学位。2016 年—2023 年在北京语言大学语言学及应用语言学专业师从李宇明教授攻读博士研究生，获文学博士学位。现派遣至北京语言大学外国语学部西方语言学院葡萄牙语系担任葡萄牙语教师。主要从事语言传播、语言规划学研究。

2017 年 10 月，在李老师家楼下的小区花园合影

（前排左起：李宇明、白丰兰，后排左起：苏琳琇、张倪珮、裴嘉骏）

# 师恩如海

唐培兰

从小我就特别喜欢一句话："我的心略大于整个宇宙。"但我一直不明白这句话是什么意思，表达的是什么样的状态？到现在我依然不懂。但是我想到这句话，就会想到老师，因为老师的学术胸襟略大于整个宇宙。而我何其幸运遇到了这样的导师。在辽远宽阔的学术天地中，老师带领我，找到一方土地，给予我价值感和归属感。

## 入学就是"副博士"

本科时学习对外汉语专业，老师们推荐的专业书和示范课都来自北京语言大学。北京语言大学像一个遥远的引路者，形成一层淡淡的滤镜。于是在就业和考研的分岔路上，我决定报考北京语言大学。下决心的时候，距离硕士统考只有小半年的时间了。虽然每天泡在图书馆里，其实根本没时间了解导师的信息。坐在充满历史感的桌椅上，窗外是郁郁葱葱的香樟，眼里心里都只有语言学。那时候把图书馆所有的《语言学概论》都找来通看，这才开始注意到"李宇明"这个名字，"这位教授编的书还比较有意思，真是一股鼓励学生考研的清流，可与艰深晦涩的其他专门语言学互补"，于是兴味满满地翻看了许多遍。

以语言学和中文教育为缘，谱成了一条通往北京的路。我的心是满足的，虽然当时的我并不知道这个选择将决定我的学术志向，也将引导我走向一位影响一生的导师。

得知笔试成绩远远超过考研国家线之后，我开始准备复试。在查阅导师信息的过程中，我突然发现，原来那位很有意思的教授居然在北语任教！研究方向、论文题目都颇有趣味，特别是读了他的几篇论文之后，引发了我的思考，这可太好了！完全是冥冥之中的注定，就是注定他是我的老师呀！我的内心无比激动，单方面伸出了橄榄枝。再一细看，居然是校领导！领导怎么会招硕士生？领导哪有时间带学生？怀着朴素的"成见"，我决定"忍痛割爱"，不准备做他的学生了。也许真的是缘分吧，我正好又被分到了语言科学院，正好当年李老师招硕士生，我也就正好成了李老师的硕士生。后来与其他同门聊天，多多少少都是和老师有一些特别的缘分和故事在的。

当时我们一届有 4 个女孩，第一次见导师的时候，老师送了我们他签名的《中国语言规划论》《中国语言规划续论》《中国语言规划三论》，希望我们通过这几本书了解什么是语言规划，为硕士学业打个基础。老师还给我们建了个微信群，取了个特别温馨有归属感的名字，叫“四小天鹅”。硕士的时候，一个班一起上课，大家会相互介绍自己的导师，我说“我的导师是李宇明教授”，总会收获惊奇的目光。后来我才知道，原来李老师已经很多年没有招过硕士生了，我们 4 个是特殊的一届。

老师的脸上总是挂着温和慈爱的笑容，给人一种如沐春风和莫名的亲切感。著作等身，治学严谨，人却一点不严厉。刚入学的时候，老师行政工作很多，非常忙碌，但导师课是次次不落的。导师课时，所有在读同学，硕士生、博士生、博士后、访学、中国学生、外国学生都参加，一进教室二十几个人，完全打通界限。不同研究方向的同门都在一起上课、相互讨论，发表看法。虽然是硕士生，老师并没有“降维”对待，一进师门，我们就感受到了浓厚的学术氛围。老师对硕士生也寄予厚望，“你们虽然是硕士生，但是在我心里是把你们当作‘副博士’来培养的，眼界要高，观察要细，既要看到语言事实，也要看到国家和社会的语言需求”。在导师课上，我看到了语言学的大世界，从语言本体研究，到语言与社会、语言与国家，语言与世界的研究。得益于最初的学术启蒙，现在我对语言学的不同研究方向都有一些亲切之感。

老师学生多而且工作忙碌，没有时间手把手教我们，但又担心我们“眼太高手太低”，因此给我们了安排了三位“副导师”，分别是：吴雪钰师姐、徐欣路师兄、饶高琦师兄。“副博士”三年，三位“副导师”在学科知识、学术规范、心理引导方面给我们提供了很多帮助。

## 学术路上的引路人

准备硕士论文时，我开始在语言学大千世界里寻找自己的研究方向。硕士生对学术和科研了解比较少，容易“为了研究而研究”，找不到研究问题，也不知道什么题目是有价值的。老师常笑“语言生活里处处是语言问题，怎么会找不到呢?”即使我悟得比较慢，老师也从不灌输，而是继续耐心地引导，问“对什么感兴趣?”那时候刚读了老师的文章《海外汉语学习者低龄化的思考》，觉得“外语身份”的概念很有意思，我问：“这个能做研究吗?”老师很肯定地说：“怎么不能？就去看看汉语在世界上是个怎么样的身份。”我没想到老师这么容易就同意我的选题。老师的认可像是一束光，我恍然大悟：原来寻找研究问题如此容易，做研究也很容易嘛！生活中处处都是语言学的研究问题。

在学术启蒙阶段，老师是一个至关重要的指引者，也是陪伴我走过硕士博士研究生阶段的学术伙伴。很多人说做研究很无趣，非常枯燥。在老师的指导下，论文写作成为一件非常有趣的事情。老师对于学术问题是“有问必答”、言简意赅、字字有理。有时候困惑我好几天甚至几个月的问题，只要一问老师，就茅塞顿开。我问老师思考、回答问题的秘诀是什么？老师告诉我“看问题要看本质”。在老师的悉心指导下，我逐渐理清了研究方向，形成了自己的学术思考体系。老师常常说，写毕业论文是“你满意、我满意的事情，双方都满意了，也就基本达到毕业的标准了”。学生要先对选题感兴趣，才能下苦功夫找材料分析数据，这是“你满意”，论文经过学生和导师共同讨论共同修改，学生在论文写作中有收获，有不错的发现，达到学术标准了，就是“我满意”。到今天，我也不知道我的硕士毕业论文老师是否满意，但当时的我获得了极大的成就感。

同门之间，我们常常开玩笑说老师是“大智囊”。因为老师在，再艰深的学术问题，再前沿再新的现实状况，大家都不怕思考。如果遇到了困难，只要数据充分，老师一定能帮助我，指点解决问题的路径，这是老师给的“学术勇气”和“学术底气”。“学术勇气”和“学术底气”是不惧难点，敢于思考，这不仅是完成学业的收获，而是影响人一生的重要品质，是老师日复一日教导，刻在学生身上的烙印，是学术人最珍贵的财富。

老师教学生最大的特点是“相信学生、鼓励成才”。老师对学生有一种天然的信任。这种信任让我想起菲茨杰拉德对盖茨比微笑的描述：“那是一种极为罕见的微笑，带有一种令人无比放心的感觉，也许你一辈子只可能碰上四五次。一瞬间这种微笑面对着——或者似乎面对着整个永恒的世界，然而又一瞬间，它凝聚到你身上，对你表现出一种不可抗拒的偏爱。他所表现出的对你理解的程度，恰恰是你想要被理解的程度。”老师相信我们能研究出来，能攻克研究题目，他通过语言，将这种相信、肯定，非常准确地传达到我这里。

## 心中最念白老师

读硕士的时候，我对师母并不太了解，直到有一次师母因髋关节置换手术入院，李老师常常在医院守在师母身边，我去医院探望，师母和我说起老师和她的故事。说起病床上的婚礼，师母的眼里泛着欣悦和从容，我听完之后很感动。新冠肺炎疫情之前，老师常常在外工作一整天，但凡我在，我就会给师母发老师的照片，因为我知道师母很惦记。我常常收集大家拍下的照片，再去老师家里把老师相关活动的照片拷贝到家里的电脑上，师母会分类分时间存档，记录老师的学术生活。

我一直以为师母对老师惦记更多，直到一件事情的发生让我有了改观，其实老师对师母的惦记也很多。2020 年夏天学术会议结束后，我和老师并排坐在返京的飞机上。老师本来准备看书，见我在旁边，说“每次出门一定会带一本书，旅途结束前必然是要看完的。知识和见识是日积月累形成的”。见我发呆，老师来了精神，拿出手机翻出相册，给我看照片，是老师2019年出访中亚的点滴。给我看东干文，看吉尔吉斯斯坦的地貌，看老师和阿依古丽师姐的合照。我惊叹于老师的摄影构图和光影比例，说老师新潮，手机也常常是像素最好的。老师一笑，“出门最爱的就是拍照，拍多了就有经验了”。我问为什么，因为与老师同龄的老前辈一般都不爱举手机拍照，老师继续说，“因为身体的原因，白老师不能常常出门，失去了很多亲眼看世界的机会，所以我但凡去一个地方，如果有时间，总会拍很多照片留在手机上，回家给白老师看看，也当作是白老师出门看过了”。

竟是如此！我心下感动。爱，总是藏在小事里，“我眼中的世界也是你眼中的世界”，还有比这个更温情的吗？

想起和老师接触的点滴，很多记忆都涌入脑海，与学业有关的，与做人做事有关的。老师和师母在学业上教导我，在生活上帮助我，在为人处世上指点我。“仰之弥高，钻之弥坚”。在我心中，李老师是一位理想的良师，“所谓良师，无不善于鼓舞，点燃希望，激发想象力，并培养对求知的热爱”（A good teacher can inspire hope，ignite the imagination，and instill the love of learning-Brad Henry）。余光中先生说：“所谓恩情，是爱加上辛苦再乘以时间，所以是有增无减，且因积累而变得深厚。”如今我已经博士毕业，和老师的师徒缘分已经延续到了第8个年头，跨越了我已走过的近1/4的生命历程。人生有多少个8年？我很庆幸，和老师师母相处8年是收获满满的。我很感恩，有勇气、信心面对未来的每个8年。

## 作者简介

唐培兰，北京外国语大学中国语言文学学院讲师。2016年—2019年在北京语言大学语言学及应用语言学专业师从李宇明教授攻读硕士研究生，获文学硕士学位；2019年—2022年在北京语言大学语言政策与语言规划专业师从李宇明教授攻读博士研究生，获文学博士学位。主要研究领域为语言规划学和语言传播、国际中文教育。博士期间研究国际语言传播机构，博士论文为《国际语言传播机构研究》，博士期间，与导师合作刊发CSSCI论文2篇，其中《论汉语的外语角色》被人大复印报刊资料《语言文字学》全文转载；两次担任《中国语言政策研究报告》国际中文教育栏目主持人，发表英文论文2篇，中文普刊4篇；两次获得博士研究生国家奖学金，参与社科重大项目等多个项目。获北京市普通高等学校优秀毕业生荣誉称号。博士毕业后进入北京外国语大学博士后流动站工作，研究国际中文教育，在站期间，发表CSSCI论文2篇，SSCI论文1篇，中文类普通刊物1篇，为《中国语言政策研究报告》《中国语言生活状况报告》撰稿各1次，协助《光明日报》报道世界中文大会。参与各类项目约10项，主持教育部中外语言交流合作中心青年项目1项。

2019 年 6 月，在李老师家中合影
（左起：白丰兰、李宇明、唐培兰）

# 幸运的“黑天鹅”

常　洁

师从李老师受益的不仅仅是学术知识，更多的是探索钻研的精神和为人处世之道。李老师不仅答疑解惑，且授之以渔，使我在困惑彷徨中找到方向，在困难挫折前脚步坚定，在自己的领域自由翱翔。

## 四小天鹅

2016年，经历过两年奋战，我终于考研成功“上岸”北京语言大学，但攻读专业由语言学及应用语言学调剂为新设置的专业语言政策与语言规划。对于这个专业我疑团满腹：“语言政策与语言规划”是什么意思？是不是很“冷门”？它研究的是什么内容？以后的发展方向是什么？虽在网络搜索一番后仍一知半解，但我因第二次考研能够步入理想的学校，也算给自己和家人一个交代，便喜忧参半地选择了接受调剂，走进了北京语言大学，开启了硕士求学之旅。

入学第一天的首要任务就是选择导师。语言政策与语言规划作为当年新的招生专业，只招收了两人，这个专业的学生同语言学及应用语言学的学生共同培养。在其他同学热火朝天地选择导师之前，我已接到徐欣路师兄的电话，“被通知”我们的导师是李宇明老师。接到通知的第一时间，我立即搜索了解到李老师是一位在学术领域有突出贡献和极大影响力的教授，而且竟也是河南老乡！我心里激动极了，没想到被调剂竟也能是莫大的幸运！见李老师的第一面是在新生开学典礼上，李老师作为校党委书记在典礼上为2016级中外研究生作了题为“人生各阶段的语言任务”的开学第一讲。这时候，我作为李老师的“准学生”，听着李老师带有河南口音的普通话，感觉无比亲切和荣耀：我是李老师的学生！李老师在第一讲中谈及人生各阶段的语言生活以及语言学对现实生活的重要价值和作用等内容使我对语言研究的意义有了更深刻地理解。

随后与老师有面对面的交流是在“李门”新生课堂上。在课堂上认识了同样“被选择”的同门罗萍和主动选择李老师作为导师的唐培兰和龚琦，而且了解到我们四个硕士学生是李老师近几年“破例”接收的硕士学生，同门中除了我们四个硕士新生外，其余均为博士、博士后和访问学者。对于我们四位“特殊”的学生，李老师并没有特殊对待，每次上课都对我们耐心地指导，为我们创造发言和参与学术交流会的机会，还在一次同门聚餐中为我们冠名“四小天鹅”。这一可爱的名称让我们在“李门”大家庭中真切感受到了家的温暖，得到了提升和成长，让我再次感慨：能成为李老师的学生，能够加入“李门”，何其有幸！

## 师不嫌徒愚

在学术研究方面，我自认为是“李门”中最愚钝的一个学生，悟性不高且钻研不足，硕士毕业后因对从事学术研究没有信心，干脆直接选择就业，不再读博。毕业后，每每回忆起李老师对我学术的指导，就不禁想起“师不嫌徒愚”这句话。在师从李老师的这三年里，我入学时的谜团逐渐解开，系统学习了语言政策与语言规划的相关内容，以及语言政策研究的目的和意义，并在导师的指导下，结合自己的兴趣确定了研究课题“汉语方言名称及其规范问题”。硕士毕业论文从开题到答辩的过程中，每当我遇见难题时，李老师的指导总能使我茅塞顿开，每一次小小的进步得到的都是他极大的肯定和鼓励。作为在学术上有巨大成就、指导和培养出多位学术佼佼者的资深教授，李老师面对我写的“小儿科”论文时，不仅一字一句批注给出修改意见，还鼓励我说有很大进步！

作为“李门”的硕士生，短短三年学术研究结束后就选择就业，在我看来是对老师辛苦培养和殷切期待的辜负。看到同门师兄师姐在群内分享学术成果，祝福之余不禁感到自卑，对老师常常含有愧对之情，因此在毕业后极少与李老师和同门联络。一次偶然的机会与培兰聊天时，她提到李老师时常挂念我们几个，聊天时还提到我们“四小天鹅”呢！听到这话时，我心中很内疚。我自以为的“有辱师门”，却让我变成了不知感恩的人。我立刻给老师发了条微信，问候老师和师母，并报告了自己的现状。老师很快回复，还给我发了一张和白老师的照片。看到照片时，我仿佛又回到了他们身边，回想起在北京时老师和师母对我的鼓励和教导，我感到无比温暖。

距离硕士毕业已经五年时间了，我时常想起李老师在得知我要在企业上班时对我说的话，“在企业上班，比会做事更重要的是会做人，要学会察言观色，要动脑子做事”。在职场摸爬滚打的五年中，我更加深刻领悟到这句话的深刻含义和老师的良苦用心，也更加感激李老师曾给予我机会参与一些学术会议的组织统筹工作中。正是这些经历使我在研究生期间不仅提升了钻研学习能力，也掌握了一些为人处世的技巧，让我得以在职场中能有自己的一片小天地。

作为“四小天鹅”之一，我是那只飞离“学术湖”的“黑天鹅”，而能够成为李老师指导过的“黑天鹅”，是我一生的幸事。

## 作者简介

常洁，郑州公用环卫有限公司行政人事部经理。2016 年—2019 年在北京语言大学语言政策与语言规划专业师从李宇明教授攻读硕士研究生，获文学硕士学位。

2019 年 5 月 29 日，“四小天鹅”在硕士论文答辩会上合影

（左起：龚琦、罗萍、唐培兰、常洁）

# 在生命中跳动的笑容

龚　琦

转眼已毕业快五年，我在北京语言大学的学习旅程虽早已结束，但每次想起李老师，脑海中都会跳出他清晰可见的慈祥而宽容的笑容。李老师不仅是一位传道授业的师者，在我心中更是一位让人敬仰的长者，是我人生的导师。许久未见，作为李老师的学生，有点“不学无术”的我早已不在科研这条道路上耕耘，但李老师曾给过我的理解和善意，鼓励和肯定，依然让我热流涌动。

## 像菠萝

那是一次学术聚会，晚餐的时候意外地跟李老师同桌，庆幸又惶恐。庆幸自己能有充足的时间跟老师交流，但又害怕李老师提问，自己答不上来，也害怕自己的言行举止无意间冒犯了我心中的“大神”。幸好同桌的还有师门的几个外国留学生，他们让整个氛围更加活跃，也让我悬着的心慢慢放松下来。可能是看出我们的紧张，李老师没有在这个时候继续探讨学术问题，而是讲起了自己在国内外经历的趣事。那些对我们来说天大的事在李老师的讲述中好像都成了最平常的经历，看着李老师淡定从容的神态，我心里不禁想：原来李老师不仅仅讲语言研究能够深入浅出，讲任何事都能这么有吸引力。当时，来自葡萄牙的师兄裴嘉骏讲起了他在中国的见闻，普通话说得非常标准的他突然找不到一个合适的比方，来形容他特别想要分享给大家的一样东西。这时我好像是找到正确答案一样，脱口而出：“像菠萝!”葡萄牙师兄点点头，李老师笑了笑，温和地看着我，想要纠正但始终没说出口。那时候，正确答案是什么已经不重要了。我想，李老师应该是看到我难得这么积极融入交流，所以便用笑容悉心呵护着我的积极性。

## 这里不是终点

李老师严谨治学，微言大义，宽严相济，在学术上，永远走在最前面，做语言研究的开路人，做学生的引路人。从选题、开题到定稿，李老师都给予了我恰到好处的点拨与指导，往往一句简单的话就能帮助我寻找到另一个写作思路。记得刚入学，老师想听听我们各自感兴趣的研究方向，我当时对语言障碍者的语音研究比较感兴趣，甚至都还没有研读充足的研究资料，就想着光凭一腔热忱就能为这些不能开口表达的人做些什么。我说完这个想法，开始有些底气不足，但李老师又一次笑着肯定了我的想法，并进一步说明了这确实是一项很有意义的研究，这也给了我勇气去做任何我想做的事情。虽然最后的硕士论文并没有沿着这个想法继续进行下去，但是在学术的道路上，李老师用他无私的支持教会我坚持，让我学会勇于尝试。在硕士答辩完成的那段日子，我又开始对未来充满了迷茫，不知该不该去离家很远的苏州工作。李老师简单却有力量的几个字又一次帮我拨开了迷雾，“你要知道，这里不是终点。”是啊，只要我有勇气，任何地方都可以不是终点，任何时候我都能选择我想去的任何地方。这就跟李老师做研究一样，任何一个方向都不是最终的方向。

## 人生的三个阶段

李老师不仅在学术的道路上开枝散叶，永不止步，在为人师方面也永远站在最光亮的地方，用他宽阔的家国情怀怀抱着所有学生。李老师肯定信任每一个学生，把所有学生都看作他生命中的一部分，尽心浇灌，悉心培养。在他身上，我真切地感受到了热烈的爱国主义，也亲历了他对家庭的守护。在遇到李老师之前，我自然的认为人到六十，是该无忧无虑地享受天伦之乐的年纪，但当时刚过六十的李老师提出了“人生三阶段论”，认为六十岁以后的人生要进入“哲学”的阶段。这又一次突破了我陈旧的认知。当时的李老师依旧笑着，满足而坚定。原来，人生的每一个阶段都能创造出不一样的价值，每一个阶段都能活出不一样的精彩。这个世界需要我们，这个国家需要我们，这些可爱的人儿需要我们。我们可以选择安逸，但如果继续往前或转换方向，却能让我们真正做到“不枉来这世上走一遭”。“我希望北语的中国学生能够首先做到具有大情怀，就是爱国家，爱事业。”李老师说出这句话之前早已经给他的学生做出了一个很好的榜样。李老师爱他的学生，爱他的亲人，也爱他的国家，这种虚怀若谷的胸怀我至今未遇见第二人。李老师的学术成就尽为人知，他的人格魅力也一直影响着我对这个世界的认知和反馈。如今在小学老师的岗位上，李老师的教诲时常提醒我要始终坚信有品德的孩子是最可爱的孩子，要给每一个孩子充分的发展空间，要尊重他们的每个想法，而不是把他们的潜力扼杀在探寻的过程中，更不是把他们锁在刻板的数字上。看吧，李老师的滋养已经浸润到一代又一代人。

感谢恩师，是您的循循善诱和不断鼓励让我不断成长，也是您的学识与胸怀让我们一次次发出“不愧是李老师”的感叹。三生有幸，能得到李老师的教诲和同门师兄师姐的陪伴，能在李老师人格魅力的滋养下探索跳动着生命的世界。

## 作者简介

龚琦，苏州市吴中区一箭河实验小学一级教师。2016 年—2019 年在北京语言大学语言学及应用语言学专业师从李宇明教授攻读硕士研究生，获文学硕士学位，研究方向为语言政策与规划。论文和教案获苏州市教育学会三等奖，优课评选比赛获苏州市吴中区二等奖，所带班级获苏州市吴中区“书香班级”称号，钢笔字整班比赛获苏州市吴中区二等奖。

2019 年 7 月，在老师家中合影
（左起：李宇明、龚琦）

# 迟到的感谢

罗　萍

2012年4月，李老师调入北京语言大学担任学校的党委书记。2012年9月，我第一次踏进北语的校门，成了一名普普通通的大学生。虽然在同一所学校，但那时的我从来没有想过，也不敢想象，未来的某一天我会和这位出入学术和管理“旋转门”的大家有深深的交集。

时间到了2016年，临近毕业，一半是出于对就业的恐慌，一半是对学校还存在眷念，我最终选择了在本校读研。报到那天，学院的辅导员跟我说，李老师今年新开设了语言政策与语言规划专业，你调到了他的门下。听到这个消息，我既惊喜又惶恐，惊喜的是我竟然有幸跟着语言学的大家学习，惶恐的是，我一个学术小白，什么也不懂，面对如此厉害的学者，以后可怎么办呢？

怀揣着一颗忐忑不安的心，我终于迎来了开学的第一次师生见面会。在我朴素的观念里，一个身居高位的人，应该是不苟言笑、架子十足、要拒人于千里之外的。可真正当面见到李老师的时候，我才知道并非如此。见面会上，他就跟家里的长辈一样，一直面带笑容，亲切地问我们毕业学校是哪，本科是什么专业，老家来自哪里，还嘱咐在校的师兄师姐以后要多多关照我们这几个新生。我那颗悬着的心终于放了下来，原来，李老师是这么的平易近人，和蔼可亲。

在这个有爱的“李门”学术大家庭里，李老师就是大家长。他总是鼓励大家，去发现、去探索，寻找新的方向，开辟新的根据地，给予学生信心和勇气，在迷茫、困顿的时候，及时地指明方向，给予我们希望和动力。我很喜欢师门同学一起上课的情景，大家齐聚一堂，有中国学生、留学生，有访问学者，有博士后，有博士生，也有硕士生。李老师或是跟大家分享最新的学术心得，或是听师兄师姐汇报最近的研究课题，大家一起交流发言，分享自己的看法和见解。这样平等交流、热情探讨的学术氛围我至今记忆犹新，我身处其中，获益颇多。多元的学术环境，让我得以窥见不同国家的文化差异；激烈的思想碰撞，让我在看待问题时有了更多不同的角度；李老师高屋建瓴的学术思想，让我更具宏观的视野。虽然没有在学术的道路继续走下去，但所有的这些获得，都在工作后给予我莫大的帮助，我会更加平和、包容地去解决遇到的问题。写硕士论文时，想得太多太杂，论文一度搁浅，失去了重心和方向。在我惶惶然时，是李老师一直鼓励我，及时指出问题，帮我理清方向，我的毕业论文才得以顺利完成。

李老师，不仅是我学术上的导师，更是我人生路上的引路人。“抬头是山，路在脚下”是邢福义老师说过的话，李老师把这句话转达给了我们，并且一直用实际行动践行着邢先生的思想，在学术的路上永无止境地追求。记得老师参加商务印书馆的一个学术会议，因为久坐导致腰疾复发住进了医院，当时师母还有身边的师兄师姐都劝老师，以后不要那么辛苦了，要保重身体，多休息才是。躺在在病床上的李老师如听话的小孩般，默许地点了点头。然而，待到康复出院后，李老师仍旧一头扎进学术海洋中，做回了那个勇往直前的攀登者。是啊，一个勇攀高峰的人，怎么可能那么轻易就停下前进的脚步呢？在一次交流会上，主持人让大家写下自己的座右铭，不知为何，我脑海中首先浮现就是那句“抬头是山，路在脚下”。我想李老师是这句话最完美的诠释者，正因如此也让我对这句话有了更深入的理解。邢先生朴素的话语告诉我们既要有仰望星空的勇气，也要有脚踏实地的行动，不论何时，只要开始出发，就不算太晚。

说来惭愧，作为学生，毕业多年，却与老师少有联系。最近的一次，还是老师得知我的近况后，主动发微信问起，言语间也尽是鼓励，给人无限的温暖和力量。仔细想来，我是何其有幸，得遇良师；何其有幸，能入“李门”。今日，能够以文字的形式，说出一句许久未曾说出的感谢，何尝又不是另一种幸运。感谢所有的遇见，留下了众多美好的回忆，感谢恩师，在成长的路上给予我的温暖、力量和勇气。

## 作者简介

罗萍，赣南师范大学助理馆员。2016 年—2019 年在北京语言大学语言政策与语言规划专业师从李宇明教授攻读硕士研究生，获文学硕士学位。

2019 年 6 月，毕业典礼后与李老师合影
（前排：李宇明，后排左起：罗萍、唐培兰、常洁）

# 人生楷模　引路明灯

关英明

我是 2016 年敲开“李门”大门的，迎接我的有“厚重”的老师、“温暖”的师母和“肝胆相照”的师兄弟姐妹。2016 年 8 月至 2017 年 7 月，这一年是我与老师“亲密”接触最频繁的时段。如今，我虽然离开老师、师母，在自己的工作岗位和生活中忙于“自转”，但同时我也时刻围绕着老师、师母在“公转”，因为“李门”对我的“引力”始终存续着且在不断增强中。

## 积聚引力　凝结夙愿

回想进入“李门”之前，李老师对我的“引力”早已在心中悄然生根发芽。在沈阳师范大学读硕士时，我的导师于全有教授就讲过语言学界的“南邢北陆”，讲过邢先生的“三大弟子”，讲过李老师的儿童语言研究；在吉林大学读博士时，我的导师吕明臣教授就把李老师的《儿童语言的发展》《汉语量范畴研究》《中国语言规划论》《中国语言规划续论》列为必读书目，而且我博士毕业论文的外审专家之一就是李老师。因想跟李老师做博后，我更是用心搜集了李老师的众多成果和相关信息，除了已出版的著作、已发表的论文，我还了解到李老师与师母之间一桩桩一件件感人肺腑的事迹。我原来只是对李老师的学问高山仰止，后来被老师为夫、为父、为师、为人折服得五体投地，遂坚定志向、下定决心、全力以赴要成为李老师的门生！因为我深知此举必将使我的思想水平和身心状态得到极大的提升！

## 美愿成真　求真务实

进入“李门”之后，志得意满的我先是喜出望外，向老师汇报了自己的研究计划和学习计划。李老师肯定了我的研究计划——“金代官方语言规划研究”，并同我一起调整研究框架，又指导我去找哪些书、查什么资料，有序推进研究计划。对于我的学习计划，李老师帮我做了修正（因为我自觉在语言学专业知识方面有些“先天营养不良”，所以到北语学习以后，我想办法查到了 10 多门自己感兴趣的本科课和硕士课，准备去听课，恶补知识)，指导我一定要“在做中学”“一边研究一边升”，不要囿于过多的上课之中，要积极、及时写出研究作品，做到“脑勤”“手更勤”。在专业学习和研究上，李老师身体力行为我们全体学生做出榜样。我入学时，李老师是北京语言大学的党委书记，每天都有诸多会议和繁忙的事务要面对和处理，但特别难得的是老师硬是在每周挤出一个相对完整的半天时间为当时在校的“李门”学生（包括博后、高访学者、博士和硕士）上一门“语言规划学”的课程。每节课由 2—3 名学生汇报自己最近关注的问题及对其的理解，其他学生逐一对以上问题发表见解与评论，最后是李老师总结并引发到语言规划的某方面内容上系统阐述。记得当老师开始总结时，都是不看任何资料而滔滔不绝地讲两个多小时。每次上课，我都担心错过重要信息，都要录音并结合录音整理笔记。李老师的河南普通话我听得津津有味，好像听评书一样，丝毫不觉得疲惫、乏味。一个学期下来，一本《语言规划学概论》的雏形就呼之欲出了。入学两个月后，我开始有些忧心忡忡，因为我年龄的原因，博管办始终未能通过我的入站申请，那时，我非常担心在“李门”的学习前功尽弃、半途而废。李老师看出了我的情绪变化，特意约我谈了话，“做不了我的博后，就做我的高访吧，你看怎么样?”“只要进了‘李门’，不管读什么，我都一视同仁”。后来其他同门告诉我，老师虽然行政事务繁忙，但非常关心我进站的事情，帮我问过多个相关部门，甚至专门给博管办打了一份希望批复我入站的报告。虽然我最终没能成功入站，似乎有些遗憾，但是我真实地进入了“李门”，夫复何求？只要能从李老师、“李门”这里得到学识的浸润和思想的成长，虚名的东西我可以看淡。自认为，这场身份波折，也使我成为“李门”中比较特殊的一员了。

## 亦师亦友　扶助成长

别离老师、师母之后，老师有一次腰疾病得很重，住进了医院。我们学生纷纷返回北京探望老师，我也在探望之列，同时我回京也带着一点儿“私心”，特意买了老师的三本书——《中国语言规划论》《中国语言规划续论》《中国语言规划三论》，想请老师签名留念。当时我看到老师艰难地从床上坐起来，腰上缠好固定绷带，痛楚但略带笑容地对我说：“好，我给你签上名字。但今天我签的名可能不那么好看啊!”（按我对老师的了解，一般自己开完玩笑，老师都会“哈哈哈”笑几声，但这次没笑，估计是腰痛很重，不敢笑。）我将这三本书从北京带回沈阳家里，又从沈阳家里带到单位的办公室，如今我又把它们纸儿包纸儿裹带到了天津家里。这三本书我从来没有看过，我另外还有同样的三本书可以看，因为我非常珍视这三本书，知晓这三本书中签名的来之不易！

老师引导我们做科研，支持我们做科研，同时也陪伴着我们做科研。2022年国家社科基金项目申报结果公布后，老师发信息鼓励我说：“社科基金今天公示了。别泄气，明年继续申报。研究一下基金申报书，心中要有读者（项目评审专家）。”正是老师的鼓励让我坚定了信心和恒心，在2023年的申报中，排除掉工作繁忙、新单位环境不熟、家事儿较多等各种困难，再次修改、完善并提交了项目申请书。终于，我在2023年9月4日等来了如愿以偿的好消息。从开始申报国家社科基金项目到如愿以偿是个数年的过程，我要感谢李老师的太多，如多年来的打磨选题、调整框架、支持鼓励、陪伴指引……真是一言难尽，都感念在怀！

## 光辉思想　代代传承

李老师对学生的培养和关心不仅仅是学生在身边之时，不在身边时仍提供接续不断的“售后服务”。老师常把自己写的新文章、做学术报告的PPT，或者看到的好文章、好资料发到“聚贤聊斋”师门群中，帮助大家得学术之先，把热点之脉。这对于我和我带的硕士生受益匪浅，我经常把老师分享的“高营养”知识盛宴分享给学生。李老师也常把同门的进步、喜事儿分享到师门群里，如谁晋了职称、谁出了新著、谁发了高质量文章、谁中了项目、谁找了工作、谁结了婚、谁生了娃儿……大家同喜同乐，其乐融融，共同分享彼此的成长和成绩，令我深觉“聚贤聊斋”就是个“大家庭群”，时常被温暖着、共勉着、激励着……

李老师的优秀品质潜移默化影响着我的为人、为师、为事、为学，当然老师的成就我目前难以企及，但虽不能至，心向往之。老师常引用“我们的全部尊严就在于思想”，我深以为然，铭记于心。不惑之年的我愿把老师作为榜样效仿下去！不断“思想”下去！

### 作者简介

关英明，天津师范大学学报（社会科学版）副主编，副教授，硕士生导师。2001年本科毕业于沈阳师范大学，并留校做专职辅导员。2006年—2008年在东北大学行政管理专业攻读硕士研究生，获管理学硕士学位。2006年—2009年在沈阳师范大学语言学及应用语言学专业攻读硕士研究生，获文学硕士学位。2010年—2014年在吉林大学语言学及应用语言学专业攻读博士研究生，获文学博士学位。2016年—2017年在北京语言大学师从李宇明教授访学。目前主要从事社会语言学、语言政策与规划和语用学研究。曾讲授“语言学概论”“形式逻辑”“语用学”“高级口语”“国际中文教材编写与研究”等本科和硕士研究生课程。获沈阳市高层次人才称号。国家语委语言文字应用研究优秀中青年学者研修班第五期学员，“语言文字应用研究中青年学者协同创新联盟”副会长。先后主持国家社会科学基金项目1项，教育部语合中心重点项目1项，国家语委项目

1项，主持省市级社科项目8项，发表社会语言学方面学术论文31篇，出版专著1部，教材（副主编）1部。先后获辽宁省教学成果奖二等奖、第十四届全国多媒体课件大赛一等奖、辽宁省教育厅高教学会对外开放学术征文比赛一等奖、辽宁省第二届哲学社会科学学术年会优秀成果三等奖、沈阳市社会科学优秀学术成果一等奖等奖项。

**指导学生情况**

作为硕士生导师，已指导硕士研究生16人。

2023年7月19日，携家人到李老师家中探望时合影
（前排左起：李宇明、白丰兰，后排左一：关英明）

# 情怀 · 智慧 · 嘱托

陈丽湘

2017 年 10 月，我成为教育部语言文字应用研究所博士后工作站的一名博士后，李宇明先生是我的合作导师之一。回想起来，先生对我的教导始于 2013 年。2013 年 12 月，我的博导赵小兵教授请先生来做题为“论语言生活的层级”的讲座，先生讲到语言学研究者应“为建立健全国际语言秩序、化解语言矛盾、帮助世界人民过好语言生活而做出中国人的贡献”。先生的思想如同随风潜入夜的春雨，对我产生了潜移默化的影响。自此，我对语言政策与规划研究产生了浓厚兴趣，系统研读了先生的著述。我的博士论文《基于领域知识库构建的中国少数民族语言文字政策研究》中的政策分析，就是基于先生那次讲座的学术理论框架和基本理念。2016 年 3 月，我给先生发去我的博士论文和博士后入站申请，先生看完后欣然答应，并鼓励我继续做民族地区语言政策与规划研究。时光飞逝，我博士后出站已四年有余，受先生教导和影响已有十年。十年间充盈着变与不变。变化的是我的角色：从博士到博士后，从博士后到一名语言文字科研工作者。不变的是先生境界情怀和学术思想对我的影响：无论是博士论文的政策分析，还是博士出站报告的核心构思，或是入职后的工作科研，我均受教于先生。我时常回望过去的十年，也时常感恩先生的指引……

## 一言导师情怀

情怀是责任，是担当，也是动力。先生常说，人总要一点精神，总是要做些对国家、对社会、对家庭有益的事情。2022 年，有幸受先生之托，我和郑梦娟师姐、梁京涛师弟一起编纂先生的小品文集（1984 年至 2023 年期间撰写的短文），在收集和整理过程中，重读先生从“桂子山拾萃”“行走在大木仓胡同”到“五道口畅想”，在穿越时空的对话中，思想倍受启迪，让我深切感受到“家国情怀”四字的含义。先生在桂子山问学时期，潜心儿童语言研究；至 2021 年先生提倡建立“为了儿童而研究儿童语言”的儿童语言学，积极思考“非自然二孩”现象的语言学、社会学研究价值。先生在大木仓胡同工作期间，提出“构建和谐语言生活”“提升公民和国家语言能力”等诸多语言规划理念，服务和推动国家语言文字事业发展。2019 年，先生系统总结了中国经济发展的三座“语言金桥”，构建中国语言减贫理论，以“精准推普三问”探索普通话在脱贫攻坚中的作用，使中国语言减贫理论不断契合全面建成小康社会战略部署。先生在五道口治学期间，以新冠肺炎疫情期间保障语言沟通为起点，推动语言研究服务社会生活，为抗疫贡献语言学人的语言之力。随之以此为案例和基础，思考应急语言服务理论、体制、机制问题，将“促进社会沟通无障碍”作为语言生活的重要理念。

情怀源于崇高使命和热爱，是对事业的忠诚与担当，是不懈奋进的思想和行动自觉，也是先生始终走在语言学前沿的精神力量。先生认为，语言文字工作有“内向”和“外向”之别，“内向”是促进语言文字工作，“外向”是推动社会进步，研究需要有“外向思维”意识，要能服务社会发展。先生担任国家语委领导职务期间，特别重视对国家的语言资源进行监测与研究，为制定语言文字工作规划提供数据支撑，提高决策的科学化、精准化水平；积极倡导语言资源理念、推动国家语言资源保护开发。近年，先生在倡导“保护开发语言资源”的同时，强调“人机交互”时代语言数据的重要性，主张提升社会的语言意识。先生的学术情怀和工作理念深深地影响着我。在先生悉心指导下，我近年撰写了《数字化引领语言文字生活新形态》《“人机共生”时代更须注重语言规范》等文章。先生评价我并未“自娱自乐”，而是有了“外向思维”意识，得语言生活派之真谛。在我撰写《提升规范使用语言文字的意识》一文时，先生特地指教我要“尊重语言生活，尊重人民的语言选择权”。先生的教导，让我不断认识到在触及社会问题时，不仅需要“意识上的学术化”，更应重视学术研究反哺社会的意义和价值。

## 二言导师智慧

先生说，学术的真谛是发现问题、解决问题。语言与国家、语言与社会、语言文字与人的全面发展、语言经济、语言资源等等，都应该是语言政策与规划研究关注的重要问题。在《语言文字应用》编辑部工作期间，先生多次教导我，选题策划是对办刊水平和编辑能力的重要考核项；选题要勇立潮头，帮助社会解决前进中遇到的问题；学术研究要胸有百川，心有读者，这也是学术评价的重要衡量标准。《语言文字应用》创刊三十周年之际，先生在贺信中提出殷殷期望：“语言学就应主动到社会生活中去，与相关学科联手解决社会语言问题，在解决社会语言问题中发展语言学，并加大语言学的学科穿透力，发挥语言学的社会作用力”。先生所教导的“学术引进，有助于国家的知识构建，但要站在自己的热土上思考”“文章的价值不在其是否完美，而看是否有新探索、新话题、新方法，能否引发读者思考”等，对《语言文字应用》办刊思路创新和我个人的学术发展都有着重要启迪。先生还多次告诫我学术编辑要有工匠精神，但不能仅做一个

“编辑匠”，要有问题意识，勤思考，勤动笔，以学术立身，切忌“眼高手低”。先生在《泛舟学海　科研乃桨》中写道：“如果自己想到的别人已经说过，说明自己的研究能力已经达到了一定的高度；如果自己想到的还不如别人说的圆满，那正好找到了自己的差距；如果文献中已经阐述过而自己却没有想到，那就把别人的成果吸收过来以丰富自己；如果自己想到而别人没想到没说出的，那正是属于自己的东西，是自己的贡献；如果自己的结论同他人结论相抵触，就可以进行比较甄别，择善而从之。”先生的广阔视野和学术智慧让我明确了努力方向。

先生的智慧，学生们仰之弥高。于我而言，先生的“三论”（《中国语言规划论》《中国语言规划续论》《中国语言规划三论》）便是每次写作之前必阅的。先生立足国情、关注现实，既有深厚的理论学养，也有丰厚的实践经验，先生的著述是解疑的钥匙。我很多次自以为在某个点上似乎有所收获，忽然发现先生在十年前甚至更早就已经有了精彩而系统的论述。不禁感叹，先生就是先生！先生和师母热爱美食，我偶尔会主动显露一下手艺，其实主要原因是怯于与先生谈学术聊人生，但先生也一定会把话题引至“本行”，在餐桌谈谈“美食语言学”，从食材到菜名构词方式……学术无处不在！先生时常鼓励我要大胆交流，慢慢地我确实也勇敢起来，已经比较善于表达自己一些还不成熟的想法，有时还能在先生畅谈之时添上几味“佐料”。我现在时常鼓励自己，也许有一天做研究也会和做饭一样得心应手、游刃有余……

## 三言导师嘱托

先生叮嘱我们，学术研究是一种用夹缝时间从事的高尚事业。博士后入站不久，我生了二胎。临近出站，我还未定出站报告题目，着实令人着急。时间虽然紧张，但先生对我的出站报告选题和写作要求一点也不降低。先生建议我做国家需要的、自己擅长的、有兴趣的，要把研究目标与工作实际结合起来。为此先生和师母与我深谈近三小时，这才有了我之后的出站报告《语言与扶贫研究》。入职后，我更加体会到“用夹缝时间做科研”的含义，静心悟道，难之又难。碎片化的科研时间，坚持下去确实需要毅力。但每每想偷懒时，好像先生总有察觉，“最近又写了什么文章?”“不好好听课，谁不听谁知道!”有先生的关爱督促，我便能很快找回奋笔疾书的状态。盘点近年的一些收获，无不得益于先生耳提面命的敦促和不厌其烦的教导，让我深切感受到了先生所说的“学缘近乎血缘”。先生很多时候像生活中的慈父（很多时候更是严父），这种情感不是亲情胜似亲情。

先生叮嘱我们，做学术一定要有自己的根据地，可以广，但一定要在一个领域深入耕耘。让我明白做学问要有方向、有规划、有目标，不论发散还是凝聚，有“根据地”才能形成自己的特色和优势，应矢志不渝地朝着选定的方向努力。先生一直鼓励和支持我做民族地区语言政策与规划研究，这也成为我学术上的主攻方向。在先生的指导和支持下，我积极申报相关科研项目，多次获得国家社科基金、国家语委科研资助［《民族地区国家通用语言文字应用和教学能力提升策略研究》（2020年国家语委重点项目）、《新时代民族地区国家通用语言文字推广的理论与实践研究》（2021年国家社科基金项目）、《语言政策与铸牢中华民族共同体意识研究》（2022年国家语委重点项目）］。先生一直鼓励我“多走，多看，多学习”，要用脚步丈量，用心去感受，了解民族地区的真需求，把研究做在中国大地上。单位也为我提供了许多机会，让我结合课题深入新疆、青海、云南、内蒙古等地开展专项调研。在先生“内向”和“外向”并重的学术思想影响下，我在理论与实践研究中努力探索，陆续发表了一些成果。先生又叮嘱“学术是一个积累、发酵的过程”，要多读书、多思考，切不可急于求成，不能为了出成果而放弃品位、不爱惜羽毛。“夫学术者，天下之公器。”把学术看作天下公器，一方面要坚持“外向思维”，用学术为社会谋福利；一方面要坚守原则与品位，心存敬畏，行有所止。先生的叮嘱让我倍受教益。

先生叮嘱我们，写文章最重要的是超越自己，应不说套话，总有新意。一篇成熟的文章或能让人获取知识，或在理论构建、研究方法上能给人以启迪，再者能提出问题也是好的。每每发去文章请先生指导，先生知道我心底的不自信，总是以“好”“很好”等不同程度的鼓励开篇，再循循善诱，从立意到视角，从构思到表述……先生的意见有时让我如沐春风，有时让我望峰息心，有时让我羞愧汗颜。时雨之化，皆是收获。先生总是先从心理上鼓励安慰我，再授我以渔，效果增倍。若是先生来句“文通字顺”，那便是没及格，哪怕已经排版，我也会要求撤回认真修改，精心打磨。因为先生说“学术是一种境界，一种品位”，虽不能及十全十美，但一定要尽我所能，不断超越自我。先生说：人生的价值、人生的幸福，就在于不断地超越自我。以自己为超越目标，关注自己的缺点与不足，才能追求自我完善与不断提升。

寥寥数语言不尽，绵绵师恩长无垠。先生常说，学术研究是一种职业，但更是一项事业。职业是谋生，从事职业的是养己之人，自食其力。事业是超越，从事事业的能做养群之人，造福人类。我要学习先生的家国情怀，学习先生以学术为事业的境界，期待有一天也能书写人生的隽永华章，不负先生培养，无悔这一生。

## 作者简介

陈丽湘，教育部语言文字应用研究所副研究员。2006年—2009年在云南民族大学少数民族语言文学专业攻读硕士研究生，获文学硕士学位。2012年—2016年在中央民族大学语言学及应用语言学专业攻读博士研究生，获文学博士学位。2017年—2020年在北京语言大学博士后流动站和教育部语言文字应用研究所博士后工作站师从李宇明教授和郭龙生教授做博士后研究工作。主要研究方向为语言政策与规划、计算语言学，近年来主持国家社科基金项目、国家语委重点项目等4项，在《光明日报》《中国社会科学报》《语言文字应用》《云南师范大学学报》《陕西师范大学学报》等刊物上发表学术论文40余篇。

2019年12月30日，在博士后出站评审会上合影
（前排左起：李行健、戴庆厦、冯志伟、郭熙、苏金智，
后排右五至右七：李宇明、陈丽湘、郭龙生）

# 春风化雨　引之导之

张晓传

我于 2017 年 7 月进入北京语言大学博士后科研流动站学习，与此同时也正式加入“李门”，成为老师“聚贤聊斋”的成员。转眼已经 6 年有余，这 6 年多时间里，老师不仅带给我无数的学术引导，更带给我无数的感动。仔细想来，这些就像春风化雨，感慨良多。

## 学术之门

第一次见李老师是 2011 年春夏之交的山东大学学术报告厅，当时我在山东大学文学与新闻传播学院读博士。当时李老师做了“语言也是‘硬实力’”的学术报告。在那场报告中，我第一次听说了语言规划，也第一次知道了语言政策，自此开启了我的社会语言学研究之路。李老师的讲座为我后期的研究打开了学术之门，李老师的学术引导也自此正式开启。因为当时我的研究方向是汉语史研究，主要做元代语法研究，于是我将语言规划和元代历史相结合，开始了元代语言规划史研究。

## 学术之路

学术研究不是一蹴而就，而是一条长长的路，与人生之路平行同步。要在这条路上坚持不懈地走下去，不仅需要勇气，还需要信心，更需要及时而正确的引导。自李老师的讲座开启了我学术研究之门后，我就在语言规划史研究的学术之路上开始了我的行程。

博士后入站之后，我正式开启了清代语言规划史研究。由于对清代满文认读的不足，以及现有历史文献的部分缺失，我曾几度对研究失去信心和勇气，但是每次老师都给予鼓励和安慰，也及时地给出高瞻远瞩的建议和指引，并推荐大量相关研究文献，这使我能够在这条路上坚定地走下去。

博士后期间，因为还要去应对工作之中的一些事情，同时家庭生活等也出现一些其他变故，学术之路也遇到一些岔路口，自己的学术研究变得浮躁不安。幸好老师及时点醒迷茫中的我，告诉我学术研究要“躬耕南亩”。我是做语言规划史研究的，需要以历史文献为依托，因此更加需要“精耕细作”，此后就平心静气地躬耕细作我的清代语言规划史研究，顺利完成了出站报告《清代治国理念下的语言政策研究》，并完成了国家社科基金项目“满清中央政权语言政策史研究”的结项。

在学术之路上，李老师除了因材施教，给予学问指导与鼓励外，还告诉我如何在这条路上更好地走下去——那就是“打扫屋子”理论。记得第一次去拜访老师，老师就说“做学问要像打扫屋子，要把每一个角落都打扫干净……”要在自己的学术根据地上解决遇到的每一个问题。我的清代语言规划史不仅要对语言规划的历史事实做描写，还要探究这些语言规划所建构的国家语言能力、国家语言规划建构的体系与机制……希望在这块根据地上能“打扫干净”遇到的所有问题。

## 学术之“道”

为什么读博士？为什么做博士后？为什么做学术研究？这是我自读博士以来就一直在问的问题，也是在学术之路上时不时扪心自问的问题。曾经也坚信“书中自有千钟粟，书中自有黄金屋，书中自有颜如玉”，曾经也做过“著书都为稻粱谋”。但跟随老师读书期间，老师一次又一次地通过言传与身教对这个问题做出了回答。这也从根本上解决了我的学术研究之“问”，成为我做学术研究的“道”。

老师的研究方向几经跨越，每一次跨越除了围绕学术研究之外，还始终秉持一个学术研究服务社会的思想。老师一直致力于在语言研究与政府、企业、社会之间建构一个学术“旋转门”。老师也不止一次地跟我们说“学者不能只想我能做什么，而要想想社会需要我做什么？”在老师思想的指引之下，我将语言规划史的研究与当今语言规划相结合，试图在历史中寻找当今问题的解决方案，因此也获批一些项目的支持。

学术研究不仅服务国家发展的需求，解决国家的问题，也需要解决人类的问题。博士后期间以及后期的学习中，我们一起上课的学生不仅有国内的硕士、博士、博士后、访问学者等，更有大量的国际同门，老师鼓励引导他们做自己国家的各类语言研究，去解决他们国家的语言问题。每个国家的语言问题得到解决，人类的语言问题也会得到很好的解决。

学术无国界，但是学者有国家。在上课、讲座以及各类沙龙、聚会中，老师经常会跟我们讲，“中国人要有骨气，中国的学术更要有骨气……我们国家拥有5000多年的语言文化历史，我们更拥有丰富的语言资源，我们也应该有自己的语言理论”。老师以身示范，在国际学术研究中，积极建构中国的语言理论和话语权。

老师用自己的行动很好地诠释了学术研究为国家、为人类做贡献，而作为学生的我也耳濡目染，也将这些作为我的研究之“道”，也希望能在厚重的历史文化中，建构中国的语言规划史，解决中国以及人类的语言规划问题，形成中国特色的理论体系。

## 学术之承

学术传承是学术发展的重要基础和路径，李老师不止一次跟我们说要做好学术的传承。学术传承有很多种，不仅有学术理论的传承，更有学术精神的传承，还有培养学生方法的传承等。

李老师的每个学生，无论是硕士、博士，还是博士后、访问学者等，老师都会根据他们的研究特色，指引他们选择自己学术研究的“根据地”，并在这块根据地上进行“精耕细作”。李老师根据我已有的研究基础，将我的研究定位在语言规划史研究。而我研究所依托的理论基础就是老师的语言功能规划理论，希望自己的研究能够实现对老师学术理论的传承。

身教大于言传。李老师一直将自己的学术研究融入国家社会发展的需要之中，著作等身，并且一直保持充沛的学术创造力，不断地为中国学术研究注入新的内容。2017 年秋，刚入站不久，老师因为长期伏案工作，导致腰疾，进行了小针刀治疗。2023 年寒冬，老师又因为工作原因，导致腰疾复发，进行了腰椎的大手术。在住院治疗期间，老师不仅以乐观的精神面对病痛的折磨，更心系国家语言生活，积极引导学生们进行医院语言景观的思考。虽然没有亲历现场，但是通过老师的话语与照片等，依然被老师的生活态度与学术精神所感召。也真心希望自己能够传承老师的这种态度和精神。

《导师重在“导”，而不在“师”——李宇明教授论谈录》既是老师的一篇访谈录，也是老师培养学生的真实“写照”，老师不仅培养了大量海内外的硕士和博士，也培养了众多的博士后与访问学者。老师将“学缘”融入学术培养中，建立志同道合的“学术共同体”，并建立“扩大化的家庭派对”，不仅开拓了学生的学术发展空间，更给学生建立了温馨的“精神补给站”（特别感谢我们的白老师）。无论是参加同门的开题、预答辩、答辩，还是参加门内举办的学术沙龙与会议等，都能从中汲取力量，为后续的学术研究提供力量。老师的这种培养方式，也是传承的重要内容。如今我虽然没有带博士，但已经带过 5 届硕士，我也会将这种方式传承下去，形成大学术共同体之下的小的学术共同体。

## 作者简介

张晓传，女，烟台大学新闻与传播学院汉语国际教育系副教授，硕士生导师，国际中文教育专业学位点负责人。2007 年—2010 年在山东大学汉语言文字学专业攻读硕士研究生，获文学硕士学位，2010 年—2014 年在山东大学汉语言文字学专业攻读博士研究生，获文学博士学位，2017 年—2020 年在北京语言大学师从李宇明教授从事博士后研究。2018 年—2019 年，英国谢菲尔德大学（The University of Sheffield）高级访问学者，入选国家语委专家学者库、京津冀青年学者专家库、学术桥评审专家库等。研究领域为语言政策与语言规划、传播学。在《中央民族大学学报》《贵州民族研究》《文史哲》等刊物发表文章三十余篇，出版学术专著一部，主持国家社科基金项目、教育部项目，国家民委项目、博士后基金一等项目、科技名词委项目等多项。

## 指导学生情况

自 2018 年起招收硕士研究生，中国学生 19 人，外国留学生（越南）1 人，目前毕业 13 人，在读 6 人。

# 开明一字皈诚理　指引无生了性玄

梁京涛

我于2017年6月被李老师收入“李门”，跟随先生在北京语言大学攻读博士学位，从事语言资源研究。截至今天，入门总计2360天。回想过去的六年，我经历了两次转变。一次转变是进入“李门”：成为先生的学生。一次转变是人生追求的转变：从求生存转为求真求用。这两次转变均由先生促成。

## 北语校园初相见　长安游学又重逢

2015年4月，我怀揣读博梦，乘坐Z56从金城兰州来到北语。当时高级翻译学院新成立了MTI教育中心，缺少一位负责日常工作的秘书。我偶然有幸担此重任。因学历、职称限制，我只能按照合同制来校工作。工作之余，我读书备考、向大师求教，为博士生入学考试做准备。

来北语的初心是逐梦博士。这主要出于生活的考虑，是生存使然。我原系兰州交通大学外语学院法语教师，因逐梦毅然从体制内辞职。合同制员工的工资为税后3360元。每个月必要的开支为：住宿费1350元，家庭支出1700元，每月余310元可供日常开支。我买了榨菜，独立包装一箱100袋。有时也从菜市场买洋葱，大约1.2元/个。经过热水焯2—3次，洋葱基本失去了辣味，再放入调料就可以食用。有时候一顿饭1包榨菜或者半个洋葱配1—2个馒头。在朋友的帮助下，我获得了去培训学院代课的机会，窘境也稍得缓解。这大概也算一种“语言减贫”吧。考上博士，成了我当时改变境况的唯一出路。

在校工作期间，我有幸与先生在校园见过几面。每次跟先生打招呼，他即便身着正装匆忙走向会场，都会驻足回应。当时我对先生的了解，仅限于两点：学校的党委书记，研究语言政策。直到2016年1月，北语评选校园十大新闻，组织师生投票。接到通知时，我起初当成了政治任务。投票时，一篇名为《李宇明：语言学界领跑者 照顾瘫痪妻子几十年不离不弃》的新闻，让我目不转睛，颇有“墙头马上遥相顾，一见知君即断肠”的感觉。盐巴炒面、暑假抄书、不离不弃、从未低头……深深地印在了我的脑海里。当时脑海里蹦出这么几个字“真爷们!”拥有如此高尚道德的人，不就是我众里寻觅之师吗？既是要考博，为什么不选择这样的老师作为导师？跟随先生学习的想法逐渐在我内心萌芽。

第一次与先生正式见面是在2016年6月17日。当天正值亚太翻译论坛在西安曲江惠宾苑举办。先生以“语言服务与语言产业”为题，作了主旨发言。到现在我依然记得，先生的开场白——“这是我参加过的人数最多的一场学术会议”。至于主旨发言的内容，我只记住了“语言资源”“翻译”“语言生活”等关键词。会后，北语的参会代表还在一起合影、座谈。座谈时，先生回答高级翻译学院雷中华老师提问，谈起了语言生活的三个维度、三个方面。现在回想起来，这次见面于我而言既有遗憾，也有幸运，遗憾的是当时对语言生活及其九个范畴，还知之甚少，幸运的是逐渐坚定了追随先生学习的想法。以大师为师，无疑是一条艰难的路，当时不知道是否有幸成为先生的弟子，但内心的想法是“高山仰止，景行行止。虽不能至，然心向往之”。此时我的想法已经从考上博士转变为考上先生的博士，尽管这种想法在当时是一种妄想。

备考过程中，我每有所“得”，就会通过邮件向先生汇报。他总能忙中抽闲回复，鼓励我再接再厉，同时指点修改、完善的方法。其实从这时开始，我已经开始接受先生的指导，尽管名义上还不算先生的学生。备考期间，好朋友当时问我：“如果今年（2017年）考不上的话，你还继续考吗？如果不考了，你还在高翻工作吗？”当时我没有正面回应，因为不敢想考不上怎么办。我像一只温水里的青蛙，继续着往常的生活，直到平淡的日子被家人突然生病住院打破。所幸有惊无险，却给我提了醒——生活是自己的，也是家人的。考博面试时，诸多专家提出的问题，我都不知道怎么回答，只得对曰“对不起，我不知道如何回答”。这样的回答表面是坦然，实际却是无奈。面试完，我想起了好朋友当时的问题。加之当时工作琐事让我倍感心累，一时任性，索性提了辞职。辞职后，我不得不捡起老本行，远赴喀麦隆谋生。

到喀麦隆首都雅温得第一天晚上，也许因为时差，我失眠了。回想当时为了逐梦，毅然离开体制内，没想到不但梦想没实现，还“沦落”到非洲，内心五味杂陈，有悔恨，有不甘，也有无奈。于是兴起，写了一首打油诗《来喀》，来疏解内心的复杂情感。其间，我给先生发邮件汇报了近况。他在匈牙利出访，还不忘忙中抽闲回复邮件，叮嘱我“人生千变万化，但向学之心不要变”。随着翻译、投标工作的开展，我也没有精力再去“胡思乱想”。跟随先生学习的想法也随之搁置。

来喀

仗剑从军行，足踏千云峰。

挥剑斩愁丝，铁马啸寒风。

有一次我们公司被在喀的兄弟公司举报：标书中工程师公证书“造假”。如举报属实，公司将面临三年内不能投标的处罚。近三年中标是投标的基础条件，三年不能投标就意味着三年后也不能投标。实际上公证文件本身并无问题，省政府公证处工作人员也同意作证。由于公司缺乏懂当地法律的人才，无法通过法律途径来维护正当权益，最后只得以接受罚款的代价平息所谓的举报。这让我想到：工作之余，何不备考 DALF，在当地申请国际法或者法律方面的学位？如不成功，可退而求其次申请喀麦隆研究、非洲研究的学位。在先生“向学之心不要变”的指引和工作中问题的驱动下，我的读书心重燃。

2017 年 6 月 5 日，早晨醒来后，我看到田列朋老师发来的消息，告知我先生今年也许可以招收 2 位博士，征求我意见。当时我还以为在梦中，闭上眼，把手机扔在一旁。由于已经起心动念，我也没能睡着。于是我打开手机，看了看，揉揉眼睛再看看，然后一个字一个字读了起来，直到读完才相信：原来不是梦！这是真的！我赶紧回复消息，表达了愿意跟随先生学习的想法。命运给我开了一个玩笑。而这个“玩笑”，是先生的垂青促成的。先生的垂青给了我一个改变命运的机会，把我从非洲拯救回来。

于我而言，有机会跟着先生学习如受神禄。先生精于治学，以语法研究为基础，结合生活、工作，拓展至儿童语言学、语言规划、语言资源、语言数据、应急语言服务等领域，是语言学界的领跑者。涉足领域之广，攀登学峰之高，世所罕见，非常人之所及。截至目前，先生培养的学生中已有多人成为学界的中流砥柱。先生在谈论问学感悟时，曾说“善求学者，莫如善求师”，能以培养大师的大师为师，是难遇、难求且更难得的机会，能得到这样的机会，言之三生有幸也不为过，言之天予神赐更不为过。

## 修业旧颜变新貌　袖里明珠愎暗投

2017 年 9 月报到后，我正式成为先生的弟子。入学第一课是在老师家。当时老师腰疾发作，出院后在家休息。交流中，谈起了学位论文选题。由于备考期间，我整理过法语史，了解到法兰西民族接受民间拉丁语时，出于表达需要，采取了一系列补偿措施，例如：冠词的创制。我想以此为例，结合其他语言，做语言补偿机制方面的研究，但前期积累薄弱，实现难度很大。先生建议我做语言资源，还花了较多时间给我讲解语言资源的发展脉络与亟待“解决”的问题。回想起来，其实先生当时已经给出了论文的写作框架。只是当时，我对语言资源知之甚少，毫无积累，未能领悟先生的良苦用心和真知灼见。

攻读学位期间，我有了更多向先生近距离学习的机会。先生给我说得最多的是“做学问是一堆聪明人在比拼笨功夫”。能考上博士，都有自己的聪明之处，但做学问却是要比谁下的笨功夫多。我生性愚笨，读书写作都比较慢。当时，我把语言资源的文献检索后，装订成册，足有厚厚十大本。封面还加印了宋太祖对赵普说的话——“卿苦不读书。今学臣角立，隽轨高驾，卿得无愧乎？”鞭策自己下笨功夫。这十大本论文，我前后读了 1 年多。因悟性、笨功夫不足所限，所思所想只能勉强支撑完成学位论文写作。离有所阐发，建立学术根据地，还有很远很远的距离。

学习之余，有幸陪同先生游学。先生总能利用碎片时间，凝神静心，阅读论文，并给出指导意见。我一直很好奇先生为何可以动静切换自如，随时随地进入状态。这让我看到：先生的成功与碎片化时间的利用绝对分不开。既然有所发现，学生就应该“择师长者而从之”，不敢奢求复制先生的成功，只为自我完善，提升效率。从那之后，我一直在寻找适合自己的、动静切换的方法。偶然间，我发现阅读能帮助我进入状态。现在每每需要切换到读书、写作状态时，我都会选择阅读、默读。

2018 年 12 月从上海游学回来，先生让我写一篇通讯稿，还给了写作建议。我完成稿件后，通读了几次，从文章立意、行文逻辑、语言表达等方面，进行了完善。发给先生后，先生很快返来意见：“行文整体可以，但要注意考虑读者。”我不明读者所指，于是请教先生。先生说：“这个新闻要放到网站，北语的读者看了会怎么想，上外的读者看了又会怎么想?”我恍然大悟。写作要闭门造车，出门合辙。所谓闭门造车，就是要心无旁骛，推敲琢磨，言之有物，言达文意。所谓出门合辙，就是要心中有读者，注重读者、受众的感受。过去我写作很容易陷入自我境地，只重视个人所思所想。先生的教诲让我开始注重无我，注重有他。

转眼到了毕业季，我开始了求职。因为没有坚定走学术路，我尝试了一切可能的机会。从公务员考试到事业单位招聘，尝试无果后，我只能将目光聚焦在高校。病急容易乱投医，除了教学科研岗、博士后，我还报了辅导员岗位。到毕业时，我拿到了 2.5 个“offer”（工作机会）：2 个是北外的博士后和国戏（中国戏曲学院）的辅导员，0.5 个是民大未出结果的博士后。先生和师母建议我去北外做博士后，辅导员不要考虑，民大不适合我。我本身倾向于博士后，但看到北外博士后出站要求（3 篇核心，其中至少 2 篇 CSSCI），我望而却步。相比而言，民大博士后出站要求 2 篇核心，感觉努力可以够到，但是民大迟迟未出结果。最终我没有听从先生和师母的建议，选择了做辅导员，暂不办手续，等民大结果。这一次我主动掉队了。

很快现实狠狠给了我一记耳光。经过漫长的等待，民大终于在 12 月底出了结果，告知我不符合报名条件。我的如意算盘落空了。龙战于野，其道必穷。一时间，我变得无所适从、不知所措。有心想跟先生、师母谈谈，想到自己当时做决定时的偏执，我也无颜开口。我很快便尝到了不听话的苦果：陷入昼夜加班的泥潭，焦虑、失眠随之而来；间歇性连续几天昼夜难眠，让我“颜色憔悴，形容枯槁”。如何改变现状，成为那时我的心病。学术队伍于我而言，就像旧林之于羁鸟，故渊之于池鱼。

## 幸有春日好风起　顶破岩层又复萌

在我深陷泥潭之时，先生和师母却一直惦记着我。2021 年春节后，我如愿见到了他们。了解情况后，先生说："你为什么这么没有自信？几篇 C 刊就把你吓住了。你选择民大自有你的道理。但是你要知道，没出结果的选择和出了结果的选择，不能等同视之。假设选择北外是错的，你再错又能错到哪？你本来就是农家孩子，你有什么可以失去的？我替你想来想去，国戏不是一个适合你发展的平台。目前比较好的选择就是找一所学校去做博士后，让你重新发动。但是，这也要看你自己的选择，看你是否有魄力、有意愿……你在语言资源领域已经耕耘了几年，答辩专家对你的评价也不错。你不要浪费时间、浪费才华……"先生的话，正如黑暗中的明灯，不仅让我明白了当下的处境和原因，更让我明确了未来的目标和方向。更为重要的是，我的思想实现了从为温饱计到求真求用的转变，明确了"把心智许学林"的学术追求。

2021 年 7 月，教育部语言文字应用研究所发布了博士后招聘公告。其中国家通用语言文字教育与应用研究方向招收社会语言学、语言经济学专业博士后，合作导师为黄少安教授、王立军教授。黄少安教授是我国知名的经济学家，较早开始关注语言经济问题，是国内语言经济学的奠基人。王立军教授是我国知名的文字学家。先生向两位老师推荐了我，还为我写了推荐信。经过面试，我于 9 月份收到了录取公示。那一刻，我无比开心，总算等来了改变的机会。我深知，这次改变是先生促成的。算起来，先生已经救过我两次了：一次是把我从非洲拯救回来，一次是把我从国戏拯救出来。内心对先生充满感激。对于我来说，这次改变意味着我重回学术队伍，意味着重拾求真求用。

所谓求真指的是学术研究要透过现象看本质，把握事物发展变化的规律，求真应该以解释力可以穿越时空为目标。所谓求用指的是学术研究要契合国家、社会需求，积极将个人的学术研究与人类需要结合起来，求用应以结论可以解决实际问题为目标。无意间，我想起了曾想做的语言补偿机制研究。它与语言资源研究都是求真，也都在求用。为什么先生当年极力推荐我做语言资源呢？难道二者之间有什么差别吗？《金刚经》的核心思想之一是无差别心。正如六祖慧能所说，"人虽有南北，佛性本无南北"。真就是真，用就是用。难道真和用还有分别？

2022 年读到先生于 1995 年写的《超越自我》，里面写道：

> 超越具有一定的方向性。超越的方向代表着超越的价值。囊中羞涩的学人，伏身书案，忘却世间炎凉；火箭专家一边咀嚼着廉价的方便面，一边神游于冥冥太空。他们要超越的是人类的现状。而有一些腰缠万贯的大款，挥金于"方城大战"，掷钱于灯红酒绿。他们也许也在寻找某种超越，但是，这种超越的价值是负面的。

在这场穿越时空的对话中，我兴奋不已。真和用有着价值的差别。语言补偿机制可以解释语言与社会互动的内在规律，为本体规划提供学术建议。语言资源研究可以丰富观察、研究语言的视角，关注语言对社会的作用。从过去来看，语言资源是文化的仓库，储存着人类认识世界、改造世界的经验、知识与教训。运用数字技术，保护语言资源，就是保存了人类的过去，守护了人类的文明。从现在来看，语言资源是数字经济业态的生产要素，是提升经济效率和优化产业结构的关键要素。开发语言资源形成的技术、产品，能促进经济发展。从未来来看，语言资源是智能技术训练、迭代的原料。大语言模型可以武装机器的神经系统，充当人类工作、生活的助手，带领人类走向智能时代。同样是求真求用，既要以问学为毕生追求，就要把精力投放到高价值的求真求用中。

人生千变万化，人也要面临各种改变。变化也有方向，变化的方向同样代表着变化的价值。回首过去的变化，有拜入“李门”的得偿所愿，有“明珠暗投”的令人唏嘘，有“浪子回头”的暗自庆幸。这种从晦到明的感觉，就像朱熹在《观书有感二首》之二《泛舟》中所写：

昨夜江边春水生，艨艟巨舰一毛轻。
向来枉费推移力，此日中流自在行！

那一刻，我似乎体会到了王阳明龙场悟道的兴奋。复归平静后，我大脑重新开始思考：世界不变的道理就是变。任何人、任何事都无法违反。这就需要考虑变化的价值，以高价值变化为变：于我而言，求真求知是高价值变化，唯稻粱谋是低价值变化。经世济民、康济世艰是高价值变化，自娱自乐、追名逐利是低价值变化。只要是高价值变化，虽难，不问可不可为，只问当不当为，虽不可为亦尽心尽力为之。只要是低价值变化，虽易，不问利大利小，虽可为亦不为之。

综合真用的价值不同，我也找到了终生奋斗的目标——求真求知与经世济民、康济世艰。人很渺小，一生也很短暂，但人可以因为高尚的追求而从渺小变得伟大，让短暂的一生熠熠生辉。正如玄奘法师十三岁回应郑善果时所说的“近光遗法，弘扬大乘；远绍如来，成佛作祖”。目标虽高，勇攀必至；目标虽远，笃行必达。如不能至，然心向往之。在千变万化的人生中，选择、坚守高价值变化需要高超的智慧和莫大的勇气。求恒于易，让我获得了心安，让我有了毕生追求。孔子说，三十而立。不幸的是，我三十未立。庆幸的是，三十六岁前终于开始读懂立。立求真求用，立经世济民，立康济世艰。

树立了求真求用的目标，我选择继续深耕语言资源、语言数据，关注语言在经济活动中的作用以及配套机制研究。先生说为学要广摄营养、“贪得无厌”，要裹丝静修、勤思悟道，要笔耕不辍、破茧成蝶。每有所思，应积极落笔成文，在写作中学会写作。写得多了，感觉自然就来了。偶然一次读到先生 1990 年发表的《论语言与文化世界》，看到作者简介中写着“共有著述二百万余言”。从 1981 年大学毕业算起，先生年均著述二十多万字。这大概就是先生所说的聪明人的笨功夫。这不就是“人一能之，己百之；人十能之，己千之。果能此道矣，虽愚必明，虽柔必强”吗？受先生启发、鼓舞，在站期间，我写了大小作文十一篇，半成品两篇，慢慢地开始有了写作的感觉。每完成一篇，都会把作文发先生，请先生指导。先生忙中抽闲，不厌其烦地为我指点迷津。其中一篇更是全程指导了18个月，前后大小修改百余次。从文章立意、行文逻辑、语言表达、结论解释力等各个方面，都有了质的飞跃。

先生长于识人，更长于因材施教，针对不同学生的不同特点，给予不同的指导。我平时杂心重，喜欢随性读书，其中较多的是哲学。思考问题、撰写文章时，我会选择从哲学中汲取营养。这本可以为观察、分析问题丰富视角，但是，我会下意识地偏向形而上，脱离案例，在大脑实验室中进行逻辑推演。这也导致写出的文章过于重视理论，忽视理论对于案例的解释力，忽略理论解决问题的功用。先生针对我的问题，反复强调：写论文要从问题入手，要以案例为基础；建构的理论要用案例来检验，看看是否有足够的解释力……尤其是结合投稿的文章，让我反思“你建构的语言数据参与生产环节的方式，是否能囊括当下语言职业、语言产业？”也是在这次的反思中，我按照先生的指导，从语言职业、语言产业出发，重新对语言数据参与生产环节的方式进行了分析。尽管结论仍有瑕疵，但是我学会了调试的方法，开始从注重理性转向兼重事实。

出站找工作时，先生担心我为世路所役，没溺于低价值变化，多次认真严肃跟我谈话，语重心长中满怀关切。六年多的相处，师生之情早已蜕变成父子之情，远非言语所能表达。其言出道断之谓也！

在准备河北中医药大学面试时，我查阅了学校与系部的介绍：学校现有中医药一级博士点，下设中医药文献研究二级博士点；该系承担全校计算机、英语公共课，下设公共事业管理、国际中文教育、应用心理学本科专业。在汇报来校工作设想时，我提出：在中医药文献研究二级学科点下，增设中医药文化研究硕博学科点，设置中医药文化与国际中文教育、中医药文化翻译研究、中医药文化资源建设、中医药文化传播规划研究、中医药文化传播策略研究。该种学科设置既可以借学校的大船出海，又可以将全系的专业融合进来。我能想到学科设置的草案、蓝本，完全得益于先生的教诲。蓝本合适与否姑且不谈，这样的视野却是我入门前不具备，也不可能具备的。

先生六年前就告诉我语言资源的流通是非常值得关注的问题。在站期间，我粗浅探索了语言数据产权界定的三大基本原则，从知识产权角度尝试界定语言数据产权。这离先生谈到的流通还很远，这也是我未来要继续努力耕耘的地方。记得当年跟先生游学日本时，我们在大阪的药店曾经看到过日本的“中药”，例如：八味地黄丸、葛根汤等。来了中医药大学之后，我猛然意识到：药方是特殊的语言资源，它的产权问题同样值得关注。未来，中医药如要走向世界，与日本“中药”势必要有“一战”。参与国际竞争时，药方的产权制度该如何与国际接轨？

与他国的纠纷，又该如何解决？这样的问题，这样的思路，如不加入“李门”，如不受语言生活派思想的浸润，又从哪产生呢？

新冠肺炎疫情期间，华信宾馆通往单位的小铁门暂时关闭，上班只得绕行人民文学出版社。无意中在出版社台阶上发现长出的小树苗，于是拍照留念、配诗解释。当时写诗主要用于自勉。现在这首诗还可用来明心志，以先生的指导、接引为路，在漫漫求真求用路上，即须奋发，舍旧图新，万勿自误。

石“草”别议

青石蕴嘉种，毫株破玉砖。

深潜恒蓄力，高耸俯云烟。

## 作者简介

梁京涛，河北中医药大学人文管理系汉语国际教育教研室讲师。2012 年—2014 年在河北大学外国语言学及应用语言学专业攻读硕士研究生，获文学硕士学位。2017 年—2020 年在北京语言大学语言政策与语言规划专业师从李宇明教授攻读博士研究生，获文学博士学位。2021 年—2023 年在教育部语言文字应用研究所博士后工作站从事博士后研究。主要从事语言资源、语言规划学、语言经济学、中国传统文化研究。主持全国科技名词委项目 1 项，发表论文 3 篇。

2023 年 9 月 11 日，在博士后出站评审会上合影

（前排左起：李泉、王敏、李宇明、王学松，后排：梁京涛）

# 一朝沐杏雨　一生谢师恩

王　璐

我于2017年秋正式进入北京语言大学，跟随李宇明老师攻读语言政策与语言规划专业博士学位，2020年夏毕业后，回到原所在单位——新乡医学院。目前，在新乡医学院医学人文学院工作。我非良驹，但老师却是厚德弘量、博闻识远的伯乐。能够受教于“李门”，乃何等幸事。此“幸”有二，一是“幸运”，二是“幸福”。历经短短三年时光，自觉自己的问题意识、认知格局、思维模式等方面有了巨大提升，使我更加勤勉、奋发地追求心中所愿，也使我更加坦然、豁达地接受人生悲喜。眼高则一见皆远，心大则百物皆通，诸种变化均得益于李宇明老师的深刻影响。

## 观文除旧　万象更新

我与老师初识于“文字”。起初，在阅读文献时，无意间学习到老师的一篇文章，至于具体是哪篇文章，现已记忆模糊，只记得这篇文章写的是有关语言规划的内容。当下的感受是惊讶夹杂着惊喜！

惊讶的是，语言学竟然还能做此类研究。那时的我观念比较传统，认为语言学要么研究语言教育，要么研究字词、语法，对于社会发展的贡献仅限于基础类、理论类的。老师的语言规划学研究向我打开了一扇窗，让我看到了新世界，使我革除了陈旧观念，有万物新生之感。惊喜的是，语言规划学研究属于应用类研究，关心的是社会语言生活，关切的是人民发展和国家进步，这也正是我所关心和关切的，兴趣与学术研究能够实现完美契合，这是我选择这个研究方向的重要原因。

## 严而温　宽而栗

开始海量搜集老师文章后发现，老师学术高产，成果真是丰硕啊！认真拜读了老师的文章和专著后，决定鼓起勇气给老师写邮件，表达希望跟随老师学习的热烈期盼，同时汇报了相关的研究计划。老师除了学术工作，还有繁重的行政工作，而我只是一名素未谋面的教师，也未有过亮眼的成绩，对于老师回信这件事其实本身并不抱有太大奢望。但奇迹就在一瞬间发生了！一天下课后，看到手机里老师的回信，内心无比激动，邮件内容看了一遍又一遍。老师认可了我的研究思路，也温和地指出了研究不足，并告知了联系方式。高山般存在的学术大家俯身给予的专门指导，为我带来了学术温暖，也为我的道路带来了学术光芒。

2017 年秋入学不久，我和同届的两位同门一起去家里看望腰痛还在恢复期的老师。与老师在小区院子里散步，共同讨论接下来计划研究的论文题目。说是讨论，一点不为过。老师从不强迫学生做自己正在研究的项目，也从不压制学生做自己提出的具体题目，多是针对学生的具体情况，给出几项针对性建议。假如学生有自己特别希望做的题目，当然，前提是这个题目具有研究价值，老师会尊重学生的选择，容许学生开展自己所选的研究。老师的这份宽厚与包容，使我想起最近读张大可老师写的关于《史记》的一本书，“帝王任贤，最核心之点是要有容人之量，也就是帝王气度”。书中虽写的是刘邦在领导高于自己的命世大才这件事上所体现出的容人之量，但老师能够容许低于自己学术能力和水平的学生开展与己意见相左的研究，这不也是容人之量的体现吗？

## 胸存灼见　贤者见远

经过与老师的多次讨论，最终决定博士论文研究内容为日本的语言政策。一国的语言政策内容广泛，维度多元，开始时我无从下手，但深知日本的国语政策必涵于内。于是，首先就此推进研究。在国语确立问题中，多次解读老师所著《权威方言在语言规范中的地位》（2004）和《〈权威方言在语言规范中的地位〉补》（2005），从中得到深刻启示后，在《语言规划学研究》期刊第 11 辑上发表了《日本标准语规划问题考》。该文写作中，老师强调了基础方言不仅涉及权威地域方言，更涉及权威社会方言。同时，老师也提出了重要观点，即权威社会方言的影响权重高于权威地域方言，国家、政府会在规划标准语之时，使传统意义上的权威地域方言发生转移，如标准意大利语并非以首都罗马话为基础，而是以托斯卡纳地域方言为基础，形成了现代标准语。这是观察多个国家标准语规划后的客观、科学认识，《日本标准语规划问题考》中所述，正是借鉴了老师的真知灼见。

关于日本语言政策研究方面，当时学界已就如汉字政策、语言殖民政策等某一专题进行过讨论，老师认为研究不够充分，希望我能较为全面考察日本的语言政策。经过长期分析，终于在博二新年前夕，构建完成国语、文字、民族语言、外语的国别语言政策四维分析框架。此初步构想汇报后，老师表示了认可。这期间，我其实是存在过畏难情绪的。一次，在北京外国语大学参会期间，向老师请教此项研究的维度问题，本想也仅就某一专题进行讨论，因为这样可以仅参阅该类专题的资料即可，研究的跨度与难度将显著下降。但老师用既温柔且坚决的态度指出，“一方面，力求你的文章成为这个领域中的一项重要研究成果，别人研究日本的语言政策时，必须参阅你的研究论文；另一方面，研究中要建立自己的‘根据地’，然后再在自己的‘根据地’开展更加深入的研究”。一语惊醒畏难中的我！这也许就是愚者短见与贤者远见间的差距。

这些年，谨遵老师教诲，在日本语言政策方面撰写了数篇文章，更加深刻体会到老师的良苦用心和博学卓识。老师在语言规划学研究领域开拓了许多创新、科学的研究方向，提出了众多积极、可行的研究观点。开拓之路不易，只有非常之人才能行非常之事，开拓者能够迎难而上，是披荆斩棘、引领发展的大学问家。

## 学问勤中得

学问尽从勤里得。学术上要想取得成就，一定得聪慧，有学术悟性，但这只是基础。一些悟性很好的人，其学术成绩平平，多是因为不够勤奋。这也是老师一再强调的观点。老师做学问做得如此成功，除了具有开阔的视野、学术的敏锐、深邃的思想外，离不开一字“勤”。

老师在《叩门语丝》自序中说道“人生，是条单行线”。这条单行线是条长度有限的单行线，但老师一直在不断拓展这条单行线的宽度。老师和师母白丰兰女士相恋于大学。白老师在河南大学上大三时患上了类风湿关节炎，这种病俗称“死不了的癌症”。长期饱受病痛的白老师手部已严重变形，只能用无名指敲击键盘。2018 年冬，白老师进行了髋关节置换手术，术后不久，两位老师便在病床前共同着手编辑整理《人生初年》，这本书的底稿记录时长长达 2200 余天，体量多达百万字，是现今世界上跟踪记录儿童语言发展时间最长、最完备的科学考察实录。没有“勤”的记录，《人生初年》未有源头活水；没有“勤”的整理，《人生初年》则无法正式出版。

白老师曾经告诉我，老师常常工作到晚上近十二点。有时在外开一天的会，累得身体实在受不了时，就在床上躺一小会儿，再起来继续工作。前不久，老师奔波于多地，参加了多个会议，致使腰疾再次发作，不得已，进行了三次手术，以去腰疾。老师将别人唱歌、跳舞的休闲娱乐时光用于攀登学术高峰，发表了 600 多篇文章，这些都是老师思想的物化，也是老师勤思考、勤动笔的成果。

2020 年夏毕业后，老师依旧对我关怀备至，关心我工作与生活的近况，微信交流时，鼓励我多向其汇报最新探索。件件往事历历在目，谆谆教诲深深永志，这岂是寥寥千余字能说尽道明的。百川到海，不复西归。在老师身边学习的时光已不再重来，但老师求索深耕的身影一直照亮着我前行。千言万语，唯有感恩！

## 作者简介

王璐，新乡医学院医学人文学院讲师，主要从事语言政策研究。2010 年—2014 年在中山大学日语语言文学专业攻读硕士研究生，获文学硕士学位。2017 年—2020 年在北京语言大学语言政策与语言规划专业师从李宇明教授攻读博士研究生，获文学博士学位。2006 年 7 月起至今，就职于河南省新乡医学院。在《中国语言战略》《日本问题研究》《现代语文》《河北大学学报（哲学社会科学版）》等刊物发表文章 10 余篇。参与《世界语言生活状况报告》编写。参与国家社科基金、国家语委等多个项目。参与国家社科重大项目成果《新时期语言文字规范化问题研究》编撰工作。专著《日本语言政策研究》入选“语言治理与国家治理研究丛书”出版项目。作为主要成员参与研制《疫情防控“简明汉语”》。

2019 年 7 月 2 日，在博士论文开题会上合影

（前排左起：陈双新、李春玲、李宇明、王建勤、施春宏、戴红亮，

后排左起：王璐、欧阳靓凌、梁京涛）

# 向阳而生　感恩师情

潘巍巍

我的书柜上立着《叩门语丝：一名语言学家的问学感悟》一书。这是2023年恩师李宇明教授新书出版时赠予我的，我至今依然清晰记得拿到签名版赠书时的激动心情。这本书是李老师数十年学术生涯中的经典语录摘辑，分为“学术”“教育”“人生”三部分，记录了李老师“只问耕耘、不问收获”的豁达与厚重的家国情怀。我每每读起，都爱不释手，不由得回忆起与老师交往的点点滴滴。

## 真诚无私　提携后学

李老师待人真诚，无论是对师生，还是亲朋、同事，抑或是默默无名的后学。那是2015年7月，我还在北京外国语大学攻读博士学位，研究方向是语言政策与规划。由于当时刚从二语习得和句法专业转向语言政策与规划，我对这个新兴领域的相关理论和研究状况不是十分了解，建构理论框架时遇到了瓶颈。每天翻阅大量国内外资料，与老师同学交流，仍存在不确定因素。这时，我的导师戴曼纯教授建议我去聆听语言学家李宇明教授的讲座。李宇明教授，这个名字早已深入我的脑海，中国儿童语言学的首倡，中国语法学的主将，中国现代语言规划学的主要推动者和领跑者。能近距离聆听李老师关于语言规划前沿领域的思考，机会千载难逢。我记得当时全程认真听完整个报告，李老师会上提出的“语言竞争试说”让我眼前一亮，深受启发。他提出从四个维度考察语言竞争现象，给予我当时的研究极大的理论支持，帮助我从此开启了语言传播的研究之路。

令我十分难忘的是，在撰写博士论文期间，我打算在竞争视阈下进一步构建语言传播理论，遇到了方向性的难点。有些学术问题需要请教，便贸然给李老师写了封邮件。因为当时自己只是一名在读学生，李老师并不认识我，我写信求教时并不确定能否有回复，内心很是忐忑不安。况且当时查资料也是太过投入，忘记已然是夜深，心中不免为打扰李老师休息而自责。可就在深夜时分，一份邮件发了过来。我心中一惊，是李老师回邮件了，还附上报告的PPT供我参考，当时一股暖流顿时涌上我的心头。李老师职位那么高，工作那么忙，而且又在深夜，却对一个平常求学者的学术邮件，那么重视。更重要的是，这份PPT的学术内容非常具有前瞻性，还没有公开发表，就非常真诚地把对这个领域的思考跟我分享，让后辈学习，真是让我既欣喜，又感动。

后来，2017年我进入师门，浸润老师的学术思想，探索老师的治学情怀，我发现李老师平日里对人都是和蔼可亲，真诚相待。无论学生有什么问题，什么难事，李老师都会抽出时间认真回复、解答。李老师的学术情怀、为师之道实在令人钦佩和感动，有这样的老师在身边真的很幸福，很难不激发后学的科研励志之心啊！

## 学术平等　关爱包容

李老师对待学生关爱包容，培养学生的过程中践行教学相长、学术平等的教育理念。我不是李老师的编内学生，能被李老师吸纳进入这个学术共同体、继续学习真的很幸运。李老师的学术大家庭很温暖，也很多元。白老师是这个大家庭的“政委”，义务负责大家的心理建设。我们有学中文的，也有学外语的，有中国学生，也有外国留学生，大家在一起共同交流对世界、对家庭、对学术、对人生的看法，共同前进。李老师是站在学科前沿，陪着大家一起攻关夺隘，亦师亦友。

李老师一直身居要职，但总能抽时间定期为学生开设课程提升学术素养。在李老师的课堂上我能深刻感受到，老师和学生在人格上是平等的，学术上是平等的，感情上是亲近的。无论是中国学生，还是外国留学生，学术上相互帮助，生活上相互关心。在我们的学术大家庭里，中外学生通常要结成对子，一两个中国学生帮助一个外国留学生，提高他们的中文水平，共同探讨论文撰写等。我曾经与一名葡萄牙语的博士生分为一组，在共同讨论葡萄牙语传播的过程中，彼此成为非常要好的朋友，不仅开阔了研究视野，还收获了真正志同道合的学术朋友。

李老师在指导学生的过程中，多数是共同进行学术讨论。围绕一个话题、一篇文章，谈论各自的观点，分享一些前沿的学术资料，提出学术上目前遇到的困难。刚入师门时，我提出个人想法，总有这样或那样的顾虑，认为自己的观点不够成熟。但李老师在点评时总能发现我的优点和长处，循循善诱，令我思路开阔，建立自信。2021年在“聚贤聊斋”学术论坛暨李宇明教授执教45周年学术研讨会上，我做了主题发言，主动跟大家分享阶段性研究成果，会议结束后还特别荣幸地得到李老师的赞赏与肯定。

李老师的关爱与包容，见证了我学术上的点滴成长，照亮了我前进的道路，并不断给我智慧、勇气和力量。他时常叮嘱我们，“要永远站在问号的起跑线上”。语言研究要有问题意识，不仅要学会低头扎根于语言现实，更要抬头看路发现事物发展规律，服务国家战略需求。正如李老师时常所说：“学术研究是一种职业，但更是一项事业，是需要用也必须用全部身心乃至生命去从事的一项事业，要把学术当成生命的组成部分。”

## 全心敬业　忘我工作

李老师全心投入学术研究，精力充沛，忘我工作，在语言政策与规划、国家语言能力、语言生活、应急语言服务、儿童语言学等领域取得了丰硕突出的研究成果。在我眼中，李老师总是能保持高昂的学术热情，让敏锐的研究触角延伸向更新的领域，贡献更为前瞻性、引领性的学术思考。即使生病期间，他也一直坚持工作，敬业精神令人叹服。

那是 2017 年 8 月李老师参加完商务印书馆 120 年庆典，回北京饭店准备参加下面的侨办会议时，突发腰肌痉挛，疼痛难耐，行动受限。第二天去北医三院处理，依旧不见起色。后来去望京医院求治，月底做小针刀才有明显好转，终于 9 月中旬出院。我们知道腰疾如果护理不当，经常容易复发。在接下来的大半年，李老师因腰疾无法出席很多重要会议，但依然通过文字向会议表示祝贺与问候。他时刻关注海峡两岸语言交流中需要解决的问题，关注语言生活的智能化走向，关注《全球华语大词典》的出版发行，关注教育语言学研究会的发刊等，他这种带病坚守、忘我的工作精神实在令人钦佩。

2018 年 7 月我有幸随同李老师参加上海的学术会议。会议期间，李老师全程带着厚重的护腰保健带，一坐就是几个小时。我能看到李老师是在极力克制着不适，一直侃侃而谈，一丝不苟。茶歇期间，李老师被很多“粉丝”围绕请教、交流。我担心李老师的腰支持不住下半场的会议，劝他去休息室的沙发上稍事歇息。李老师却笑着说没事，不用担心。接着又说：“人的生命有限，工作机会难得，你看大家学术氛围多好啊，热情多高啊，我们要抓紧把要做的事情做好，做完善，我也只是在尽一己之力罢了。”之后，李老师依然殷切关怀后学，与一些青年学者积极探讨相关的学术问题，讲到动情时，还开怀大笑。我能隐隐感受到这爽朗的笑声背后，李老师在竭力克制着阵阵病痛。与此同时，我也深切感受到了李老师对一生热爱的事业不倦的追求。

李老师严于律己，忘我工作的满腔热情深深感染了我。多年来，我对李老师要求“青年人要沉下心来做科研，研究真问题，要建立学术根据地”等教诲牢记于心，在工作实践中不敢有一丝的懈怠。每当我做科学研究遇到难处时，李老师的教诲就会在耳边响起，“科学研究是需要时间的，需要坐得住‘冷板凳’，需要科学支配时间，需要珍惜时间”。在指导研究生时，我也会时常把这种学术理念一代代传给我的学生，告诫他们在搞科研的人群中就要看谁花的时间多，谁下的“笨劲”多，只有不断地超越自己，才能不断进步。

李老师严谨的治学情怀和高尚的育人之道，早已深入我的灵魂，恩师的一言一行我永远不会忘记！

## 作者简介

潘巍巍，博士，北京语言大学外国语学部副教授，硕士生导师，系主任。2003 年—2005 年在北京外国语大学英语学院攻读硕士研究生，获得文学硕士学位。2011 年—2016 年在北京外国语大学中国外语教育研究中心攻读博士研究生，获得文学博士学位。2017 年—2019 年在北京语言大学师从李宇明教授访学，从事语言政策研究。主要研究方向为语言政策与外语教育，主持或参与国家、省部级项目若干，出版专著 3 部，国家级规划教材 8 部，在《语言文字应用》《社会科学家》《语言政策与规划研究》等杂志发表学术论文十余篇，荣获“北京市青年英才”称号。

2016 年 5 月 27 日，在北京外国语大学博士论文答辩会上合影

（前：李宇明，后：潘巍巍）

# 谆谆如父语　殷殷似友亲[①]

张　洁　杨红艳

## 漫漫从师路　悠悠岁月稠

我和杨红艳是澳大利亚麦考瑞大学语言学系的博士同窗，我研究北京奥运会期间的语言政策与规划，她研究丽江纳西族的语言学习和语言生活。身在异乡，我俩相互扶持，克服了学业、生活和文化的多重考验，结下了深厚的友谊。拿到沉甸甸的博士学位证书回国，等待我俩的是学术适应和人生转折的重大挑战。博士学习期间，我们接受的学术训练主要是西方后结构主义批评理论和民族志研究法。这一学术范式能为研究者提供一个整体的视角，对特定社会文化环境中的语言现象及蕴含其中的信念、态度、规范和价值观进行解释，并对语言背后的权力不平等和社会公正问题进行解构和批判。无疑，这一范式挑战了结构主义认识论下的简化世界观，使人们开始关注多元文化现实中的权力、主体性和身份认同问题，具有巨大历史进步意义。然而，一个问题总是困扰着我："社会语言学学者的学术使命仅是批评吗?"

带着这一问题，2011 年我博士毕业回到原单位工作。当时，国内外国语言学及应用语言学博士点很少，海归博士更少，单位领导对我寄予了很高的期待。面对各种荣誉和期望，我陷入了深深的迷茫。批评范式并不符合国内的主流学术话语体系，我也没条件满世界追着奥运会做研究，我的学术道路该如何走下去?为了找到自己的学术发展道路，我想到了在国内做博后研究。彼时，国内外语界主要关注二语习得和教学法，语言政策与规划学会尚未成立，相关研究还未获得广泛关注，甚至认可。先后尝试联系了几位语言学界前辈，都表示愿意接收我博后入站，但建议我调整研究方向，甚至有位前辈规劝我说："语言政策是国家的事情，不是你该做的。"相较于教学法，了解语言生活背后的社会归因才是吸引我走入学术领域的初衷。离开这个初衷，我就失去了学术热情，博后申请的事就此搁置。找不到答案，投出的稿件又石沉大海，我开始变得非常不自信，甚至也

① 因撰稿期间杨红艳仍在病中，本文由张洁主笔。

开始躺平。红艳晚我一年毕业，回国后也并非一帆风顺，经历了不少职场震荡，最后从教学岗转到了行政岗，担任云南民族大学国际学院院长兼书记。作为一位从大理白族村寨走出来的女性，红艳事业心重，责任感强，能力出众，为单位的国际教育事业做出了重大成绩，但繁重的行政工作也严重挤压了她的教学科研时间，学术事业停滞不前，这成了她的心病。每每我俩通话，谈到学术发展，总是一筹莫展。直到 2015 年，我有幸拜读了李老师的中国语言规划系列专著和文章，如获至宝，仿佛迷雾中的一盏明灯重燃了我的科研希望。老师说："科研是一种信仰，是一种用夹缝时间从事的高尚事业。"老师还说："搞科研必须明白：一、做国家需求的；二、做学科中最有趣的；三、做自己擅长的、有兴趣的。"对我来说，语言政策与规划不正是与国家前途、民族命运、个人幸福相关，"有趣"的学术事情吗？读着老师的文字，我知道我找到导师了，我要争取结下这段学缘。我立刻把这一信息分享给了红艳，并鼓励她和我一起申请跟随李老师继续深造。

2016 年我通过同事结识了李老师的学生周统权老师，周老师帮我向李老师转达了想跟随老师做博后研究的意愿，没想到很快就得到了李老师的回复。可惜当年博后人选已定，老师鼓励我来年再申请。2017 年 3 月我向北语郑重提交了我博士后入站的申请，记得我怀着忐忑的心情第一次来到李老师的办公室，老师热情地接待了我并肯定了我在博士阶段的研究。老师说国际组织语言政策与规划是一个很重要的议题，中国学者要研究世界语言生活问题。我豁然开朗，明白了接下来的研究方向。怀着无比欣喜的心情，抱着老师送我的书，我迫不及待地坐上了去天安门的公交车，想去看看奥运会后的北京。虽然由于年龄限制，我的博后申请未获得全国博士后管委会的批准，但我跟随老师学习的意愿并不因此而动摇。随后，我又提交了国内访学申请，2017 年 9 月我如愿来到北语成了李老师的学生。2019 年，红艳排除万难也成了老师的学生。

## 抬头是山　路在脚下

我和红艳的家庭环境和命运相似，我姐姐因医疗事故致聋，她弟弟小儿麻痹症，从小我们对家庭就有较多担当。2017 年我俩父亲先后确诊癌症，除了完成工作，我们还要照顾病人，安抚家人情绪，习惯了坚强的我们还是扛不住了。疲于应付生活的沉重打击，我们一时不知该不该继续学术道路。记得 2017 年 7 月到上海外国语大学参加"第三届中国语言政策与语言规划学术研讨会"时，我由于家庭原因意志消沉，对于学术总觉得自己力所不及，甚至有了放弃的念头。李老师了解到情况后，跟我分享了他与白老师共历风雨的故事和自己的家庭经历，并语重心长地嘱咐我，敬亲侍疾是我的义务和责任，但我的人生还有很长的路要走。科研工作者不光要关心小家，也应心怀天下，自强不息为社会做贡献。虽然，那时我还没有完全理解老师那般家国情怀的境界，但我知道我不能放弃。记得老师那时对我提出要求说，做学问不能满足于做学术的跟随者，要成为创新者，并在一定领域有所建树。彼时，我虽觉得这一目标遥不可及，但也暗下决心不可半途而废。2017 年—2019 年我和红艳处理完家事，先后赴北语跟随李老师访学，重启了学术之路，并一直坚持了下来。

“抬头是山，路在脚下”是李老师的导师邢福义老师的师训。邢老师希望学生们胸中要有远大目标，但是为学不能只是望山，更需登山。目标的达成，最终要靠双脚一步一步地艰难前行。科研是一个自我知识升华和为社会创造知识产品的工作，它对从业者的要求比社会的普通标准要高，科研之路是一条追求上限之路。李老师身体力行地实践了这一师训并传承给下一代学子，在每一个学生心中播下追求学术、敢为人先的种子。后来看《文学杂谈》里，老师谈论怎样将人生过得有价值。老师说，人生的过程其实就是一个不断“自我赋值”的过程。人生有无价值，人生有多大价值，靠自己去赋予。人总要有一点精神，总是要做些对国家、对社会、对家庭有益的事情。人生无坦途，人生如登山。那“山”，既指前进路上的困难，又代表着远大的奋进与困难的征服。我们需用纤夫的精神，眼睛紧盯着山顶一步一个脚印走下去。

## 民生福祉　科研担当

什么是社会语言学学者的学术使命？跟随李老师访学后，我开始追寻当初学成回国萦绕在我心头的这一问题的答案。李老师不仅是中国著名语言学家、多个高校的管理者和学会负责人，也曾在国家语委和教育部担任重要职位。这样的经历使老师既具有深厚的学术底蕴，同时也深刻理解国家治理对语言学研究的现实需求。老师说，学术研究是否能有效资政，关键是需要在管理和学术之间搭建畅通的“旋转门”。学术和管理本就不应是对立的，西方的批评理论有利于启智和揭示社会固有问题，但批评性研究不能止于批评，学术工作者应与各级管理者共同参与国家治理，为解决现实问题提供有效方案，这是中国社会语言学者的家国情怀，也是我从李老师身上学到的重要精神。对于我的问题，李老师在王春辉老师所著《语言与社会的界面：宏观与微观》（2017）一书的序跋“肩起学术与社会的双重使命”中给出了答案：

“社会语言学是具有学术和社会双重使命的学科。探讨语言与社会的共变互动关系，描写事实，获取数据，得出规律，这是学术使命；而由于语言与社会具有共变互动性，学术的步伐并不能也不应该在规律处停步，而还需要依照共变互动规律来解决相应的语言问题或社会问题，或者制订合适的语言规划，以保证语言充分发挥其正向的社会功能，这是社会使命。学科的这种双重使命，也就是学人的双重使命。其实何止是社会语言学，也何止是语言学，所有的人文科学、社会科学，乃至自然科学，都具有学术与社会的双重使命，只不过具体内容有所不同罢了。”

李老师是“养群”之人，“中国语言生活派”就是老师培养的学术群体。语言生活派的学术理念是“就语言生活为语言生活而研究语言和语言生活”，强调以积极入世的态度开展从微观到宏观的语言研究，以面向社会现实的学术研究助力国家发展与社会建设。2020 年初，一场前所未有、突如其来的新冠肺炎疫情迅速席卷全球。这场全人类与疾病的抗争至今仍深刻影响着每一个家庭，让人认识到生命何其脆弱。在这场突发公共事件中产生了许多语言问题，影响甚至阻碍了疫情的应急响应和治理。李老师率先提出，语言学人面对疫情不能缺位，领导十几家科研院所和企业组建“战疫语言服务团”，迅速制作了《抗击疫情湖北方言通》支援抗疫一线。随着疫情形式的转变，又紧急研发《疫情防控外语通》《疫情防控“简明汉语”》等系列产品向在华来华留学生和外籍人士提供疫情防控的语言服务。

我生活在 2020 年初新冠肺炎疫情的“震中”武汉，和千万人一起经历了那场近乎悲壮的封城。作为语言生活派的一员，我亲自参与了“战疫语言服务团”的语言服务，也见证了中国应急语言服务及其研究的发展。在我的博士导师 Ingrid Piller 教授的支持下，我们第一时间翻译了李老师“战疫语言服务团的‘语言抗疫’”一文，并发表在 Language on the Move 开源电子期刊上，促进了世界对中国语言应急工作的了解。其后，我与 Ingrid Piller 教授和云南大学李佳老师一起编写了国际社会语言学核心期刊 *Multilingua* 第 39 卷第 5 期专刊，深入探讨了新冠肺炎疫情危机下不同华人社群所面对的语言挑战和应对措施。专刊收录了李老师和饶高琦《应急语言能力建设刍论》一文的编译稿，该文所提出的国家应急语言能力理论为世界应急语言学做出了中国贡献，在国际学界发出了中国声音。Ingrid Piller 教授十分赞许李老师和中国语言生活派的应急语言研究和实践工作。受中国语言生活派的启发，Ingrid Piller 教授在专刊的引文中提出，社会语言学者不仅需要将本土知识和基层实践作为研究对象，还应将其纳入思想理论体系，融合多种知识结构和学术观点，并重新与政策制定者和社会活动家展开对话。这正是李老师所倡导的社会语言学人的学术和社会双重使命。

## 疫情无情　师门有爱

2022 年 11 月底疫情再次暴发，全国各大专院校重启封闭管理。红艳心系学生安危主动请缨在学校当志愿者，白天身穿厚厚的防护服为学生安排生活诸事，晚上睡在办公室处理公务。记得 11 月 26 日，红艳在学校志愿服务一周后深夜回家与我联系，说自己这次不知为何特别疲惫，匆匆几句就挂了电话。我知道她是“拼命三娘”，为了工作她常常熬夜，所以每次通话我都会叮嘱她保重身体。谁知不幸的事还是发生了。11 月 27 日凌晨，红艳因突发脑出血晕倒在浴室里。那时，因疫情医院要求所有病患需先提供核酸检测阴性证明才可接收入院治疗。这一拖延，红艳错过了黄金救治时间，直到次日早上 10:45 手术才开始，一直持续到晚上 7 点。手术是成功的，但红艳大脑出血量达 100 毫升，严重威胁生命安全，接下来是否能存活要靠红艳自己。28 日，红艳的大脑新生出血点，出血量 20 毫升，无奈之下医生决定次日再行开颅手术。术后红艳情况还算稳定，瞳孔开始回缩，四肢对疼痛有反应，医生说再挺过 24 小时，再出血的风险就会大大减少。之后，红艳虽未再发生脑出血，但肺部感染、脑水肿、昏迷，每一件都危及生命。12 月 12 日，红艳情况好转移出了重症病房。但一到普通病房就被感染了新冠，两肺全白，再度生命垂危。红艳很坚强，挺过了两次开颅手术、挺过了术后感染，昏迷了三个月后醒了过来。虽然康复的路艰辛又漫长，但我相信她会好起来的。

早在 12 月 2 日红艳生病头几天，李老师得知情况后就立刻联系了我，并托我向其家人转达了慰问，希望红艳能挺过来，早日康复。后来才得知，同一时间白老师骨折住院，李老师的母亲身体不佳，而李老师也感染了新冠肺炎。红艳生病后，我看到了人情冷暖。疫情无情，但师门有爱。每次我向老师汇报红艳的情况，可以感受到老师随着红艳的病情发展，时而为她担忧，时而为她的好转欣喜。红艳在师门时间不长，认识她的同门不多，但红艳生病后，李老师以及王春辉、徐欣路、王海兰、李强、姚敏、饶高琦、吴雪钰等多位同门不仅慷慨解囊帮红艳筹集治疗费用，并且一直默默关注着红艳的健康情况。我想红艳和她的家人在突遭巨变之后，感受到这份暖暖的心意一定不会孤单。在处理家庭困难、关怀学生的同时，李老师并没有停下学术与育人的脚步。12 月初，李老师拖着病体在线上为学生重开了“语言学十讲”。老师勉励大家说：“在哪都是看书、写文章，大灾大难面前更考验人、磨砺人。”李老师用自己的学术人生带给我们攻坚克难的无穷精神力量。

李老师为师，教书、育人、解惑。作为学术领路人，老师站在学科前沿开疆拓土，陪着学生一起攻关克难；作为人生导师，老师以身作则，为我们排忧解难，教我们如何为人。有人说，师恩如山，因为高山巍巍，使人崇敬。我还要说，师恩如海，因为大海浩瀚，无法估量。老师的教导，谆谆如父语，殷殷似友亲，将一直鼓励着我们和更多学子。

师生之情，情谊如春，春风化雨百花竞芬芳。李老师和学生之间的情谊，就像春天的阳光，温暖而明亮。这种情感是一种相互尊重、相互理解、相互关心的情感；是一种相互支持、相互鼓励、相互帮助的情感。老师留给学生的学术滋养和人格魅力，将影响我们的一生。

## 作者简介

张洁，中南财经政法大学外语学院教授，硕士生导师，澳大利亚麦考瑞大学（Macquarie University）语言学系名誉教授（2023—2028）。2002 年—2004 在澳大利亚悉尼大学语言学系攻读硕士研究生，获语言学硕士学位。2008 年—2011 年在澳大利亚麦考瑞大学语言学系攻读博士研究生，获哲学博士学位。2017 年—2018 年在北京语言大学师从李宇明教授访学。现任语言治理研究融智协同创新中心研究员，《语言治理学刊》联合副主编（2023 年 11 月至今），国际期刊 *Multilingua* 编委（2013—2022），*Language on the Move* 电子学术期刊撰稿人，多部国际期刊论文外审专家。主要研究领域为语言政策与规划、外语教学、跨文化交际。在国内外学术期刊发表论文 30 余篇，并在国内外知名出版机构出版学术著作 3 部，编著学术著作 3 部，合编 AHCI/SSCI 双检索国际期刊专刊 1 部，翻译学术著作 1 部，副主编教材 1 部，参编教材 4 部。主持、参与“丝路书香工程”重点翻译项目和国家社科中华外译重点项目在内的多项课题。

杨红艳，白族，云南民族大学国际学院副教授，原院长。2013 年起兼任云南师范大学外国语学院硕士生导师。2001 年—2004 年在浙江大学外国语学院英语语言学与应用语言学专业攻读硕士研究生，获文学硕士学位。2009 年—2013 年在澳大利亚麦考瑞大学（Macquarie University）人文学院语言学系攻读博士研究生，获哲学博士学位。2007 年—2008 年到澳大利亚悉尼大学语言学系访学，2011 年 3 月到美国伊利诺伊大学、加州大学短期访学，同年 8 月—9 月到英国剑桥大学、西英格兰大学、巴斯大学、班戈大学短期访学，2016 年 7 月—8 月到美国福尔曼大学短期交流访问。2018 年—2019 年赴北京语言大学师从李宇明教授访学。主要研究领域为英语语言学与应用语言学、社会语言学、英语教学、汉语国际教育、留学生教育管理、教育国际化。出版专著 1 部、合著 2 部、论文 10 余篇，主持国家社科基金项目 1 项、教育部项目 4 项、民委项目 1 项、校级项目 4 项。

## 指导学生情况

张洁已指导外国语言学及应用语言学专业硕士研究生 16 人、英语翻译（笔译方向）硕士研究生 5 人，并联合指导语言政策与规划方向博士留学生 1 人。获得了包括第六届“外教社杯”全国高校外语教学大赛湖北赛区三等奖、校级优秀教师、研究生教育工作优秀奖等教学奖项和荣誉。所指导研究生多人在校就读期间主持研究生教育教学改革专项资金项目，获得一、二、三等学业奖学金，校级优秀研究生等荣誉称号。

杨红艳已指导英语语言文学专业（应用语言学方向）、英语翻译专业（笔译方向）、外语语言学与应用语言学专业、英语教育专业、汉语国际教育专业硕士研究生数十人。获得云南民族大学青年教师教学技能比赛一等奖、“伍达观奖教金”教学先进奖、“红云红河”园丁奖、优秀硕士论文指导奖等多项教学荣誉及优秀教师、先进工作者等称号。

2017 年 9 月 19 日，在李老师家楼下花园合影
（左起：赵运、李宇明、张洁、姚敏、白丰兰）

# 雅量涵高远　清言见古今

朱媞媞

2017 年在北语跟随老师做访学是我人生中的一个重要转折点。之前我的求学与科研囿于闽地，识难通广，研究慢慢走进死胡同，陷入了困境。跟随老师访学，仿佛打开了一扇通往广阔空间之门，让我有了更多接触学术前沿的机会。老师对我的影响不仅在学术上，更在精神上给予我感动与力量。

## 冬日初识

11 月的北京，秋风萧瑟、寒意渐浓，但和老师的第一次见面却如春风拂面般温暖。经由国家汉办老主任姜明宝老师推荐，老师接受了我 2017 年访学的申请。2016 年 11 月我借参加第 57 期国家级普通话水平测试员培训的机会，到北语拜访了老师。见面当天，因担心迟到我特地打了个车，想不到反而因堵车迟到了十几分钟，内心懊恼，忐忑不已。但老师却丝毫不介意，哈哈大笑说一看就是外地人，才会为了准时赴约去打车。爽朗的笑声与关切的询问，打消了我的顾虑。我没有想到像老师这样的权威竟是如此随和。当日，为了避免我拘谨，老师还特意邀请了姜明宝老师一起讨论我的访学计划。

我原本研究的方向是方言音韵，主要做闽南戏曲音韵研究。做了几年感觉学术之路越走越窄，很是苦恼。老师详细了解我的研究状况后，建议我拓宽研究范围，结合现有基础与自身特点做海外汉语方言研究。老师提醒我不仅要把本体研究继续做扎实，还要以历史的眼光去总结语言发展的规律，同时也要关注现实的语言生活；做学问需要大格局和战略眼光。这是我第一次听到“语言生活”这个词，也是第一次意识到做学问与“格局”“战略”的联系。眼前仿佛有一扇门被打开，指引着我进入一个全新的世界。

## 学术灯塔

在“李门”大家庭中感受最深的是温暖与平等。无论是老师的博士、硕士，或是像我这样的访问学者，老师和师母都给予了充分的关爱与指导。老师身兼数职，行政、教学、科研各项工作都非常繁重，但依然心系每个学生的发展，而且能够根据学生的特征在最合适的时候进行引导与帮助。

在北语学习时最喜欢听老师的课，每次课上都能接触到前沿的学术信息和老师深刻的学术思考。老师的观点独到精辟，语言极富感染力。我们常说老师具有演说家风采，每次听课都是一种享受，能让人听得声声入耳、字字入心。

2017 年暑假，老师的国家社科基金重大项目“新时期语言文字规范化问题研究”进入结项阶段，老师让我参与到结项工作中。老师根据我方言音韵的学术背景，安排我对接沈明老师“新时期语音规范问题研究”子课题的后期工作。我之前做研究基本是一种闷头自己做的封闭状态，孤军作战缺少团队协作，目光短浅缺少广阔视野。在参与项目工作的过程中，我见识了一个重大项目是如何秉承“顶天立地”的学术理念，做到既站位学术前沿，又解决现实语言问题的。在此期间还得到了刘楚群、郑友阶等同门师兄弟姐妹的许多关心与指导，我也更好地融入了“李门”大家庭。

2018 年 7 月，老师推荐我参加在武汉大学举办的语言文字应用研究优秀中青年学者培训（第四期）。在中青班的学习中，我接触到了语言文字规范化、语言文字标准化以及语言政策等观念，考虑问题慢慢有了点全局观。在中青班的学习中我还认识了许多不同研究方向的青年学者，扩大了自己的学术朋友圈。

我做事慢，尽管访学伊始，老师就根据我的研究背景和方言优势帮我确定了将来的研究方向为海外汉语方言，但直到访学结束我都没有找到合适的切入点，也没有什么成果，总觉得愧对老师。然而老师的关爱与指导却从未改变。老师会给我推荐孔飞力先生的《他者中的华人：中国近现代移民史》，希望我能在那种大历史、大叙事的创作方式中得到启发。这本书对我的影响很大，让我对中国近现代移民史有了一个全景式的印象，为后续开展的东南亚汉语方言研究打下了基础。尽管我之前的戏曲音韵研究一直没有什么成果产出，但老师鼓励我不能放弃本体研究，并且相信扎实的本体基础定能为后续的宏观研究提供助力。每当看到相关著作老师也总是向我推荐。如林施望博士的《英语世界的南戏传播与研究》一出版，老师就嘱托列朋师兄寄送了一本让我学习。

在我做闽南话与他加禄语相互借词研究时，老师会提醒我研究翻译和借用现象得从历史文化的角度来进行更高层面的概括，“没有文化的语言研究是苍白的”。老师曾经说过：“看一个民族对世界的贡献，不仅看输出了多少‘土特产’词语，更应看对世界输出了多少表示先进的思想、文化和科学技术等方面的术语。”当得知郭熙老师的团队计划赴马尼拉调研时，老师及时进行推荐，让我可以跟随团队学习。

也正是在老师的耐心指导下，我确定了先以菲律宾为切入点开展海外汉语研究。方向对了，研究工作也就可以慢慢开展起来了。两篇有关闽南话与他加禄语借词的文章分别发表于 A&HCI 和 CSSCI 期刊，2023 年第一次申报的“菲律宾华人祖语传承与认同研究”课题顺利通过国家社科基金评审，另一个与菲律宾相关的课题“闽籍菲律宾华人语言适应研究”也获得福建省社科基金立项。

感谢老师愿以静待花开的耐心给予每一个学生发展的机会。在我的学术研究中，老师如灯塔般指引着我的前进方向。

在老师的心中定有一幅辽阔的学术版图，清晰地标注着每一位学生的研究特性；同时也在为当代的语言研究谋篇布局，使“李门”弟子能够更好地为国家的语言研究事业做出贡献。

## 精神力量

老师不仅是“传道、授业、解惑”的经师，更是“立德、立功、立言”的人师。老师深厚的家国情怀和开阔的学术视野，对我们的影响深远。老师不仅是一位成果丰硕的学者，还是位兼具浪漫主义情怀和现实主义精神的诗人。

2019 年 11 月，老师和培兰师妹参加教育部语言文字应用研究所和闽南师范大学合办的“2019 年两岸语言文化交流研讨会”，我们相遇在漳州。会后我们一起参观了香蕉海中的林语堂纪念馆，老师创作了一首七律《访漳州香蕉海林语堂纪念馆》，以“东西双脚随心走，英汉两言所欲倡”来评价这位学贯中西的中国现代著名作家、学者、翻译家、语言学家。参观过程中，老师对闽南方言文化很感兴趣，叮嘱我应利用地域和方言优势多关注两岸语言发展。之后的东山之行，老师也分别创作了七绝《夜游东山岛》和五律《东山寡妇村》来抒情表意。

老师爱写诗。诗言志，老师诗歌中所体现出的面对艰难困苦的乐观精神给予了我莫大的精神力量。每当遇到困难时，想到自己面临的这点挫折和老师经历过的难关一比，简直不值一提，便有了勇气和信心。在写这篇小文时，正值癸卯年冬至日，老师刚经历了三次腰部手术，即使是面对刮骨疗伤和无麻缝针这种常人难以承受的疼痛，老师仍然在病房里创作了不少充满乐观精神的诗作。“三次手术愈两周，蛾眉残月变吴钩。医师取用成神器，病除仍驰老骥途。”

“雅量涵高远，清言见古今。”老师的雅量源于丰富的知识，源于对生活的参悟，源于丰富的人生阅历和不断追求自我完善的精神，老师的精神是我前进路上的力量源泉。

### 作者简介

朱媞媞，华侨大学文学院副教授、硕士生导师。2001 年—2004 年在福建师范大学汉语言文字学专业攻读硕士研究生，获文学硕士学位。2007 年—2012 年在福建师范大学汉语言文字学专业攻读博士研究生，获文学博士学位。2017 年—2018 年在北京语言大学师从李宇明教授访学。现任华侨大学闽南文化研究中心主任、华侨大学文学院汉语言文学系主任。研究方向为方言音韵和社会语言学，国家级普通话水平测试员。在《语言文字应用》《东南学术》等国内核心期刊和*VOPROSY ISTORII* 等国际 A&HCI 期刊上发表专业论文 20 余篇，合作出版专著 1 部，参编著作 2 部。主持各级各类科研项目 15 项，其中国家社科基金一般项目 1 项、国家语委项目 2 项，福建省社科基金项目 3 项。

## 指导学生情况

已指导汉语言文字学硕士生 11 人，其中中国学生 10 人、留学生 1 人。

2017 年 8 月 10 日，在李老师办公室合影
（前：李宇明，后：朱媞媞）

# 德艺双馨学界成佳话　循循善诱桃李满芬芳

于方若

硕士从海外毕业后，我立志从事对外汉语方面的工作，打算先攻读语言学方面的博士。师从哪位导师是学生学术之路上非常重要的选择。第一次听说李宇明教授，是从一位北大老师那里。那位老师说，李宇明老师是一位德才兼备的语言学大家。他的老师是我国语言学界泰斗“南邢北陆”中的“南邢”——邢福义教授。李老师不光在学术方面造诣深厚，而且育人也特别有自己的为师之道，桃李遍天下。他的很多学生都是非常有建树的。最重要的是李老师和师母伉俪情深，李老师对自己爱人白丰兰老师特别有责任心和爱心。白老师得了类风湿关节炎多年，李老师一直都是在繁忙的工作之余坚持照顾白老师，遍寻名医，不离不弃。李老师“身兼数职”，在家里是好丈夫、好爸爸，在学校又是好老师。李老师还把自己的孩子教育得非常优秀，女儿在北大医学部八年本博连读，出国做博士后，据说很快就学成归来，报效祖国。

我和这位北大的老师都深深感叹李老师人品的厚重和道德情操的高尚。老师对家庭的坚守，对爱人的责任，同时日复一日坚持学术的崇高追求，事迹令人感动，是我们学界的道德楷模。我心里思忖，学术好的老师好找，但这样德才兼备的老师真的难得，可谓“经师易得，人师难求”。同时，我也非常好奇李老师的身上有什么有异于常人的天赋或者品质，让他在如此繁忙的生活中还能处处出彩。我暗暗努力立下志向要师从李老师攻读博士学位，我觉得只要努力就一定有希望。

为了备考，我遍读能找到的李老师的所有书籍，尤其是《中国语言规划三论》，每每读完一篇文章我都热血沸腾，意犹未尽。李老师的文风清爽，读来犹如清风拂面。文章中很多想法都特别实用，特别接地气，提纲挈领，高屋建瓴，同时又做到深入浅出，让我一个硕士专业是国际关系的学生，都能产生深深共鸣。语言学就应该做出这样的文章，说明清楚问题的同时又不拖泥带水，可谓是字字珠玑。我想，研究学问就要像李老师这样脚踏实地，在如实反映问题的基础上提出自己的学术洞见，能真切地解决一些实际问题，而不能脱离实际，无病呻吟。正是因为阅读李老师的著述，我才意识到语言学不仅仅只有语言方寸之间的“之乎者也”，更有通过语言问题反映出“家国天下”。

我也从李老师的著述中看到李老师学术方向的多次转型，从语法到社会语言学，再到语言规划，每一次的转型李老师都是游刃有余。可见，真正的高手可以活学活用，不惧挑战，无论遇到什么难题都能一一攻克。在学术中，我认为这种能力是“以不变应万变”。真正能把握语言学的“万变不离其宗”，看似简单，实际是需要很多的“学养”，有很深的学术功底才能够做到。李老师的转型研究极大地拓宽了中国语言学的研究领域，有开疆拓土之功劳。

2018 年 9 月，承蒙李老师抬爱，我有幸入门跟随老师读博。读博后，我经常去李老师家求教。李老师的论著几乎可以装满一个书柜。师母白老师提到李老师每天都是学习工作到夜晚至少 11 点以后才休息，我深深地钦佩老师的刻苦。老师著述颇丰，一是因为天资，二是因为老师努力辛勤地耕耘，孜孜不倦地写作。李老师也经常教育我要多读书，多写作，只有读书多了，写作才能水到渠成。

李老师文章中体现出热爱生活的积极心态是非常重要的。李老师的生活是多彩的，充实的，是有维度的，更是有意义的。李老师有写诗的习惯，他的生活不仅只有眼前的现实，更有远方和诗意。入门后，我也发现白老师是李老师的贤内助，帮助李老师整理资料的同时，也是学生们的“好政委”。我们有什么心事，生活中遇到的一些问题，都会向白老师请教。白老师的聪明睿智“深藏不露”，时不时地点拨一下我，让我感到如醍醐灌顶。

李老师对待每位学生都非常有耐心，有爱心，可谓有教无类。在读博期间，老师参与的两个高级别的课题都让我参与其中，尽管我由于忙着写博士论文，很多时候没有及时完成课题组秘书的工作，最后由别的老师完成了。老师在百忙之中也不忘提醒我，在课题工作中，要多与各位专家联系，多请教，多露面，让别人认识你。这些关心对于还没有多少社会经验的我来说，可谓及时雨。

在博士论文写作方面，李老师的教导是宽严相济的。李老师常对学生说，论文没有十足的把握就不要答辩。每一位能够到达答辩阶段的我们，都是经历了不少磨炼的。我的博士论文从开题到答辩，每一稿李老师都逐字逐句改正，甚至有一些语句不通顺的地方，李老师也一并标出。每一稿老师都给出明确的修改方向，甚至第一稿还给出了提纲。李老师又总是在我写论文感受到有点绝望的时候循循善诱，给予我希望，让我感觉写博士论文并不是枯燥无味的事情。答辩前一天，李老师又发来短信，嘱咐我不要紧张，不要超时，多排练几遍。我收到短信后心里稳定了不少，为李老师的细心而感动。

我的博士论文研究方向是语言冲突，研究难度不小，如果不是老师的指导，很难想象我该如何完成这篇博士论文。李老师帮助我剖析语言冲突问题的同时，引导我要关注到语言背后的国际问题和历史问题。从李老师对具体问题的看法中，我意识到我不能仅仅研究语言问题，要像李老师一样站位要高，文史哲各科的涉猎要广，才能把问题研究透彻。答辩之后，李老师敦促我：“语言冲突研究才刚刚开始，你若有兴趣就要继续研究这个问题，把它研究透彻。它的解决方案不仅仅只有你博士论文中提到的那些。”是啊，做学问切忌浅尝辄止。研究一个问题就要热爱它，投入它，这样才能从中挖掘出新的东西。任何科学的发展演变都是对许许多多问题的反复研究、反复观察才能有新的发现和突破。博士毕业后一段时间，我去拜访李老师，他仍旧对我的研究提出新的思路和看法，我觉得十分受用。

成为李老师学生的这几年，由于跟随名师，我在学术上，在为人处世方面，都是颇有进步的。在学术上我从李老师身上学到太多了，无法一一列举，但是最重要一点是对论据的搜集整理。李老师反复强调在学术研究中材料永远是第一位的，自己写文章也是“摆事实讲道理”，事实为先。在为人处世方面，我努力学习李老师的谦谦君子之风，对家人的爱护，对学生的包容，对同事的随和，还有对不同观点的接纳。李老师崇高的学术地位和优秀的个人修养吸引了很多志同道合的朋友，可谓“谈笑有鸿儒，往来无白丁”。李老师在工作学习中严肃认真，在日常生活中笑口常开，让所有和他在一起的人都非常开心。有一次，学佛的一位居士朋友看到我朋友圈文章中李老师的照片，说：“你的导师长相非常有福气，像佛一样。”我心里想，李老师就是我心中的佛，和佛一样完美，慈悲，普度众生。我也深深以成为李老师的学生而骄傲自豪，珍惜和李老师的师生缘，并以此鞭策自己努力向前。

2021 年 5 月 30 日，在北京语言大学博士论文答辩会上合影

（左起：于方若、李宇明）

## 作者简介

于方若，北京大学科研机构研究助理。2013 年—2015 年在澳大利亚拉筹伯大学国际关系专业攻读硕士研究生，获政治学硕士学位。2018 年—2021 年在北京语言大学语言政策与语言规划专业师从李宇明教授攻读博士研究生，获文学博士学位。主要从事语言冲突、语言政策、汉语国际推广等研究，具有较丰富的国际中文教育工作经验。参与国家级课题两项，国家社科基金重大项目一项。发表学术期刊国内核心一篇，媒体评论文章十余篇。

# 老师的“家”与“国”

王　曦

初见李老师是在2014年国家语委举办的“中青班”一期研习班的课堂上，当时我作为泉州师范学院一所二本学校的代表参加国家语委的语言文字应用优秀中青年学者研习班学习，心情十分忐忑。一方面是第一次参加这类培训班，另一方面也是因为长期从事语音学的本体研究，虽然也担任了“现代汉语”课程的教学，但几乎没有从国家层面和视野观测思考过语言文字应用的问题。日常担任本科的“现代汉语”课程教学中，即使绪论部分谈及国家语言政策，也一直处理得轻描淡写，没有思考教学时就不深入。李老师当时作了主题为“中国语言文字规范的理念与实践”的报告犹如醍醐灌顶，语言学中一扇新的大门在我面前徐徐展开：原来语言与国家、民族之间的关系如此密切，国家制定语言文字规范政策的背后考量如此之多、如此之深、如此之重。课下学员们之间的交流让我对老师有了进一步的认识，这是我第一次见识老师语言规划研究的学术之“国”。

2018年临近超龄的时间里我终于获得了再当学生的机会，通过微信群我顺利找到了老师，再次听到老师温和宽厚的声音，我表达了希望能跟随做访问学者的想法。提交材料后，我忐忑了几天，终于等来了好消息。9月我踏上了北上的求学之路，能够师从我心目中追慕已久的李宇明老师，让我百感交集。来到北语上第一次课，就感受到了老师的细致和关心。老师走过来很认真地询问了我住宿地点以及通勤时间，叮嘱注意上课的时间。之后的时间里，我一边面对落脚的忙慌，一边跟班听课学习。很快便临近中秋节，一天群里通知说：老师邀请没有回家过中秋节的弟子们到家里茶叙吃月饼，我的心里顿时被一种莫名的暖意徐徐熨烫了，有了“家”的感觉。心里怀着好奇的我当然不忍放弃这个走近老师的机会。日子数着数着就到了，我们一行几人——有当年的博士生方若，博士后李燕，还有几名硕士生——一起来到了老师北四环的家里。李老师、白老师很热情地接待我们这群学生，准备了一桌的瓜果和各色月饼，还有泡茶的工具。落座后老师说：“王曦，你来自福建，泡茶就交给你了。”我们就从茶开始聊起了南北方之间习俗、饮食上的差异。交谈中，老师总能关注到白老师杯子里水量的多少，提醒白老师吃哪些水果，等等。当我们感叹老师对白老师的关爱时，老师面带笑容、寥寥数语就描述了他一边照顾白老师和家庭，一边从事教学进行学术研究度过的艰难岁月。语短情长，言辞难以再现逝去的时光。从老师和白老师的脸上看到的是面对生活内心的坚韧、淡然，那一刻我明白了“相濡以沫”的真谛。言传身教，润物无声，一次茶叙都能窥见老师对“家”的呵护，这里不仅有妻子和孩子的生活之“家”，也有与弟子们的学术之“家”。

李老师很关注每个弟子的学术方向，即使是像我这样的访问学者也一视同仁。老师与我就学术的话题讨论有好几次。记得第一次是跟春辉师兄一起，在老师的办公室里汇报我的学术研究计划，袅袅的茶气中，老师的话语总是那么温和，徐徐而来。这次之后还有几次学术交谈，虽然每一次都有很多问题，但老师总是耐心地引导思考研究的方向，找寻研究的理论和路径，不断深入。反复多次讨论之后，往往思路就清晰可见了。访学回来后老师还不时通过微信督促我的学术研究，只是人的惰性往往很强大，也许终有一天我会静下心做起来，毕竟那些教诲仍历历在耳。

再次来老师“家”的原因有些模糊，但至今令我印象深刻的是老师家中的学术之“国”。老师的书房中有一面的书柜，与我印象中大学者的十分不同，书柜极其整齐，没有书墙似的堆积和错落，只有规整。说起书柜，一脸自豪的老师瞬时打开了话匣子，细致地给我们介绍每个柜子每一层里陈列的学术成果，以及这些学术成果产出的具体时间和研究历程。文件盒里装的论文也都按照时间整齐地叠着，不仅有从女儿咿呀学语中开启的儿童语言研究，也有作为“邢门”弟子的语法本体研究，还有伴随国家改革开放“全球化”进程关注国家语言规划的系列论著。说到每本专著，老师总能说出准确的出版时间，以及那一年白老师整理和校对的辛苦。那一天从书柜，谈到了如何做好学术积累，如何开启新的学术视角，然后每个人都谈了自己的研究兴趣和方向，李老师不时鼓励我们认真做好学术积累。其实，书柜里陈列和收藏了老师语言学学术研究之“国”，何尝不是老师的生活之“家”呢？这里不仅有对中国语言规划研究的孜孜追求，也有对国家语言生活的拳拳爱心，更有带领学术之“家”搏击国家语言规划研究的豪气。以小“家”为大“国”，以大“国”乐小“家”，是对家国情怀最真切的抒写。

**作者简介**

王曦，泉州师范学院副教授，硕士生导师。1997 年—1999 年在福建师范大学在职以同等学力申请硕士学位教师进修班学习，结业获硕士学位。2003 年—2011 年在福建师范大学汉语言文字专业攻读博士研究生，获文学博士学位。2018 年—2019 年在北京语言大学师从李宇明教授访学。主要从事汉语语音史研究，主要讲授“古代汉语”“现代汉语”“汉语词汇研究”“楹联鉴赏与中国文化”“诗词格律”等本科和硕士研究生课程。民盟中央参政党理论研究中心特邀研究员、民盟“一带一路”（福建）研究院研究员、福建省辞书学会常务理事、福建省语言学会理事。发表论文 10 余篇，主持、参与省部级科研项目多项。参与编著专著 2 部。

**指导学生情况**

指导美术书法方向硕士研究生 2 名。

2019 年，在北京语言大学语言资源高精尖创新中心合影
（左起：李艳、李宇明、王曦）

# 人生难得的学缘

田列朋

世上有很多事可以求，唯缘分难求，而美好的学缘更是难求。扬雄《法言·学行》："务学不如务求师。师者，人之模范也。"我与李老师的学缘就是这么"求"来的。

2018 年 6 月 13 日下午，语言资源高精尖创新中心举行英国杜伦大学教育学荣休教授 Michael Byram（麦克·拜拉姆）受聘中心国际学术顾问仪式，接待晚宴送李书记（那个时候因为工作身份，我还称呼李老师为李书记）时，我鼓起勇气向他表达了自己想申请到他门下攻读博士学位的想法。李老师停留了几秒钟后，语重心长地告诉我："跟着我读博士，可是很苦的，需要做好心理准备。"我自豪地表示，能够跟着您读博士，将开启我人生的一段新篇章。第二天李老师在出差路上，给我发来了《中国语言规划论》《中国语言规划续论》《中国语言规划三论》《当代中国语言学研究》等参考书目，让我认真读读然后找时间谈谈想法。就这样，我正式开启了与李老师的学缘关系。

## 经师易遇　人师难遇

司马光《资治通鉴》有云："经师易遇，人师难遭"。人生三大幸事：遇良师，得良友，拥良伴。作家弗雷德里克·巴克曼曾说过一句话："每个人的生命中总有那么一刻决定他们将成为什么样的人。"

遇见良师的那一刻，给人以春风化雨般的滋润。李老师，正是这样一位"德高鸿儒博学，望重英雄豪杰"的大先生。

李老师是著名语言学家邢福义先生的开门弟子，受邢先生的人生影响，李老师逐步走上了"大先生"的道路。邢先生在研究生教育上有很多脍炙人口的教育理念，比如"研究生、研究生，自己研究自己生（升）""引导学生站在问号的起跑线上""师生关系，亦师亦友""最大愿望是学生超越自己"。李老师不但践行了这些教育理念，更在这些教育理念指导下形成了独具特色的人才培养风格。截至目前，他已经为我们国家乃至世界培养了 100 余名语言学人，有的已经成长为语言学界知名专家，有的成为知华友华的代表学者。

对于学生培养，李老师特别重视因材施教的教育理念。他始终认为，教育，一分为二，师与生同在；在师生关系中，思想的火花绽放出希望；每个学生都是一个宝藏，需要有耐心和智慧去开掘，并尊重每个学生的特点和学术特长，让他们展现自己的光芒。他还把学生当成未来的成功人士以及好朋友来培养，我总结这种培养模式为“今日之师，未来之友”。就我而言，我之前的专业因为不是语言学，所以在博士论文选择上就和语言学出身的同门相较而言略显吃力。李老师根据我之前的研究专长以及工作岗位特点，为我确定了非物质文化遗产语言政策研究的博士研究题目。这个研究领域让我既能从中找到研究的兴趣，更是为我今后的发展积累了研究基础。

## 随风潜入夜　润物细无声

李老师对学生的培养总是那么“润物细无声”，他将学生们的研究能力培养到极致，让学生们深度参与到他深耕多年的领域。李老师常将自己的研究比喻为种树：解决语言生活的一个问题，开拓语言生活研究的一个领域就好比是种植一棵树，年年种植，坚持种植，纵有旱涝病害，也会栽出片片树林，成为绿洲。“华语”“应急语言服务”“语言资源”“语言助力贫困治理和乡村振兴”“儿童语言”“语言健康”“中文传播与语言能力”……这些“树林”，活跃着一批“李家军”的身影。我努力做好一名合格的“李家军”成员。

阿依古丽是李老师2014年指导的吉尔吉斯斯坦“新汉学”计划博士生，阿依古丽学成归国后就职于吉尔吉斯国立民族大学，成为孔子学院一位教授汉语的专业教师。2019年9月21日至9月24日，李老师率队赴吉尔吉斯斯坦出访，我有幸陪同出访，其间阿依古丽全程陪同我们参加各种外事和学术交流活动。四天的访问，对于我而言，既出色完成了各种出访任务，又感受到吉尔吉斯斯坦异域风情、享受到各种美食，更重要的是深切体会到李老师对阿依古丽这位学生的关心呵护以及持续不断的人生和学术指导。虽已毕业，但师生情没有因为时空的距离而变得陌生。也正是在这种不间断的培养关心下，阿依古丽已逐步成为新丝路上中吉文化的交流使者，她的工作成绩很好证明了李老师的学术理念：开展好国际中文教育事业，必须培养像阿依古丽这样优秀的本地化中文教师。而像阿依古丽这样优秀的学生，已经遍布祖国大江南北和世界各地。

## 胸怀万里世界　放眼无限未来

李老师在很多领域建树颇丰，其中语言资源研究是最具代表性的一个领域。李老师有一篇文章《中国语言资源的理念与实践》，是语言资源研究必参考学习的一篇经典文献。这里面有李老师二十多年来对语言资源的研究思想，特别是在他见证下建立的国家语言资源监测与研究中心，相继开展的中国语言资源有声数据库建设和中国语言资源保护工程等语言资源实践工作。他还亲身参与了“世界语言资源保护大会”，并作为主要起草者，共同起草并发布了《岳麓宣言》。在他的引领指导下，中国成为世界上提倡语言资源理念、开展语言保护最为突出的国家。

而我更想提到李老师作为主要设计者之一，与北语同仁共同创设的北京语言大学语言资源高精尖创新中心。该中心成立于 2016 年 5 月，是积极响应《北京高等学校高精尖创新中心建设计划》，经北京市教委认定并依托北京语言大学进行建设的实体科研机构。中心立足语言之基、坚持问题导向，形成“尊重科学、尊重科学家、尊重科学家的劳动”理念，充分发挥语言资源的“人类文明载体”和“数据生产要素”作用，通过创新体制机制，探索出以项目制支撑科研运行、以资源整合机制促进协同发展、以成果产出机制激发创新活力的运行模式。“我们的全部尊严就在于思想”“三个尊重”“库馆通”等成为语言资源高精尖创新中心的标志性文化符号，受到国内外学界以及社会人士的高度关注。在李老师带领下，中心不断深入开展语言资源的前沿理论和规划研究，阐发了语言资源三大功用，即保有人类既有文明、促进人工智能发展、助力语言智慧学习，并据此建立了语言资源开发体系；汇聚国内外专家队伍，建设冬奥术语支撑和语言智能服务平台，创造中国奥运信息化新篇章，成果纳入我国奥运资产；联合有关单位先后研发《抗击疫情湖北方言通》《疫情防控外语通》《疫情防控“简明汉语”》等系列语言服务产品，为抗击疫情医护人员及相关群体提供多维度语言服务；整合资源，创立国内首个“语言资源学”学科，依据语言资源学的现有发展实际和未来发展趋势，下设语言资源理论与实践、语言资源应用技术、语言资源管理与伦理三个主要研究方向，并连续招收 2 届博士生。

我也因为在中心长达 6 年的工作经历，更加觉得李老师对中心发展定位和科研目标的设置是具有战略眼光的。我愿意在各种工作岗位上践行李老师提出的中心精神和团队文化。

## 耳顺知天终极事　人生再制彩图卷

李老师是一位有大情怀的教育者。

李老师经常勉励自己的学生，国家选择那些选择了国家的人。作家斯蒂芬·茨威格在《人类群星闪耀时》一书中曾说：“一个人的最大幸运，莫过于在他人生的旅途中，在他年富力强时发现了自己的人生使命。”一个国家、一个社会，青年的价值取向决定了未来的价值取向。李老师用他的家国情怀感染着身边的每一位学生。所以他培养的学生，身上的家国情怀就更深厚些。

因为工作等各种原因，我陪李老师外出开会的机会比其他同门多了一些。每次聆听李老师的学术报告或者会议发言，我总能获取到一些新的学术营养和人生感悟。这里面既有李老师对学术的不断追求、对青年学者的关怀培养，更有对国家和人类命运的思考，家国情怀成为李老师的人生重要格言。

印象最深刻的一次是受香港中华书局邀请，2023 年 5 月 24—26 日我和李老师到香港出差，拜会了香港著名文化人士、香港中文大学原校长金耀基先生。在座谈中，李老师和金耀基先生对中国现代化及传统在社会、文化转变中的角色，对中国教育的发展和学生的培养进行了深入的对话交流，对话期间不时发出爽朗的笑声，两位学者高水平的对话时时闪烁着人生智慧，更把他们的学者担当和家国情怀展现得淋漓尽致。参加对话交流的香港教育局局长蔡若莲女士评价为“听您与金公妙语连珠、真是如沐春风”。返京后，金耀基先生还专门委托香港中华书局总编辑侯明转送他给李老师的书法作品《送张判官归兼谒鄂州大夫》：

处士闻名早，游秦献疏回。腹中书万卷，身外酒千杯。

江雨春波阔，园林客梦催。今君拜旌戟，凛凛近霜台。

之后，李老师专门书写朱熹《观书有感》回赠给金耀基先生：

半亩方塘一鉴开，天光云影共徘徊。

问渠那得清如许？为有源头活水来。

我想，这应该能成为一段学术界佳话！此刻回味当时的对话场景，仍然感觉余香在口、余音在耳。两位先生的人生格局、治学思想，让我无论是在今后的学术研究，还是从事的工作岗位上都受益终身。

李老师是中国语言生活研究的“只问耕耘、不问收获”的“植树人”，他的教育思想影响着越来越多的人……我不仅是其中一位，更是懂得珍惜这段人生难得学缘的人！

吾爱真理，但吾更爱吾师！

**作者简介**

田列朋，北京语言大学语言资源高精尖创新中心副主任，主要负责中国语言文字数字博物馆建设工作小组秘书处、中国语文现代化学会秘书处工作。2019 年起在北京语言大学师从李宇明教授攻读博士研究生，主要开展非物质文化遗产语言政策研究。在《云南师范大学学报（对外汉语教学与研究版）》《北京教育》《科普研究》以及《光明日报》《国土资源报》等杂志和报刊上发表文章近 10 篇。

2019 年 9 月 23 日，在吉尔吉斯国立民族大学合影
（左起：田列朋、李宇明、阿依古丽）

# 严学砺术业　慈育沐身心

朱海平

李老师于2019年受邀成为首都师范大学（以下简称“首师大”）特聘教授，负责指导文学院语言学及应用语言学专业语言产业研究方向的博士生。我有幸成为老师在首师大指导的第一个学生。

## 缘分天注定

我相信缘分，我时常想，我跟老师之间的这份学缘，应该在冥冥之中就已经注定了。

2017年，陈茜师姐（那时我还称她“陈老师”）带队赴香港开展普通话水平测试工作，我是队员之一。工作之余，我跟师姐谈到了自己想攻读博士学位的想法。师姐听后，毫不犹豫地说：“海平，你要读博士，建议你跟着我的导师——李宇明老师读。李老师不但自己学问做得好，而且他的‘李门’门风也特别好，同门之间相互关心、相互帮助，相互鼓励，在那里，你不仅能学习如何做学问，而且还会在做人、做事等方面得到全方位提升。”

说来惭愧，由于当时视野的局限，我对大名鼎鼎的李老师知之甚少。这到底是怎样一位老师，能让学生如此认可？带着这样的疑问，我开始查阅李老师的相关资料，真是不看不知道，一看吓一跳。在学术方面，他是语言学界的知名专家，著述等身；在行政方面，他曾任教育部语言文字信息管理司司长等职；此外，他还是五一劳动奖章获得者、享受国务院特殊津贴专家……越是了解，我越是胆怯，心想：“这么厉害的老师，一定高不可攀，以我的学识和专业基础，想要成为李老师的学生，估计比登天还难！”

胆怯归胆怯，但性格里的倔强却告诉我，虽然希望渺茫，但一定要试一试。哪怕此生无缘成为“李门”弟子，但我为之努力过，也算能给自己一个交代。于是，在接下来的时间里，我一边重新走进“新东方”，捡起丢下多年的英语，一边拜读老师的相关研究成果，为报考做准备。经过近两年的努力，虽然自我感觉有了不小的进步，但总觉得距离老师的收徒标准还有很大的距离。于是，我开始怀疑自己是否太不自量力。就在我开始自我怀疑并心生退意之时，突然听到了一个令人振奋的消息——李老师将作为首师大的特聘教授，从 2019 年起，在首师大文学院语言学及应用语言学专业招收语言产业研究方向的博士生。听到这个消息，我欣喜若狂，这不是老天在有意成全我吗？必须抓住机会，全力以赴！结果，承蒙老师不弃，我如愿成为老师在首师大的第一个学生，也是语言产业研究方向的第一个博士生，何其幸运！我想这也许就是传说中的缘分天注定。我相信缘分，更珍惜这份难得的学缘！

## 品格寓言行

正如陈茜师姐所言，进入师门后，老师给我上的第一课就是做人做事课。

我记得非常清晰，那是 2019 年 6 月 18 日，按照语言产业研究院领导的安排，由我开车去北京师范大学（以下简称"北师大"）接老师来首师大参加中国语言产业研究院发展规划与学科建设研讨会。由于这是第一次跟老师直接接触，虽然以前一直听说老师非常平易近人，但毕竟没有打过交道，所以我不敢有丝毫马虎，早早就来到了北师大，并按照接送领导的惯例，把车子右后方座位给老师准备好。到了约定的时间，李老师在其他老师的陪同下，从北师大的教学楼里走了出来。见老师出来，我赶忙上前迎接并将右后方的车门打开，请老师上车。

老师见状问："还有别人吗？"

我回答说："没有，就您一个人。"

"那我就坐在前边。"还没等我回过神来，老师已经打开前车门，坐在了副驾驶的座位上。

见老师已经坐好，我也赶紧上车准备出发。但由于我是路盲，开车没有导航寸步难行，所以就坐在车上设置导航，老师见状轻声说："先把车开出去。"

"哦哦，好。"我当时虽然没有领会到老师的意思，但还是答应着将车开出了北师大。出了校园，老师就像给小孩子讲道理一样，语速缓慢且耐心地说："如果不认识路，导航就应该提前设置好，否则，送行的老师们就要站在那里等我们离开，尤其还有王宁老师在，王老师年龄比我都大很多，这不合适。现在靠边停车，设置导航吧。"老师话虽不多，语气也很温和，但我却惭愧得无地自容。

这看似不起眼的小事，却让我感受到了于老师而言已成为习惯的优秀品格：做人要做平易近人之人，无论你的地位有多高；做事要做注重细节之事，无论这件事情有多小。这是我入师门的第一课，也将是让我受益终身的重要一课。

## 严厉爱更浓

我眼中的老师绝大多数时候都是和蔼可亲，笑容可掬的，但也有例外，那就是当他感觉你对待学术的态度不够严谨时。

随着毕业时间一天天临近，撰写毕业论文的焦虑情绪也逐渐占据了上风。我知道克服焦虑最好的办法就是少想多做，当务之急就是尽快设计出一个经得起推敲又能顺利做下去的研究框架。经过数十次的修改，那天晚上接近11点，我终于在办公室确定了论文的研究框架，并带着点小兴奋将研究框架通过微信发给了老师，心想："都这么晚了，老师最近又是参加学生毕业答辩又是连续的讲座和各种会议，忙得不可开交，一定顾不上看，先回家踏实睡个觉，有啥事明天再说。"我边想边收拾东西，准备从办公室离开。没想到，东西还没收拾利落，手机屏幕就亮了起来，打开一看竟然是老师的信息："你没有看过一篇博士论文吗？目录要用章、节，哪有你这样的？"连续两个好像字字都带着着重号的问句，让我感觉到老师的怒火已经溢出了手机屏幕，吓得我不敢喘息，更不敢做任何解释，急忙回复："老师，我马上改。"紧接着，老师又连续发来三篇不同学校博士生的毕业论文，之后还不忘补充问道："就没有这样想过，还是怎么的？""抱歉，老师，我一门心思琢磨内容，就忽略了格式。"我老老实实回答道。

接下来我不但认真学习了老师给的论文，还专门从首师大找来了两篇最新博士论文进行学习，并按照规范的论文格式要求，将自己的论文研究框架整理好。为了确保万无一失，我又反复检查了格式、文字甚至每一个标点符号。在确认无误后，将修改好的论文框架发给了老师，此时已是第二天凌晨。我想这次需要看具体内容，加上老师最近的日程确实已经"无缝插针"了，估计老师不会太快回复，我只要耐心等待就好了。结果证明，这一次，我又错了。按日期算，应该是当天晚上8点多，老师就将带着详细修改意见的论文框架发了过来并留言："上面是我的批注版。先按照这个提纲写出初稿。在形成初稿的过程中，我们不断讨论。"看着屏幕上的文字，我知道老师的火气已经消得差不多了，心里终于松了一口气。我自己也是老师，我清楚地知道，老师严厉的批评是恨铁不成钢，是希望学生快快成长，是对学生更深沉的爱。而我能做的，就是以更加严谨的学术态度，踏踏实实做好毕业论文及此后的每一项学术研究。

## 传递同门情

李建涛也是首师大的博士研究生，比我高一届，按理说，是我的学长，但由于我年龄比他大得多，所以他平时都叫我"姐"。2021年的一天，我俩闲谈，他说："姐，我打算做两年博士后，想听听你的意见。"我毫不犹豫地说："建涛，你要做博士后，就争取跟着我的导师——李宇明老师做，相信姐，跟着李老师，不仅能进一步开阔你的学术视野，练好学术内功，更会让你在做人、做事等方面得到全方位提升……"后来，建涛成了我的师弟。

幸福的时光总是过得飞快。转眼间，已经是我加入"李门"这个温暖大家庭的第五个年头。五年来，我感受到了老师对待学术的严谨，对待学生的严格，正是在老师的“严”传身教中，我从一个学术“小白”逐步走上了正规的学术研究之路；五年来，我更感受到了老师高尚的品格和对待学生慈父般的爱，这是一种让很多同门都不同程度感受到的对自己的“偏爱”。正是老师的这份“定制爱”，给了我莫大的鼓励，坚定了我做好学术的信心。感谢老师！感恩有您！

## 作者简介

朱海平，首都师范大学副研究员。2009 年—2012 年在首都经济贸易大学企业管理专业攻读硕士研究生，获管理学硕士学位。2019 年 9 月起，在首都师范大学跟随李宇明教授攻读语言学及应用语言学专业语言产业研究方向博士研究生。2019 年至 2023 年，共发表各类学术文章 9 篇。

# 人生得“明”师　足以慰平生

邬美丽

2019年9月，在北京语言大学，我有幸师从李宇明教授做访问学者，从事语言规划领域的研究。四年多来，我收获满满。李老师、白丰兰师母以及“李门”大家庭对我影响深远。在李老师“润物细无声”的影响下，我对人生与学术等都有了不同的认识与理解。《论语·季氏篇》提到君子有九思：视思明，听思聪，色思温，貌思恭，言思忠，事思敬，疑思问，忿思难，见得思义，跟着李老师的这些年，我的收获已经远远超出了上述九个方面。以下我主要从学缘方面说一说我所了解的李老师。

## 书中的李老师：可望而不可即

在正式拜师前，我就已拜读了李老师诸多的文章和著作，而且从中收获颇丰。犹记得，刚开始写学术文章，在获得了辛苦调查的数据之后，我一直困惑于如何更好揭示其背后隐藏的规律。直到有一天看到李老师的文章，我突然有了一种豁然开朗的感觉。读李老师的文章，感觉字字珠玑；每每想起，总不觉感叹，这是怎样的一位学者，才能写出这么深邃而又贴近现实的文章？在其熠熠生辉的学术思想启示下，我的思绪飞扬。也正是得益于其指引，我的第一篇处女作才得以完成，并在杂志上顺利发表。

偶有闲憩，时时伏案沉思，何时才能成为李老师的门生？那时感觉李老师是那么的神秘而遥远，是那么的可望而不可即。

## 赐教的李老师：亲切但仍神秘

工作后，在文章写作时遇到了一个难题。机缘巧合我通过微信联系上李老师并向其请教。起初，我心怀忐忑。对我而言，李老师是一位非常著名的学者，与他的差距并不仅仅是一个师生之间的距离。况且我与李老师也从未谋面，对于李老师而言，我也完全是个陌生人。

抱着尝试的心态，我给李老师发出了求教的问题。之后，因不知道能否收到回复，我心情有些焦灼。出人意料的是，李老师很快就给了我回复，他对我的问题进行了详尽的解释，并给我推荐了相关领域的文章与著作。对于一个陌生人，李老师是那么的耐心细致，犹如对自己的孩子与学生。那一刻，我心中有了一丝莫名的感动。我感受到了一种抚慰心灵的温暖，这一感觉就像黑暗中的一盏明灯，给我安慰和力量。

此后，每每遇到问题，我总是第一时间求教于李老师，他也总会耐心地给予解答。慢慢地，我感觉李老师于我而言不再那么的遥远，而是多了诸多亲切。但我依然觉得李老师是如此的神秘，因为我还没有见到现实中的李老师。

## 初见的李老师：细致且温暖

2017 年，在我从事研究近十载时，学术之路却仍充满了困惑与迷茫。当时感觉我的学术如镜中月水中花，既找不到方向，也不知前景为何。我觉得自己的学术生涯需要重塑与再造，于是我萌生了做访问学者的想法，而第一时间便想到了做李老师的访问学者。

我的访学申请之路比较艰辛。当时除了各种规约制度，还有很多想与李老师结成学缘的同仁竞争。幸运的是，在众多学友中，我最终申请成功，并于 2019 年 9 月正式加入“李门”这一学术大家庭。

初次接触李老师的情景至今历历在目。2019 年 5 月，访学的手续办理之时，我就已经开始参与李老师组织的各类学术活动了。至今记忆犹新的是第一次去参加一个开题报告会。李老师非常细心细致，他专门告知我开题报告会的时间和地址。

那天我心情异常激动，终于要见到那遥远而神秘的李老师了！只记得当天天气较热，李老师穿一件短袖进入会场，在安顿就坐之后，他回头看了我一眼，并亲切地对我说道：“美丽，你往前坐。”当时的我瞬间感觉特别的温暖。那一刻，神秘的李老师不再神秘，成为一位亲切而又温暖的长者。李老师给予我的这种温暖让我在学术道路上走得更加坚定与执着，更成了我前进的动力，并时刻鼓舞我不断前行。

## 就读初期的李老师：温润如玉且些许严厉

2019 年暑假，办好访学手续后，我带孩子回到了家乡。由于两个孩子较小，又回到了阔别已久的故乡，我的学术之心有些松弛。

一天，我收到了李老师的信息。他问我最近是否在看相关文章，是否写了些东西；他提醒我要常看常写，在学术上不能松懈。看到李老师的提示后，万般滋味涌上心头。自从我博士毕业后，还没有哪一位长者像李老师这样用心良苦地教导我要读书为学。小时候，大多怕老师的指导与教导，那时候想得到的是自由与解放。殊不知成年之后，才发现想找到一位师长指点迷津已然成为一种奢求。接到李老师消息的那一刻，我重拾了信心与希望。

此后的日子里，李老师给予我的温暖与鼓舞如影随形。这时候的李老师既是温暖的，也是有些许严厉的。温暖来自李老师温润如玉的品格，严厉来自李老师长者的职责。这些温暖和些许严厉都如春雨般“随风潜入夜，润物细无声”地影响着我，变成了对我的鼓舞与鞭策，让我在学术的道路上披荆斩棘、跋涉前行。

## 熟识的李老师：家国情怀、责任、担当

2019年下半年开始，我有机会经常去北京语言大学参加一些学术活动，主要包括学术会议、讲座、开题报告、答辩等，当然最重要的当属李老师的课堂。不幸的是，2020年初肆虐的新冠肺炎疫情影响了我们生活的方方面面。我的访学生活也受到很大影响，大多学术活动也变为线上。

尽管学习形式发生了变化，但丝毫没有影响李老师对我的指导与帮助。每每想起那段时光，总感觉收获颇多。在访学期间，无论是线下还是线上参与的学术活动，我都会有不一样的体会与收获。在一次又一次聆听李老师的学术讲座之后，李老师在我心中的形象变得更加立体而丰满。一位有着家国情怀、民族责任与担当的语言学家的形象在我心中逐渐形成。

犹记得，新冠肺炎疫情暴发后，李老师积极投身于应急语言服务的研究与实践，带领团队加班加点制作“抗击疫情湖北方言通”。李老师这种忧国忧民的家国情怀深深地印在了我的脑海中。“李门”这一学术大家庭在遇到事情时的那种凝聚力也让我惊叹。我深刻地感受到了家国情怀在这个集体中深厚的浸润。这时的李老师不只是师长，更是一位有家国情怀的语言学家。正是这份责任与情怀，让李老师、“李门”这一学术大家庭的魅力更加凸显、也更加卓尔不群。我常常独自庆幸，能成为“李门”中的一员，何其幸哉。

受到李老师、“李门”潜移默化的影响，在学术的道路上，我也逐渐找到了自己的方向。我对学术也有了不同的理解，我明白了学术不是个人的学术，是为国为民的学术；学术不仅仅是学术，也是国家的事业。李老师的躬行示范让我终于找到了想要的答案。那一刻，我真正体会到“学高为师，身正为范”这句话的力量所在，也深感作为青年学者中的一员，我们应该有家国的责任与担当。

2020年夏天，结业之际，李老师语重心长地告诉我，研究要将“材料的收集、理论的升华和现实的应用”几者结合起来。这些话一直深深地印在我的脑海里。我的访学生活结束了，但是李老师、“李门”学术大家庭对我“润物细无声”的滋养与影响才刚刚开始。李老师的家国情怀与长者的示范，成为我人生道路上那颗永远的明灯，指引我在学术的道路上不畏艰难、不断前行。

人生得“明”师，足以慰平生。仅以此句献给李老师以及“李门”这一学术大家庭。

## 作者简介

郐美丽，天津外国语大学国际教育学院教授，硕士生导师。2001 年—2004 年在内蒙古师范大学汉语言文字学专业攻读硕士研究生，获文学硕士学位。2004 年—2007 年在中央民族大学语言学及应用语言学专业攻读博士研究生，获文学博士学位。2007 年—2010 年在南开大学文学院从事博士后研究。2019 年—2020 年在北京语言大学师从李宇明教授访学。2022 年参加教育部、国家语委语言文字应用研究高级研修班（第一期），2023 年参加教育部、国家语委语言文字应用研究海外研修班（第四期，英国谢菲尔德大学）。从事语言规划研究，主要讲授“社会语言学”“应用语言学”“现代汉语语法学”“语言学概论”等本科和硕士研究生课程。入选天津外国语大学“青蓝之星”。出版专著 2 部，在《语言文字应用》《语言教学与研究》《南开语言学刊》等刊物发表论文 30 余篇，承担省部级科研项目多项。

## 指导学生情况

指导语言学及应用语言学、汉语言文字学、汉语国际教育专业硕士生 9 届，中外学生共计 40 余人。

2019 年 5 月 22 日，在北京语言大学语言资源高精尖创新中心合影

（左起：李宇明、郐美丽）

# 山水师恩缘

高　博

有幸成为老师门下弟子，继而幸得老师、师母关爱，心中常感老师是山，师母是水，我是这山水之间的一棵小苗，在师门的兄弟姐妹这苍劲挺拔的森林中茁壮成长。

## 追梦

2019 年的春夏，一个熟睡的婴儿旁边有位额顶头灯小心翻书的妈妈，伴着婴儿均匀的酣睡声沉浸式学习着李宇明教授的论文，床上散落着《中国语言规划论》《中国语言规划三论》《儿童语言的发展》《两岸语言文字调查与语文生活》《家庭语言规划研究》等著作。这个一手翻书一手拍娃的人就是我，一个想借着产假时间圆上成为宇明老师学生之梦的在职博士备考生。

想读博的念头，从 2007 年硕士毕业时就已经萌生。十余年来从讲台到行政岗位，总是特别幸运地与卓越的领导、同事学习、共事，接触到优秀的学生、校友、朋友，对读博的预期“水涨船高”，直到遇到老师，笃定了理想中的努力目标。

追梦不易，通过之前争分夺秒的飞机上、火车里、出租车行驶中的碎片化学习加上产假期间的系统梳理深化，多少个这样日日夜夜之后，当我作为老师的博士生，第一次坐在老师的“惧闲聊斋”里，面对面聆听老师教诲的时候，那种十余载逐梦成真的恍惚和无法平复的激动至今仍记忆犹新。

## 入门

第一次拜会老师和师母，是我和先生一起。师母给我们准备的是两杯西湖龙井，书香茶香中老师和师母温暖地坐在那里，满眼的慈爱和鼓励。老师从我的学业基础和工作经历切入，从校内教学、行政管理到高校多层次合作办学、多方位开展社会服务，从基金会服务教育事业的发展趋势到国内外校友力量传播中国好声音的使命担当，立身于国家发展和民族复兴，以横纵古今、纵观世界的高远视角，让我入脑入心地提升了为人、为学、为事的思想认识，对之前老师在文章中提到“资政、资学、惠民”的学术追求有了更加直观的感性认识，明白了为何、如何“将论文写在大地上”。

每每回顾这次进入师门的初见，都会不由得感慨，老师的这堂启蒙之课，是为学生传道、授业、解惑的开篇之讲，更是“课程思政”的典范。

## 跨界

这堂课还有一个番外篇的神来之笔，是老师、师母在关心我家先生的专业和工作之后，从人类发展的物理空间、社会空间和信息空间三个维度对人工智能的发展及其中的语言应用进行了“探讨”，以跨学科跨领域的深厚理论功底和精准前沿的见解判断，成功收获了新晋“迷（徒）弟”一名。而这位奋战在理工类科研实践一线的同志在日后成长为了一位老师的“蹭课”达人，并将老师的理论指导落实在交通强国的实践中。

## 融合

作为一个在职读博的学生，老师的“两个旋转门”思想让我倍受启迪，即工作与学术研究之间的“旋转门”，政府与学界间的“旋转门”。我在努力建构第一个“旋转门”的两年后，得到了一张第二个“旋转门”的“体验卡”：学校通知我准备挂职，时值新冠肺炎疫情严峻期，新闻中前赴后继的为国奉献者，让我有冲向一线的沸腾热血，也有因孩子幼小带来的心中畏惧。现在回想起来，特别感谢老师的坚定指导和同门传承的家国情怀，前有老师彻夜组织抗疫语言服务团直击救援瓶颈，后有同门学子听从组织安排候阵一线。后来，经组织考察，我有幸到教育部挂职锻炼。向老师报告后，在老师悉心指导中得知，我挂职司局与老师曾经主政的司局在同一栋办公楼，这让我每一次步入南楼时，心中都会多一份郑重，更加倍感珍重的尽职尽责。

## 成长

老师和师母对我们的关爱是春风化雨、润物无声的。初来部里，老师带着我参加了部里的专业相关会议，在部领导专注听取老师建议的灼灼目光中，我看到了国家对于语言文字工作的高度重视和发展的蓬勃动能。学业规划中，老师统筹引领、因材施教，以其高远的站位视角，严谨的学术风范，为我们提供了纵横驰骋的广袤草原，引领我们肩擎国家语言文字发展的大旗，奔赴民族振兴、国家富强的共同目标。生活中，老师总是喜欢“有声炫耀”师母的关爱和照顾：“哎呀，你看你师母，每次我出来只开一天的会，都得用这小盒子把我这‘营养药’按早、中、晚装好，我得按时吃，呵呵呵……”“今天晚上我不和你们一起吃饭了啊，你们师母等我回家吃饭呢……”工作学习生活中的温言暖语，《人生初年》中的历时记忆，同门欢聚三代同堂的其乐融融，老师和师母言传身教地引领着我们为人、为学、为事。

时光流转，初心不变，老师如山而立的人格学识，师母上善若水的引领关爱，是学生成长中的引航灯塔和力量源泉，学生也将脚踏实地继续努力，跟随老师、师母的引领为国为学为事汇聚自己的一份力量。

**作者简介**

高博，北京第二外国语学院助理研究员，现任教育部学位管理与研究生教育司综合处副处长（挂职）。2005 年—2007 年在吉林大学文艺学专业攻读硕士研究生，获文学硕士学位。2020 年起在首都师范大学语言学及应用语言学专业师从李宇明教授攻读博士研究生。

2020 年 8 月 9 日，在李老师家合影
（左起：高博、白丰兰、李宇明）

# 我心自有巍峨在　不畏前路阻或长

刘晓宇

我是唯一一名在东北师范大学学习的“李门”弟子，因此，我的求学之路交织着压力与动力，这也是从录取通知书到未来毕业证书，以及前方漫漫学术之路的主旋律。细细回想，准备读博和加入“李门”可以视为我人生的分水岭。在准备读博之前，我对未来的规划可以称得上“按部就班”，一路读书到硕士研究生毕业，和相恋多年的同学结婚，寻一份大学老师的工作，似乎在每一个重要的人生节点都做出了“正确”的选择，而每个选择都潜移默化的遵循着社会对一名普通女性的期待。不出意外的话，我的人生会朝着既定的路继续前进。

2015 年硕士研究生毕业后，我在一所综合大学的附属医院负责留学生教学工作。这一份在很多人眼里的“好工作”，我却觉得有点“没什么滋味”，因为学习了七年的语言与语言学突然没了用武之地。附属医院规定：行政岗位职工——无论是否有医学教育背景——都要定期参加医院志愿服务工作，以熟悉医院工作内容和流程。也因此，我了解到医院的语言康复科，患儿家属在语言康复门诊前或焦虑、或紧张、或压抑的情绪，给我留下了深刻的印象，让我不禁想要“学有所用”。想进一步了解情况时，一位言语康复师朋友向我推荐《聋儿语言康复教程》，她介绍这本书是她的“职业启蒙教材”，我惊讶地发现，本书的作者——李宇明老师竟然在 20 世纪 90 年代就关注到了语言障碍群体。这改变了我对语言学科的刻板印象：语言会“生病”，也需要被“治疗”，那我是不是也可以做一名语言的医生呢？心中就此埋下了想要继续深造的种子。

2016 年，我的孩子出生了。因为身体原因我有了很多独处的时间，每每看到孩子纯稚的眼神我总会忍不住想：他会成为什么样的人呢？未来渺渺，难卜难知。我无法回答这个问题，童话大王郑渊洁谈到家庭教育时曾说：“你要求孩子成为什么样的人，最好的方式就是做给他看。”而我数次审视自己，却发现我并不希望孩子成为第二个现在的我。

美国诗人罗伯特·弗罗斯特在《未选择的路》里写道：“一片树林里分出两条路，而我选了人迹更少的一条，因此走出了这迥异的旅途。”当我徘徊在人生的路口，这两件事引导我坚定的走向另外一条较少有人涉足的路。

## 心仪德业双馨　自然亲师信道

下定决心要继续深造后，我便开始搜索、查询相关方面的导师、学者及研究方向。首先关注的便是《聋儿语言康复教程》的作者——李宇明老师，而进一步搜索后有更多的惊喜：李老师与师母白丰兰合著的《父母语言艺术》，详述听力障碍和心理障碍儿童的父母与患儿交流的艺术。《聋童声母获得状况研究》《汉族聋童语音发展的规律及康复对策》更是给予我诸多启发。不仅如此，李老师的研究并不局限于语言障碍儿童，在儿童语言发展、语言政策与规划等领域都有很高的造诣。学术成果之多让我不禁怀疑：是否存在两位、三位甚至更多位同名同姓的学者？然而并没有，是李宇明老师，全部都是李宇明老师。在好奇心的驱使下，我搜索到李老师与师母白丰兰老师在"病房中的婚礼"，了解到那部儿童语言学的巨著《儿童语言的发展》，了解到世界上跟踪记录儿童语言发展时间最长的科学研究——《人生初年》。无论是他对亲人的挚爱，还是在专业上对学术的追求，都不断地震撼着我，古人云：亲其师，信其道。高尚的品德，权威的学术，令我既崇拜又向往，这样德业双馨的学者，令我生出想追随老师学习之心。我将李老师的成果打印出来，逐篇、逐行揣摩，关注李老师最新学术讲座，希望通过我的努力早一点看到李老师的背影，追随老师前进的脚步。

2019 年 11 月，第一次与老师见面

（左起：刘晓宇、李宇明）

也许是努力使然，抑或是运气眷顾。2019 年 11 月，我有机会能见到李老师了，和许多同门一样，初见老师时的我既激动又紧张，曾经只能在参考文献中见到的名字变成眼前儒雅的学者，我准备好的资料被手心的汗水浸湿变皱，排练过多次的自我介绍也没能“完美发挥”，老师包容了我小小的“不完美”，留下了这张跟老师的珍贵合影。

在跟随老师参加学术会议的三天时间里，老师的为学、为人、为师都给我带来深刻的影响，至今回想仍记忆犹新。

## 确立奋斗目标　路在脚下延伸

在见面后，想要追随老师学习的意愿更加坚定。2019 年 12 月初，我得知李老师 2020 年在东北师范大学与周桂君老师联合招收博士研究生，我开始按照往年东北师范大学博士研究生考试范围做准备，我自问没有十分聪明，凭着一股“不见南山终不还”的韧劲儿，准备行囊向“科研之路”出发。准备考试的同时，我将上网搜索到的老师的文章、新闻、访谈都汇集、打印成册，将学习心得整理后汇报给老师。如今再次翻阅这些文字会发现，曾经对学术问题的思考较为粗浅。但是，老师每次都会对我这些“粗浅的思考”予以鼓励，这些鼓励促使我干劲十足地投入到下个阶段的学习中。2020 年初，新冠肺炎疫情快速蔓延到全国，我为响应国家和医院的号召，大年初一连夜从老家回到工作单位，投入到疫情防控志愿服务工作中。同时，为了不落下自己制订的考试计划，我把要背的内容记在手机上、写在小纸条上，利用志愿服务工作的间歇备考。老师得知后发信息给我：加强学习，很好！

在这时，李宇明老师再次以身为范，让我看到学者的学术责任和社会担当，为疫情防控工作贡献语言力量。由老师、赵世举教授等 40 余位学者成立的“战疫语言服务团”，积极帮助外地援鄂医疗队解决医患沟通方言障碍问题，先后研制了“抗击疫情湖北方言通”“疫情防控外语通”等产品，用语言学专业知识助力湖北省抗击新冠肺炎疫情。我把产品推送给去湖北支援的医生同事，引发大家热烈反响。学以致用，知行合一，我越来越深刻地认识到：老师知识面之广、视野之宏、思考之深、眼界之远需要我一直学习。

## 道路崎岖漫长　笃行去求真经

博士研究生考试后，我思虑再三决定辞去工作。一方面考虑如果能够通过考核，东北师范大学有档案要求；另外，如果没能被录取，我想全身心投入到下一年的备考中。幸运的是，2020 年 8 月，我成为“李门”的一员。在老师的教导、师母的关怀和师兄、师姐及同门的关心下，正式成为学术研究领域的一名“新生”，这也是我平凡过去的新生。学习伊始，我的探索欲日益增长，老师支持我的奇思妙想，给我探索自己研究旨趣的自由，并在我迷茫时给予指导。犹记得我写第一篇小文章时，从开始撰写到最后刊出历经两年时间，几易其稿。其间因为多次修订的仍然掌握不好怎么完善文章，我不免有些心浮气躁，而老师一直殷殷教导、不厌其烦，“文章是改出来的”“这是你的第一篇文章，我们一起修改”“要学会向其他学者学习、向期刊学习”，现在回想起老师的教导仍受益匪浅。

在这一过程中，我也认识到了自己的不足，萌生了想在老师身边学习的想法。2021 年 9 月，我踏上前往北京的列车。初入京，老师邀请我到家里做客，向师兄、师姐介绍我和我的研究，每每回忆至此，总会眼眶微酸、心潮起伏。师母白丰兰老师关心我的生活，得知我跟丈夫分别在两地读书，孩子只能委托给父母抚养时，白老师给我讲她和李老师在教工宿舍里奋斗的日子，鼓励我要往前看、往远看。

在北京学习的一年半时间，我确立了想终身为之奋斗的研究方向，希望以语言学为切入点，为孤独症儿童语言康复与家庭语言规划做一点贡献，老师十分赞同我的想法，他指出不妨将研究对象扩大，这样既能体现语言学科的社会性，又能使我的研究更有意义和价值，在老师的帮助下，我的博士论文题目定为“中国语言障碍群体的语言政策研究”，希望通过我的研究，完善语言障碍者的语言政策体系，发现真实语言生活中的语言问题和需求，推动我们国家信息无障碍建设。

确定了未来研究方向以后，在搜集文本资料、做田野调查时，老师一直提醒我：不仅要通过研究帮助语言障碍群体与社会语言生活沟通无障碍，更要推动他们与社会知识互通无障碍，让他们共享人类文明，更要让他们成为文明的创造者。这个思想让我看到一个不同的世界，也让我有了一个更宏大的科研视角。白老师担心我思乡情切，经常约我到家里吃饭、谈心，帮我解开心结。还记得论文即将开题时，我担心自己的选题太过“小众”，怕自己做不出成果，辜负老师对我的期待。老师约我到家中书房为我指点迷津，我如饥似渴的请教学习，不觉已将近晚上 10 点，不禁恼恨自己耽误老师和师母休息连忙道别。老师揽着师母的肩膀，笑呵呵地对我说：“不用担心困难，还有我们呢！”我微笑点头，还没走到电梯已经泪如雨下。

## 征途风霜依旧　吾当日益兼程

科学研究亦重塑了我的三观。有人曾经说过：人的一生会死去三次，第一次当心脏停止跳动，心电图拉平，医生宣布你死亡，你从生物学的角度消失了，我想这是人的生物生命；第二次当所有亲朋好友聚集在你的墓前，大家回忆着跟你的点点滴滴，跟你做最后道别，你从社会身份的角度死去了，我想这是人的社会生命；而当最后一个记得你的人忘记了你，你才完全死去了，我想这是人的历史生命。在老师和师母身边学习的日子，是我个人成长最快的一段时间，也是我重塑三观的一段日子。

师爷邢福义先生将“抬头看山，路在脚下”作为座右铭，他为李宇明老师的《儿童语言的发展》作的序中写道：作为一个教师，赞扬也好，提醒也好，都是希望自己的学生比自己更会走路和爬山，希望他们走得更远，爬得更高。如果到了那么一天，我没有力气了，坐在二十米的高度上，听到上头大声地喊：“先生，我们已经爬到了四十米的高度！”“先生，我们已经爬到了六十米的高度！”那么，我会摸着白胡子欢快地笑：“啊，他们上去了！”

老师在《学术四为》这场讲座中提到：学术应该为己、为人、为社会、为科学。曾经跟老师谈及我乡村支教期间，曾经写过一首小诗勉励自己：如黛青山卧榻旁，氤氲混沌蔽朝光。我心自有巍峨在，哪怕山中日月长。老师评价这首小诗“游侠般豪迈”。

博士研究生是我科学研究的起点，也是我人生的新起点；李宇明老师是我要仰望的高山，也是我攀登这一知识领域时引领我方向的高峰。而攀登的过程中，我会时刻提醒自己要最大程度践行老师的为己、为人、为社会、为科学的“学术四为”要义。因此我将小诗的后两句稍作修改作为本文的题目。前路昭昭，学业迢迢，这篇小品几番增删，思绪万千。虽然在物理距离上暂离了老师和师母，但是在精神空间里，我永远在老师和师母的身旁，我是光的追随者，也盼望着成为别人的光。

**作者简介**

刘晓宇，东北师范大学在读博士研究生，讲师。2012 年—2015 年，在齐齐哈尔大学英语语言文学攻读硕士研究生，获得文学硕士学位。2020 年至今，在东北师范大学外国语学院语言学及应用语言学专业师从李宇明教授和周桂君教授攻读博士研究生。研究方向为语言政策与规划、语言障碍。

# 山高路远，感恩吾师领航

张 洁

李宇明老师是一位有家国情怀的语言学家，也是一位有远见、有大格局的教育家，更是一位有大爱、有胸襟的思想家。于国家、社会而言，李老师怀揣学术理想，有思想、有高度；于小家而言，李老师 40 多年如一日照顾患病的师母白丰兰老师，用他的身体力行诠释了一个男人的责任和担当；于学生而言，李老师视学生如家人，为每一位热爱学术研究的学生指引前行方向。李老师是我学术道路上的导师，更是我人生路上的领航者。

2020 年 7 月 15 日，我收到北京语言大学博士入学拟录取通知，自此，正式成为李老师的博士生，也成为"李门"大家庭的一员。进入师门 3 年多来，我很感恩能够受到李老师的培养和指导。我深知，这 3 年来自身能够不断成长和改变，与老师的言传身教密不可分。回顾博士期间的学习经历，李老师的家国情怀、治学理趣、生活情趣潜移默化地影响着我，不断给予我学术向上、为人向善的力量。

本文所记录和整理的内容，既是我对李老师教学方略、治学思想和独特人格的认识，也是我对自己学习经历的体悟和反思。此文主要是表达对老师的感恩之情，同时也是希望有更多学人借此机会感受和学习李老师伟大的人格魅力。结合我个人学习经历和体会，我将老师的独特治学思想整理为以下六点。

## 强调学术实践的重要性

李老师十分强调学术实践的重要意义。为了促使我全面发展，老师常鼓励我多参加实践活动。2020 年 7 月，我收到北京语言大学博士录取通知书后，便到老师家里拜访老师和师母。我还记得在老师书房，他告诉我："学术之路，就是要多利他、多付出、多做事。从今天开始，你要做三件事：一是担任我的学术秘书，协助处理我的科研事务及会务工作；二是担任我主持的国家社会科学基金重点项目'中国学前儿童语料库建设及运作研究'的科研秘书，负责科研材料的收集和整理；三是参与中国学前儿童语料库建设的相关工作，协助白丰兰老师和饶高琦处理儿童语料库建设的相关事务。"对于老师的培养安排，我欣然答应。

从那时起，3 年多来，我时刻不忘当时承诺，也常扪心自问有没有做到当年对老师的承诺，对于老师的要求，我做了多少，做到了什么程度。如今回想起来，很感激老师的安排，正是这些经历让我深刻认识到，学术研究不是“两耳不闻窗外事，一心只读圣贤书”，而是在学术实践中成为一个对周围人有帮助、对学术事业有贡献的人。

## 要有自己的学术根据地

李老师常告诫我们要有自己的学术根据地。自 2020 年博士入学开始，老师便为我指明研究方向，那就是关注儿童语言发展问题。“做学问就是要建立自己的学术根据地。学术地位就是当别人研究某个问题时，别人避不开你的文章时，你就有了学术地位和学术根据地。你要往这个方向去发展。从现在开始，你把精力放在儿童语言问题研究上，将来这就是你立足学界的根据地。”刚一入学，李老师便为我清晰规划了学术研究的方向，并教导我关注儿童语言发展问题，深耕儿童语言研究领域。因此，3 年多来，我几乎将大部分时间和精力都用在儿童语料校对、标注以及儿童语料库建设等相关工作上。如今回想，非常感谢老师当年的良苦用心，他的指引使我在学术研究上少走很多弯路。

## 做学问要“顶天立地”

在李老师看来，“顶天”是指要对已有研究进行深入地了解和认识，“立地”就是强调语言材料和语言事实的重要性。在确定儿童语言研究方向后，老师告诫我的第一件事就是要重视语言事实。他常说：“理论是灰色的，事实之树常绿。语言学必须重视材料，有材料、有事实，就有观点、有理论。没有语言事实发现，不可能有新的语言理论。理论是建立在对新事实发现的基础上，一个好的理论是能够更多地发现事实和解释事实。所以，一定要有材料，从材料当中去找出规律和问题。先有材料，然后从材料里面发现规律，再对这些规律进行解释。学术就是这样的三部曲：材料—规律—解释。所以，你要做的就是重视儿童语言材料的采集和整理，并从这些材料中发现问题。有独特的语料，才可能有独特的论文。”

于是，在老师的引导下，我一边跟随师母从事点点和涵涵两位儿童的语料校对工作，一边从语料校对中发现问题，并对语料内容进行观察和归纳，整理出科研日志。语料整理期间，我已校对语料 400 多万字，写科研日志 1000 多篇。在此过程中，我逐渐将儿童话题发展作为博士论文的研究问题。之后，便开始认真研读国内外有关儿童话题发展的研究情况，借鉴已有成果的研究精华，找其不足，并思考如何进行学术创新。在语料整理期间，面对大量语料，我有时也会感到困惑和迷茫，不知研究出路何在。这时，老师便耐心引导我："语言事实是发现不完的，最终还是要往理论上走。"今日想来，很感谢老师"阶梯式"引导的教学策略，让我在学术研究之路上，既能脚踏实地，又能仰望星空，不至于被眼前的问题所困住。

## 聪明人要下笨功夫

李老师对于学术事业的热情热爱、恒心毅力、执着担当深深感染着我。师母常对我说："李老师很拼，经常忙到很晚还不休息。有时会议很多，特别劳累时，累到连路都走不动。很多人邀请他写序言等，他都不会拒绝别人，就想着多为别人做点事。除此之外，他还要在家照顾生病的我。"听到师母的这番话，我感到既敬佩又惭愧，敬佩老师为学术事业所付出的热情和毅力，敬佩他为学术研究所贡献的精力和心血，同时也感到深深的惭愧，我时常问自己：比起老师，我又为自己研究的这一亩三分地付出了多少？

李老师不仅自己用实际行动为学术事业默默做着贡献，也时常告诉学生要多下笨功夫。刚入师门，老师告诉我："学术界聪明人很多，但最终学有所成的不多。"当时懵懂的我还不能够完全领会其深意。2022 年在"李门"元旦晚会上，老师谈道："诸位能读到硕士、博士，甚至博士后，是在和一般人群比聪明。但一旦到了做学问群里，你就不能比聪明了，你要比笨，在聪明人人群里比笨，下笨劲，下笨功夫。文章改一遍又一遍，找书，抄材料，核实材料，经常做很多无用功。但天上绝对不会掉馅饼，谁能够把工作做得好，都是因为他下了很多笨劲。投机取巧在学术上是行不通的。"这些话也深深感染着我、影响着我。

在处理儿童语料的过程中，面对需要标注的数百万字的庞大语料量，我经常感到力不从心。每当我想要懈怠时，老师便鞭策我："自己不标，永远心里不踏实。那是你研究的宝库，每个标注都有助于你思考问题、形成文章独特观点。分析事实，是最为重要的科研。"自此之后，我便要求自己耐着心性进行语料标注工作。如今回想这段经历，很感谢老师的严格要求。正是通过语料标注，我才能对儿童语言事实进行全面、细致的观察，我才明白原来沉下心去做一件事是多么心安！

## 好的语言表达是看家本领

重视语言表达是李老师多次强调的问题。2022 年 4 月，李老师将他未发表的《儿童语言研究与儿童语言教育》文章稿件发给我学习，并说："好的表达，是我们的看家本领。每篇文章，都反复修改，做到五点：一是数据要准确；二是逻辑要清晰；三是老生常谈者谈出新意，新发现者写得如常识般自然；四是尽量淬炼出几句名言；五是文章如溪流般从胸中流出。”为了更深入地学习和领会老师文章的表达方式，我便将他的《中国语言规划论》《中国语言规划续论》《中国语言规划三论》《儿童语言的发展》等著作和文章找出来反复研读，体会他是如何进行斟字酌句的。

除此之外，在写文章时，李老师还强调，文章要做到：“一是实事求是。关键是说自己懂、读者懂的话，自己没有弄准确的，不说。二是以读者和科学为中心。时时考虑，为何要写这文章，写给谁看，文章就有了神韵。三是要有问题意识。文章写出来，要知道你发现了什么问题，解决了什么问题。”老师这种求真务实、以读者为中心、以问题为导向的学术品格，使我深刻明白，文品、学品和人品之于个人学术发展的重要意义。

## 服务学界和社会是基本的学科认识论

2023 年 4 月，李老师在其发表的文章《惠及儿童的儿童语言学》中，提出“惠及儿童”的研究理念，这一学术理念在儿童语言学界可谓是首创之功。老师常常讲：“儿童语言研究的价值，绝对不是证实或证伪乔姆斯基的学说。儿童语言学不是附庸。为儿童而开展的儿童语言学，就是要惠及涉儿领域，这是学科认识论问题。”在这一基本学科认识论的基础上，李老师领导“中国学前儿童语料库建设及运作研究”课题组成员开展了大量儿童语言研究的学术服务和社会辐射工作，如开展学术专栏、报纸专栏、社会问答专栏等。

作为课题组学术秘书，我在负责整理科研资料时，常被老师的家国情怀、服务社会的责任意识和担当意识深深折服。每当我对学术研究的意义产生疑问时，好像都能听到老师在说：“路在那儿呢！快去吧！”从老师的身上，我找到了自己学术研究的使命，那就是从事学术研究，不单是为了实现个人成长和发展，更是为社会、为国家和更多人服务！在进行儿童语言研究时，我常常对自己的研究和行为进行反思，自问自己所做的研究是否能够惠及别人，能够惠及多少人。每次想到自己的学术使命，我便有了无穷的动力。老师所倡导的服务学界和社会的应用意识，仿佛是我学术研究道路上的一盏灯塔，为我指明前行的方向。

李老师是具有大学者风范、大师风范的语言学家、教育家、思想家。跟随老师读博以来，我常被老师深厚的学术功底、乐于奉献的学术精神、伟大的人格魅力深深感染。老师对于学术研究的问题意识、爱学生如爱己的治学理念、坚定不移的家国情怀，都将成为我学术道路和人生之路的珍贵财富。山高路远，感恩吾师领航！

## 作者简介

张洁，北京语言大学在读博士生。2017 年—2019 年在上海海事大学英语语言文学专业攻读硕士研究生，获文学硕士学位。2020 年起在北京语言大学语言政策与语言规划专业师从李宇明教授攻读博士研究生。参与国家社会科学基金重点项目“中国学前儿童语料库建设及运作研究”、全球中文学习联盟研究专项（一般项目）“学前儿童语言学习资源及语言能力发展研究”、国家语委中青班项目（一般项目）“3—6 岁儿童语言教育规律和方法研究”。发表科研文章 4 篇，其中论文 2 篇，报纸文章 2 篇。博士论文主要关注学前儿童话题发展问题。

2023 年 2 月 22 日，李老师签名赠送图书《叩门语丝：一名语言学家的问学感悟》

（左起：李宇明、张洁）

# 学者的理想与现实

张振达

1989 年，我出生了，与当时在武汉桂子山的恩师相距 785 千米，差着 34 个年头，我大致算一算，与恩师相识的概率不到亿分之一。所以，每次看手机上与恩师的聊天信息，总感觉不太真实。老家人讲，“缘”是一个人命里的线，顺着线导着导着，人和人就相识了。与恩师的这条线自何时起？我一直以为始于 2017 年系统学习语言规划“三论”的时候，但前几个月在书房偶然翻出一本旧书，才发现这线的起点竟然是在 12 年前了。

## 做有趣的文章

2011 年，我从一个山东三线小城到了上海，走上自己的学术之路，凭着肚子里那点“墨水”，认准了要吃学术这碗饭，在上海海事大学过起了图书馆、教室两点一线的生活。然而缘分就是那么奇妙，不打招呼径自来。11 月的一个周末，我泡在图书馆里开脑洞，尝试写一篇《谎言的语用推理》的文章，但思来想去，迟迟不能下笔，只觉之前读过的语用学、社会语言学理论都无法很好地解释人为什么撒谎，特别是善意的谎言和明显为假的谎言，并开始产生一种叛逆的想法：语言的答案可能不在语言学之中。于是，自己漫无目的地从一个书架踱到另一个书架，拿各种书，随意翻看，盼着能有些意外之喜。当走到图书馆一层的旧书阅览室时，我被一排枣红色木质老书架引起了兴趣，一眼扫过，看到在书架第三四层夹着一本《心灵的骚动——心理平衡论》的小册子，不厚，只有一百五六十页。出于内心的“骚动”，我抽出来翻看卷首语，没想到才读几段就已经无法自拔，一是感觉这本书何其有趣又那么通俗易懂，句句说到心坎里，就好似有人把知识料理得软糯可口喂给了自己；二是因为找到了思想共鸣和答案：人类违反社会规范的行为（越轨行为）莫不与生活需要的满足有关。人类说谎不正是如此么？谎言的产生、传播与拆穿，无不是出于心理需求，是个人和社会心理的作用。合上书后，我极其好奇：这种奇妙的小册子是何人所写？也就是在那时，我第一次见到“李宇明”这三个字，但当时刚入了学门，只是觉得这名字似乎在哪里听过、见过，却不熟悉，想当然地赞叹“真是位厉害的心理学家!”后来，随着读的文献越来越多，才发现那本奇妙小册的作者不是，或者说不完全是心理学家，而竟然是语言学家，李老师的名字在我的学习、研究生活中也就成了高频词。那时，我想：能有这般文笔、写出这样有趣的文章，应该就是一个学者的理想了吧。

## 做有用的学问

2013 年毕业以后，我与爱人（当时的身份还是女友）到了天津。男人工作了，要成家了，就慢慢变得现实了，之前写文章、做科研的理想也就放一放了。每天就是与学生们打成一片，做好一名教书先生，加上每个月还能赚些外快，生活也算衣食无忧、自在乐呵。可以说，当时已经基本实现了绝大多数人梦寐以求的“老婆孩子热炕头”的人生目标。直到 2014 年的一天，我才开始觉察到自己满足于所谓的“现实”太久了。

那是临近期末的一场综合英语课，我正讲得起劲儿，得意于自己概括的“五步翻译法”，一位天津学生突然站起来，操着浓重的津腔问我：“老师，我学你这玩意儿嘛用？我又不考四级，也不跟老外说话。”我想了半天，竟不知如何作答，瞬间意识到，自己觉得理所当然的、有价值的事情，或许只是一种自我陶醉，而自己认为有意义的学问，在别人看来可能一文不值，更可怕的是，我觉得“他们是对的”。那一刻，我感觉自己被学生狠狠地教育了一番，也开始深深地反思他提出的问题：“学这玩意儿嘛用？”从那天起，我开始尝试寻找语言学的价值，希望在课堂上能给自己和学生们一个交代。从二语习得找到语言对比，从语言对比找到社会语言学、文化语言学，从社会语言学、文化语言学又开始思考人们如何应对现实中的语言问题，于是踏进了语言规划的领域，走上了读博求学路。李老师的“三论”成了我的案头书、枕边册，那一句“语言研究是要发现和解决语言生活中的真问题”也让我找到了语言研究的价值和意义。那时，自己暗想：做真研究、做落地的研究、找到和解决一些实实在在的问题，应该就是一个学者的理想了吧。

## 做有情怀的学者

读博之后，我与李老师的交集渐渐多了。2017 年 9 月，我考入中国社会科学院研究生院语用系，跟随导师郭龙生教授攻读博士学位。郭老师为我们介绍的必读文献中，有长长一串是李宇明教授的著作、文章，并且一入学就告诉我们去李宇明教授主编的《中国语言生活状况报告》中寻找自己的研究课题。郭老师的教诲和李老师的文章让我对语言应用研究的认识不再局限于语用理论和语言教学，更使我意识到“语言规划是解决语言问题”不只是一句书上的空话或学者的一厢情愿，语言问题就在身边，就在生活中，中国的语言规划是实在的、落地的、进步的、有血有肉的，一个学者应该“把论文写在祖国大地上”。

与李老师的神交，也为我带来了珍贵的学缘。读博期间，我结交了一批学术挚友，其中有一位杨涛师兄，我习惯称其为“涛哥”，对我影响很大。自入学起，我们天天结伴而行，常常夜聊至凌晨。从这位师兄处，我听到许多“外语出身”之人从未了解过的研究、学人与学事，当然这其中就包括李宇明教授。我们谈到最多的事情就是“语言生活”理念，极其同意“语言研究不能脱离人、脱离生活”，我当时也暗暗自诩为“语言生活派”，坚信语言研究就应该扎根基层、深入田野、紧贴生活。不久之后，我惊喜得知涛哥竟是王辉教授的学生，早已在李老师门下。更巧的是，同届之中还有一位大师姐陈丽湘，是郭老师与李老师联合培养的博士后，时常与我们分享李老师的最新研究和她的学习心得。多亏郭老师和这“一湘一涛”，我也算成了“李门”的“编外人员”，而且有幸在师姐、师兄的开题、中期考核等答辩会上一睹语言政策与规划答辩专家“梦之队”的风采。李老师作为答辩主席，给出的点评意见总有妙语金句，我常在笔记本中用一个“E”字（Epiphany，“灵光一闪”）标记，啧啧佩服之余，更对“湘涛”羡慕不已，希望能与李老师有更深层的探讨、交流，并雄心勃勃地想成为李老师那样的学者。

心有所向，天必眷之。2018 年 7 月 13 日，在吉林召开的“第十一届中国社会语言学国际学术研讨会”上，我与李老师第一次握手，心中喜悦难抑。现在想来，仍觉历历在目、激动不已。2019 年，在北京外国语大学的“第五届中国语言政策及语言规划学术研讨会”上，我被丽湘师姐喊去坐在一起，恰好在李老师身后一排，自己正襟危坐，紧张得连粗气也不敢喘。师姐说：“你紧张什么，李老师和各位兄弟姐妹都很好说话，有啥说啥，大胆提问。”刚想放松，但余光扫过身旁的欣路师兄，发现这位师兄认真严肃异常，又不免紧张起来（事后才知欣路师兄实为慢热）。不过心中思忖：“好不容易有此机会，不向李老师请教，总是虚来一趟。”于是会议休息期间，鼓起勇气向李老师提出一个稚嫩肤浅但确实困扰自己多时的疑问：“李老师，语言规划要解决的许多问题都不是单纯的语言问题，您觉得这些问题还是我们语言学人的研究对象吗？我们有能力解决吗？”李老师当时的回答不仅让我的紧张感一扫而光而且令我心中一明。李老师哈哈大笑，回复坚决干脆：“是问题就要解决，管他是不是语言学问题！干吗要把学科分得那么清楚呢？要跨学科就大胆跨出去！语言规划研究者应该将语言问题问题化，有责任回答国家和社会关注的语言问题，不能逃避！”此次会后，我与李老师也有了第一张单独的合影，我们的物理距离也从 785 千米缩减至 1 米以内。

2019 年 9 月 14 日，在第五届中国语言政策及语言规划学术研讨会
（北京外国语大学）上合影（左起：李宇明、张振达）

2021 年，博士毕业前，导师郭龙生教授问我："振达以后怎么打算？"我说："还是想继续学习，多些学术训练的机会，打算读个博士后。"郭老师继续问："有心仪的导师吗？"我不犹豫地讲："李宇明老师。"于是，我也如愿以偿，"梦之队"成为我的博士学位毕业论文答辩专家组，李老师成了我的博士学位论文答辩主席。在论文答辩会上，李老师毫不客气，从指出我开场第一句"我是今天的第一位答辩人"中"一位"数量词的误用，到最后谈"附录"的价值，点评句句到肉、字字见血，但皆是苦口良药，对病对症。事后，李老师对我说："为学就得把面子放下，接受不了批评，还做什么学问。"2021 年 10 月，我正式拜了师、入了门，成为"惧闲聊斋"的一员，跟随老师做研究、写文章，知道了要尊重语言材料、语言生活事实，理解了建立"学术根据地"的重要性，懂得了"抬头是山，路在脚下"的意义，意识到研究要有"家国情怀"、要回答社会之问、时代之问……2022 年，北京冬奥会期间，"冰墩墩""雪容融"的译名成为社会和学界讨论的热点，但始终没有一种说法。这时，老师发来消息："你为何还不发声？"当时，我觉得这事情不简单、舆论压力很大，更担心能力有限，将问题说不清楚。老师似乎已经知道我的心思，讲道："回应社会的问题，这是语言学人的责任，更是你的责任。"经过这事，自己更生感悟，学者就是读书人，总是要

先天下之忧而忧、后天下之乐而乐，为天地立心、为生民立命、为往圣继绝学、为万世开太平，这才是学者的理想，更是学者的现实。

2023年孟冬，我随京涛师兄去老师家里帮忙归置藏书。与我们一起整理书架时，老师如数家珍、眼中有光："看！这书架是研究主线，那书架是（今后的）延长线……"那一刻，我联想到老师《叩门语丝》里的一句话："人生旅程是一条单行线，停不下来，倒不了车，掉不了头。"现在想来，若不违初心、方向明确，认认学者的"死理儿"也挺好，不能回头，便不回头，在这条延长线上走下去罢！

## 作者简介

张振达，教育部语言文字应用研究所助理研究员。2011年—2013年在上海海事大学英语语言文学专业攻读硕士研究生，获文学硕士学位。2017年—2021年在中国社会科学院研究生院语言文字应用系应用语言学专业攻读博士研究生，获文学博士学位。2021年—2024年在教育部语言文字应用研究所博士后工作站、首都师范大学文学院博士后流动站跟随李宇明教授从事博士后科研工作。主要研究方向为语言政策与规划、社会语言学，研究兴趣包括语言政策与规划史、社会语言调查、语言国际传播。主持中外语言交流合作中心青年项目1项，参与国家社科基金重大项目3项，发表期刊论文与报纸文章8篇，参编《中国语言文字事业发展报告》《中国语言政策研究报告》《中国语言学年鉴》。目前随李宇明教授开展"明末以来汉语拼音方案"相关研究。

# 传学术之道　解人生之惑

官君卓

2021 年我考入华中师范大学语言与语言教育研究中心攻读语言学及应用语言学博士学位，并十分有幸成为李宇明老师的学生，进入“李门”这个温暖的大家庭。李老师是当前引领语言学界风潮的核心人物，他的生活异常忙碌，但在百忙之中老师始终关注着“李门”的每一位成员。在跟随老师求学的路上，我感受到老师对学术研究的一片赤诚、对亲人及恩师的默默守护、对“李门”学子的无限关怀，老师就像大海，纳百川、容万物，是一位有家国情怀的学者。这里分享我与老师之间的一些小事，事件虽小，于我却有极大的价值，老师于我不仅是传学术之道的恩师，更是解人生之惑的长辈。

## 最初的印象：从云端到信仰

我硕士就读于华中师范大学语言与语言教育研究中心。李宇明老师在所里是一个耳熟能详的名字，我们知道李老师师从邢福义先生，并就职于华师很长时间，知道他曾任华师文学院院长、副校长等重要职务，也知道他后来就任了教育部语言文字信息管理司司长，但也仅此而已。一个又一个响亮的头衔给李老师镀上了“金边”，他仿佛是那远在云端的仙人，于我们而言是遥不可及的。

在准备博士研究生入学考试期间，我阅读了由商务印书馆出版的《中国语言规划论》《中国语言规划续论》《中国语言规划三论》，这是我最初接触到的语言研究的一片新的领域，叹为观止！语言文字事业事涉方方面面，语言生活的概念由此在我的心中萌生。

得知自己能够师从李老师学习，能够真正成为“语言生活派”的一分子时，我欣喜若狂。随之，也愈加想要了解这位“高高在上”的老师。我借助数字化手段检索了与李老师相关的诸多新闻、采访、讲座等，发现这位老师竟是一位有着多重身份且双肩共扛的战士，一肩家庭、共沐风雨，一肩事业、开垦空白，实乃吾辈楷模！他是一个有家国情怀的学者，还是一个有担当、有温暖的丈夫和父亲。1983 年的元旦，他星夜兼程赶去与病床上的爱人缔结白首之约，在 40 年的时间里二人相互扶持、风雨不弃，用爱为女儿铸造了一方天地。一位官员型学者，一位学者型官员，一位同肩家庭与事业的巨人。“为夫”“为父”，他把家庭摆在非常重要的位置上，认为最好的家庭，有什么样的困难都可以克服。“为学”“为官”，他从未停下探索的脚步，扎扎实实做好每一份工作，在学术的无人之境笔耕不辍。他曾说：“人生无论做何种事情，都要做到最好。政界、商界和各种杂事，都是对现世负责；做学问是对历史负责。对现世负责，过得热热闹闹红红火火，却在未来销声匿迹；做对人类终极关怀的事情，现实生活中可能孤独冷清，却能被后人常常记起。”

从此，老师于我的印象不再是“高高在上”被半遮面容的云端仙人，而更像是一位肩负信仰的战士，既不负事业，亦不负生活。

## 人生启蒙：对恩师和母亲的拳拳孝心

2021 年 9 月入学之初我收到了老师的百般叮嘱，希望我在学校安置好之后常常去看望邢福义老师，他告诉我邢老师年纪大了身体不好，很多时候需要人照顾，希望我能够每隔半个月去看望一次，并及时向他汇报邢老师的身体状况、精神状况。我在字里行间读到了老师的拳拳孝心。作为邢老师的首届硕士研究生，老师与恩师的感情非常深，远在北京、诸事缠身，无法常常回母校看望成为老师心头的一大遗憾。邢老师年事已高不喜叨扰，好在图书馆前有一抹暖阳，那是老人家喜欢的地方，每每在校内的暖阳地、林荫道、语言所见到邢老师，跟老师汇报老人家的精神状况时他都会回复“很好!”“太好了!”“我很高兴!”，那是老师发自内心的喜悦。

2022 年 8 月 30 日老师的母亲在武汉中风，住进了陆军总医院的 ICU。老人年事已高，主病情是右侧额叶底叶脑梗死联动引起脑心肺多方问题，病情来势汹汹。害怕妹妹在医院照顾老人忙不过来，老师专门联系了文学院的刘云老师、饶琪老师，请我们有空时多去医院搭把手。当老师安排好北京的诸多事宜后，便赶来武汉看望病重的母亲，并提出了一个想法——把母亲接回北京照顾。这无疑是个艰难的想法，因为北京的家中还有身患类风湿关节炎难以行动的白老师。但老师说：“老年人生病，对她自己是个考验，对子孙的孝心更是考验。”当日夜晚陪同老师饭后散步，在桂中路影影绰绰的灯影下，老师扶腰前行的身影显得异常高大。

老师的生命承载了太多太多的爱，他爱自己的家庭，爱自己的恩师，爱自己的事业，也同样爱自己的学生。我曾一度恐慌生命短暂，自己拥有的诸多的关心与爱护需要付出多么厚重的情感作为回应。老师对恩师和母亲的拳拳孝心，于我乃是人生的启蒙，唯真诚而已。

# 学术启蒙：蓬勃不息的学术“多巴胺”

2022年10月7日徐欣路师兄在“李门”群内发了一则让大家群情澎湃的消息，老师计划在本学期开设研究生课程“语言学十讲”，课程对在读弟子、往届弟子及弟子的弟子同样开放，这十讲的内容是老师从多年的理论思考和研究实践中凝练出来的，每一讲都倾注了老师极大的心血，饱含老师对于语言学界后学的殷切关怀。2022年10月12日第一讲“三类学术问题的思考”正式开课，我作为幸运的志愿者之一负责初步记录并整理本讲的文字内容。老师的第一讲高屋建瓴，从科学学的角度思考科学与人类的关系，进而提出自己对于中国目前科学状况的一些想法，呼吁学人从人类生存的三元空间出发，直面科学发展的三类问题，语言学不仅要研究语言，也把语言研究、语言学本身作为客观研究对象，发现一些不同的问题、学科发展的关键问题，呼吁每一位科研工作者时刻牢记自己的学科责任，且行且思。老师一再强调“生命不息，思索不止”！

作为语言学界的“智者”“师者”，老师就像一盏启明灯，为我的研究之路照亮方向，始终记得老师曾教导我，学科要有自觉性，博士生也要“自觉”，要找到自己学术的长处、使命与乐趣，找到能够使自己分泌学术“多巴胺”之所在。老师对于学术事业的探索与坚持，于我乃是学术的启蒙，唯热爱而已。

自此，老师成为我人生道路与学术道路上的启明灯。做学术就要坚持不懈、充满热情，对待生活也要积极乐观、绝不放弃，面对家庭的琐碎同样要齐心协力、共渡难关。不断前行的路途上，我始终仰望着这盏灯，希望有朝一日能像老师一样视学术如生命、做学问成乐趣，真正摆脱惫懒浮躁的心理，沉心走入研究，由衷热爱自己的事业。希望有朝一日能如老师一般，将家庭与事业两肩挑起，让学问与做人日渐耕深，于自己无愧于行，于他人无愧于心。

**作者简介**

宫君卓，博士研究生。2012年—2014年在华中师范大学语言与语言教育研究中心汉语国际教育专业攻读硕士研究生，获汉语国际教育硕士学位。2021年起在华中师范大学语言与语言教育研究中心语言学及应用语言学专业师从李宇明教授、汪国胜教授攻读博士研究生。目前主要研究方向为儿童语言研究，重点关注儿童的祈使语言行为。参与国家社科基金重点项目“中国学前儿童语料库建设及运作研究”（19AYY010）的儿童语料收集工作，并发表《“语言图式”探秘婴幼儿语言习得》一文。

2023 年 10 月，华中师范大学 120 周年校庆期间与李老师合影
（左起：李宇明、宫君卓）

# 师泽灿若星辰　点亮学术之旅

吴　艳

我于 2021 年 7 月考入首都师范大学，跟随李宇明先生攻读博士学位，从事语言产业研究，从此成为“李门”一员。在步入师门之前，我就在追随老师的学术思想，在本领域做了一些研究。跟随老师学习的两年多的时间里，发生了许多看似平常却给我深刻启发的事情，我想把这些事情及时地记录下来，以表达对老师的感恩之情，同时，也是对自己这段人生经历的回顾与反思。

## 师恩缘起：老师是学术引路人

在一次查阅文献的过程中，我读到老师的一篇文章，题为“语言学是一个学科群”。文中老师写道：“语言学并非一门学科，而是一个横跨人文科学、社会科学、自然科学和工科的学科群。语言学是一个庞大的家族，包括 70 多个语言学名目；研究内容涵盖七大学术领域，有语言结构研究、语言功能研究、语言应用研究、人类语言学习研究、机器语言学习研究、语言与生理研究、语言与认知研究；语言学研究有三大分野：语言科学、语言技术学和语言艺术学。”由于我出身英语专业，硕士阶段研究的是英语教育语言学，因此更多关注的是语言结构和语言应用（即英语语言教育）方面。老师对于语言学科的深刻阐述，极大地拓宽了我对语言学研究认知的边界。“语言学是一个学科群”的论述有利于突破英语专业人才培养的瓶颈，即传统文科的思维模式，促进多学科交叉与深度融合，为英语专业“新文科”发展指明了方向。

2020 年初新冠肺炎疫情肆虐之时，在时任北京语言大学语言资源高精尖创新中心主任李宇明教授的提议和主持下，“战疫语言服务团”研制出《抗击疫情湖北方言通》和《疫情防控外语通》，架起了普通话和湖北各方言以及中文与外语之间的语言“桥梁”，为新冠肺炎患者架起了生命之桥。虽与老师未曾谋面，但是老师以语言助力抗疫的行动深深打动了我。原来，语言能够发挥如此重大的作用！读完老师的《应急语言能力建设刍论》，我对语言的功能有了进一步的认识，开始积极思考语言助力抗击新冠肺炎疫情之路径。在老师学术思想的引领下，2021 年 2 月，我成功申请到了 2021 年度河北省高等学校人文社会科学研究重点项目“基于自建语料库的战疫中英双语翻译人才培养模式研究”。

正如老师所言，语言具有“沟桥二重性”。语言既可以成为沟通的“桥梁”，也可以成为阻碍沟通的“沟壑”。新冠肺炎疫情中，语言之功不可小觑。在老师的学术引领下，我渐渐走出了语言学研究的“舒适区”，开始接触更广阔的天地，积极思考语言学如何服务于国家、社会以及个人需求。

## 初入师门：“惧闲聊斋”半日谈

2021 年 7 月我收到了首都师范大学语言学及应用语言学专业的博士研究生录取通知书。7 月 30 日，一个夏日的午后，我揣着一颗激动无比、忐忑不安的心，在海平师姐的陪伴下，前去拜望老师。在第一次面见老师之前，老师给我提了一个要求：准备三个备选博士论文选题，围绕一个选题撰写一份详尽的研究计划。

进门后，李老师和白老师已经在书房等我们了。向两位老师问好后，我拿出已经准备好的选题研究计划，交予老师。老师放在一旁，让我口头陈述一下想要研究的题目。而后，老师开始和我谈博士研究的特点和博士论文选题。老师讲道，做博士研究要有问题意识，问题来源于丰富的材料，要具备发现问题的“慧眼”，还要能够把问题学术化，然后再思考怎样解决问题。做研究最重要的不是看解决了多少问题，而要看提出了多少有价值的学术问题。博士论文选题应该是一个值得花费毕生精力去研究的课题。

在老师的谆谆教诲中，3 个小时的时间很快就过去了。我和海平师姐还意犹未尽，然而由于老师还要为第二天的学术活动做准备，我们不便久留，便与老师和师母道别。

时至今日，每当忆起第一次面见老师的谈话内容，我仍感触良多！

## 谆谆教诲：治学应如钻井

2022 年夏，我关注到乡村振兴的国家需求，开始积极思考语言学如何助力乡村振兴。在老师的指导下，我写成了一篇小文，借此想申报语言助力乡村振兴的国家语委研究课题。于是，我便与老师商议，征求老师的同意。老师直截了当地指出，这一课题与我博士论文的选题相去甚远，恐怕在 3 年之内，我很难兼顾二者。我听从了老师的教导，迷途知返。

这件事让我想起老师曾对我们讲过的一个妙喻：“研究有两种旨趣，或如挖塘，求广而不求深；或如钻井，求深而不求广。池塘虽广，须靠外水而方能不涸；水井虽狭，源泉喷涌而四季不竭。固然池塘有池塘之功能，水井有水井之效用，生活中皆不可少，但是治学当如钻井，而不应仿效挖塘。”自此之后，我深知做学问应似钻井，求深而不求广。

## 循循善诱：文章千古事

有一次，临近春节，老师约我在线谈论文写作。事先，老师让我用 40 分钟的时间介绍自己的论文观点和写作思路。而后，老师为我讲论文，讲了大概 2 个多小时。从标点符号的运用、参考文献、层级标题、写作整体思路等方面给予了全面的指导。经过老师指导的论文，条理更加清晰，思想更具深度。

我惊叹于老师的多产，顺便向老师求教发表论文的秘诀，老师说："好的文章是改出来的，要下苦功夫，反复修改，最后还要萃取金句，以便给读者留下深刻的印象。譬如'一带一路，语言铺路''语言是生产力''共同体的命运共同，需要语言共通''国家出行，语言先行'等。"

做学问要耐得住性子，一篇文章只有历经千锤百炼，才能经得住岁月的考验，才能成就经典传世之作。

## 以身作则：致广大而尽精微

2023 年 6 月 30 日，我通过了博士论文开题。开题记录单上有一栏需要导师填写意见。因为老师工作繁忙，为了节省老师的时间，我觉得就写"同意"二字即可。于是，我在电子表格填写上"同意"二字，随后通过微信联系老师以征求老师的意见，并索要电子签名。谁知仅仅 5 分钟后，老师回复了一段 360 余字的导师意见。导师意见犹如黑暗中的"灯塔"为我今后的博士研究指明了方向，明确了论文研究的重点、难点。

在读完老师的意见后，我不禁问老师，为何在工作如此繁忙的情况下，还有时间和精力照顾到每一个细节。老师仅用三个字回复了我："习惯了。"老师的回复虽然简短但是意味深长。这件事深深地触动了我，我自觉惭愧。原来优秀的人不仅有广阔的视野、远大的目标，而且能够从细小处着手，扎扎实实，一步一个脚印。从那时起，我下定决心要向老师学习，不放过每一个细节，认真做好每一件事。

## 十年梦想终成真：学术人生报师恩

能够步入师门，我把它视作上天赐予我的最好的礼物。2011 年，我便立下读博的志向，十年间我一直在默默地努力、奋斗。记忆中的每个"五一"劳动节、"十一"假期都是伏案度过的。十年后，读博的梦想终于成真！而且能够加入"李门"，跟随李老师读书、做学问，何其有幸！

老师曾说过："学术研究是一种职业，但更是一项事业，是需要用也必须用全部身心乃至生命去从事的一项事业。""学者有三条命：第一条是生理之命，平心静气做学问就如同修炼气功，可以养生益寿；第二条是学术生命，汇聚的学术材料、发现的学术规律能传播到什么时代，汇聚材料者、发现规律者的学术生命就能延长到那个年代；第三条命是教育之命，学术思想在师生链中能延续多长，为师的学术思想就能延续多长，教育之命就有多长。"

据此，从事学术研究，既能养生修身，又能报效国家、回馈社会，还能较常人多出两条命来，真乃幸事！我庆幸自己走在了一条为学的光明大道上。在这路上，有敬爱的老师引路，有亲爱的师母鼓励，还有“李门”兄弟姐妹为伴，我会一步一个脚印，踏踏实实地做学问，唯有如此才能不负此生，回报老师的似海师恩！

最后，作小诗一首以谢师恩：

感师恩

寒窗历十年，学问系心间。
星辰映师泽，辉耀赤子心。
学术路漫漫，指点破迷津。
文章千古事，百炼字成金。
为学如钻井，不竭四季泉。
待到花满枝，方可谢师恩。

## 作者简介

吴艳，华北理工大学外国语学院副教授，翻译专业硕士生导师。2005 年—2007 年在澳大利亚悉尼大学攻读硕士研究生（复旦大学—悉尼大学联合培养），获英语语言教学教育学硕士学位。2021 年起在首都师范大学语言学及应用语言学专业师从李宇明教授攻读博士研究生。主持或主研省级教改或科研项目 9 项，发表论文 20 余篇，包括中文核心期刊论文 6 篇，外文期刊论文 5 篇。

2023 年 6 月，首都师范大学文学院 2021 级语言产业研究方向博士生开题合影
（前排左起：袁伟、洪波、周建设、李宇明、张卫国、张天伟、李艳，
后排左三至左五：朱海平、吴艳、高博）

# 求真求善　向阳而生

周　祥

初识宇明师，是我读本科时，在图书馆浏览了一本名为《儿童语言的发展》的书籍，李宇明老师是这本书的作者。当时我的理解是，一位大学者，除了对理论语法和汉语本体研究有着极高建树，同时还愿意关心比较冷门的儿童群体，那么这位学者，必定不仅是一位善学之师，更是一位治善之师。也是从那时起，我便萌生了有朝一日可以跟随宇明师求真向善的愿望。

参加工作后，机缘巧合，我有幸获得了借调教育部的机会。虽然彼时宇明师已卸任语信司司长之职多年，但仍可强烈地感受到，语委的同志对宇明师的学术造诣评价极高，宇明师思想之树常青。由于自己的专业背景恰是语言学，又从事过一点语言文字相关的工作，便更加坚定了报考宇明师博士的愿望。

在向宇明师表达了求学意向后，宇明师回复“要靠真本事考进来，才能登堂入室”。此后，在备考的那几个月，我将宇明师的重要专著都买了回来，也把他21世纪以来发表的所有论文都打印了出来，从头到尾精读了三遍。当时白天要工作，备考的事只能留在晚上，几乎每天都是学到夜里三点，再睡三四个小时。某天，妻子发现我的后脑勺缺了两块头发，原来是斑秃，我就跟妻子戏称，这就是“灵肉一体”理论。庆幸的是，后来考上了博士，获得了可以尊称李老师为“老师”的资格。我很感激这段备考时光，不仅让我了解了老师学术思想的基本全貌，而且让我体悟到老师语言规划思想背后的家国情怀。我的理解是：我们的老师，是一位完美型学者，他具有所有杰出学者的普遍性优秀品质，也具有他人没有的特殊优秀品质。这种特殊优秀品质在于，我们的老师，是一本内涵丰富的大书。这本书，有贯通古今的考证，有横亘中外的洞见，是一位语言学巨人的讲述；这书中，字里行间，看似语言学，但又触类旁通，打破学科壁垒，社科、人文、生理、科技交相辉映，胜似语言学；这本书，言辞质朴、逻辑精妙，到处都释放出一种为天下计、为苍生计、为子孙计的学术力量。这力量，可纵横四海、穿越八荒。

我曾兼老师的学术助理，为老师整理过一张日程表，将通过各种渠道得知的讲座、论坛、会议、访谈都列入其中，一年下来，会超过三百余项。这样的工作量，哪怕是年轻人也不见得吃得消，可我们老师仍会认真对待每一件事。认真到何种程度？比如老师的每次讲座绝不会拿同一个PPT去应付，而是根据每次活动的主题和听众，重新思考演讲题目，量身定做PPT，还会在PPT的首页和末页附上与活动贴切的图片。这些是形式上的严谨与温暖！更重要在于灵魂——讲座的内容，是每次更换不同题目的背后，都需要老师迸发出的新的学术思想。这，绝非轻易可以做到！

老师身患严重腰疾，病发时绝不可伏案工作，但“绝不可伏案工作”似乎永远都是一种理想假设，他每次都会强忍伤痛，孜孜不倦地为各方面的“邀请”奉献智慧、制作演讲稿、修改书稿与论文。2023年春，老师的腰疾又犯，一直关爱我们的师母白老师骨伤也未愈，令人心痛！其间，老师还强忍着疼痛为我们指导论文。有次在拜望完老师后，他让我照顾下阳台的花草，用老师的原话就是“老师教你事桑农”。当时，李老师和白老师坐在一旁，言语指导我移植、栽种、浇水，步骤清晰，方法精要。最后，每棵花草都各安其位，雨露均沾，在阳光的映衬下显得百态千姿、生机盎然。那天在回校的路上，我忽然体会到老师的用心良苦，我们做学生的，又何尝不是李老师、白老师悉心培植的花草？虽若众生相，但要求我们求真求善、茁壮成长、面对阳光、心怀天下！

**作者简介**

周祥，贵州师范大学传媒学院讲师。2013年—2016年在贵州师范大学语言学及应用语言学专业攻读硕士研究生，获文学硕士学位。2021年起在北京语言大学语言政策与语言规划专业跟随李宇明教授攻读博士研究生。

# 恩师如灯：指引方向　助力国防

马晓雷

人生旅途中，总有一些特殊的人物可以在不经意间影响着我们的成长。李老师就是这样一位指引我前进方向、助力我在国防语言事业中不断成长的学者。他不仅是知识的传递者，更是心灵的引路人。今天，借此机会，我想分享两段让我受益匪浅的经历和感悟。这段经历只是恩师助力国防语言事业的一个小缩影，但却见证了我从一名青涩的年轻人成长为一名也许可以在国防语言领域发挥一定作用的学者。这无疑是我人生中一笔珍贵的财富。

## 打给老师的第一个电话

至今还记得内心充满忐忑打给老师的第一个电话。

2009年我从北京外国语大学毕业回到国防科技大学。那时正是国内外语人开始认真思索语言研究如何更好地服务国家的时候。军校也不例外，包括我在内的外语人已经开始意识到全民英语水平大幅提升可能带来的改变。外语教学科研向为军服务转型正逐渐成为军内外语人的共识。刚回到国防科大，我就开始负责各种规划论证任务。每一次都要绞尽脑汁寻找外语学科转型发展的理据，而阅读老师的文献就是我寻找“金句”的重要途径。每次思路堵塞的时候，都期待从老师的大作中寻找灵感。老师关于国家语言能力的观点无时无刻不让我感受着语言学大家的情怀、智慧和力量。虽素未谋面，但老师的思想早已引领着包括我在内的军队外语人前行。

经过4至5年的探索，当时我所在的国防语言系已经对军队语言能力建设初步形成了一些思路，但仍有待整理。我们都觉得需要举办一次会议来进一步汇聚思想、凝聚共识、谋划未来。2013年底，组织“第一届国家安全与国防语言发展战略高层论坛”的任务落在了我的身上。领导一致认为，只有邀请到老师出席，大会才能真正有学术品位。

至今还记得第一次给老师打电话时的忐忑心情。老师会不会拒绝，会不会觉得会议安排不上档次，会不会觉得我们太唐突，会不会觉得我们站位太低……我并不认为自己是一个拘谨和不善交际的人，有这样的纠结真的是出于心底对学术大家的敬意，生怕我们的思想和老师相比差距太大。在反复打了好几遍草稿并设想好了老师各种可能回应的应对策略后，我在那天选择了上午 10 点多的时候拨通了老师的电话。让我出乎意料的是，之前全部的担忧都是多余的。还没怎么听我说完打电话的意图，老师就充满关怀和热情地说“这个会我一定要来”“加强军队语言能力建设正当其时”“推动军队语言能力建设正是最近我在思考的事情”“我还可以推荐这个领域的专家给你们，帮你们打开圈子”。短短几句话，让我激动无比，一下子就充满了办好这次会议的底气和力量。

实际上，这不仅是我和老师的第一次对话，或许也是国防科大外语人和老师的第一次近距离接触。在老师的强力支持下，包括我的导师文秋芳教授、武汉大学赵世举教授、北京语言大学王建勤教授、上海外国语大学赵蓉晖教授以及来自军内的重要领导专家齐聚长沙，真正开启了军队国防语言能力建设的新篇章。此后，国防科大国防语言能力研究一路高歌。2016 年在老师的支持下，团队成功申报了军内首个外语类国家重大招标项目“国防和军队改革视野下的国防语言能力建设研究”。一系列重要文章也陆续以专题形式在《中国外语》《语言战略研究》《外语研究》《解放军外国语学院学报》等刊物上发表。这一系列的成绩，也许起点都在打给老师的那个电话。

一位真正优秀的学者，是用思想启发人的，是用行动引领人的，是用情怀感染人的。现在回忆起来，国防语言能力研究的兴起，一方面是因为“9·11 事件”后美国军方强力推进语言能力建设带给我们的启示，另一方面就是以老师为代表的语言文字工作者长期进行战略性谋划的成果，也契合了国内外语界转型发展的迫切需求。而老师恰恰是那位用思想、行动和情怀整合多方力量、汇聚各方思想、开辟学术新战场的领军人物。我想，军内所有从事国防语言研究的学者，都应向老师致敬。

## 老师心中的名词世界

老师是一位特别擅长用名词将世界定格的人。

有时会觉得，名词可能是学术世界的灵魂。科学家往往关注事物（间）的性质、关系和过程，但它们只有被名词化后，才能被分类、对比和评价，并进而成为学术思想的模因。老师恰恰就是这样一位名词化的高手。

2021 年 8 月，我和梁晓波教授一同前往老师家中。一是为了拜师。我被列为国防科技大学学科领军人才培养对象，邀请老师作为我的带教导师。二是为了求教。国防语言研究取得了一些成绩，但也迫切需要寻找新的增长点，走向 2.0 版本。老师叫来了振达博士，四个人一起喝茶坐而论道。当然，主要是聆听老师的精彩点拨。

老师提出的几个概念至今让我印象深刻。一是“语言战斗力”，老师说要把语言促进战斗力生成的机理说明白，真正让语言战备进入各级领导心中，成为备战打仗的常态化训练内容。二是"语言+"，老师说语言肯定不是孤立地发挥战斗力作用，必须加一样东西才能产生化学反应，例如技术、法律、军事等。三是"语言机器人助手"，老师说未来每一个人身边都会有一个会说话的机器人，军人身边的机器人和医生身边的机器人各不相同。四是"穿透力"，老师认为语言学科要想真正强大，就必须对其他学科解决理论和现实问题有支撑，要让其他学科有依赖感。五是"大语言学科"，老师认为计算机科学、认知科学、心理学、医学、法学等诸多学科都有语言研究的成分，但目前语言学科建设却仅仅局限在语言学院和语言学系，研究的范围视野都没有打开。老师认为应把散落的语言学整合起来，形成一个大学科，这样才能真正形成核心竞争力。六是"四梁八柱"，老师鼓励我们要努力把国防语言或军事语言这个学科方向建立起来，真正树立起若干个重要的研究问题，并在此基础上组建团队，通过高质量的学术成果在国内外产生影响力。

短短一两个小时，虽然老师仅是侃侃而谈，但对我们来说完全就是知识密集型的概念轰炸。回来的路上，我和梁晓波教授都充满感慨，如果每一位语言学教授都能像老师一样，那语言学科该有多厉害。我们收获的，不仅仅是老师对军事语言研究的点拨，更是如何思考问题和解决问题的智慧。好的谈话，一定是让人印象深刻的，让人醍醐灌顶的，让人触类旁通的，也一定是让人忍不住想要进一步再和别人分享的。而支撑这些的，是老师建立在渊博学识基础上的概念创造。老师用名词化的概念在我的大脑中打下了桩子，让我未来的科研、教学和管理工作有了新的依托点、支撑点和出发点。我想有我这样感觉的同学一定不在少数。

纵观老师提出的概念，几乎都开辟了语言文字领域的新天地。有时觉得老师就像是语言文字世界的摄影师，但抓拍的不是常人看到的事物，而是那些稍纵即逝的性质、关系和过程。老师也像是情报高手，在定格的概念间穿针引线，发现一个个令人振奋的规律。老师更是哲学家，心中始终都有一幅语言世界的图景。做一个像老师一样善于用名词理解世界的人，是我努力的方向。

恩师如灯，始终照亮我们前行的道路。当我再次审视这两段珍贵的经历时，我更加深刻地感受到了恩师对我的影响和帮助。如今，国防语言研究取得了一些成绩，但我们仍需寻找新的增长点，迈向更高的阶段。老师的关心和指导让我们看到了未来的方向，也让我们更加坚定地前行。面向未来，我将继续承载着恩师的智慧与情怀，继续为国防语言事业贡献自己的绵薄之力。

**作者简介**

马晓雷，国防科技大学军政基础教育学院军事外语系主任、教授、博士生导师。1997 年—2001 年在国防科技大学科技英语专业就读。2001 年—2004 年在解放军外国语学院外国语言学及应用语言学专业攻读硕士研究生，获文学硕士学位。2006 年—2009 年在北京外国语大学中国外语教育研究中心外国语言学及应用语言学专业攻读博士研究生，获文学博士学位。2021 年 8 月至今作为国防科技大学学科领军人才培养对象由带教导师李宇明教授指导开展研究工作。现任军队院校英语教学协作联席会委员、湖南省高校教学指导委员会委员、湖南省翻译协会常务理事、国防科技大学学术委员会专家库成员、国防科技大学首批青年拔尖人才培养对象、国防科技大学“大学英语”核心课程负责人。曾获湖南省优秀社会科学成果一等奖，湖南省教学成果二等奖、三等奖。2010 年获评北京市优秀博士学位论文、2011 年获评全国优秀博士学位论文提名。立三等功 1 次。主持国家社科基金、全军军事理论重点项目、教育部国家语委课题等 10 余项。国家社科基金重大招标项目“国防和军队改革视野下的国防语言能力建设研究”主要成员。长期从事国防语言、军事语言技术、军事外语教育等研究。

## 指导学生情况

指导外国语言文学专业博士生 3 人，协助指导 2 人；指导硕士生 9 人。

2023 年 9 月，在李老师家中合影

（左起：马晓雷、李宇明、梁晓波）

# 靠近光，追随光，成为光

饶宏泉

师恩如海，长润我心。我是 2021 年 6 月正式加入“李门”大家庭的，每一个入门者都有自己的故事，我也不例外，甚至有点“特色”。能够加入“李门”，于我而言，从“不敢想象”到“希望与失望交错”再到“意外惊喜”，个中的起伏跌宕是一种师生缘，但我更相信那是老师的思想之光一直在照耀我，引领我来到他的身边，向光而行。

2012 年，我在李老师的母校华中师范大学文学院获语言学及应用语言学博士学位，授业恩师是李向农老师。读博期间，向农师也经常提及李老师的学术人生以及日常点滴，鼓舞我们这些弟子。无论是在华师校园还是学界会议，总能处处听到李老师的赫赫威名，偶尔在学术会议上还能远距离地领略老师的大家风范。对我来说，李老师就是一个“神话”，一个“传说”，一座“高山”。古人说“虽不能至，然心向往之”，我彼时“向往”的只是能够从华师前辈李老师的学术思想中汲取一二，因为当时自己的研究兴趣主要还是在篇章语法领域，对于“语言生活派”“语言政策”“语言规划”等关键词几乎就是“小白”，根本没有想到日后会成为李老师的弟子。

博士毕业后，我回到安徽师范大学继续从事教学科研工作。在养育孩子的过程中，凭着硕士阶段训练的儿童语言研究敏感，我常以视频或音频记录女儿语言发展的只言片语。与女儿的对话互动深深触动着我的语言学神经，时不时地会翻出李老师的《儿童语言的发展》一书，查阅儿童语言发展规律，每每都会被书中精妙的论断吸引而爱不释手，这也是促使我日后回到儿童语言研究的因素之一。

2015 年，我有幸被推荐参加教育部语信司举办的“第二期语言文字应用研究优秀中青年学者研修班”，李老师给我们授课，我这才近距离地真实地感受老师的大智慧大格局大胸怀，真正系统全面地了解到语言政策和语言规划这个领域，了解到社会中的语言问题和国家对语言研究的需求。李老师的这次讲课，为我打开了视窗，我的头脑风暴不断，后来在申报国家语委项目的时候，我结合自己陪女儿看动画片的体验，以“语言暴力”为切入点，把学术研究和社会关注结合起来思考论证，当年就获批了重点项目“国产动画片语言暴力的问题调查及对策研究”。课题研究中我再次切身感受到李老师所说的“问题化”整个过程，通过该课题的研究，我开始关注儿童的语言与媒介的关系，在广泛的社会调研中深深感受到不同群体对语言的认知和态度，着实体验了一把语言学者的社会责任。

2019年，李老师的《人生初年》三卷本出版，我立即下单购买。在收到书的那个午后，我迫不及待地在冬日暖阳下品读书中的儿童语料，感受着老师对儿童语言浓厚的学术兴趣，感叹老师在那个年代的学术选择和坚持，更感慨老师学术开路之勇气与魄力，也明白了老师申请国家社科重点项目的学术初心。老师的书总是让人着迷，学术论著如此，没想到这三卷本的语料记录竟也如此让我掩卷难忘。书中主人公冬冬（冬冬是老师的女儿）那些鲜活的语料如在眼前，可爱而真实；老师作为父母和研究者的精彩注释，处处闪烁着思想之光，亲切而温暖；书中栩栩如生的儿童涂鸦，也在述说着语言个体的发展轨迹，令人心旷神怡。原来这就是“人生初年”的样子，这就是语言的“最初操练”，你我都曾天天如此，却无人能解其中之奥妙！在惊叹冬冬语言能力的同时，我也深深意识到儿童个体的天差地别，身边经常见到有的儿童语言发育迟缓，有的孩子表达木讷而缺乏逻辑，成人往往又是通过语言这一渠道来评判儿童智力，能说会道是“聪明”的标配……阅读中这一系列的思想火花在我的脑海里激荡，突然蹦出一个念头“我也要成为老师这样的学者”，记录儿童语言、观察儿童语言，为儿童语言发展做些什么。但是又一想我女儿当时已经7岁了，还有记录语言的必要吗？“儿童语言研究最好的研究者就是父母”“儿童语言研究任何时候都不晚”，这些语句在耳边响起。于是说干就干，那一段时间，我只要和女儿对话，就悄悄打开手机录音，并开始尝试用当时正在学习的互动语言学语料转写方式来转写，虽然非常耗时，但我乐在其中，和家人分享女儿的奇思妙想，成就感满满！就这样，我一边继续探索汉语功能语法，一边开始思量着把互动语言学的理念和方法运用到儿童语言研究中，应该是很有趣也很有意义的事情，既能很好地阐释“互动如何塑造语言”，也符合语言研究的话语转向，尤其是国内的儿童语言研究一直在传统的句法语义描写和一般性认知心理解释上着力，互动新视角定能细致入微地探查儿童语言的运用规律。一石二鸟或多鸟，何乐而不为呢！

世界上的事情就是这样奇妙，当人的内心有了想法，关注的世界也就大不相同了。2020年暑假期间，一个偶然的机会我看到李老师招收儿童语言研究博士后的微信公众号公告，我的心蠢蠢欲动，机会来了！于是我联系了一直关心我成长的楚群师兄，师兄曾跟随李老师做博士后，在师兄的鼓励和引荐下，我战战兢兢地联系了李老师，没想到老师非常地亲切和蔼，言语中充满了对后学的厚爱，让我大受鼓舞！

此后，经过北语专家组的考核，我被遴选为老师的博士后，但由于在职身份以及进站名额等现实因素，当时没能如愿进站。当我心灰意冷，觉得刚打开的儿童语言研究之门似乎要关上之时，有一天突然收到了老师的短信，在信息里老师说，是否做成博士后只是个名分，研究工作和指导工作已经开始了！这个短信犹如黑暗中的一线光明，让我坚定了方向！是啊，能够追随老师，靠近思想之光，已是莫大的荣幸，又何必在意博士后名分而影响甚至放弃自己的研究呢。随后，老师把我带入他主持的国家社科基金重点项目“中国学前儿童语料库建设及运作研究”团队，并委以重任。老师特别重视儿童语料的采集，于是我不仅关注我女儿，还带领研究生团队与安徽师大附幼对接，幸得附幼园长和老师们的大力支持，能定期去附幼各年级采录儿童的即时互动语料，与幼儿们开展多场景、多主题的互动，并带着思考展开相关的社会学调研和语言学实验。研究需要想象力，需要有一些“天马行空”的驰骋，很感谢老师对我一些“胡思乱想”的包容，这些小小的火苗在老师的培育下也一点点生发，慢慢地成为一篇篇小论文。

2021 年 6 月，在纪念老师执教 45 周年的学术研讨会上，我正式“入门”，并宣读了自己的最新成果，得到了老师和同门的赞赏。会后老师也多次电话指导，把脉方向，指点迷津，每次电话都近一个小时，这让我极为感动。老师的思想令我醍醐灌顶，对论文一遍遍地修改是我一次次地淬炼。老师还为我拟定儿童语用发展的学术方向，引领我做系统思辨和深度挖掘。成果陆续发表，凝聚了老师对儿童语言的用情用力，体现了儿童语用发展研究的大有可为。此后我们团队在老师的指引下，围绕儿童语言研究组稿发表，应澎湃新闻之邀开设“话吧”，回应社会对儿童语言发展的关切，为家长和教师提供学术支持。老师给我们分享儿童语言发展的“‘灵肉’一体互动”假说，提出“惠及儿童的儿童语言学”构想，启迪我们广泛探讨“涉儿人群”。这些新理念的提出，都体现了老师的儿童语言研究初心，彰显了强烈的社会使命感，令我眼界大开。

李老师还大力支持我组织学术研讨，2023 年 5 月 20 日，我们在安徽师大举办了“儿童语言研究论坛”，老师为此付出了相当多的时间和心血，对会议的筹办做出宏观和微观方面的具体指导，忍着腰疾专程赶到芜湖，并全程参加研讨，为中国儿童语言学的建设和发展呕心沥血。会议选择在六一儿童节前夕举办，也体现了老师常说的“向儿童学习”和“为了儿童”，是我们团队献给“儿童节”的学术礼物。此次会议彰显了学界对儿童语言发展和人生发展的关爱，向社会充分传达了“惠及儿童”的学术理念，搭建了儿童语言学术研究与教育研究的交流平台，为打通科学研究的“最后一公里”做出了有效的尝试与积极的示范。会议在学界产生了广泛影响，进一步促进了学术共同体建设。

半亩方塘长流水，呕心沥血育新苗。学术上，老师是顶天立地的“领跑人”，他立足国内外全局擘画语言学事业，扎根广阔语言生活规划语言发展；生活中，老师是循循善诱的“大先生”，他不拘一格胸襟广阔，善于发现学生的优点和特长，并时刻为学生着想。老师会为我取得的每一点学术成绩而骄傲，当我受邀作“安徽省社科界学术年会青年学术论坛”的大会报告、受邀开展学术演讲等活动的时候，老师看到海报，就会发短信为我指引学术人生；在我申报项目受挫、心情低落时，老师发来短信安慰，肯定我的学术创见并鼓励我坚定韧性……

有人说：靠近光、追随光、成为光。老师便是那“夜空中最亮的光”！

## 作者简介

饶宏泉，暨南大学副教授，硕士生导师。2002 年—2005 年在安徽师范大学汉语言文字学专业攻读硕士研究生，获文学硕士学位；2008 年—2012 年在华中师范大学语言学及应用语言学专业攻读博士研究生，获文学博士学位；2021 年—2022 年在北京语言大学跟随李宇明教授访学。2002 年起在安徽师范大学文学院工作，曾任文学院副院长，2023 年调入暨南大学华文学院。研究方向为话语功能语法和儿童语言学，出版专著 1 部，在《中国语文》《世界汉语教学》《语言文字应用》等期刊发表学术论文 30 余篇，主持国家社科基金、教育部人文社科基金、国家语委重点项目、省哲社项目等多项课题，荣获省社科奖二等奖、省“教坛新秀”、首届长三角师范院校教师智慧教学大赛一等奖等奖项，应邀赴香港浸会大学、台湾政治大学、英国谢菲尔德大学访学，担任《世界汉语教学》等多家学术期刊审稿专家，多次被评为“优秀审稿专家”。

## 指导学生情况

目前共指导硕士研究生 38 人，包括汉语言文字学、语言学及应用语言学两个方向的学术型硕士和汉语国际教育专业型硕士，多名研究生荣获省高校优秀毕业生称号，2 人博士在读，同时还指导多名本科生的国家级大学生创新创业训练项目。

2023 年 5 月 19 日，李老师指导安徽师范大学“国家语言文字推广基地”建设时合影
（前排左起：储泰松、李宇明、刘楚群，后排中间：饶宏泉）

# 日·月·师

李建涛

《易经》曰："日往则月来，月往则日来，日月相推而明生焉。"原意是表达自然万象的变化规律，我则借此表达老师"无所不在、无所不包"，日月交辉的胸怀气度、情操精神。

"人的一生遇上一位好老师是一辈子的幸运。经师易得，人师难求。我爱真理，但我更爱我的老师——邢福义先生。"（宇明师语）

同样借用先生的话，我想说："爱光明的真理，就是爱有日月之明的老师。"老师是中国语言学的"大先生"，"大先生"就是老师的名片。很多未曾见过他的也都耳闻先生的学术盛名和风骨，我也是其中的一个仰望者。

2011 年 3 月 8 日的上午，我在洛阳师院的图书馆走马观花地浏览着书架上的书目，无意间看到罗兰京子老师（现为洛阳师院文学院副教授）在课上提到的河南籍著名语言学家李宇明先生的大作《儿童语言的发展》，当即抽出翻阅。无奈当时语言学知识积累实在是浅薄，"久看字而不识其意"，不过"束卷语"能看懂，其中的"知、情、意"基本可以自明。"束卷语"以"缘""源""援""愿""远"为序展开，皆是肺腑之言，率性而出，将知识见解、才华灵智、家国情怀融会贯通，如冉冉行云，每每读得也都不禁赞一句"妙哉"!

也就在当天下午，我和室友五人临时起意夜爬华山。因为当时洛阳师院文学院有个比较有趣的传说——"登顶华山者，事必成"。本着这样的美好愿望，寝室一行六人徒步上下华山。壮游回来，腿尽废。幸运的是，考上研究生的愿望后来顺利实现了。2011 年 3 月 8 日，因妇女节这个特殊日期而记忆深刻，因看见两座"高峰"而铭记至今。就这样，也算是与先生初次相见吧，虽然是单方面的，"可望而不可即"的，但我知道先生这座高峰就在那里。

彼时虽思之不可即，似有难越山川，但就算是惊鸿一瞥，也足以让我萌发研究语言学的种子。以先生的文章为梯：《语法研究录》《中国语言规划论》《语言学习与教育》……"进一级则所见愈广"，这才发现先生的文心如花，或清或壮，或婉或严，品类不一，但都"格高志远"。亦如郑振铎先生对泰戈尔《飞鸟集》的感受"像山坡草地上的一丛丛的野花，在早晨的太阳光下，纷纷地伸出头来。随你喜爱什么吧，那颜色和香味是多种多样的"。柏拉图说，"语言这个题目也许是所有题目中最重大的一个"，先生在这个题目中"荒忽兮远望，上下而求索"（摘自《儿童语言的发展》束卷语）已近五十载，其文事之神工，哲思之性灵，令人喝彩、叫绝。读书明目、明理，更明心。而我也更确定，先生这座高峰，就在"心"的那里。

又是阳春三月，2022 年 3 月 5 日，我下午 2 点 48 分给先生发去了一封求学邮件，看是否有机会跟着先生做博后。邮件发出的那一刻有"惜春又怕花开早"之感，既担心先生无法拨冗垂阅邮件，又担心先生看了邮件之后的拒绝。在等待的时间里，我深刻体会到了什么是百无聊赖，什么是"斜阳正在，烟柳断肠处"。学问有切于身心，读先生的文章，常有入大贤之门之感，先生冲天凌云的豪杰气概、昂扬升腾的生命意识与学术思想，是我从不敢奢望到敢于渴望拜师的力量所在。但发完邮件之后的遑遑，才发现自己未学得老师分毫。虽有知行合一之难，但更多的是自己愚笨，道理不透，提掇不起。

2022 年 3 月 7 日，下午 5 点 32 分，一个需要铭记一辈子的时刻，我收到了先生的回复邮件。对于博后事宜，先生让我咨询下博导张云秋教授的意见，同时先生在邮件中指出了儿童语言学的发展方向：

"儿童语言学，最重要的是解决家庭和学校的语言教育问题，而最富吸引力的是为儿童配置 AI 学伴问题。中国的儿童语言学起步晚，社会影响小，需要有志者承担起历史重任。"

不难看出，先生的回复是一位仁者的心怀天下，也是一位智者的上下通达。海顿斯坦姆称扬泰戈尔为"具有真正伟大水平的理想诗人"，我愿称先生为"具有真正伟大水平的理想语言学家"。暮春三月，这应该算是我和先生真正意义上的相识。万千思绪在心头，一半是感激，另一半还是感激。

之后就得以以师生身份常伴老师跟前，聆听教诲。2022 年 7 月 12 日上午博后面试，让先生俯就看见了道艺不精的自己；2022 年 9 月 9 日第一次得到恩师的面授……与恩师的每一个珍贵瞬间，都会让我五官全开，全身心地只停留在当下的那一刻。

2023 年 9 月 3 日，凌晨 2 点 01 分，窗外沁人的雨声与微风萦绕指尖。我相信，在这个时刻，这种环境于我写故事的序曲，是最相宜的。微风细雨中也让我再次想起师祖邢先生在《语法研究录》序言中提到的故事——先生当初在凌晨 3 点 45 分给邢先生发邮件："经师易得，人师难求……"

闻师声、进师门如澎湃江流，作为勾人心魂的序曲，缭绕于天地四方。而沐师风，则如静读华章，醉人形更醉人心！2023 年 10 月 13 日，先生在微信群里分享了一篇论文《泌阳方言词语与民俗文化研究》（作者为延安大学 2022 年毕业的硕士研究生王华锐），并询问有谁认识作者。群里的一位贾老师读到该文时，指出有一处引用文献把李宇明误写成了"刘宇明"，认为作者犯这样的错误实属不该。对此李先生则回复道："笔误常有，不要苛责年轻人了！"后来，河南大学辛永芬教授联系到了王华锐，使先生能和王华锐就其论文进行一些讨论。随后先生将王华锐介绍给微信群里的其他师友，并表示热烈欢迎。先生对后学的包容、扶掖让我想起了千古伯乐欧阳修，“奖引后进，如恐不及，赏识之下，率为闻人”（《宋史·欧阳修传》）。事实上，先生的好多学生并非来自名校，但老师善于发现那些未露峥嵘而又有潜质的学生，因人而异、因材施教。好多同门已成为推进国家语言文字事业高质量发展的大才。

三星在天，在隅，在户。2023年12月4日，先生因案牍劳形，25年的腰疾复发，不得已需要住院进行手术治疗。我和几位师兄自告奋勇照料先生，其中我的时间最为自由，能够陪护比较长的时间，也因此有幸得到先生比较多的垂教。住院治疗期间，先生一直说手术的疼痛可以忍受，但不能忍受的是不能读书，这是其在病榻上最痛苦的事。听到先生如此心谈，我好像突然参得了读书的“禅机”。

从7岁到33岁，以学生的身份，我读书已26年。自以为深刻理解了读书的众多意义，但听了老师的由衷之言，我才意识到，自己的读书只是读书。而先生曾在《施光亨文集》的序言中这样写道，“读书是知识的内化，是一种生活方式，甚至也是一种生活境界”。先生早已做到“读书志在圣贤，非徒科第”（《朱子治家格言》）。将读书作为一种生活状态，一种自然而然的呼吸，先生的读书是真读书。也正如此，先生才会由衷感叹：“不能读书太痛苦了。”

见过或熟悉先生的人都知道，他脸上总是洋溢着笑容。你不管是否开心，与其聊天只会变得开心和更开心。因为他的思想非常活跃，常常妙语连珠，睿智而诙谐。听先生讲话如同乘坐登山索道，沿途带你领略语言学、文学、哲学、历史……不知不觉你就会忘记心头事，“无复独多虑”；不知不觉中你已到达知识与思想的顶峰。住院的12月14日，先生没有用麻醉而直接缝合伤口，医生问先生疼不疼。事后先生讲道，他想靠自己坚强的意志回答“不疼”，但也想本着实事求是的原则回答“疼”。正在不知如何作答之际，治疗在一声“哎呦”中结束了。他说这件事的时候有几分孩子气，又有语言学家对语言生活进行哲思的学者气。

曾国藩说君子有三乐：读书、宏奖、勤劳而后憩息，其中读书为首乐。古语云：“至乐莫若读书。”先生将读书作为一种生活方式、一种嗜好，如此也给先生带去了无穷的乐趣，所以才能将古今知识与天下至乐分享给周围的人。张元济先生说：“天下第一好事，还是读书。”对李先生而言，天下第一乐事，就是读书！先生读书之境界，吾辈当追寻；先生读书之精神，吾辈当践行！

行文至此，先生之精神，难言十一。当然语言的不完备性是其本质属性，否则就不会有《〈诗〉大序》：“情动于中而形于言，言之不足，故嗟叹之；嗟叹之不足，故咏歌之；咏歌之不足，不知手之舞之，足之蹈之也。”所以这也注定了即使用再多的言语也无法传达我对恩师的崇敬。

都说指缝太宽，时光太瘦，未觉癸卯年的胭脂已褪尽，时序开始步入甲辰年。谨以此文作为我和恩师故事记录的开端。流水带不走光阴的故事，只能带来更多的故事。日为朝，月为暮，我和恩师的故事如朝朝暮暮，永续不止……

## 作者简介

李建涛，北京语言大学博士后，助理研究员。2014 年—2017 年在首都师范大学汉语国际教育专业攻读硕士研究生，获文学硕士学位。2018 年—2022 年在首都师范大学语言学及应用语言学专业攻读博士研究生，获文学博士学位。2022 年起在北京语言大学中国语言文学博士后流动站师从李宇明教授从事博士后研究。在《语言战略研究》、《河南大学学报（社会科学版）》、*Education Research International* 等国内外期刊发表论文多篇。

2023 年 5 月 19 日，安徽师范大学，李老师在做学术报告前与孔令达教授交谈
（前排左起：李宇明、孔令达，后排：李建涛）

# 微言大义躬耕者

戈兆一

李宇明教授，是我的学业导师，更是我的人生导师。回顾与恩师第一次近距离接触，到有幸跟随老师学习的点滴，眼前满是老师的和蔼笑容，心间充盈着老师“学为人师，行为世范”的人格力量。

## 一个证书　三点期望

加入“李门”大家庭之前，与老师最近距离的接触，是在 2019 年 6 月 18 日中国语言产业研究院发展规划与学科建设研讨会上。当时，研究院首届硕士生、博士生招生工作刚刚完成。

那次会上，老师从首都师范大学时任校长孟繁华教授手上接过北京市特聘教授聘书。孟校长的讲话，令我印象深刻：“期待研究院在李宇明教授的指导下，在贺宏志院长的带领下，在人才培养、学术研究、社会服务等方面做出新的、更大的贡献。”

研讨会距今已四年有余，老师在研讨会上的总结发言，我记忆犹新。老师对语言产业研究提了三点期望：“一是由于语言产业学科是新兴学科，没有成体系的、可借鉴的国内外研究，但满足国家的需要，我们必须发展语言产业学科，同时，必须开展多学科、多单位、多专家之间的合作。二是要有创造力，唯新是举，要有理论追求和学术追求，紧盯未来的发展方向，这个时代是人工智能和世界经济一体化、文化多样性的时代，我们要认识到这些对于未来的重要性。三是要从实践出发，既要研究最新的情况，又要重视传统的产业，仔细调研国内外的产业需求。建立好容错机制，虽然一时间无法达到传统学科的水平，也要鼓励创新。在大学中进行研究，不能随波逐流，不能做纸上文章，而要做中国真正需要的事。”

正是这次研讨会，正是老师的这三点期望，坚定了我报考语言产业研究方向博士研究生的决心。

# 两条信息　微言大义

距离研讨会三年之后，2022年6月的一天，博士研究生录取结果揭晓了。得知如愿考入中国语言产业研究院，拜于先生门下领受教诲，倍感荣幸。但想到自己错过了黄金学术年龄，内心颇为忐忑。通过微信向老师袒露心声，并表态：学生定当以勤补拙，发奋进取！

很快，收到老师的回复：

"兆一：你有很好的基础，有情怀，有毅力，这是完成博士学业的基础。但是，博士就某种意义讲不是一个学位，而是对自己后半生的道路设计，需要一个远大合适的目标、日日不停的进取和坚毅不疲的精神……"

读到这段文字时，仿佛看到老师温和平静地坐在对面，用他那深邃的眼神看着我！这段话深深地印在了我的心里。从那以后，我不再急于求成，而是踏踏实实地按照自己的节奏进行研究和写作。这个改变不仅让我在学术研究中取得了更大的进步，也让我的心态更加平和。

入学后，我仍对自己能否完成艰巨的学业感到担忧。此时，老师发来微信鼓励：

"博士的任务就是开垦一块学术园地。博士论文的选题，我建议你两条腿走路：第一条腿，研究语言康复产业的发展，特别要注意人工智能对语言康复业的影响，将来可能成为博士论文的基础；第二条腿，研究'语言与健康'问题。扩大视野，形成理论，近者可做博士论文的理论支撑，远者可以发展一方新的学术区域。可以先研究一下《"健康中国2030"规划纲要》《"十四五"国民健康规划》，看看国家规划中语言康复业的情况和对'语言与健康'问题的关注。"

老师寥寥数语，在我却是及时雨、定心丸，为我博士阶段学术和人生道路指明了方向、指点了迷津。

学为人师，行为世范。加入"李门"之后，耳濡目染恩师言传身教，令人敬佩、感动：李老师长期受腰疾困扰，仍夙夜在学、躬耕于应用语言学广袤的学术园地，引领、指导学生播种、施肥、除草、耕耘！优秀的同门师兄师姐、师弟师妹，一批又一批后辈耕者，在恩师的感召、指导下，不负师恩，有其田、守其田、乐其田！

## 作者简介

戈兆一，2006年—2009年在北京师范大学哲学与社会学学院逻辑学专业攻读硕士研究生，获哲学硕士学位。2022年起在首都师范大学中国语言产业研究院语言学及应用语言学专业师从李宇明教授攻读博士研究生。主编《北京魅力：

古人笔下的北京》（商务印书馆，2018），联合主编《生活中的语言与逻辑》（光明日报出版社，2019）、《世界语言文化博览会博物馆概览》（光明日报出版社，2022）。发表《语言传播和语言出版的体用关系及优化策略》《语言会展业：欧洲经验与中国发展路径》《语言会展业及其发展策略初探》《北京语言产业的现状问题与发展思路》等文章。

# 山水有时尽　师恩日月长

王　琪

传道业，启懵懂，万里书山从此行；道不尽，恩师情，念念不忘记心中。承蒙师恩，能够受教于李老师门下，实在荣幸之至。回首与李老师相处的滴滴点点，时时事事都有老师的嘱托和教诲，千头万绪无法一一言明，只挑得几件记忆犹新的小事，写一写我心中的李宇明老师。

## 未见其人　先闻其声

老师大名早就如雷贯耳，老师的讲座文献，读硕士时都有学习，但从没有想过有一天自己会拜入老师门下为生。事情或者说命运开始发生变化是在一年多前，那时我是一个中学语文老师。当老师的日子不能说是不快乐的，但确实有些苦闷。大抵性格使然，虽说自己所带班级的总体成绩不差，但总觉得我要对所教的七十来个学生都负起责任，可无奈总是有那么几个孩子，不学习不认真也不说话，而且拒绝沟通。一开始我怀疑自己的教学能力，便磨炼教学能力与技巧，收获了全校新教师讲课比赛的一等奖；后面为了理解学生心理，拿出读研究生的热情，阅读了大量心理学的书籍和论文。但情况依旧是：好学生甚至不需要督促，而那几个孩子依旧是维持原状。我不由得开始深深地怀疑自己，这样的情况持续了大半年，觉得自己的状态难以担起人民教师的重担，就产生了换个环境的想法。这虽然也是很不负责的做法，但于当时的我来说，却是一个对学生、对我本人而言最好的出路。也就是那时，我看到了李老师在北语的博士招生简章，就这样命运的齿轮开始转动了。

准备博士攻读计划的过程中，阅读文献之余，我通过新闻报道和采访，更多地了解了李老师其人，老师在我心中开始有了真实的血肉形象，有了温度。愈是了解老师的人生经历，愈是感慨老师的坚忍意志和学习精神，在担起家庭重担的同时竟还能有如此沉甸甸的学术成果；也愈是为老师和师母伉俪情深的故事所打动，面对苦难，二人皆是无惧向阳，笑对人生。虽未见老师其人，但老师怀真抱素、金玉其质的形象已在我心中悄然留存。

经师易求，人师难得。六十余年，老师身体力行地诠释了他做人做事的坚守。为学当勤，勤则不匮，抓住时间，下苦功方可得善果；为人当纯，坚守初心，不因一时一事的变化而意志动摇，背离初衷。不忘初心，方得始终。

## 师恩似海　桃李不言

转眼我拜入“李门”已一年有余。过去一年里老师专为师门内学生开设了“语言学十讲”一课，老师将自己对语言学研究数十年的沉淀和最新思考对学生们倾囊相授。课程时间跨度与新冠肺炎疫情封控解除不巧而合，年近古稀的老师“阳着”为我们上课。作为学生，心中尽是不忍、感动和尊敬。学高为师，身正为范。老师对学生、对课程、对学术认真负责的态度，正是对这句话最好的注脚。

冬去春来，周而复始，又是一年博士招生季，北京语言大学 2023 届博士研究生招生开始。新一年博士生招生的秘书工作由我负责，其间发生了一件让我记忆深刻、颇感内疚的事情。学校定在 2023 年 3 月 10 日进行报考学生入学材料申请的审核工作，我只完成了将每个考生的信息进行分类、核对，联系材料审核专家学者等研究生院所要求的基础工作，便自以为很好地完成了所有事情。直到 10 号审核当天，其他教授、博导的秘书又都将考生资料进行了进一步的简要整理，以方便其他老师快速了解考生信息。刹那间，我仿佛石化了一般，大脑一片空白，依旧强装镇定，嘴上说着马上弄出一份简要的考生说明，但其实内心已经慌得一塌糊涂，不停地在埋怨自己。我也是第一次体会到，人类的大脑可以如此“高速超负荷运转”，一面整理考生资料，一面内心不断检讨、内疚：连这点小事情也做不好，担心让老师们不方便，也怕让其他老师们觉得李老师的学生不懂事，给李老师丢人。短短的一个多小时，对我来说像几个世纪一样漫长。那天材料申请的具体过程已经记不清了，只记得自己头也不敢抬，一直想办法补救。令我意想不到的是，李老师不仅当面没有批评我，私下里更没有。材料审核结束后，老师还利用宝贵时间同我讨论了两个多小时的毕业论文选题，丝毫不介意刚刚材料审核发生的事情——我那一塌糊涂的秘书工作。事情虽小，印象却深，几乎无法表达我当时心中感激之情。老师不仅仅是学术渊博的大教授，而且还是温柔和蔼的大家长，包容孩子们的小失小错，操心孩子们的未来。上善若水，有容乃大。老师对学生的宽容，并不是没有底线的放纵，他也提醒我需要注意细节，不能一而再，再而三地在同一件事情上犯同样的错误。

随着与老师相处的时间越多，了解得越深，越能发现，李老师身上展现出的宽容，不仅仅表现在日常生活的某一事情的处理上，更是融贯于自身的胸襟和气度。从与人交往，到学术研究，再到人生态度，可见老师的宽容气量不仅限于对人的理解与关爱，而是内心对于天地间一切生命产生的旷达与博爱。

# 学之大者　为国为民

李老师教导我们时总是强调：搞学术做研究，不能只看论文和项目数量这些外在的东西，更重要的是看研究提出了什么问题，解决了什么问题，为学科建设做出了什么贡献，让社会有了哪些进步！他尤其强调重视社会问题，在解决问题的过程中收获学术红利。老师正是以这样的标准严格要求自己，将国家的语言文字事业与自己的研究紧密结合。一次陪老师外出讲座，路上时间很长，在向老师请教学术问题外，我实在按捺不住内心的好奇心，问老师是否很早就定下了自己的人生目标，又是为何决定在语言学的研究道路上深耕的。老师的答案很简单，道理却深刻。老师说："一开始读书，就想读出个结果，做到最好。后来到北京工作，视野更加开阔，思考问题也更加深刻，在语言学研究领域发出了一点东方的声音。"这其实与邢福义老师在华师语言所上所题"抬头是山，脚下是路"不谋而合，有志气有理想是好事情，但"望山"并没有意义，还需一步一步走上山去。

李老师说，"人有三等：靠人养活者，自食其力者，养活他人者。养活他人者可谓'养群之人'。为学亦是如此。"老师真正做到了他口中学术"养群人"的目标。李老师的书房名"惧闲聊斋"为名，师门大群以此谐音"聚贤聊斋"为名，老师的思想犹如一个聚宝盆，给予我们学生无数可以深挖的研究领域。老师教导我们学术"四为"的标准，同我们一起深思语言学问题，使思想不断聚集生长。学术是一个共同体，学缘如同血缘一样珍贵。"令公桃李满天下，何用堂前更种花"是李老师数十年工作、教学生活的真实写照，"李门"弟子实属学界之少有团结奋进的集体，这全赖老师平时润物无声的教导。我无比珍惜这样的学（血）脉关系，为自己有幸成为"李门"子弟而自豪！未来要努力跟随着老师和师门中人不断在语言学研究这座高峰上攀高望远。

《学记》云："善歌者使人继其声，善教者使人继其志。"诚哉斯言！老师以睿智之思启我于蒙昧未开之时，以谆谆之言导我于迷茫困顿之间。师恩重如山！谨以拙文叙师生之小事，唯愿老师和师母松柏常青，日月昌明！

**作者简介**

王琪，北京语言大学在读博士研究生。2017 年—2020 年在中央民族大学语言学及应用语言学专业攻读硕士研究生，获文学硕士学位。2020 年—2022 年在北师大鄂尔多斯第二附属学校任初中语文老师。2022 年至今在北京语言大学语言科学院语言资源学专业师从李宇明老师攻读博士研究生。

2023 年 9 月 16 日，李宇明老师在《一言一语总关情》发布仪式上为学生签名
（左起：张洁、李宇明、王琪、郑泽霞）

# 华师学缘　薪火相传

谢思琦

北京的冬天总是让人又爱又恨。金黄的银杏叶，北海的白塔，角楼的落日余晖，故宫的雪景，只要不刮风，一切都很美好。博士招生考核的初审阶段，也是在这个时节开始。又是一年冬天，走在北语的校园里，看着道路两旁的银杏树，不禁回想起 2021 年的这个时候，我正在北京师范大学的校园里，为准备申博材料而焦头烂额地忙碌着，根本无心欣赏银杏大道的风景。

幸运的是，两年后的今天，我仍能留在校园里，追求自己的学术理想。成为李老师的学生不能不说是一种阴差阳错，也不能不说是我人生的一大幸事。回想起我与老师的第一次联系，至今还是觉得有些不太真实。那是 2022 年 4 月 2 日，华师的博士考核成绩刚刚出来，自认为考得还算不错，所以尽管我硕士阶段的研究兴趣和李老师的研究方向并不是十分契合，还是鼓起勇气给老师发了一封求学邮件。发邮件的时候已经是晚上 8 点多了，本以为至少要一天之后才会收到回复邮件，谁知道隔了三十分钟不到就收到了老师愿意招收我为他的博士研究生的邮件。老师结合我的学术背景，提出了博士期间可以研究的方向：做儿童语言的数据库建设，为将来为儿童配备“智能玩伴”做准备。收到邮件后，我一是为有机会跟随这样一位大师攻读博士研究生而欣喜若狂；二是为老师给我提出一个能让我发挥所长、又不拘泥以往研究内容的方向而精神振奋。这样一个课题是很有挑战性的，但又是非常有社会应用价值的，而且我硕士阶段就比较关注“智能聊天机器人在汉语教学中的应用”“计算机辅助的语言教学”等相关研究，尽管对象从留学生转到了儿童，不过想来研究方法和范式总是有共通之处的，于是我欣然接受了这样的挑战。从本科到博士，我读遍了南京师大、北京师大、华中师大三所师范学校，而回到李老师的母校读博，与老师有一段师生情缘，更是让我感叹冥冥之中命运的神奇，我仿佛无形之中被这薪火相传的学缘纽带所牵引，来到了华师，开始了一段全新的学术旅程。

## 桂苑初见

初见老师是 2022 年，在华师的桂苑宾馆，印象中老师总是笑吟吟的，非常亲切和蔼，一点也没有架子。老师点了几道家常菜，温馨的氛围中，我们聊起了学术、生活的趣事。老师操着一口带有河南口音的普通话，整个晚餐氛围轻松愉悦，我渐渐放下了初见的紧张。他的谈吐中充满着对语言学这门学科的热爱，语速不快却字字珠玑，深深展现了一位大学者的魅力。何婷婷大师姐听闻老师回到华师，也赶来参加了这次小聚。我面对这种场合还懵懵懂懂，只是站起来向师姐问好，竟然又直接大咧咧地在老师身边坐下，不知道要主动给师姐让座。还是后来老师开玩笑似地提起，我才知道刚才的行为显得多么“青涩”。大家总调侃本科生眼里总是透露着一种“清澈的愚蠢”，现在想来，当时我尽管已经是博士生了，然而在待人接物的礼仪方面，不也透露出这种“清澈的愚蠢”吗？老师曾在教育部语信司担任司长，在这种场合是非常有经验的，老师也提到任司长时和各个部门的领导、职员打交道的“讲究”之处，我这个社交礼仪方面的“小学生”边听边在心里默默记下，暗地里感慨以后要是再这么“出糗”就太尴尬了。

晚饭后我们漫步在桂子大道上，桂花香飘，晚风徐徐。夜色中，老师一边走一边回忆起他年轻时在这里的学习和工作经历，语气中透露出对这些岁月的无限珍惜。吃饭的时候我喝了点儿白酒，有点不胜酒力，已然是微醺了。老师在前面走着，我眼前仿佛出现了三十年前老师的身影，这两个身影又逐渐重合在一起，那时我深切感受到了一种超越时空的深情厚谊。校园的夜晚格外静谧，只有我们的脚步声和老师那富有磁性的声音在空气中回荡。

## 认“家门”

受新冠肺炎疫情影响，博一上学期难以出校，下学期情况稍微好转，我打算拜访一下老师，给老师汇报一下近期的学习进度，也想和老师当面聊聊博士论文选题的事情。老师说“是时候认认家门了”，于是我怀着激动而忐忑的心情，从武汉来到了北京老师的家中。走进书房的时候，老师正坐在书桌前，给我看了看他的日历，上面密密麻麻记满了日程。接着老师指了指电脑，说我正在看你之前的学习报告，走近一看，才发现老师给每个学生都建立了档案，里面收集了学习报告、论文等往来文档，并且按时间分门别类地整理好，我一方面感慨老师带学生的用心用情，一方面也深深佩服老师在如此繁忙的日程之下还能对每位学生都这样关怀备至。老师表扬我每个月的学习进度报告做得好，用了数字化的方法来展示每个月的学习内容，当时我心里确实有点小得意，得到了老师的肯定总是令人欣喜，也打算继续坚持下去，争取每年都能汇编成一个小册子，能汇总展现出全年的学习情况。我们接着聊到了博士论文选题，聊到了我新写的论文，老师的见解既有学者的犀利，也有作为领导的远见，真是学养深厚，一语中的。比如我的文章每个结论句子都太长，老师就指出这样可读性就减弱了，一篇文章要给人留下印象，就一定要有“金句”，要言简意赅。随着时间的流逝，我越发感受到导师的魅力不仅来源于卓越的学术成就，更在于他那颗充满家国情怀的心。他的思想深远，常常能洞察未来社会的发展趋势，也常在我们的交谈中提及国家民族的发展，谈论语言学如何促进社会进步，谈论语言学者应怎样发挥作用，服务社会。在他的引导下，我也开始思考如何将我的研究应用于更广阔的领域，如何让我的工作对社会更有利，要做一名学者，而不只是做一名学者。

聊完后老师带我参观了每个房间，家中的四面书墙上密密麻麻地排满了各类书籍，从各类语言学书籍到文学哲学著作，几乎涵盖了所有领域。而且绝大部分书都被翻阅过，并不只是作为收藏品被束之高阁，密集的批注见证了他对知识的渴望和尊重。老师出版了《人生初年》系列书籍，一共厚厚的三大本，都是由当时整整六年的手写笔记汇编而成。老师给我展示了当时记录的日记本，因为年代久远，纸张已经泛黄，有些字迹也不甚清晰，但一笔一画之间对女儿的关爱，以及对学术研究的坚持和热情跃然纸上，也深深地打动了我。我下定决心要努力向老师的脚步追赶，扎扎实实做研究，打好学术根基。

## 常“回家”

博二的时候，想和老师以及各位同门多交流，又因为妹妹在北京工作，我也算有个落脚处，就待在北京求学。来北京已有快三个月，但参加师门的交流互动却并不多，一是因为我自己性格的原因，身为“社恐”和“i”人，比较喜欢独处的环境；二是因为消息确实比较闭塞，没有常和师门联系，有什么活动总是知道得很晚，等知道的时候活动常常已经结束了。老师开新书发布会那天，来了许多师兄师姐，师门聚餐的时候，老师对我说，北语是“李门”的家，你要常来，多与同门交流，多参加活动，多向师兄师姐学习。他的话让我感到了如家一般的温暖，也鼓励了我去尝试更多的社交活动。那天郭熙老师也参加了聚餐，李老师还主动把我介绍给郭老师，让我多向他请教，这种对晚辈的提携和照顾，怎能不让我感动呢？一开始，由“i”变“e”总是很难的，但不打破自己的舒适圈，又如何能发现更广阔的世界？

我和李老师见面的机会不是很多，但在与老师短短几次的相处中，我受益良多。他不仅传授了我丰富的学术知识，更重要的是，他教会了我如何成为一个有思想、有情怀的人。每当回想起这些小事，我的心中总是激荡着感激和敬仰之情。他的教诲如同灯塔，照亮了我前行的道路，尽管这个比喻已经被用烂，但仍是我觉得最贴切、最经典的比喻。在未来的学术旅程中，我将继续追随他的脚步，不断探索，不断前行。

## 作者简介

谢思琦，华中师范大学语言研究所在读博士生。2019 年—2022 年在北京师范大学汉语国际教育专业攻读硕士研究生，获汉语国际教育硕士学位。2022 年在华中师范大学语言与语言教育研究中心语言学及应用语言学专业师从李宇明教授攻读博士研究生。主要研究方向为：语料库语言学、计算语言学、儿童语言学。参与国家社科基金重点项目“中国学前儿童语料库建设及运作研究”的儿童语料数据库建设工作，参与相关子项目“儿童语言图式发展研究”，主持校级研究生创业创新项目“儿童与语言智能产品的语言交互研究”。

2022 年 9 月 23 日，在华中师范大学文学院楼前合影

（左起：宫君卓、李宇明、谢思琦）

# 问学问心　求师求真

邢晓梦

都说人生是一场修行，而良师可遇不可求。许多人走得浑浑噩噩茫茫然，那是一种常态，也有人路遇高师指点一二，悟得一些道理，这是几分幸运。但能够拜得真师感受精神，应该是人生第一幸事也。

## 程门立春　初拜恩师

2022 年正月的最后一天，我带着刚完稿的毕业论文怀着忐忑的心情从郑州出发了。我极少有机会来北京，这次是第二次，还是去拜访这么厉害的老师，心里的不安和焦虑达到了极点。

去北京的车不算少，但去北京的时间不算短，再考虑入京后的交通时间，带我出门的司罗红老师与我还是选择买了最早出发的高铁票。途中，透过疾驰的高铁车窗，我木木然地看着结冻的河流，半灰将绿的树丫，大片的麦田，更多的是高低参差的房屋，途经鹤壁还略过那所一闪而过的红色教学楼，它孤孤地站立在那圈地里，眼神又回落到那本刚装好的毕业论文上，心里顿时五味杂陈，论文的最后章节好像处理得还是不够仔细啊！老师会不会觉得我水平太低了啊？我会不会太紧张说不出来话啊？这可是语言学届举足轻重的老师啊，可以说是学术泰斗，来之前我已经翻阅了能找到的所有文章和老师的访谈，想要更了解老师的学术思想和经历，可……鼻子不自觉地吸了一大口空气，又想到好友称我此次是去“进京赶考”，心里觉得贴切得很。

将近三小时的车程，我只觉过得太快了，但时间只能是顺时针进行。下了车，司老师和我随便找了家饭馆吃饭，商量着下午过去拜访李老师的事情。司老师说李老师为学为官皆是楷模，我们过去多听老师讲讲该如何做学问，不需要太过紧张，但心中的紧张情绪却不得消解。终于，又是一路忐忑，我们几经辗转来到了李老师家楼下，刚立定便联系老师，得知老师家中尚有客人，我们便在楼下稍等。李老师家楼下两条曲径交穿出一处园景，我和司老师便站在里面等待，看着旁边的迎春抽出朵朵点点的黄色小花，我心念古有程门立雪，今日算不算得是“程门立春”了。

过了大概两三刻钟，我终于见到了李老师，一开门便见老师持了一把拄杖，原来常年的桌案工作使得老师腰椎出现问题，这是犯了旧疾，我对老师的拼搏精神早有耳闻，今日见得真人更有实在的体悟。老师极为亲和，让我们围着一圆桌坐下，让我们喝茶，而我紧张得几乎是全程低着头，只盯住那桌边的茶杯，以至于出了门只记得老师家有张圆桌，对其他的陈设一概不知，完全没有印象，后来再去才细看到那是间极为温馨的房子，书栋晓浮、花草满盈，这些都是后话了。其间，我只是默默地坐着听老师们攀谈，末了老师说道，“来让我看看你写的东西”，我慌忙递过去准备好的个人材料与论文，老师看过后走进旁边的书房拿来两本期刊，“这本书拿回去看看，对你会有帮助”。我赶忙接过，是最新一期的《语言战略研究》，这期文章正是我感兴趣的主题，直到现在我也对其中内容印象深刻。老师再问：“你是哪里人啊？是农村的还是城市的？”“我老家是浚县的，以前是农村的，现在……”不等我说完，老师微蹙眉头：“我知道，不是问你这个。”我心里顿时慌张起来，是不是答错了啊，但从小就因为出身农村被人看轻，那种农村小孩的敏感我想很多人都感同身受。老师接着说：“农村问题非常值得关注，有极大的学术价值，你如果是从农村出来的，还能说方言，这对你未来的语言研究是一笔财富啊！”我知道当时我的眼泪就在眼眶打转，我的脸也一定憋得通红，原来出身农村在老师眼里是财富，而不会因为这个原因看不起我。我努力调整着自己的情绪，继续听老师讲关于农村振兴与语言研究的问题，听着听着我感觉空气是炙热的，这就是我向往的也是最适合我的研究方向啊！不多时，考虑到李老师的身体原因，我们便向老师告别。走出老师家里，天色刚开始发暗，而我彻底下定决心，我要考李老师的博士，一年不行两年，我一定要考李老师的博士！

也许我过往人生确有诸多不顺，但在考博这件事上我是幸运的，当然也是极其痛苦的。郑大博士入学考试实行的是申请考核制，其中笔试成绩占了60%。那几个月我常常是背了哭，哭完接着看论文，加上新冠肺炎疫情原因诸事不便，我的背常常痛得挺不直。但结果是幸运的，我成功考入郑大文学院，成为老师在郑大招收的第一个博士研究生。而今已身处征途，可以跟随李老师的思想遨游语言天地，更有信心借用自己的语言优势进行研究，李老师是我的老师，但更像是神明在化解着我，指引着我，向语言研究的更深阔处漫游。

## 挥墨斥四方　学问浑天成

清晰地记得是2022年9月中下旬的下午，列朋师兄同我说老师等会儿要过来中心写幅字，听完我心里悸动起来，素知老师除了文章造诣之外，书法也自成一家，之前“语言学十讲”课上每每展示我都会截图端详，那字颇为厚重，笔力遒劲又不失飘逸，洒脱还控于四方之间，不似学诸方家倒是另成风格，怀着此般期待等着老师过来。

随后同老师一起去往办公室，师兄早已把笔墨纸砚一应备全，而我对这些可以说一窍不通，对于书法的修养仅限于描摹，哪懂得铺纸研墨，卷轴落章，只能拘谨地站在一旁，老师却打趣化解我的局促，道："可不是来玩的啊！"我忙不迭地走到近旁，老师和师兄耐心地给我讲解、演示，镇尺两边走，落笔需三思。第一幅"半亩方塘一鉴开，天光云影共徘徊。问渠哪得清如许？为有源头活水来。"每字要占多大的空间，每笔要如何彰显，两字是否区分，偏旁要有异化……我的笔墨知识随着笔墨的香气一同进入大脑神经，存储在海马体中。试写一幅而后调整字体的大小与间距，笔墨再次流动已然是一幅成熟的作品，第一幅字就这样一气呵成，放置旁处防止墨迹晕染。房间里空调虽然已经调到了 22 摄氏度，但是老师仍然出了一身的汗，握笔运力需要心脑手同时做功，费的不只是体力还有精力。第二幅老师选择写周敦颐《爱莲说》中的名句"出淤泥而不染，濯清涟而不妖"，还给我们讲解其中玄妙，三个三点水连在一起写更考验书法家的功力，这三个三点水要怎么写出区分度还看起来和谐，就需要花心思去谋篇布局。动笔先写一遍找感觉，所谓"提笔有神，落笔生辉"，第一遍写好我和列朋师兄便忍不住啧啧称赞，这么多三点水竟都有不同，又有相似，都说书画不分家，果真字写得成功竟也有画境跃然纸上，白纸为塘，墨迹为画，脱俗不媚，笔力也是虚实结合，恍似一朵墨水莲花晕染开来。但老师不太满意，认为开头的"淤"墨汁太饱，还需再写，我们都知道老师细致至极的性子，那就再来！第二遍，第三遍，直至第四遍，老师才对整幅作品中的每一个字都满意，这时老师的后背已经被汗液塌湿，我是又佩服又心疼。最后，选章落款不在话下，老师特选"常乐"覆上，相得益彰。

老师和师兄走后，我看着窗外霞光平铺直叙尽驰天际，心里却激动得很。师者，总是讲究言传身教，但老师却把这点做到了极致，从课堂之上到生活之中，跟随老师的每一分钟他都在以身示范，教导我们应该成为怎样的学者，怎样的人。老师传学授教从不只是在课堂之上，生活中的每一分钟他都铆着劲儿把学问把事情做到极致，这种精神也迅速地浸染到他身边的每一个学生每一个人。极致钻研，钻研到极致，追求细节，把握全局，短短几个小时，我学到的绝不仅仅是笔墨知识，更受到老师精神的熏陶，孜孜不倦、求实求真，对任何一个字都绝不敷衍，对任何一件事都做好做精。

我时常慨叹自己的幸运，虽跟随老师时日尚短，但精神却已日益富足丰满起来。跟随李老师的学习不仅仅是传统的问学求师之路，更是问心求真之道！

## 作者简介

邢晓梦，郑州大学文学院在读博士研究生。2019 年—2022 年在郑州大学汉语国际教育专业攻读硕士研究生，获汉语国际教育硕士学位。2022 年 9 月至今师从李宇明教授攻读博士研究生。主要研究方向为中原官话、区域语言学以及社会语言学。

2024 年 1 月，在李老师家中合影

（左起：邢晓梦、白丰兰、李宇明）

# 师恩如雨露　葳蕤润桃李

金胜昔

北上的高铁缓缓开动，行道树一列列向后倒去。此刻我抱着双肩包，坐在郑州至北京的G552次高铁上，望着窗外破晓的黎明，心中既兴奋又紧张，因为我此行要见的是我的博士生导师、汉语学界赫赫有名的学者——李宇明老师。

## 人生有幸遇吾师

初识李老师，是在一个秋高气爽的季节。郑州大学报告厅里一场关于语言学的讲座，让我陷入了对知识深深的渴望。当时的我隐隐感觉到，眼前的这位面目和善、风度翩翩的老师和一般的学者并不一样，他考虑的问题十分的宏观，却又贴近生活、富有洞见。通过司罗红教授的介绍我才知道，面前这位主讲人是邢福义先生当年的开门弟子之一，如今已是汉语学界，尤其是语言规划学科领域的舵手和领航人。那一刻，我对李老师产生了深深的敬意。也是在那时，我的心中暗暗埋下了一颗读博的种子。

从那以后，我阅读了很多李宇明老师发表的论文、专著和随笔，聆听了多场李老师的学术报告。通过阅读，我渐渐对老师的学术生涯有了一个更为清晰的了解：李老师胸怀宽阔、视角多元，尤其是在进入教育部语言文字信息管理司后，研究范围不光涉及语言学本体知识、儿童语言学，还涵盖了语言规划、语言生态等多个方面，不仅为国家层面语言政策的制定和实施提供了有力的理论支撑，还积极关注语言与社会、文化、历史等多方面的关系。李宇明老师的研究不仅站位高远，其学术品味也常常感染着我。老师的学术报告总是充满了家国情怀，他的语言富有激情和感染力，因为他始终将语言研究与国家的发展紧密联系在一起。我想，老师一定深知语言对于一个国家的重要性，因此他的研究始终以国家的需要为出发点。他的家国情怀让我感受到了作为一名学者的责任和使命，也让我更加坚定了为国家的语言事业贡献力量的决心。

进入庞大又温馨的“聚贤聊斋”大家庭，意味着我正式成为“李门”的一员，也预示着我学术生涯的一个重要的时刻。李老师的教诲和指导，让我在知识的海洋中找到了前进的方向，老师一直希望我们多读书、多思考，勇于探索未知的领域。我清楚地记得当我不自信地说："老师，我的基础没有师门其他师兄、师姐们好，有不懂的地方还请您多点拨！"李老师语重心长地鼓励我说："在一般人群中比聪明，在聪明人群中比笨劲，跟自己比进步。"这句话让我顿时充满了信心！是啊，自己才是最大的对手，只有踏踏实实，勤学肯干才能有所成就。

古人云："文以载道，润物无声。"李老师的教诲照亮了我前行的道路，我深深感受到了老师严谨治学的精神，感受到了一位学者的风范以及对知识的敬畏态度。此后，无论在学习上还是生活中，遇到过不去的沟沟壑壑，我也总愿意将它们写进思想汇报里，每月按时、及时地与老师分享。

## 北上初次拜吾师

列车到达了北京西站，我们打车直奔北京语言大学，迎接我们的是建涛师兄和今年一直在北京学习、阔别多月的晓梦师姐。用罢午餐，师兄引我们到了一栋大楼的二楼会议厅，等待李老师的到来，会议室里还有饶高琦、张振达等几位师兄，以及张洁、王琪、谢思琦等几位师姐。

下午两点半，李老师准时出现在会议室中，只见老师穿着白衬衫、黑西裤，面色红润，步履矫健，神采奕奕，目光炯炯有神，整个人散发出一种独特的魅力与精神。他走到会议场中，微笑着向大家打招呼，会议室里响起了热烈的掌声。讲座过程中，李老师非常投入，声音洪亮而自信，老师不仅深入浅出地讲述了几十年来关于中国语言生活研究的基本概念、理论和成果，还讲述了他对未来新的学术方向——语言文明视域下的思考和展望。李老师通过自己的经历，向我们展示了发现问题、解决问题的方法，我们也一一向老师发表了自己的感想。李老师的演讲风格庄重但不失幽默，让大家时而忍俊不禁，时而低头凝思，两小时的讲座充斥着高强度的知识量，我聚精会神，笔记记了一页又一页。

傍晚，我们来不及更多地感受北京的历史和文化氛围，甚至没来得及拍一张北语的大门照片，便乘着夜色坐着一趟绿皮火车踏上了返郑之路。

## 经师易得　人师难求

李老师不仅在学术上给予我悉心的指导和帮助，在生活中更是无微不至地关心着我，如同阳光和雨露默默地滋润着桃李。

2023 年年末，由澳门大学主办的"第十二届现代汉语语法国际研讨会"在美丽的澳门特区举办。李老师是大会特邀嘉宾，我也有幸参会，因而得以与李老师再次见面。当晚，主办方举行了一场盛大的欢迎晚宴。席间，李老师的脸上微微泛起红晕，隔桌相望的我心中不禁有些担忧：虽然今天是个高兴的日子，但老师常年处于高强度状态，加上最近这段时间频繁出差，万一有个闪失，我该如何向同门以及师母交代？

于是，我连同晓梦师姐一起悄悄凑到李老师身边，询问老师有没有不舒服、晚上用不用由我们帮忙护送回住处。然而，出乎我意料的是，李老师不但没有丝毫醉意，反而还关心起我们是怎么来澳门的，学校那边是否提供了住宿和交通费用。李老师的话语中，充满了真挚的关心，透露着对学生如对待自己孩子般的无微不至的关怀。李老师甚至还问我："胜昔啊，你带的钱（葡币）够不够花？我这里还有一些，应该够你参会这几天用的。"听到这话，我心中涌起一股暖流。

第二天，李老师还特意给我发了一条消息："我已到机场，谢谢你这两天的照顾。"

## 道不完的恩师情

在跟随导师学习的半年时间里，我发现李老师德才兼备，勤勉敬业，身上还有着数不清的闪光点：老师嗜书如命，将自己的书房取名为"惧闲聊斋"，"惧闲"两字寓意着老师不愿闲散放松的心态，有着一颗积极向上、永不言弃的心。老师几十年如一日地想问题、做学问，"黑发积霜织日月，粉笔无言写春秋"是其笔耕不辍的真实写照，以至于师母不得不"狠心"立下家规，大年初一禁止进入书房。

在生活中，老师还是个豁达、乐观的人。2023 年 12 月，由于长年伏案，加上高密度学术档期使老师腰痛难忍，不得不住院接受手术治疗。这一突发情况牵动了"聚闲聊斋"群里每一位同门的心。然而老师却不畏疼痛、泰然自若：手术前，老师彻夜思考问题，作《五律 • 谈史》，在病房内还不忘观察周围的语言景观。第二次手术后，老师说："风雪送至手术台，前日李郎今又来。医剪声中诗染血，英雄画上做题白。"第三次手术后，老师说："三次手术愈两周，蛾眉残月变吴钩。医师取用成神器，病除仍驰老骥途。"建涛师兄评价道，手术期间李老师微笑拈华成妙诗，给了大家绝对的力量。高琦师兄言道：这是大无畏的革命乐观主义！宏泉师兄说：英雄自古多磨难，笑对苍穹擎未来！这些话都是学生们发自肺腑对老师乐观精神的赞美！我也被老师的豁达精神所感动，被"蛾眉残月变吴钩"这种乐观所折服，这是一种真正的英雄主义！于是我也写了两句诗发在了群里：

"腰伤困扰多时日，手术台上勇迎难。恩师精神心中记，康复路上不孤单！"

对语言生活的满腔热情、对治学研究的孜孜不倦、对苦难疼痛的从容豁达、对晚辈学生的殷殷关怀……时光的漫长河流中，这些瞬间浩瀚如璀璨星辰，说不尽、道不完，都深深印刻在我的脑海中，成为我生命中的一笔宝贵财富。在我的成长过程中，李老师不仅是一位知识的传授者，更是我心灵的引路人。正是李老师用无尽的爱与耐心，陪伴我走过每一个坎坷，为我指引前行的方向，我才得以像花朵、小草一样茁壮而健康地成长。

传道业，启懵懂，万里书山从此行！成为李老师的学生至今已经半年有余，博士阶段的学习却才刚刚开始。我深知虽道阻且长，纵使前方困顿难行，然行则将至，亦当砥砺奋进。如今的李老师是我学习的榜样，期待未来也能让李老师因我而骄傲！

## 作者简介

金胜昔，郑州大学文学院在读博士生。2020 年—2023 年在郑州大学汉语国际教育专业攻读硕士研究生，获汉语国际教育硕士学位。2023 年 9 月至今师从李宇明教授攻读语言学及应用语言学专业博士研究生。主要研究方向为：现代汉语语法、语言资源学、国际中文教育等。

2023 年 11 月，参加第十二届现代汉语语法国际研讨会（澳门大学）期间合影

（左起：金胜昔、李宇明、邢晓梦）

# 常念师恩

李文静

我一直觉得，人生的未知性是推动很多人往前走的动力，不知道未来会发生什么，所以充满期待。就像，如果时光倒流，我大概想象不到自己人生中第一次进京，是来参加博士研究生入学考试，也就是从那时起，我才真正开始认识李老师。

我曾看过老师的文章，读过老师的书，在屏幕上听过老师的讲座，坦白讲，在真正见到老师之前，他在我心目中是较为单一的学者形象，直到我在高精尖创新中心二楼的走廊里第一次见到拄着登山杖的老师，迎着清晨的阳光来参加我的博士研究生入学面试，从那一刻开始，老师在我心中的形象日渐饱满起来。

## 给我力量

研一时，我申请了学院的一个研究生创新计划项目，那年暑假一个人到中越边境的东兴市进行田野调查。7月份的广西天气异常炎热，一连好几天顶着热浪奔走在各个村子里，晚上住宿在镇上，蚊虫叮咬，实在难以入眠，加上时不时要吃闭门羹，所以心情时常沮丧。那天，我走在炎热的村头，正在打退堂鼓，刚好看到李老师在《中国社会科学报》上发表的一篇文章《边境语言的“睦邻戍边”作用》，突然间，我似乎觉得冥冥之中有了一种强大的指引力量，我竟然跟老师在关注同一个问题，我的调研或许能为学界提供一点点、哪怕是微不足道的借鉴，也算是有意义的。在这种精神力量的指引下，我信心倍增，下决心要做好这件事。后来，这次调研的成果成为我第一次公开发表的论文。每每想起这件事，都觉得要感激当时看到的李老师的那篇论文，才让我有信心写好自己的第一篇文章。

我的考博计划是在考研择校时就已经定下的，历经数年，这个想法甚至已经坚定成为一种执念。所以，选择考博于我而言是情理之中，但勇敢地选择报考李老师的博士，确实在我意料之外。

读硕期间，我的研究方向是家庭语言规划，李老师是语言规划领域的先驱学者，所以我读硕期间接受的学术训练是在李老师的熏陶下进行的。李老师在我心里一直是一位大咖学者的形象，我对李老师的了解也仅限于学术层面，当时甚至不知道李老师带不带博士生。直到我翻看北语的招生网页时，看到李老师还在招博士，内心的向往之情就再也控制不住了，当即决定要报考李老师的博士。

然而，申博北语出师不利。2022 年 12 月 2 日这天清早，我意外在宿舍楼梯上摔了一跤，导致足舟骨骨折。当医生告诉我骨折结果的时候，我心里咯噔一下，心想“正是最忙的时候，这可怎么办才好”。当时，我刚开始准备北语的申博材料，毕业论文还有最后一个章节没有写完。想到申博材料需要编辑、打印、盖章、邮寄等程序，而骨折意味着我要接受治疗，行动不便，内心的焦躁情绪一下子上升到了顶峰。冷静下来之后，我以“上天的考验”勉励自己，一想到这次申博意味着我有机会接受李老师的亲自教导，就更加坚定要克服困难，迎难而上的信念，也正是当时略显狂热的追“星”之念，才让我有机会与李老师建立起师生之缘。精神的力量是无穷的。

我与李老师第一次见面是在申博面试那天，或许是因为多次在视频中看到李老师，心中早已预设了“慈父”形象，所以初次见面我并没有想象中紧张。当时，面试组一共 5 位老师，加上我和担任考试秘书的王琪师姐，盛成厅里一共 7 个人。直到现在，我对各个老师问我的问题仍记忆犹新，也忘不了李老师认真听我回答时的表情，他的微微点头、他的淡淡笑容、他的鼓励像是强心针一样，给我注入了巨大的力量，当时心想“我多么渴望成为您的学生啊!”

## 教我知识

李老师教我知识并不是从我成为他的学生开始的，从我第一次读老师的文章、读老师的著作时，我已从他那里逐渐获取知识的营养。本科时总是忙于上课、忙于应付各种证书考试和期末考试，坦白讲并没有看过多少论文，也没有读过几本教科书以外的学术著作，所以受到的学术训练相对而言是比较少的。硕士时，我被录取的专业是语言学及应用语言学，跟随硕导孙瑞教授做着社会语言学方向相关的研究，也是从那时起才开始读李老师的论文和著作。稍微了解李老师的人都知道，李老师的论文和著作数量是很多的，那是他几十年研究的心血，也是向学界和社会贡献的财富。我到现在也没能把老师全部的论文和著作读完，每每想起这点，便觉得羞愧难当。

读李老师的文章是一种开智的享受，老师的文章易懂而又引人深思，他往往用最简单明了的话语，谈论着与国家、与社会息息相关的语言话题，真正做到深入浅出，照顾着每一个层次的读者。

现在，我仍然是一个初出茅庐的学习者，是一个追寻语言学研究的“小学生”，老师传递的知识，像我在语言学道路上跑马拉松的补给站一样，助我成长。

## 导我学术

第二次和老师见面是博一入学后的教师节，这天列朋师兄带着我和泽霞去了老师家里，我第一次见到了师母白老师。由于当天学校安排了新生体检，所以我们并没有在老师家里待太久，我只记住了老师给我们的一个重要任务，就是尽快确定博士论文选题。

我博士被录取的专业是北语 2022 年才开始招生的自设二级学科——语言资源学，自老师“下达任务”后，我绞尽脑汁思考博士论文选题，但不断陷入自我肯定与否定的漩涡之中。由于一直没有好的想法，所以不敢向老师汇报，直到有一天，老师给我发微信，让我要多与他交流，此时，我焦虑不安的心情才得到了丝丝缓解，我终于意识到自己不能钻牛角尖，而应该与老师多多沟通。

一直觉得自己是一个不大具备学术敏感度的人，在思想上比较愚笨。有一次去老师家里，和师母白老师提起这点，白老师告诉我：“除了那些确实天赋异禀的人，如爱因斯坦等之外，其实大多数人的智商是相差无几的。”无论事实是否如此，白老师的话，给了我很大安慰。

后来，还是靠着老师的指导才确定了博士论文的研究方向，向着应急语言资源做研究。应急语言研究是一个刚刚兴起的领域，以解决应急场景中的语言使用问题为研究目的。如果研究做好，将会为社会带来福祉，希望自己能在老师的指导下，真正发现问题，解决问题，做出一些能够为社会所用的“真”学问。

## 启我做人

李老师曾说过一句话令我印象深刻：“做学问之前，先做人。”这其中，饱含了老师对弟子们的谆谆教导，他希望“李门”弟子都能够在成为学者之前，首先成为一个正直的人。

“李门”是一个大家庭，李老师和白老师是这个大家庭的家长，正是因为有良好的师风，这个大家庭才能一如既往的温暖和睦，身为这个大家庭的一员，无比庆幸能够永远向着正能量前进，永远被爱包围，有慈如父、暖如母的家长，有互帮互助、相亲相爱的兄弟姐妹。

未来如何，仍旧是未知的，如若有幸成为人师，我会将老师和师门的爱，传承下去。

## 作者简介

李文静，北京语言大学语言科学院在读博士研究生。2020 年—2023 年在广西大学语言学及应用语言学专业攻读硕士研究生，获文学硕士学位。2023 年 9 月起在北京语言大学语言资源学专业师从李宇明教授攻读博士研究生。主要从事语言资源、语言规划、应急语言服务研究。参与国家社科基金项目 3 项，参与撰写著作 1 部。

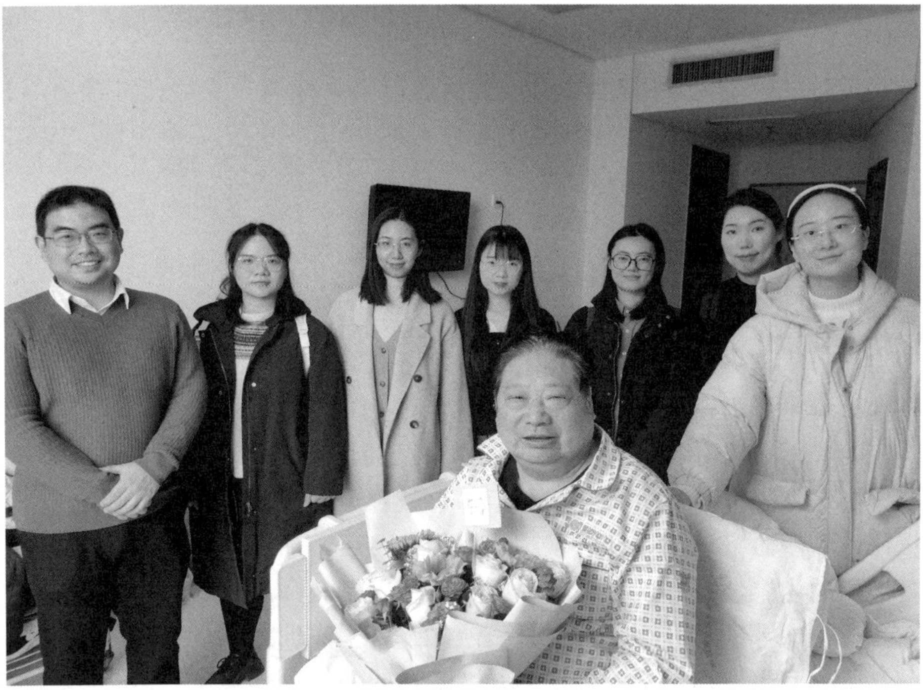

2023 年 12 月 9 日，到医院看望做腰椎手术的李老师

（前排：李宇明，后排左起：徐欣路、郑泽霞、谢思琦、李文静、邢晓梦、王琪、张洁）

# 云推动云，树撼动树，生命影响生命

徐亚新

雅思贝尔斯曾说："教育意味着一棵树撼动另一棵树，一朵云推动另一朵云，一个灵魂唤醒另一个灵魂。"而我的老师不仅唤醒了一个又一个灵魂，又用生命影响着无数生命。

## 山重水复疑无路

2022 年 9 月至 2023 年 3 月于我而言是漫长却又充满新奇体验的一段时间。之所以这么说是因为经历了急转直下、急转直上的毕业季过山车。

2022 年 7 月份开始跟自己的硕导表明自己的读博意愿，但苦于华中师范大学语言所里博士入学考试竞争激烈，每年都有数百个学生竞争十个入学名额，自己顺利读博的希望渺茫。硕导仔细了解了我的情况后，建议我做两手准备，因此一边准备考博的内容，一边备考中学教师编。为了考教师编，新冠肺炎疫情放开管控后，我在各地考试，苏州、南京、长沙、广东、深圳以及学校所在地武汉。庆幸的是拿了三四个教师岗位的录用通知，不幸的是，总感觉做一名中小学老师不是我内心所愿。带着这种心理，背水一战去参加 2023 年 3 月份语言所里的博士入学考试。考试时，因为准备教师编制考试，有段时间放弃了考博准备，总感觉会收到差结果。笔试、面试全部结束后，朋友见我状态实在太差，主动约我出去放松放松，而我根本放松不下来，为自己明明想读书却不好好准备懊悔，出正式结果之前，心里总沉甸甸的。

## 柳暗花明又一村

回想第一次与老师联系的经历，在打电话前，先是仔仔细细地打好了草稿，反复练习了多次，找了一个偏僻、安静的角落，鼓起勇气拨通了李老师的电话。跟李老师说话时，仍然很紧张，语速飞快，只记得自己简单阐述了自己的研究兴趣点与未来研究规划。与我形成对比的是，老师语气缓和且亲切，问了我的籍贯、家庭情况，并嘱咐我说语言应用类的研究，一定要往应用上靠，才能真正应用。此外，做研究是非常辛苦的，需要克服很多困难，学习很多东西，要有未来面临困难的决心与勇气。正是老师耐心的鼓励以及老师多产且前沿的文章，才激励着我宁愿读博事落空，也仍然硬着头皮参加了笔试、面试。

4月中下旬，语言所公布了博士拟录取名单，我的名字后面赫然写着“拟录取指导导师：李宇明 汪国胜”。一时间除了欣喜仍是欣喜，第一时间便告诉了李老师，感谢了老师对我的帮助！随即，老师发了一份阅读清单给我，并嘱咐我“学问自用心，师傅领进门”。我深知自己不如其他优秀的同门们学识扎实，只能一点点地慢慢来，便充满斗志地准备投入到新领域的学习中，结合老师给的书单一边读自己感兴趣的文章，一边佩服老师的高产且文章鞭辟入里。阅读老师的《语言学习与教育》时，反复惊叹原来老师早在20世纪八九十年代就接触了现在正时兴的会话分析！内心的欣喜之情更重更深！老师在语言规划领域、儿童语言学领域都具有举足轻重的学术地位，而且老师思路、眼界都十分开阔，总是走在学界研究的前沿，老师的文章、著作如同黑暗中的一盏明灯，照亮了我们后来者前行的路，让我们在探索的道路上不再迷茫。

## 为国为家为学术

谢思琦师姐2023年8月在北京参加学术会议，想顺便拜访老师，问我是否愿意一同前去。我内心既非常感谢师姐将这一消息传达给我，又很忐忑，因为毕业事了也已近七月，刚入“李门”仅仅一个月，读的、写的少之又少。同时由于以往做现代汉语语法研究，未来研究方向如何依靠自己的优势开展新的研究似乎成了一个悬而未决的问题。临近去北京前跟老师说明了自己的困惑，以及自己的拟解决方案，老师不仅给予我耐心的指导，还告诉了我如果想从事儿童语言学研究，当前已有的、可看的研究成果有哪些。

刚到北京，李建涛师兄便询问我是否预订了酒店，准备第二天几点到达北语，并告诉我与我一同被录取的金胜昔同学与郑州大学的两位老师也要一同拜访李老师。一瞬间感受到了“李门”大家庭的温暖，得知不仅仅是我一个新人拜访老师后，心里的压力也减轻了多半。第二天与师姐一同到达北语后，李建涛师兄、饶高琦师兄不仅热情地招待我们，而且还邀请我们在北语校园内走走转转。

与老师正式见面，不是简单地问询、寒暄，而是为我们准备了五六场学术盛宴。老师首先就“方言研究的语言文明视野”以及“惠及儿童的儿童语言学”两个主题进行了讲座。其次，各位师兄师姐以及郑州大学的两位老师分别汇报了近期的研究成果、研究计划，不仅让我大开眼界，也让我见识到了“李门”深厚的学术科研功底。汇报结束，老师让师兄师姐们依次介绍自己的研究兴趣与研究领域，因为自己坐在倒数第三个汇报的位置，因此总忐忑不安，生怕自己没介绍好、说起话来不连贯。坐在我旁边的老师也许看出了我的紧张，用叉子叉了一块水果递给我，感觉老师像在满脸慈爱地安慰自己的孩子一样，一时受宠若惊，再次感叹老师怎么如此亲切近人！

此后，老师邀请我们去餐厅聚餐。聚餐过程中老师对我们学术新人提了两点要求：第一要锻炼身体，身体是革命的本钱；第二要有家国情怀，做学术不是为学位而做，语言研究也不应该仅仅为发表文章，更应该是为国为家为科学而做。老师除了具有开阔的研究视野外，也站在学术的高位指导我们！

2023 年 10 月 2 日华中师范大学举行 120 周年校庆，李老师作为荣誉校友受邀参加校庆活动。老师于 10 月 1 日到达武汉，跟宫君卓师姐一起接老师返校的路上，老师细数武汉的过往，对武汉的街道说起来头头是道，说起待过二十年的武汉充满了亲切之情。因为月末月初要跟老师汇报，加上刚投入到儿童语言学研究，因此积压许久的问题一股脑都发给了老师，老师回复说第二天与宫君卓师姐一起讨论。但是由于提前买好了 10 月 2 日回家的车票，担心老师会介意，列车即将出发的时候才告诉老师要回家的消息，生怕辜负老师想与我和师姐一同讨论的苦心而惹老师不开心。老师不仅没有不开心，反而说家里更重要，催促我尽快动身出发去车站。一路上，联想起老师十几年如一日地照顾师母，在《人生初年》里跟师母记录或有趣或感动的冬冬姐成长过程中的趣事，老师身体力行地在践行着什么是为国为家。

## 谈笑间刮骨疗伤

2023 年 12 月临近考试周，也是很多课程结课的时候。李老师的弟子刘云老师讲授的“语言研究方法论”课程也面临结课。刘云老师授课风格幽默风趣，例子俯拾即是，常常让我们在欢声笑语中学到语言学知识。老师结课时援引了李宇明老师讲的如何应对论文发表不出去的趣味例子。著名的小说家莫泊桑在出名前没有任何杂志愿意发表他的小说，他只好把自己写过的小说稿子用麻袋盛放，等他名声大噪后再将麻袋里的小说拿出来发表。刘老师鼓励我们要先积累，总会有合适的时机，即使论文多次被拒，正如舒婷所说“这也是一切”！不论是刘老师身上，还是李老师身上，既有持续保持创作、保持思考的创作力，也有乐观、豁达的精神。

而这种精神给我冲击最大、体会最为深切的是老师 12 月份的三次腰椎手术。看到老师手术过后在纱布上遍布的骨刺，想想老师 11 月、12 月排满的会议日程，10 月来武汉的操劳、舟车劳顿，老师好像从来没喊过一句腰疼！也从未因为腰疼而放弃参加会议，即使是在饱受腰疾烦恼的 25 年里仍然笔耕不辍、成果丰硕、视野前沿！古有关公刮骨疗毒，今有我师刮骨吟诗！硕士入学时，每一位硕士生都铭记着邢福义老师的嘱咐“做人第一，学问第二”，李老师便是邢老师教诲的切实践行者。学高为师，身正为范，老师不仅学术高深，更重要的是有一颗心境崇高的灵魂。

内心里无数次感谢老师愿意收我这个笨拙、起步慢的学生。在老师精神的影响下，在有如此众多优秀师兄师姐的“李门”中，希望自己日后能深扎学术科研，做出哪怕一丁点真正为国为家为学术研究的贡献。

**作者简介**

徐亚新，华中师范大学语言研究所在读博士研究生。2020 年—2023 年在华中师范大学汉语言文字学专业攻读硕士研究生，获文学硕士学位。2023 年 9 月至今在华中师范大学师从李宇明教授攻读语言学及应用语言学专业博士研究生。主要研究方向为儿童语言学、现代汉语语法、互动语言学。

# 玉壶存冰心　朱笔写师魂

郑泽霞

“人这一辈子就是活在某些瞬间里，正是这些瞬间组合成了我们每个人独特的生活。”于我的求学生涯而言，有幸成为李老师的博士生就是串联起所有大大小小瞬间的那根主线。玉壶存冰心，朱笔写师魂。今日提笔，梳理思绪，我的内心无比感谢老师给予我求学的力量和前进的勇气。

## 醍醐灌顶　初生牛犊

2020 年初秋的一个午后，在图书馆五楼的期刊阅览室里，我下载阅读了一篇文章——李老师 2019 年发表的《语言学的问题意识、话语转向及学科问题》。正是这篇十页纸的文章，使我第一次萌发了继续攻读博士学位的念头，而之后亦切切实实地改变了我的人生方向和轨迹。醍醐灌顶，豁然开朗，茅塞顿开，酣畅淋漓，都是我当时心情最真实的写照。命运的齿轮或许在那一刻就开始转动了。我是很幸运的，我也很感激命运在硕士刚入学时就给予的指引。李老师的文章为我打开了一扇科研世界的大门，也为我未来道路的选择提供了无限的可能。

犹记得那天下午的课后，第一次和孙德平老师提起李老师时，我刚入学一月有余。在阅读了十来篇应急语言服务文献之后，孙老师与我进行了简短的分析和交流。当时懵懵懂懂的我说“这个研究领域有一位李老师，他的文章写得好好啊”，随后又说起李老师大作中的精彩之处。孙老师睁大了双眼，随后低头开始笑。那时的我还非常困惑，摸不着头脑。如今每每忆起此景，我都羞愧不已，还望两位老师当是初生牛犊“童言无忌”啊。

## 高山仰止　景行行止

高山仰止，景行行止。虽不能至，然心向往之。对学术的向往、对未知的思索、对人生的规划，都促使我鼓起勇气走上了申博之路。尽管已经在电脑屏幕前多次聆听过老师的发言和讲座，然而第一次和老师见面之前，我依旧感到非常紧张和害怕。面对知识渊博的老师，难免会不由得紧张起来。那又为何害怕？怕自己表现得不够得体，也怕自己答非所问，怕自己在学习上达不到老师期望的水平。半路从管理学转行到语言学研究，这个领域的很多知识于我而言既陌生又新奇，只能是摸着石头过河，一步一个脚印慢慢来。

或许正是因为太过紧张了，以至于第一次见面时具体发生了什么事情，现在竟也记不太清楚了。印象最深、记得最牢的是，后来老师将他的新书《叩门语丝——一名语言学家的问学感悟》赠予我。在惊讶和欢喜中我双手接过了这份礼物。轻轻地打开书本的扉页，看到上面写着“送郑泽霞存阅”，右下方还有老师的签字和日期。实话说，那一刻我心中突然涌出了一种难以描绘的伤感。彼时正值申博季，前途茫茫，难以预测，我不知道是否该继续坚持自己的初心，不知道是否该继续听从内心的声音，不知道这一切是否是正确或恰当的抉择。

山重水复疑无路，柳暗花明又一村。2023 年的初夏时节我顺利被北京语言大学录取。那时的我已整理好心情，一边想着该如何邮寄几大箱子的毕业行李，一边参加了几所中小学的语文教师招聘。得知录取消息的那一刻，我愣住了。三天后的下午，我独自坐在西湖边的长椅子上歇息发呆。6 月初的江南水乡褪去了春天的潮湿，还未迎来盛夏的酷热，正是旅游的绝佳时节。周围的游客来来往往，欢笑着用手机记录下杭城美景。手机上老师发来了消息，“正式录取，就进入博士研究状态了。”“谢谢李老师和北京语言大学。”放下手机，我望向前方的西湖和点点船只。微风习习吹拂，湖面波光粼粼，闪烁着金子般亮晶晶的光芒。

## 经师易遇　人师难寻

人生有很多意外和无奈，亦有沉甸甸的责任和一往无前的勇气。暑假期间，我的家里发生了一些事情。那个夏天的回忆里弥漫着医院消毒水的味道。月底向老师汇报学习时，我虽然很心虚，但也如实告诉老师事实——因个人原因近期在学习上几乎毫无进展。老师的回复给予了我肯定和包容。随后，老师在微信群里发了反馈消息。在这段长长的评语中，老师将我排在首位，并肯定了应急语言研究方向的选题。其实我心中很清楚自己当时迟交了学习总结，而老师在用另一种方式鼓励我、安慰我。9 月初，我从广州越秀的医院出发，开始了北上求学的人生之旅。

现在回想，其间还发生了一件很小的事。当时每天白天都在医院陪护，某个下午我步出大楼突然想到周围走一走。路过观绿路时，我停下了脚步，久久盯着指示牌，随后拿起手机拍下了一张照片。后来 11 月初，课堂上徐欣路师兄说起《汉语拼音方案》的内容，我立马就想起了这张照片的内容。生活处处是语言学。

经师易遇，人师难寻。2023 年 9 月 10 日上午，我第一次来到了老师的家里，也第一次见到了师母白丰兰老师。之前拜读过《人生初年》，没想到能在教师节当天见到师母。我心中又是止不住的激动。初到北京，气温骤降，那时我还未病愈。记得那天我穿着厚厚的长袖外套，裹得严严实实的，整个人看起来无精打采的。白老师用温暖的眼神看着我，问起我的家乡，聊起相识的友人和我来自同一个地方。临走之前，老师和师母将两颗大大的石榴送给了我。在老家广东潮汕地区，石榴有吉祥安康的寓意，寄托着人们对和睦如意、幸福美满的憧憬。记得小时候每次过春节，大年三十傍晚家家户户都会去折一根石榴枝条，插在竹编的油纸灯笼上为来年祈福。手里捧着这两颗石榴，我既感动又不好意思，只是一直对着老师和师母说“谢谢”。

11 月中旬一次偶然的机缘，我和多位师友一同前往广东江门的五邑大学参加“应急语言服务助力‘韧性城乡’建设”专题研讨会。老师之前知晓我家中的情况，便让我在研讨会结束后回家一趟，我因而得以和家人团聚了数日。“代我问候你的家人。”“谢谢老师。”亲眼看到家人平安健康、一切顺利，我心中的重担和压力终于卸了下来。窗外朦胧的夜景飞驰而过，返校途中想起临走时家人的嘱咐，我突然晃过神来——我的博士生涯在那一刻才正式开始了。

## 尽吾所志　无问西东

“若有幸跟随老师读博，学生必定潜心钻研，谦虚好学，尽吾所志，无问西东。”这是我第一次向老师表达读博意愿时许下的承诺。一年多后的今日再看到此言，却因自己每日碌碌无为而深感惭愧。

“苟日新，日日新，又日新。”“草木蔓发，春山可望。”这些年我常常用这两句话来鼓励自己：唯有不断积累和学习，才能滴水穿石，在量变的基础上有质变；哪怕仅有一点产出和思考，也得自己为自己点赞。博士论文选题是学习上困扰我的一大难题。在和老师进行了两次沟通和分析后，开学前我已确定好博士期间的研究方向。在老师不厌其烦的指导点拨下，结合本科应急管理的教育背景，以及硕士期间做过应急语言服务相关研究，我决心投身于应急语言服务这一领域的研究。

“在实践中学，在实践中发展科研能力，做国家需要的研究，尽快成长起来。”老师的谆谆教导我时刻铭记于心，也愈加坚定了我对语言资源学研究的信心和信念。路漫漫其修远兮，吾将上下而求索。希望自己对得起老师的信任与期望，扎扎实实学习，认认真真研究，潇潇洒洒生活。

**作者简介**

郑泽霞，北京语言大学语言科学院在读博士研究生。2020 年—2023 年在浙江财经大学汉语国际教育专业攻读硕士研究生，获汉语国际教育硕士学位。2023 年 9 月至今师从李宇明教授攻读语言资源学专业博士研究生。主要研究方向为语言资源学、应急语言服务、国际中文教育。主持省级研究生科研项目1项，参与国家社科基金重点项目以及教育部规划项目各1项，发表学术论文4篇。

2023年9月10日教师节看望李老师和白老师
（左起：郑泽霞、白丰兰、李宇明、李文静、田列朋）

# 附录

## 学术之旅[①]

李宇明

### 一

1978年春天，我作为高考制度恢复的第一届大学生，带着文学的梦想迈进了郑州大学中文系的门槛。当时，中文系主任张静教授正组织全国的一些语言学专家编写《现代汉语》教材。在教材编写协作会上，一些专家被邀来给我们做学术讲演。其时，统治语言学界达半个世纪之久的结构主义，已早被乔姆斯基从语言学霸主的宝座上赶了下来，但在中国，作为结构主义语言学的一个分支的美国描写语言学，还处在引进阶段，语言学界正尝试借用层次分析法来分析汉语。所以，专家们讲演的热点也是美国描写语言学的分布理论和层次分析，层次分析法同成分分析法比较所显示的优越性，以及层次分析法处理汉语所遇到的麻烦……由于缺乏国外语言学的常识，对这些新东西都听不大懂，但仍然很有兴致地去听，对专家们指出的用层次分析法处理汉语所遇到的麻烦，尤感兴趣。我幻想着自己能解决这些麻烦。

幻想是人生的动力。我开始喜欢很多同学都认为枯燥的现代汉语课，并试图动手写论文，但绞尽脑汁也写不出来。大学二年级时，系里组织了一次专科考试竞赛，我参加了现代汉语竞赛，竟得了个第一名，奖品是一支钢笔。就是这一次竞赛，使我放弃了文学梦想，把我引入语言学的殿堂中。

泡在图书馆读语言学的书成了我最主要的功课，有四个寒暑假都是在图书馆度过的。开始时，找些语言学的教科书看，但教科书看不上几本就没有意思了，因为面目都比较接近。于是转而找专著读。那时，图书馆里开放的语言学类图书很少，许多书都被尘封在书库里。记得当时看过《马氏文通》，王力先生的《中国现代语法》和《汉语史稿》，吕叔湘先生的《中国文法要略》等。后来又翻阅杂志，《中国语文》对我的影响最大，从它那里，我了解到了中国语言学界曾经研究了些什么问题，知道了论文写作的一般格式，并朦朦胧胧地感受到中国语言

---

① 本文原载于《中文自学指导》1997年第4期。

学正在发生一场重大变革。

一边读书，一边动手写点文章。读是外在知识的“内化”，写既是创造，也是知识内化的催化剂。对写得满意的文章，就呈给老师看，或投给杂志，我自谑为是“拜杂志为师，向杂志学习”。投给杂志的文章，虽然多数是“泥牛入海无消息”，但也偶尔能得到回音。例如，《所谓名词词头“有”新议》这篇论述古代汉语名词前加“有”表定指的文章，就得到了《中州学刊》卢甲文先生的指教，并于1982年在该刊第3期上发表。《试论“名物化”问题》曾接到《中国语文》备用稿通知，虽然后来并未刊用，却构成了我七年后发表的《所谓的“名物化”现象新解》（《华中师范大学学报》1986年第3期）这篇论文的基础。

大学是我学术旅程的出发点。回想起我的大学生活，总觉得，课堂学习虽然很重要，但不能把自己封闭在教科书中，要多读学术专著和学术论文，并要动手做点科学研究。

## 二

1982年春，我应届考入华中师范大学，攻读现代汉语专业硕士学位。导师邢福义先生曾用隶书给我们师兄弟题了八个字：“抬头是山，路在脚下。”这八个字也是现在华中师范大学语言学研究所的所训。先生解释：“一个有作为的人，眼睛要看着山，心里要想着爬山。但是，上山的路要靠自己一步一个脚印地去走，一步一个脚印地去踩开。山顶不易攀登，成功不靠侥幸。”（邢福义《语法问题思索集》第341页，北京语言学院出版社，1995年）。学术上，邢福义先生向以务实著称，强调把研究植根于汉语的“泥土”里，强调理论生发于事实，提倡建立自己的“学术根据地”。

邢福义先生给我们授课，很少系统地讲语言学的知识。入师门不久，邢先生带来30余张经过筛选的语言卡片，指导我们对这些卡片进行归类，并从中发现语法规律，训练分析语法事实、总结语法规律的能力。此后，又把谌容的短篇小说《彩色宽银幕故事片》（《花城》1982年第10期）复印给我们，让我们从中观察哪些语言现象可以进行深入分析，并拟出若干个可作论文的题目，训练语言观察的敏感性。然后，要求我们根据自己所拟的论文题目去大量地搜集语言材料，检索相关的研究文献，最后写成论文。

研究生仍然是打科研基础的阶段，那一阶段我撰写的近十篇论文，都是研究具体语言现象的，而且有意选择不同领域的语言材料进行研究。如《试论“们”在现代汉语人称代词中的类化作用》（《华中师范学院学报》1984年第1期），研究的是自己对湖北、河南21个县（市）的方言进行考察的活的话语材料；硕士论文《存现结构中的主宾互易现象研究》（《语言研究》1987年第2期）处理的是现代汉语的语言材料。

在读研究生期间，我从导师那里学习了许多具体的语言学知识，但是终身受益的，是为学之道，是治学之风，是从观察、搜集语言材料到论文写就这一系列环节的严格的语言学研究能力的训练。

## 三

中国语法学的历史同西方相比还非常之短。在公元前1世纪，斯多葛学派就建立起了包括主格、宾格、与格、所有格和呼格的“格”体系，亚历山大利亚学派就把词分为名词、动词、分词、冠词、代词、介词、副词、连词等八大词类。而中国语法学从马建忠的《马氏文通》算起还不到百年。《马氏文通》之前，中国只有音韵学、文字学和训诂学，而无语法学。马建忠根据自己对汉语的认识，借鉴西洋语法建立起第一个汉语语法系统。自此以来，几代语法学家根据汉语语法的特点，对《马氏文通》的语法体系进行了大量的“汉化”工作，功不可没。但是，至今这个语法系统尚不理想，其主要表现是：第一，词的兼类和活用现象太普遍；第二，词类和句法成分交叉现象太严重，一个词类可以作多种句法成分，一种句法成分可以由多个词类充当。这起码说明汉语的词类系统和词类划分的效用有问题。

造成汉语语法体系不理想的主观和客观原因很多，其中一个根本性的原因，我认为是对汉语语法的基本事实还不大清楚，有许多语法事实亟待描写和发掘。西方的语法理论之所以可以“花样翻新”，是因为对英语等语言事实的描写较为充分，具有了坚实的基础，而汉语语法研究还缺乏这样的基础。没有这一基础，就不可能有汉语语法学的大发展。“急于求成”的心情可以理解，但是科学的发展是有阶段性的，有些阶段是不可能超越的。

近十几年来，语言学界的一些智者和勇者在忙着建立各种语法的或语言的体系，这是很必要的。但是，我却一直把主要精力放在对语言事实的搜集、描写和分析上。如《论带“了”的三种“（N）A点”结构》（载《语法求索》，华中师范大学出版社，1989年），从语义背景的角度描写了“（N）A点了”、“（N）A了点”和“（N）A了点了”三种结构的特点，考察了进入这些结构的形容词的动态用法和静态用法，并根据语义、语法功能把“了”分化为三个不同的单位。再如《NP场景描写句》（《徐州师院学报》1987年第1期），揭示了在场景描写的语篇中名词性短语可以充当分句的情况，从一个侧面反映了汉语的名词性短语与西方语言的差异。

我在对语言事实的描写和分析上，注意不同研究方法的使用。除了使用一般的语言学研究方法之外，还有意识地运用统计学方法和带有实验性质的测试方法。例如，《毛泽东著作设问句研究》（《中国语文》1993年第6期）把观察范围进行人为性封闭，以便用大量的数据统计结果来说明设问句使用的语法规律和语用规律；《词性判定能力的测试》（《华中师范大学学报》1989年第1期）运用非谓形容词（或称“区别词”）作为测试材料，设计了四种不同的作业方式，用实验方法来研究成人的词性判定能力，《中国语文》的记者认为，用这种方法“来解决常常困扰人们的语感问题，不能不说是有启发意义的”（《中国语文》1988 年第 4 期第 316 页）。

事实研究与理论探索从来就是密不可分的。有一定的理论背景和理论追求，对事实的观察和分析才能深入；对事实的仔细观察和深入分析，才能从中发现有价值的理论问题。我自己的研究追求是，事实研究与理论探索相结合，事实描写和理论解释相结合。每篇论文都要对汉语的语法事实有所发掘，尽力归纳出规律，并对制约事实的规律再做出解释；而且每篇论文都要有一点理论追求，努力把研究上升到理论的层面，希望写出的论文既扎扎实实，且又有沉甸甸的分量。例如《疑问标记的复用及标记功能的衰变》（《中国语文》1997 年第 2 期），把汉语的疑问标记分为四类：A、疑问语调；B、疑问语气词；C、特指疑问词；D、疑问句法结构。并根据分布原则和“同类同级”的补充规则，把这四类疑问标记刻画为上、中、下三个层级，由此描写了疑问标记单用和复用的 17 种基本格式，总结了疑问标记复用的规律，阐释了因标记复用带来的信息羡余问题。文章还描写了疑问标记功能衰变的若干格式和衰变的若干特点。把事实的分析、规律的总结和理论的阐释三个方面有机地结合在一起。

语法研究的最主要的任务，是揭示语法形式与语法意义之间的对应关系。20 世纪 80 年代人们强调从形式入手探索形式与意义的对应，取得了一些成绩。但是，汉语同西洋语言相比，形态变化相当贫乏，西洋语言中的许多语法范畴，在汉语中有时用语法形式表现，有时用词汇形式表现，有时用语法和词汇等多种形式表现，因此，严格地说，汉语的许多范畴都是语义・语法范畴。这种认识也符合当前国际语言学界出现的从认知和功能的角度研究语言的新倾向。于是近些年来，我开始从语义・语法范畴入手进行汉语语法研究的尝试。国际上对于语言中的空间范畴和时间范畴有了一些研究，我便选择“量范畴”作为主要研究对象，并以此获得国家“九五”社科基金的支持。

汉语的量范畴与数量表达、等级刻划、序位排列、重叠等都有关系。已撰写的跟“量范畴”有关的论文有《非谓形容词的词类地位》（《中国语文》1996 年第 1 期）、《能受“很”修饰的“有 X”结构》（《云梦学刊》1995 年第 1 期）、《论形容词的级次》（《语法研究和探索（八）》，商务印书馆即将出版）、《形容词的否定式及其级次问题》（《云梦学刊》1997 年第 1 期）、《论词语重叠的意义》（《世界汉语教学》1996 年第 1 期）、《动词重叠的若干句法问题》（《语法研究和探索（九）》，商务印书馆即将出版）、《双音节性质形容词的 ABAB 式重叠》（《汉语学习》1996 年第 4 期）、《动词重叠与动词带数量补语》（第五次现代汉语语法学术讨论会论文集，北京语言文化大学出版社即将出版）、《泌阳话性质形容词的重叠及有关的规律问题》（《语言研究》1996 年第 1 期）等。

这些论文不仅描写了与量范畴有关的汉语语法事实，而且也提出了一些较重要的理论和方法问题。例如：重叠是一种“调量”的重要语法手段；汉语形容词肯定式与否定式的级次与西洋语言的一般级、比较级、最高级不同；语法研究应当把离散性与连续性结合起来；词类内部是非匀质的，词类之间在某一个或某几个维度上具有连续性，这种连续性的序列是由若干过渡性的节点构成的；语法的逻辑序列与发生学序列具有对应性，因此，通过可以内部比较的共时性研究来构拟语法的历时发展，提出了语法的“内部构拟法”的见解；句子的节律是由若干顿读的节律构成的，研究句子的节律，有必要先研究顿读的节律。由于这些理论和方法问题是在研究汉语语法事实的基础上提出来的，因此，没有拿西方理论套汉语事实的“削足适履”之感，而且也会具有较强的生命力。

除此之外，我也写过一些评论性文章，如《〈马氏文通〉新评》（《古汉语研究》1993 年第 4 期）、《语法研究中的“两个三角”和“三个平面”》（《世界汉语教学》1994 年第 4 期）、《汉语语法“本位”论评》（《世界汉语教学》1997 年第 1 期）等。评论性文章虽然写好也挺不容易，但我总觉得撰写分析具体语言事实的文章更难，更见功力。

我的语法研究同师辈相比还显得很幼稚。与许多同辈的研究比也许会显得“土气”和笨拙。但是，我自信立足于本土语言、立足于汉语事实、从事实中生发出“汉味”理论的研究道路是正确的。十几年的语法研究，我最大的苦恼不是对西方的理论了解得太少，而是对汉语的事实了解得太少，信手拈来一些语法现象让我说出个所以然来，大都会把我难住。当然，汉语语法研究需要借鉴西方的理论和方法，但是，学术交流是双向的，也需要拿出点自己的理论和方法去影响国际学术界，这样才会使中国语言学在国际上占一席之位。

## 四

语言学同行大都知道我在进行儿童语言研究，而且颇多赞誉。不过，我从事儿童语言学的研究，却是在困境中的一次抉择。我在《儿童语言的发展》（华中师范大学出版社，1995 年）的《束卷语》中是这样描写这次抉择的：

儿时尚武，折柳为枪，与玩伴鏖战。激斗完毕，无意插柳溪畔，竟成绿树。我走上儿童语言研究之路，亦属无意插柳。……

我头冠硕士青帽，满怀人类本能的激情，正准备粉墨登场做父亲时，却面临着人生的艰难抉择。我的贤妻白丰兰女士，在她初扮我的未婚妻角色时，就患上了残酷的被医学称之为“死不了的癌症”的类风湿关节炎。我同她在病榻上行合卺之礼，命运就注定我得负担起照料妻儿的神圣使命。人非仙魔，无三头六臂。我还能顾得上学术吗？山重水复，爰其适归？

荒忽困惑之际，读朱智贤先生的《儿童心理学》，竟被书中关于儿童语言发展的叙述所吸引。神经短路的火花，骤然闪想起《语言学动态》和《国外语言学》读时新奇但并不怎么在意的文章。于是，急不可待地跑进图书馆，竟忘记了即将为人父，埋头读起书来：

罗曼·雅可布逊的《为什么叫“妈妈”和“爸爸”》和约翰·B·卡罗尔的

《儿童语言的发展》，令我激动；沈家煊先生的《斯洛宾：〈心理语言学〉》，Breyne Arlene Moskowitz 的《语言的掌握》，伍铁平先生的《雅可布逊：〈儿童语言、失语症和语音普遍现象〉》，涛拍脑海；刘润清先生的《心理语言学诸派及其观点简介》，N·Chomsky 的《评斯金纳著〈言语行为〉》，Charles A. Ferguson 的《六种语言里的幼儿语言》，陈平先生的《美国心理语言学的一项新研究》，使我遐想翩翩……

过瘾！真过瘾！读着读着，眼睛放出光来。我知道该如何把学术理想与家庭使命溶而为一了。柳暗花明。

我研究儿童语言首先是从记录我女儿的语言发展开始的。在女儿呱呱坠地的当天，就开始记起她的语言日记，有闻必录。当时，我爱人还在河南信阳，她的侄女来帮助料理家务。我爱人和侄女按照我的要求用文字和录音机天天记录女儿语言，并定期把录音寄到武汉或托人带到武汉，由我转写成文字资料。当时，我们全家收入不足百元，除去生活费用已所剩无几，用节衣缩食省下的钱购买了几盒磁带，因此必须及时把磁带整理出来以备再用。就是用这些资料我写出了《1—120 天婴儿发音研究》（《心理科学》1991 年第 5 期）。女儿出生后十个月，在校系领导的关心下，“牛郎织女”得以聚首武汉。我也方得在被华中师大人谑称为“贫民窟”的芦苇为墙的斗室里，在天伦之乐中亲自观察孩子的语言发展。18 平方米的空间，到处是纸片和铅笔头，随时准备记录。连生活都不能自理的妻子，也把纸、笔放在床头，随时记录下女儿的话语。在到长沙、桂林参加现代汉语教材编写会，或是到庐山出席社会语言学讨论会，我这个暂时卸任的“家庭妇男”，也要带着孩子，以不使记录中断。就这样，我们全家人用原始的办法和超人的毅力，记录了几百万字的儿童语言发展的原始资料。据我所知，世界上不间断地记录一个孩子的语言发展最长的是三岁多一点，而我一直记录到将近七岁。在“七五”和“八五”期间，得到国家社科基金和国家教委社科基金三个有关儿童语言研究项目的支持，于是扩大调查范围，得到更多的第一手研究素材。这些资料给我的研究奠定了扎实的基础。

我国的心理学家，如朱智贤、朱曼殊、许政援、林崇德、彭聃龄、缪小春等先生，在儿童语言研究方面已经做了许多有益的工作，而我国语言学界却对这一领域很少问津。但发展心理学是要借对儿童语言发展的揭示，考察儿童心理的发展，儿童语言只是它达到研究目的的一种工具，一个途径。语言学的儿童语言研究，可以借鉴发展心理学的研究成果，但有不同的研究目的、研究方式和不同的学术兴趣点，需要细致入微地描画一个个音、一个个词、一个个句法结构、一个个语义范畴、一个个复句格式、一个个语段类型的发展，需要去悉心捕捉儿童语言运用的各种各样的发展细节，在此基础上发现儿童语言发展的自身的规律。

在前后十余年里，我（包括与人合作的）撰写出了《汉族儿童问句系统习得探微》（华中师范大学出版社，1991 年）、《儿童语言的发展》和《语言的理解与发生》（华中师范大学出版社，1997 年）三部著作，并发表了《试论成人同儿童交际的语言特点》(《华中师范大学学报》1987年第6期)、《三岁前儿童反复问句的发展》(《中国语文》1990年第2期)、《四岁前儿童“谁”字句的发展》(《语言研究》1990年第2期)、《儿童反复问句和“吗”“吧”问句发展的相互影响》(《中国语文》1991年第6期)、《儿童习得语言的偏向性策略》(《华中师范大学学报》1991年第4期)、《乳儿话语理解的个案研究》(《语言研究》1993年第1期)、《论儿童第二信号系统建立的判定标准》(《语言学通讯》1993年1—2期)、《儿童语言发展的连续性及顺序性》(《汉语学习》1994年第5期)、《独词句阶段的语言特点》(《中国语言学报》总第7期)、《群案儿童的问句理解》(《华中师范大学学报(哲学社会科学版)》1997年第2期)等系列论文。

这些著作和论文的研究素材，是用个案的纵向追踪观察和群案的横向实验调查两种方式获取的；在材料的处理上，既有语言学的常规性方法，又有心理学的统计分析方法；在研究思路上，主要是系统的和比较的。所谓系统的思路，一是把儿童的语言发展看作是系统的发展，而不是孤立地分析一个词或一个句式的发展，因此需要考察方方面面的影响，如相关词语或格式之间的影响，认知、文化等因素对语言发展的影响等；二是要一个系统一个系统地研究儿童语言的发展，我用力最多的是对儿童问句系统的研究。所谓比较的思路，是把汉族儿童的语言发展同西方儿童的语言发展进行比较，把儿童的语言发展同成人语言的面貌进行比较，把正常儿童的语言发展同有语言障碍的儿童语言发展进行比较，把男性儿童的语言发展同女性儿童的语言发展进行比较，把儿童的正确说法同“错误”的说法进行比较，寻求汉族儿童语言发展的特殊性和儿童语言发展的一般规律，以及制约儿童语言发展的各种要素。

曾于1995年获得全国高等学校首届人文社会科学研究优秀成果二等奖的《汉族儿童问句系统习得探微》，第一次系统描写了汉族儿童5大类21小类问句格式的发展，划分了儿童使用问句的“S型期望”和以“泛化”“窄化”“格式化”为具体表现形式的儿童习得语言的“偏向性策略”，以及因这种策略而造成的相关语言现象发展中的“抑压”“导拉”“互促”“异推”四种发展模式。吕叔湘先生作首席顾问的《中国语言学年鉴(1992)》(语文出版社，1993年)认为此书“由于其观察、分析的细致以及受试者和受试语的汉语身份，对本学科在中国的发展将具有一定意义”(第36页)。邢福义教授在该书《序》中称该书是“凤毛麟角”，“做了十分有意义的工作，提出了十分有价值的结论。”伍铁平教授说：该书“是我国语言学界第一部研究儿童语言习得的专著。……对雅可布逊的理论提出了补正”；并认为，该书为心理语言学和心理学的研究“奠定了一定的基础，值得称道”(《语文建设》1993年第11期第8页)。邵敬敏教授说，该书“给语言学界带来了一片光彩。其熠熠之光不仅来自作者数十年如一日呕心沥血的钻研精神，更主要来自《探微》的开创价值和启示意义”，认为“它不仅提供了研究汉语儿童语言发展的相当珍贵的资料，弥补了汉语研究在该领域中的空白，而且丰富了儿童语言研究的一般性原则与理论”(《汉语学习》1993年第5期第48页)。

《语言理解与发生》是《汉族儿童问句系统习得探微》的姊妹篇，是对儿童问句系统理解和发生的全面比较研究。该书在研究方法上有三点创新：A. 创造了“知识背景剪贴法”，较好地控制了认知因素对语言理解的影响；B. 用 32 个测试句构成一个完整的语篇，既较好地覆盖了汉语问句系统，又使测试具有自然性，有利于测定儿童对自然语言理解的真实性；C. 创造了“话语反应判定法”和“语言参照法”，以便有效地判定儿童的话语理解。该研究发现，虽然语言理解早于语言发生，但理解和发生具有不同的发展节奏，二者基本上交替进行的；而且，群案研究和个案研究两种研究方法具有相当大的差异性和互补性，要全面把握儿童语言的发展面貌，必须兼用两种研究方法。许多儿童语言研究结果相差悬殊，有不少就是因为个案研究和群案研究的差异造成的。这一研究虽然是在问句领域中进行的，但是所发现的一些现象和规律，对于儿童语言习得的一般研究，对于语言与认知关系的探讨，对于儿童心智发展的研究和儿童教育等，都有一定的启示、借鉴意义。

《儿童语言的发展》以汉族儿童语言发展为基本材料，最大限度地吸收了国内外同行的研究成果。该书着力探讨了儿童语言发展的理论问题，对国际上流行的一些理论，如乔姆斯基的“语言先天说”，雅可布逊的“音位发展理论”，皮亚杰的“认知决定论”等进行了评价、修正或反驳。而且还尽力描写了儿童语音、语义、词汇、语法和语用等系统发展的基本面貌。邢福义先生在该书《序》中认为，该书较好地处理了“共性和特征”继承和创新”“事实和理论”“描写和解释”“据点和视野”等五种关系，并认为“能否善于处理研究工作中各种对立统一的关系，这从一个侧面反映一个学者的成熟程度”。

儿童语言研究，不仅需要有厚实的语言学功底，而且需要有心理学的基础。我是语言学出身，虽然这些年来努力钻研心理学，但搞起儿童语言研究来，仍然是一条腿硬一条腿软。因此，我在妻子久卧病榻的困境中选择儿童语言学，既是聪明的，也是艰难的，艰难就艰难在不能扬长避短。学术界常有“十年磨一剑”之说，但因中国的儿童语言学起步晚，研究素材的搜集需要较长的周期和较多的资金，虽然我进入此领域已逾十载，磨出的剑却仍称不上锋利，所做工作与国外相比仍有较大的距离。

## 五

学术的社会使命之一就是把研究成果投入应用。就某种意义而言，学术研究的价值也就在应用。儿童语言学是具有广阔应用前景的一门学科。首先，儿童语言研究的成果可以为儿童的语言教育和其他教育提供理论基础；其次，在所有类型的语言学习中，如外语学习、聋童语言康复等，儿童语言学习是最为成功的，借鉴儿童语言学习的规律，可以有效地改进其他类型的语言教学。

在对儿童语言进行基础研究的同时，我也做了一些儿童语言学的应用性研究工作。比如，《幼儿语言教学的若干原则》（《幼儿教育》1994 年第 10 期）、《母语获得理论与幼儿语言教学》（《幼儿教育》1994 年第 11 期）是关于幼儿语言教学的；《语言学习异同论》（《世界汉语教学》1993 年第 1 期）比较第一语言学习与第二语言学习的异同，为第二语言教学提供改革的参考。但用力最勤的要数聋童语言的康复问题。

大多数哑巴是因聋所致，但他们的大脑语言中枢和发音器官都还是健全的，而且 80%的聋童尚存在程度不等的残余听力。随着社会的进步和医学、电声技术的发展，完全有可能使大多数聋童获得有声语言，“铁树开花”，让他们回归到主流社会来。我国可以算是一个聋哑大国，0—6 岁的聋童就有 74 万左右，自 20 世纪 80 年代起我国就开始以政府行为大规模地开展聋儿语言的康复工作。作为一个儿童语言研究者，有义务、有责任为这项具有人道主义和社会发展意义的事业做点贡献。

从 1988 年开始，我以学术顾问的身份参与湖北省聋儿语言康复中心的工作。首先摸索聋童语言学习的规律，合作发表了《聋童声母获得状况研究》（《语言文字应用》1992 年第 1 期）和《汉族聋童语音发展的规律及康复对策研究》（《中国康复》1996 年第 2 期）等论文。根据聋童学习语言的实际状况，参照正常儿童语言发展的规律，提出了“言语行为教学模式”和“全面康复”的观念（《聋儿语言康复的目标、原则及其有关问题》，《民政研究》1989 年第 5 期；《聋儿语言康复与言语行为教学模式》，《聋儿康复》1991 年第 2 期），研制出了聋童语言康复水平的测试量表、聋童康复用《现代汉语简化系统》和由三单元 28 节组成的《聋儿语言康复发音训练操》，并主编了供聋童语训教师使用的《聋儿语言康复教程》（华中师范大学出版社，1990 年），该书 1994 年获中国残疾人联合会、中宣部出版局、新闻出版署图书管理司、中国出版者协会、《光明日报》总编室联合举办的全国首届“奋发文明进步图书奖”二等奖。

## 六

大学毕业时，同学们商定，每人在纪念册上都要写一段表白心愿的话。我当时是这样写的：“当年做过文学梦，而今专扣语言门。门开乎？天知晓！”“扣门”已近 20 年，虽不敢说已登堂入室，但体会还是有一些：

为学难，难就难在需恒怀定性，甘于寂寞，不谋轰动效应，不可急功近利，只能一步一个脚印地前行。

为学也有快乐，乐就乐在它追求的是真理，虽不能富贵权达但也不必去献媚富贵权达；乐就乐在它是一种创造性劳动，可以在方寸之内与古圣今贤和未来对话，可以在充分发挥才智、实现人生价值的同时，为人类的知识库增加点东西。

学术研究是一种职业，但更是一项事业，是需要用也必须用全部身心乃至生命去从事的一项事业。学术之旅也就是生命之旅！

# 导师，重在“导”而不在“师”①

## ——李宇明教授访谈录

李宇明　王丽虹

访谈时间：2016年4月14日下午4:45—6:40
访谈地点：北京语言大学
采访者：王丽虹博士（下文用Q指代）
受访者：李宇明教授（下文用A指代）

Q——我正在参与的这个研究，是考察不同国家的留学生在欧洲读博士的情况。欧洲高等教育正处在博洛尼亚一体化进程（Bolognia Process）中，他们在考虑是不是该建立欧洲博士教育的统一标准，因为欧洲各国博士生的培养过程都不一样，比如：有的国家有答辩，有的国家没有。有的国家，像英国的答辩委员会只有两人，一个校内的、一个校外的，而丹麦呢，要求答辩委员会成员中有一个是来自国外院校的。而且丹麦的论文写作过程和答辩过程跟英国的要求也完全不一样。比如，英国的博士论文，不能有已经发表的东西，否则的话你这个原创性就没有了；可是在丹麦，博士论文通常是由四篇在同一领域已发表的论文组成的，也就是在你答辩之前你这些论文都要正式发表。可见在欧洲内部，博士生的培养，包括目的，还有背后的培养理念都不一样。Mike Byram 教授现在在主持欧盟的一项研究，我们今天谈的内容只是他整个大计划当中的一条线，就是考察外国的博士生在读博过程中的学习经历。Mike 教授非常想加一个中国的例子。我们学校有很多外国留学生，可能在其他学校不会有这么多的外国博士生。我已经采访了一些学生，也采访了一些导师，今天还想占用您一些时间。其实他这些问题都是非常的generic（一般），非常基本的。

Q——您认为，对于大学来说，培养博士生的目的是什么？

A——当然是培养学术型人才。作为应用型的人才的培养，本科、硕士阶段

---

① 本文原载于《辽宁师范大学学报（社会科学版）》2018年第41卷第3期。作者王丽虹系北京语言大学教授。

已基本完成。读博士有两大任务，一是探讨未知；二是把已知用在未知的领域。

探讨未知是科学的使命，不管是自然科学、人文科学还是社会科学。所谓把已知用在未知的领域，是信息化时代的学术新要求。这个时代，是个急需把知识转化为生产力、转化为产品的时代，也是能够把知识转化成生产力、转化成产品的时代。就语言学而言，已经产生了语言科学和语言技术学两大分野。语言科学是求真，主要是探索未知；语言技术学是求善，是通过技术进步来推动社会进步。当然，语言技术学也牵涉到未知。但在大多数的情况下，是把已知用在未知的领域。

Q——那您觉得学生在读博士的时候，他的目的性和学校培养他的目的性是一致的吗？或者据您所知，您的博士，他们的目的是什么呢？

A——最近，我在我的学生微信群里发了一条微信："我不是在培养只能够拿到学位的博士，而是要培养语言学家。"对中国学生和外国留学生，我都是这样要求的。

Q——那就是您感觉到他们是奔着一个学位来的？

A——读博，当然要拿学位。但我的学生70%以上都有更高的学术追求。在我已经毕业的博士生中，有十四五人已成为同龄学人中的佼佼者。他们最大的特点，就是有一种学术驱动力。他们真的是把学术作为信仰。其实，探讨未知具有无限魅力，发现会给发现者带来无比的愉悦。

在中国，培养一个博士要付出很多心血。生命有限，精力有限，如果导师只培养个拿文凭的学生，对导师的人生价值是极大浪费；在中国，师生之间的关系很特殊，似乎不只是单纯的教与学的关系。俗语云，"师生如父子""一日为师，终身为父"。

Q——您赞同这个观点吗？

A——我不大赞同把师生比作父子。现在已不是封建时代的师徒关系，但学缘关系，的确也近乎血缘关系。

老师和学生，人格上是平等的，学术上是平等，感情上是亲近的。我和学生是亦师亦友，我希望他们"青出于蓝而胜于蓝"。事实上，我的很多学生在他们的学术领域都超越了我。一旦成为师生，就会成为学术的共同体。学生毕业了，师生之间、上下届同学之间，都还一直保持着联系。学术上相互帮助，生活上相互关心，就像一个大家庭，一个因学术纽带形成的大家庭。我曾经帮助过我的学生找工作，帮助他们的孩子找学校上学；他们也都从不同的方面，帮助过我和我的家庭。在西方，不一定有这种事。

Q——您觉得学生有这种期待吗？

A——应该有。

Q——您既带中国学生，又带外国学生，中国学生和外国学生在师生关系上您感觉有明显的不同吗？

A——应该有差别。外国学生主要以学习为主。中国是个人情社会。中国学生容易建立两种关系，一是学习关系，一是情感关系。我现在带的外国学生越来越多，也希望在学术之外，与他们能够建立一条感情线，事实是很多外国学生与我有很深的感情。

Q——就是说，您也有意识培养他们中国式的人情？

A——这个也不完全是中国式人情，其实是共同体的学术朋友。哪怕不是师生关系，只要是学术朋友，也应该有一条感情线。中国人讲究“志同道合”。所谓志同道合，就是除了学术之外，还有情感。

Q——那天在咱们晚餐的时候，Mike 教授注意到您的学生，包括木卡拉和杜迪，他们在酒桌文化方面，好像也受到了熏陶。我不知道，您是否在培养他们的过程中，已经在有意识地加入了文化的滋养。

A——事实上，语言保护会议结束的第二天，我和白乐桑、Mike 教授一块聊天、吃晚饭时，我的夫人正在陪我的外国留学生们去圆明园踏春呢。木卡拉是联合国教科文组织的官员，他 10 点钟就要飞巴黎，但是他仍然赶过去与大家一起春游，9 点多的时候，杜迪送他去机场。如果不是陪 Mike 和白乐桑教授的话，我也是夫人组织的那个活动的参与者。

Q——扩大化的家庭活动。

A——一种团队活动，一种团队文化。我觉得一个学术团队，应该有这种相互关心、相互了解、相互支持的团队文化。这种团队文化，跟中国的家庭文化有不少相似之处。

昨天，是泰国的宋干节。泰国博士生世玉与他的师兄弟一起来到我的办公室，过泰国新年。他们用很庄严的仪式，送给我新年的祝福：银盆，洒水，赠送礼物。我也给他们分享了我的童年故事，以及当时的中国故事。

在指导学生的过程中，我很少用我讲他听的方式上课，多数是共同进行学术讨论。同门之间，谁在研究什么，谁的学术做到哪一步了，大家都清楚。比如，某人读了本好书，或者论文研究有了突破，他来做个报告，然后大家围绕这一话题，谈自己的看法，提供一些学术思想或学术资料。在此过程中，外国留学生的中文能力，也会得到相应提高。我们的这个团队，中外同学之间还“结对子”，一个中国学生帮一个外国学生，提高他的中文水平，包括平时学习、论文撰写、用中文做 PPT 等，也包括博士论文的最后成稿。中国学生无怨无悔地无偿付出，如果没有平时的情感积累，恐怕很难自觉自愿。很多外国同学毕业后，都和中国同学成了非常要好的朋友。这种朋友，不是一般意义上的朋友，而是志同道合的学术朋友。

博士生跟着导师，除了学习知识和学习如何进行研究，还有培养学生人生观的问题：对于世界的看法、对于家庭的看法、对于人性的看法。我是老师，但更喜欢做他们的朋友。有些男孩女孩的隐私问题，他们不方便跟我谈，但会跟他的学伴谈，跟我的夫人谈。我夫人，是我们这个团队的“政委”，义务负责学生们的心理。在西方，这些问题，大概会通过教父的方式来缓解。

Q——您给她委任为政委，是做思想工作的？

A——中国的军队里，有政委一职，是专做政治思想工作的，师长、军长是指挥战斗的。

Q——博士生毕业多年，还跟导师保持着很亲密的关系，无论是国内国外，都是一样的。但在您培养的学生当中，同门之间还建立起学术和情感上的一个network（网络），是吗？

A——是的，你的信息真灵通。这个网络系统一直存在，不只是博士，还有我的一些硕士生、访问学者，只要他们对学术保持着兴趣，都会进入这个共同网络。加入网络，实际上是一个继续学习的过程。

Q——对，也是一个共同体。

A——是的，一个学术共同体。这个共同体，会解决很多大家需要的问题。比如说，有人出国，会帮助收集一些学术资料；参加学术会议，会及时传递学术信息，现在有微信群，几乎都可以进行学术会议的“现场直播”；有一些调研问卷，大家会帮助去实施。我们每年都会开一次学术会议，叫“聚贤聊斋”学术活动，这是我的书斋名“惧闲聊斋”的谐音。

Q——是传统吗？

A——一年一次。一般是教师节前后。

Q——别人可以加入吗？

A——一般情况下，不邀请外人加入。在7—8月份，学生们就开始做筹备工作，分工明确，各尽其责。这也是在锻炼他们办学术会议的能力。在聚会中，除了谈学术，每个人也会谈谈一年来的进步等，当然，免不了会有一些私房话。

Q——那还叫学术会议？

A——谈的的确是学术。还是按照国际学术规则来组织的：事先确定学术话题，主题发言15分钟，有提问，有评点，有总结。但在开场前、中间休息时和结束后，会谈一些平时没有机会谈的话。会议结束了，有个餐会，喝点酒、唱唱歌、跳跳舞、照照相。大家热情非常高。年年都是这样。最有意思的是，所有的花销都是AA制。

这个活动，也是个加油打气的活动。给那些行进在半途中，没有油的人再加加油。有的人，可能因为评职称失利而郁闷，或遇到某种困难而学术定力不足了。通过这个激情四射的活动，大家相互感染，相互鼓励，找回了前进的新动力。就像汽车再加满油，又开始奔跑起来。

有不少学生，已经带硕士，带博士，有些已是某个领域知名的专家了。他们的学生，也有开题指导、论文评审、学术答辩等一系列的环节，也需要同学之间的相互帮忙和支持。

Q——那你们活动最后的成果？

A——一般情况下，会做一个光盘，包括论文、照片和聚会通稿等等。然后传到“聚贤聊斋”的大群里，供没有到场的同门下载。

Q——是啊，我觉得，您这是一种对学生认知（包括行为）的全方位的培养。您觉得，这个培养方式是比较普遍的吗，在博士生导师当中？

A——这样的活动，据我所知，在中国应该不是普遍开展的。

Q——在国外也有这样的问题，读博士是一个四五年非常艰辛的过程，也有中途就失去了学术动力的。如果有这种情感维系，不断地给他一种推力，他也许就能坚持下去。所以我觉得这个方面是值得借鉴的。

A——师兄弟之间的情感维系，非常重要。中国的武打小说，常见武林的门派之争，其实，学界有时也会这样。师兄弟之间不团结的，学生和老师后来翻脸的，都有。

Q——主要是学术原因吗？

A——有学术原因，还有其他原因。比如师兄弟俩人在同一个单位，几乎在很多事情上都存在着竞争关系。发论文，谁多谁少；学术成就，谁大谁小；评教授，谁先谁后。特别是早年，许多同门的关系不好，甚至同门成冤家。我试图通过上面所说的活动，让我的学生别成了“冤家”。

Q——以往的概念，读博士是一个非常孤独的过程，可能在您的门下呢，孤独会少一些。

A——会相对少一些。但仍然很孤独，学术总是孤独的。

Q——对，因为在做学术的过程中，在决定做论文时，已经决定他会很孤独，因为他选题很窄，没多少人做同一方向的研究，所以呢，真正能帮上他的人并不是很多。

A——是的。一个好的博士论文选题，本来就是一个寂寞的选题。所探讨的空间，本来就很少有人去思考去碰触。他写出来的东西，也只有小同行、小小同行能够看得懂，大同行都未必看得懂。一个真正的学科前沿的话题，全世界最多也只有几人、十几人能看得懂。这种寂寞的程度，本来就很高。

Q——学生的论文选题，是他们自己选定，还是需要您来给他们指点方向？

A——我不主张都是同一学术背景的学生来读我的博士。严格地说，语言学已经不是一个学科，而是一个学科群，一个学科大家族。语言学科之间，已经到了没有多少共同的理念和方法，甚至也没有共同追求目标的地步。语言学和很多学科关系密切，故而派生出许多交叉学科。如，语言学和计算机结合的语言信息处理，和哲学结合的语用学，和经济学结合的语言经济学，和社会学结合的社会语言学等。所以，只要是对语言感兴趣的，能达到读博条件的学生，我都会接收。

这些年来，我培养的博士，来源有中文的、外语的、计算机科学的、经济学的，学生之间的毕业论文差异很大。导师，既不是比学生更高明的人，也不像唐代韩愈所讲的，职责是“传道授业解惑”。我心目中合格的导师，应该是站在学科前沿，陪着学生一起攻关夺隘的人。

关于论文的选题，我习惯的做法是：先让学生提出两三个他最感兴趣的话题，然后，我跟他一起反复讨论后确定一个。这样，既有学生的知识储备和学术兴趣，也有我的指导思想在内。这个选题，也是我的整个博士群体选题规划中的一个。科研是一种兴趣，是一种孤独人的兴趣。想要他在孤独的学术空间里旅行，没有极大的兴趣，很难从容而行。所以，导师必须照顾到学生的知识背景和学术兴趣。

我的学生，从博士论文的选题、开题报告以至于完成博士论文，甚至到最后博士论文出版，都会对选题、对论文不断地发展完善。多数情况下，我希望选题的范围稍大一些。选题大，并不是让他做大而无当的论文。选题大点的目的，是让他在此基础上去做学术勘察，寻找学术富矿，然后就此富矿进行开发，形成正式的开题报告，最后形成博士论文。做博士论文的过程，也是建立他的学术“根据地”的过程。选题范围稍大，多做一番学术勘探，有利于学术根据地的建立。

中国讲究教学相长。在培养学生的过程中，我的知识和研究，也在丰富，也在拓展。带博士生的过程，也是导师自己学术上不断探讨和进步的过程。

Q——所以有人说，您不同意用“教博士生”这个词，是吗？

A——我不仅不同意用“教博士生”这个说法，甚至不大赞同用“观点正确”来评价博士论文。一篇优秀论文，研究的应该是最为前沿的课题，已经到了难以评价其正确与否的高度。导师，之所以是导师，并非要评判正误，而是能判断论文的价值；指导解决问题的方向与途径；用丰富的学术经验，让学生把假设变成现实。

我觉得，博士论文的好坏，博士生自己最有发言权，因为他做了最为深入的研究，他才是最有权威的人。如果他做不到最权威，那么，这篇博士论文可能就没有达到应有的水平。一般情况下，我不用观点是否正确来评价学生的论文，但是我知道，这篇论文有无价值，它探讨了什么，未来还有多少发展空间。所以，我做了硕导、博导之后，自己看待人生和看待学问的观念，也有了很大的变化。导师，不是“教不教”的问题，而是“导不导”的问题；导师，重在“导”，而不是“师”。汉语“导师”这个词，我觉得很有意味。

Q——您讲得特别好，真的。我不知道有多少导师在认识上能达到您的这个高度。

Q——我下一个问题是，博士和硕士到底有什么样的区别，特别是在对他的论文要求上。

A——硕士有两类。一类是应用型硕士，一类是学术型硕士。如 MBA 这类应用型的硕士，我今天就不说了。学术型硕士很像学术型博士。我的基本看法是，一篇好的硕士论文，是能漂亮地解决一个问题，这个问题，不一定是他自己提出来的；一篇好的博士论文，是能提出一些问题、解决一些问题、留下一些问题。这其实是开拓一片新的学术空间。这个学术空间虽不一定成熟，但它可以容纳很多人（包括他自己）在这个领域里去探讨，去耕耘。乔姆斯基当年的博士论文，就是开拓了一片新的学术空间，并已经让无数学人在这一新空间中耕耘了 60 多年。

Q——看博士生论文时，您最关注什么？

A——我最关注的是提出了什么问题，解决了什么问题，留下了什么问题。一篇好的博士论文，首先要提出一个或一些有价值的问题，如果提不出问题，或是提出的问题没有价值，做得再完善，都不算是一篇好论文。提出问题后，他解决的那个或那些问题，是否在前人的基础上有所推进。这个推进，可以是理论上的，可以是方法上的，或者是材料上的。我过去比较欣赏理论和方法上的创新，现在更看重材料上的创新。

Q——您说的材料是 data（数据）？

A——对，材料就是科学数据。方法，是解决问题的工具。科学研究，主要是一个方法问题。方法可行，结果就可信。同样一个判断，用科学的方法证明的，叫规律，叫真理；没有用科学方法证明的，只能是臆断，是假说。因此所谓研究，首先是一个方法问题。理论是什么？理论本质上是一种解释，是对所发现的现象的一种解释。理论的强弱，在于其解释力的强弱。理论随着哲学思想的变化、时代的发展而不断地发展变化。同一个事物，用牛顿时期的理论解释，还是用爱因斯坦时期的理论解释，会很不一样。理论是灰色的，而材料、事实之树常绿。一篇好的博士论文，必须有第一手的数据发现。如方言研究的田野调查、社会语言学研究的社会观察和社会访谈等，所得到的数据，绝不会随着时代的变迁而过时。从别人书本上抄点文字片段，用第二手资料来做论文，一定做不出好论文。就像提炼矿石一样，你用的是别人提炼过的矿石，并非原矿石，因此很难再提炼出什么！除非提炼工艺发生了革命性的变化。

Q——您对博士论文的这些看法，其他的答辩委员或者是论文审阅人、您的学术同行们，是不是认识一致？

A——没有做过调查，估计差别很大。有人是从做文章的角度去看论文，命题、论据、论证之间的关系如何，写作规范不规范等。我看重的是创造力。越有创造力的博士，其论文的细节上往往也越容易出问题。或者说，他发现了问题，有些新想法，却不能完美解释现象之间的联系，会留下很多在别人看来很不完善的地方。

一个新的发现，很难稳妥地处理好旧知与新知、已知与未知之间的关系。原来的知识已形成了一个严谨的知识架构。按照皮亚杰的观点，人的惯性思维，在发现一个新东西之时，常常是先把它拉进原有的知识结构里，能够装进去就装进去，装不进去，就需要修改旧框架，建立新框架。做论文也是如此，真正的突破是重新建构。重新建构，谈何容易！需要对一系列科学研究的观念、范式等进行调适。当年乔姆斯基为了重新建构，从 20 世纪 50 年代开始，一直在不断补充完善，用了多少时间！

Q——他的第一本书是1957年出版的，第二本书是1975年出版的。

A——乔姆斯基的《句法结构》是1957年发表的。他是一个需要你永远跟着他奔跑的人。真正有创造力的论文，并不是完美无瑕的，而是有很多需要完善的地方。但你可以从并非完美的论文中，看到那种灵性，那种创造力。这是最可贵的。而现今的答辩制度，往往要求规范，要求十全十美。因而博士写论文做答辩，首先要求稳妥，求自圆其说，别让人挑出那么多毛病。所以有创造力的人，也会把一些带有锋芒的观点，忍痛藏匿起来，等毕业之后再去探索。

Q——现在博士论文的成绩评定，是及格和不及格，还是给他一个分数？

A——实际上是分四个等级：第一等是不通过，第二等是修改后答辩，第三等是通过，第四等是优秀。这四个等级，有时候也会通过分数来表示，比如优秀是多少分，通过是多少分，不通过是多少分，等等。

Q——您觉得用等级划分还是有道理的？

A——是的。我觉得用等级比打分数好。博士论文，是无法用分数来准确衡量的。分数，实际上也是一个等级概念。

Q——在毕业答辩中，您一般问学生什么样的问题？

A——如果要我做答辩委员？

Q——对。

A——一般来说，在预答辩时，会问一些比较尖锐的问题。

Q——有预答辩，是吗？

A——对。预答辩，是为了促使他去进一步完善论文。正式答辩，一般要有五个专家参加，所问问题，根据论文的情况而定。如果论文根本不能通过，就会问一些最基本的问题；如果论文能通过，那你就问一些比较有挑战性的问题。我认为，答辩的作用，并不是一个简单的评价，而是一个工具，其主要目标是促进学术发展，促进博士生学术的再提升。这就像考试一样，考试虽然是评价，但主要目的还在于促进学习。一个好的考试，不应该仅仅告诉学生一个分数，而要告诉学生，你哪些方面还有不足，甚至还可以告诉他，你的同伴这个题是怎么答的，你为什么会出现这个问题。

我在答辩会上，所提问题属于N+1的水平。设学生的学术水平为N，我会提稍微超过他水平的问题，启发他思考。我既不会提N=0的送分问题，也不提N+2的问题，那会难倒学生，或者是在显示自己有水平。应当通过提问，促进学生进一步思考些问题。事实证明，这样的提问，很有价值。一些毕业后还继续做研究的人，都说这样的提问对他们之后的研究很有帮助。答辩也是一种学术资源，千万不要浪费了这种资源，否则就太可惜了。

Q——我觉得您这个想法很有道理。四五个专家聚在一起，真的是很重要的资源。

A——答辩委员阅读一篇论文，最起码要用一两个星期。读后一定会有一些想法。这些想法，要通过答辩提问释放出来，产生最大的作用。

Q——对，我在西方时也听到他们说，每次在论文答辩开始时会说，我们是邀请你参加这样一个学术对话。当然这只是让学生放松，也就是说我们现在不再考你了，你已经是学术共同体中的一员，你已经有资格进到我们这里边，我们现在就是展开这样一个交谈。这会让学生 enjoy（享受）这个过程。当然，有时候这还只停留在口头上，真正做到像您刚才所说的，学生才是真正受益了，让这个过程真正发挥效益。

A——答辩过程，的确是一个学术对话过程。在导师指导下，学生用三年五载研究了一个课题。但论文审阅人、答辩委员，用最短的时间获得了很多学术信息。所以，答辩这个学术活动，是一个相互学习、相互对话、都能够有所收获的过程。不仅答辩人是受益者，答辩委员也是受益者。

5 月份，学界把它戏称为“黑 5 月”。看论文和参加答辩的任务，常常压得人喘不过来气。我每年大约要看二三十篇论文，还要写评语，有的还要参加答辩。从 3 月份、4 月份，就开始忙碌起来。不过，“黑 5 月”不仅是忙碌的季节，也是收获的季节，我的学术收获就很大。

Q——您现在指导了好多位外国学生，他们在用非母语读博士。您觉得这个对他们的影响大吗？

A——影响还是很大的。

Q——这种影响完全是语言问题吗？

A——不完全。有语言问题，但更多是文化和思维层面的问题。不同文化背景下，学生的学习习惯不同、学习追求不同、学术表达方式不同、学术兴趣也不同。我觉得，到了思维层面，不同文化背景的差别真是不小。

Q——您说的这个学术表达方式，具体指什么？

A——比如说，汉语的论文表达，是喜欢先把观点说出来。

Q——属于 discourse（后文的话语）、话语层面。

A——是的，是话语层面的。有了论点，然后摆出若干论据，并对论据和论点之间的关系做出论证。比如说，汉语的形容词是谓词，英语的形容词不是谓词，因为英语的形容词不能直接做谓语，必须要加一个系词，汉语的形容词可以直接做谓语。如果有人提出一个观点，说汉英形容词的性质是不一样的，那么，下面就应该举很多例子：汉语的形容词可以作定语，英语也可以作定语；汉语的形容词可以作状语，英语的形容词也可作状语；汉语的形容词可以直接作谓语，英语的形容词不能直接作谓语……把论据论证都做完了，最后还要给个总结说，英语的形容词和汉语的形容词是不一样的。

Q——那您觉得学术表达方式，应该有一个国际标准吗？还是说您鼓励不同语言、不同文化背景的学者有他们自己独特的学术表达方式？

A——我认为，共同的标准和独特的表达方式之间，应该有一个契合点。

Q——那契合点在什么地方？

A——第一，学术界必然是一个国际共同体。随着时间的推移，国际共同体的意识会越来越强，包括使用的术语、使用的符号、共同的理念、要解决的问题等。如果没有这种共同体，人类的创造就不能有机地整合起来。人类学术的共同规范，是很有价值的，任何一个文化下的创造，都可以整合为人类的共同财富。但是，学术必然是在不同文化下进行的，科学家都是有不同文化属性的，学术研究必然会带上不同文化的印记：第一，有很多研究，研究的是不同文化的现象，如研究不同语言的情况，就会带有不同文化的印记。第二，学术，不只是为人类的公共事业服务，它还要为人类的不同文化服务，这就要求有不同的文化印记。第三，不同的学者，可能会有自然性或理性追求的差异。所谓自然性差异，是说科学家的研究，会不自觉地带着其自身的文化背景、思维模式；所谓理性差异，是说有些科学家，追求建立一套不同于今、不同于人的新架构。这些差异性，会带来不同的思维方式和研究方式。例如，很多语言哲学家，搬到山里去居住，以便沉思默想。霍金用的是大脑实验室，他对世界的认识，更多是靠科学推理，而不是实验室的观察。

我认为，科学研究，既要有国际通用的学术规范，也要容许不同学者有个性差异存在。有国际规范，能够将不同学者、不同文化的研究进行整合；允许差异存在，不只是保留了个性，还可以使原有的国际规范不断发展。在一般问题上，可以更多地强调规范；在创造性、实用性问题上和不同的研究对象上，给科学家、给一些特殊研究领域多一些自由。

人类语言有不同类型，在话语表达上也有不同的方式，比如：法语是“阶梯式”的，英语是“直线式”的；汉语是“螺旋式”的，阿拉伯语是“枝节式”的，就像《一千零一夜》的表达方式。不同的语言表达方式之间，可能会引发误会。比如英语专家，会认为中国学生的思维是不清晰的：论点已经说过了，为什么还要说一遍呢？汉语的话语表达受八股文的影响很大，起承转合，就是螺旋式推进的。

再如虚拟语气。汉语的虚拟表达是不彻底的，其常用句式是“如果……，就……”，但“如果……”不能太离谱。英语的虚拟表达是可以很离谱的。我曾经看过一部英语版的逻辑书，那时美国总统还是里根。书中举例说，如果太阳从西边出来的话，那么里根总统就是一条狗。这个例子完全可以接受，因为太阳不可能从西边出来，所以里根总统不可能是狗。但如果这句话拿到汉语来，说如果太阳从西边出来的话，哪个人就是一条狗……（Q：就是骂人）。

假设、虚拟是什么？是人类在现实空间之外的虚拟空间里思维。科学创造、文学创作等，常常就是在虚拟空间思维的，在另外的“可能空间”思维的。由于汉语的虚拟思维不彻底，假设中总有一个现实的底子，所以，这可能使汉人的科学思维和文学创作更接近于现实，不那么荒诞，也不那么奇妙。

所以，我觉得你提的这个问题很好，的确应当关注科学研究的国际共同性和文化特殊性的问题。

Q——对，就像您对学生的论文，可能在他的语篇构造的容忍度上就比较高，因为您了解他们的一些不同思维模式，您也读得懂他们“枝节式”“直线式”或是“螺旋式”“阶梯式”的表达。

Q——最后一个问题就是，什么样的人有资格做导师、论文评阅人、答辩委员会成员，对这些人要不要做岗前培训？

A——岗前培训？大概不需要，但可以有一些学术经验的交流。

Q——什么形式的交流呢？

A——一些有经验的老导师，与一些新任导师，或者是不同门类的导师，就博士生培养、博士论文判定、导师在博士生发展中的地位等问题，进行交流。可以用多种方式，seminar（研讨会）、沙龙、茶座都很好。因为，跟学术相关的很多东西，很难用培训来解决。刚才跟你谈的这些想法和做法，很多并不是我的独见独为。有些是跟我的导师邢福义先生学的，感悟他是怎么带我们的。我分管过大学的教学工作，也了解大学的研究生教育，知道其他学科的导师是怎么做的。我参加过很多场硕士论文答辩、博士论文答辩，有机会了解不同学校、不同导师、不同答辩委员的答辩模式和学术风格。再者，跟国外的学术朋友也有不少交往，了解他们是怎么学习，或怎么指导博士学习的。另外，读国外的论文，也给我不少启示。在论文的前言后语里，会有一些学习过程和心得体会。比如旅法的华人学者游顺钊，在他的《手势创造与语言起源》的著作里，就谈了很多他在印第安人那里搜集材料的故事。

Q——他写过视觉语言学的研究吧。

A——对，他还有一本书叫《视觉语言学概要》。多多关注别的导师是怎么做的，从中找到你认为最好的、最有利于学生发展的方式。总之，导师所要做的，就是能让学生发挥出他最大的学术能量，让社会得到更大的学术红利。

Q——学术红利，是您创造的词吗？我没听过。

A——也许是吧。

Q——我写文章的时候，要把这个词用上。

A——好。评判一个导师的做法好与不好，就是看博士生在学习期间，甚至毕业之后，能够有多少创新能力，为人类的知识库增加了什么，为人类的知识空间做了多少开拓工作。有一次，我在笔记本上写了这样一段话：

现在的语言学，由于语言技术的快速发展，已经分化为语言科学和语言技术学。进而思之，语言学门类里还差一个语言艺术学。相声、书法、文学创作，甚至平面字体设计等，都是语言艺术学的范畴。语言科学，解决“真”的问题；语言技术学，解决“善”的问题，让语言技术造福人类，含有学术伦理学的内容。但只有这两个学科，语言学就太冰冷了。在哪里能发现语言学之美？在语言艺术学里。完整的语言学，应该是语言科学、语言技术学、语言艺术学的共同体，合三者为一，形成对真善美的追求。

Q——您可以当哲学家。

A——特别是语言技术学的善，体现在所发明的技术对社会的作用上。一个人，可以只做语言科学家，致力于发现语言之“真”，就是研究语言是什么，它的结构构造如何，它是如何发展演变的。但是语言学学界，不能只去发现语言之真，还要发现语言学之“善”，让我们的语言知识服务于社会，包括自动翻译、网络新媒体中的语言技术等，推动社会进步。仅此还不够，还要发现语言之“美”，创造语言之“美”，以美化人，通过语言文字使我们的生活舒适一点、愉悦一点。比如前几天我与白乐桑教授讨论语言幽默，就是语言美学的问题，humor（幽默）这个东西对人类很重要。如此说来，语言学还有很多事情要做。

Q——这个事业，我觉得真的是很了不起。

Q——真正的最后一个问题。依您看，这些年，我们的博士生培养发生了哪些变化？我们的学生有哪些变化？我们的指导发生了哪些变化？我们的评审或者答辩都发生了哪些比较显著的变化？

A——你这个“真正的最后一个问题”，是你所有问题中最难的，我肯定答不全，就凭感性来说说吧。

第一，国际化程度高了。过去，主要是在中国的学术背景下进行研究，但随着改革开放，中国的语言科学已经成为世界语言科学的一个组成部分。最近十几年，特别是最近四五年，国际语言学界也较多关注中国语言学。我们在向国际语言学界看齐，与国际语言学界在思考同样的问题。这包括我们把学生送到国外去学习，也包括把国外的专家请进来，还包括我们学术论文的选题，有很多都是国际学术发展中共同关注的问题。

国际化程度高了，但另一方面是本土化的东西少了。比如中国语言学界，严重地忽视了自己的学术传统，对前辈的研究成果关注不够，很多学语言学的学生，不再认真读王力先生、吕叔湘先生、朱德熙先生、许国璋先生的著作了。有人调侃地总结说，“同胞出的书，不买也不读”。不只是本土语言学受到忽视，本土的语言学事实，也关注不够。

Q——“语言学事实”是什么样的概念？

A——比如说，我们有130来种语言，还有大量的方言，我们有几亿人在学习外语，我们有世界上最大的翻译市场……这么多的语言资源，这么多人的外语学习实践，这么多的翻译实践，加之中国悠久的语言学传统，对于语言学研究，该是多么珍贵呀！但我们没有很好地去发掘，去整理，去研究。中国语言学界有责任、有义务解决中国13.68亿人的语言生活问题、语言学习问题，去考虑130来种语言和众多方言的发展问题。如果这些问题能解决好，对国际语言生活、对世界语言学也是一个很大的贡献。

第二，要重视理论思维。语言学思想的升华，应该是在语言理论层面。但在普通语言学著作里，中国语言学界的贡献还很少。一方面是中国语言学发展较晚，另一方面也是理论思维不够所致。学术选题多是跟潮流的，学术研究多是形而下的。这就叫作理论思维的缺少。（Q：您说的这个太深了。）

中国语言学界要为世界学术做贡献，必须有自己独一无二的东西。中国博士生的选题和论文质量，是提高中国学术的国际地位的重要方面。这一点，我们强调得还不够。强调学术规范，很重要，但是，怎样保护博士生的创造性思维，特别是利用本土语言学资源进行创造性思维，做得还不够。

第三，要重视学术论文作用的发挥。论文完成后，不发表、不分享，就是废纸一堆。外语学科的硕士论文，是个典型表现。这些论文用外语写作，在国内发表有困难，在国外发表更困难，基本上都是装到档案袋里了事。博士论文成果的利用，也应受到重视。人一生中，最重要的创造期大约在读博阶段，博士论文，有可能是他的学术制高点。试想，有多少人会像“傻博士”一样，花很大精力在一篇学术论文上？当然，也有人能超越自己的“博士水平”。怎样高效率地运用学位论文，要调查一下国际上的做法。

第四，硕士博士的“本科化”现象。要防止这种“本科化”倾向，比如上课的时间比做研究的时间多，硕士专业竟然还有全国统编教材。硕士生的最好教材，应当是学术经典和反映学术最新进展的论文。研究生，研究生，应是“一边研究一边升”。

Q——博士也上课，对吧？您觉得他们的课是否也上得太多呢？

A——被动性课程太多。博士，更多的应该是研究性的课程。导师不能从头到尾讲自己的东西。导师已经发表的东西，学生会去看的。

Q——谁来决定博士生的培养方案？我也曾在网上查各个学校的博士生培养方案，是教育部统一规定，还是各个大学自己制定？

A——我觉得，应该把这个权力交给学科。

Q——交给学科？

A——不同的学科，培养模式不一样。博士生教育，最重要的是发挥导师和导师组的作用，外界不要过多限制它。不同的学科不同的导师，有不同的培养方法；不同的学生，有不同的学习方法。尊重这些不同，博士生才会有不同凡响的创造。

评价程序标准化，用机器查重复率，是为了防止抄袭。但这个工作，最好交给答辩委员会。因为引用的多少，不是衡量论文好坏的唯一标准。

博士生毕业，有发表多少论文的要求。我赞成在读期间发表论文，而且发表的论文跟答辩的博士论文应相关联。有已经发表的成果作支撑，博士论文会更加厚重。而且，博士研究成果的早日发表，有利于学术进步。但我不赞成硬逼着他发表几篇核心期刊论文才能毕业。有些学科杂志很少，发表论文不易。论文的质量，应该是唯一的标准。

用外在的标准来管理思想创造，是不科学的。不能像管工厂里的生产线那样去管思想创造。为管理方便而设立些硬指标，无非是把导师和博士生，都当作懒人、当作投机取巧的人看待。一个好学者，不需要去管。科学研究是个良心活，得失自知，别人很难评价。我有个博士生（不是北京语言大学的博士生），论文题目与开题报告时不一样，新题目更合乎所研究的内容。某单位的答复是：必须重新开题，专家通过了才能答辩。

Q——这太可笑了。在英国的时候就说，你最后决定的是什么？是你的题目。

A——我的经验是，最后定稿的，是题目和内容提要，还有论文的第一部分和最后的总结。总体来说，中国学术在进步，但把学术当作工厂生产去管，需要改革。

Q——当然，西方他们也会用这样的词，就是博士是最后的product（产品）。

A——那只是个比喻。

Q——那是个比喻的用法。就是说，最后培养出来的人也好，论文也好，都是产品，都是他生产出来的、创造出来的东西。那么，当然您想说的最后的产品肯定不是说论文发表出来了，一个 published thesis（发表的论文）就是一个产品，也不是这么简单的。

A——总体上来说，我是一个学术自由的拥护者。我认为思想创造，绝对要有自由的空间，有自由的思考，有自由创造的环境。没有学术自由，很难达到一般人难以达到的精神境界。对学术的任何镣铐，最终都是镣铐人类自己。我给我指导的学生以极大的学术自由，包括我给他定的选题，即使他又换作其他题目，我仍能理解，论文必然还是学生做。博士生，绝对不是导师的附属品，而是一个学术共同体中最具创新能力的个体。他有了基本的学术经验，有了基本的学术积累，就进入到人生最好的创造时期。还有一点，我对我的学生、同事，经常保持一种欣赏的态度，我总能看到他们的创造力，他们的优点，包括丽虹，你也经常有很多创新之举。

Q——这个效应叫皮格马利翁效应。《卖花女》，萧伯纳的剧，都有这方面的描写。看好她，给她鼓励，你的目光，你的言语，你的期待和赞美会产生神奇效果，她会成为你所期待的样子。你知道我妈妈的名言是什么吗？她说："我的小姑娘就是我夸出来的。"

A——这是皮格马利翁效应。我还有一个"李翁效应"。孔夫子云："三人行，必有我师焉。"我一路走来，接触各种各样的人，从他们身上看到很多令我欣赏之处，也获得了很多能量。我欣赏我的同伴，同伴也从我这里获得认可，有成就感，也就有更多的良性表现。这就是我的"李翁效应"。

谈兴来了，竟然谈了这么长时间。谢谢你，你是一个很能引发谈兴的访谈者。祝你们的项目能顺利完成。

# 语言学的责任与情怀①

## ——著名学者李宇明教授访谈录

关彦庆　李开拓

**李开拓：**李老师您好，感谢您拨冗接受我们的采访。十几年前开始，在很多学术会议上聆听过您精彩的学术报告，在折服于您的学识和眼界，惊讶于您思维之敏锐和精力之旺盛之余，本人在学术研究和办刊思路上也深受启发、受益颇多。十余年来，您对《北华大学学报（社会科学版）》特色专栏“语文现代化”的发展，给予了极大的关怀和支持，心中时刻感念。2012 年，您到北京语言大学工作，得以全身心投入学术研究，学术视野更为开阔，学术思考更为深远，学术触角更为敏锐，尤其在语言政策和语言规划、国家语言能力和社会语文生活等领域，取得了更为丰硕突出的研究成果。您执着的学术追求，卓越的学术贡献，高昂的学术热情，令人叹服、敬仰，尤其您在多个领域率先提出新方向、新理念、新方法，很好地发挥了学术领军作用。《北华大学学报（社会科学版）》开设“对话大家”专栏，以学术访谈的形式介绍著名专家学者，以让更多学人了解学术大家的学术成就和学术贡献，学习学术大家的学术思想和学术精神、治学理念和研究方法，让更多学人认识到原创知识的可贵和来之不易，形成敬畏知识的良好风尚。您是我们选定的学术大家之一。鉴于关彦庆教授对您也有更多的了解，故由关教授配合我完成与您的学术对话。

**关彦庆：**李先生，作为学者，您服务国家发展大局的学术责任和家国情怀，令人敬佩。您在汉语语法学、儿童语言学、语言规划学等多个领域都建构了原创性知识体系，在学术方向上是引领者，在行动上是先行者和组织者，在理论方法上是创新者。尤其在 2020 年新冠肺炎疫情暴发以来，您牵头组织开展国家应急语言服务的理论探索和实践行动，您的团队表现卓越，彰显了语言学服务国家和社会的不可替代性，更让我们见证了社会科学研究的价值和意义。《北华大学学报（社会科学版）》开设“对话大家”专栏，旨在推学人之典范，促哲学社会科学研究之繁荣，助推国家的“新文科”建设和文化创新。鉴于我对您的了解，开

① 本文原载于《北华大学学报（社会科学版）》2021 年第 1 期。作者关彦庆系长春理工大学文学院教授，李开拓系北华大学学报编辑部副编审。

拓编辑邀我一起来完成对您的学术对话，我们一起打磨采访提纲，这为我提供了再次向您学习的机会，我荣幸之至。下面我们进入访谈。

## 一、治学理念和治学方法

**问：**您20岁（1975年）高中毕业到河南汝南园林学校学习园林，接触到了进化论、科学史、遗传学等科学知识，获得了难得的科学感受力，这对您后来的学术发展应有较大影响。感受是文学的常用词，强调主观性；感知是语言学的常用词，强调客观性。您思维敏捷、视野开阔、见解独特、论著等身，这当然与您聪慧、勤奋有关，我们认为可能更与您早期的科学训练有关。科学感受力是科学研究的基本素养，是对自然、社会和思维等规律认知的敏锐程度，表现为对科学意义的理解力、科学规律的发现力、事物本质的洞察力、科学精神的信仰度、科学方法的选择力及科学观点的捕捉力。社会科学一直忽视对科学感受力的研究，我们想请教李先生：如何培养科学感受力？科学感受力对社会科学工作者的思维类型和学术成长有何意义和作用？

**李宇明：**我的家乡在河南省南部的泌阳县，因境内有泌水而得名。《诗经·陈风·衡门》有句："衡门之下，可以栖迟。泌之洋洋，可以乐饥。"这是泌水最早的文献记录。县内有楚长城遗址、百口井遗址。公元前688年，楚国在泌阳北境修筑长城；修建长城时驻军和作坊凿井取水，留有百口井遗迹。公元前301年，秦、齐、韩、魏四国联合攻楚，史上有"夹沘（泌）而军"的记载，楚军溃败，这是战国时期发生在泌阳境内的一场大战。境内还有下河湾遗址，是集采、冶、炼于一地的战国秦汉时期的官营冶铁遗址，其规模之宏大，其技术之先进，令人赞叹。公元前202年，西汉高祖五年，在今境设比阳、舞阴二县。历史上曾出现过范缜（约450—515）、范云（451—503）等名人，思想家范缜的《神灭论》，承荀况、王充等人的唯物论思想，是中国思想史上的不朽作品。

洋洋泌水，历史上人杰地灵。耕读传统异常浓厚，特别是男孩子，父母总是要送去上学的。但是在我小的时候，对家乡泌阳而言，正处于一个饥荒的年代，也是一个"书荒"的年代，可以说是有学校无书读，除了教材几无他书。我曾经从同学处借来《红岩》《红日》《智取威虎山》《敌后武工队》《保定外围神八路》《铁道游击队》等小说，如饥似渴地读，从书中体会那不同的世界，展开一个农村孩子的超现实现象。高中时，我也曾得到管理图书室宋老师的默许，把自己关在书库中看书；临近毕业，宋老师竟然同意，让我从图书室里挑些自己喜欢的书带回家。这些书是我早年最大的一笔精神财富，而今更加认识到，宋老师是了不起的教育家。

高中毕业作为回乡知识青年，在农村"广阔天地"接受再教育。之后被推荐为"工农兵学员"，到汝南园林学校学习。这所学校曾名"汝南园艺学校"，培养花卉、果树的管理人才。改为“园林学校”，是为了适应那时农业生产的要求。当时我的印象，老师讲苹果园管理最多，开的课程有土壤学、遗产学、植物保护等。这些课程虽然学校都为应用而开，但对我来说是最重要的科学启蒙课，为我打开了一扇科学之窗：不仅使我知道了孟德尔-摩尔根的遗传学说，知道了“土壤肥力递减”规律，更加对这些学说产生的过程感兴趣，佩服科学家们的睿智，也朦朦胧胧产生过从事科学工作的幻想。

你们说得特别好：“科学感受力是科学研究的基本素养，是对自然、社会和思维等规律认知的敏锐程度，表现为对科学意义的理解力、科学规律的发现力、事物本质的洞察力、科学精神的信仰度、科学方法的选择力及科学观点的捕捉力。”就我年轻时的经历来看，做科学研究，“志向”与“好奇”最为重要。志向是追求的目标，是前行的动力。志向就是不满现状，要有所作为。人在为政为人上不可有“野心”，但在为学为事上不可无雄心。如竹子，未出土时先有节，先有凌云之志。好奇心会促使人留心观察新事物，对一切未知感兴趣，在观察与思考中获取快感，获得成就感。

就我作为一个做了几十年研究的语言学工作者来说，“问题”二字最为重要。从何处发现问题，发现什么样的问题，能够解决什么样的问题，反映一个科研工作者的境界、水平和贡献。科研不是无病呻吟，不是拾人牙慧，更不是拷贝自己和他人的成果，而是解决问题，特别是解决社会发展中的重大问题和学科建设中的重大问题。“问题意识”是最重要的素养。问题就如同问号“?”，它时时刻刻钩挂着人的心力，不得忘怀，不能放松。一个问题解决了，就如同把问号“?”的上部拉直，变成了感叹号“!”

有一次，我的一位科研做得很不错的学生，告诉我她申请到了什么项目，发表了什么文章。我当然很高兴，也很自豪，但嘴上却说，你需要考虑一下，你解决了什么学术问题呢？她当时怔住了，后来在微信群里还谈了听我问话后的启发，感受到学术的真谛。是的，在当今一流大学、一流学科的评价中，在优秀人才的引进中，也不能只看各种数字，特别是在国外刊物上发表文章的数量，更应当看这所大学、这个学科、这位学者解决了什么问题，还正在解决什么问题！要防止片面追求科研 GDP。

**问：**您本科就读于郑州大学中文系，在那里您接受了很好的语言学训练，读本科期间就公开发表语言学论文（《所谓名词词头“有”新议》，载《中州学刊》1982 年第 3 期），这篇论文对您的学术发展应很有意义。我们感觉，这篇论文的撰写，也许让您初步理解了什么是观察、发现，什么是质疑、独立，什么是逻辑、实证，也让您建立了立志语言学研究的信心。您硕士就读于华中师范大学，师从著名语言学家邢福义先生，学习了更为系统的语言学理论，接受了更加严格的语言学研究方法训练，还积极投入学术研讨和学术交流，广交学术朋友，得到学术大家的赞赏和支持。在邢先生带领下，参与创办《语言学通讯》（现在的

《汉语学报》)，参与筹备全国首届青年现代汉语（语法）学术研讨会。这一系列学术活动，既提升了科学感受力，收获了分享、组织、传播科学的能力，又初步实践了您当年“希望中国语言学能发展起来，走向世界”[①] 的浪漫主义情怀。您后来的学术成就和工作业绩有目共睹，您能看到别人看不到或尚未看透的东西，能完成别人不可能完成的学术任务，这是否与您的不同寻常的学习经历有关？它是否对您的治学理念和治学方法的形成有深刻的影响？

**李宇明：**我是七七级大学生。七七级、七八级及七九级的一部分学生，多数都不是应届生，是“老知青”或早已参加了工作的[②]。而正是中国高考制度的恢复，改变了这一批人的命运，也改变了国家的命运。他们多数都成为各界的精英，是推动国家由弱至强的脊梁，是改革开放事业的中坚。

我的大学时代，国家在狂飙突进。当时我最大的感受是，农村学生有巨大的需要弥补的知识缺口。我 1977 年从汝南园林学校毕业，依照当时“哪来哪去”的分配制度，回家乡高中任教。若从那时算教龄，我已经是超过 45 年的老教师了。我参加了 1977 年的高考，河南高考的作文命题是《我的心飞到了毛主席纪念堂》。这题目对我有极大的难度，因为我没有去过北京，也没有多少看电视、读报纸的机会，根本不了解毛主席纪念堂的样子。我当时对毛主席纪念堂的描绘，根据的是我所见过的家乡寺庙形制。文末说做了一个梦，梦见自己身生翅膀，飞到了北京毛主席纪念堂。现在的城乡差别依然不小，考试命题让城市孩子讲春耕秋收，让农村孩子讨论博物馆展览馆，总觉得是难为学生。

考入郑州大学中文系，编入七七·三班。第一次到郑州，久久凝视着带着一条“大辫子”的无轨电车，不知道那“大辫子”是如何穿过电杆上的横线的。到同学家中过元宵节，竟然分不清楚元宵和汤圆，更好奇馅儿是如何进入汤圆的，因为从没有见过这种食品。很多同学令我羡慕，他怎么了解那么多电影明星的逸闻趣事，他怎么能够知道《红楼梦》的每一个情节，会背诵《好了歌》和《葬花吟》？生活条件和教育资源的不同，带来了农村学生与城市学生常识、知识、见识等方面的巨大差异。见贤思齐，知不足而奋起。通过后来的大学学习，使我不久就认识到，我与城市同学的差距，放大了说，也是当年我国与世界的差距。个人当发奋，国人当发奋，国家当发奋。

大学期间我用力最勤的是背诵古诗文和英语单词。头天晚上，便把要背诵的古诗文的意义弄懂，把英语单词的发音弄准。第二天，天蒙蒙亮便起床，到操场练腿跑步；待东方发白，便展卷熟读成诵。除了雨雪天气，日日不辍，其他同学也基本如此，成校园一大风景，成时代一股风气。所诵之诗文，至今受用；所背

---

① 详见《李宇明教授口述访谈实录》，载张宜《中国当代语言学的口述历史》（中国社会科学出版社，2011 年版第 317 页)。

② 句中“七七级”“七八级”“七九级”依次指“1977 级”“1978 级”“1979 级”。

之英文单词，倒是忘得差不多了。从实用的角度看，外语学习很浪费时间精力，但是，学习外语的过程对人的发展很重要，外语意识对我后来的研究和工作都起了极大的正向作用。

在当时的郑州大学中文系，集聚了一批优秀的语言学教师，如张静、张桁、李法白、许梦麟、刘镜芙、柴春华、崔灿等先生。语言学的课程开设较全，内容扎实。张静先生正组织全国的力量编写《现代汉语》教材，参编者也常做学术讲座。通过这些讲座，我了解到当时的学术前沿，比如层次分析法，比如“贵宾所到之处，无不受到热烈欢迎”的主语问题。记得当年厦门大学黄典诚教授一行来河南考察“闽语之源”，到郑州大学讲学，甚至为喜欢语言学的学生讲课。我的调值听辨力和国际音标知识，就受益于黄先生。还有周庆生先生，留校做助教，还给我上过音位理论的课。

现在看来，把本科生迅速带到学术前沿是十分重要的。我的第一篇语言学论文《所谓名词词头“有”新议》，是把先秦汉语的词头“有”看作表示定指的成分，相当于英语的定指冠词“the”。在句法上，汉语的主语位置倾向于表示“有定”，宾语位置倾向于表示“无定”，例如：A. 客人来了；B. 来客人了。A 中的“客人”在主语位置上，交际双方都知道那客人是谁，也许就是事先约好的；而 B 中的“客人”在宾语位置上，没有“有定性”的隐含。“有定”“无定”的研究，今天还是一个重要的语法课题。我自己觉得，提出上古汉语可以用词头表“有定”，是有一定学术价值的。思考这一问题，得益于李法白先生给我们开设的先秦语法选修课。他是古代汉语大家，曾经与刘镜芙先生一起编著《水浒语词词典》（上海辞书出版社，1989），课堂举例“随口拈来”。他列举了先秦汉语中的 10 余个词头，并提出这些词头应各有作用，只是它们的不同我们还没有认识。李先生关于词头的“各有作用”“没有认识到”的话，让我发现了问题（当然这还不属于真正的主动发现），引发了我的研究兴趣，遂将王力先生等各家关于先秦词头的论述找来研读，并将当时能够找到的先秦文献中“有 X”例句搜集起来进行分析，包括余冠英选注的《诗经选》。

入中文系者，多数都是带着一个文学梦想的。我们一个年级近 200 人，最终从事语言学教学与研究的，不足 10 人。我最初也是一个文学爱好者，后来兴趣转到新闻学，最后才转到语言学。学术兴趣的转移与当时郑州大学的语言学教师、课程、氛围是密切相关的。准备考研的时候，中国语言学界正在全面引进结构主义，提倡层次分析法，批评成分分析法，对“暂拟语法系统”进行修订。成分分析法的操作是“抓主干（主谓宾）、找枝叶（定状补）”，但因忽视句子的自然层次，就会把例句“于福的老婆是小芹的娘”抓主干为“老婆是娘”。这个例子太极端太生动，我至今还记得清清楚楚。那时，我已经订阅了《中国语文》，邢福义先生发表在《中国语文》的几篇文章深深吸引了我，我决定投身邢先生门下攻读硕士学位，这也是国家实施“攻读学位制度”的开始。

萧国政、徐杰和我，是邢福义先生的开门弟子。真正的学术训练、学术生活是从研究阶段才开始的，从语言学人才培养来看，这未免太晚了一点，很多学科在中学就开始培养人才了，比如数学、物理、体育、音乐、美术等。研究生的学术生活对我的人生影响最大。邢福义教授的理念是“研究生，研究生，自己研究自己升”，要以研究带读书；研究须植根于汉语沃土，从汉语事实出发去发现问题，解决问题。事实之树常青，理论是对事实的解释，是在对事实的解释中形成的思想体系。我从邢先生的教育中悟到，对研究者来说，理论不是放之四海而皆准的教条，理论是一种研究追求，甚至是一种待验证、待补正的思想体系；好的研究者，不做理论的传声筒，不做理论的奴仆，而要做理论的反哺者。

学术是一个共同体，学术研究不是个人行为，其重要任务之一就是进入学术共同体，并为学术共同体做贡献。邢先生创造各种条件，支持我们参与武汉高校、湖北省语言学会乃至全国性的语言学学术活动，带我们广结学缘，广拜学师。武汉市几个高校的年轻教师和研究生，月月都有机会参与语言学的“学术沙龙”活动，华中师范大学是组织沙龙活动最多的高校。在武汉语言学沙龙的基础上，在邢先生指导下，我们创办了《语言学通讯》（现在《汉语学报》的前身），参与筹备全国首届青年现代汉语（语法）学术研讨会（这个研讨会已经连续召开了十余届，邵敬敏先生贡献最大），也参与了全国的现代汉语学术活动。在这些学术活动中，不仅锻炼了学术研究能力及组织学术活动的能力，开阔了眼界，长了见识，而且也交了许多学术朋友，拜了许多前辈学师。

本科学习，使我树立了专业意识；研究生学习，使我有了专业生活，得到了学术训练，有了些学术主见，广结了学缘，奠定了未来学术发展的基础。

**问：**您对学术创新的表述非常独特，认为学术创新的意义在于是否开拓新领域，不在于所谓填补空白，只要做了别人没有做过的课题，成果肯定是填补空白的。您对学术成就和学术贡献的认识令我们耳目一新。新中国 70 年的语言文字工作实践，取得了令世界瞩目的成就，新中国语言规划工作，紧扣中国经济社会发展实践，在识变、应变、求变中实现语言文字工作的高质量发展，创造了中国语言规划的特色模式和理论。您是中国语言规划的研究者、实践者、引领者，在您看来，中国语言规划的特色是什么？中国语言规划学对国际语言规划学的贡献是什么？

**李宇明：**我于 2000 年年底调入教育部语言文字信息管理司工作。此前虽然名为研究语言学，其实对语言规划问题并没有多少关注。这也反映出我国语言学学科设置和教学内容上的一个大问题。为了做好语言文字工作，我利用教育部语用所的图书室，“恶补”自卢戆章 1892 年出版《一目了然初阶》以来百余年中国现代语言规划的历史，从清末到民国，到中华人民共和国。一页一页地咀嚼周庆生先生主编的《国外语言政策与语言规划进程》《国家、民族与语言》，以了解国际组织及一些国家的语言政策，了解国际语言政策与规划学界的情况。后来，还特别推动《世界语言生活状况》（简称“黄皮书”）的持续编纂出版，推动国外语言规划经典的中译，包括商务印书馆的《语言规划经典译丛》和外语教学与研究出版社的《语言资源与语言规划丛书》。

中国现代语言规划，已有近 130 年的历史。百余年来中国语言规划的特点，还是一个需要研究的课题，目前的朴素认识有以下几点：

第一，前赴后继。清末以来，政权几经更迭，时局数度变迁，但有许多理念、许多追求、许多做法都仿佛基本未变：智民强国这一语言文字事业的主题基本未变；“语文现代化”的方向基本未变；为实现语文现代化而执着、坚守的士儒气节基本未变。

第二，民间积极参与，政府作用加强。清代末年，语言规划活动是民间积极，政府消极，没能做成什么事情。民国时期，民间积极，甚至起主导作用；政府参与，虽然往往被动，但也做了不少事情。中华人民共和国时期，政府主导，专家操盘，民间参与，效率很高。

第三，比较重视本体规划。就世界各国的语言规划看，中文的本体规划内容最为丰富，从文字、标点符号到语音、词汇等。可以说，中国的语言规划是以本体规划支撑地位规划。

第四，与时俱进。语言文字事业不同时代有不同的主要任务，可以说是与时俱进的。从清末经民国到 1985 年，语言文字事业的主要任务是语言统一和普及教育。1986 年，全国语言文字工作会议到 2000 年《国家通用语言文字法》的颁布，语言文字的任务主要是语言文字的规范化、标准化和信息化（“三化”），以及语言文字工作的法制化。进入 21 世纪，语言文字的主要任务是“构建和谐的语言生活，提升语言能力”。2020 年 10 月，召开了新世纪新时代以来第一次全国语言文字会议，算起来，这是中华人民共和国成立以来召开的第 4 次全国语言文字大会。这次大会之后，国家语言文字事业进入“语言生活治理”的新阶段，为铸牢中华民族共同体意识、构建人类命运共同体、发展信息空间做出了贡献。

百余年的中国语言规划，在不同时期、不同形势下，不断修正自己的发展目标，提出新的工作任务，使得语言文字事业与时俱进，面貌一新。但是，这不同时期的任务进入下一个时期，又是下一时期的基础，或是融入新的任务之中，是迭代而行的。比如语言统一、语言文字“三化”、语言文字工作法制化等，直到今天仍是重要的工作内容。

中国语言规划是世界语言规划的一个组成部分。中国有自己的历史文化传统，有自己特殊的国情和语情，处理中国的语言文字问题，是世界东方的语言规划实践，有着东方的工作范式，体现着东方的理论视角和政治智慧。这些实践、工作范式、理论视角、政治智慧等，对世界的语言规划理论与实践是有重要价值的。联合国教科文组织已经与中国政府联合召开了两次国际语言学会议，2014 年 6 月在苏州召开世界语言大会，2018 年 9 月在长沙召开首届世界语言资源保护大会，在中国经验和国际理念的基础上分别形成了《苏州共识》和《岳麓宣言》。中国与法国、俄罗斯保持着政府间良好的语言政策领域的讨论；《中国语言生活状况报告》持续出版英文版、日文版、韩文版；俄罗斯科学院语言学研究所主办的学术刊物《社会语言学》（Социолингвистика，Sociolinguistic Studies），2020 年第 3 期翻译发表了李宇明、郭熙、赵世举、赵蓉晖、刘媛媛、王春辉等撰写的 5 篇在《语言战略研究》发表的文章。这些都从一个侧面表明了中国语言规划及其研究的国际价值和国际影响。

在处理中国的语言问题时，中国也特别重视借鉴世界经验，比如土耳其、日本、越南的文字改革经验，法国、印度、印度尼西亚的语言统一的经验，澳大利亚的语言资源的理念，苏联、美国、加拿大、西班牙、新加坡等国家处理多民族语言的经验，以及联合国教科文组织、欧盟等超国家组织的语言政策等。特别是中国实行改革开放的政策以后，国际语言政策与规划的研究成果，也被次第介绍到中国，中外学者在语言规划领域的交流是密切的，对话是平等的。因此可以说，中国的语言规划实践及其理论研究，不是闭门造车，而是具有深远的国际背景；同时，中国语言规划学者关于语言生活、语言资源、语言数据、语言产业、大华语、语言扶贫、国家语言能力、应急语言服务、语言信息化等问题的研究，也深受国际同行的重视与赞赏。

**问：**您是语言学领域的专家，是学者型官员，在很多领域成为公认的学术领跑者。领跑，别人看到的是鲜花和掌声，只有自己知道付出了多少心血和汗水。在学术方向的选择、学术观点的论争、跨界跨领域的合作、官学角色的转换等方面，遇到过很多难题，您不但扛过来了，而且还闯出了一条全新的发展之路。这不仅仅是语言学知识使然，更折射出学人的为人为学的素养和追求，我们非常期待您的分享。

**李宇明：**你们过奖了。年轻时总是要看山外的风光，希望走出去；年龄大了，乡情重了，爱回顾来时路。不同的年龄就如同不同的季节，不同的季节有不同的风景，这些不同的风景都值得去领略、去观赏。

我的学术研究曾经有过几次大的转型。读研究生时，主要是做语法研究。有了孩子，由于要兼顾家庭，就转向了儿童语言研究。主要成果有《汉族儿童问句系统习得探微》（与唐志东合作，华中师范大学出版社，1992 年版）、《儿童语言的发展》（华中师范大学出版社，1995 年第 1 版，2004 年再版）、《语言理解与发生——汉族儿童问句系统理解与发生的比较研究》（与陈前瑞合作，华中师范大学出版社，1998 年版）、《语言学习与教育》（北京广播学院出版社，2003 年版；修订本，华东师范大学出版社，2018 年版）、《人生初年——一名中国女孩的语言日志》（上、中、下卷，商务印书馆，2019 年版）。20 世纪 90 年代后期，重回语法研究，主要成果有《汉语量范畴研究》（华中师范大学出版社，2000 年版）和《语法研究录》（商务印书馆，2002 年版）。2000 年底调入教育部之后，主要精力集中在语言规划的研究上，主要成果有《中国语言规划论》（东北师范大学出版社，2005年版）、《中国语言规划续论》（商务印书馆，2010年版）、《中国语言规划三论》（商务印书馆，2015年版）、《Language Planning in China》[2015 Walter de Gruyter（Mouton）]、《李宇明语言传播与规划文集》（北京语言大学出版社，2018年版）、《新时期语言文字规范化问题研究》（主编，语文出版社，2020年版）。这些学术转向都与研究条件、工作任务相关，都是在现有条件下来寻找学术操作面，有点像荀子所说的“善假于物”的意味。特别是语言规划学的学术转向，其实是在建立一个自我“学术旋转门”，通过学术研究来支撑工作，使工作做得有底蕴有章法；通过现实问题和工作实践来做学术的选题和根据，使学术做得接地气有效用，不“无病呻吟”，不“自我按摩”。

学人为学有不同的目的，甚至是为职称、为名声，但“学问无私”。只要是真学问，文章发表、产品问世，都成为社会公器，为社会所用。对人，重在看他做了什么，不要过多责问其动机。也有人提倡做学问不必为用，不要急功近利，所谓“无用之用”方为“大用”。而我个人觉得，学问就是要解决问题，需要“问题驱动”。要关注社会发展中的问题，然后将之“问题化”，即将社会问题转化为学术问题；通过学术研究获得的结果，一方面要反馈学术，为学科建设做贡献，但更重要的是要将成果返回到问题“原发地”，去解决问题；在解决问题的过程中来评价学术的水平，体现学术的价值。

学术立足的是现实，但是思考的是明天。学术必须有“未来理念”，要从未来的角度来看待问题，看待研究的结论或对策，研究的目的也是促进社会的进步，促进学术的发展。这就要求学者要有预见性。

科学研究是需要时间的，需要坐得住“冷板凳”，需要科学支配时间，需要珍惜时间。在一般人群中比聪明，搞科研的都是聪明人，在聪明人群中就得比谁花的时间多，谁下的“笨劲”多。但是，我觉得，比时间更浪费不得的是学人的才华。时间浪费了，还可以补回来；在你身上补不回来，在他人或后人身上还可以补回来。但才华的浪费是不易补偿的。比如某个问题的研究，全国也没有几个人做，你有做这个研究的才华而没有做，也许你的这一才华就再也无从发挥了，这一问题的研究也不知道要耽搁多长时间，从而造成学界甚至国家的人才损失。有机会、有能力从事某项研究，就不要轻易放过去。

学术进步，就某种意义而言不在于超越他人，而在于超越自我。不断地超越自己，就能不断进步。我常自律“不拷贝自己”，发表过的观点尽量不重讲，重讲就要有新思考新发展。今天的故事总要比昨天讲得更好。不拷贝自己与不抄袭他人，同样重要。

## 二、语言文字标准与国家语言能力

**问：**制定语言文字标准是语言文字工作的核心任务之一。语言文字标准的制定，不仅涉及学术层面，还涉及技术层面和政策层面。这项工作关涉全局，又面向未来，具有挑战性和战略性。语言文字标准化的程度、水平与国家语言能力的强弱密切相关。您专注语言文字标准化工作几十年，对语言文字标准的研究与制定有突出的理论贡献，我们想请您谈谈新中国语言文字标准化工作的经验和教训。

**李宇明：**自中华人民共和国成立始，语言文字规范化标准化就成为中国语言文字工作的一项基本而长期的核心任务，直到今天，可谓纵贯 70 年，横连各领域，而且，会一直进行下去。在新中国的早期，主要是制定了普通话、汉字、汉语拼音的基本规范；1986 年之后，主要围绕汉字制定了一系列规范标准，为信息化的发展奠定了语言文字基础。进入 21 世纪，是语言文字规范标准建设的总结性时期：制定了“以信息化为主线、以评测认证为抓手”“开门办规范”的工作方针；设计了国家标准、语委规范、学术规范等有“硬”有“软”的规范标准体系；建立了若干领域的标准化建设委员会；发布了以《通用规范汉字表》为代表的数十项规范标准，这些规范标准或是对以往规范标准的总结集成。

语言文字规范标准建设的经验很值得总结。主要的经验有三条：第一，国家宏观规划，权威机构审定发布。由此可以保证规范标准制定的系统性、权威性。第二，专家研制，广泛征求意见。由此可以保证规范标准制定的科学性、规范性，可以充分发扬学术民主，保证大众的知情权。第三，重点关注“四大领域”。教育、行政、新闻出版、公共服务是语言文字最为重要的社会应用领域，语言文字的“使用大户”都在这四大领域中。制定的规范标准能解决这四大领域的问题，就基本上解决了社会通用领域的语言文字问题；能够适应这四大领域的应用，就能在社会贯彻执行。

也有一些不足和教训。比如：第一，规范标准的社会知晓度还有待提高，需要处理好规范标准与工具书、教科书、相关的计算机软件的关系。第二，对产品特别是信息产品执行语言文字规范标准的情况，评测认证工作抓得不够。第三，规范标准的制定主要考虑通用领域，还需要进一步向生产、技术等应用领域延伸，向盲文、手语等特殊领域延伸。第四，规范标准制定的理念，总体上是“工具观”的，重视语言交际职能的发挥，今后应当兼顾语言的文化职能。这样在处理异体字、异读字等问题时，在规范标准的贯彻执行时，就会更为稳妥。

总之，总结语言文字规范标准制定的经验与教训，对于语言文字工作的实践，对于语言规划学的理论建设，都很有意义。

**问：**语言文字标准的制定是在政府组织领导下由专家团队来完成的，标准的应用则是在政策的指导下由语言文字工作者来推动实现的。标准的制定依靠理论，标准的应用在实践，适用与充分应用应该是制定语言文字标准的终极目标。随着改革开放的持续推进，中国经济社会得到快速发展，国际地位和影响力不断提升，中国与世界的联系、中外文化的交流日益广泛而深入，对国民的语言文化生活也带来了较大影响。请教李先生，当前国家语言文字标准的应用情况如何？面对国际国内快速变化的形势，语言文字规范化标准化建设应采取什么样的应对之策？面向世界、面向未来，中国语言文字规范化标准化事业的走向如何？

**李宇明：**语言文字标准制定与应用的理想状态，应是“基本够用，基本管用”当前总的情况还可以，但有些领域还“不够用”，有的规范还“不管用”。这些规范标准，奠定了现代汉语口语和书面语的基础，并对语文教学（包括华语文教学和国际中文教育）、新闻出版、辞书编纂、术语整理、信息检索、人名地名管理、计算机语言处理、卫星定位导航等语言生活发挥了积极作用。

中国正走向世界舞台中心，要为世界发展承担更多责任，做出更大贡献。历时地看，对中国而言，所面临的都是新形势、新变化、新挑战。表现在语言方面，就是语言生活发展变化大而快，这就要求语言文字的规范标准建设也必须与时俱进。

信息化和国际化是两个最需重视的时代发展“变量”。

信息化起码对规范标准建设产生四个方面的影响：第一，带来了规范标准的效用变化。比如，在“键盘时代”，人们打字的时间多于写字，笔顺规范的地位在下降，汉语拼音规范的地位在提升；在卫星导航、线上办公办事的时代，人名、地名的命名规范及其用字规范，就显得特别重要。第二，充分利用信息化手段开展工作。如以数据库等“语言工程”为基础获取语言的各种数据，利用现代信息媒体广泛征求意见、开展规范标准宣传等。第三，为规范标准制定开辟了新领域，提出了新要求。现在规范标准较弱的领域是信息化领域。对人，有语言文字规范就可以了，而面对信息化，则要做到“标准化”。第四，要有管机器的语言文字标准。测试机器执行语言文字规范标准的情况，促进机器语言智能的发展，为中文在信息空间的应用奠定基础，为制造“中文机器人”提供助力。这就是规范标准制定要“以信息化为主线”的理据。

国际化对我国的语言文字规范标准建设也提出了许多新要求。比如，如何通过规范标准支持国际中文教育；让更多的中文国家语言文字标准成为 ISO 等国际标准，以方便中文在国际语言生活中的应用；加强中文规范标准与外语规范标准的对接，以方便中外的信息交换，支持中国信息加工产业的发展，为使中国发展为世界的“信息加工重地”创造条件。对于国际标准，我国有“等效采用”的做法，以便国家标准与国际标准接轨。但是，如果对国际标准不熟悉，等效采用就可能出问题。比如《ISO 639》(《ISO 639-1》、《ISO 639-2》和《ISO 639-3》)是语言编码标准，把汉语的一些方言也作为语言进行编码。我国等效采用《ISO 639-3》，形成国家标准《GB/T 4880.3-2009》，这就无意间承认了一些方言的“语言地位”，为语言分裂者制造了口实。

此外，要做好未来的工作，对语言文字的规范标准建设进行“百年反思”也特别重要。首先是对语言规范观的反思。语言规范观是语言观、语言发展观的重要组成部分。“匡谬正俗”是传统的规范观，虽然有其合理性，但没有涉及语言发展的本质，也不切合时代精神，今日不必太强调。要树立“语言选择观”，语言规范就是在若干语言变体中选择符合语言发展规律的“优势变体”给以肯定和支持。还要树立“语言生活观”，语言规范是在当今语言生活中进行的，是为语言生活服务的(规范就是服务)，是要提升语言生活质量的，是集聚、提升社会“文化资本”的。

百余年来，我国制定、修订、废止了大量的语言文字规范，应对这些规范及其“过程文本”进行研究，对规范制定前后的各种争论进行研究，特别是要对那些持续百余年的“语言官司”进行重点研究，如汉字拼音化问题、简繁汉字的论争问题、字母词问题、语言规范的从俗从理问题等。要整理相关资料，建立“百年语言规范数据库”，动员学术力量进行全面的分析研究，为这一事业的发展奠定更为深固的学术基础。

## 三、公民语言教育与国家语言能力

**问：**公民语言教育与国家语言能力关系密切，这是常识，但要把它说清楚还真不容易。您从20世纪80年代就开始关注这个问题，发表了系列论文，出版了多部著作，梳理下来，主要涉及三个领域。第一，儿童语言学研究。儿童语言的发展具有连续性，儿童语言能力的培养具有阶段性。您和您的团队专注儿童语言学研究几十年，从《儿童语言的发展》(1995)到《人生初年》(2019)，您是观察和研究儿童语言发展时间最长的学者。第二，母语教育研究。您对母语、母语教育、语言测试、汉语作为外语等作了多维阐释，从《论母语》(2003)到《母语教育的语言学支撑体系问题》(2020)、《论中国语言测试学的发展》(2020)、《论汉语的外语角色》(2020)，您是研究汉语教育视角最多的学者。第三，专业语言人才培养研究。专业人才培养涉及学科和课程，课程建设是人才培养的核心要素，课程质量决定人才培养质量；语言学的学科理念决定语言学人才类型和课程建设，它是面向未来的，与国家经济社会发展直接相关。您发表了《语言规划学的学科构想》(2015)、《专题研究：中国语言学学科建设与发展》(2018)、《语言学是个学科群》(2018)等系列文论。2021年在您任主编的《语言战略研究》第1期又组织“语言交叉学科多人谈”

专题研讨，可见学科建设对人才培养的重要性，也看出您对这个问题的重视程度。您这几十年在公民语言教育、国家语言能力发展方面思考得最深入、认识得最深刻、影响也最深远。2020 年出版的普通高中教科书《语文（必修）》（人民教育出版社）一年级下册中，专辟“信息时代的语文生活”单元，收入了您的大作《不同媒介的语言特征与网络语言的发展》（《中国广播》2016 年第 9 期）。文章收入中学语文教材表明：第一，思想具有时代领先性；第二，文字规范文雅，可作范文；第三，文章内容反映现代语言生活，符合语文教育发展的需要。从基础教育的教材到高等教育的学科建设，您是研究语文教育层次最复杂的学者。您认为应该如何正确看待和处理公民语言教育与国家语言能力的关系？语言类课程建设、语言规划学学科建设是国家语言能力建设的重要手段，它体现了语言能力的生成属性，我们发现现有研究成果主要是讨论国家语言能力的功能属性，尚未见到讨论语言能力生成性的。国家语言能力属性认识关乎语言政策走向，您是如何看待语言能力这两种属性，尤其是生成性的？

**李宇明：**语言是一个符号系统，是一个有结构的符号装置。这个符号装置通过一定的原理运作，发挥一定的语言功能。语言学过去研究符号装置多，称为“本体”研究，研究语言功能少。语言功能可分为具体功能和宏观功能。具体功能是指语言在具体交际中所发挥的表情达意功能，牵涉到话语、交际对象、交际工具、交际环境和时代背景等多种因素；宏观功能是指语言对人类群体和人类个体所发生的各种影响，比如对人类的迁徙和社会进步的影响，对人类各种共同体、各种社会制度构建的影响，对人类的思维、意识和精神世界的影响，对人类个体一生的学习、生活、工作的影响等。通过修辞学、语用学、话语分析、交互语言学等，学界对语言的具体功能进行了一些研究，但对语言的宏观功能研究是不够的，尽管有语言政策与规划学、社会语言学、文化语言学、人类语言学等学科的努力。

公民语言教育是最为重要的社会事务之一。通过公民语言教育，提升公民的语言运用水平，提升公民的语言决策水平，提升劳动力素质和生活质量。公民语言教育需要考虑：第一，现代社会对公民语言能力的需求；第二，符合语言学习规律；第三，强化终身语言教育理念。多语社会要求公民具有“三言语”能力和“三语体”能力。

“三言语”能力是指从小能够掌握汉语方言或民族语言，少数民族学生从小学习母语，汉族学生从小掌握汉语方言。进入幼儿园或小学、中学，要学习国家通用语言。中国的外语教育开始较早，有条件的小学三年级就可以开设外语课，大学外语专业的学生、硕士研究生还要学习第二外语。从社会功能上考察，“三言语”就是三个语言层：（1）“文化语言层”，其作用是帮助民族认同和地域认同，发展和传承少数民族文化和汉民族的地域文化。（2）“主要交际语言层”，国家通用语言是中国通用范围最广、拥有媒体形式最全最强、拥有最先进的语言技术的语言，同时也是海外华人社区推广的语言，是许多国际组织的官方语言或工作语言，是世界100多个国家教授的外语，正在成为世界语言生活中的重要语言。作为中国公民，普通话是人生半径中最为重要的交际语言，同时，掌握普通话也有助于中华民族主流文化和传统文化的传承，有助于国家认同。（3）“发展语言层”，掌握外语，有利于培养学生的国际意识和观察世界的新角度，有利于吸收全人类文明成果，有利于在不同文化间穿行；在学习和使用外语的同时，可以更加理性地认识本土语言和文化，在比较中更加了解自我。虽然机器翻译水平已经有很大提高，机器翻译技术正在快速发展，但是外语学习作为人的素养仍然是不可缺失的。

理论上说，掌握一种语言，就是具有熟练使用口语、一般书面语和典雅书面语“三语体”的能力。口语用于口头交际；一般书面语用于一般场合的书面交际；典雅书面语是具有典雅、庄重风格的极为正式的书面语，使用在典雅庄重的交际场合，比如典礼、法庭判决、宗教活动等场合。早在清末民初现代汉语的形成时期，针对历史上文言文严重脱离口语的弊端，先辈们大力主张“我手写我口”，大力提倡“言文一致”。这些主张及其带来的一系列行动，在新文化、新文学和现代汉语的历史发展中起了许多积极作用，但也留有遗憾。其中最大的遗憾就是典雅语体的丧失，随着传统文化在今日重获重视和当今社会的交际需要，现代汉语正在尝试重建典雅语体。

语言的学习和运用是终身的。学前主要是学习母语的口语；上学后识字，学习书面语；从初中开始接触一些专业语言，一直到大学、研究生阶段，都在掌握专业语言。走出校门走上工作岗位，专业语言转化为职业语言。成家生子，需要为孩子的语言教育做家庭语言规划；成为单位的领导，还需要为单位做语言规划。70岁之后，进入老年期，语言能力也逐渐退化，怎样减缓语言退化、过好老年语言生活，又是新的语言课题。一生的语言任务，需要终身学习，需要社会提供终身的语言帮助。

国家语言能力是指国家处理海内外事务所需要的语言能力。过去，“语言能力”主要是针对个人的，集体语言能力问题是近20多年才提出来的，而且以中国的学者在此领域用力最多。研究表明，就现代大国而言，国家需要20种和200种语种能力，即世界多用、跨国使用、较有“知识生产力”的较有影响的语言，当今大约有20余种。这20余种语言再加上各国的国语、各国国内较有影响的语言，计有200来种。这200来种也基本上是使用人口在400万以上的语言。需要用20来种语言“了解世界”，需要用200来种语言与世界各地的人民进行“心灵沟通”。就此来看，我国的语种能力是远远不够的。除语种能力外，国家还需要较为强大的领域语言能力。特别是在行政治理领域、外交外事领域、新闻传播领域、国家安全领域、科技教育领域、经济贸易领域等。领域语言能力需要对各领域的话题有深入研究，涉及各领域的话语内容。

公民语言能力是国家语言能力的基础，但是两者也有较大的不同。个人语言能力的发展基本上靠市场规律，哪种语言在世界上使用得多，人们就去学习哪种语言；而国家语言能力还需要用计划来调节。个人和集体两种语言能力发挥作用的机理也有不同。国家语言能力要真正发挥作用，必须要有一个权威的"协调组织"，能够掌握国家语言资源的状况，包括语言人才、语言技术的情况，平时科学地培育、集聚、扩展、管理语言资源，用时可以精准调配。

做好公民语言教育，培养公民个人语言能力，发展国家语言能力，需要制定科学的语言教育政策，需要制定相关的科学发展政策和人才政策，也需要语言学及其相关学科的支撑。当前，我国的相关政策、语言学的学科设置和语言学的研究志趣，都难以起到很好的支撑作用。

## 四、语言政策与国家语言能力

**问：**语言政策和国家语言能力互动发展。您在《中国语言文字事业70年》（《中国语言生活状况报告（2019）》序言）中认为中国语言规划切合国情，70年的发展迈出了显著的三大步。我们非常认同您对新中国语言文字事业发展分期的结论，这与新中国语言政策、国家语言能力发展的阶段性具有一致性。回顾新中国语言文字工作历程，我们发现语言观决定国家语言文字工作的中心、重心，语言观指导国家语言政策的制定，语言政策推动国家语言能力的发展。厘清语言观、语言政策、国家语言能力之间的关系有理论意义和实践意义。这三个抽象的概念，在您那里一定有鲜活生动的故事，请您谈谈这三者的关系到底该怎样来认识。

**李宇明：**语言观、语言政策和语言能力之间，的确有密切的关系，厘清三者之间的关系，的确有重要的理论意义和实践意义。但是三者的关系也太复杂，难以全面论述，就想到哪里说到哪里吧。

语言观是关于语言的理论性看法，包括语言是什么、语言有什么功能、语言是如何发展变化的等。比如语言有口语也有书面语，还有书面语的载体文字。我国的传统语言观，重书面语、重文字，相对轻视口语。这种语言观对今天的语言教育和语言规划都还有影响。语文教育基本上是读书识字的教育，相对忽视口语表达的训练，致使国人的口语表达多不理想。语言规范标准中，多数都是关于文字的标准，这对西方的语言规划而言，是难以想象的。

再如，语言既有交际职能，也有文化职能。如果只看到语言的交际职能，忽视语言的文化职能，语言规划就可能会出现疏漏。当年在整理异体字时，曾经把国人喜爱的人名用字，如"淼、喆、堃、昇"等，作为异体字处理了。在做汉字简化工作时，也主要考虑的是交际功能问题，有不少同音替代现象、用符号代替偏旁现象，这些字至今还有人提出批评。《通用规范汉字表》在研制过程中，对这些问题进行过全面分析，并恢复了一些被废除了的异体字，梳理、重订了简繁汉字对照关系，并对汉字形体稳定问题进行了制度性设计。然而，如果只重视语言的文化职能，忽视语言的交际职能，在语言意识和语言规划中，也会出现问题，一些地区、一些国家将语言、文字问题“政治化”也是不可取的。

又如，语言是在不断地发展变化的。语言发展的动力，过去只重视语言结构各要素的矛盾运动，重视语言结构与语言表达功能之间矛盾运动，而相对忽视社会语言规划对语言发展的影响。比如秦始皇的“书同文”制度，改变了六国文字的纷乱局面，文字形体朝着小篆和隶书的方向发展；1935 年《第一批简体字表》的公布，特别是 1956 年的《汉字简化方案》的公布，使汉字朝着简化字的方向发展。许多语言，在不同的地区（或国家）采取不同的字母表来记写，就会带来语言的分化，甚至最终导致一种语言分化为不同的语言，如印地语和乌尔都语、塞尔维亚语和克罗地亚语，就处在分化的边缘。语言规划不仅对文字发展具有巨大影响，对语言发展也具有一定影响，特别是词汇规范、词典编纂对词汇发展的影响，语法论著和教材对语法发展的影响。而语言学教科书在谈语言发展时，很少谈社会语言规划对语言发展的影响，不能不说是一个学术缺憾。

还如，对语言现象进行规范，常用两个衡量标准：第一，约定俗成；第二，学理有据。语言是约定俗成的，“习非成是”的语言现象历来存在。而语言又是古今传承、古今沟通的，规范语言现象还往往要看有无古证、有无书证、有无“人证”（名人使用过），合乎不合乎字理、音理、词法、句法等，概而言之，即有无学理依据。在对语言现象进行规范时，是重约定俗成，还是重学理，是从今还是法古，常常产生争论。比如“曝光”“说服、说客、游说”“仁者乐山，智者乐水”“千里走单骑”“学富五车”中的“曝”“说”“乐”“骑”“车”如何读？还有“血”“凿”“呆”等字如何读？过去，在定音、定字的规范活动中，较为重视约定俗成，现在则出现较为重视学理的倾向。这与重视语言的交际职能还是文化职能，是相互关联的。

语言观是个很重要的话题，需要进行专门研究，对已有认识进行学术梳理，特别需要站在时代潮头来重新审视语言。近几十年，学界从经济的角度研究语言，建立了语言经济学、产业语言学等，取得了较多成果。把语言能力看作劳动力，考察不同劳动岗位需要什么样的语言能力。语言产业已经是当代支柱性的经济产业，不仅语言教学、语言出版、语言翻译等传统语言产业在发展，第三产业、高新产业、信息化产业中也有很多是语言产业。语言产业提供的语言产品成为重要的生产用品、生活用品甚至是生存用品。特别是在一个即将到来的数字经济时代，在以互联网和人工智能为经纬的信息空间中，语言数据将成为重要的生产要素，语言及语言能力将成为重要的社会生产力，成为重要的社会资本。这是语言的经济作用，也是语言的经济属性。

我在《语言技术对语言生活及社会发展的影响》（《中国社会科学》2017 年第 2 期）、《语言技术与语言生态》（《外语教学》2020 年第 6 期）、《数据时代与语言产业》（《山东师范大学学报（社会科学版）》2020 年第 5 期）等文章中，讨论了语言技术对语言、语言生活和社会发展的影响，以及语言数据和信息空间的问题。人类创造了文字、印刷术、有声媒体三座语言技术高峰，现正发展和利用网络媒体、语言智能两大语言技术。这两大技术正在创造着人类的第三空间——信息空间，正在让语言成为人类和计算机两个“物种”所共有，并能互通，让语言成为人类的“社会空间”“信息空间”“物理空间”三空间信息的最大载体。这可以说是语言的技术属性。

过去，我们认识语言，主要着眼于语言的社会属性，我们的语言观是建立在语言社会属性之上的语言观。今后，我们不仅要继续全面深入地认识语言的社会属性，还需要认识语言的经济属性、技术属性等，建立起涵盖语言经济属性、技术属性在内的语言观。人类的发展就是主动适应社会、适应工具。适应意味着改变，改变人类的知识库，改变思维方式，改变体能，甚至改变体格体形，这也可以叫作人类的进化、“物化”、“工具化”。农业技术、工业技术主要延伸人的体力，体力适应主要改变的是体能；包括语言技术在内的信息技术主要延伸人的脑力，脑力适应主要改变的是大脑。如果说信息空间主要是被数字化、智能化了的语言空间，那么今后人类的进化主要体现为被“语言化”，以适应现代语言技术和语言空间。

**问：**政策多是针对现实问题制定的，也可能是面向未来的一种规划。解决了旧的问题，还会产生新的问题，这就要求政策要有连续性和创新性。结合新中国语言文字工作历程，考察分析新中国成立以来的语言政策法规，我们发现有三个问题较为重要：第一，语言政策出台后，政策的执行是否有监督机制？第二，语言政策的贯彻实施是否达到了预期目标？第三，语言政策给国家和社会生活带来了哪些影响？这三个问题都指向语言政策评价，语言政策评价能促进语言政策的科学化，推动语言文字工作和语言文字事业高质量发展，进而提升国家语言能力。从现有文献看，未见到政策评价的相关研究成果。您怎么看语言政策评价问题？

**李宇明：**语言规划学，本质上看，是关于语言功能的学问。它主要研究四大问题：第一，语言能够发挥哪些功能，可称为“功能论”；第二，这些功能的发生原理和运作机理如何，可称为“原理论”；第三，怎样利用和调节这些原理和机理来使语言的正功能得到发挥，使语言的负功能得到遏制，使其惠及人类社会和社会个体，可称为“调节论”；第四，调节的结果如何？如何根据调解结果进行“再调节”，可称为“评价论”。

回顾语言学史，语言学的已有研究领域主要有四：第一，关于语言结构的研究；第二，关于人类语言学习的研究；第三，关于机器语言学习的研究，亦即语言信息处理的研究或语言智能的研究；第四，语言的神经学、病理学研究。语言规划学关于语言功能的研究，正好补上已有语言学研究的缺口，如图 1 所示。

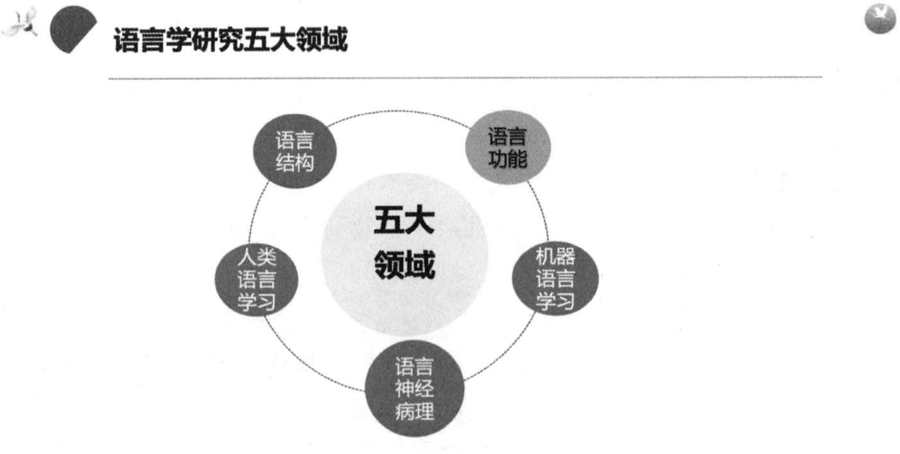


图 1　语言学研究领域示意图

为使语言功能得到良性发挥而对语言机能进行调节的过程，就是“语言规划”。语言规划是一个过程，由“计划、实施、评价、修正”等环节循环构成，这其中就涉及语言政策的制定和颁行。在中国语言规划的实践中，语言政策评价不是没有，而是采取了“工作式评价”方式，亦即通过一定的组织渠道听取意见，通过上级部门或立法部门组织的检查活动了解情况，通过政策制定部门的内部研讨，然后对某项政策及其实施措施进行工作评估，根据评估结果进行修正完善或者废除。比如《第二次汉字简化方案（草案）》（简称“二简字”），1977 年 12 月 20 日之后，《人民日报》等报纸开始试用，到 1978 年 9 月全国所有报纸杂志停止试用，1986 年 6 月 24 日正式废止。研究二简字的出台、试用、停用、废止的过程，就会发现这一过程充满着各种“工作式评价”。

很显然，“工作式评价”是一定历史阶段的产物，直到今天也还有重要的价值。但是仅此是远远不够的，语言规划还需要有更为科学有效的“学术性评价”。这种学术性评价的操作要求是：第一，在政策或规划制定时，就应有一个平行的评价预案；在政策或规划试行或正式实施时，政策评价体系也就开始运作起来；在一定的时期内，就要及时了解政策评估情况，根据评估情况来决定政策或规划的继续实施，或调整实施或停止实施。第二，政策评估要有一个专业机构来实施，机构的构成和运行要保证评价的公正性、权威性和专业性。第三，在我国的现实条件下，“学术式评价”要与“工作式评价”相结合。这个问题是“语言治理”的大问题，需要认真研究。在“工作式评价”基础上引入“学术式评价”，就是改革。当然，政策评价问题不只是语言文字政策领域的问题。

## 五、国际话语权与国家语言能力

**问：**“国家语言能力”概念由美国学者在 1993 年首先提出，因为它与国家发展密切相关，所以引起政府和学界的高度关注。您认为“国家语言能力指的是国家处理海内外各种事物所需要的语言能力”。国际话语权是国家语言能力的核心要素，您很早就敏锐地意识到了这个问题，并且长期关注。您在《中国的话语权问题》（2006）、《全球视域中的汉语功能》（2018）、《语言在全球治理中的重要作用》（2018）、《驱动语言学发展的三类问题》（2020）、《中文怎样才能成为世界通用第二语言》（2020）等多篇文章中讨论了国际话语权问题。尤其是您的《论语言的功能分类》（与王春辉合作，2019）是语言分类标准的创新，由语言的结构特征标准发展到语言的功能特征标准，是语言学研究发展到一定阶段的必然结果。它开创了语言学研究新领域，是中国学者对普通语言学的理论贡献。您是语言学家，更是语言战略家，请您谈谈获得国际话语权的意义是什么？制约获得国际话语权的因素有哪些？国际话语权与国家语言能力是什么关系？提升国家语言能力的策略和方法是什么？

**李宇明：**从国家层面来说，话语权是大国参与全球治理的必要条件。通俗讲，话语权就是“有话说得出，说话要得当，说了传得开”。第一，要有获得讲话权的机会，能够拿到话筒。第二，拿到话筒后，要能够用合适的语言讲出合适的话语。第三，所讲的话语，人们能够听得懂，懂了能够信。第四，人们相信了能够跟着说，再把他人说得相信。话语权不仅表现在国际的多边关系中，也表现在双边关系中；不仅表现在政府间的交往中，也表现在世界各国的民众交流中。新时代的全球治理，必须“重心下沉”，面向民众，民间交流尤为重要。

建构国际话语体系，获取国际话语权，要有耐心和恒心。话语是表达方式，也是一套概念体系。“一带一路”“人类命运共同体”“网络空间命运共同体”“共商共建共享”等，就是近来提出的具有世界意义的新概念，就是体现中国智慧的新话语。语言的力量就是能够构造新概念，传播新话语。研究国际话语体系，就要研究国际流行话语，特别是具有话语权的话语概念体系，并在此基础上或“重新解释”或补加新说，从而演绎出新的话语体系。

设置话题是话语能力的最重要的表现。在了解国际话语规则、树立积极话语态度、构造新概念、传播新话语的基础上，还要有强烈的设置话题意识，具备设置话题的能力。只有主动在全球治理中设置话题，才能变被动为主动，变应对为引领，从“危机”中寻求机遇。当然，国际话语体系的建构和国际话语权的获取，是一个系统工程，既要有“软工程”，也要有机构、设备、人才等“硬工程”；既要有国家的“软实力”，也要依靠国家的“硬实力”。说到底是一个国际形象问题，是我们在国际上能够塑造一个什么样的“中国形象”问题。

理论上说，语言学是能够帮助获取话语权的，但现实中，语言学所起的作用十分有限，甚至连这方面的论文都十分有限。原因之一是语言学善于研究语言的结构，研究“抽象的语言”，而较少研究真实的话语，研究真实的语言交际和交际语言。语言的真实存在状态，是人们在不同场合说出的话语（也称“言语”），语言学应研究语言的真实存在状态，不应只研究那个抽象的语言。世界上绝大多数学科，如物理学、化学、生物学、医学、心理学、社会学、人类学、历史学等，都研究本学科“真实存在”的对象。各学科学术研究的价值不仅在于推动本学科的发展，更在于解决社会的相关问题，包括话语权问题。只有充分研究话语，才能把握住语言使用的真实状况，了解语言交际的机制和内容，才有可能帮助解决当今社会比较关心的“话语权”问题。语言学在帮助解决话语权问题的过程中，也会获得学术话语权，获得社会声誉。

话语是分领域、分话题的。语言学研究话语，就不能只研究“通用话语”，而应当发展领域语言学、话题语言学，研究各领域的语言学问题，研究各种话题的语言学问题。韩礼德教授的“生态语言学”，就是关于“生态领域”或“生态话题”的语言学，为解决社会生态问题做出了重要学术贡献。一些重要的领域，如新闻、外交、国家安全、科技、教育、经贸等，一些重大的社会话题，如灾难、公共卫生、战争、饥馑、贫困、毒品、婚恋、生育、交通、信仰等，对这些领域、这些问题的言说，都应成为语言学的研究对象。国家话语权的获取，需要语言学实现“话语转向”，加强对话语的研究，对领域对话题的研究。这种转向，这种研究，也将把语言学带入广阔的天地。

国家语言能力包括五个方面：（1）语种能力；（2）国家主要语言的国内外地位；（3）公民语言能力；（4）拥有现代语言技术的能力；（5）国家语言生活管理能力。要获得国际话语权，需要上述的“软硬工程”“软硬实力”的支撑，这五个方面的国家语言能力属于“软”性因素，自然不可或缺，不可忽视。

## 六、科研文化与国家语言能力

**问：**您在李开拓采写的《资政惠学，服务社会——李宇明先生访谈录》［《北华大学学报（社会科学版）》2016年第1期］中谈研制《中国语言生活状况报告（2005）》的体会时说，“这些年来，《报告》以及相关的事业，之所以能从起步到不断发展，到今天在方方面面产生那么大的影响，是与这个团队的特点和作风密切相关的。可喜的是，这个团队越来越大，并形成了一个‘语言生活派’”。看到这段表述，我特别欣喜，您带着一群有共同追求（服务国家、服务民族、服务社会）的人，在解决国家面向未来所涉重要的语言问题过程中，通过创新实践，提出新理论，形成新的科学研究文化。科研是一种精神生产活动，科研文化是科研活动过程创造的精神财富，表现为科学研究的氛围、精神、价值取向、理念、方法及由此形成的团队等。“语言生活派”表现出来的包容性、凝聚力、向心力、奉献精神就是一种科研文化，它体现了家国情怀、学术责任。科研文化更体现一种精神力量，包括坚定的文化自信、激昂向上的斗志，推动国家语言能力发展。经过15年的发展，这个团队又相继研制出了《世界语言生活状况报告》《中国语言政策研究报告》等系列国家语言皮书。系列语言皮书探索出讲中国故事的新方式，拓展了中国故事的传播新途径。2020年11月，教育部召开“全面推进新文科建设”会议，会议强调“构建哲学社会科学中国学派”。从这个角度看，“语言生活派”的产生具有前瞻性，它是中国哲学社会科学发展水平的标志。您是国家系列语言皮书的发起者、顶层设计者，“语言生活派”的核心人物，我们想请您谈谈，在中国学术流派形成的意义和价值是什么？面向未来，您提出中国语言规划有两个大局：国内，通过语言规划促进中华民族共同体意识的铸牢；国际，积极参与国际语言生活治理，促进人类命运共同体的构建。那么，欲实现这个目标，语言学如何助力？

**李宇明：**在本世纪近20来年，中国有一群关注语言生活的学者，他们在国家语委指导下，用语料库技术监测语言生活的发展变化和语情分析，编制“语言生活皮书”，编辑出版《语言战略研究》《语言政策与规划研究》《中国语言战略》《语言规划学研究》等杂志，提出了“构建和谐语言生活”等主张，围绕相关话题组织专题研讨，并定期向社会发布新词语、流行语，开展“汉语盘点”活动。他们的学术追求可以表述为七个方面：

第一，关注语言生活，引导语言生活，构建和谐的语言生活；

第二，语言是资源，要珍惜它，爱护它，充分开发利用它，以期获取最大的语言红利；

第三，尊重各社区、各群体的语言权利，主张文化上平等、交际上互有分工的多语主义，使各种语言及其变体各得其所、各安其位、相辅相成；

第四，加强语言教育，努力提升个人语言能力和社会语言能力；

第五，推进政府和学界的社会语言服务，关心国际、国家、领域和家庭的语言规划，着力打造学界与社会的智力“旋转门”，探索用社会话语表述语言学研究成果；

第六，语言学发展的原动力，就是解决社会前进遇到的语言问题。解决这些语言问题，需要多学科共治，需要多种研究方法共用，需要重视实态数据的收集与运用；

第七，信息化为语言生活提供了虚拟空间，为语言运用提供了语言技术和新媒体平台，为语言研究和语言规划提供了新手段。要全力促进语言信息化，积极利用语言信息化成果，过好虚拟空间的语言生活。（李宇明《致〈中国语言生活状况报告〉韩语版读者（2015）》）

这群语言学者，人们称为“语言生活派”，其实离形成学派还有一定距离。

学派是推进学术发展的重要力量，也是学术繁荣的重要表现。中国的语言学要能够形成多种学派，中国的语言学就兴旺发达起来了。

铸牢中华民族共同体意识，构建人类命运共同体（包括“网络空间命运共同体”），是中国发展的国内外两个大局，语言规划相应地也应有国内外两个大局，以助力“两个共同体”的构建。在助力铸牢中华民族共同体方面，第一，要坚持以国家通用语言为主体的“多语和谐”政策；第二，要大力发展语言服务；第三，要努力构筑信息空间，特别是要重视开发语言数据，发展语言智能，用几十年的时间争取把中国打造成国际信息加工中心，把中文发展为多语翻译的“轴心语言”，研制出高水平的中文机器人。

在助力构建人类命运共同体方面，第一，要全力推进中文的国际传播，把中文发展为国际社会重要的公共产品；第二，重视国家外语能力提升；第三，积极参与世界语言治理，提出解决语言冲突、语言濒危、一语独大、信息边缘化等国际语言生活中重大问题的对策。

我国的语言研究有着古老的传统和辉煌的历史，与古希腊、古印度并称为人类语言研究的三大源头之一。以文字、音韵、训诂为主要内容的“小学”，直到今天仍在发挥作用。近百年来，特别是近 70 年来，中国的语言学为中国社会的发展做出了重要贡献，比如：帮助国家制定了合适的语言政策；通过语言教育，把绝大多数年轻人培养成了“双言双语人”；使汉语适应了有声媒体、网络媒体，正在适应融媒体；及时推进用计算机处理语言文字，激光照排技术、语言理解、语言—文字自动转换、自动翻译等语言信息技术得到应用；汉语教学已经进入 170 多个国家，其中有 70 余国把汉语列入基础教育课程。

目前语言学在国际上正出现新的发展趋势，正在与相关的人文科学、社会科学、自然科学、工程技术科学等合作，形成学科交叉和一些交叉科学，解决科学发展的“复杂问题”和社会出现的各种语言问题。为适应这一形势，很多语言专业直接设立在信息科学院、脑与认知神经科学院、医学院等。但是，我国的语言学学科设置还处在“语文学”阶段，被“文科”的绳索束缚着，被语种分割为“蜂巢状”。这种学科格局严重阻碍了语言科学的发展，阻碍了语言学的科学贡献力和国家贡献力。调整语言学的学科地位势在必行，理想状态是，语言学应当设置为一个学科门类，其下的学科设置应根据其学科群性质，特别是应当根据语言学的未来发展，巧做安排。

语言学自身也需要守正出新，快速发展。反思中国语言学，最应该指出三点：第一，主要精力集中在语言结构的研究上，相对忽视对语言真实运用状态的研究，忽视对特定领域的语言问题和特定话题的研究。第二，主要关注本土语言的研究，相对忽视对世界语言的研究，这不利于发现语言的普遍规律，也不利于支撑国别研究。第三，不太关注相关学科的发展，特别是对其他学科研究语言的方法、视角和成果的吸收不够自觉。故而中国语言学也应相应地实现三大转向：

第一，在重视语言结构研究的同时，开展应用研究和话语研究，包括领域研究和话题研究。第二，在本土语言研究的基础上，开展世界语言的研究。全世界约有7000余种语言，每种语言都有一定的语言特点，包含着语言使用者创造的文化，具有极高的学术价值，都应纳入我国语言学家的研究视野。第三，树立“大语言学”理念，关注其他学科的语言研究，重视学科交叉。学科交叉不能是“单相思”，语言学要有相关学科的知识背景，要找到相关学科的兴奋点。特别是要重视国际语言学的新走向，关注学科前沿的语言学需求，比如人工智能、认知科学等学术领域，支持国家的人工智能发展计划和脑计划，为“新文科”建设做出学科表率。

关彦庆：获悉我们要对您进行采访，我们的学生（包括本科生和硕士研究生）也有很多问题向您请教，我们选录如下：

**问：**以先生为代表的“语言生活派”为语言规划和语言生活研究做出了重要贡献，未来该学术团体的发展方向是什么？

**李宇明：**学派创立实属不易，“语言生活派”离真正的学派还相差很远，实不敢当。语言生活的研究才刚刚开始，我们的研究发现了一些问题，提出了一些理念，但还远远不够。未来的研究主要涵盖如下几个方面：第一，深入观察各层次、各领域的语言生活，搜集语言问题，并将其“学术化”，成为学科问题。第二，全面搜集语言规划资料。学术建立在事实基础之上。所要搜集的资料，包括中国历朝历代的语言规划，世界各国的古今语言规划，一些大语言的国际传播历史，国际组织、跨国组织的语言政策，以及若干领域的语言规划等。在材料基础上概括语言规划的规律，升华语言规划的理论。第三，积极开展中外学术交流，花更大力气把中国语言规划的实践及学术研究介绍到国际上去，也要积极关注国际语言政策与规划研究动向，最好是建立起相互对话、相互合作的平台。第四，服务社会，推进社会语言生活的进步。学术的追求，不仅在于学科的发展，更在于发现问题、解决问题。评价学术贡献，不能只看发多少篇文章、承担多少项目这些外在因素，更要看对本学科的学术提升力，学科间的学术穿透力，社会的学术影响力。

顺便说一下，中国语言生活学者建有一个微信群，名为“语言生活 π”，并把每年的3月14日作为群纪念日。π是圆周率，其值为3.14159265……，是一个无限不循环小数，也象征着语言生活的研究要永不停步，且不因循守旧。希望更多的学人、学子能够投身语言学事业。

**问：**语言规划作为一门学科，我们学习过程中应该具备哪些知识结构、能力结构和素养结构？

**李宇明：**做语言学研究的基本功，是对语言现象的收集、描写功夫，比如对一个词语、一种格式的语法描写，对一种方言现象、社会语言现象的调查描写。语言规划学是一门从语言社会学中发展起来的学科，与社会学、社会语言学、管理学、政治学的关系最为密切。此外，社会科学的研究方法、语料库技术等，都是必备素养。语言规划学是一门面向社会生活的科学，更需要有人民意识和家国情怀。我曾以“人类命运共同体的世界眼光”为题，为赵蓉晖教授主编的《世界语言生活状况报告（2020）》作序。《序》中提出“三种眼光”：魏源编写《海国图志》，睁眼看世界，正眼看世界，这是“魏氏眼光”；周有光先生提出，在全球化时代，要从世界看中国，这是“周氏眼光”。其实还需要第三种眼光，就是站在高空来俯瞰世界，这个世界是包括中国在内的不分“夏夷”的整个世界，是整个“人类命运共同体”，可称为“人类命运共同体的世界眼光”（简称“世界眼光”）。语言规划学，研究中国的语言规划，也研究世界的语言规划，因此需要“魏氏眼光”“周氏眼光”，更需要“世界眼光”。

**问：**我们的生活须臾离不开语言，很多人没有意识到语言的重要性，应该如何引导民众重视语言，提高语言意识？

**李宇明：**历史上，中国是一个对语言不怎么敏感的民族，特别是对口语不大重视。皇皇《二十四史》，无数处记录到内地与边疆的交往，但边疆的少数民族说什么语言，却极少记录，仿佛他们历史上说的都是汉语一般。随着时代的进步，国人对语言、对语言学逐渐有了一些了解，但总体上还很不到位。人是“语言动物”，语言对人类社会的群体与个体的影响，都是巨大的，在生活和工作中具有语言意识，就有“语言优势”，就能获取“语言红利”。

提升语言意识，应从中小学语文课抓起。今日之语文，如果有些教师重视语言文字教学的话，也基本上是重视语言文字的“运用”，而严重缺乏语言与社会、语言与个人的常识教育，缺乏关于语言的理性教育。很多科学都在适度进入中小学，但语言学却从中小学步步退却。

中文系、外文系（外国语学院、大学）是进行语言学基本训练、培养语言学队伍的基地，但这个基地并未能负起应有之责，对语言感兴趣者少，语言学课程脱离社会实际，对社会辐射力小。师范院校及教师进修的语文课程体系，也缺乏必要的语言学课程。近50年的语言学成果，基本上没有用来装备中小学的教育教学。中小学的母语教育、外语教育基本上没有得到现代语言学的支持。

语言学研究不太关心社会语言生活，语言研究者的精力主要在论文论著里。提升社会语言意识、引导社会语言生活被置于“学术使命”之外，科学普及工作成了“学术施舍”，成了“志愿者行动”。

提升社会语言意识，是一个重大且沉重的话题，也是需要长时间奋斗才能奏效的社会工程。目前，首先要从语言学自身做起，语言学界要提升“语言觉悟”，即理性认识到语言学的学术责任和社会责任。语言学界有了语言觉悟，社会才可能逐步具有语言意识。

**问：**您经常提到的“大华语圈”，是汉语传播中重要的一环，如何看待“华语圈”内部汉语的语音、词汇差异，汉字的简繁体等问题？

**李宇明：**华语（汉语）随着华人的脚步走出国门，走遍世界。汉语（中文）随着文化、经济的力量走向四邻，走向世界。看汉语（华语、中文），必须要有世界眼光，这样才能看到一个完整的“汉语世界”。“大华语”的概念，“大华语圈”的视野是在语言研究的世界眼光中才能出现的。“大华语”概念的提出，提升了海外华语的地位和研究价值，同时也提出了各华语社区相互沟通、华语变体相互影响趋近的问题。民族共同语具有一定的“想象”性，“大华语”的提出，把民族共同语的想象力扩展到全世界的华人，为“中华民族共同体”增强了文化的内涵，使这一概念也可以包含海外华人。就此来看，“大华语”的提出具有语言学及语言学之外的意义。

由于有共同语的存在，各华语社区有共同的华语内核，包括共同的语音体系、基本词语系统和基本语法系统，其分歧主要是语言外围成分，其中以语音、词语两系统为最明显。文字的书写系统也有简繁之别。华人社区的语言分歧源自两个基本原因：第一，华语受到不同的汉语方言、不同语言的影响；第二，1949 年之后，汉民族共同语逐渐分化为“老国语圈”和“普通话圈”，海外华语分别受到这两个“圈”的影响。首先要看到，这些语言分歧充满着语言的智慧，保存着华语发展、华人走向世界的印记。同时也要看到，随着华语社区之间的沟通频繁，“普通话圈”和“老国语圈”的重合度越来越高，分歧正在缩小，普通话在其中发挥的作用越来越大。《全球华语词典》《全球华语大词典》是由主要华语社区的学者共同编纂的，在华语社区语言沟通上起到了很好的作用，也是各华语社区语言智慧的记录。

今后，华语社区要有更多的语言合作。比如可以合力向世界传播中文，合力扩大中文在世界语言生活中的作用。当然，简繁汉字的前途如何？中华民族还有没有“文字统一”的机缘？这是个时代话题！

最后我想说，彦庆教授提出的问题非常好，非常专业。特别感谢你花费那么多时间来研究我的学术经历，梳理我的学术理念，有些认识比我自己的认识还深刻。也特别感谢开拓和《北华大学学报（社会科学版）》有这么一个策划。接受访谈，也是自我观照、自我反思的一个理性过程，促使我思考了很多问题，境界、学术上都有提高。你们提出的问题，有一些我平时思考较少，回答不一定到位，请理解，请谅解。我希望《北华大学学报（社会科学版）》越办越好，支持学人更多地关注社会问题，把论文写在祖国大地上。也希望中国的语言学事业，能够不负时代，为“两个共同体”的构建贡献更多学力，不断增强学术提升力、学科穿透力和社会影响力。

从设计话题到整理访谈内容到完成编校工作，心中不断生发感慨：李老师视语言学事业为一生的追求，从言行上我们能够感受到其强烈的使命感和责任感。正因如此，李老师不仅埋头钻研，成果丰硕，更站高望远，以全局视野、“世界眼光”来观照中国的语言学事业，提出一个又一个新问题、新思考，辟出一个又一个新领域、新方向，推出一个又一个新概念、新理念。从普通语言学到应用语言学，从结构语言学到心理语言学、术语语言学、数据库语言学、智能语言学，从个体语言能力到国家语言能力，从民族语言、方言到国家共同语，从国内母语教育到汉语国际传播，从本土普通话到海外大华语，从社会语言生活到国家语言教育、语言安全、语言文化、语言经济、语言服务再到国家语言规划和语言政策，从国内语言规划到国际语言规划……在李老师的引领、带动和启发下，中国的语言学研究越来越丰富丰满、有滋有味，得到蓬勃发展，为中国社会的发展提供了有力的语言学助力。问题驱动、成果丰硕、高瞻远瞩、引向导航。李老师提出的治学理念、总结的国家语言学事业发展的许多经验教训、指出的目前语言学事业发展中亟待解决的一些问题，都是重要学术问题，我刊将予以重点关注。

# 李宇明教授弟子名录

本名录按培养单位分列，第一栏为姓名，第二栏为培养年份，第三栏为学生身份类别。其中部分学生是李宇明教授与其他先生一起培养的，这些先生有：闭克朝、郭龙生、马庆株、史金生、苏金智、汪国胜、杨亦鸣、臧克和、周桂君、周荐。特向他们表示感谢！

**一、华中师范大学**

| | | |
|---|---|---|
| 郑厚尧 | 1989—1992 | 硕士生 |
| | 2003—2006 | 博士生 |
| 陈前瑞 | 1992—1995 | 硕士生 |
| | 1999—2003 | 博士生 |
| 余夕仁 | 1994—1997 | 硕士生 |
| 黄敏 | 1995—1998 | 硕士生 |
| 向平 | 1995—1997 | 硕士生 |
| 李晋霞 | 1996—1999 | 硕士生 |
| 王伟 | 1996—1999 | 硕士生 |
| 阚兴礼 | 1997—1998 | 访问学者 |
| 刘贤俊 | 1998—2001 | 硕士生 |
| 王继红 | 1998—2001 | 硕士生 |
| 尤翠云 | 1998—1999 | 访问学者 |
| 何婷婷 | 1999—2003 | 博士生 |
| 刘云 | 1999—2002 | 博士生 |
| 柴俊星 | 1999—2001 | 硕士生 |
| 王成宇 | 1999—2000 | 访问学者 |
| 周统权 | 2001—2004 | 博士生 |
| 杨书俊 | 2002—2005 | 博士生 |
| 郭攀 | 2003—2006 | 博士生 |
| 宫君卓 | 2021— | 博士生 |
| 谢思琦 | 2022— | 博士生 |
| 徐亚新 | 2023— | 博士生 |

## 二、中国传媒大学

| | | |
|---|---|---|
| 高晓芳 | 2002—2005 | 博士生 |
| 牟云峰 | 2003—2011 | 博士生 |
| 司红霞 | 2003—2007 | 博士生 |
| 邹玉华 | 2003—2006 | 博士生 |
| 李艳华 | 2004—2007 | 博士生 |
| 娄开阳 | 2004—2007 | 博士生 |
| 郑梦娟 | 2004—2007 | 博士生 |
| 吕禾 | 2005—2013 | 博士生 |
| 邹海清 | 2005—2008 | 博士生 |
| 王辉 | 2006—2009 | 博士生 |
| 于辉 | 2006—2009 | 博士生 |

## 三、中国社会科学院研究生院

| | | |
|---|---|---|
| 黄晓蕾 | 2002—2005 | 博士生 |
| 刘贤俊 | 2003—2006 | 博士生 |
| 汲传波 | 2004—2008 | 博士生 |
| 贾红霞 | 2005—2009 | 博士生 |
| 尹洪波 | 2005—2008 | 博士生 |
| 王春辉 | 2006—2009 | 博士生 |
| 姚敏 | 2011—2016 | 博士生 |

## 四、教育部语言文字应用研究所

| | | |
|---|---|---|
| 江结宝 | 2004—2005 | 访问学者 |
| 刘楚群 | 2012—2015 | 博士后 |
| 郑友阶 | 2015—2017 | 博士后 |
| 陈丽湘 | 2017—2020 | 博士后 |
| 张振达 | 2021—2024 | 博士后 |

## 五、南开大学

| | | |
|---|---|---|
| 李宝贵 | 2003—2006 | 博士生 |
| 苏小妹 | 2005—2008 | 博士生 |
| 李英姿 | 2006—2009 | 博士生 |
| 李君 | 2007—2010 | 博士生 |
| 刘子琦 | 2007—2013 | 博士生 |
| 陈茜 | 2008—2013 | 博士生 |

## 六、北京师范大学

| | | |
|---|---|---|
| 孙春颖 | 2005—2008 | 博士生 |
| 王玲玲 | 2005—2011 | 博士生 |
| 徐国珍 | 2005—2006 | 访问学者 |

## 七、北京语言大学

| | | |
|---|---|---|
| 黄清静<br>（Chananporn Poongpawpun）［泰国］ | 2012—2015 | 博士生 |
| 佳荷（Khalki Hend）［突尼斯］ | 2012—2016 | 博士生 |
| 徐欣路 | 2013—2015 | 博士后 |
| 饶高琦 | 2013—2016 | 博士生 |
| 吴雪钰 | 2013—2016 | 博士生 |
| 世玉（Pichai Kaewbut）［泰国］ | 2013—2016 | 博士生 |
| 张倪珮（Chong Ni Pei）［马来西亚］ | 2013— | 博士生 |
| 尤翠云 | 2013—2014 | 访问学者 |
| 王海兰 | 2014—2016 | 博士后 |
| 刘昌华 | 2014—2017 | 博士生 |
| 阿依古丽（Aigul Midin Kyzy）<br>［吉尔吉斯斯坦］ | 2014—2017 | 博士生 |
| 阮秋姮（Nguyen Thu Hang）［越南］ | 2014—2019 | 博士生 |
| 尹立和（Saglam Ibrahim）［土耳其］ | 2014—2018 | 博士生 |
| 木卡拉<br>（Edmond Moukala Ngouemo）［刚果（布）］ | 2014—2018 | 硕士生 |
| 付伊 | 2014—2015 | 访问学者 |
| 徐茗 | 2014—2015 | 访问学者 |
| 张燕 | 2015—2017 | 博士后 |
| 李强 | 2015—2023 | 博士生 |
| 许静荣 | 2015—2018 | 博士生 |
| 彭千华［中国香港］ | 2015—2021 | 博士生 |
| 陈氏芳莲<br>（Tran Thi Phuong Lien）［越南］ | 2015—2019 | 博士生 |
| 杜迪<br>（Nama Didier Dieudonne）［喀麦隆］ | 2015—2019 | 博士生 |

续表

| | | |
|---|---|---|
| 傅玉金（Thin Thin Hlaing）［缅甸］ | 2015—2018 | 博士生 |
| 苏琳琇（Sheila Sofian）［印度尼西亚］ | 2015—2019 | 博士生 |
| 李燕 | 2015—2016 | 访问学者 |
| | 2016—2019 | 博士后 |
| 程京艳 | 2015—2016 | 访问学者 |
| 孙德平 | 2015—2016 | 访问学者 |
| 裯健聪 | 2015—2016 | 访问学者 |
| 刘柳 | 2016— | 博士生 |
| 赵运 | 2016—2019 | 博士生 |
| 李欣悦（Nesma Amr Abdelaziz Ahmed Ahmed）［埃及］ | 2016— | 博士生 |
| 裴嘉骏（Pedro Sacadura Nuno）［葡萄牙］ | 2016—2023 | 博士生 |
| 唐培兰 | 2016—2019 | 硕士生 |
| | 2019—2022 | 博士生 |
| 常洁 | 2016—2019 | 硕士生 |
| 龚琦 | 2016—2019 | 硕士生 |
| 罗萍 | 2016—2019 | 硕士生 |
| 关英明 | 2016—2017 | 访问学者 |
| 刘群 | 2016—2017 | 访问学者 |
| 王振顶 | 2016—2017 | 访问学者 |
| 张晓传 | 2017—2020 | 博士后 |
| 梁京涛 | 2017—2020 | 博士生 |
| 王璐 | 2017—2020 | 博士生 |
| 欧阳靓凌（Aw Yong Nga Lean）［马来西亚］ | 2017— | 博士生 |
| 潘巍巍 | 2017—2018 | 访问学者 |
| 张洁（大） | 2017—2018 | 访问学者 |
| 朱媞媞 | 2017—2018 | 访问学者 |
| 于方若 | 2018—2021 | 博士生 |
| 王曦 | 2018—2019 | 访问学者 |

续表

| | | |
|---|---|---|
| 杨红艳 | 2018—2019 | 访问学者 |
| 田列朋 | 2019— | 博士生 |
| 邬美丽 | 2019—2020 | 访问学者 |
| 张洁（小） | 2020— | 博士生 |
| 玛利亚<br>（Kaplunova Mariia）［俄罗斯］ | 2020— | 博士生 |
| 周祥 | 2021— | 博士生 |
| 饶宏泉 | 2021—2022 | 访问学者 |
| 李建涛 | 2022— | 博士后 |
| 王琪 | 2022— | 博士生 |
| 李文静 | 2023— | 博士生 |
| 郑泽霞 | 2023— | 博士生 |

## 八、首都师范大学

| | | |
|---|---|---|
| 朱海平 | 2019— | 博士生 |
| 高博 | 2020— | 博士生 |
| 吴艳 | 2021— | 博士生 |
| 戈兆一 | 2022— | 博士生 |

## 九、华东师范大学

| | | |
|---|---|---|
| 何瑞 | 2003—2006 | 博士生 |

## 十、东北师范大学

| | | |
|---|---|---|
| 刘晓宇 | 2020— | 博士生 |

## 十一、郑州大学

| | | |
|---|---|---|
| 邢晓梦 | 2022— | 博士生 |
| 金胜昔 | 2023— | 博士生 |

## 十二、国防科技大学

| | | |
|---|---|---|
| 马晓雷 | 2021— | 国防科技大学学科领军人才培养对象 |

## 十三、浙江大学

| | | |
|---|---|---|
| 张慧玉 | 2023— | 浙江省哲学社会科学规划领军人才培育课题青年英才培育对象 |

# 后记

## 一个“中国式师门”的故事

徐欣路

《学术就是传承：我与导师二三事》一书在我们师门的集体努力下，历经半年时间，终于编写完成。我作为编写工作的牵头者，此刻有很多话想说。

李宇明老师的师门有一项传统活动，那就是在教师节前后，由弟子们自筹办会费用，以举办“‘聚贤聊斋’语学论坛”这一学术活动的方式共同庆祝节日。记得2015年的论坛，我是办会工作的主要参与者。那年8月中旬，论坛正在紧锣密鼓地筹备中。按照一般的做法，庆祝教师节，学生应该给老师赠送一张贺卡，上面由参与活动的同门写些祝福语。但是，随着师门规模的扩大，论坛的参与者也越来越多，一张小小的贺卡，通常很难有那么大的空间来写。再者，同门们在工作和学习的过程中，经常对李老师的教导有新的感悟，贺卡上短短一句话，无法把想表达的话都说详尽。于是，我萌发了一个想法，那就是为这次活动编一个收录同门从学感悟短文的文集。我找吴雪钰、饶高琦商议，他们都很赞成。因为时间已经非常紧，我们做出这个决定之后，雪钰马上挨个联系了参会同门，请他们供稿，而高琦则帮我打理各方面会务。不过，当同门们开始陆续发来稿子之后，我开始犯难了：会议很快就要开了，稿子还没有校，文集还做得出来吗？但箭在弦上，也退不回去了。“社恐”的我怀着一丝不安，联系了贾红霞师姐、何瑞师姐和王海兰，请她们提供帮助，以最快的速度给稿子做校对。没想到她们没有任何推辞，都一口应了下来。此时姚敏姐也联系我，表示愿意负责文集的排版印制。付印之前，我给文集起了个名，叫“心照而宣”。就这样，在所有参会同门的支持和多位同门的努力下，只用了半个月时间，一本文集就做出来了，而且效果也还不错。

时间一转眼就来到了2024年，距离我们出《心照而宣》，已经过去8年多了。2024年对于我们这个师门而言，是特别的一年。李老师已经年近70，如果按照虚岁来算，这一年就算是70岁了。李老师从1989年开始从事研究生指导工作（最初是协助其他教授共同指导研究生），到今年恰好是35周年。而在去年，学校研究生招生部门向李老师询问2024年的招生意愿时，李老师因身体原因

"萌生退意"，提出不再独立招收和指导研究生。所以，在 2024 年的博士生招生目录里，李老师的招生状态第一次挂上了"本年度停招"几个字。熟悉李老师的人应该知道，李老师是十分热爱研究生教学工作的，李老师提出停招，必定是有自己的深思熟虑。所以，2024 年对于李老师的招生来说，可能也是开始转换角色的一年。基于这样一些机缘，在师母白丰兰女士的提议下，一些同门共同商议，觉得应该充分利用当年编写《心照而宣》的经验，面向整个师门征稿，编写一部规模更大的文集。而文章的定位，较之上次也更为明确，那就是要通过自己师从李老师学习过程中的两三件事，来记述李老师为人、为师、为学的优秀品质和言传身教。

如果按照当年编《心照而宣》的做法，这本文集本来应该是为 2024 年"'聚贤聊斋'语学论坛"的内部交流准备的，不必正式出版，但我和几位同门探讨之后，发现大家的意见并不完全一致。一部分同门认为文集的内容是学生感念自己老师的教导，"为外人道"的必要性不是那么强，不如低调一些，以不出版为佳。另外一部分同门则认为文集应该正式出版，其原因倒不是说要高调宣传李老师的事迹，而是因为我们这个师门的师生关系，无论是李老师还是我们每一位弟子都非常认可，其作为中国研究生教育（也包括博士后、访问学者、领军人才培养）的一个案例，对于从事研究生教育实践、研究生教育管理、研究生教育研究的人而言，是有意义的。

此言不假。李老师来到北京语言大学工作后，招收了不少外国来华留学的博士生，因此他在指导我们的时候，经常会提到"中国式师生关系"。我觉得，"中国式师生关系"很难定义，至少，中国地理范围内也有一些师生关系并不那么融洽，因而"中国式师生关系"肯定不能跟"中国的师生关系"画等号。我想，"中国式师生关系"的主要特点应该是体现出中国传统的师生伦理观念，而这种伦理观念，恰好就体现在了几乎所有受过良好教育的中国人都能说出的一雅一俗两句话中。

雅者，即唐代韩昌黎《师说》之"师者，所以传道受业解惑也"。这说的是教师的职责，里边最关键的是"传道"。"道"是中国哲学里一个非常上位的概念。教师要"传道"，那所授就不能停留在"业"的层面，更不能只局限在学生的"惑"上，学生一切能够体悟"道"、实践"道"、传续"道"、发展"道"的生命过程，都应该在教师的教授范围之内。

俗者，即古时蒙书《太公家教》之"一日为师，终日为父"。其实《太公家教》里还有一句话表达类似的意思："弟子事师，敬同于父，习其道也，学其言语。"这说的是学生的义务，里边最关键的是"父"这个角色。我们常说"父母是孩子的第一任老师"，意思其实就是父母是孩子"习道""学言语"时最早的效仿对象。等到孩子需要跟老师学习的时候，实际上老师承续了原本由父母承担的部分角色，故而在这个意义上，"弟子事师"要"敬同于父"。这就要求学生不仅要尊敬老师，还要把老师作为自己的长辈至亲予以牵挂。

倘若上面一雅一俗两句话显得"中国式师生关系"还有点"封建家长式的权威"，那么孔夫子所言之"当仁，不让于师""以吾一日长乎尔，毋吾以也"，《礼记·学记》所言之“教学相长”，昌黎先生所言之“弟子不必不如师，师不必贤于弟子”，则给“中国式师生关系”补足了“平等”二字。在理想的“中国式师生关系”中，师生论学必如子路、曾皙、冉有、公西华侍坐孔子，弟子酣畅而不失礼，老师包容而不失度。

以此来比照，我们这个师门确实是能够体现“中国式师生关系”的。从李老师的“传道”上说，如果现代汉语语法研究、儿童语言研究、语言规划研究等学术研究本身都还只是“术”的话，韧而豁达的人生哲学和家国为怀、兼济天下的学术价值观就是时时刻刻都在被李老师所流露、所讲述、所示范的“道”。从弟子们的“事师”上说，大家不但努力地“习其道也，学其言语”，而且都把李老师和师母在生活上遇到的各种困难看在眼里，自发地如亲长事之。从师生的平等上说，李老师毫无权威架势，每出学术议题，必先由弟子畅所欲言，后予以点评启发，遇弟子有不同意见时，也总是尽可能地予以尊重。

正因为我们这个师门可以算作“中国式师生关系”的一个案例、一个缩影，所以这本文集我们最终未敢自珍自赏。这个文集是由我们这个“中国式师门”的师生一起写就的集体故事，我们愿意把这个故事讲给我们自己听，也讲给学界，讲给中国，乃至讲给世界听。

这本文集的编写，得到了师母白丰兰老师的大力支持。文集是弟子关于学术师承的回忆，白老师在文章里常常是“配角”，但她对于文集编写工作始终十分关心，经常询问文集编写的各方面细节。令我们十分感动的是，白老师还亲自撰写了本书的序言。白老师是我们这个师门的“政委”，在李老师指导学生的过程中发挥着独特的作用。白老师序言的篇幅非常大，超出一般人认知中序言的体量，这正是因为作为李老师35年来指导学生的见证者、亲历者和参与者，白老师有很多话可说、想说。尤其让我们肃然起敬的是，白老师的序言是用一双指关节已经严重变形的手在键盘上敲出来的。因为几十年来类风湿关节炎的折磨，白老师的手无法像正常人那样操作电脑。写这样长的一篇序言，白老师用手指在键盘上一个键一个键地摁，不知耗费了她多少的体力和精力！我们要向白老师表达崇高的敬意！

文集的编成，是我们师门全体弟子共同努力的结果。编写工作启动后，我联系了刘云、司红霞、王玲玲、王春辉、李英姿5位师兄师姐和吴雪钰、田列朋、唐培兰、朱海平、刘晓宇5位师弟师妹成立了一个最初由11人组成的编委会，确定了编写计划，并明确以就读院校为依据对作者进行分组，由各编委担任组长分头联系作者，推进编写工作。后因我负责全书统稿，所以李建涛加入编委会，承担我所在组的工作。初稿收稿完成后，编委会根据稿件的实际情况，开会议定了体例细节和修改方向，推动修改工作。在修改稿收稿过程中，在读博士生李文静主动请缨，表示可以承担后续工作，我请王琪、谢思琦、邢晓梦、郑泽霞等在读的博士生也一起加入编委会，组成编校小组，及时对收到的稿件进行编辑校对。在征稿、收稿和编校过程中，大家都尽心尽责，付出了辛勤的劳动——担任组长的编委们牺牲休息时间，与所在组的作者挨个反复沟通，而编校小组的几位小伙伴则贡献出寒假时间，连续 20 天陪着我一遍遍地校对和联系作者——他们都做出了巨大的奉献！特别是编校小组的小伙伴们常常跟我一起忙到深夜，有时我一时半会儿没来得及给她们分派工作，她们甚至比我还要着急，争着要来分担我手头的工作，令我十分感动！全体作者对这项工作也都非常热心，特别是在修改过程中，很多作者都不厌其烦地配合我们修改多次，十分认真。我作为编写工作的协调者和统稿者，应该对所有参与文集编写的同门表达诚挚的感谢！

与我共同担任主编的师姐何婷婷教授在文集的策划和编写过程中始终对我们的工作进行指导和把关。师姐在华中师范大学任职，而华中师范大学是李老师学术之路的起点，也是我们师门学术传承之路的起点。在文集雏形初显时，师姐就主动接洽华中师范大学出版社，安排了出版事宜。我们要感谢何婷婷师姐的用心投入，是她让这本文集诞生在了那个值得我们师门所有人回望初心的校园！

华中师范大学出版社给予文集出版工作的支持，是“给力”二字都不足以形容的。虽然说出版社有确保图书质量的职责，但却并没有加班加点审校书稿、千方百计加快进度的义务。我想，这是出版社的情怀使然。这部文集，是我们师门的故事，但因为故事的起点在华中师范大学，出版社显然已经把它当成了“华师故事”的一部分来对待。文集的责任编辑袁正科老师牺牲春节假期和周末休息时间，以高度负责的态度为书稿把关，让我们十分感动。在此，我们要对出版社的大力支持和袁老师的辛勤付出表达深深的谢意！

最后，我们最应该感谢的是这个故事里最重要的主人公、文集中所有作者共同的老师李宇明教授。这个故事精彩，皆是因为故事里有李老师这位灵魂人物。李老师常说，人的自然寿命是有限的，而学术生命可以是无限的，学术生命的延续依靠的就是传承。我们编写这个文集，一开始是以“我与导师二三事”为主题征的稿，这个主题是否适合直接作为书名，我们并没有完全想好。李老师读到文集的部分文章后，提议我们不如就以“学术就是传承”为书名，以直接展现这本书的核心要义。我们感到这个书名非常合适，就请李老师为文集题写书名，李老师也欣然应允。我想，我们的故事对于李老师而言，不妨就理解成一部关于自己的传记。有些事，传记的主人公自己或许也开始淡忘了，但我们又通过各自的记忆将其重新拾起。或许，我们各自写下来的这些事，也可以算作是赠予主人公的一份独特的礼物吧！

略有遗憾的是，还有一些同门我们在征稿过程中没有联系上。特别是一些外国的留学生同门，因为回到自己的国家后，原先的联系方式已经不常用，所以联系起来有些困难。我记得，每一届留学生毕业的时候，我作为师兄，总会对他们说：“不要忘了你在中国还有我们这些好朋友。”我相信他们不会忘记的，他们的“失联”也只是暂时的。我也相信，有一天他们的文章会补充进来，让我们的故事圆满无缺。

**新出图证（鄂）字10号**
**图书在版编目（CIP）数据**

学术就是传承：我与导师二三事/何婷婷，徐欣路主编. —武汉：华中师范大学出版社，2024.5（2024.11重印）
ISBN 978-7-5769-0543-4

Ⅰ.①学… Ⅱ.①何… ②徐… Ⅲ.①研究生教育-师生关系-研究-中国 Ⅳ.①G645.6

中国国家版本馆CIP数据核字（2024）第093690号

**学术就是传承——我与导师二三事**
© 何婷婷 徐欣路 主编

| | | | |
|---|---|---|---|
| **编辑室**：高教分社 | | **电　　话**：027-67867364 | |
| **责任编辑**：袁正科 | | **责任校对**：王　炜 | **封面设计**：胡　灿 |
| **出版发行**：华中师范大学出版社 | | **社　　址**：湖北省武汉市洪山区珞喻路152号 | |
| **邮　　编**：430079 | | **销售电话**：027-67861549 | |
| **网　　址**：http://press.ccnu.edu.cn | | **电子邮箱**：press@mail.ccnu.edu.cn | |
| **印　　刷**：湖北恒泰印务有限公司 | | **督　　印**：刘　敏 | |
| **开　　本**：787mm×1092mm　1/16 | | **印　　张**：30.25 | |
| **版　　次**：2024年5月第1版 | | **印　　次**：2024年11月第2次印刷 | |
| **字　　数**：610千字 | | **定　　价**：88.00元 | |

欢迎上网查询、购书